Werner Weidenfeld / Wolfgang Wessels (Hrsg.)

Europa von A bis Z

Schriftenreihe   Band 1123

Werner Weidenfeld / Wolfgang Wessels (Hrsg.)

Europa
von A bis Z

Taschenbuch der europäischen Integration

bpb: Bundeszentrale für politische Bildung

Die Herausgeber:

Dr. Dr. h.c. Werner Weidenfeld, Professor für Politikwissenschaft und Direktor des Centrums für angewandte Politikforschung am Geschwister-Scholl-Institut der Ludwig-Maximilians-Universität München

Dr. Wolfgang Wessels, Jean-Monnet-Professor, Forschungsinstitut für Politische Wissenschaft und Europäische Fragen, Universität zu Köln; Vorstandsvorsitzender des Instituts für Europäische Politik, Berlin und Vorsitzender der Trans European Policy Studies Association (TEPSA), Brüssel

Bonn 2011
Lizenzausgabe für die Bundeszentrale für politische Bildung
Adenauerallee 86, 53113 Bonn

© Nomos Verlagsgesellschaft, Baden-Baden, 12. Auflage 2011

Umschlaggestaltung: Michael Rechl, Kassel
Umschlagabbildung: © getty images / Zap Art / Photographer's Choice.
                    EU-Flagge mit Kompass

Satz: im Verlag
Druck und Bindung: CPI – Ebner & Spiegel, Ulm

ISBN 978-3-8389-0123-7

www.bpb.de

Inhalt

Einleitung

Die Europäische Union ist zum Kern politischer Machtarchitektur auf dem europäischen Kontinent geworden. Das Skript dazu wurde vor kaum mehr als 50 Jahren mit den Römischen Verträgen geschrieben. Dieses große Vertragswerk bot den Grundriss für die Architektur des neuen, integrierten Europa. Die Dichte der europäischen Integration hat inzwischen ein Niveau erreicht, dass die Frage nach der Finalität des Integrationsprozesses aufwirft und nach institutioneller Zuverlässigkeit verlangt. Mit dem am 1. Dezember 2009 in Kraft getretenen Vertrag von Lissabon wurde eine dringend notwendige Justierung der strategischen Ausrichtung Europas vorgenommen. Tiefgreifenden Reformen sollen die Handlungsfähigkeit und die demokratischen Grundlagen der Europäischen Union deutlich verbessern. Gleichzeitig werden Reichweite und Auswirkungen der europäischen Integration immer umfassender und damit schwieriger nachzuvollziehen. Das „Europa von A bis Z" wendet sich daher an alle, die gezielt schnelle, umfassende und präzise Informationen zu zentralen Begriffen und Sachverhalten der europäischen Einigung suchen. Diese zwölfte, aktualisierte Auflage des „Europa von A bis Z – Taschenbuch der europäischen Integration" informiert über die Grundzüge der europäischen Einigung, das politische System der EU und führt kritisch in die gegenwärtigen Entwicklungen und zukünftigen Herausforderungen ein.

Zur Handhabung des Taschenbuchs

Der Beitrag **Europäische Einigung im historischen Überblick** zeichnet die Stationen der europäischen Integration nach und bilanziert deren Folgen. Mit zahlreichen Beiträgen, verfasst von Experten der europäischen Politik aus Praxis und Forschung, bildet das **Europa zum Nachschlagen** das Kernstück des Taschenbuchs. Nach einer einheitlichen Systematik verfasst, analysieren und erklären die Beiträge Organisationen und Institutionen, Gegenstand und Aufgaben der Europapolitik. Hinweise auf Vertragsgrundlagen, weiterführende Literatur sowie auf Informationen im Internet ermöglichen dem Leser seine Kenntnisse rasch und gezielt zu vertiefen. Ein dichtes Netz von → Verweisen verbindet die Beiträge und eröffnet so einen einfachen Weg des thematisch vertieften Weiterlesens. Auf die Beiträge kann alphabetisch zugegriffen werden, oder aber mit Hilfe der thematischen Übersicht. Diese gruppiert sachverwandte Beiträge und ermöglicht so den gebündelten Zugang zu Politikfeldern und Problemzusammenhängen:

Konzepte und Wege der europäischen Einigung

- Deutschland in der EU
- Europäische Union
- Flexibilisierung
- Integrationstheorien

Organe und Einrichtungen der Europäischen Union

- Europäisches Parlament
- Europäischer Rat
- Rat
- Europäische Kommission
- Gerichtshof der Europäischen Union
- Europäische Zentralbank
- Rechnungshof
- Wirtschafts- und Sozialausschuss
- Ausschuss der Regionen
- Agenturen der Europäischen Union

Verfahren und Organisation der Europäischen Union

- Bürgerinitiative
- Entscheidungsverfahren
- Europäische Parteien
- Haushalt und Finanzen
- Verbände
- Vertrag
- Wahlen
- Zuständigkeiten

Politikbereiche der Europäischen Union
Wirtschaft und Währung

- Binnenmarkt
- Wettbewerbspolitik
- Wirtschafts- und Währungsunion
- Wirtschaftspolitik

Sektorpolitiken

- Agrarpolitik
- Energiepolitik
- Fischereipolitik
- Forschungs- und Technologiepolitik
- Industriepolitik
- Struktur- und Regionalpolitik
- Umweltpolitik
- Verkehrspolitik
- Weltraumpolitik

Soziales und Kultur

- Antidiskriminierungspolitik
- Beschäftigungspolitik
- Jugendpolitik
- Kulturpolitik

- Bildungspolitik
- Gesundheitspolitik
- Sozialpolitik
- Verbraucherpolitik

Justiz und Inneres

- Asyl-, Einwanderungs- und Visapolitik
- Charta der Grundrechte
- Justizielle Zusammenarbeit in Strafsachen
- Justizielle Zusammenarbeit in Zivilsachen
- Raum der Freiheit, der Sicherheit und des Rechts
- Unionsbürgerschaft

Äußeres und Sicherheit

- Außenhandelsbeziehungen
- Afrikapolitik
- Asienpolitik
- Assoziierungs- und Kooperationspolitik
- Entwicklungszusammenarbeit
- Gemeinsame Außen- und Sicherheitspolitik
- Gemeinsame Sicherheits- und Verteidigungspolitik
- Lateinamerikapolitik
- Menschenrechtspolitik
- Transatlantische Beziehungen

Erweiterung und Stabilisierung

- Erweiterung
- Südosteuropapolitik
- Europäische Nachbarschaftspolitik

Weitere Organisationen

- Europäische Menschenrechtskonvention
- Europarat
- Organisation für Sicherheit und Zusammenarbeit in Europa

Das **Europa-ABC** ermöglicht ein Nachschlagen von etwa 200 Begriffen der europäischen Integration – von A wie abgestufter Integration bis Z wie Zustimmungsverfahren werden die Vokabeln des Einigungsprozesses erläutert. Die Zusammenstellung **Europa im Internet** erleichtert den Zugang zu Informationsquellen und Pressediensten, Rechtsprechung und Dokumenten der

Europapolitik im World Wide Web. Die Portalfunktionen der Homepages des Centrums für angewandte Politikforschung (www.cap-lmu.de), des Instituts für Europäische Politik (www.iep-berlin.de) und des Instituts für Politische Wissenschaft und Europäische Fragen an der Universität zu Köln (http://www.politik.uni-koeln.de) bieten zusätzlich einen hilfreichen Einstieg zu europapolitischen Themen im Internet. Die **Zeittafel der europäischen Integration** gibt detailliert Auskunft über die zentralen Etappen der europäischen Integration von den Anfängen bis zur Gegenwart. Als weitere Orientierungshilfe dienen das Abkürzungsverzeichnis sowie ein Sachregister.

Zur Entstehung des Taschenbuchs

Das „Europa von A bis Z" ist ein Projekt des Instituts für Europäische Politik, das in Kooperation mit dem Centrum für angewandte Politikforschung der Universität München und dem Jean Monnet Lehrstuhl für Politische Wissenschaft an der Universität zu Köln verwirklicht wird. Besonderer Dank gilt dem Auswärtigen Amt für die großzügige Förderung des Projekts. Der Erfolg des Taschenbuchs hat sich bestätigt durch zwölf Auflagen, durch die Übersetzung einer leicht gekürzten Fassung in viele Amtssprachen der Europäischen Union durch die Europäische Kommission sowie durch mehrere Sprachfassungen. Unser Dank gilt insbesondere den Autorinnen und Autoren, deren großes Expertenwissen die solide Grundlage und das unverkennbare Profil des Taschenbuchs bildet. Für die sachkundige Redaktion danken wir Isabelle Tannous herzlich.

Prof. Dr. Dr. h.c. Werner Weidenfeld

Centrum für angewandte Politikforschung Geschwister-Scholl-Institut für Politische Wissenschaft der Ludwig-Maximilians-Universität München

Prof. Dr. Wolfgang Wessels

Jean Monnet Lehrstuhl Institut für Politische Wissenschaft und Europäische Fragen Universität zu Köln

Europäische Einigung im historischen Überblick

Werner Weidenfeld

1 Ausgangslage: Motive und Interessen nach dem Zweiten Weltkrieg

Von Beginn an war die europäische Integration kein hehrer Selbstzweck, sondern Ausdruck interessenorientierter Politik. Diese lässt sich nur dann verstehen, wenn man sich die Lage in Europa nach dem Zweiten Weltkrieg in Erinnerung ruft: Eine geschichtliche Sondersituation, gekennzeichnet durch den Niedergang der europäischen Staaten und ihre unmittelbar danach entstandene Frontstellung zur Sowjetunion. In dieser Lage waren es vor allem fünf Motive, welche die Europäer zum großen Experiment der Integration antrieben:

- Der Wunsch nach einem neuen Selbstverständnis: Nach den nationalistischen Verirrungen sollte Europa die Möglichkeit neuer Gemeinschaftserfahrung bieten. Ein demokratisch verfasstes Europa als Alternative zur abgelehnten nationalistischen Herrschaft.

- Der Wunsch nach Sicherheit und Frieden: Die einzelnen Nationalstaaten hatten den Zweiten Weltkrieg nicht zu verhindern vermocht, und man hoffte, dass ein geeintes Europa hierbei erfolgreicher sein und zugleich Schutz vor der Gefahr einer kommunistischen Expansion gewähren werde. Europa sollte eine Friedensgemeinschaft sein.

- Der Wunsch nach Freiheit und Mobilität: Über etliche Jahre hinweg hatten die Menschen unter kriegsbedingten nationalen Beschränkungen des Personen-, Güter- und Kapitalverkehrs gelitten. Insofern war es nur allzu verständlich, dass man sich nun die ungehinderte, freie Bewegung von Personen, Meinungen, Informationen und Waren wünschte.

- Die Hoffnung auf wirtschaftlichen Wohlstand: Das vereinigte Europa sollte die Menschen in eine Ära großer wirtschaftlicher Stabilität und Prosperität führen. Ein gemeinsamer Markt sollte den Handel intensivieren und effizientes ökonomisches Verhalten möglich machen.

- Die Erwartung gemeinsamer Macht: Die europäischen Staaten, die vor 1914 lange Zeit eine international dominierende Rolle gespielt hatten, hatten sich in zwei Weltkriegen zerfleischt. Die neuen Weltmächte USA und UdSSR zeigten Maßstäbe für neue internationale Machtgrößen, die weit über die Einheiten der vergleichsweise kleinen europäischen Nationalstaaten hinausgewachsen waren. Die westeuropäischen Staaten hofften, durch die politische Einigung vieles von der Macht gemeinsam zurückerlangen zu können, die sie einzeln verloren hatten.

Bereits in Winston Churchills Züricher Rede vom 19. September 1946 drückte sich kurz nach dem Krieg die entscheidende Orientierung an einer Vision der „Vereinigten Staaten von Europa" aus, deren erster Schritt die Bildung eines Europarats sein sollte. Churchill sprach von einer Union aller beitrittswilligen Staaten Europas unter der Führung Frankreichs und Deutschlands. Vor dem Hintergrund des sich verschärfenden Ost-West-Konflikts erhielt die sich 1948 organisierende Europäische Bewegung nachhaltigen Auftrieb. Die Gründung der Organisation für europäische wirtschaftliche Zusammenarbeit (OEEC) im Zusammenhang mit der Durchführung des Marshall-Plans zeigte zudem deutlich, dass die internationale Konstellation ein erhebliches Druckpotenzial enthielt, das den Prozess der europäischen Einigung forcierte: das Gefühl der Bedrohung durch den Kommunismus mit zunehmender Etablierung des Ostblocks, die amerikanische Unterstützung des Projekts der europäischen Einigung in Erwartung weltpolitischer Entlastung und der Öffnung neuer, großer Märkte, der wechselseitige Wunsch der westeuropäischen Staaten, sich gegenseitig zu binden, um neue, gefährliche Alleingänge einzelner Nationalstaaten auszuschalten.

Diese gemeinsame Grundhaltung verhinderte jedoch nicht, dass sich nach der Gründung der Europarats am 5. Mai 1949, die auf dem Europa-Kongress von Den Haag im Mai 1948 unter anderem von Politikern wie Robert Schuman, Alcide de Gasperi, Paul-Henri Spaak und Konrad Adenauer gefordert worden war, unterschiedliche Integrationsansätze herauskristallisierten. Diese folgten zwei Organisationsprinzipien: dem des Staatenbundes und dem des Bundesstaates. Der Gedanke der europäischen Einigung war unmittelbar nach dem Zweiten Weltkrieg wie auch in der Folgezeit zu keinem Zeitpunkt mit nur einem politischen Konzept oder einem einzigen Integrationsmodell gekoppelt. Ohne eine starre Fixierung auf ein geschlossenes Europa-Modell konnte der Einigungsprozess je nach gegebener Situation an völlig unterschiedlichen Materien der Politik ansetzen – von dort aus versuchte man, Fortschritte zu erzielen.

Das Ringen um die Einigung Europas ist insofern durch die Jahrzehnte hindurch gekennzeichnet von einem ausgeprägt pragmatischen Grundzug. Integration nicht auf dem Reißbrett, sondern entlang des politisch Notwendigen und Möglichen – dieser Charakter der Integration hat den Nebeneffekt, dass sie dem Laien oftmals als plan- und ziellos Unterfangen erscheint. Die tiefere

Logik erschließt sich dabei oftmals nicht, erst das Gesamtbild mag weiterhelfen. Und dieses beginnt Anfang der 1950er Jahre Gestalt anzunehmen.

2 Gründungsmoment und Entwicklungsgeschichte

Die Europäische Gemeinschaft für Kohle und Stahl

Auf Initiative des französischen Außenministers Robert Schuman (Schuman-Plan vom 9. Mai 1950) unterzeichneten die Vertreter der sechs Staaten Belgien, Deutschland, Frankreich, Italien, Luxemburg und der Niederlande am 18. April 1951 den Vertrag über die Europäische Gemeinschaft für Kohle und Stahl (EGKS). Die Grundidee stammte vom französischen Planungskommissar Jean Monnet. Die EGKS (auch Montanunion genannt) sollte für Kohle und Stahl einen gemeinsamen Markt schaffen und damit eine gemeinsame Kontrolle, Planung und Verwertung dieses kriegswichtigen Industriezweigs ermöglichen. Hauptmotive für diesen Vorschlag bildeten die Überlegungen zur Beseitigung der deutsch-französischen Erbfeindschaft und der Wunsch nach Schaffung eines Grundsteins für eine europäische Föderation. Die perzipierte deutsche Bedrohung Frankreichs sollte auf diesem Weg ebenfalls ausgeschlossen werden und zusätzlich eine Mitverfügung Frankreichs über die deutschen Kohlereserven gesichert werden.

Adenauer sprach sich für den Schuman-Plan aus: Zum einen diene dieser der deutsch-französischen Verständigung und zum anderen ermögliche er der noch nicht souveränen Bundesrepublik Deutschland, auf der internationalen Bühne Verhandlungen zu führen. Der Vertrag zur Gründung der EGKS trat am 23. Juli 1952 in Kraft. Laut Vertrag sollte eine Hohe Behörde die Exekutivrechte wahrnehmen. Eine gemeinsame Versammlung besaß die Qualität eines Diskussionsgremiums mit eingeschränkten Kontrollrechten. Die politischen Richtlinien- und Legislativrechte lagen beim so genannten „Besonderen Ministerrat". Ein elfköpfiger Gerichtshof wachte über die Vertragsauslegung, ein Beratender Ausschuss bestand aus Vertreten der beteiligten Interessengruppen.

Erstmals war damit die supranationale Organisation eines zentralen Politikbereichs in bislang nationalstaatlicher Kompetenz gelungen. Man war dabei nach dem funktionalistischen Integrationstyp vorgegangen. Der Funktionalismus geht davon aus, dass sich durch die Integration einzelner Sektoren ein gewisser sachlogischer Druck zur Übertragung immer weiterer Funktionen ergibt, bis sich schließlich eine umfassende Union erreichen lässt. Die umfassende ökonomische Integration des zentralen Wirtschaftssektors Kohle und

Stahl sollte also eine spätere politische Einigung nach sich ziehen. In diese Richtung erfolgten schon bald erste Schritte.

Europäische Verteidigungsgemeinschaft und Europäische Politische Gemeinschaft

Am 27. Mai 1952 unterzeichneten Vertreter der sechs Mitgliedstaaten der EGKS den Vertrag zur Errichtung der Europäischen Verteidigungsgemeinschaft (EVG). Die Anregung zu diesem Vorhaben ging auf den damaligen französischen Premierminister René Pleven zurück, der eine gemeinsame europäische Armee unter einem europäischen Verteidigungsminister anstrebte. Dieser Ansatz berührte nationale Rechte tief greifend, denn die Streitkräfte zählen bekanntermaßen zu den Bereichen originärer nationalstaatlicher Souveränität. Im Vertrag wurde in dieser Frage ein Kompromiss zwischen den Strukturprinzipien der Supranationalität und der Konföderation festgehalten. Organisatorisch war die EVG damit der EGKS vergleichbar.

Als Antwort auf das Gelingen einer Teilintegration der EGKS und der angestrebten EVG erfolgte zugleich das Bemühen um eine allgemeine politische Ergänzung: das konstitutionelle Modell. Am 10. September 1952 beschlossen die sechs Außenminister bei ihrem ersten Treffen als Rat der EGKS, deren erweiterte Versammlung solle als Ad-hoc-Versammlung die Verfassung einer Europäischen Politischen Gemeinschaft (EPG) ausarbeiten. Diese neu zu schaffende Gemeinschaft sollte über Zuständigkeiten im Montanbereich und in Verteidigungsfragen verfügen, sowie „die Koordinierung der Außenpolitik der Mitgliedstaaten (...) sichern". Die Entwicklung des Gemeinsamen Markts in den Mitgliedstaaten, die Anhebung des Lebensstandards und die Steigerung der Beschäftigung sollten weitere Zielsetzungen der EPG sein. Binnen zwei Jahren sollten die bestehende EGKS und die vorgesehene EVG in die EPG integriert werden.

Der am 10. März 1953 dem Rat vorgelegte Verfassungsentwurf sah in seinen 117 Artikeln ein dichtes Geflecht institutioneller Regeln mit stark supranationalen Akzenten vor. Neben einem Parlament mit zwei Kammern sollten ein Exekutivrat, ein Rat der nationalen Minister, ein Gerichtshof und ein Wirtschafts- und Sozialrat eingerichtet werden. Das EPG-Projekt sollte mit einem ausgeprägt konstitutionellen Fundament einerseits die EGKS und die EVG verknüpfen, andererseits auch in anderen Bereichen (Außen- und Wirtschaftspolitik) tätig werden.

Der Entwurf des EPG-Vertrags wurde im März 1953 von der Versammlung der Montanunion einstimmig gebilligt. Die im gleichen Jahr geführten Verhandlungen der Außenminister kamen jedoch nicht zu einer Einigung über den Umfang des nationalen Souveränitätsverzichts. Als Frankreich im März 1954 eine Vertagung der Verhandlung verlangte, zeigten sich die anderen Regierungen mehrheitlich nicht mehr interessiert.

Im August 1954 scheiterte die EVG in der französischen Nationalversammlung. Für den europäischen Verfassungsentwurf entfiel damit die Grundlage und das Vorhaben der Europäischen Politischen Gemeinschaft wurde vorerst aufgegeben. Danach erfolgte der Rückgriff auf das in Ansätzen bewährte funktionalistische Modell, wenn auch mit stark föderalistischen Begleitüberlegungen. Die Einrichtung von EWG und Euratom setzte die Grundlinie sektoraler Integration fort. Doch der Versuch der Verfassungsgebung wurde in der Folgezeit nie ganz aufgegeben. Insofern hat der Verfassungsprozess, der zur Jahrtausendwende angestoßen wurde und in der Unterzeichnung der EU-Verfassung im Herbst 2004 mündete, seinen ersten Vorläufer bereits in den 1950er Jahren.

Die Römischen Verträge

Auf der Konferenz der Außenminister der EGKS in Messina am 1./2. Juni 1955 wurde beschlossen, Verhandlungen über die Integration zweier weiterer Bereiche zu beginnen. Die konzeptionelle Grundlage hierzu enthielt der Spaak-Bericht, benannt nach dem belgischen Politiker Paul-Henri Spaak. Daraus entstanden dann die am 25. März 1957 unterzeichneten „Römischen Verträge" zur Gründung der EWG und der Euratom, deren 50sten Jahrestag unter deutscher EU-Ratspräsidentschaft im ersten Halbjahr 2007 gefeiert werden konnte. Die sechs Gründerstaaten der EGKS strebten im Rahmen der EWG eine Zollunion an, die Handelshemmnisse abbauen und einen gemeinsamen Außenzoll ermöglichen sollte. Zusätzlich wurde im EWG-Vertrag das Ziel festgeschrieben, einen Gemeinsamen Markt mit freiem Personen-, Dienstleistungs- und Kapitalverkehr zu schaffen sowie die dafür notwendige Koordinierung und Harmonisierung unterschiedlicher Politiken vorzunehmen. Organisatorisch orientierte sich die EWG an der Montanunion (EGKS). Die Kommission erhielt gewissermaßen die Exekutivgewalt, der Ministerrat fungierte als Legislative, die Versammlung debattierte über die Berichte und sorgte für die Verbindungen zu den nationalen Parlamenten, der Gerichtshof kontrollierte die bestimmungsgemäße Anwendung des Vertrags. Euratom diente dem Zweck, Aufbau und Entwicklung der Nuklearindustrie in den sechs Mitgliedstaaten zu fördern. Per Fusionsvertrag vom 8. April 1965, der am 1. Juli

1967 in Kraft trat, wurden die Organe der drei Europäischen Gemeinschaften (EG) EGKS, EWG und Euratom integriert.

Wie dicht die beiden Vorhaben EWG und Euratom zusammenhängen, belegt die enge Verknüpfung im Sinne der politischen Verhandlungsstrategie, „europäische Pakete" zu schnüren. Die Tagesordnungspunkte, die Interessen und Einzelkonflikte blieben nicht unverbunden nebeneinander stehen, sondern sie wurden in einen dichten politischen Zusammenhang gestellt: Euratom kommt nur zustande, wenn der Gemeinsame Markt realisiert wird; die militärischen Vorbehalte der Franzosen gegen eine Ausdehnung von Euratom werden nur akzeptiert, wenn die EWG angemessen ausgestattet wird. In der Verschnürung des Pakets werden selbst gegenläufige Interessen europapolitisch produktiv gemacht. Was als Einzelvorstoß geradezu aussichtslos erscheint, kann im Gesamttableau der Themen kompromissfähig werden. Diese Strategie der Kompromisssuche durchzieht wie ein roter Faden die Geschichte der Integration. Die Konstellationen, die sich in den Verhandlungen zu den Römischen Verträgen herauskristallisierten, hatten historisch-prägenden Charakter. Hier prallten die divergierenden nationalen Interessen der Staaten hart aufeinander: Frankreichs Interesse an einem Schutzzaun um die eigene Wirtschaft und sein Interesse an Kontrolle der Atompolitik, vor allem des östlichen Nachbarn, bei gleichzeitiger Aussparung der militärischen Atomkomponenten aus der europäischen Gemeinschaftsbildung; das deutsche Interesse an ungehinderter Bewegung im großen Gemeinsamen Markt; das englische Interesse, lediglich eine Freihandelszone zu etablieren und möglichst wenig Supranationalität in Europa entstehen zu lassen; das sowjetische Interesse, die Aufmerksamkeit der europäischen Staaten ganz auf den Bau einer gesamt-europäischen Friedensordnung zu konzentrieren. All dies prägte in einer ungewöhnlichen dokumentarischen Dichte die Verhandlungen um die Römischen Verträge. Zwischen den sechs Verhandlungspartnern kam es zum Durchbruch, als sich Frankreich und Deutschland einigten. In der Folgezeit erwies sich das „deutsch-französische Tandem" immer wieder als Triebkraft der Integration – die trotz gelegentlicher Interessendifferenzen auch nach der großen Erweiterungswelle 2004/2007 ihre Dynamik beibehalten hat.

Ende der 1950er Jahre war mit EGKS, EWG und Euratom ein architektonischer Dreiklang geschaffen, der wichtige Weichenstellungen für die wirtschaftliche Integration der Mitgliedstaaten in zentralen Politikfeldern vornahm. Die Idee einer politischen Integration aber wurde auch weiterhin verfolgt.

Integrationspolitische Erfolge, Krisen und Reformversuche in den 1960er und 1970er Jahren

Nachdem die Römischen Verträge recht zügig umgesetzt zu werden versprachen – was sich allerdings bereits in den 1960er Jahren in letzter Konsequenz als zunehmend schwierig erwies –, erfolgte der erneute Versuch, einen politischen Rahmen für die Integration zu schaffen. Die Fouchet-Verhandlungen, benannt nach dem französischen Diplomaten Christian Fouchet, aufgrund eines Beschlusses der Bonner Gipfelkonferenz vom 18. Juli 1961 aufgenommen, folgten nun allerdings nicht dem früheren supranationalen, konstitutionellen, sondern dem intergouvernementalen Konzept, das die Zusammenarbeit zwischen den Regierungen ins Zentrum rückt. Die Fouchet-Pläne sahen ein Verfahren der lockeren politischen Abstimmung der EWG-Mitgliedstaaten vor, das eher herkömmlichen internationalen Prozeduren entsprach.

Als man sich 1962 nicht über eine solche Perspektive und ebenso wenig über den möglichen Beitritt Großbritanniens zur EWG einigen konnte, waren die Fouchet-Verhandlungen gescheitert. Doch die Integration brach sich in einer „Ersatzlösung" Bahn: Der deutsch-französische Freundschaftsvertrag wurde am 22. Januar 1963 von Adenauer und de Gaulle in der Absicht unterzeichnet, zunächst zwischen Deutschland und Frankreich eine dichte politische Zusammenarbeit zu schaffen, der sich auf Dauer die übrigen EWG-Mitgliedstaaten nicht würden entziehen können. Die Vertragsväter strebten eine politische Verbindung an, die auch die sicherheitspolitische Komponente umfassen sollte. Die Verklammerung von Deutschland und Frankreich sollte zum Motor der politischen Union Europas werden. Selbst wenn Initiativen wie die Fouchet-Pläne scheiterten, dachte die europäische Integration also immer auch in Alternativen.

Ein Einbruch in der Erfolgsgeschichte der europäischen Integration geschah mit dem so genannten „Luxemburger Kompromiss" von 1966. In der vertraglich vorgesehenen Übergangszeit wären ab dem 1. Januar 1966 im Ministerrat Abstimmungen mit qualifizierter Mehrheit zu wichtigen Sachgebieten möglich geworden. Diesen Übergang suchte Frankreich mit seiner „Politik des leeren Stuhls" zu verhindern, indem es an den Sitzungen der EWG-Gremien seit dem 1. Juli 1965 nicht mehr teilnahm. Im Luxemburger Kompromiss wurde daraufhin am 27. Januar 1966 festgehalten, dass man in kontroversen Angelegenheiten den Konsens suchen solle. Falls es aber nicht gelänge, diesen Konsens herzustellen, ging Frankreich davon aus, dass das einzelne Mitglied eine Veto-Position besitze, falls vitale Interessen berührt seien. Die fünf restlichen EWG-Staaten dagegen wollten die vertraglich vorgesehenen

Abstimmungsprozeduren verwirklichen. In der Interpretationsgeschichte des Luxemburger Kompromisses gelang es Frankreich, seine Sicht durchzusetzen, so dass danach faktisch für jedes EWG-Mitglied die Möglichkeit des Vetos bestand. Im Ministerrat blieben daher viele Entwicklungsfäden einer dynamischen Integrationspolitik hängen.

Unter der Führung von General Charles de Gaulle lehnte Paris darüber hinaus auch die autonome Zuständigkeit der EWG in bestimmten Fragen sowie den Beitritt des Vereinigten Königreichs zur EG ab. Erst unter Georges Pompidou, Nachfolger de Gaulles im Präsidentenamt, zeigte sich die Regierung in Paris flexibler. Die Haager Gipfelkonferenz vom 1./2. Dezember 1969 beschloss daraufhin die Norderweiterung der Europäischen Gemeinschaften. Die Beitrittsverhandlungen mit Großbritannien, Dänemark, Norwegen und Irland konnten am 22. Januar 1972 mit der Unterzeichnung der Beitrittsverträge abgeschlossen werden. Volksabstimmungen in Großbritannien, Irland und Dänemark ergaben Mehrheiten für einen Beitritt zur EG, die norwegische Bevölkerung lehnte allerdings die EG-Mitgliedschaft ab. Anfang der 1970er Jahre war die EG damit von sechs auf neun Mitgliedstaaten angewachsen.

Die Krisen der 1960er Jahre hatten zunehmend zu einem Rückgriff auf intergouvernementale Strukturen geführt. Vertiefungsschritte schienen nur noch dann möglich, wenn jedem Mitgliedstaat das nationale Veto in der Hinterhand verblieb. So beschlossen etwa die EG-Außenminister am 27. Oktober 1970 auf der Grundlage des Davignon-Berichts die Grundsätze und Verfahrensweisen der so genannten „Europäischen Politischen Zusammenarbeit" (EPZ). Die EPZ mit stark intergouvernementalem Charakter sollte das zentrale Instrument der Koordinierung der Außenpolitiken der Mitgliedstaaten der EG darstellen. Auch wenn diese nicht immer zu einer Vergemeinschaftung führte, so blieb die Tendenz zur Intensivierung zwischenstaatlicher Kooperationen durch eine Ausweitung auf neue Bereiche der Zusammenarbeit doch zu jeder Zeit erhalten.

Mit der Erfüllung der zentralen Pfeiler der Römischen Verträge – der Einrichtung gemeinsamer Institutionen, der Vergemeinschaftung so wichtiger Politikfelder wie der Landwirtschaft, der (friedlichen) Nutzung der Atomenergie, dem Gemeinsamen Markt und der Freizügigkeit – verlangte die Integration seit Anfang der 1970er Jahre nach der Ergänzung durch weitere Maßnahmen:

- ■ Die institutionelle Stagnation ließ nach der Einrichtung neuer Institutionen und der Reform einzelner Organe rufen: 1974 wurde der Europäische Rat durch einen Beschluss der Staats- und Regierungschefs der EG begründet.

Dieser sollte in Zukunft mindestens zweimal jährlich tagen und die Grundlinien der EG-Politik festlegen. Die Schaffung des Europäischen Rats war nicht zuletzt eine Reaktion auf die Führungsschwäche der Kommission, die zunehmend den Konflikt mit dem Ministerrat scheute. Darüber hinaus fand vom 7. bis 10. Juni 1979 die erste allgemeine und unmittelbare Europawahl in den damals neun Mitgliedstaaten der EG statt. Zum ersten Mal konnten die Bürger der EG direkt Einfluss auf die Gestaltung der europäischen Politik nehmen, auch wenn das Parlament zu diesem Zeitpunkt noch vergleichsweise schwache Kompetenzen besaß. Der erste Schritt hin zu einem von den Bürgern legitimierten europäischen Einigungswerk war damit getan. Europa fand seitdem nicht mehr nur am Verhandlungstisch statt. Die Akteure europäischer Politik mussten ab sofort den Willen der Bürger Europas stärker in ihr Denken und Handeln einbeziehen. Der Aufbau einer europäischen Identität mittels des Kommunikations-, Interaktions- und Kontrollorgans „Parlament" erhielt eine neue Perspektive.

■ Der Gemeinsame Markt bedurfte der Ergänzung durch eine gemeinsame Wirtschafts- und Währungspolitik: Auf der Haager Gipfelkonferenz und in zwei Ratsentschließungen vom März 1971 und vom März 1972 wurde das Ziel der Realisierung einer Wirtschafts- und Währungsunion (WWU) bis 1980 formuliert. Geplant waren nicht nur die vollständige Verwirklichung der in den Römischen Verträgen verankerten Freizügigkeiten und eine feste Wechselkursstruktur mit uneingeschränkter Währungskonvertibilität, sondern auch die Übertragung zentraler wirtschafts- und währungspolitischer Zuständigkeiten der EG-Mitglieder auf die Gemeinschaftsorgane. Die Umsetzung dieses Konzepts sollte in mehreren Stufen erfolgen. Im Werner-Plan vom Oktober 1970, benannt nach dem damaligen luxemburgischen Ministerpräsidenten und Finanzminister, wurden diese Schritte zu einer WWU präzisiert. Grundsätzlich unterschiedliche wirtschafts- und integrationspolitische Ansätze und die krisenhafte Entwicklung in den Mitgliedstaaten verhinderten jedoch die Koordinierung der Wirtschafts- und Währungspolitik und das angestrebte gemeinschaftliche Festkurssystem. Die seit Mitte der 1970er Jahre in den EG-Staaten durchgeführte Inflationsbekämpfung erwirkte im Laufe der Zeit jedoch eine Annäherung der Wirtschafts- und Währungspolitiken. Dies kam einer deutsch-französischen Initiative von Helmut Schmidt und Valéry Giscard d'Estaing zugute, die auf die Gründung eines Europäischen Währungssystems (EWS) zielte. Kern war dabei das Konzept eines gemeinsamen Wech-

selkursmechanismus. Am 13. März 1979 trat das EWS rückwirkend zum
1. Januar 1979 in Kraft.

■ Die Neuordnung der EG-Finanzierung forderte die Kompetenzerweiterung des Europäischen Parlaments, speziell in der Haushaltspolitik: Die
1970 beschlossene Einführung von Eigenmitteln für die EG-Finanzierung
brachte in mehreren Stufen bis 1975 eigene Einnahmen für die EG. Als
Einnahmequellen wurden Abschöpfungen, Prämien, Zusatz- und Aus-
gleichsbeträge aus der gemeinsamen Agrarpolitik, Zölle des gemeinsamen
Zolltarifs, Abgaben an die EG sowie ein Mehrwertsteueranteil aus den
Mitgliedstaaten festgelegt. Ministerrat und Europäisches Parlament bilden
die Haushaltsbehörde der EG, wobei der Rat für die obligatorischen Ausgaben (weitgehend Agrarmarktgelder), das Parlament hingegen für die
nichtobligatorischen Ausgaben zuständig ist. Seit 1975 wird der Haushalt
nur mit der Unterschrift des Präsidenten des Europäischen Parlaments
rechtsgültig, was also eine Ablehnungsmöglichkeit bei entsprechenden
Mehrheiten im Parlament einschließt. Die Aufteilung in obligatorische und
nichtobligatorische Ausgaben wurde erst mit dem Entwurf des Verfassungsvertrags 2004 aufgehoben. Nach dem Scheitern des Verfassungsvertrags in den Referenden in Frankreich und den Niederlanden im Frühjahr
2005 wurde diese Regelung in den Vertrag von Lissabon übernommen.

Trotz der Fortschritte in Einzelbereichen blieben aber Unsicherheiten in der
großen Zielperspektive bestehen. Daher beauftragten die Staats- und Regierungschefs im Jahr 1974 den damaligen belgischen Ministerpräsidenten Leo
Tindemans, ein Gesamtkonzept zur Umwandlung der EG in eine „Europäische Union" vorzulegen. Der am 29. Dezember 1975 vorgelegte Bericht enthielt unter anderem die Forderung nach einer einzigen Entscheidungszentrale
mit ausreichender Autorität sowie nach einer Verstärkung der gemeinsamen
Außenpolitik. Tindemans formulierte mit starker Betonung der inhaltlichen
Fragen der europäischen Politik einen eigenen Zugang, den man mit dem
Stichwort des „pragmatischen Minimalismus" kennzeichnen kann. So hob er
die Notwendigkeit der schrittweisen Vertiefung der europäischen Integration,
wenn erforderlich mit „zwei Geschwindigkeiten", hervor. In der Folgezeit
versäumten es die Mitgliedstaaten jedoch, aus dem Bericht ein konkretes Programm zur Schaffung der Europäischen Union vorzulegen und umzusetzen.

Eine Bestandsaufnahme des europäischen Integrationsprozesses am Ende der
1970er Jahre zeigt, dass neben Erfolgen auch Versäumnisse festzuhalten waren. Zweifellos hatte die EG die in den Römischen Verträgen verankerten
Grundfreiheiten weitgehend verwirklicht. Wesentliche Hindernisse für einen

freien Warenverkehr waren beseitigt, ein gemeinsamer Zolltarif war eingeführt. Die Vergemeinschaftung zentraler politischer Bereiche war vollzogen
und hatte zum wirtschaftlichen Wohlstand und zur demokratischen Stabilität
Westeuropas beigetragen. Die Ergänzung des Gemeinsamen Markts durch eine gemeinschaftliche Außenhandelspolitik war ebenfalls gelungen.
Einige Zielsetzungen waren jedoch nicht oder nur unzureichend realisiert. So
bestanden weiterhin Zollformalitäten, die Freizügigkeit war immer noch eingeschränkt und unterschiedliche indirekte Steuersätze belasteten die Effektivität des Binnenmarkts. Darüber hinaus war ein wirklicher Durchbruch zu
einer WWU nicht erreicht. Es hatte sich allerdings gezeigt, dass die Mitgliedstaaten gezielt über die vertraglich fixierten Politikbereiche hinauszugreifen
bereit waren, wenn es von der Aufgabenstellung her sinnvoll erschien. Dies
traf insbesondere für die Etablierung neuer Instrumente und Institutionen zu,
die zum Teil neben der EG, aber in enger politischer Zuordnung eingerichtet
worden waren (z.B. die EPZ, der Europäische Rat und das EWS). Aus dem
Überschreiten der Kernbereiche der Römischen Verträge ergaben sich jedoch
neue Integrationsprobleme. Denn um Fragen von nicht originärer EG-Zu-
ständigkeit einzubeziehen, war es notwendig, nationale Politiken zu koordinieren. Das Spektrum politischer Strategien wies also zwei konkurrierende
Ansätze auf: Supranationale Entscheidungsfindung und internationale Koordination standen nebeneinander. Es entwickelte sich daraus die Gefahr, dass
die Strategie internationaler Koordination die supranationale Strategie unterlaufen konnte. Dieses Spannungsverhältnis blieb prägend für die Geschichte
der Integration.

Dialektik von Krise und Reform: Der Problemkatalog zu Beginn der 1980er Jahre und der Weg zur Einheitlichen Europäischen Akte

Eine Dialektik von Krise und Reform sollte in den 1980er Jahren prägend für
die Europäischen Gemeinschaften sein. „Krise" und „Reform" traten im Prozess der europäischen Einigung in eine letztlich produktive Wechselwirkung:
Versäumte Reformen trugen wesentlich zu den Krisenerfahrungen bei, verschärfte Krisen und ein komplexer Problemberg erhöhten den Reformdruck.
Die Wirtschaft aller EG-Mitgliedstaaten befand sich seit Mitte der 1970er
Jahre in einer Krise. Die Gefahr wuchs, dass erfindungsreicher nationaler
Protektionismus den Gemeinsamen Markt aushöhlte. Die ungünstige Entwicklung der weltwirtschaftlichen Rahmenbedingungen und die ökonomischen Probleme innerhalb der EG führten zu immer stärkeren Widersprüchen
zwischen Gemeinschaftsinteressen und nationalstaatlichen Anliegen. Ein Pro-

zess der Entsolidarisierung war unübersehbar. Das Vorhaben der Süderweiterung stieß so auf starken Widerstand.

In dieser wirtschaftlich schwierigen Situation wirkte sich die institutionelle Schwäche der Gemeinschaft besonders ungünstig auf die Handlungsfähigkeit aus. Die Kommission war zu einem Verwaltungszentrum der intergouvernementalen Kooperation geworden. Die Arbeit des Ministerrats, jenes zentralen Entscheidungsorgans der EG, war durch mangelhafte Effektivität gekennzeichnet. Es verschwamm im Halbdunkel des geheimen Beschlussverfahrens und zu Hause in der kollektiven Regierungsverantwortlichkeit.

Der Haushalt der EG war seit vielen Jahren mit strukturellen Mängeln belastet. Die Gemeinschaft hatte mittlerweile die Grenze ihrer Finanzierbarkeit erreicht. Das verfügbare Finanzvolumen war im Blick auf die anstehenden Aufgaben zu knapp bemessen. Vor allem die Konzentration von etwa zwei Dritteln aller Haushaltsausgaben auf den Agrarmarkt schränkte die Möglichkeiten zu einer aktiven Europapolitik in den anderen Bereichen drastisch ein. Das Wort von der „Eurosklerose" machte die Runde. Der Europagedanke hatte sichtlich an Fahrt verloren.

Rückblickend lassen sich zu Beginn der 1980er Jahre fünf zentrale „Baustellen" im Integrationsprozess benennen:

- Die Gemeinschaft musste Wege finden, um ihre Identität zu stärken und damit gegenüber Einzelinteressen von einzelnen Mitgliedstaaten oder starken gesellschaftlichen Interessenvertretern durchsetzungsfähiger zu werden.

- Das institutionelle Gefüge der Gemeinschaft musste weiterentwickelt werden, um die Effektivität und die demokratische Legitimation europäischer Politik zu gewährleisten.

- Die Reform des Agrarmarkts, die Weiterentwicklung der Eigeneinnahmen, der Ausbau der Haushaltskompetenzen des Europäischen Parlaments sowie die Steigerung des Anteils der Regional- und Sozialpolitik am Gesamthaushalt der EG waren überfällig.

- Die Gemeinschaft sah sich gezwungen, einen größeren Beitrag zum innergemeinschaftlichen Ressourcentransfer zu leisten. Die Mitgliedstaaten standen damit vor der Aufgabe, für einen höchst unterschiedlich strukturierten Wirtschaftsraum eine gemeinsame Strukturpolitik zu entwerfen.

- Der Gemeinschaft stellte sich angesichts der internationalen Herausforderungen die schwierige Aufgabe, ihre außenpolitische Zusammenarbeit und Handlungsfähigkeit wesentlich zu steigern.

Der Beginn der 1980er Jahre war von einer Reformdiskussion gekennzeichnet wie selten zuvor. So kündigte der damalige deutsche Außenminister Hans-Dietrich Genscher am 6. Januar 1981 eine neue Europa-Initiative an. Genscher nahm dabei einen seit vielen Jahren benutzten, aber immer noch sehr unscharfen Zielbegriff der Europapolitik auf: Die „Europäische Union". Er schlug vor, dieses Ziel durch einen Vertrag – eine „Europäische Akte" – inhaltlich zu fixieren. Die Grundgedanken dieser Akte waren eine stärkere Verbindung von EG und EPZ unter dem gemeinsamen Dach des Europäischen Rats, die Steigerung der Effizienz im Entscheidungsprozess durch den Ausbau der Führungsposition des Europäischen Rats, durch Kompetenzerweiterungen des Europäischen Parlaments und durch die Abkehr vom Einstimmigkeitsprinzip des Ministerrats, die Einbeziehung der Sicherheitspolitik in die EPZ sowie eine engere Zusammenarbeit im kulturellen und im rechtspolitischen Bereich. Die italienische Regierung griff diese Überlegungen auf und ergänzte sie durch konzeptionelle Darlegungen zur wirtschaftlichen Integration. Am 4. November 1981 legten die deutsche und die italienische Regierung einen gemeinsamen Entwurf für eine Europäische Akte vor, der ausdrücklich auf konsensfähige Punkte konzentriert sein sollte. Mit dieser Initiative begann ein schwieriger Verhandlungsprozess mit den übrigen Partnern, in dessen Verlauf sich bald herausstellte, dass die konsensfähigen Bereiche doch enger abzustecken waren, als es die Autoren zunächst annahmen. Der Gedanke, einen Vertrag abzuschließen, wurde frühzeitig aufgegeben.

Die europäische Tagespolitik brachte Anfang der 1980er Jahre Bewegung in die Reformdebatte: In der Frage der Einführung von Mehrheitsentscheidungen im Ministerrat kam es zu einem ersten Präzedenzfall. Die Landwirtschaftsminister waren nicht in der Lage, sich bis zum vorgesehenen Stichtag, dem 1. April 1982, auf die Agrarpreise zu einigen. Tagungen des Agrarministerrats im April und Anfang Mai brachten keine Entscheidung. Insbesondere Frankreich pochte auf eine Einhaltung des Luxemburger Kompromisses. Eine neue Dimension erhielt das Thema plötzlich, als Großbritannien eine Blockade der Agrarpreise zum Vehikel seiner Haushaltsforderungen machte. Das Veto Großbritanniens sollte als Hebel für Forderungen dienen, die gar nicht in einem direkten Zusammenhang mit der Entscheidungsmaterie standen. Großbritannien war nicht zu einem Nachgeben in der Beitragsfrage bereit. In der Beratung der Außenminister am Abend des 17. Mai 1982 bewegte sich nichts. Einen Tag später entschied dann der Ministerrat doch mit der laut Vertrag erforderlichen qualifizierten Mehrheit. Großbritannien, Dänemark und Griechenland nahmen an der Abstimmung nicht teil. Damit hatte eine subtile Verschiebung der politischen Akzente stattgefunden: Die Feststellung des Gemeinschaftswillens wurde zwar nicht schematisch unter das kompromisslose Diktat der Mehrheit, aber auch nicht mehr automatisch dem Veto der Minderheit unterworfen. Entscheidend war vor allem die Interpretation, die Frankreich der Mehrheitsabstimmung im Ministerrat gab. Die französische Regierung ließ erklären, der „Luxemburger Kompromiss" gebe jedem Mitglied zwar die Sicherheit, dass ihm keine Entscheidung aufgezwungen werde, gegen die es ein vitales Interesse vorbringen könne. Es könne aber nicht Sinn dieses Vorbehalts sein, einem Mitglied die Möglichkeit zu geben, das Funktionieren der Gemeinschaftsprozeduren zu verhindern. Frankreich hatte damit seine Interpretation des „Luxemburger Kompromisses" gemeinschaftsfreundlich akzentuiert. Dieser Präzedenzfall, der herausragende Bedeutung für das Binnenmarktprogramm erlangen sollte, verdeutlicht, dass sich die Reformdebatten keinesfalls im luftleeren Raum abspielten, sondern konkrete Bezüge zur europäischen Politik besaßen: Der Problemdruck machte Reformen schlicht unausweichlich.

Das Europäische Parlament beteiligte sich intensiv an den Reformdiskussionen. Dabei entwickelte es Überlegungen von sehr unterschiedlicher Reichweite. Bei allen Initiativen war das Parlament jedoch bemüht, seine politische Rolle zu stärken, die Effizienz seiner Verfahren zu verbessern und den Weg zu durchgreifenden Kompetenzerweiterungen zu ebnen. Von besonderem Ehrgeiz war zweifellos das Vorhaben, eine europäische Verfassung auszuarbeiten. Der institutionelle Ausschuss unter dem Vorsitz von Altiero Spinelli erarbeitete den Entwurf eines Vertrags zur Gründung der Europäischen Union, der am 14. Februar 1984 im Europäischen Parlament mit einer Mehrheit von 237 Stimmen bei 34 Gegenstimmen und 54 Enthaltungen angenommen wurde. Der Text blieb aber letztlich in den Debatten der nationalen Institutionen hängen. Nutzlos war die Spinelli-Initiative jedoch nicht: Sie wurde zu einem der Auslöser für die Einheitliche Europäische Akte, mit der Ende der 1980er Jahre das große Werk der Binnenmarktvollendung organisiert wurde.

Das Jahr 1984 brach auch mit der Spirale dramatischer Kostenexplosion auf dem Agrarsektor. Es machte – wenn auch nur vorsichtig und sektoral begrenzt – ein Ende mit dem Gedanken der unbegrenzten Absatzgarantie. Nach Vorvereinbarungen der Agrarminister in Bezug auf die Überproduktion bei Milch und Getreide sowie den Abbau der Währungsausgleichsbeträge fixierte der Gipfel von Fontainebleau am 25./26. Juni 1984 unter Hinzufügung von Ausnahmeregelungen für Irland die Vereinbarungen und bestätigte damit vor allem eine Beschränkung der Garantiemengen für Milch. Der Europäische Rat in Fontainebleau einigte sich neben den schlichtenden Beschlüssen in der Agrarpolitik außerdem auf eine vorläufige Lösung des seit Jahren schwelenden Haushaltskonflikts. Bis dahin hatte man Jahr für Jahr eine Minderung der britischen Haushaltsbelastungen in Form von Ad-hoc-Regelungen vereinbart. Die in Fontainebleau gefundene Lösung hob demgegenüber auf eine längerfristige, wenn auch nicht unbedingt weitsichtige Regelung eines Rabatts ab. Dieses Ausgleichssystem kam erstmals 1985 zur Anwendung. Der Europäische Rat setzte in Fontainebleau außerdem zwei Reform-Kommissionen ein, den Adonnino-Ausschuss für das „Europa der Bürger" und den Dooge-Ausschuss zur Ausarbeitung von Vorschlägen zu institutionellen Fragen, deren Reformvorschläge jedoch auf den nachfolgenden Gipfeln kaum Gehör fanden.

Nicht zuletzt stellte der Gipfel in Fontainebleau die letzten Weichen für die Süderweiterung. Auf beiden Seiten gab es gemischte Gefühle, als die letzten Steine zum Beitritt Spaniens und Portugals aus dem Wege geräumt wurden. Als die Beitrittsverträge am 29. März 1985 unterzeichnet und am 1. Januar 1986 vollzogen wurden, herrschte dennoch Feiertagsstimmung. Die Süderweiterung wurde als selten gewordenes Erfolgserlebnis der Europapolitik begrüßt. Doch die politische Architektur der EG wandelte sich durch die Erweiterungen. Der gemeinsame Entwicklungstrend mit der Perspektive der politischen Einigung Europas war durch die Beitritte der 1970er und Anfang der 1980er Jahre einem stärker ökonomisch akzentuierten Ansatz gewichen. Die Süderweiterung verschob nun nicht nur die Akzente in Richtung Mittelmeer, sondern machte auch eine Erhöhung der Ausgaben der Gemeinschaft notwendig. Bereits am Beispiel der Süderweiterung zeigte sich die enge Verbindung zwischen Reformdruck auf der einen und Erweiterungsprozess auf der anderen Seite – ein Zusammenhang, der sich vor allem im Kontext der Erweiterungen infolge des Zusammenbruchs der Sowjetunion als zentrale Triebfeder für die Systementwicklung der EU erweisen sollte.

In der Reformdiskussion erfolgte auf dem Mailänder Gipfel am 28./29. Juni 1985 trotz aller Querelen zwischen den Mitgliedstaaten ein entscheidender Schritt: Der Europäische Rat beschloss, eine Regierungskonferenz einzuberufen, in deren Rahmen die bestehenden Reformvorschläge präzisiert und entscheidungsreif gemacht werden sollten. Dieser Durchbruch konnte vor allem auch deshalb erzielt werden, weil Bundeskanzler Helmut Kohl und Frankreichs Staatspräsident François Mitterrand schon vor dem Mailänder Gipfel vereinbart hatten, ein gemeinsames Konzept zur politischen Fortentwicklung vorzulegen. Beide machten öffentlich deutlich, dass sie den Weg zur Politischen Union Europas auch dann zu gehen bereit seien, wenn nicht alle EG-Mitglieder folgten.

Die Bundesregierung wollte den von allen Mitgliedern geteilten Wunsch, den Binnenmarkt endlich zu realisieren, nicht als Absichtserklärung versanden lassen. Dazu waren Änderungen der Römischen Verträge notwendig. Der EWG-Vertrag legte in zentralen Feldern des Binnenmarkts Einstimmigkeit fest. Dies hatte alle Bemühungen, den Binnenmarkt zu vollenden, bisher entscheidend beeinträchtigt. Hier sollte die Einführung von Mehrheitsentscheidungen wirksam Abhilfe schaffen. In einem zweiten Bereich erschienen Korrekturen der Römischen Verträge notwendig: bei den Kompetenzen des Europäischen Parlaments. Den direkt gewählten Repräsentanten der europäischen Bürger war noch immer eine effektive Mitwirkung in weiten Bereichen verwehrt. Angesichts vielfältiger Widerstände bei den Partnern schlug die deutsche Seite vor, wenigstens in wichtigen, ausgewählten Bereichen (unter anderem Erweiterung, Assoziierung) die Mitwirkung des Europäischen Parlaments zu verankern, um damit einen ersten Schritt auf dem Weg des Europäischen Parlaments zu einer echten Zweiten Kammer im Gesetzgebungsprozess der EG zu vollziehen. Daneben wurden die Bemühungen fortgesetzt, den politischen Rahmen des Integrationsprozesses zu festigen. Der dazu formulierte deutsch-französische Vertragsentwurf, der neben die Römischen Verträge gestellt werden sollte, versuchte, die bis dahin recht erfolgreiche Kooperation im Rahmen der EPZ in eine feste Form zu gießen und zu kodifizieren.

Der Mailänder Gipfel hatte also Weichen gestellt. Aber in welche Richtung und mit welcher Geschwindigkeit würde sich der europäische Zug nun in Bewegung setzen? Würde er einzelne Waggons abkoppeln, zumindest aber deren Bremsklötze entfernen? – Fragen, die in den Monaten zwischen Mailänder und Luxemburger Gipfel immer wieder aufgeworfen wurden. Die zwischen diesen beiden Gipfeln tagende Regierungskonferenz, an deren Vorbereitung und Durchführung alle zwölf EG-Mitgliedstaaten mitwirkten, erarbeitete schließlich die Einheitliche Europäische Akte (EEA), die auf dem Luxemburger Gipfel am 2./3. Dezember 1985 verabschiedet wurde und deren Detailformulierungen die dazu ermächtigten Vertreter der Mitglieder in den Wochen danach endgültig fixierten. Langfristige und strukturelle Bedeutung erhielten folgende Elemente der EEA:

- Der Binnenmarkt sollte bis zum 31. Dezember 1992 vollendet werden. Dieser Fahrplan war bereits im Weißbuch der Kommission zur Vollendung des Binnenmarkts vom Juni 1985 unter der Ägide von Kommissionspräsident Jacques Delors entwickelt worden. Im Weißbuch wurden sämtliche existierenden Hindernisse für einen wirklich freien Markt in der EG benannt und eine Gesamtstrategie zu dessen Verwirklichung vorgelegt.

■ Die Regierungskonferenz und der Luxemburger Gipfel fixierten für den Bereich des Binnenmarkts ein neues Beschlussverfahren und korrigierten so die Römischen Verträge. Dieses neue Verfahren sah zusätzliche qualifizierte Mehrheitsentscheidungen im Ministerrat vor, stärkte die Stellung des Parlaments, formulierte jedoch zugleich eine Fülle von Ausnahmen, bei denen die Einstimmigkeitsregel bestehen bleiben sollte. Der Luxemburger Kompromiss blieb unangetastet.

■ Die Regierungskonferenz und der Luxemburger Gipfel setzten nicht den Weg der Schaffung neuer Organisationsformen fort. Sie betrieben vielmehr den Versuch einer Bündelung der bestehenden Organisationsvielfalt unter einem rechtlichen Dach: Die EEA führte die EPZ mit der EG zusammen. So gab die EEA dem Verfahren der EPZ eine rechtliche Form.

■ Die EEA legte weitere Kompetenzen der Gemeinschaft in Bereichen fest, die in den Römischen Verträgen nicht oder nur am Rande erwähnt worden waren, z.B. im Bereich der Umwelt-, der Forschungs- und Technologie- und der Sozialpolitik.

Im Februar 1986 wurde die EEA von – seit dem Beitritt Griechenlands Anfang 1981 – nunmehr zwölf Regierungen der Mitgliedstaaten unterzeichnet und trat am 1. Juli 1987 in Kraft. Und das Binnenmarktprogramm nahm Fahrt auf: Standen jahrelang Fragen der institutionellen Fortentwicklung, der Finanzausstattung und der Reform des Agrarmarkts im Vordergrund, so wurden diese nun abgelöst von einem zugkräftigen neuen Thema, der Vollendung des Binnenmarkts. „Europa '92" hieß das Kürzel für diesen europapolitischen Motivationsschub. Die sozialpsychologische Kraft dieses Themenwechsels löste jedoch zugleich Besorgnis aus – innerhalb der EG wegen der Gefährdung sozialer Besitzstände und der Frage, ob man dem Tempo des Wandels und der Verschärfung des Wettbewerbs gewachsen sei, außerhalb der Gemeinschaft wegen der Befürchtung von Wettbewerbsnachteilen und einer Abschottung des EG-Binnenmarkts.

Mitten in diese Lage hinein sah sich die EG jedoch plötzlich mit einem Ereignis konfrontiert, das in der Folgezeit die Entwicklung der Gemeinschaft maßgeblich prägen und Europa ein völlig neues Gesicht verleihen sollte: Die politischen Umwälzungen in Europa Ende der 1980er und zu Beginn der 1990er Jahre.

3 Das Ende der Spaltung: Reformmarathon und die größte Erweiterung in der Geschichte der EU

Die markante Zäsur des Mauerfalls 1989 veränderte die europäische Bühne tief greifend. Mit dem Ende des Kommunismus schien plötzlich die Vision einer Rückkehr Mittel- und Osteuropas in ein freies, friedliches und prosperierendes Gesamteuropa ebenso möglich wie der Alptraum eines Rückfalls Europas in den Streit der Nationalstaaten, genährt durch soziale und ethnische Spannungen.

Nach dem Ende des ideologischen Konflikts zwischen Ost und West kam den Europäischen Gemeinschaften eine neue Schlüsselfunktion für den Kontinent zu. Die jungen Nationalstaaten lenkten ihre Interessen rasch auf die erfolgreiche Integrationsgemeinschaft im Westen. Die EG wurde aufgrund ihrer wirtschaftlichen Überlegenheit und politischen Stärke zum Magneten Gesamteuropas. Nach schwierigen Verhandlungen wurden zunächst Europaabkommen mit den mittel- und osteuropäischen Staaten abgeschlossen. Nach den Beschlüssen von Kopenhagen 1993 wurde die Beitrittsperspektive dieser Abkommen zu einem moralischen Versprechen des Westens und der Beitritt wurde energisch vorangetrieben. Der Beitritt der bisher in der Europäischen Freihandelszone (EFTA) organisierten Länder Österreich, Schweden und Finnland Anfang 1995 zeugte vom Erfolg der Gemeinschaften, die weit über die einer wirtschaftliche Interessengemeinschaft hinausragte.

Die bevorstehenden Erweiterungen gingen Hand in Hand mit der Vertiefung der bestehenden Gemeinschaften. Die Vollendung des Binnenmarkts wurde von den neuen Herausforderungen, die der Umbruch im Osten und die deutsche Einheit an die Gemeinschaft stellten, angetrieben. Die EG stand angesichts von Vertiefung und Erweiterung Anfang der 1990er Jahre vor einem Berg an unerledigten Aufgaben. Die Europäische Union glich damit ein Jahrzehnt lang mehr denn je einer „Baustelle".

Die Begründung der „Europäischen Union" mit dem Vertrag von Maastricht

Die Erfüllung der Verpflichtungen der Einheitlichen Europäischen Akte, die innen- wie außenpolitischen Folgewirkungen des Binnenmarkts, der Umbruch im östlichen Teil Europas und das Wiederaufbrechen der deutschen Frage ließen die Europäer näher zusammenrücken. Die Integrationslogik des Binnenmarkts und den Drei-Stufen-Plan des Delors-Berichts zur Wirtschafts- und Währungsunion (WWU) von 1989 aufgreifend, begann im Dezember 1990 in Rom die Regierungskonferenz zur WWU. Parallel wurde eine Regierungskonferenz zur Gründung einer Politischen Union eröffnet. In Maastricht fand die bis zu diesem Zeitpunkt weitgehendste Reform der Römischen Verträge am 9. und 10. Dezember 1991 ihren Abschluss. Das Leitbild einer „Europäischen Union" wurde durch den Vertrag zur Gründung der Europäischen Union vom 7. Februar 1992 verwirklicht: Die Gemeinschaften wurden von einer hauptsächlich wirtschaftlich integrierten und auf der politischen Zusammenarbeit beruhenden Einrichtung in eine Union weiterentwickelt, die durch den neu geschaffenen EU-Vertrag auch eine Gemeinsame Außen- und Sicherheitspolitik (GASP) und eine Zusammenarbeit in der Justiz- und Innenpolitik (ZJIP) umfassen sollte. Diese Konstruktion war letztlich eine Konsequenz der unterschiedlichen Auffassungen über die Finalität der Union. GASP und ZJIP verblieben in der intergouvernementalen Zusammenarbeit der Mitgliedstaaten, wenn auch im formalen Strukturrahmen der Union, von der Zuständigkeit des Gerichtshofs der Europäischen Union ausgeklammert und fielen nicht unter die Entscheidungsverfahren der Gemeinschaft.

Innerhalb der EG – der EWG-Vertrag wurde in „EG-Vertrag" umbenannt – sind vor allem zwei entscheidende Schritte hervorzuheben: Die Festlegung des Fahrplans zur Vollendung der Währungsunion und die substanzielle Einbeziehung des Europäischen Parlaments in den Entscheidungsprozess:

- Auf der Grundlage des Delors-Berichts wurde ein Drei-Stufen-Plan beschlossen, der die Verwirklichung der WWU in behutsamen, doch evolutionären Schritten zum großen Sprung vorzeichnete. Die erste Stufe begann bereits am 1. Juli 1990 mit einer Kapitalverkehrsliberalisierung und einer verstärkten Koordinierung der Währungspolitiken, die zweite Stufe umfasste ab dem 1. Januar 1994 insbesondere die Errichtung des Europäischen Zentralbanksystems. Mit der dritten Stufe wurden am 1. Januar 1999 die Wechselkurse in zunächst elf Teilnehmerstaaten (Griechenland kam erst am 1. Januar 2001 hinzu) endgültig fixiert. Der Euro wurde 2002 alleiniges gültiges Zahlungsmittel in den zwölf WWU-Staaten.

- Die Kompetenzen des Europäischen Parlaments wurden erheblich ausgebaut. Seit dem Vertrag von Maastricht muss eine neu eingesetzte Kommission vom Parlament bestätigt werden. Die Wahlperioden von Parlament und Kommission wurden angeglichen. Das Parlament erhielt Untersuchungs- und Petitionsrechte. Im Rahmen der gemeinschaftlichen Gesetzgebung wurde dem Parlament das Mitentscheidungsverfahren für die

Bereiche Binnenmarkt, Verbraucherschutz, Umwelt und gesamteuropäische Verkehrsnetze vertraglich zugesichert.

Die beiden Formen intergouvernementaler Zusammenarbeit im einheitlichen institutionellen Rahmen der EU markierten den Beginn einer qualitativ intensivierten Zusammenarbeit in der Außen- und Sicherheitspolitik sowie der Innen- und Justizpolitik:

- Die Mitglieder verpflichteten sich, eine Gemeinsame Außen- und Sicherheitspolitik in allen Bereichen zu entwickeln. Dem Rat der EU stand durch Maastricht nun ein Instrumentarium zur Verfügung, das der bisherigen Koordinierung im Rahmen der Europäischen Politischen Zusammenarbeit gefehlt hatte.

- Bereiche der Innen- und Justizpolitik wurden erstmals vertraglich als Gegenstände von gemeinsamem Interesse konkretisiert. Der Vertrag von Maastricht umfasste die Asyl-, Einwanderungs- und Visapolitik, die polizeiliche und justizielle Zusammenarbeit in Zivil- und Strafsachen sowie die Bekämpfung von Terrorismus, illegalem Drogenhandel und internationaler Kriminalität. Darüber hinaus wurde der Aufbau eines Europäischen Polizeiamts (EUROPOL) vereinbart.

Die Ratifizierung des Maastrichter Vertrags innerhalb der EG-Mitgliedstaaten erwies sich als mühsamer und langwieriger als erwartet. Volksentscheide über den Unionsvertrag gab es in Dänemark, Irland und Frankreich. Während sich die beiden letztgenannten für das Vertragswerk entschieden, führte die Abstimmung in Dänemark zu einer Krise: 50,7 Prozent der Dänen stimmten gegen die Beschlüsse von Maastricht und drohten die darin enthaltenen wichtigen Reformen zu blockieren. 1992 – das magische Jahr der Binnenmarkt-Vollendung – wurde zum Wechselbad der Gefühle. Zwar konnte das „Nein" der Dänen nach Zugeständnissen in ein „Ja" umgewandelt werden. Aber die geradezu mythologische Undurchschaubarkeit der Vertragsrevision von Maastricht bestimmte auch in der Folge die zähen Debatten, vor allem in Deutschland und Großbritannien. Nachdem das britische Unterhaus endlich zugestimmt und in Deutschland die eingereichten Verfassungsklagen zurückgewiesen worden waren, war die letzte Hürde genommen. Mit fast einem Jahr Verspätung konnte der Vertrag von Maastricht im November 1993 in Kraft treten.

Der Ratifizierungsprozess von Maastricht verstärkte einen schon länger anhaltenden Trend der Europamüdigkeit in der europäischen Bevölkerung. Bereits in den 1980er Jahren war die Beteiligung an den Europawahlen deutlich zurückgegangen. Lag sie im Jahr der ersten Wahl (1979) EU-weit noch bei ca.

63 Prozent, so betrug sie 1984 rund 61 Prozent und 1989 nur noch knapp 59 Prozent im EG-Mittel. Bei den Wahlen zum Europäischen Parlament im Juni 1999 fiel die Beteiligung mit knapp 50 Prozent auf einen historischen Tiefstand, der mit den Wahlen im Juni 2004 noch einmal unterboten wurde: Lediglich 45 Prozent der EU-Bürger in den damals 25 Mitgliedstaaten machten von ihrem Wahlrecht Gebrauch. Dieser eher lustlose Vollzug der Wahlen kann als Ausdruck der Geringschätzung der Rolle des Europäischen Parlaments, aber auch als eine Konsequenz der fehlenden Politisierung der Europawahlen gedeutet werden. In den 1990er Jahren war sie groß wie nie: Die Kluft zwischen dem Interesse der Bürger am Integrationsprozess auf der einen und der unvergleichlichen Dynamik von Vertiefung und Erweiterung auf der anderen Seite. Denn mit Maastricht schien nicht mehr als ein Zwischenschritt geschafft. Bereits in Maastricht einigten sich die Zwölf daher darauf, schon 1996 den Vertrag auf Notwendigkeiten zur Revision zu überprüfen.

Der Vertrag von Amsterdam: ungenutzte Chance zur Kurskorrektur

Die Ergebnisse der Vertragsrevision von Amsterdam wurden dem in Maastricht vorgegebenen Auftrag kaum gerecht. Die Analyse der mitgliedstaatlichen Positionen zur Reformagenda deutete bereits frühzeitig auf keinen durchschlagenden Erfolg der Regierungskonferenz hin. Als die Staats- und Regierungschefs am 16. und 17. Juni 1997 zu den abschließenden Verhandlungen zusammentraten, einigten sie sich erwartungsgemäß nur auf einen minimalen gemeinsamen Nenner. EG- und EU-Vertrag wurden konsolidiert und neu nummeriert. Durch die Kontroverse um Beschäftigungspolitik und Stabilitätspakt im Vorfeld des Gipfels wurde das eigentliche Ziel der Vertragsreform – die Wahrung der Handlungsfähigkeit der EU-Institutionen mit Blick auf die anstehende Erweiterung – in den Hintergrund gedrängt. Dennoch trug der Vertrag von Amsterdam in zentralen Bereichen zur weiteren Vertiefung der EU bei:

- Die GASP wurde durch die Schaffung des Amtes eines „Hohen Vertreters" gestärkt. Dieser sollte die Außenpolitik der EU repräsentieren und zusammen mit der Kommission die jeweilige Ratspräsidentschaft unterstützen.
- Die in Maastricht begonnene Zusammenarbeit in der Justiz- und Innenpolitik gewann durch die Überführung des Bereichs der justiziellen Zusammenarbeit in Zivilsachen in die EG an Integrationsdichte. Die polizeiliche und justizielle Zusammenarbeit in Strafsachen verblieb in der inter-

gouvernementalen Zusammenarbeit, wurde aber optimiert. Die Grundlagen für eine gemeinsame Asyl- und Einwanderungspolitik wurden gelegt.

- Um die Effizienz und Handlungsfähigkeit der EU zu steigern, wurden Mehrheitsentscheidungen im Rat ausgeweitet und dem Parlament weitere Rechte übertragen. Neben einem größeren Mitspracherecht bei der Auswahl des Kommissionspräsidenten wurde das Mitentscheidungsrecht des Parlaments auf über 20 neue Bereiche erweitert.

- Als entscheidende Zäsur und wohl einzig kreative Entscheidung ist rückblickend die Einführung von allgemeinen Flexibilitätsklauseln in das Vertragswerk anzusehen. Die „Verstärkte Zusammenarbeit" unterlag jedoch im Vertrag von Amsterdam noch einer Reihe von Einschränkungen, so dass die Anwendbarkeit der Klauseln zweifelhaft blieb.

Das größte Versäumnis des Vertrags von Amsterdam waren jedoch die verschleppten institutionellen Weichenstellungen, die im Nachgang zur Regierungskonferenz verniedlichend als die „Left-overs" (Überbleibsel) von Amsterdam bezeichnet wurden. Insbesondere handelte es sich dabei um die künftige Größe und Zusammensetzung der Kommission, die Stimmengewichtung im Ministerrat sowie die Ausweitung von Mehrheitsentscheidungen bei Abstimmungen im Ministerrat. Um die sich bereits zu diesem Zeitpunkt abzeichnende Erweiterung um bis zu zwölf weitere Staaten verkraften zu können, musste die EU diese ungelösten Fragen dringend in Angriff nehmen. Auf den ersten Blick erscheinen diese Themen fast technisch-banal, doch handelt es sich bei genauerem Hinsehen um Fragen von Macht und Einfluss, die sich erfahrungsgemäß nur unter größten Anstrengungen und Zeitdruck lösen lassen. Mit den „Left-overs" waren die zentralen Reformthemen der nächsten Vertragsrevision auf dem Tisch: Wenige Monate nach In-Kraft-Treten des Vertrags von Amsterdam im Mai 1999 begann zur Jahrtausendwende die Regierungskonferenz von Nizza.

Der Versuch von Nizza

Bereits die Vorbereitungen der Regierungskonferenz 2000, die im Februar 2000 unter portugiesischer Präsidentschaft feierlich eröffnet und mit der Einigung auf den Vertrag von Nizza im Dezember 2000 unter französischer Präsidentschaft abgeschlossen wurde, zeigten: Die strategische Kraft der Europapolitik war nahezu erschöpft. Grabenkämpfe zwischen großen und kleinen, alten und neuen, armen und reichen Mitgliedstaaten hatten die Regierungskonferenz zur Institutionenreform und den entscheidenden Gipfel bestimmt. Fünf Tage lang verhandelten die Staats- und Regierungschefs in Nizza nahezu 100 Stunden lang, und doch war das Ergebnis ernüchternd:

- Die Verkleinerung der Kommission wurde vertagt: Zwar sah der Vertrag von Nizza vor, dass von 2005 an jedes Land nur noch einen Kommissar stellen darf, so dass die großen Mitgliedstaaten ab diesem Zeitpunkt auf ihren zweiten Kommissar verzichten müssten. Erst wenn die EU 27 Mitgliedstaaten umfasst, sollte jedoch das Prinzip „weniger Kommissare als Mitgliedstaaten" gelten. Die Details der Regelung müssten die Mitgliedstaaten dann einstimmig beschließen.

- Die Stimmengewichtung im Rat der EU wurde verkompliziert: Mehrheitsentscheidungen wären gemäß Nizza nur noch dann möglich, wenn eine Mehrheit der Stimmen, der Staaten und der Bevölkerung erreicht wird („dreifache Mehrheit").

- Trotz dieser dreifachen Absicherung wurde eine deutliche Ausweitung der Mehrheitsentscheidungen im Rat nicht gewagt. Es wurden zwar in einigen Politikfeldern sowie bei personellen Entscheidungen die Mehrheitsbeschlüsse ausgeweitet, doch der große Durchbruch gelang nicht.

Die Lösung der drei großen „Left-overs" von Amsterdam fiel damit wenig zukunftsträchtig aus. Und auch in weiteren Reformbereichen wurden lediglich Kompromisse auf einem kleinen gemeinsamen Nenner gefunden. So wurde die Sitzverteilung im Europäischen Parlament zwar den neuen Verhältnissen nach der Erweiterung angepasst, doch auch hier blieben sachliche Unstimmigkeiten bei der Sitzverteilung bestehen. Das im Vertrag von Amsterdam verankerte Vetorecht beim Einstieg in eine „Verstärkte Zusammenarbeit" fiel zwar in Nizza – aber nicht für die Gemeinsame Außen- und Sicherheitspolitik. Die Öffnung der Flexibilisierung geschah darüber hinaus unter dem Vorbehalt, dass sie sich nicht auf neue Politikfelder beziehen dürfe.

Trotz aller halbherzigen Reförmchen haben die Staats- und Regierungschefs in Nizza auch einen richtungsweisenden Beschluss gefasst. Auf eine deutsch-italienische Initiative wurde dem Vertrag von Nizza die Erklärung Nr. 23 zur Zukunft der EU angehängt. In dieser sprachen sich die Mitgliedstaaten für die Aufnahme eines breit angelegten Dialogs aus, der insbesondere vier Themen umfassen sollte:

- den Status der in Nizza nur feierlich proklamierten EU-Grundrechtecharta;
- die trennscharfe Abgrenzung der Zuständigkeiten im Mehrebenensystem;

- die Rolle der nationalen Parlamente im Einigungsprozess und
- die Vereinfachung der Verträge.

Was in der Folgezeit noch etwas umständlich als so genannter „Post-Nizza-Prozess" daherkam, entwickelte sich innerhalb weniger Monate zu einer veritablen europäischen Zukunftswerkstatt.

„Europa XXL": Erweiterungsvorbereitungen und die Entgrenzung Europas

Parallel und eng verzahnt mit den Reformanstrengungen der Europäischen Union nahm ab Mitte der 1990er Jahre auch der Beitrittsprozess an Fahrt auf. Mit der Entscheidung des Europäischen Rats in Luxemburg vom 12./13. Dezember 1997 wurde die Aufnahme von Beitrittsverhandlungen mit Polen, Ungarn, Tschechien, Slowenien, Estland und Zypern beschlossen. Auf dem Gipfel von Helsinki im Dezember 1999 fiel der Beschluss zu Verhandlungen mit sechs weiteren EU-Anwärtern – Lettland, Litauen, der Slowakei, Bulgarien, Rumänien und Malta –, darüber hinaus wurde der Türkei der Status eines Beitrittskandidaten verliehen. Am Ende der 1990er Jahre zeichnete sich damit ein Beitritt von insgesamt zwölf neuen Staaten – sowie möglicherweise der Türkei – ab. Die EU setzte zum quantitativen Sprung an: Die Vergrößerung der EU von 15 auf 27 Mitgliedstaaten.

Gegenstand der Verhandlungen mit den Beitrittsaspiranten war der in 31 Kapitel unterteilte gesamte rechtliche Besitzstand der EU, darunter 14.000 Rechtsakte, verteilt auf 80.000 Seiten. Die Beitrittsverhandlungen verliefen – mit den Ausnahmefällen Bulgarien und Rumänien – zügiger als erwartet. Die Kommission empfahl daher in ihrem Fortschrittsbericht vom Oktober 2002 die Aufnahme von zunächst zehn der Beitrittskandidaten. Die Brüsseler Behörde bescheinigte diesen Staaten eine große Übereinstimmung mit dem gemeinschaftlichen Besitzstand (*acquis communautaire*) der EU sowie mit den für dessen administrative und rechtliche Umsetzung notwenigen Strukturen. Defizite wurden jedoch in den Bereichen Zoll, Landwirtschaft, Regionalpolitik und Finanzkontrolle konstatiert. Auf dem Gipfel von Kopenhagen am 12./13. Dezember 2002 wurden schließlich die Verhandlungen mit zehn Ländern abgeschlossen. Dem Beschluss waren heftige Auseinandersetzungen um das Finanzkapitel vorausgegangen.

Im Februar 2003 legte die Kommission dem Rat und dem Europäischen Parlament den Beitrittsvertrag zur Stellungnahme vor. Erst nach der Zustimmung des Parlaments mit absoluter Mehrheit und dem einstimmigen Beschluss der Rats war der Weg für die Kandidaten frei: Im April 2003 wurde in einer feierlichen Zeremonie auf der Athener Akropolis der Beitrittsvertrag unterzeichnet. Nach Abschluss der Ratifizierungsverfahren in alten und neuen Mitgliedstaaten traten die zehn Staaten aus Mittel-, Ost- und Südeuropa – Estland, Lettland, Litauen, Malta, Polen, die Slowakei, Slowenien, die Tschechische Republik, Ungarn und Zypern – am 1. Mai 2004 der EU bei. Mit dem Beitritt Rumäniens und Bulgariens am 1. Januar 2007 konnte die große Süd- und Osterweiterung der Union schließlich vollendet werden.

Wie keine der früheren Erweiterungsrunden wird die Überwindung der jahrzehntelangen Teilung Europas die Union qualitativ verändern, denn

■ sie bedeutet das Ende der Regierungspraxis in einer EU, die von den Institutionen und Politikstilen eines Europas der sechs Gründerstaaten geprägt war und setzt Differenzierungspotenzial frei;

■ sie verdoppelt das Wohlstandgefälle innerhalb der EU und konfiguriert damit die Interessenbasis für wirtschafts- und verteilungsrelevante Politiken neu;

■ sie dehnt die Grenzen der EU aus bis zur osteuropäischen Kernregion, zum Balkan und in den Mittelmeerraum.

Der Beitrittsprozess hat am 1. Mai 2004 bzw. 1. Januar 2007 formal seinen krönenden Abschluss gefunden – die Heranführung im eigentlichen Sinne wird aber weitergehen. Die amerikanische Begrifflichkeit der „EU expansion" (obwohl dieser Terminus nicht so martialisch belegt ist, wie er in Europa verstanden wird) betont die gewiss vorhanden „imperiale" Dimension Europas als Regionalmacht, übersieht aber die zähe Aushandlung weitere Integrationsschritte in einer erweiterten EU. Die Neuordnung der Machtverhältnisse innerhalb Europas und die Einbindung der Heterogenität lassen sich weder mittels der Mathematik von Sitzverteilungen und Stimmgewichten noch durch symbolische Gesten verdecken lassen. Die komplizierten Übergänge von der Diktatur zur Demokratie, von der Planwirtschaft zur Marktwirtschaft und von der Blockstruktur zur nationalen Eigenständigkeit waren und sind zum Teil noch belastet durch eine Fülle ungelöster Probleme. Zu nennen sind etwa ökonomische Rückständigkeit, eine veraltete unterentwickelte Infrastruktur, gravierende ökologische Schäden sowie zivilgesellschaftliche Defizite, d.h. mangelndes Vertrauen in den Staat, seine Institutionen und sein Rechtssystem. Die Vergrößerung des Wirtschaftsgefälles und die Divergenz der Interessenlagen führen insgesamt zu einem heterogeneren und politischeren Europa. Der Prozess der Erweiterung ist jedoch noch längst nicht abgeschlossen. Bereits im Dezember 2004 haben die Staats- und Regierungschefs nach langem Zögern darauf geeinigt, Beitrittsverhandlungen mit der Türkei, sowie, von der

Öffentlichkeit weitgehend unbemerkt, mit Kroatien aufzunehmen. Mit beiden Staaten wurden im Oktober 2005 Beitrittsverhandlungen aufgenommen, die Gespräche mit Kroatien könnten schon 2010 abgeschlossen werden. Mazedonien wurde offiziell der Beitrittskandidatenstatus im Dezember 2005 verliehen. Der Türkei-Beschluss ist dabei von erheblicher, heute noch nicht in allen Konsequenzen absehbarer Tragweite. Die substanzielle Veränderung des machtpolitischen Gefüges, die durch den Türkei-Beitritt vollzogen würde, muss nüchtern wahrgenommen und diskutiert werden. Mit dem Türkei-Beschluss ist Europa nun endgültig entgrenzt. Bereits in der Erweiterungsrunde 2004/2007 hat sich das europäische Gemeinwesen bis an die Grenzen Russlands, der Ukraine, Weißrusslands und Moldawiens verschoben. Nach einem Beitritt der Türkei wird die Europäische Union außerdem direkte Grenzen zu Syrien, zum Irak, zum Iran, zu Armenien und Georgien haben. Diese direkten Nachbarschaften stellen eine stabilitätspolitische Herausforderung dar, deren Ausmaß bisher kaum in seiner ganzen Tragweite erfasst wurde.

Die große Europäische Union darf auch jenseits des Westbalkans und der Türkei ihre Türen nicht grundsätzlich verriegeln. Die Perspektive einer EU-Mitgliedschaft ist für die meisten Länder im geographischen Umfeld der Union wesentlicher Anreiz für die Einleitung beziehungsweise Fortsetzung ihrer politischen und ökonomischen Transformation. Neben einer vollen Mitgliedschaft sind aber innovative Formen der differenzierten Heranführung von Staaten, die in Richtung EU streben, gefragt. Verschiedene Abstufungen in Form konzentrischer Kreise um die volle EU-Mitgliedschaft könnten künftig der Schlüssel sein für die Einbindung bisheriger Nichtmitglieder in das enge Netz europäischer Kooperation.

4 Der Verfassungsprozess: das erste Großprojekt der erweiterten EU

Politische Systeme, die handlungsfähig und stabil bleiben wollen, benötigen einen strategischen Grundkonsens über Zweck, Richtung und Ausgestaltung. Die Europäische Union braucht eine Idee von sich selbst. Schon im Umfeld der Erweiterungsbeschlüsse von Helsinki unterblieb dazu aber jeder Versuch. Eher beiläufig wurde vollzogen, was Europa mittelfristig ein neues Gesicht geben wird. Die Erweiterungsentscheidungen der EU wurden und werden zu einem erneuten historischen Beleg für den konzeptionellen Verfall des europäischen Denkens, den man seit vielen Jahren beobachten kann.

Mit dem im Anschluss an den Gipfel von Nizza eröffneten „Post-Nizza-Prozess" hat sich die EU dieser Herausforderung zeitweise gestellt. Zwar war die Agenda der Erklärung von Nizza zunächst begrenzt auf vier Themen – den

Status der in Nizza nur feierlich proklamierten EU-Grundrechtecharta, die Zuweisung von Kompetenzen, die Rolle der nationalen Parlamente und die Vereinfachung der Verträge –, doch mit der Erklärung von Laeken ein knappes Jahr später, am 14./15. Dezember 2001 von den Staats- und Regierungschefs angenommen, wurde der Themenkatalog schon so ausgeweitet, dass zumindest auf dem Papier eine Generalüberholung des politischen Systems der EU im Bereich des Möglichen lag. In Form von rund 60 Fragen wurde ein ganzes Bündel von konkreten Reformnotwendigkeiten formuliert. Dass die Beschlüsse von Laeken, die auch die Einsetzung eines neuen Gremiums zur Vorbereitung der Vertragsrevision umfassten, nur drei Jahre später, im Herbst 2004, in die Unterzeichnung einer Verfassung münden würden, war für alle Beteiligten zu diesem Zeitpunkt keineswegs eine klare Zielperspektive.

Innovatives Reformgremium: der Europäische Konvent

Die Staats- und Regierungschefs formulierten mit der Erklärung von Laeken nicht nur einen ambitionierten Auftrag, sondern setzten auch ein innovatives Gremium zu Vorbereitung der Vertragsreform ein. Nach dem Vorbild des Konvents, der im Vorfeld des Gipfels von Nizza die EU-Grundrechtecharta entwickelt hatte, wurde zum ersten Mal auch für eine Vertragsrevision ein Konvent einberufen. Damit versuchten die EU-Mitgliedstaaten, eine Lehre aus den Regierungskonferenzen der vergangenen Jahre zu ziehen und mittels einer neuen Methode den Reformprozess zu effektivieren und zu demokratisieren. Der Europäische Reformkonvent setzte sich aus 105 Vollmitgliedern und ihren Stellvertretern zusammen und umfasste Regierungsvertreter und Abgeordnete der nationalen Parlamente der Mitgliedstaaten, Abgeordnete des Europäischen Parlaments und Mitglieder der EU-Kommission. Unter den Konventsmitgliedern – wenn auch im Konventspräsidium nur schwach repräsentiert – waren darüber hinaus Delegierte der Regierungen und Parlamente der EU-Beitrittskandidaten vertreten, d.h. auch aus Bulgarien, Rumänien und der Türkei.

An der Spitze des Konvents stand der ehemalige französische Staatspräsident Valéry Giscard d'Estaing, der bereits in den 1970er Jahren zusammen mit Bundeskanzler Helmut Schmidt durch die Einführung des Europäischen Währungssystems und die Direktwahl des Europäischen Parlaments wichtige Weichenstellungen für die europäische Integration vorgenommen hatte. Als Vizepräsidenten standen Giscard d'Estaing mit Giuliano Amato und Jean-Luc Dehaene zwei namhafte ehemalige Regierungschefs zur Seite.

Auch wenn wie so oft die Kommunikation zwischen politischen Entscheidungsträgern und Bürgern defizitär war, so wurde doch für den interessierten Beobachter ein fundamentaler Unterschied zwischen der Methode der Regierungskonferenz und der Konventsmethode offensichtlich: Die Bildung von Koalitionen und die Austragung von Konflikten fanden, nicht zuletzt auch durch die Ausweitung der Akteure, viel stärker in der Öffentlichkeit statt als in den vorangegangenen Regierungskonferenzen. Zwar sollte man die Transparenz des Konventsprozesses nicht überbewerten, denn auch hier blieben taktische Winkelzüge als integraler Bestandteil komplexer Verhandlungssysteme nicht aus. Aber im Konvent genossen diese Manöver nicht dieselbe Deckung wie in der Regierungskonferenz.

Dies hatte vor allem Auswirkungen auf das Ergebnis des Konvents. Das Gremium entwickelte im Verhandlungsprozess ein beachtliches institutionelles Selbstbewusstsein. Getragen von dem Gefühl, ein historisches Moment europäischer Politik mitgestalten zu können, wirkte die stärker als je zuvor greifbare Parallelität von Erweiterung und Vertiefung für den Konvent wie ein Katalysator. Am Ende des ersten gemeinsamen Großprojekts der erweiterten Union stand nach nur 17 Monaten Verhandlungszeit ein Europäischer Verfassungsentwurf. Damit sollte die EU einen großen Schritt in Richtung postnationaler Staatlichkeit tun.

Den Verfassungsentwurf hinterlegte Konventspräsident Giscard d'Estaing am 18. Juli 2003 bei der damaligen italienischen Ratspräsidentschaft und gab damit das offizielle Signal: Bühne frei für die Regierungskonferenz. Denn trotz der Einsetzung des Konvents musste vertragsgemäß eine Regierungskonferenz der EU-25 – also ohne Beteiligung von Bulgarien, Rumänien und der Türkei, aber unter Einschluss der zehn Beitrittsländer, die den Beitrittsvertrag bereits im Frühjahr 2003 unterzeichnet hatten – einstimmig über die Reformen beschließen. Zwar schwächte die Regierungskonferenz das ursprüngliche Dokument in seiner visionären Kraft noch ein wenig ab. Dennoch war der schließlich am 29. Oktober 2004 von allen 25 EU-Staats- und Regierungschefs feierlich in Rom unterzeichnete Verfassungsvertrag ein Meilenstein in der europäischen Integrationsgeschichte

Die Referenden in Frankreich und den Niederlanden: Jähes Ende des Verfassungsprojekts

Mit dem Verfassungsprojekt wollte die europäische Politik weit mehr schaffen als nur die Korrektur zurückliegender Versäumnisse und Fehlentwicklungen. Die bisherigen Verträge boten kein in sich geschlossenes und ausgewogenes

Verfassungssystem. Nizza war zum Symbol für in Kompromissformeln verhaftete Millimeterschritte der Integration geworden. Im Verfassungskonvent wurde daher der Bestand der Integration grundlegend mit dem Ziel überprüft, Legitimation, Transparenz und Handlungsfähigkeit der Europäischen Union zu verbessern. Wichtige Prinzipien des gemeinsamen und arbeitsteiligen Handelns sollten systematisch verankert werden, das Mehrheitsprinzip sollte die Konzertierung europäischer Politik auf die Stufe des Regierens bringen. Das System der konsequenten Mitentscheidung des Parlaments sollte die Demokratie stärken. Durch die Systematisierung der Zuständigkeiten sollte die Arbeitsteilung zwischen europäischer und einzelstaatlicher Ebene gemäß dem Subsidiaritätsprinzip unterfüttert werden. Nicht zuletzt sollte der Verfassungsvertrag die verschiedenen Primärrechtstexte, auf die sich die EU bislang gestützt hatte, in einem einzigen Dokument bündeln.

Doch um überhaupt in Kraft treten zu können, musste der Verfassungsvertrag in allen damals 25 Mitgliedstaaten gemäß den nationalen verfassungsrechtlichen Bestimmungen ratifiziert werden. Nachdem bereits eine Reihe von Mitgliedstaaten – in Spanien sogar in einem Referendum – das Dokument abgesegnet hatten, erlebte der Ratifizierungsprozess ein jähes Ende. Mit der Ablehnung des Verfassungsvertrags durch die Bevölkerung in Frankreich und den Niederlanden – und damit in zwei EU-Gründerstaaten – im Frühjahr 2005 war abermals einer der großen historischen Versuche, Europa eine zuverlässige Ordnung zu geben, gescheitert. Zwar setzte die Bevölkerung in Luxemburg mit ihrem Ja zur Verfassung noch nach den beiden negativen Voten ein klares Signal für die Fortführung des Ratifizierungsprozesses, dieses konnte das Ende des Verfassungsvertrags jedoch nicht mehr aufhalten. Europa war offenbar immer noch nicht reif und in der Lage, die Schlüsselentscheidungen über Architektur und Macht zu fällen.

5 Vom Verfassungsvertrag zum Vertrag von Lissabon
Die Reflexionsphase: Suche nach möglichen Auswegen aus der Verfassungskrise

Nachdem sich der erste Schock über den Ausgang der Verfassungsreferenden gelegt hatte, begannen die Rechtsgelehrten mit der Suche nach möglichen Alternativen, mit denen wenn schon nicht die gesamte Verfassung, so doch deren zentrale Reformbestände gerettet werden sollten. Keine der Kontroversen in den Mitgliedstaaten hat sich am wirklichen Kern der Verfassung festgemacht. Der wesentliche Fortschritt, den die Verfassung mit Blick auf die Handlungsfähigkeit, die Effektivität sowie die demokratische Legitimation Europas bringen sollte, wurde nirgends in Frage gestellt. Die Verfassung aber war von Anfang an mit einem anderen schweren Webfehler behaftet: Der Text ist trotz einer neuen Systematik des europäischen Primärrechts umfangreich und kompliziert. Deshalb konnte man als Gegner auch alles Mögliche in diesen Text hineindeuten, auch wenn er weitaus verständlicher war als die zuvor bestehenden Verträge. Zudem lud das Dokument geradezu dazu ein, innenpolitische Frustrationen zu artikulieren. Das „Nein" war eine Absage an nationale Regierungen und das Resultat von unbegründeten mythologischen Ängsten. Eine Absage an das historische Projekt einer europäischen Friedensordnung wurde hier nicht formuliert. Im Nachgang zu den gescheiterten Referenden gaben 46 Prozent der Franzosen und gar 70 Prozent der Niederländer an, die Mitgliedschaft ihres Landes in der EU für eine grundsätzlich gute Sache zu halten.

Gefragt war eine tragfähige Option zur Wahrung der Substanz des Verfassungsvertrags, die gleichzeitig Rücksicht nahm auf das Votum der Bürger in Frankreich und den Niederlanden. Die Union verordnete sich daher eine „Phase der Reflexion", um die Zukunft der dringend benötigten Reformen zu überdenken und neue Spielräume auszuloten. Doch statt großer strategischer Überlegungen stagnierte Europa in einer Phase der reformerischen Konzeptionslosigkeit. Kaum einer wagte einen politisch weitsichtigen Entwurf, man beschränkte sich auf kurzfristige Aktivitäten. Europas Kraftreserven schienen vorerst aufgebraucht, das Ziel, die Wurzeln und Bestimmung des europäischen Kontinents in einen grundlegenden und wegweisenden Vertragstext zu gießen, schien in weite Ferne zu rücken. Zurück blieben Versuche nach der Seele Europas zu suchen – oftmals Material für die Satire der Feuilletons. Die strategische Unentschiedenheit der Politik war nicht zu übersehen.

Führungsimpuls unter deutscher EU-Ratspräsidentschaft

Ein neuer Impuls zur Stimulierung des Reformprozesses wurde erst wieder von der deutschen Bundesregierung erwartet, die am 1. Januar 2007 für ein halbes Jahr den Vorsitz der Europäischen Union übernahm. Die deutsche Ratspräsidentschaft fiel in eine Zeit voller Fragezeichen. Nach dem Scheitern der Verfassung und der Zeit der Reflexion lag es an Deutschland, dem Projekt Europa neuen Mut zu geben und einer von Dissens und Widersprüchlichkeit bestimmten Agenda Klarheit und Perspektive zu verleihen. Die Erwartungen an Bundeskanzlerin Angela Merkel und Außenminister Frank-Walter Steinmeier waren hoch. Die allermeisten Mitgliedstaaten, vor allem aber diejenigen, welche die Verfassung bereits ratifiziert hatten, erhofften sich, dass die

deutsche Ratspräsidentschaft die tiefe Interessenkluft zwischen den Mitgliedstaaten überbrücken und einen substanziellen Beitrag zur Ankurbelung der
Integrationsdynamik Europas leisten könne.

Die Verabschiedung der Berliner Erklärung anlässlich des 50sten Jahrestages
der Unterzeichnung der Römischen Verträge am 25. März 2007 sollte als erste Lockerungsübung für die anstrengenden Vertragsverhandlungen dienen.
Die Römischen Verträge hatten die normative Orientierung, die Zielperspektive des Integrationswerks festgelegt. In der Präambel des EWG-Vertrags be-
kunden die Vertragspartner den „festen Willen, die Grundlagen für einen immer engeren Zusammenschluss der europäischen Völker zu schaffen". Diesen
Geist der Einigkeit wollte die Bundesregierung bei den Feierlichkeiten zur
Verabschiedung der Berliner Erklärung beschwören. Nach langer Überzeu-
gungsarbeit gelang es ihr schließlich, allen übrigen 26 Mitgliedstaaten das
Bekenntnis abzuringen, „die Europäische Union bis zu den Wahlen zum
Europäischen Parlament 2009 auf eine erneuerte gemeinsame Grundlage zu
stellen" – ein eindeutiges Bekenntnis zur Reform der Unionsverträge.

Bundeskanzlerin Merkel und Außenminister Steinmeier kam die schwierige
Aufgabe zu, die verschiedenen Interessen und nationalen Befindlichkeiten be-
hutsam auszubalancieren und zusammenzuführen. Dass sich die Staats- und
Regierungschefs der Union auf ihrem Gipfel im Juni 2007 auf einen Fahrplan
zur Reform des EU-Primärrechts einigen konnten, ist vor allem der Verhandlungsführung der deutschen Präsidentschaft und der Kompromissbereitschaft
der „Freunde der Verfassung" zu verdanken. Die uneingeschränkte Durchsetzung eines nationalen Wunschkatalogs war nicht möglich. Dies stellte auch
die portugiesische Ratspräsidentschaft klar, die nach der Vorarbeit der Bundesregierung den Reformprozess im Endspurt zum Ziel führen sollte.

Bis zum Ende der Regierungskonferenz bäumten sich immer wieder nationale
Interessen auf, die einen Reformerfolg gefährdeten. Vor allem die polnische
Regierung versuchte, Änderungen am Abstimmungsmodus der „doppelten
Mehrheit" sowie an der so genannten Ioannina-Klausel zu erwirken, die als
moderne Form des Luxemburger Kompromisses bezeichnet werden kann.
Dieser Mechanismus kann aktiviert werden, wenn es im Rat zu einer knappen
Mehrheitsentscheidung kommt, ein Mitgliedstaat aber dennoch weiterver-
handeln möchte, weil er mit dem Ergebnis nicht zufrieden ist. Warschau woll-
te den Zeitraum des Verhandelns auf bis zu zwei Jahre ausdehnen, die anderen
Mitgliedstaaten plädierten schließlich erfolgreich für eine kürzere Frist.

Im entscheidenden Moment spielte der portugiesische Vorsitz die nötigen taktischen Karten aus und ermöglichte damit die Zustimmung aller EU-Staats-

und Regierungschefs zum neuen Primärrecht der Europäischen Union. Nach den Anstrengungen eines jahrelangen erschöpfenden Reformprozesses konnte der „Vertrag von Lissabon" schließlich am 13. Dezember 2007 in den historischen Gemäuern des Hieronymus-Klosters in Lissabon von den EU-Staats- und Regierungschefs und den Außenministern unterzeichnet werden. Abermals begannen die Mitgliedsstaaten mit der Ratifizierung, die eigentlich zu Beginn des Jahres 2009 abgeschlossen sein sollte. Das irische Nein im Referendum vom Juni 2008 brachte diesen Prozess zunächst jedoch zum Stoppen. Zu viele Ängste wurden von den Iren noch mit dem Vertrag verbunden – von der Gefährdung der irischen Neutralität über den Verlust wirtschaftlicher Standortvorteile bis hin zur Bedrohung der nationalen Souveränität. Auch in der Tschechien, Polen und Deutschland wurde die Ratifikation verzögert.

In Deutschland bescheinigte das Urteil des Bundesverfassungsgerichts vom Juni 2009 dem Lissabon-Vertrag die Verfassungsmäßigkeit, doch es stellte auch höhere Anforderungen an das Begleitgesetz und damit an die europapolitischen Mitwirkungsrechte des Deutschen Bundestags. Das irische Ja in einem zweiten Referendum im Oktober 2009 wurde durch leichte Änderungen im Vertrag möglich gemacht – so wird nun weiterhin jedes Land ein Kommissionsmitglied stellen. Auch die Finanzkrise ließ die Iren die wirtschaftliche Abhängigkeit von der Union stärker spüren. Nachdem der polnische Präsident der Unterzeichnung nach dem erfolgreichen zweiten irischen Referendum zustimmte, wurden letztlich noch die Bedenken des tschechischen Präsidenten aus dem Weg geräumt. Tschechien wird in einer Zusatzklausel garantiert, dass aus der Grundrechtecharta keine Entschädigungsforderungen von Sudetendeutschen und Ungarn, die nach dem zweiten Weltkrieg vertrieben wurden, abgeleitet werden können. Somit konnte der Vertrag von Lissabon am 1. Dezember 2009 in Kraft treten.

Mit dem Vertrag von Lissabon ist die dringend notwendige Justierung der politischen Architektur Europas vorgenommen worden. Dazu gehört die Korrektur der Entscheidungsprozesse, die Sicherung der demokratischen Legitimation, die Stärkung der Institutionen und das Ermöglichen weltpolitischen Handelns. Nun gilt es, die neuen Regeln in praktische Politik umzusetzen.

Mit der Aufhebung der Stimmgewichtung im Ministerrat beendet der Vertrag von Lissabon ein Elend der politischen Kultur. Die asymmetrische Machtverteilung und die undurchsichtige Komplexität der im Vertrag von Nizza vereinbarten Regelung war zum Skandal geworden. Dieser Abstimmungsmodus hatte den großen Staaten 29 Stimmen beschert, den kleinsten Staaten drei. Deutschland aber hätte gemessen an seiner Bevölkerung 767 Stimmen, Frankreich 554, Großbritannien 552 verdient. Diese machtpolitische Schieflage verschärfte die Akzeptanz- und Legitimationskrise der Union dramatisch. Die Einführung der „doppelten Mehrheit", die der Vertrag von Lissabon vorsieht, ist die Schlüsselqualifikation auf dem Weg zu mehr Handlungsfähigkeit und Demokratie. Die Zahl der Bürger und der Staaten als alleinige Legitimationsstränge europäischer Entscheidungen könnten das strukturelle Dilemma der Europäischen Union weitgehend beheben. Ist dieser Entscheidungsmechanismus erst einmal etabliert, werden sich auch alle anderen Probleme im demokratischen Prozess lösen lassen.

Zu den zentralen Reformen gehören zudem die Ausweitung der Mehrheitsentscheidungen, die Stärkung der Gemeinsamen Außen- und Sicherheitspolitik, die klarere Kompetenzabgrenzung zwischen der Union und den Mitgliedstaaten, die Stärkung der Rechte des Europäischen Parlaments, die Rechtsverbindlichkeit der Charta der Grundrechte, die Einführung eines europäischen Bürgerbegehrens sowie die Justierung der Instrumente der differenzierten Integration. Zudem enthält der neue Vertrag an vielen Stellen Mechanismen, die ein Weiterentwickeln der EU auch ohne Kraft raubende Vertragsverhandlungen ermöglichen.

Nicht zuletzt schafft das neue Vertragswerk neue „Gesichter" für die Europäische Union: So erhielt der Europäische Rat im Dezember 2009 mit dem belgischen Politiker Herman Van Rompuy erstmals einen auf zweieinhalb Jahre gewählten permanenten Präsidenten. Zudem vertritt die ehemalige Handelskommissarin und Mitglied des britischen Oberhauses Catherine Ashton als Außenministerin die Union nach außen – auch wenn ihr Amt nicht so heißen darf, sondern den Titel des „Hohen Vertreters der Union für Außenund Sicherheitspolitik" trägt.

Der Vertrag von Lissabon stellt somit eine erhebliche Verbesserung von Handlungsfähigkeit und Demokratie in Europa dar.

6 Die Agenda für die Zukunft

Europa wird auch künftig von einem fundamentalen Spannungsverhältnis geprägt sein. Die unterschiedlichen Leitbilder, die die europäische Integration von Anfang an gekennzeichnet haben, werden auch weiterhin charakteristisch bleiben: Da gibt es auf der einen Seite die nationalen Regierungen, die über ihren Souveränitätsbereich wachen und Kompetenzen nur zögerlich abgeben. Das Prinzip der Kontrolle des Integrationsprozesses durch die Mitgliedstaaten wird auch künftig eine besondere Rolle in europäischer Politik spielen. Auf der anderen Seite existiert bei allen Beteiligten das Bewusstsein über die Notwendigkeit weiterer Anpassungen und eines gemeinsamen Vorgehens – schließlich bietet die EU gegenüber nationalen Alleingängen ein immenses Potenzial. Bereits die Architekten der Römischen Verträge hatten sich bewusst für eine Offenheit des Integrationsprojekts entschieden, um einen möglichst großen Spielraum für neue politische Herausforderungen zu schaffen. Trotz aller Skepsis gegenüber weiteren Integrationsschritten haben die Mitgliedstaaten selbst Instrumente eingebaut, mit denen eine Weiterentwicklung der Union möglich ist.

Will die Union auf der internationalen Bühne nicht marginalisiert werden, werden die Mitgliedstaaten zwangsläufig ihre Kapazitäten bündeln und konstruktiv zusammenarbeiten müssen – so groß sind die gemeinsamen Interessen, zu mächtig die Bedrohungen, die im Falle nationaler Alleingänge drohen. Trotz aller Uneinigkeiten und Differenzen ist Europa gefordert, diese Herausforderungen gemeinsam zu bewältigen.

Besonders die Wirtschafts- und Finanzkrise, die 2007 ihren Ausgang nahm, kann als eindrucksvoller Beweis für diese Notwendigkeit, gemeinsam und geschlossen zu agieren, dienen. Die Dynamik der Krise überstieg die Potenz einzelner Staaten bei weitem. Jeder für sich allein war zu klein, um diese Probleme zu schultern. Wer sie deshalb aber nur global anpacken wollte, der verlor sich leicht im Unpräzisen und Diffusen. So ist es die europäische Ebene, auf der die Existenzsicherung – denn darum geht es doch letztlich – betrieben werden muss. Doch zugleich handelten die Europäischen Politiker weiterhin hauptsächlich national, obschon die europäisch redeten. Dieser Widerspruch offenbart schonungslos die inhaltlicher Ratlosigkeit und den fehlenden Mut der Politik.

Damit Europa sich als Strategiegemeinschaft organisieren kann, braucht es kraftvolle Führungspersönlichkeiten und damit auch die zügige Etablierung der neuen ‚Gesichter‘ der EU. Europa kann nur handlungsfähig werden und sein Potential als Weltmacht aktualisieren, wenn es eine klare Führungsstruktur besitzt, in der sich die einzelnen Figuren nicht in einem gegenseitigen Wettlauf um Einfluss und Macht schwächen. Nur so kann auch die mangelnde Identifikation der Bürger mit der Union gestärkt werden. Selbst mit den Verbesserungen des Vertrages von Lissabon wird auch künftig das größte Manko des europäischen Integrationsprozesses, dessentwegen der Reformprozess erst in Gang gesetzt worden war, bestehen bleiben. Auch mit dem Vertrag von Lissabon gibt es keinen schlanken, leicht verständlichen und kurzen Text, der alles enthält und alles erklärt. Die Europäische Union ist dabei mehr als die Nationalstaaten auf eine eigene Begründungslogik angewiesen. Als ein politisches System im Werden muss sie eine Orientierungsleistung für ihre Bürger erbringen, um ihre eigene Legitimation zu stärken. Gerade die geringe Beteiligung an den Wahlen zum Europäischen Parlament im Juni 2009 hat diesen Mangel wieder vor Augen geführt.

Um neue Projekte zu schmieden, bedarf es der Selbstvergewisserung von europäischer Kultur und Identität. Mehr als ein halbes Jahrhundert Integrationsgeschichte, die ihren Ausgang mit dem Beschluss zur Errichtung der Europäischen Gemeinschaft für Kohle und Stahl am 18. April 1951 nahm, wurde im Vertrag von Lissabon gebündelt. Der Blick auf das Große und Ganze, auf mehr als 50 Jahre Integration, zeigt, dass der europäische Einigungsprozess zu allen Zeiten jenseits aller Detailfragen immer auch beseelt war von gemeinsamen Zielen und Werten, von einer politischen Vision: Frieden und Wohlstand, Freiheit und Mobilität, Bekenntnis zu Demokratie, Pluralismus und einem toleranten Miteinander. Was Europa daher heute benötigt ist eine überzeugende Formel für die künftige Notwendigkeit europäischer Integration.

Deswegen ist jetzt die Frage zu stellen, womit Europa heute neue Vitalität finden kann. Sie wird nicht aus bürokratischen Mammutverträgen erwachsen. Europa kann heute nur als die rettende, elementare Antwort auf die Globalisierung und ihre Krisen ein neues Ethos entfalten. In der Globalisierung liegt die Idee für die neue, kraftvolle Begründung. Ein Aufbruch aus der „zweiten Eurosklerose" kann nur vermitteln, wer die Kunst der großen Deutung beherrscht. Am Beginn steht die Globalisierung mit ihren dramatischen Konsequenzen für jeden Einzelnen. Europa liefert die Antwort darauf mit seinem strategischen Konzept der Differenzierung nach innen und nach außen. Zaghafte Versuche gibt es bereits, diese Übersetzungsarbeit vom Großen ins Kleine zu leisten: von der Sicherheit bis zur Energie, von der Mittelmeerunion bis zum Umgang mit den Nachbarn im Osten. Nur die Union kann schlüssige Antworten liefern, nur die Gemeinschaft ist stark genug, den einzelnen Staaten Schutz, Ordnung und Individualität zu garantieren.

Afrikapolitik

Vertragsgrundlage: Art. 23-46 EUV. Art. 198-204, 208-214 AEUV.

Ziele: Armutsbekämpfung; (Re-)Integration Afrikas in die Weltwirtschaft; Förderung von Demokratie und Menschenrechten; Eindämmung der zwischen- und innerstaatlichen Kriege und Konflikte; Förderung regionaler Integration.

Instrumente: Entwicklungs- und Handelspolitik; diplomatische Initiativen zur Konfliktbearbeitung und -lösung; (begrenzte) humanitäre Interventionen; Unterstützung regionaler Integration; Förderung von Demokratie, Menschenrechten und „guter Regierungsführung" durch Koppelung an entwicklungspolitische Leistungen (Kredite, Vergünstigungen); direkte Förderung von demokratischen Kräften und Institutionen; Echo.

Dokumente: Council of the European Union: The EU and Africa. Towards a Strategic Partnership, Brüssel, 19.12.2005 • The Africa-EU Strategic Partnership, First Action Pan (2008-2010): For the Implementation of the Africa-EU Strategic Partnership, Lissabon, 7.-9.12.2007.

Literatur: Sven Grimm: Die Afrikapolitik der Europäischen Union, Hamburg 2003 • Gisela Müller-Brandeck-Bocquet u.a. (Hrsg.): Die Afrikapolitik der Europäischen Union. Neue Ansätze und Perspektiven, Opladen 2007.

Internet: EU-Afrika Partnership: http://www.africa-eu-partnership.org/index_en.php • EU-Afrika-Dokumente: http://europa. eu.int/scadplus/leg/de/s05032.htm • Demokratieförderung: http://ec.europa.eu/europeaid/how/finance/eidhr_en.htm

---

Die Beziehungen zwischen der Europäischen Union und den 48 Subsahara-Afrikastaaten konzentrierten sich seit Gründung der Europäischen Wirtschaftsgemeinschaft (EWG) zunächst fast ausschließlich auf die Bereiche → Entwicklungszusammenarbeit und die → Außenhandelsbeziehungen. Aufgrund der geringer gewordenen Bedeutung Schwarzafrikas als Handelspartner Europas (Ausnahmen u.a. Nigeria, Südafrika) sind wirtschaftliche Interessen stärker in den Hintergrund getreten und konzentrieren sich gegenwärtig vor allem auf rohstoffreiche Staaten. Während der letzten 15 Jahre umfassen die Beziehungen immer stärker sicherheitspolitische Fragen, Menschenrechte, Demokratie und „gute Regierungsführung" sowie zunehmend auch die Bereiche Migration und Umwelt.

Die konkreten Ziele und Strategien der EU-Afrikapolitik sind in der ersten Afrikastrategie der EU vom Dezember 2005 und in dem auf dem 2. EU-Afrikagipfel in Lissabon vom Dezember 2007 unterzeichneten Partnerschaftsabkommen zwischen den afrikanischen und den EU-Staaten verankert. Zum Partnerschaftsabkommen gehört auch ein 50seitiger Aktionsplan für die Jahre 2008-2010, in dem die jeweiligen Ziele und Mittel in einzelnen Aktionsfeldern definiert werden. Die Afrikastrategie und Abkommen mit der Afrikanischen Union sind auch für die Afrikapolitik der EU-Mitgliedstaaten verbindlich, wodurch eine stärkere Kohärenz erreicht werden soll. Die Umsetzung einer Vielzahl von Programmen verläuft schleppend und die Strategie erfüllte die in sie gesetzten Erwartungen bislang nicht.

Inhalte und Ziele

Neben den Wirtschafts- und Handelsinteressen lassen sich fünf weitere Oberziele der EU gegenüber Subsahara-Afrika konstatieren: Armutsbekämpfung, (Re-)Integration Afrikas in die Weltwirtschaft, Förderung von Demokratie und Menschenrechten sowie Unterstützung kontinentweiter und regionaler Kooperations- und Integrationsprozesse und schließlich Eindämmung der zwischen- und innerstaatlichen Kriege und Konflikte.

Die Vielzahl von Maßnahmen im Bereich der Demokratie- und Menschenrechtsförderung ist mittlerweile im Rahmen des Europäischen Instruments für Demokratie und Menschenrechte (EIDHR) zusammengefasst worden. Für das EIDHR, das von EuropeAid verwaltet wird, stehen für Projekte in Afrika ca. 40 Mio. Euro jährlich zur Verfügung, wobei der Anteil der für Afrika zur Verfügung stehenden Mittel zugunsten anderer Regionen abnimmt. Inhaltlich liegt ein Schwerpunkt dabei auf der Unterstützung der Zivilgesellschaft.

Hoffnung auf regionale Initiativen und Perspektiven

Die Europäische Union ist zu einem der wichtigsten Unterstützer der im Juli 2002 gegründeten Afrikanischen Union (AU) geworden. Ein Schwerpunkt der Unterstützung liegt auf dem Bereich friedensschaffende Maßnahmen. So erhöhte die EU die Mittel für Konfliktprävention und -bearbeitung der AU im Rahmen der Afrikanischen Friedensfazilität von zunächst 250 Mio. Euro auf 300 Mio. Euro. Zu diesen Mitteln aus dem Europäischen Entwicklungsfonds (EEF) kommen noch weitere Zuwendungen mit denen unter anderem der AU-Einsatz in der sudanesischen Krisenprovinz Darfur finanziert wird. Die Hilfen für den Aufbau der Institutionen der AU, insbesondere der AU-Kommission, umfassen weitere 55 Mio. Euro, inklusive eines Programms zum Austausch von Beamten beider Organisationen. Hinzu kommt ein intensiver politischer Dialog zwischen der EU und der AU auf allen politischen Ebenen. Mit der Unterstützung der AU-Friedensmissionen bekräftigt die EU zwar ihre traditionelle Position „Afrikanische Lösungen für afrikanische Probleme", doch intervenierte die EU auch militärisch direkt in gewaltsame Konflikte. Angesichts massiver Menschenrechtsverletzungen im Ostkongo führte die EU im Jahr 2003 erstmals eine regional begrenzte humanitäre Intervention durch. Diesem ersten EU-Militäreinsatz folgte ein zweiter Einsatz zur Sicherung der Wahlen im Sommer 2006 (Operation EUFOR RD Congo). Im März 2009 beendete die EU eine 4.000 Mann starke Operation im Tschad und der Zentralafrikanischen Republik zur Sicherung. Die Mission diente der Sicherung von Flüchtlingslagern und sollte ein weiteres Ausgreifen des Darfur-Konflikts auf die Nachbarstaaten verhindern. Die Befürchtungen, dass die Mission von Frankreich, dem größten Truppensteller, für eigene Interessen instrumentalisiert würde, erwiesen sich als übertrieben. Die EU-Mission übergab das Kommando an eine UN-Truppe und lässt sich daher als Brückenmission kennzeichnen.

Die EU unterstützt ferner das Entwicklungsprogramm der AU, die Neue Partnerschaft für Afrikas Entwicklung (Nepad). Dieses Programm ist bisher hinter den Erwartungen zurückgeblieben und die EU versucht durch eine eigene Initiative, Eigenanstrengungen der afrikanischen Staaten im Bereich „gute Regierungsführung" zu animieren. Aus dieser Governance-Initiative können fast 3 Mrd. Euro für Staaten, die besondere Anstrengungen unternehmen, bereitgestellt werden. Das Interesse afrikanischer Staaten an der Initiative ist bislang gering, da erstens zahlreiche Bedingungen an die Vergabe von Leistungen geknüpft werden und zweitens alternative Finanzierungsmöglichkeiten, unter anderem durch China, zur Verfügung stehen.

Die Kooperation mit der AU ist zum Dreh- und Angelpunkt der Afrikapolitik der EU geworden und es besteht ein dichtes Netz von Kontakten zwischen EU- und AU-Institutionen. Inwieweit die AU sich zu einer effektiven Organisation entwickeln und ihre hochgesteckten Ziele erfüllen kann, wird sich zeigen. Die jahrelangen Auseinandersetzungen zwischen der EU und afrikanischen Staaten über die Behandlung Simbabwes – zahlreiche afrikanische Staaten bestanden auf der Teilnahme des diktatorisch regierenden Präsidenten Robert Mugabe auf dem Afrikagipfel gegen den Willen der EU-Mehrheit – demonstrieren die Grenzen des Wertekonsenses.

Siegmar Schmidt

Agenturen

Vertragsgrundlage: Europäische Verteidigungsagentur: Art. 42 AEUV, Protokoll Nr. 10. Einheit für justizielle Zusammenarbeit der Europäischen Union: Art. 85 AEUV. Europäisches Polizeiamt: Art. 88 AEUV, Protokoll Nr. 6.

Rechtsgrundlage: Verordnung, Gemeinsame Aktion, Entscheidung des Rates.

Literatur: Damien Geradin/Rodolphe Munoz/Nicolas Petit: Regulation through Agencies in the EU: A New Paradigm of European Governance, Cheltenham 2005 • Julia Fleischer: Die europäischen Agenturen als Diener vieler Herren? Zur Steuerung und Rolle von EU-Agenturen, in: Werner Jann/Marian Döhler (Hrsg.): Agencies in Westeuropa, Wiesbaden 2007, S. 212-252 • Martijn Groenleer: The Autonomy of European Union Agencies: A Comparative Study of Institutional Development, Eburon 2009.

Internet: EU-Server: http://europa.eu/agencies

EU-Agenturen haben sich als Einrichtungen der Union zunehmend zu einem integralen Bestandteil der institutionellen Architektur entwickelt. Sie werden allgemein in zwei Kategorien unterschieden: Exekutiv- und Gemeinschaftsagenturen.

Exekutivagenturen

Die EU verfügt über 6 Exekutivagenturen, die auf Grundlage der Verordnung (EG) Nr. 58/2003 im Zeitraum von 2005-2008 zum ausschließlichen Zweck der Verwaltung von Gemeinschaftsprogrammen in Bereichen der Bildung und Forschung, Verkehr, Wettbewerb und Verbrauchergesundheit errichtet wurden. Sie sind am Sitz der Kommission (Brüssel und Luxemburg) angesiedelt und unterstehen in der Ausführung ihrer Tätigkeiten sowie der Benennung ihres Personals der Rechenschaftspflicht und direkten Kontrolle durch ihre übergeordneten Generaldirektorate.

Die Kommission hat für die Gründung und Haushaltsdurchführung aller Exekutivagenturen einheitliche Kriterien erlassen und gemeinsam mit dem Haushaltsausschuss des Europäischen Parlaments ein Regelwerk zu Arbeitsweise und jährlichen Tätigkeitsberichten verabschiedet. Exekutivagenturen verfügen über ein zeitlich begrenztes Mandat und nehmen somit einen klaren Platz im institutionellen Gefüge der EU ein.

Gemeinschafts-/Regulierungsagenturen

Dezentrale Agenturen der EU, auch Gemeinschafts- oder Regulierungsagenturen genannt, sind unabhängige Körperschaften des europäischen öffentlichen Rechts mit eigener Rechtspersönlichkeit. Sie werden in jedem Einzelfall durch einen Rechtsakt des abgeleiteten Gemeinschaftsrechts für klar definierte und abgegrenzte Bereiche gegründet, in denen besondere technische oder wissenschaftliche Expertise gefordert ist. Rechtlich betrachtet haben Agenturen dieser Art keine Ermächtigung oder Ermessensspielräume zu weitreichenden Regulierungsmaßnahmen, doch zeichnen sich einige Agenturen in der Praxis zunehmend als de facto Entscheidungsträger aus.

Die Kommission, das Europäische Parlament (EP) sowie der Europäische Rechnungshof haben wiederholt einen einheitlichen Rechtsrahmen gefordert, der Gründung, Arbeitsweise, Rechenschaftspflicht, Verhältnis zu anderen Institutionen oder die Auflösung der Agenturen allgemein verbindlich regelt.

Die Errichtung dezentraler EU-Agenturen vollzog sich in drei aufeinanderfolgenden ‚Wellen‘, beginnend im Jahre 1975, mit dem ‚Europäischen Zentrum für die Förderung der Berufsbildung‘ (Cedefop) und der ‚Europäischen Stiftung zur Verbesserung der Lebens- und Arbeitsbedingungen‘ (EURO-FOUND). Im Zuge der Realisierung des Binnenmarkts kamen in den frühen 1990er Jahren weitere 8 Agenturen hinzu, deren Sitz im Sinne einer geographischen Verteilung durch den Beschluss des Europäischen Rats vom 29. Oktober 1993 festgelegt wurde. Seit 2000 schuf die Gemeinschaft eine dritte Generation von Agenturen, unter systematischer Mitwirkung des → Europäischen Parlaments. In den letzten 10 Jahren hat sich die Anzahl der Gemeinschafts- oder Regulierungsagenturen von 11 (2000) auf 29 (2010) fast verdreifacht.

Eine grobe Unterteilung der Funktionen von Gemeinschaftsagenturen kann vorgenommen werden, in:

- für Dritte verbindliche Einzelentscheidungen, z.B. Agentur für Luftfahrtsicherheit (EASA) oder Europäische Chemikalienagentur (ECHA)
- direkte Unterstützung der Kommission und Mitgliedstaaten in Form technischer oder wissenschaftlicher Expertise, z.B. Europäische Behörde für Lebensmittelsicherheit (EFSA) oder Europäische Arzneimittel-Agentur (EMEA)
- Übernahme operationeller Aufgaben, z.B. Europäische Agentur für die operative Zusammenarbeit an den Außengrenzen (FRONTEX) oder das Europäische Polizeiamt (EUROPOL)
- Vernetzung, Sammlung, Analyse und Verbreitung erforderlicher Informationen, z.B. Europäische Umweltagentur (EEA) oder Agentur der Europäischen Union für Grundrechte (FRA).

Jeweils drei Agenturen finden sich dabei in den Bereichen der GASP, z.B. die Europäische Verteidigungsagentur (EDA), sowie im Bereich der polizeilichen und → justiziellen Zusammenarbeit in Strafsachen (EUROJUST und EURO-POL). EUROPOL ist seit 2010 jedoch durch eine Entscheidung des Rates mit erweitertem Mandat in eine gemeinschaftlich finanzierte Einrichtung der Union überführt worden. Eine weitere Agentur im Bereich der Zusammenarbeit der Energieregulierungsbehörden ist derzeit geplant, drei weitere werden im Zuge der Finanzregulierung diskutiert.

Übersicht: Agenturen der Europäischen Union

Gemeinschaftsagenturen	Ort / Gründung
CEDEFOP Europäisches Zentrum für die Förderung der Berufsbildung	Thessaloniki/GR 10. Februar 1975
EUROFOUND Europäische Stiftung zur Verbesserung der Lebens- und Arbeitsbedingungen	Dublin/IE 26. Mai 1975
EEA Europäische Umweltagentur	Kopenhagen/DK 7. Mai 1990
ETF Europäische Stiftung für Berufsbildung	Turin/IT 7. Mai 1990
EMCDDA Europäische Beobachtungsstelle für Drogen und Drogensucht	Lissabon/PT 8. Februar 1993
EMEA Europäische Arzneimittel-Agentur	London/UK 22. Juli 1993
OHIM Harmonisierungsamt für den Binnenmarkt (Marken, Muster und Modelle)	Alicante/ES 20. Dezember 1993
EU-OSHA Europäische Agentur für Sicherheit und Gesundheitsschutz am Arbeitsplatz	Bilbao/ES 18. Juli 1994
CPVO Gemeinschaftliches Sortenamt	Angers/FR 27. Juli 1994
CDT Übersetzungszentrum für die Einrichtungen der Europäischen Union	Luxembourg/LU 28. November 1994
EAR Europäische Agentur für den Wiederaufbau	Thessaloniki/GR 5. Dezember 2000 (- Dezember 2008)
EFSA Europäische Behörde für Lebensmittelsicherheit	Parma/IT 28. Januar 2002
EMSA Europäische Agentur für die Sicherheit des Seeverkehrs	Lissabon/PT 27. Juni 2002,

EASA Europäische Agentur für Flugsicherheit	Köln/DE 15. Juli 2002
ENISA Europäische Agentur für Netz- und Informationssicherheit	Heraklion/GR 10. März 2004
ECDC Europäisches Zentrum für die Prävention und die Kontrolle von Krankheiten	Stockholm/SE 21. April 2004
ERA Europäische Eisenbahnagentur	Lille -Valenciennes/FR 29. April 2004
GSA Europäische GNSS-Aufsichtsbehörde	Brüssel/B 12. Juli 2004
FRONTEX Europäische Agentur für die operative Zusammenarbeit an den Außengrenzen	Warschau/PL 26. Oktober 2004
CFCA Europäische Fischereiaufsichtsbehörde	Vigo/ES 26. April 2005
ECHA Europäische Chemikalienagentur	Helsinki/FI 18. Dezember 2006
Europäisches Institut für Gleichstellungsfragen	Vilnius/LT 20. Dezember 2006
FRA Agentur der Europäischen Union für Grundrechte	Wien/AT 15. Februar 2007
Agenturen für die Gemeinsame Sicherheits- und Verteidigungspolitik	
ISS Institut der Europäischen Union für Sicherheitsstudien	Paris/FR 20. Juli 2001
EUSC Satellitenzentrum der Europäischen Union	Torrejón de Ardoz/ES 20. Juli 2001
EDA Europäische Verteidigungsagentur	Brüssel/BE 12. Juli 2004
Agenturen für die polizeiliche und justizielle Zusammenarbeit in Strafsachen	
EUROPOL Europäisches Polizeiamt	Den Haag/NL 26. Juli 1995 (seit 06. April 2009 Gemeinschaftsagentur)
EUROJUST Einheit für justizielle Zusammenarbeit der Europäischen Union	Den Haag/NL 28. Februar 2002
CEPOL Europäische Polizeiakademie	Bramshill//UK 20. September 2005

Quelle: Eigene Zusammenstellung.

Aufwendungen aus dem Gemeinschaftshaushalt haben sich in den letzten 10 Jahren, inklusive der nicht mehr aktiven Agentur für Wiederaufbau (EAR), versechsfacht: von ca. 95 Mio. Euro (2000) auf ca. 580 Mio. Euro (2010).

Dies entspricht einem Anteil von respektive 0,1 % und 0,48 % des EU-Budgets.
Die Anzahl der Mitarbeiter dieser Agenturen ist im gleichen Zeitraum von 1219 auf ca. 4.800 angestiegen und variiert zwischen kleinen Agenturen unter 50 Mitarbeitern, z.B. bei der Agentur der Europäischen Union für Grundrechte (FRA) bis hin zu über 600, z.B. im Harmonisierungsamt für den Binnenmarkt (OHIM).
Die Vorteile einer dezentralisierten und auch geographisch verteilten Agenturlandschaft können eine gesteigerte Effizienz der Informationsbeschaffung und -verarbeitung, sowie eine effektivere Implementierung von Gemeinschaftsvorgaben sein. Ihr institutioneller und verfahrensrechtlicher Wildwuchs bei eingeschränkter Transparenz und Leistungskontrolle nährt jedoch Kritik an einem administrativen Überbau, der sich unerwünscht verselbständigen könne.

Thomas Traguth

Agrarpolitik

Vertragsgrundlage: Art. 38 bis 44 AEUV.

Ziele: Erhöhung der Produktivität der Landwirtschaft und dadurch Gewährleistung einer angemessenen Lebenshaltung für die in der Landwirtschaft tätigen Personen; Marktstabilisierung; Sicherung der Versorgung und Belieferung der Verbraucher zu angemessenen Preisen (nach Art. 39 AEUV).

Instrumente: Gemeinsame Marktordnungen; Verbesserung der Produktionsgrundlagen durch Förderung landwirtschaftlicher Betriebe und überbetrieblicher Maßnahmen; Verbesserung der Vermarktungsstruktur; Programme für benachteiligte Gebiete und umweltverträgliche Produktionsverfahren.

Haushalt 2010: Für die „Bewahrung und Bewirtschaftung der natürlichen Ressourcen" (Agrar- und Fischereiausgaben incl. ländlicher Entwicklungspolitik) wurden 59,5 Mrd. Euro an Verpflichtungsermächtigungen bereit gestellt.

Literatur: Special Section on the Common Agricultural Policy at Fifty, in: EuroChoices, 2/2008, S. 4-29 • Christine Wieck/Andreas Rüther/Thomas Heckelei: Aspekte der Agrarpolitik 2009, in: German Journal of Agricultural Economics, 59/2010, Supplement „Die landwirtschaftlichen Märkte an der Jahreswende 2009/2010", S. 1-15.

Internet: EU-Politikbereiche: http://ec.europa.eu/agriculture/index_de.htm

---

Nach Art. 38 AEUV umfasst der Binnenmarkt auch die Landwirtschaft und den Handel mit landwirtschaftlichen Erzeugnissen. Art. 39 AEUV präzisiert die Ziele der gemeinsamen Agrarpolitik, zu deren Erreichung Art. 40 AEUV eine gemeinsame Organisation der Agrarmärkte vorschreibt. Mit dem Inkrafttreten des Lissabon-Vertrags erhielt das Europäische Parlament nach Art. 43 AEUV das Recht, nun auch über die Organisation der Agrarmärkte und andere agrarpolitische Bestimmungen gemeinsam mit dem Rat zu entscheiden. Lediglich die Festsetzung von administrierten Preisen und Produktionsquoten sowie von Abschöpfungen und Beihilfen verbleibt in der alleinigen Zuständigkeit des Rates.

Hohe Kosten und unterschiedliche nationale Interessen haben immer wieder zu gravierenden Konflikten geführt. Der letztendlich fehlgeschlagene Versuch, die Gewährleistung einer angemessenen Lebenshaltung der Landwirte durch Preisstützung zu erreichen, brachte der Gemeinschaft zudem den Vorwurf des Protektionismus ein und führte zu steigenden Überschüssen und Ausgaben, sodass schließlich ab dem Jahr 1992 mehrfach tief greifende Reformen notwendig wurden.

Markt- und Preispolitik bis 1999

Am 14. Januar 1962 einigte sich der Ministerrat auf erste gemeinsame Marktordnungen, weitere folgten bis 1968. Gemeinsame Preise wurden ab dem 1. Juli 1967 angewandt. Die Agrarmarktordnungen bewirken eine Abgrenzung des innergemeinschaftlichen Markts gegenüber dem Weltmarkt und eine Stabilisierung der Preise. Sie lassen sich grundsätzlich nach drei Organisationsprinzipien unterscheiden:

- Marktordnungen mit Preisstützung, bei denen neben dem Außenschutz eine Absatz- und Preisgarantie gewährt wird: Darunter fallen z.B. die wichtigsten Getreidearten, Zucker und Milcherzeugnisse. Ware, die zu einem bestimmten Mindestpreis, nicht abgesetzt werden kann, wird durch staatliche Interventionsstellen aufgekauft. Die Marktordnungen für Zucker und (seit 1984) Milch enthalten außerdem Quotenregelungen, d.h. die Preisstützung wird nur für eine auf betrieblicher Ebene festgelegte Produktionsmenge gewährt.
- Marktordnungen mit gemeinsamem Außenschutz: Entsprechende Agrarprodukte werden nur vor der Konkurrenz aus Drittländern geschützt, ohne dass für den Binnenmarkt eine Preisgarantie gewährt wird. Darunter fallen u.a. Eier, Geflügel und Zierpflanzen. In der Regel erfolgt der Außenschutz durch Zölle.
- Marktordnungen mit direkten Beihilfen: Ölsaaten und Hülsenfrüchte werden zollfrei eingeführt; die Erzeuger erhielten Beihilfen. Bei Oliven, Tabak

und Hartweizen wurden Beihilfen zusätzlich zu den durch Außenschutz und Interventionsmaßnahmen gestützten Marktpreisen gezahlt. Pauschalbeihilfen wurden für Erzeugnisse gewährt, die in der EG nur in geringen Mengen hergestellt werden, wie Flachs und Hanf, Baumwolle, Seidenraupen, Hopfen, Saatgut und Trockenfutter.

Die Preisstabilisierung erfolgte bis Mitte der 1990er Jahre in vielen Fällen durch Abschöpfungen, d.h. bei der Einfuhr zu entrichtende Abgaben, die der Differenz zwischen dem in der Regel niedrigeren Weltmarktpreis und dem höheren innergemeinschaftlichen Preis entsprachen. Beim Export werden Erstattungen gewährt, die in analoger Weise berechnet werden. Eine Preisfestsetzung, die lange Zeit weitgehend im Interesse der Erzeuger erfolgte, löste bei praktisch unbegrenzter Absatzgarantie in Verbindung mit technischem Fortschritt wachsende Überschüsse und steigende Marktordnungskosten aus. Finanzielle Grenzen machten Kursänderungen unvermeidlich. Einen ersten Schritt stellte 1984 die Milchgarantiemengenregelung dar (Einführung von Milchquoten). Nachdem weitere haushaltsentlastende Maßnahmen, wie z.B. freiwillige Flächenstilllegungs- und Extensivierungsprogramme, nur einen geringen Erfolg gezeigt hatten, sah sich der Rat 1992 zu einer grundlegenden Reform veranlasst. In ihrem Mittelpunkt stand eine Rücknahme der Preisstützung, deren Wirkung auf die Einkommen seither durch direkte Zahlungen ausgeglichen wird. Bei Getreide wurde der Interventionspreis ab 1992/1993 um 33 % gesenkt. Dafür erhielten die Erzeuger eine am regionalen Durchschnittsertrag ausgerichtete Hektarbeihilfe. Gleichzeitig waren sie ab einer bestimmten Produktionsmenge verpflichtet, einen Teil ihrer bisher mit Marktordnungsfrüchten bestellten Fläche stillzulegen. Für Ölsaaten erhielten die Erzeuger nur noch den Weltmarktpreis zuzüglich einer Flächenbeihilfe, die so bemessen war, dass im Durchschnitt der gleiche Deckungsbeitrag wie vorher erzielt wurde. Für Rindfleisch wurden der Interventionspreis um 15 % gesenkt und ebenfalls Prämienzahlungen zum Ausgleich der Preissenkung eingeführt.

Agrarstrukturpolitik bis 1999

Seit 1972 gibt die Gemeinschaft auch den Rahmen für die Agrarstrukturpolitik in den Mitgliedsländern vor. Mit den Strukturrichtlinien von 1972 wurde aus dem Mansholt-Plan, der eine starke Verminderung der Zahl der in der Landwirtschaft Beschäftigten vorsah, zunächst der Gedanke aufgegriffen, die investive Förderung auf entwicklungsfähige Betriebe zu beschränken. Die im April 1975 verabschiedete Richtlinie über die Landwirtschaft in Berggebieten und bestimmten benachteiligten Gebieten verfolgte das Ziel, die Landbewirtschaftung auch unter ungünstigen Standortbedingungen aufrechtzuerhalten und Abwanderungen zu verhindern. Mit der Verordnung zur Verbesserung der Effizienz der Agrarstruktur (Effizienzverordnung) von 1985 wurde eine Förderung für Junglandwirte eingeführt. Die Mitgliedstaaten wurden ermächtigt, Beihilfen an Landwirte zu zahlen, die sich zu einer die Umwelt erhaltenden oder verbessernden Wirtschaftsweise verpflichteten. Alle Maßnahmen der Agrarstrukturpolitik wurden aus der Abteilung Ausrichtung des Europäischen Ausrichtungs- und Garantiefonds für die Landwirtschaft (EAGFL) kofinanziert (→ Struktur- und Regionalpolitik). Eine 1988 beschlossene Reform der Strukturfonds brachte eine Koordination des Mitteleinsatzes der Abteilung Ausrichtung des EAGFL, des Europäischen Fonds für Regionale Entwicklung und des Europäischen Sozialfonds für Ziel 1 „Förderung der Entwicklung und der strukturellen Anpassung der Regionen mit Entwicklungsrückstand" und Ziel 5 b „Förderung der Entwicklung des ländlichen Raums", für das eine eigene Gebietsabgrenzung erfolgte. Ziel 5 a „Anpassung der Erzeugungs- und Verarbeitungsstrukturen in Land- und Forstwirtschaft" (u.a. Investitions- und Junglandwirteförderung) war demgegenüber als Querschnittsaufgabe nicht an eine Gebietskulisse gebunden. Im Rahmen der GAP-Reform von 1992 wurden drei Verordnungen als „flankierende Maßnahmen" erlassen, die sich auf (1) umweltverträgliche und den natürlichen Lebensraum schützende Produktionsverfahren, (2) eine attraktivere Förderung der Aufforstung sowie (3) eine Verbesserung der Vorruhestandsregelung durch höhere Mitfinanzierung seitens der EG erstreckten. Die 5b-Fördergebiete wurden schließlich um 75 % erweitert.

Agenda 2000

Mit der im März 1999 durch den Europäischen Rat beschlossenen Agenda 2000 reagierte die EU u.a. auf die Notwendigkeit, die Voraussetzungen für die → Erweiterung nach Osten zu schaffen. Sie stand außerdem vor der Aufgabe, die Einhaltung der in der Uruguay-Runde eingegangenen WTO-Verpflichtungen nach dem Jahr 2000 sicherzustellen. Im Bereich der Marktordnungen wurde die Reform von 1992 fortgesetzt, indem bei Getreide der Interventionspreis in zwei gleichen Jahresschritten ab 2000 um insgesamt 15 % gesenkt und die Ausgleichszahlungen für die regionalen Durchschnittserträge von 54 Euro/t auf 63 Euro/t erhöht wurden. Für stillgelegte Flächen wurde dieselbe Ausgleichszahlung wie für Getreide gewährt. Auch die bis dahin um etwa 60 % höhere Ausgleichszahlung für Ölsaaten wurde schrittweise auf das Niveau der Getreideprämie gesenkt. Für die obligatorische Flächenstilllegung wurde ein Satz von 10 % der mit Marktordnungsfrüchten bestellten Fläche festgeschrieben. Für Rindfleisch wurde ein Grundpreis eingeführt und in drei Jahresschritten um insgesamt 20 % reduziert. An die Stelle der regelmäßigen Intervention trat eine Beihilfe zur privaten Lagerhaltung. Sinkt der Marktpreis auf 70 % eines festgesetzten Grundpreises sollte eine obligatorische Intervention erfolgen (Sicherheitsnetz). Als Teilausgleich für die Preissenkung wurden die tierbezogenen Ausgleichszahlungen erhöht und eine neue Schlachtprämie eingeführt. Für Milch sollte eine Preissenkung in drei Jahresraten erst 2005/2006 beginnen sowie parallel dazu eine Ausgleichszahlung eingeführt werden. Die Garantiemengen sollten bis 2008 beibehalten und in allen Mitgliedstaaten um insgesamt 1,5 % aufgestockt werden. Italien, Irland, Griechenland und Spanien erhielten im Einzelnen festgelegte Erhöhungen ihrer Garantiemengen.

Für die Strukturfonds wurde die Zahl der Ziele auf drei reduziert. Ziel 1 wurde im Wesentlichen beibehalten, Ziel 5 b ging in einem neuen Ziel 2 „Förderung von Regionen mit bedeutendem ökonomischem und sozialem Umstrukturierungsbedarf" auf und ein Ziel 3 „Entwicklung der Humanressourcen" wurde eingesetzt. Die bisher zum Ziel 5 a zusammengefassten Maßnahmen zur strukturellen Anpassung des Agrarsektors wurden weiterhin in den Ziel-1-Gebieten – integriert in die regionalen Strukturfondsprogramme – aus der Abteilung Ausrichtung des EAGFL finanziert. In allen anderen Gebieten wurden sie Bestandteil einer neuen, aus der Abteilung Garantie des EAGFL finanzierten Verordnung „Ländliche Entwicklung". Diese umfasste außerdem Maßnahmen zur Anpassung ländlicher Räume (Teil der bisherigen 5b-Förderung, aber ohne Bindung an eine Gebietskulisse), die Ausgleichszulage in Berggebieten und benachteiligten Gebieten und die 1992 eingeführten „flankierenden Maßnahmen".

Halbzeitbewertung der Agenda 2000 im Jahr 2003 und weitere Marktordnungsreformen

Im Zuge der „Halbzeitbewertung der Agenda 2000" verabschiedete der Rat am 26. Juni 2003 mit den „Luxemburger Beschlüssen" eine weitere GAP-Reform, deren Kern eine „Entkopplung" der auf den Stützpreissenkungen in der Vergangenheit beruhenden Direktzahlungen von der gegenwärtigen Produktion darstellt. Darüber hinaus wurden die Interventionspreise für Butter und Magermilchpulver schrittweise abgesenkt, was durch direkte Ausgleichszahlungen an die betroffenen Landwirte zu mehr als 50 % kompensiert wurde. Die Butterintervention wurde begrenzt, die Milchquotenregelung bis 2015 verlängert. Der Beginn der bereits mit der Agenda 2000 beschlossenen Quotenaufstockungen wurde auf 2006 verschoben, die Roggenintervention abgeschafft und die monatlichen Lagerkostenzuschläge für Getreide halbiert. Die 10 %ige Stilllegungsverpflichtung für Betriebe mit mehr als 20 Hektar bestand zunächst weiter.

Nach dem ursprünglichen Vorschlag der Kommission sollte jedem landwirtschaftlichen Betrieb der Großteil seiner durchschnittlichen flächen- und tierbezogenen Prämienansprüche als einheitliche jährliche Hektarprämie ausgezahlt werden, unabhängig davon, welche Kulturen er auf seinen Flächen anbaut bzw. wie viele Tiere er jeweils hält. Die EU-Prämien sollten auf diese Weise keinen direkten Einfluss mehr auf die Produktionsentscheidungen der Landwirte haben, um eine verstärkte Ausrichtung der Erzeugung an den Marktgegebenheiten zu ermöglichen. Voraussetzung für den Bezug der Hektarprämien ist das Vorhandensein von betrieblichen Referenzflächen. Das sind Flächen, für die während der Referenzperiode 2000 bis 2002 Prämien gewährt wurden zuzüglich der Futterfläche des Betriebes. Ein betriebsbezogener Zahlungsanspruch je Hektar ergibt sich, indem die Summe der durchschnittlichen jährlichen Direktzahlungen in der Referenzperiode durch die Referenzfläche dividiert wird („Betriebsmodell"): bewirtschaftet ein Betrieb weniger beihilfefähige Flächen als seiner Referenzfläche entspricht, werden die entsprechenden Zahlungsansprüche nicht ausgezahlt. Bei den Verhandlungen leistete insbesondere Frankreich Widerstand gegen eine vollständige Entkopplung der Direktzahlungen. Der schließlich gefundene Kompromiss erlaubte den Mitgliedstaaten auch eine „Teilentkopplung". So konnten z.B. bis zu 25 % der Getreide-, Ölsaaten- und Eiweißpflanzendirektzahlungen weiterhin an die betreffende Kultur gekoppelt ausgezahlt werden. Auch im Rindfleischbereich sowie bei Schafen und Ziegen waren ähnliche Teilentkoppelungen zulässig. Bezüglich der Auszahlungsmodalitäten der entkoppelten Prämien konnten die Mitgliedstaaten zwischen dem Regelfall des Betriebsmodells, und einem einfacheren „Regionalmodell" (bei dem sämtliche entkoppelten Direktzahlungen einer Region auf deren förderfähige Fläche umgelegt werden) wählen. Werden bestimmte gemeinschaftsrechtliche Umwelt-, Tierschutzoder Lebens- und Futtermittelsicherheitsstandards in einem prämienberechtigten Betrieb verletzt oder die Betriebsflächen nicht in einem „guten landwirtschaftlichen Zustand" gehalten, soll der betreffende Landwirt einen Teil seiner Prämien, im Falle schwerer Verstöße sogar seine gesamte Betriebsprämie, verlieren („Cross Compliance").

Eine seit der Agenda 2000 im Ermessen der Mitgliedstaaten liegende „Modulation" (d.h. Kürzung der Direktzahlungen und Verwendung der eingesparten Mittel für Maßnahmen der ländlichen Entwicklung) wurde ab 2005 obligatorisch, dergestalt, dass oberhalb eines Prämienanspruches von 5.000 Euro je Betrieb die Prämien ab 2007 um 5 % gekürzt werden mussten. Ein Teil hiervon verbleibt in dem Mitgliedsland, in dem er anfällt. Die Aufteilung der übrigen einbehaltenen Modulationsmittel auf die einzelnen Mitgliedstaaten erfolgt nach bestimmten Kohäsionskriterien. Die im Rahmen der Förderung der Entwicklung des ländlichen Raumes (der so genannten zweiten Säule der GAP) eingesetzten Modulationsmittel müssen von den Mitgliedsländern aus den nationalen Haushalten kofinanziert werden. Dabei sind jedoch um zehn Prozentpunkte höhere EU-Kofinanzierungssätze für Umwelt- und Tierschutzmaßnahmen zulässig (60 % EU-Mittel in den bisherigen Mitgliedstaaten, 85 % in den Beitrittsländern). Außerdem wurden neue Fördermöglichkeiten in den Bereichen „Tierschutz", „Lebensmittelqualität" sowie „Regionalmanagement" vorgesehen. Seit 2007 wird die zweite Säule der GAP aus dem neu geschaffenen Europäischen Landwirtschaftsfonds für die Entwicklung des ländlichen Raums (ELER) finanziert, während die Direktzahlungen und Agrarmarktausgaben aus dem Europäischen Garantiefonds für die Landwirtschaft (EGFL) bestritten werden.

Die Landwirte in den zehn 2004 beigetretenen Staaten erhielten zunächst Direktzahlungen in Höhe von 25 % der Prämien in den bisherigen Mitgliedstaaten. Dieses Verhältnis wurde bis 2007 in 5-Prozentpunkt-Schritten erhöht. Danach erfolgen Anpassungen in 10-Prozentpunkt-Schritten. Begrenzte Aufstockungen der Prämien aus eigenen Haushaltsmitteln der Beitrittsstaaten sind bis zum Jahr 2013 zulässig. Bei der Festlegung der Produktionsquoten für Zucker und Milch, der Grundflächen und Referenzerträge zur Errechnung der Flächenprämien sowie der Prämienrechte bei Rindern, Schafen und Ziegen wurde von der Produktion der Beitrittsstaaten in der jüngeren Vergangenheit ausgegangen.

Im April 2004 konnte sich der Rat auf eine Reform der Marktordnungen für Olivenöl (Entkopplung von mindestens 60 % der Direktzahlungen, Abschaffung der Exportsubventionen), Baumwolle (Entkopplungssatz von 65 %), Hopfen (Entkopplungssatz von 75 %) und Tabak (Entkopplungssatz von 100 % ab 2010) einigen, sodass schließlich auch hier die Prämien – abgesehen von „Cross-Compliance-Vorschriften" – größtenteils produktionsunabhängig gewährt wurden. Eine im Hinblick auf die WTO-Verpflichtungen der EU notwendige Reform der Zuckermarktordnung trat im Sommer 2006 in Kraft:

sie bestand im wesentlichen in einer schrittweisen Reduzierung des Rüben-
mindestpreises um insgesamt 39,7 %, im teilweisen Einkommensausgleich
über die entkoppelten Direktzahlungen an die Rübenanbauer und in einer
subventionierten Quotenaufgabe von ca. 6 Mio. Tonnen Zucker.

„Gesundheitscheck" der GAP im Jahr 2008

Nach langwierigen Verhandlungen beschloss der Agrarministerrat im November 2008 anlässlich der in den Luxemburger Beschlüssen vorgesehenen
grundsätzlichen Überprüfung der GAP (so genannter „Gesundheitscheck")
die folgenden Änderungen: die obligatorische Modulation der Direktzahlungen wird bis 2012 auf 10 % erhöht. Große Betriebe, die Direktzahlungen von
jährlich mehr als 300.000 Euro beziehen, unterliegen darüber hinaus ab 2009
einer zusätzlichen (progressiven) Modulation in Höhe von 4 %. Hiervon sind
auch etwa 1.800 ostdeutsche Großbetriebe betroffen. Die zusätzlichen Modulationsmittel sollen von den Mitgliedstaaten kofinanziert für „neue Herausforderungen" (z.B. beim Kampf gegen den Klimawandel oder zur Förderung der biologischen Vielfalt) verwendet werden. Die nationale Kofinanzierung beträgt dabei statt der üblichen 50 % lediglich 25 % (in einkommens-
schwachen Regionen sogar nur 10 % statt 25 %). Die Möglichkeit, der Teil-
koppelung von Direktzahlungen wird je nach Agrarprodukt bis spätestens
Mitte 2012 auslaufen. Ausgenommen sind hiervon nur die vollständige Mut-
terkuhprämie sowie 50 % der Zahlungen für Ziegen und Schafe, die auch
nach 2012 noch an die Produktion gekoppelt bleiben dürfen. Die Flächen-
stilllegungspflicht für alle Landwirte, die Direktzahlungen beziehen, wurde
abgeschafft, ebenso wie die Energiepflanzenprämie. Die Interventionskäufe
für Schweinefleisch fielen weg; die Interventionsmöglichkeiten bei Brotwei-
zen, Butter und Magermilchpulver wurden eingeschränkt. Die Milchquoten,
die 2015 endgültig auslaufen, werden ab 2009/2010 jährlich um ein Prozent
erneut ausgedehnt. Italien durfte seine Quote bereits 2009/2010 in einem Zug
um insgesamt 5 % erhöhen. Begleitmaßnahmen zum Milchquotenausstieg
(z.B. die Möglichkeit, Grünlandprämien in benachteiligten Gebieten zu gewähren oder Investitionen in die Milchviehhaltung zu fördern) wurden als
eine weitere „neue Herausforderung" definiert.
Im EU-Durchschnitt erhielten die Landwirte im Haushaltsjahr 2008 Direktzahlungen in Höhe von 215 Euro pro Hektar. In Deutschland lag dieser Betrag
bei 325 Euro, in Polen bei 81 Euro.

Das Abkommen über Landwirtschaft der Uruguay-Runde des GATT und WTO-Verhandlungen

Die GAP-Reform von 1992 ermöglichte einen Abschluss der Uruguay-Runde des Allgemeinen Zoll- und Handelsabkommens (GATT), so dass schließlich am 1. Juli 1995 das „Abkommen über Landwirtschaft" in Kraft treten konnte. Es enthält u.a. folgende Bestandteile: (1) Die interne Marktstützung war gegenüber 1986-1988 um 20 % zu kürzen, wobei die von der EU seit der Reform von 1992 gewährten, mit Mengenbegrenzungen (z.B. Flächenstilllegung) verknüpften Ausgleichszahlungen in die so genannte „blaue Box" und damit nicht unter diesen Abbau fielen. (2) Alle Maßnahmen des Außenschutzes waren in Zölle umzuwandeln und diese bis zum Jahr 2000 im Durchschnitt um 36 %, mindestens aber um 15 % je Produkt zu kürzen. (3) Es ist ein Mindestmarktzugang in Höhe von 5 % des Inlandsverbrauchs zu gewähren. (4) Die Ausgaben für Exporterstattungen mussten bis zum Jahr 2000 gegenüber der Basis 1986-1990 um 36 % gekürzt werden, die mit Erstattungen exportierten Mengen um 21 %.

Bereits im November 1999 begannen Verhandlungen im Rahmen der Welthandelsorganisation (WTO), mit dem Ziel die Liberalisierung des Weltagrarhandels fortzusetzen (→ Außenhandelsbeziehungen). Doch erst am 31. Juli 2004 ist es den 147 WTO-Mitgliedstaaten gelungen, sich auf die Eckpunkte eines künftigen Agrarabkommens zu einigen. Diese sehen vor, sämtliche Exporterstattungen innerhalb eines noch festzulegenden Zeitraums auslaufen zu lassen, die als handelsverzerrend erachtete interne Stützung sukzessive weiter zu reduzieren (anfangs um mindestens 20 %) sowie die Agrarzölle zu senken (Ausnahmen bei sensiblen Produkten) und zwar jeweils umso stärker je größer das Niveau in der Ausgangssituation ist. Die Zahlungen im Rahmen der „blauen Box" sind auf 5 % des durchschnittlichen Produktionswerts einer noch zu bestimmenden Referenzperiode zu begrenzen. Trotzdem konnten die Verhandlungen bisher nicht abgeschlossen werden. Während die großen Schwellenländer auf einen weiteren Abbau der Agrarprotektion durch EU und USA drängen, erachten letztere die angebotenen Zugeständnisse beim Marktzugang für Industriegüter als unzureichend.

Christian Lippert

Antidiskriminierungspolitik

Vertragsgrundlage: Art. 2, 3, 6 EUV. Art. 8, 9, 10, 18, 19, 21, 67, 145, 153, 157 AEUV. Erklärung zu Art. 8 AEUV zur Bekämpfung häuslicher Gewalt. Titel III „Gleichheit" der Charta der Grundrechte.

Ziele: Förderung der Chancengleichheit und Gleichstellung von Männern und Frauen; Schaffung eines allgemeinen Rahmens für die Gleichbehandlung in Beschäftigung und Ausbildung unabhängig von Geschlecht, Rasse oder ethnischer Herkunft, Religion, Weltanschauung, Behinderung, Alter oder sexueller Ausrichtung sowie die Bekämpfung von sozialer Ausgrenzung und Diskriminierungen vielfältiger Art.

Instrumente: Richtlinien; Überprüfungs- und Vertragsverletzungsverfahren; Rechtsprechung des EuGH; Programme.

Dokumente: Antirassismusrichtlinie (2000/43/EG) • Rahmenrichtlinie zu Beschäftigung und Beruf (2000/78/EG) • Mitteilung der EU-Kommission: Strategie für die Gleichstellung von Frauen und Männern 2010-2015, KOM(2010) 491 endg. • Gleichstellungsbericht der EU-Kommission 2010, KOM(2009) 694 endg.

Literatur: Antidiskriminierungsstelle des Bundes: Forschungsprojekt. Diskriminierung im Alltag. Wahrnehmung von Diskriminierung und Antidiskriminierungspolitik in unserer Gesellschaft (Sinus-Studie), Heidelberg 2008 • Mark Bell: The Implementation of European Anti-Discrimination Directives: Converging towards a Common Model?, in: The Political Quarterly, 1/2008, S. 36-44 • Erica Howard: The EU race directive – developing the protection against racial discrimination within the EU, London 2010 • Katrin Simhandl: Der Diskurs der EU-Institutionen über die Kategorien ‚Zigeuner' und ‚Roma', Baden-Baden 2007.

Internet: GD Beschäftigung, soziale Angelegenheiten und Chancengleichheit: http://ec.europa.eu/social/home.jsp?langId=de • EU-Kampagne „Für Vielfalt gegen Diskriminierung": http://www.stop-discrimination.info • EU-Gleichbehandlungsrichtlinien: http://www.antidiskriminierungsstelle.de • PROGRESS-Programm: http://ec.europa.eu/social/main.jsp?catId=327&langId=de

Die Gleichbehandlung aller EU-BürgerInnen bildet ein Grundprinzip der Europäischen Union. Ursprünglich noch beschränkt auf ein Verbot von Diskriminierung aufgrund der Staatsbürgerschaft und des Geschlechts, wurde mit der Ausweitung der EU-Kompetenzen und im Einklang mit den Standards der Vereinten Nationen, des → Europarats und der → Europäischen Menschenrechtskonvention (EMRK) das Ziel der Antidiskriminierung nach und nach auch auf weitere Bevölkerungsgruppen ausgeweitet. Heute ist das Prinzip der Nichtdiskriminierung prominent im Vertragswerk verankert und die Europäische Union hat sich verpflichtet, bei der Festlegung und Durchführung ihrer Politik und ihrer Maßnahmen „Diskriminierungen aus Gründen des Geschlechts, der Rasse, der ethnischen Herkunft, der Religion oder der Weltanschauung, einer Behinderung, des Alters oder der sexuellen Ausrichtung zu bekämpfen" (Art. 10 AEUV).

Gleichstellung der Geschlechter und Gender Mainstreaming

Mit dem EWG-Vertrag (1958) wurde die Grundlage der modernen Antidiskriminierungspolitik gelegt. Durch die Rechtsprechung des → Gerichtshof der Europäischen Union (EuGH) wurde der begrenzte Wirkungskreis des EWG-Vertrags für Arbeitnehmer und Arbeitnehmerinnen beständig erweitert, sodass die Gleichbehandlung von Frauen und Männern heute ein Grundprinzip des Gemeinschaftsrechts ist (Art. 2 und 3 EUV, Art. 8 AEUV). Diese Verpflichtung schließt auch positive Maßnahmen zugunsten des „unterrepräsentierten Geschlechts", einschließlich einer Quote, ein (Art. 19 AEUV). Durch das „Gender Mainstreaming" soll das Anliegen in alle EU-Politikbereiche einbezogen werden. Insbesondere in der → Sozialpolitik, der → Beschäftigungspolitik und der → Struktur- und Regionalpolitik wie auch in den Bereichen Bildung und Forschung wird das Ziel der Gleichstellung von Frauen und Männer vorrangig integriert.

Um geschlechterspezifische Themen bemühen sich auf europäischer Ebene eine Vielzahl von Akteuren, dazu zählen neben dem Rat, insbesondere in Zusammensetzung der Arbeits- und Sozialminister, die Referate und Ausschüsse für Chancengleichheit von Kommission und Parlament sowie Nichtregierungsorganisationen und das Europäische Institut für Gleichstellungsfragen. Entsprechend reicht das weit gefächerte Engagement von Richtlinien zu Teilzeitarbeit, Elternurlaub und dem Schutz von schwangeren Arbeitnehmerinnen bis zu Programmen gegen Frauenhandel, sexuellen Missbrauch und Gewalt gegen Frauen. Mit Rahmenprogrammen und Gemeinschaftsinitiativen sollen Diskriminierungen und Ungleichheiten jeglicher Art im Zusammenhang mit dem Arbeitsmarkt bekämpft werden. Zu den bestehenden Richtlinien zählen beispielsweise:

- die Neufassung der Richtlinie zur Verwirklichung des Grundsatzes der Chancengleichheit und Gleichbehandlung von Männern und Frauen in Arbeits- und Beschäftigungsfragen vom 5. Juli 2006 (2006/54/EG),
- die Richtlinie zur Gleichbehandlung beim Zugang zu öffentlich angebotenen Gütern und Dienstleistungen vom 13. Dezember 2004 (2004/113/EG). Sie geht über den klassischen Bereich der Beschäftigung hinaus, indem sie den Geltungsbereich auch auf weitere Bereiche wie das privatrechtliche Versicherungswesen ausdehnt.

Frauen verdienen laut Eurostat-Angaben, selbst nach der Berücksichtigung struktureller Unterschiede, bei gleicher oder gleichwertiger Arbeit auch heute noch weniger als ihre männlichen Arbeitskollegen. Um Frauen in Führungspositionen in Wirtschaft, Politik und Wissenschaft zu stärken, wird von der EU-Kommission die Einführung einer Frauenquote ab 2012 erwogen, falls in den größten börsennotierten europäischen Unternehmen nicht schon bald mehr Frauen in Chefsesseln sitzen. Die Kommissarin für Justiz, Grundrechte und Bürgerschaft, Viviane Reding, nannte als Zielgröße einen Frauenanteil von 30 % in Aufsichtsräten bis 2015 (zum Vergleich: In den Vorständen der 200 größten Unternehmen in Deutschland gibt es nur 3 % Frauen). Unter ihrer Federführung hat die EU-Kommission im März 2010 eine „Charta für Frauen" präsentiert. Diese politische Erklärung enthält Schlüsselbereiche für Maßnahmen in den kommenden fünf Jahren:

- Gleichstellung auf dem Arbeitsmarkt und wirtschaftliche Unabhängigkeit
- Gleicher Lohn für gleiche bzw. gleichwertige Arbeit
- Gleichberechtigte Beteiligung an Entscheidungsprozessen
- Umfassendes politisches Konzept zum Schutz der Menschenwürde und der Bekämpfung von Gewalt gegen Frauen
- Berücksichtigung der Gleichstellung auch in den auswärtigen Beziehungen zu anderen Ländern und internationalen Organisationen

In Konkretisierung der Charta hat die EU-Kommission Mitte 2010 eine neue Gleichberechtigungsstrategie lanciert, die einen koordinierten Rahmen für Maßnahmen in sämtlichen EU-Politikbereichen vorgeben soll und das Arbeitsprogramm der Kommission zur Gleichstellung der Geschlechter für den Zeitraum 2010-2015 abbildet.

Die EU-Antidiskriminierungsrichtlinien

Ausgehend von den Erfahrungen, die man im Rahmen der Politik für eine Gleichstellung von Männern und Frauen auf EU-Ebene gesammelt hatte, wurde vor allem vom Europäischen Parlament ab Ende der 1980er Jahre eine Ausweitung des Prinzips auf weitere Gruppen gefordert. Nachdem für solch eine Ausweitung mit dem Amsterdamer Vertrag eine rechtliche Grundlage geschaffen worden war, traten im Jahr 2000 zwei EU-Antidiskriminierungsrichtlinien in Kraft, die bis heute die Grundlage für eine über die Gleichbehandlung von Männern und Frauen hinausgehende Antidiskriminierungspolitik bilden:

- die *Antirassismus-Richtlinie* (2000/43/EG): Die Richtlinie zur Gleichbehandlung ohne Unterschied der Rasse oder der ethnischen Herkunft untersagt Diskriminierungen in den Bereichen Beschäftigung und berufliche Bildung, beim Sozialschutz, sozialen Vergünstigungen und Bildung sowie beim Zugang zu und der Versorgung mit Gütern und Dienstleistungen, die der Öffentlichkeit zur Verfügung stehen, einschließlich Wohnraum. Da damit auch erstmals Lebensbereiche abgedeckt werden, die zuvor noch nie Gegenstand von Antidiskriminierungsbestimmungen gewesen waren, gilt diese Richtlinie als Meilenstein in der EU-Antidiskriminierungsgesetzgebung. Diskussionen hat allerdings während der Verhandlungen die Verwendung des Rasse-Begriffs hervorgerufen.

■ die *Rahmenrichtlinie Beschäftigung* (2000/78/EG): Die Richtlinie zur Gleichbehandlung in Beschäftigung und Beruf liefert die Grundlage, um gegen Diskriminierung aufgrund von Religion oder Weltanschauung, Behinderung, Alter oder sexueller Ausrichtung in Beschäftigung und Beruf vorzugehen. Während hier also alle Diskriminierungsmerkmale des Art. 19 AEUV (mit Ausnahme des Geschlechts) eingeschlossen sind, bezieht sich die Reichweite allerdings nur auf den klassischen EU-Bereich der Beschäftigung.

In der im Jahr 2000 proklamierten und mit dem Vertrag von Lissabon rechtsverbindlichen → Charta der Grundrechte ist im Kapitel „Gleichheit" ein umfassendes Diskriminierungsverbot enthalten. Neben der Staatsangehörigkeit und den in Art. 19 AEUV genannten Merkmalen, aus denen sich eine eindeutige Zuständigkeit der Union ableiten lässt, werden hier als Diskriminierungsmerkmale auch Hautfarbe, soziale Herkunft, genetische Merkmale, Sprache, politische oder sonstige Anschauung, Zugehörigkeit zu einer nationalen Minderheit, Vermögen und Geburt genannt.

Auch wenn die Kritik, dass durch die unterschiedlichen Anwendungsbereiche der Richtlinien eine ‚Hierarchie der Gleichheit' entstehe, stichhaltig erscheint, so ist doch auf der positiven Seite zu vermerken, dass eine Teilung der Beweislast sowie die Bereitstellung rechtlichen Beistands gefordert werden. Darüber hinaus erfolgte nicht nur die Ausweitung der traditionellen Diskriminierungsmerkmale, vielmehr gilt die Aufmerksamkeit auch mittelbaren Formen der Diskriminierung, der Belästigung und Anweisung zur Diskriminierung. Beide Richtlinien fanden allerdings keine deutliche Sprache hinsichtlich der Frage, ob auch Nicht-EU-Bürger geschützt sind oder nicht, und eine Rechtsprechung des EuGH wird sich erst entwickeln. Im November 2003 verabschiedete der Rat eine Richtlinie (2003/109/EG), nach der langfristig aufenthaltsberechtigte Drittstaatsangehörige Unionsbürgerinnen und -bürgern rechtlich gleichgestellt werden und öffnete damit die Grundprinzipien der Antidiskriminierungspolitik auch für die Migrations- und Integrationspolitik.

Grenzen rechtlicher Regelungen

Ausgehend von wenigen Diskriminierungstatbeständen, wie sie in den Gründungsverträgen festgeschrieben waren, hat sich im Laufe der Zeit eine umfassende Antidiskriminierungspolitik der EU entwickelt. Während die Gleichstellungsrichtlinien von Männern und Frauen heute weitgehend akzeptiert sind, ist die Ausweitung auf andere Diskriminierungsmerkmale noch nicht derart etabliert, wie sich in Auseinandersetzungen rund um die Umsetzung der Antidiskriminierungsrichtlinien auf nationaler Ebene zeigt. Die Umsetzung der europäischen Richtlinien im deutschen Allgemeinen Gleichbehandlungsgesetz (AGG) wird kontrovers diskutiert. Ein jüngeres Beispiel ist der Beschluss des Bundesverfassungsgerichts vom 6. Juli 2010 zum Mangold-Urteil des Gerichtshofs der Europäischen Union (2 BvR 2661/06), wodurch die Befristung von Arbeitsverträgen durch eine Sonderregelung für Arbeitnehmer, die älter als 52 Jahre sind, als unvereinbar mit der Antidiskriminierungsrichtlinie 2000/78/EG und dem allgemeinen Grundsatz des Verbots der Altersdiskriminierung bestätigt wurde.

Im EU-Entscheidungsgefüge ist es Europäischem Parlament, Kommission und Nichtregierungsorganisationen gelungen, den politischen Druck innerhalb des Rats zu nutzen, um die Antidiskriminierungspolitik sichtbar zu stärken. Umstritten bleibt hingegen, unter welchen Bedingungen und in welcher spezifischen Ausgestaltung die von den Richtlinien geforderten Antidiskriminierungsgesetze in den Mitgliedstaaten ein sinnvolles Instrument zum Abbau von Ungleichbehandlungen sein können. In der Diskussion über die Grenzen rechtlicher Regelungen sollte jedoch nicht außer Acht gelassen werden, dass die EU-Vorgaben einen begrenzten Anwendungsbereich haben und es sich bei diesen nicht um willkürliche bürokratische Maßnahmen aus Brüssel handelt. Vielmehr repräsentiert die Entwicklung einen normativen Standard, der sich in der Interpretation völkerrechtlich verbindlicher Menschenrechtsnormen in den letzten Jahrzehnten auf breiter Basis herausgebildet und im Rahmen der Geschlechterpolitik bereits bewährt hat.

Katrin Simhandl / Isabelle Tannous

Asienpolitik

Grundlage: Regional- und Länderstrategien, wirtschafts- und handelspolitische Abkommen, politische Erklärungen, strategische Partnerschaften.

Ziele: Intensivierung der Wirtschaftsbeziehungen; verbesserter gegenseitiger Marktzugang; Integration asiatischer Staaten in das Welthandelssystem; Profilstärkung der EU in Asien; Unterstützung regionaler Kooperationsmaßnahmen in Asien; finanzielle, technische, humanitäre, wissenschaftliche und kulturelle Kooperation; Abstimmung zu Fragen der internationalen Politik; sicherheitspolitische Kooperation.

Instrumente: Wirtschafts-, Handels- und Kooperationsabkommen; sektorale Abkommen; Mehrjahresstrategien; politischer Dialog.

Dokumente: Mitteilungen der Kommission: Auf dem Weg zu einer neuen Asienstrategie, KOM(1994) 314 endg. • Europa und Asien. Strategierahmen für vertiefte Partnerschaften, KOM(2001) 469 endg. • Eine neue Partnerschaft mit Südostasien, KOM(2003), 399 endg.

Literatur: Franco Algieri: Asienpolitik, in: Werner Weidenfeld/Wolfgang Wessels (Hrsg.): Jahrbuch der Europäischen Integration, Bonn/Baden-Baden, verschiedene Jahrgänge • Sebastian Bersick/Wim Stokhof/Paul van der Velde (Hrsg.): Multiregionalism and Multilateralism. Asian-European Perspectives in a Global Context. Amsterdam 2006 • Michael Reiterer: Asia and Europe. Do They Meet? Reflections on the Asia Europe Meeting (ASEM), Singapur 2002.

Internet: EU-Kommission: http://www.eeas.europa.eu/asia/index_en.htm • Asia-Europe Foundation: http://www.asef.org/

,Asien' ist im Kontext der Außenbeziehungen der EU als Bezeichnung für einen geographischen Raum zu verstehen, der von Afghanistan bis Japan sowie von China bis Australien und Neuseeland reicht. Ab den späten 1970er Jahren verdichteten sich die Kontakte zwischen der Europäischen Gemeinschaft und asiatischen Staaten, wie sich beispielsweise an der zunehmenden Zahl bilateraler Abkommen zeigte. Aus europäischer Interessenlage ging es zunächst primär um die Erschließung neuer Märkte und die Regulierung des Anstiegs der Importe asiatischer Produkte in die Gemeinschaft. Mit der Vertiefung des europäischen Integrationsprozesses entwickelte sich zeitlich versetzt auch die politische Dimension des europäisch-asiatischen Beziehungsgeflechts. Die von der Europäischen Kommission im Juli 1994 veröffentlichte Mitteilung zu einer neuen Asienstrategie stellte erstmals einen konzeptionell zusammenhängenden Rahmen zur Ausgestaltung der europäischen Asienpolitik dar. Doch bereits in der zweiten Hälfte der 1990er Jahre war aufgrund der sich rasch verändernden ökonomischen, sicherheitspolitischen und gesellschaftlichen Rahmenbedingungen in Europa und Asien eine Fortschreibung des europäischen Ansatzes ersichtlich geworden. Unter dem Titel „Strategierahmen für vertiefte Partnerschaften" werden seit 2001 die Heterogenität der Staaten und Regionen Asiens hervorgehoben und entsprechende Bezüge zu den Handlungsmöglichkeiten der EU in den Bereichen Handels-, Wirtschafts- und Finanzbeziehungen, Entwicklungspolitik und politischer Dialog hergestellt. Hierauf aufbauend konzentriert sich die Mehrjahresstrategie 2007-2013 auf die Unterstützung regionaler Integration, die politik- und wissensbasierte Zusammenarbeit sowie die Unterstützung entwurzelter Bevölkerungsgruppen. Der Handel der EU-27 mit den asiatischen Staaten des Asia Europe Meeting (ASEM) belief sich im Jahr 2009 auf 33,3 % der Gesamtimporte der EU mit Drittstaaten und 20,1 % der Gesamtexporte der EU mit Drittstaaten. Unter den Staaten Asiens ist China der bedeutendste Handelspartner der EU. Neben den handels- und wirtschaftspolitischen Themen spielen entwicklungs- und sicherheitspolitische Fragen eine wichtige Rolle. Einer der Schwerpunkt der auf Asien gerichteten Hilfe bezieht sich auf Unterstützungsmaßnahmen zur Reduzierung der Armut. Dies spiegelt sich in der auf Asien gerichteten → Entwicklungszusammenarbeit wider.

Seit den 1990er Jahren widmet die EU der sicherheitspolitischen Lage in der asiatisch-pazifischen Region besondere Aufmerksamkeit und aus der Europäischen Sicherheitsstrategie von 2003 sowie aus den spezifischen Länderstrategien erschließt sich die sicherheitspolitische Bedeutung Asiens für die EU. Innerhalb Asiens wird den strategischen Partnerschaften mit China, Japan und Indien eine hervorgehobene Bedeutung beigemessen, unter anderem um gemeinsame Lösungsansätze für regionale und globale Sicherheitsprobleme zu finden. Einem umfassenden Verständnis von Sicherheit folgend findet sich eine thematische Vielfalt, die von Fragen zur Bewältigung des Terrorismus bis zu Aspekten der Energiesicherheit und des Klimawandels reicht. Ein weiteres zentrales Element der europäischen Asienpolitik ist der Dialog zu den Themen Menschenrechte, Demokratie und Rechtstaatlichkeit (→ Menschenrechtspolitik). Dieser Dialog wird von Kontroversen, Phasen der Annäherung und Momenten der Abgrenzung gekennzeichnet. Die EU verfolgt hierbei eine Strategie des zurückhaltenden Dialogs mit dem Ziel eines kooperativen Engagements einzelner asiatischer Länder.

Die Asienpolitik der EU ergibt sich aus der Summe vieler Einzelansätze und sie befindet sich in einem andauernden Anpassungsprozess an sich verändernde Rahmenbedingungen in Asien und Europa. Mit zunehmender Institutionalisierung der europäisch-asiatischen Beziehungen ist ein vielschichtiger und umfassender Dialog entstanden, von Experten- über Ministertreffen bis hin zu bi- und multilateralen Gipfeltreffen der Staats- und Regierungschefs unter Einbeziehung der Europäischen Kommission. Der 1996 begonnene Asia Europe Meeting (ASEM)-Prozess, an dem zwischenzeitlich 16 asiatische Staaten sowie die 27 EU-Mitgliedstaaten, die Europäische Kommission und das ASEAN-Sekretariat teilnehmen, ist ebenso ein fester Bestandteil der europäischen Asienpolitik wie die Mitwirkung der EU am ASEAN-Regional Forum (ARF). Gleichwohl ist die Tendenz zu einem selektiven Bilateralismus mit Teilregionen beziehungsweise einzelnen asiatischen Staaten erkennbar, wobei die Beziehungen zu China die Asienpolitik der EU weiterhin dominieren. Für die weitere Entwicklung der Beziehungen der EU mit der Region Asien und den dortigen Staaten wird es wichtig sein, die unterschiedlichen historischen, politischen, ökonomischen und gesellschaftlichen Erfahrungen zusammenzuführen, bestehende Ansätze zu überprüfen und mit diesem Verständnis gemeinsame Problemlösungskapazitäten zu entwickeln.

Franco Algieri

Assoziierungs- und Kooperationspolitik

Vertragsgrundlage: Art. 37, 47 EUV. Art. 198-204, 206-207, 208-214, 216-218 AEUV.

Ziele: Herstellung privilegierter Wirtschaftsbeziehungen; Förderung der politischen, wirtschaftlichen und gesellschaftlichen Entwicklung in den Partnerstaaten; Hinführung zu oder Ersatz einer Mitgliedschaft in der EU.

Literatur: Christian Tietje: Die Außenwirtschaftsverfassung der EU nach dem Vertrag von Lissabon, Beiträge zum Transnationalen Wirtschaftsrecht, Heft 83, 2009 • Christoph Vedder: Die Außenbeziehungen der EU und die Mitgliedstaaten. Kompetenzen, gemischte Abkommen, völkerrechtliche Verantwortlichkeit und Wirkungen des Völkerrechts, in: Europarecht Beiheft 3, 2007, S. 57-90.

Internet: Europäische Kommission: http://ec.europa.eu/external_relations/index_en.htm; http://ec.europa.eu/trade/index_en.htm • Rat der EU: http://www.consilium.europa.eu/showPage.aspx?id=243&lang=DE • Europäisches Parlament: http://www.europarl.europa.eu/news/public/documents_par_theme/903/default_de.htm

Die Assoziierungs- und Kooperationspolitik ist ein grundlegender Bestandteil der Außenbeziehungen der Europäischen Union. Durch entsprechende Abkommen hat die Union ein dichtes Netz der Zusammenarbeit zu verschiedenen Staaten und Regionen der Welt geschaffen. Folglich besteht ein Bezugsrahmen aus dem sich für die Vertragsparteien Rechte und Pflichten sowie spezifische Verfahren ergeben. Mittels der Assoziierungs- und Kooperationspolitik können bevorzugte Wirtschaftsbeziehungen mit Drittländern hergestellt sowie politische, wirtschaftliche und gesellschaftliche Entwicklungsprozesse unterstützt werden. Assoziierungsabkommen können als Vorbereitung einer EU-Mitgliedschaft oder als Kompensation für eine Nichtmitgliedschaft dienen. Die wertgeleitete Außenpolitik der EU schlägt sich in der Konditionalisierung von Abkommen nieder, d.h. letztere basieren auf der Achtung demokratischer Grundsätze, der Menschenrechte und Rechtsstaatlichkeit ($\rightarrow$ Menschenrechtspolitik). In ihrer Ausgestaltung erweist sich die Abkommenspolitik als differenziert, so dass zwischen den jeweiligen Vertragsparteien ein System unterschiedlich dichter Zusammenarbeit besteht.

Rechtsgrundlage und Verfahren

Art. 217 AEUV legt fest, dass die Union mit einem oder mehreren Drittländern wie auch internationalen Organisationen Abkommen schließen kann, die eine Assoziierung mit gegenseitigen Rechten und Pflichten und entsprechenden Verfahren beinhalten. Assoziierungsabkommen schaffen eine vertragliche Verbindung, die über die Kooperationsabkommen hinausreicht und unterhalb des Beitritts liegt. In der Vergangenheit wurden Assoziierungsabkommen als so genannte „gemischte Abkommen" geschlossen, d.h. sie mussten von der Kommission und den Mitgliedstaaten mit dem jeweiligen Vertragspartner abgeschlossen werden. Durch die Neuregelungen im $\rightarrow$ Vertrag von Lissabon fallen Assoziierungsabkommen nunmehr in den ausschließlichen Zuständigkeitsbereich der Union.

Abgesehen von Assoziierungsabkommen kann die EU vertragliche Verbindungen mit dritten Staaten oder Organisationen auch über handels-, kooperations- oder entwicklungspolitische Abkommen herstellen. Auf der Grundlage von Artikel 37 EUV können Abkommen geschlossen werden, die den Bereich der $\rightarrow$ Gemeinsamen Außen- und Sicherheitspolitik (GASP) betreffen. Grundsätzlich ermöglichen die verschiedenen Formen von Abkommen spezifische gegenseitige Anbindungen, wie beispielsweise einen privilegierten Marktzugang.

Die Abkommen können über alle im Vertragswerk genannten Bereiche abgeschlossen werden und unterliegen keiner geographischen Begrenzung. Wenn die EU im Rahmen eines Abkommens Verpflichtungen eingeht, müssen ihr die entsprechenden Befugnisse durch den Vertrag zugewiesen sein (Prinzip der begrenzten Einzelermächtigung). Für das Zustandekommen von Übereinkünften zwischen der Union und Drittländern oder internationalen Organisationen bedarf es eines Zusammenwirkens von Rat, Kommission und Parlament. Der Rat erteilt die Ermächtigung zur Aufnahme von Verhandlungen, legt die Verhandlungsrichtlinien fest, genehmigt die Unterzeichnung und schließt die Übereinkünfte (Art. 218 AEUV). Empfehlungen zur Aushandlungen von Übereinkünften werden dem Rat von der Kommission vorgelegt (im Falle von GASP relevanten Übereinkünften vom → Hohen Vertreter der Union für Außen- und Sicherheitspolitik). Erlässt der Rat einen Beschluss über den Abschluss eines Assoziierungsabkommens, so bedarf es der Zustimmung des Europäischen Parlaments. Bei dieser Form von Abkommen wie auch bei Übereinkünften, die die wirtschaftliche, technische und finanzielle Zusammenarbeit mit beitrittswilligen Staaten betreffen beschließt der Rat einstimmig. Im Rahmen von Assoziierungsabkommen werden spezifische Gremien mit entsprechenden Befugnissen festgelegt (z.B. Assoziationsräte und -ausschüsse).

Qualitative Unterschiede

Die Assoziierungspolitik weist in ihrer Zielsetzung und Ausgestaltung deutliche Unterschiede auf. Zentrale Elemente sind die Förderung von Entwicklung und politischer Stabilität in den Partnerländern, der Ausbau der Handelsbeziehungen sowie in der Heranführung von Drittländern an die EU:

- Die „Assoziierung der überseeischen Länder und Hoheitsgebiete" (Art. 198-204 AEUV) betrifft Länder und Hoheitsgebiete zu denen Dänemark, Frankreich, die Niederlande und das Vereinigte Königreich besondere Beziehungen unterhalten. So sollen die wirtschaftliche und soziale Entwicklung dieser Länder gefördert und engere Wirtschaftsbeziehungen zwischen ihnen und der Union hergestellt werden.
- Das Cotonou-Abkommen, das im Jahr 2000 unterzeichnet worden war, 2003 in Kraft trat und das Lomé IV-Abkommen ablöste, ist ein Partnerschaftsabkommen mit 79 Staaten Afrikas, der Karibik und des pazifischen Raums (AKP-Staaten). Dieses auf 20 Jahre abgeschlossene Abkommen umfasst die → Entwicklungszusammenarbeit, den politischen Dialog sowie die wirtschafts- und handelspolitische Zusammenarbeit. Die Verringerung der Armut in diesen Staaten bildet das zentrale Motiv für die EU. Im Zuge der Revision des Abkommens hat sich die thematische Bandbreite auf Bereiche wie regionale Integration oder den Klimawandel erweitert.

- Das 1992 unterzeichnete und im Januar 1994 in Kraft getretene Assoziierungsabkommen über den Europäischen Wirtschaftsraum (EWR) war eine Reaktion auf die zunehmend enger werdenden wirtschaftlichen Verbindungen zwischen den EFTA-Staaten und EG-Staaten. Mit einigen Ausnahmen wurden von den EFTA-Staaten binnenmarktrechtliche Regelungen übernommen. Dies stellte sich für die EFTA-Staaten qualitativ als Alternative zu einem EU-Beitritt dar. Nachdem die Schweiz sich in Folge eines Referendums dazu entschieden hatte, nicht am EWR teilzunehmen und Finnland, Österreich und Schweden der EU beigetreten waren, verbleiben Norwegen, Island und Liechtenstein als Partner der EU im EWR.
- Beispielhaft für die Funktion von Assoziierungsabkommen als Heranführungsstrategie sind die in den 1990er Jahren vereinbarten Europaabkommen mit zehn mittel- und osteuropäischen Staaten. Diese waren nicht nur als politisches Signal zur Unterstützung der jeweiligen Transformationsprozesse konzipiert worden, sondern beinhalteten zugleich auch den Hinweis auf eine mögliche EU-Mitgliedschaft, die mit der → Erweiterung der Union zum 1. Mai 2004 für Estland, Lettland, Litauen, Polen, die Slowakei, Slowenien, die Tschechische Republik und Ungarn schließlich erfolgte. Bulgarien und Rumänien traten der EU am 1. Januar 2007 bei. Mit Malta und Zypern, seit 2004 ebenfalls Mitgliedstaaten der EU, bestanden seit April 1971 bzw. Juni 1973 Assoziierungsabkommen. Bereits 1964 trat das Assoziierungsabkommen mit der Türkei in Kraft, die seit Oktober 2005 mit der EU Beitrittsverhandlungen führt. Seit Januar 1996 besteht zudem eine Zollunion mit der Türkei.
- Im Kontext regionaler Unterstützungsmaßnahmen der → Südosteuropapolitik stehen die Stabilisierungs- und Assoziierungsabkommen mit Ländern des westlichen Balkans (Albanien, Bosnien und Herzegowina, Kroatien, Mazedonien, Montenegro und Serbien), Sie dienen auch als Grundlage für die Durchführung eines potenziellen Beitritts dieser Länder zur EU.
- Die Partnerschafts- und Kooperationsabkommen mit Russland (in Kraft seit Dezember 1997), der Ukraine (in Kraft seit März 1998) sowie Staaten des Südkaukasus und Zentralasiens sind nicht als Vorbereitung für eine eventuelle EU-Mitgliedschaft zu verstehen. Vielmehr bilden sie einen Rahmen für den politischen Dialog, die Unterstützung der politischen, wirtschaftlichen und gesellschaftlichen Konsolidierung dieser Staaten und sie fördern die sektorale Zusammenarbeit → Europäischen Nachbarschaftspolitik. Innerhalb der Mittelmeerpolitik bestehen Europa-Mittelmeer-Ab-

kommen mit Tunesien (in Kraft seit März 1998), Marokko (in Kraft seit März 2000), Israel (in Kraft seit Juni 2000), Ägypten (in Kraft seit Juni 2004), Jordanien (in Kraft seit Mai 2002), dem Libanon (in Kraft seit April 2006) und Algerien (in Kraft seit September 2005). Mit der palästinensischen Autonomiebehörde besteht ein Interimsabkommen (in Kraft seit Juli 1997). Das Abkommen mit Syrien war Mitte 2010 noch nicht in Kraft getreten.

- Die Abkommenspolitik der EU erstreckt sich über die genannten Beispiele hinaus im globalen Kontext. So bestehen eine Vielzahl von Kooperationsabkommen mit Länder Asiens (→ Asienpolitik) sowie Mittel- und Südamerikas (→ Lateinamerikapolitik). Im Kontext der ständigen Überprüfung und Anpassung der Abkommenspolitik der EU sind künftig auch vermehrt Partnerschafts- und Kooperationsabkommen mit Ländern dieser Regionen zu erwarten (beispielsweise mit China und den Philippinen).

Bilanz und Ausblick: doppelseitige Verpflichtung

Die beschriebene Abkommenspolitik der EU hat sich im Verlauf des europäischen Integrationsprozesses ausdifferenziert und verdichtet und sie schafft für alle beteiligten Partner einen verbindlichen Handlungsrahmen. Die Rechtsprechung des → Gerichtshofs der Europäischen Union unterstreicht, dass die sich aus den Assoziierungsabkommen ergebenden Pflichten verbindlich sind und die Mitgliedstaaten sich nicht nachträglich oder teilweise davon zurückziehen können. Im Unterschied zu Ad-hoc-Übereinkünften wird mit dem Instrument des Assoziierungsabkommens ein langfristiges institutionelles Gefüge geschaffen, das die Kooperation mit Drittländern auf Dauerhaftigkeit ausrichtet. Als zunehmend schwierig erweist es sich für die EU jedoch, mit manchen Drittländern eine Übereinstimmung hinsichtlich einer an Werten orientierten Übereinkunft zu erzielen. Doch gerade mittels der Aufnahme politischer Grundprinzipien in die Abkommenspolitik will die EU verdeutlichen, dass eine engere Zusammenarbeit mit Drittländern nicht nur eine bevorzugte Wirtschaftspartnerschaft darstellt, sondern auch auf gleichen Wertvorstellungen beruht.

Franco Algieri

Asyl-, Einwanderungs- und Visapolitik

Vertragsgrundlage: Art. 77-80 AEUV. Protokolle.

Ziele: Teil des Programms zur Schaffung eines Raums der Freiheit, der Sicherheit und des Rechts.

Instrumente: Verordnungen, Richtlinien und Entscheidungen.

Literatur: Kay Hailbronner: Europäische Visa-, Einwanderungs- und Asylpolitik, in: Peter-Christian Müller-Graff (Hrsg.): Der Europäische Raum der Freiheit, der Sicherheit und des Rechts, Baden-Baden 2005, S. 89-96 • Markus Peek: Die zukünftige Entwicklung des europäischen Einwanderungs- und Asylrechts, in: Zeitschrift für Ausländerrecht und Ausländerpolitik (ZAR), 8/2008, S. 258-262 • Albrecht Weber: Migration im Lissabonner Vertrag, in: ZAR, 2/2008, S. 55-58.

Internet: EU-Politikbereiche: http://europa.eu/pol/justice/index_de.htm • EU-Kommission: http://ec.europa.eu/justice_home/index_de.htm • Forschungszentrum für internationales und europäisches Asyl- und Ausländerrecht: http://migration.uni-konstanz.de

Mit der Asyl-, Einwanderungs- und Visapolitik verfolgt die Europäische Union das Ziel, einen Beitrag zur Schaffung eines → Raums der Freiheit, der Sicherheit und des Rechts zu leisten. Dieses inzwischen in Art. 3(2) EUV aufgenommene Ziel ist Folge der Verwirklichung des Konzepts der vier Grundfreiheiten (freier Waren-, Dienstleistungs-, Personen- und Kapitalverkehr) des → Binnenmarkts (Art. 26(2) AEUV). Im Zuge der fortschreitenden Integration wurden integrationshindernde Maßnahmen wie beispielsweise mengenmäßige Beschränkungen zur Einfuhr von Waren beseitigt und – konzeptionell stimmig – der Wegfall der Grenzkontrollen an den Binnengrenzen zwischen einem Teil der Mitgliedstaaten durch die Schengener Übereinkommen vereinbart. Letzteres erfordert als Kompensation eine gemeinsame Politik gegenüber Nicht-Unionsbürgern an den Außengrenzen der Europäischen Union und damit ein einheitliches Vorgehen in der Asyl-, Einwanderungs- und Visapolitik.

Vergemeinschaftung des Asyl-, Einwanderungs- und Visarechts

Das Asyl-, Einwanderungs- und Visarecht ist durch eine komplexe Entwicklung von sich überlappenden und ineinander greifenden Rechtsgrundlagen bestimmt. Den Beginn intensiver Harmonisierungsbemühungen markierten zwei Ereignisse: Das Weißbuch zum Binnenmarkt der Kommission von 1985, welches die erforderlichen Schritte zur Schaffung eines Binnenmarkts festlegte und das Schengener Übereinkommen, welches 1990 um das Schengener Durchführungsübereinkommen ergänzt wurde und schließlich 1993 in Kraft trat. Das Schengener System, dem bis auf Großbritannien und Irland alle EU-Mitgliedstaaten sowie Island, Liechtenstein, Norwegen und die Schweiz angehören, schuf die Voraussetzungen für die Öffnung der Binnengrenzen und damit den Wegfall der Binnengrenzkontrollen (Übergangsfristen gelten noch für Bulgarien, Liechtenstein, Rumänien und Zypern). Es wurde 1997 um das (für alle Mitgliedstaaten geltende) Dubliner Übereinkommen ergänzt. Inhalt dieser Verträge bilden u.a. auch Regelungen der Zuständigkeit in Asylverfahren und einige visarechtliche Bestimmungen. Mit dem 1993 in Kraft getretenen EU-Vertrag wurden im Rahmen der damaligen dritten Säule der → Europäischen Union die Zusammenarbeit in der Innen- und Justizpolitik intergouvernemental auf EU-Ebene angelegt und damit weitere Handlungsmöglichkeiten geschaffen. Von den so begründeten detaillierten Möglichkeiten zur Rechtssetzung wurde allerdings nur beschränkt Gebrauch gemacht: Das nahezu durchgängig durchgeführte Einstimmigkeitsprinzip sowie die Schwerfälligkeit der Rechtssetzung insbesondere beim Abschluss von völkerrechtlichen Übereinkommen verhinderten durchgreifende Erfolge.

Eine einschneidende Änderung bewirkte der Amsterdamer Vertrag, der im Mai 1999 in Kraft trat und mit der Vergemeinschaftung der Asyl-, Einwanderungs- und Visapolitik die Zusammenarbeit in den Zugangspolitiken auf eine neue Stufe stellte: Die vertraglichen Bestimmungen wurden aus dem EU-Vertrag in den EG-Vertrag eingegliedert (jetzt: Art. 67, 74, 77-80 AEUV) mit der Folge, dass die Rechtsakte der Zugangspolitiken seitdem an den allgemeinen supranationalen Rechtsprinzipien teilnehmen (etwa: potentiell unmittelbare Wirkung, Vorrang u.a.) und gegenüber der intergouvernementalen Methode eine deutlich höhere Wirkungseffizienz aufweisen. Auch der so genannte Schengen-Besitzstand (d.h. die Schengen-Verträge und die auf ihrer Grundlage erlassenen zahlreichen Akte) wurde in die EU überführt. Für Dänemark, Irland und das Vereinigte Königreich gelten differenzierte Ausnahmen. Der → Vertrag von Lissabon schließlich entwickelte die Kompetenzen weiter; die Union ist nunmehr in der Lage, die Asyl-, Einwanderungs- und Visapolitik weitgehend zu vereinheitlichen mit Beschränkungen der Europäisierung im Einzelfall. Außerdem ist nunmehr eine uneingeschränkte Kontrolle durch den → Gerichtshof der Europäischen Union eröffnet. Rechtsakte im Rahmen der Asyl-, Einwanderungs- und Visapolitik werden schließlich nahezu durchgängig im Rahmen des ordentlichen Gesetzgebungsverfahrens erlassen.

Die politische Entwicklung des Asyl-, Einwanderungs- und Visarechts

Die primärrechtlichen Änderungen durch die Amsterdamer Vertragsrevision haben naturgemäß Anlass zu einer Neuausrichtung der Politik der Europäischen Gemeinschaft gegeben, zumal der Vertrag selbst ein umfangreiches Regelungsprogramm vorgab. Die politischen Grundlagen hierzu legten 1998 ein Aktionsplan von Rat und Kommission zur bestmöglichen Umsetzung der Bestimmungen des Amsterdamer Vertrags über den Aufbau eines Raums der Freiheit, der Sicherheit und des Rechts sowie die Schlussfolgerungen des Europäischen Rats von Tampere (1999). Nach Ablauf der vorgesehen fünfjährigen Frist (Mai 2004), innerhalb derer die ambitionierten Ziele nicht vollständig verwirklicht werden konnten, hat der Europäische Rat von Den Haag (2004) neue Impulse gegeben. Im Dezember 2009 nahm der Europäische Rat schließlich das Stockholmer Programm an, das die wesentlichen Leitlinien für die weitere Integration auch für die Zugangspolitiken vorgibt. Im Zentrum steht dabei vor dem Hintergrund der demographischen Entwicklung eine bessere Steuerung der Zuwanderung, die mit der Ermöglichung von Einwanderung qualifizierter Drittstaatsangehöriger einen Beitrag zur wirtschaftlichen Entwicklung leisten soll, was zugleich eine effizientere Abwehr illegaler Einwanderung mit einschließt, der durch verbesserte Grenzkontrollen und –überwachung sowie durch Partnerschaft mit den Herkunftsregionen begegnet werden soll. Der in diesem Zusammenhang geplante Ausbau technischer, polizeilicher und militärischer Mittel und Kräfte steht dabei vielfach in Kritik. Darüber hinaus soll unter voller Wahrung der Genfer Flüchtlingskonvention das Gemeinsame Europäische Asylsystem vollendet werden.

Asylrecht

Die Asylpolitik, die früher als bloße Angelegenheit von „gemeinsamem Interesse" angesehen wurde, steht auf der Grundlage der Genfer Flüchtlingskonvention und ist in Art. 78 AEUV geregelt. Hier finden sich konkrete Ermächtigungsgrundlagen zum Erlass von Asylverfahrensrecht und den materiellen Asylvoraussetzungen. Einen weiteren Schwerpunkt bildet das Flüchtlingsrecht (subsidiärer Schutz). Demnach erlässt der Rat Normen zur Anerkennung von Flüchtlingen und zu deren vorübergehendem Schutz, fördert eine ausgewogene Verteilung auf das Unionsgebiet und legt die Modalitäten eines längerfristigen Aufenthalts fest (Art. 78 (2) AEUV).

Die im Amsterdamer Vertrag geschaffenen Rechtsgrundlagen sind mittlerweile vielfältig genutzt worden. So ist mit der Dubliner Verordnung eine umfassende Zuständigkeitsregelung festgelegt worden, welche in Verbindung mit der Eurodac-Verordnung (Einführung einer Fingerabdruck-Datenbank) Mehrfachanträge verhindern und Asylverfahren nach klaren Kriterien auf die Mitgliedstaaten verteilen soll. Den Asylanspruch selbst regelt eine Richtlinie von April 2004, die in Anlehnung an die Genfer Flüchtlingskonvention Mindestnormen für die Anerkennung und den Status von Personen als Flüchtlinge oder Schutzbedürftige schafft. Zwar enthält diese Richtlinie noch keine gänzliche Harmonisierung des materiellen Asylrechts, jedoch stellt sie einen ersten beachtlichen Schritt in diese Richtung dar. Die Harmonisierung des Asylverfahrens ist Gegenstand einer Richtlinie, welche Mindestnormen bei der Zu- oder Aberkennung der Flüchtlingseigenschaft und insbesondere rechtstaatliche Verfahrensgarantien enthält. Andere Rechtsakte sehen beispielsweise Mindeststandards für Aufnahmebedingungen vor, die auch den Zugang zu ärztlicher Behandlung, Bildung und (eingeschränkt) Beschäftigung sichern.

Einwanderungsrecht

Die Einwanderungspolitik beschäftigt sich mit den Voraussetzungen für einen langfristigen, drei Monate überschreitenden Aufenthalt von Drittstaatsangehörigen in den EU-Mitgliedstaaten. Ihre unionsrechtliche Entwicklung ist nunmehr in Art. 79 AEUV geregelt und erlaubt im Grundsatz die Schaffung eines gemeinsamen europäischen Einwanderungsrechts. Allerdings bleibt es den Mitgliedstaaten vorbehalten, den Zugang von Drittstaatsangehörigen zu ihren Arbeitsmärkten oder zur Aufnahme einer selbständigen Tätigkeit zu beschränken.

Die bislang erlassenen Maßnahmen konzentrieren sich unter dem Stichwort „Steuerung der Migrationsströme" auf die Abwehr illegaler Einwanderung und die faire Behandlung legal eingereister Drittstaatsangehöriger. So gibt es Rechtsakte, welche das Einschleusen und den Menschenhandel bekämpfen sollen, darüber hinaus wurde eine intensivere Zusammenarbeit der Grenzkontrollbehörden eingeleitet und eine koordinierende Agentur für die Grenzkontrollen (FRONTEX) gegründet. Ferner wurden verschiedene Rückführungsübereinkommen mit Herkunftsstaaten abgeschlossen und die Rückführung illegal eingewanderter Personen durch die Rückführungsrichtlinie von 2008 harmonisiert. Mit dem Schengener Informationssystem steht den nationalen Grenzkontrollbehörden zudem eine Datenbank mit vor allem einwanderungsspezifischen Informationen zur Verfügung. Spezifisch einwanderungsrechtlich hingegen ist eine Richtlinie aus dem Jahr 2003, welche die Bedingungen für die Erteilung einer langfristigen und letztlich dauerhaften Aufenthaltsgenehmigung sowie die hieraus erwachsenden Rechte – insbesondere auch den Zugang zum Arbeitsmarkt – festlegt. Mit der 2009 in Kraft getretenen Blue-Card-Richtlinie sollen hochqualifizierte Arbeitnehmer in der Europäischen Union Aufenthaltsrechte erwerben können und eine Perspektive für einen dauerhaften Aufenthalt bekommen. Weitere Rechtsakte regeln den Status von Drittstaatsangehörigen und ihre Rechte, wobei das erklärte Ziel darin besteht, Drittstaatsangehörige fair zu behandeln und langfristig Aufenthaltsberechtigte den Unionsbürgern gleichzustellen.

Visarecht

Mit der Visapolitik der EU wird die Vereinheitlichung der rechtlichen Voraussetzungen für einen kurzzeitigen Aufenthalt von Drittstaatsangehörigen verfolgt. Die Kompetenzen für eine Weiterentwicklung des Visarechts finden sich in Art. 77 AEUV. Eingeführt wurde ein gemeinsames Visum schon auf der Grundlage der Schengener Übereinkommen („Schengen-Visum"). Die Integration des Schengener Systems im Anschluss an den Amsterdamer Vertrag 1999 und die nachfolgenden Rechtsakte haben das Visarecht weitgehend europäisiert. Einheitlich geregelt sind nicht nur die Verfahren zur Ausstellung der Visa sowie deren Aussehen und Wirkungen, sondern auch – gültig für alle Schengen-Staaten – die Liste der Staaten, deren Angehörige visapflichtig sind.

Perspektiven

Die Entwicklung in den europäischen Zugangspolitiken hat nach einer längeren eher stagnativen Phase zuletzt wieder Fahrt aufgenommen. Qualitativ macht sich dies in verstärkter Kodifizierung zerstreuter Regelungen und im Übergang zu stärker vereinheitlichender Rechtssetzung bemerkbar. Für die weitere Entwicklung sollte der in Art. 3(2, 3) EUV geschwächte Kontext zum Binnenmarkt nicht vergessen werden, da er für die Zugangspolitiken sinngebend war und bleibt. Dabei erweist sich die von der Kommission seit langem propagierte Ausrichtung der Zugangspolitiken auf wirtschaftliche Ziele als für die Integration fruchtbar. Sie nimmt insbesondere die Einwanderungspolitik für die im Lissabon-Programm vorgesehenen Wachstumsziele in Anspruch und mobilisiert damit politische Zustimmung für einwanderungspolitische Ziele; Wachstumsdenken schafft aber auch Schranken für Zuwanderung weniger qualifizierter Zuwanderer und wird daher nicht der alleinige Maßstab europäischer Politik sein. Richtungsweisend können insoweit für die Zuwanderungspolitiken eine auf Menschlichkeit basierende Anwendung der

Genfer Flüchtlingskonvention sowie die gemeinsamen Werte und Grundrechte sein.

Peter-Christian Müller-Graff / Friedemann Kainer

Ausschuss der Regionen

Vertragsgrundlage: Art. 13 EUV. Art. 263, 300, 305-307 AEUV.

Ziele: Beratung der EU-Organe sowie institutionalisierte Interessenvertretung von Regionen und Kommunen.

Zusammensetzung: 344 Vertreter: Deutschland, Frankreich, Großbritannien und Italien (je 24); Polen und Spanien (je 21); Rumänien (15); Belgien, Bulgarien, Griechenland, den Niederlanden, Österreich, Portugal, Schweden, Tschechien und Ungarn (je zwölf); Dänemark, Finnland, Irland, Litauen und der Slowakei (je neun); Estland, Lettland und Slowenien (je sieben); Luxemburg und Zypern (je sechs) sowie Malta (fünf).

Sitz: Brüssel.

Kompetenzen: Anhörung durch Rat, Kommission und Parlament; Abgabe von Stellungnahmen und Entschließungen; Klage vor dem EuGH bei Verletzung des Subsidiaritätsprinzips.

Entscheidungsverfahren: Das Plenum des AdR entscheidet mit einfacher Mehrheit der Stimmen.

Literatur: Joakim Nergelius: The Committee of the Regions Today and in the Future – A Critical Overview, in: Stephen Weatherill/Ulf Bernitz (Hrsg.): The Role of Regions and Sub-national Actors in Europe, Oxford 2005, S. 119-130 • Andreas Kiefer: Der Ausschuss der Regionen im Jahr 2008, in: Europäisches Zentrum für Föderalismus-Forschung (Hrsg.): Jahrbuch des Föderalismus 2009. Föderalismus, Subsidiarität und Regionen in Europa, Baden-Baden 2009, S. 471-488.

Internet: http://www.cor.eu.int/

Der Ausschuss der Regionen (AdR) ermöglicht den regionalen und lokalen Gebietskörperschaften eine eigenständige institutionelle Mitwirkung in der Europäischen Union. Als beratendem Organ kommt dem AdR vor allem die Aufgabe zu, regionale und lokale Interessen zu bündeln und in den Rechtsetzungsprozess der Gemeinschaft einzubringen. Damit sollen die Auswirkungen von geplanten Rechtsakten der EU auf die Unionsbürger in Gemeinden und Regionen frühzeitig erörtert werden. Darüber hinaus wird mit dem Ausschuss der Regionen das Ziel verfolgt, den Grundsätzen der Subsidiarität, der Partnerschaft der einzelnen Glieder des europäischen Mehrebenensystems und der

Bürgernähe Rechnung zu tragen, um so eine höhere Zustimmung zu den auf EU-Ebene getroffenen Entscheidungen sicherzustellen.

Entstehung und Entwicklung: ‚Maastricht' als konstitutioneller Startpunkt

Angesichts der zunehmenden Bedeutung der EU für die subnationale Ebene und infolge des Umstands, dass zahlreiche EU-Rechtsakte von Kommunen oder Regionen umgesetzt werden müssen, erfolgte mit dem Maastrichter Vertragswerk (1993) die vertragsrechtlich verankerte Institutionalisierung eines beratenden Ausschusses aus Vertretern der regionalen und lokalen Gebietskörperschaften. Dieser bildete jedoch nicht – wie seine Initiatoren ursprünglich beabsichtigten – das Fundament für eine Kammer mit legislativen Kompetenzen. Dennoch gelang es dem AdR, der sich im März 1994 konstituierte, mittels seiner Stellungnahmen Rechtsakte im Sinne der regionalen oder kommunalen Interessen zu modifizieren und zudem seine institutionellen Kompetenzen schrittweise auszubauen.

Kompetenzen und Funktionen: Beratung und Kontrolle

Ebenso wie der → Wirtschafts- und Sozialausschuss (WSA) zählt auch der Ausschuss der Regionen zu den beratenden Institutionen. Im rechtlichen Sinne stellt er damit kein EU-Organ dar. Er muss von Rat und Europäischer Kommission sowie – seit dem Amsterdamer Vertrag – vom Europäischen Parlament in vertraglich vorgeschriebenen, insbesondere regionale Interessen berührenden Politikfeldern obligatorisch angehört werden. Im Einzelnen sind dies die fünf Bereiche Bildung, Kultur, Gesundheit, transeuropäische Netze sowie wirtschaftliche und soziale Kohäsion. Mit In-Kraft-Treten des Amsterdamer Vertrags (1999) wurde die obligatorische Anhörung auf fünf weitere Politikfelder – Beschäftigungsfragen, Berufsausbildung, Verkehr sowie Sozial- und Umweltpolitik – ausgedehnt. In allen anderen Politikfeldern kann der Ausschuss der Regionen fakultativ angehört werden. Darüber hinaus verfügt er über die Möglichkeit, Initiativstellungnahmen und Entschließungen zu verabschieden, die es ihm ermöglichen, seinen Standpunkt zu allen Fragen der europäischen Integration abzugeben. Mit dem → Vertrag von Lissabon ist dem AdR das lange geforderte Recht eingeräumt worden, bei Subsidiaritätsverletzungen vor dem → Gerichtshof der Europäischen Union zu klagen, sofern er zuvor obligatorisch angehört wurde.

Zusammensetzung und Arbeitsweise: zunehmende Politisierung

Seit den Erweiterungsrunden 2004 und 2007 setzt sich der AdR aus 344 Repräsentanten der 27 Mitgliedstaaten zusammen, die Maximalgröße beläuft sich auf 350 Mitglieder. Hinzu kommt eine entsprechende Anzahl von Stellvertretern. Die Sitzverteilung innerhalb der Länderkontingente obliegt nationalstaatlichen Regelungen. In Deutschland ist jedes Bundesland mit zumindest einem Sitz vertreten; weitere fünf Sitze rotieren in Anlehnung an die Bevölkerungsgröße. Die verbliebenen drei deutschen Sitze werden von Repräsentanten lokaler Körperschaften eingenommen. Die gegenwärtige Zusammensetzung des AdR weist ein breites Spektrum auf, das sowohl Gemeinderatsmitglieder von Kommunen als auch Ministerpräsidenten großer Regionen umfasst. Die Mitglieder des AdR, die seit dem Vertrag von Niza ein auf Wahlen beruhendes Mandat in einer regionalen oder lokalen Gebietskörperschaft innehaben oder gegenüber einer gewählten Versammlung politisch verantwortlich sein müssen, werden ebenso wie ihre Stellvertreter auf Vorschlag der einzelnen Mitgliedstaaten vom → Rat der EU für fünf Jahre ernannt. Sofern das Mandat erlischt, auf dessen Grundlage ein Mitglied für den AdR vorgeschlagen wurde, endet auch die Amtszeit im Ausschuss der Regionen.

Organisatorisch untergliedert sich der Ausschuss der Regionen, der jährlich fünf Sitzungsperioden abhält, in Präsidium, Fachkommissionen und Plenum. Die Stellungnahmen des AdR werden in sechs – jeweils entsprechend des Länderproporzes des AdR zusammengesetzten – Fachkommissionen sowie einer Kommission für Finanz- und Verwaltungsfragen beraten und dann dem Plenum zur Verabschiedung vorgelegt. Die Strategie des AdR sowie die Zuweisung der einzelnen Themen an die Fachkommissionen arbeitet das auf 2,5 Jahre vom Plenum gewählte Präsidium aus. Dem Präsidium gehören neben dem Präsidenten und dem Ersten Vizepräsidenten noch je ein Vizepräsident aus jedem der 27 Mitgliedstaaten, 27 weitere Mitglieder sowie die Vorsitzenden der gegenwärtig vier Fraktionen (EVP, SPE, ALDE und European Alliance, wobei letztere in dieser Form nur im AdR existiert) an. Der AdR hat darüber hinaus die Existenz von interregionalen Gruppen gebilligt, die sich entweder an geografischen Aspekten (Ostseeraum, Mittelmeer, Donau, Nordsee) oder an Sachaspekten orientieren (Wein, Automobilkrise). Die Willensbildung der nicht weisungsgebundenen Repräsentanten im AdR vollzieht sich in zunehmendem Umfang entlang der politischen Fraktionen (→ Europäische Parteien). Diese Orientierung spiegelt seit 2004 auch die Sitzordnung nach Fraktionen wider, mit der die alphabetische Sitzordnung abgelöst wurde. Wie im → Europäischen Parlament arbeiten auch im AdR die beiden großen Fraktionen eng zusammen. Die Fraktionsgrenzen bilden jedoch nicht die alleinige Konfliktlinie bei der Entscheidungsfindung. Die Gegensätze zwischen einzelnen nationalen Delegationen, zwischen nord- und südeuropäischen Gebietskörperschaften, zwischen Integrationsbefürwortern und -gegnern spielen je nach Einzelfall ebenfalls eine wichtige Rolle. Zudem zeichnen sich verstärkt Konfliktlinien zwischen Kommunen und Regionen ab.

Bilanz und Ausblick: Profilsuche mit Hindernissen

Die anfänglich hochgesteckten Erwartungen der regionalen und kommunalen Gebietskörperschaften in den AdR haben sich angesichts begrenzter institutioneller Mitwirkungsmöglichkeiten bis heute nur teilweise realisieren lassen. Knapp zwei Dekaden nach seiner Gründung gilt der AdR lediglich als einer von mehreren Akteuren im Konzept eines Europas der Regionen. Dennoch ist es dem AdR immer wieder gelungen, zu kommunalen oder regionalen Fragen substanzielle Stellungnahmen abzugeben und Einfluss auf die Entscheidungsfindung zu nehmen. In jüngster Zeit setzt der Ausschuss der Regionen – neben dem Ausbau der Subsidiaritätskontrolle – verstärkt auf Fragen der Nachhaltigkeit und auf eine Evaluierung der Auswirkungen seiner Stellungnahmen im weiteren politischen Entscheidungsprozess des europäischen Mehrebenensystems.

Jürgen Mittag

Außenhandelsbeziehungen

Vertragsgrundlage: Art. 3, 21 EUV. Art. 3, 206-207 AEUV.

Ziele: Aufbau und Durchführung einer gemeinsamen Außenhandelspolitik der EG gegenüber Drittstaaten; Vertretung gemeinsamer Interessen in den internationalen Handelsbeziehungen und relevanten internationalen Organisationen (insbesondere der Welthandelsorganisation); fortschreitende Liberalisierung der internationalen Handelsbeziehungen; Entwicklung engerer handelspolitischer Beziehungen zu bestimmten Staaten oder Staatengruppen.

Literatur: Laura Bollrath: Die Vertragsschlusskompetenz der Europäischen Gemeinschaft auf dem Gebiet der Gemeinsamen Handelspolitik, Baden-Baden 2008 · Marc Bungenberg: Außenbeziehungen und Außenhandelspolitik, in: Europarecht, Beiheft 1, 2009, S. 195-216.

Internet: EU-Kommission, Generaldirektion Handel: http://ec.europa.eu/trade/index_en.htm

Als Außenhandelsbeziehungen werden die in den Kompetenzrahmen der Europäischen Gemeinschaft fallenden Beziehungen der Europäischen Union zu Nicht-Mitgliedstaaten und internationalen Organisationen in den Bereichen Wirtschaft und Handel bezeichnet. Mit einem Gesamtanteil von 16,7 % (Exporte) und 18,8 % (Importe) am Welthandelsvolumen ist die Union vor den USA (11,1/17,8 %) und China (12,6/8,8 %) die größte Handelsmacht der Welt. Das Gesamtvolumen des EU-Außenhandels belief sich 2008 laut Eurostat-Angaben auf 1.306,5 Mrd. Euro an Exporten und 1.565,0 Mrd. Euro an Importen.

Die Außenhandelsbeziehungen gründen sich auf die den EU-Organen übertragenen Kompetenzen, vertragliche Verfahrensregeln, den Gemeinsamen Zolltarif und ein ständig wachsendes Geflecht bilateraler und multilateraler Abkommen mit Drittstaaten.

Entstehung und rechtliche Grundlagen

Bereits im EWG-Vertrag (1958) übertrugen die Mitgliedstaaten den Organen der Gemeinschaft umfassende Kompetenzen zur einheitlichen Gestaltung der Außenhandelsbeziehungen. Grund hierfür war das Ziel der außenwirtschaftlichen Absicherung des Gemeinsamen Markts durch eine Gemeinsame Handelspolitik (Art. 207 AEUV), die 1970 mit dem vollständigen Übergang der handelspolitischen Kompetenzen der Mitgliedstaaten auf die Gemeinschaft vollendet wurde. Die Handelspolitik gehört damit zu den am stärksten integrierten Politiken der EU. Die Union (EG) kann auch in Politikfeldern, in denen sie über keine ausdrücklichen Außenhandelskompetenzen verfügt, Verträge mit Drittstaaten schließen, wenn sie, wie z.B. in der → Fischerei- oder der → Forschungs- und Technologiepolitik, in diesen Bereichen über gemeinschaftsinterne Regelungskompetenzen verfügt. Diese so genannten „impliziten Vertragsschließungkompetenzen" wurden im AETR-Urteil (Rs. 22/70, Slg. 1971, 263) des EuGH 1971 anerkannt und bilden eine zusätzliche Rechtsgrundlage für die Außenbeziehungen.

Kernstück der Außenhandelsbeziehungen ist nach wie vor die Gemeinsame Handelspolitik. Die fortschreitende Wandlung des Weltwirtschaftssystems hat zu einer zunehmenden Erweiterung des zur Steuerung der Außenhandelsströme notwendigen Instrumentariums geführt. Die entsprechende weitere Reduzierung der Außenwirtschaftskompetenzen der Mitgliedstaaten zugunsten der Gemeinsamen Handelspolitik wurde von diesen nicht immer hingenommen. Mehrere Kontroversen endeten vor dem EuGH, der – mit wenigen Ausnahmen – zugunsten einer dynamischen, mit den Erfordernissen des Welthandels wachsenden Auslegung des Umfangs der Gemeinsamen Handelspolitik entschied. Nachdem der Vertrag von Nizza bereits 2003 die Kompetenz der Union ausdrücklich auf die Bereiche Dienstleistungen und handelsbezogene Aspekte des geistigen Eigentums ausgedehnt hatte, ist diese durch den im Dezember 2009 in Kraft getretenen → Vertrag von Lissabon auch auf Abkommen über ausländische Direktinvestitionen ausgedehnt worden (Art. 206(1) AEUV). Vormalige Kompetenzvorbehalte zugunsten der Mitgliedstaaten in diesen ‚neuen' Bereichen des Außenhandels wurden durch den neuen Vertrag aufgehoben, aber einzelstaatliche Interessen bleiben in mehreren Bereichen durch die Erfordernis einstimmiger Ratsbeschlüsse bezüglich Aushandlung und Abschluss von Abkommen geschützt. Dies gilt für Abkommen über den Handel mit kulturellen und audiovisuellen Dienstleistungen, wenn diese Abkommen die kulturelle und sprachliche Vielfalt in der Union beeinträchtigen könnten, und für solche über den Handel mit Dienstleistungen des Sozial-, des Bildungs- und des Gesundheitssektors, wenn diese Abkommen die einzelstaatliche Organisation dieser Dienstleistungen ernsthaft stören und die Verantwortlichkeit der Mitgliedstaaten für ihre Erbringung beinträchtigen könnten. Zudem entscheidet der Rat auch einstimmig über Abkommen über den Dienstleistungsverkehr, über Handelsaspekte des geistigen Eigentums oder über ausländische Direktinvestitionen, wenn diese Bestimmungen enthalten, bei denen für die Annahme interner Vorschriften Einstimmigkeit erforderlich ist (Art. 207(4) AEUV).

Autonome Handelspolitik

Die autonome Handelspolitik umfasst alle die Einfuhr und Ausfuhr von Waren betreffenden Maßnahmen, die nicht im Rahmen von gegenüber Drittstaaten eingegangenen vertraglichen Verpflichtungen, d.h. „autonom", ergriffen werden. Hierunter fallen gemeinsame Aus- und Einfuhrregelungen, Schutzmaßnahmen gegen Dumping, subventionierte Importe oder unerlaubte Handelspraktiken sowie auch mengenmäßige Beschränkungen (Kontingente) und außenpolitisch motivierte Handelssanktionen (Embargos).

Autonome Maßnahmen sind von besonderer Bedeutung für den Schutz der Wirtschaft der EU gegen unfaire Handelspraktiken von Importeuren oder Drittstaaten. Zu den wichtigsten Maßnahmenkategorien gehören

- ◼ „Anti-Dumping-Maßnahmen" (Verordnung (EG) Nr. 384/96, zuletzt geändert durch Verordnung (EG) Nr. 2117/2005) können auf Antrag der betroffenen EG-Industrie nach Konsultation der Mitgliedstaaten von der Kommission in Form provisorischer Anti-Dumping-Zölle verhängt werden. Diese gelten als vom Rat angenommene endgültige Anti-Dumping-Zölle, wenn dieser den Vorschlag nicht innerhalb eines Monats nach seiner Unterbreitung durch die Kommission mit einfacher Mehrheit ablehnt. Voraussetzung ist hier wie auch bei den übrigen Schutzmaßnahmen die Feststellung einer bestehenden oder drohenden Schädigung des betroffenen Industriezweigs.

■ „Anti-Subventions-Maßnahmen" (Verordnung (EG) Nr. 2026/97, zuletzt geändert durch Verordnung (EG) Nr. 461/2004) richten sich im Unterschied zu Anti-Dumping-Maßnahmen nicht gegen unfaire Handelspraktiken fremder Industriezweige, sondern gegen von Drittstaaten subventionierte Ausfuhren in die EG. Das Verfahren entspricht dem der Anti-Dumping-Maßnahmen und kann zur Einführung vorläufiger oder endgültiger Ausgleichszölle auf die betreffenden Produkte führen. Eine besondere Verordnung regelt Anti-Subventions-Maßnahmen im Bereich von Flugverkehrsdiensten (Verordnung (EG) Nr. 868/2004).

■ das Instrumentarium der Handelshemmnis-Verordnung (Verordnung (EG) Nr. 3286/94, zuletzt geändert durch Verordnung (EG) Nr. 125/2008), das es ihr ermöglicht relativ kurzfristig auf unfaire Handelspraktiken von Drittstaaten gegenüber Importen aus der EG zu reagieren. Dies bedeutet zunächst die Nutzung internationaler Streitschlichtungsverfahren, kann aber auch zu härteren Maßnahmen wie z.B. der Aussetzung gewährter Handelskonzessionen, erhöhten Zollabgaben und mengenmäßigen Beschränkungen führen.

Von erheblicher Bedeutung für die → Entwicklungszusammenarbeit der Union ist das autonome Instrument der allgemeinen Zollpräferenzen (zuletzt geändert durch Verordnung (EG) Nr. 732/2008), das Senkungen der Importzölle für Entwicklungsländer bis hin zu deren völliger Aufhebung für die bedürftigsten ermöglicht.

Vertragliche Handelspolitik

Die vertragliche Handelspolitik umfasst alle die Ein- und Ausfuhr von Waren betreffenden vertraglichen Vereinbarungen mit Drittstaaten. Diese Vereinbarungen können auf bestimmte Drittstaaten oder Drittstaatengruppen beschränkt sein oder auch eine globale Dimension annehmen, wie vor allem im Rahmen der Verhandlungsrunden der Welthandelsorganisation.

Im Bereich der vertraglichen Handelspolitik verfügt die Kommission nicht nur über ein Vorschlags-, sondern auch über ein Verhandlungsmonopol. Die Verhandlungsführung der Kommission wird jedoch von den Mitgliedstaaten im

Rat einer engen Kontrolle unterworfen, die ihr nur geringen Spielraum lässt. Im Verlauf der Verhandlungen, zu denen die Mitgliedstaaten stets Beobachter entsenden, bleibt die Kommission an detaillierte Richtlinien des Rats („Verhandlungsmandat") gebunden und muss über Fortschritte und Probleme der Verhandlungen ständig vor einem besonderen Ratsausschuss, dem „Ausschuss nach Artikel 206", berichten. Abgeschlossen werden die Abkommen durch den Rat auf Vorschlag der Kommission bei je nach Vertragsgrundlage variierender Beteiligung des Europäischen Parlaments.

Die Union (EG) hat eine Vielzahl unterschiedlichster Handelsabkommen abgeschlossen. Einige Abkommen betreffen die Gesamtheit der Handelsbeziehungen zwischen der Union und Drittstaaten oder Drittstaatengruppen (wie etwa der Mercosur-Gruppe), andere, so genannte sektorale Abkommen, nur einige Produkte oder Produktgruppen wie z.B. Textilien. Handels- und Kooperationsabkommen gehen über rein handelspolitische Aspekte hinaus und können Regelungen zur Zusammenarbeit in den Bereichen Industrie, Investitionen, Wissenschaft, Technologie und Umwelt enthalten. Seit den neunziger Jahren hat die Union ihre handelspolitischen Möglichkeiten verstärkt zur Einbindung ihres näheren wirtschaftlichen Umfelds genutzt. Beispiele hierfür sind die Zollunion von 1996 mit der Türkei, die zwischen 1998 und 2005 im Zuge des Barcelona-Prozesses mit sieben Mittelmeerstaaten im Hinblick auf die schrittweise Schaffung einer Freihandelszone abgeschlossenen „Euro-Med"-Assoziierungsabkommen sowie die gewichtigen handelspolitischen Elemente der → Europäischen Nachbarschaftspolitik.

Von besonderer Bedeutung sind seit den 1960er Jahren die GATT-Verhandlungsrunden gewesen. Obwohl formal nicht Vertragspartei des GATT bzw. seiner Nachfolgeorganisation, der Welthandelsorganisation WTO, vertritt die Union (EG) die EU-Mitgliedstaaten dort als Verhandlungsführerin. Im Rahmen der 1993 beendeten Uruguay-Runde setzte sich die EG erfolgreich für erhebliche Importzollreduzierungen, die Einbeziehung des Dienstleistungshandels in die internationale Handelsordnung, Minimalnormen zum Schutz des geistigen Eigentums sowie ein reformiertes Schlichtungsverfahren bei Handelsstreitigkeiten ein. Konzessionen machen musste sie vor allem im Bereich ihrer Gemeinsamen → Agrarpolitik. Im Rahmen der seit 2001 laufenden jüngsten WTO-Verhandlungsrunde („Doha-Entwicklungsrunde"), die bereits mehrfach zu scheitern drohte, setzt sich die Union für eine ausgewogene weitere Liberalisierung des Welthandels, musste jedoch trotz weiterer Konzessionen im Agrarbereich wegen des Widerstandes der Entwicklungsländer ihre Ziele hinsichtlich der „Singapur-Themen" (Investitionenschutz, Wettbewerbspolitik, Transparenz im öffentlichen Beschaffungswesen und administrative Handelserleichterungen) weitgehend aufgeben.

Perspektiven

Der Union ist es gelungen, im Rahmen ihrer Außenhandelspolitik ein umfangreiches Instrumentarium und Netz globaler Vertragsbeziehungen zu schaffen. Angesichts der relativen Schwäche der → Gemeinsamen Außen- und Sicherheitspolitik können die Außenhandelsbeziehungen nach wie vor als „harter Kern" des auswärtigen Aktionsfelds der EU gelten. Von diesem hängen neben einem wesentlichen Teil ihres internationalen Einflusses Millionen von europäischen Arbeitsplätzen ab. Aufgrund der Dynamik des Weltwirtschaftssystems sind fortwährende Anpassungen des handelspolitischen Instrumentariums ebenso notwendig wie die Wahrung eines Gleichgewichts zwischen berechtigten wirtschaftlichen Schutzinteressen einerseits und dem Bemühen – vor allem im Rahmen der Doha-Runde – um ein offenes Welthandelssystem andererseits. Die Union hat zu keiner Zeit im internationalen Handel eine reine Liberalisierungspolitik verfolgt – und wird dies wohl in der Zukunft noch weniger tun: Der durch den → Vertrag von Lissabon neu eingeführte Art. 21 EUV verpflichtet nunmehr auch die Außenhandelspolitik der Union ausdrücklich zu wertorientiertem internationalen Handeln, darunter insbesondere zum Schutz von Demokratie und Menschenrechten und zur Förderung von nachhaltiger Entwicklung in den Entwicklungsländern und zur Erhaltung und Verbesserung der Qualität der Umwelt. Der neugefasste Artikel 3(5) EUV erhebt nicht nur „freien", sondern auch „gerechten" Handel zu einem Grundziel des auswärtigen Handelns. Doch auch hier wird es für die Union eine Herausforderung bleiben, ein tragbares Gleichgewicht zu finden zwischen der Wahrnehmung globaler Verantwortung einerseits und der Förderung der für die wirtschaftliche Entwicklung der Union – nicht zuletzt auch im Hinblick auf die Belastungen durch die Folgen der Finanzkrise von 2008/2009 und die wachsende Konkurrenz Chinas – so wesentlichen Exportinteressen andererseits.

Jörg Monar

Beschäftigungspolitik

Vertragsgrundlage: Art. 3 EUV. Art. 2, 5, 9, 45, 145-150, 151, 156, 162 AEUV. Art. 23 der Charta der Grundrechte.

Ziele: Eine wettbewerbsfähige soziale Marktwirtschaft, die auf Vollbeschäftigung und sozialen Fortschritt abzielt; Koordinierung der Beschäftigungspolitik der EU-Mitgliedstaaten; Entwicklung einer koordinierten Beschäftigungsstrategie; Verbesserung der Beschäftigungsmöglichkeiten der Arbeitskräfte im Binnenmarkt (Art. 162 AEUV).

Instrumente: Jährliche Aufstellung beschäftigungspolitischer Leitlinien des Rats; Überprüfung mitgliedstaatlicher Beschäftigungsprogramme (Monitoring), Identifikation gelungener Maßnahmen (Best Practice Procedure) und Publikation von Leistungsvergleichen (Benchmarking); finanzielle Unterstützung nationaler und EU-Programme zur Beschäftigungspolitik; Empfehlungen des Rats an einzelne Mitgliedstaaten; Programme und Mittel des Europäischen Sozialfonds.

Haushalt: Beschäftigungspolitische Maßnahmen werden im Rahmen des Europäischen Sozialfonds, im Rahmen der Programme zur allgemeinen und beruflichen Bildung und im Zusammenhang mit der Förderung technologischer Innovationen finanziert. Darüber hinaus stellt die Europäische Investitionsbank Mittel zur Finanzierung beschäftigungspolitischer Initiativen bereit.

Literatur: Antje Stephan: Die Beschäftigungspolitik der EU, Baden-Baden 2008; Simone Leiber/und Armin Schäfer: Der doppelte Voluntarismus in der EU-Sozial- und Beschäftigungspolitik, Opladen 2008 • Martin Heidenreich/Gabriele Bischoff: The Open Method of Co-ordination: A Way to the Europeanization of Social and Employment Policies?, in: Journal of Common Market Studies, 3/2008, S. 497-532.

Internet: EU-Server: http://europa.eu/pol/socio/index_de.htm

Die Meinungen über die kompetenzrechtliche Ausstattung und konkrete Ausgestaltung einer europäischen Beschäftigungspolitik gehen weit auseinander. Hierbei manifestiert sich seit Mitte der 1990er Jahre eine Debatte über das Verhältnis zwischen Vertretern eines marktwirtschaftlich orientierten Ordnungswettbewerbs, der die Autonomie der Mitgliedstaaten und innerhalb dieser die der Sozialpartner zu wahren sucht und Verfechtern einer auf den EG-Vertrag bezogenen Verankerung vergemeinschafteter Regulierungszuständigkeiten, bei der die Mitgliedstaaten wesentliche Elemente ihrer Handlungsautonomie im Entscheidungssystem der EU bündeln (→ Rat der EU) oder sogar vollständig an EU-Organe (→ Europäische Kommission) abgeben.

Fragmentarische Beschäftigungspolitik

Das beschäftigungspolitische Instrumentarium der EG beschränkte sich bis zum In-Kraft-Treten des Vertrags von Amsterdam (1999) auf Maßnahmen im Bereich der → Struktur- und Regionalpolitik, der → Sozialpolitik sowie der → Bildungs- und → Jugendpolitik. All diesen Zuständigkeiten der EG gemeinsam war ihre fallbezogene Ausrichtung auf konkrete Personengruppen, zeitlich fixierte Projekte oder spezifische Regionen. Nichtsdestotrotz ist festzuhalten, dass alleine im Rahmen des Europäischen Sozialfonds (ESF) zwischen 2007 und 2013 rund 75,60 Mrd. Euro für beschäftigungspolitische Maßnahmen der EU bereitgestellt werden. Hiervon entfallen alleine auf Deutschland 9,38 Mrd. Euro.

Beschäftigungspolitik – eine koordinierte Strategie zur Bekämpfung der Massenarbeitslosigkeit

Auf Initiative der Regierungen Schwedens, Frankreichs und Österreichs verständigte sich der Europäische Rat im Juni 1997 im Vertrag von Amsterdam auf die Schaffung eines eigenständigen Vertragstitels „Beschäftigung" (Art. 145-150 AEUV). Die Beschäftigungspolitik bildet seitdem gemeinsam mit dem Verfahren zur Überwachung der Haushaltsdisziplin in der → Wirtschafts- und Währungsunion den Kern einer als Methode der offenen Koordinierung bezeichneten Politik.

Dreh- und Angelpunkt des Beschäftigungstitels ist Art. 148 AEUV, mit dem ein jährliches Berichts- und Überwachungsverfahren im Hinblick auf die Einhaltung von beschäftigungspolitischen Leitlinien des Rats eingeführt wird (Luxemburg-Prozess). Weiter erteilt Art. 149 AEUV dem → Europäischen Parlament und dem Rat die Befugnis, im Rahmen des ordentlichen Gesetzgebungsverfahrens nach Anhörung des → Wirtschafts- und Sozialausschusses (WSA) und des → Ausschusses der Regionen (AdR) Anreizmaßnahmen zu beschließen, um die Zusammenarbeit zwischen den Mitgliedstaaten auf dem Gebiet der Beschäftigungspolitik und deren Beschäftigungsmaßnahmen zu fördern. Eingeschlossen sind hierbei neben der Unterstützung des Austauschs von Informationen über beschäftigungsfördernde Aktionen und der Erstellung vergleichender Analysen und Gutachten auch die Förderung innovativer Maßnahmen und Pilotprojekte. Die finanziellen Ressourcen werden aus Mitteln der Europäischen Investitionsbank sowie aus EG-Haushaltstiteln bereitgestellt, in denen nicht alle vorgesehenen Beträge abgerufen wurden. Explizit

im AEUV ausgeschlossen ist dagegen die Harmonisierung der beschäftigungspolitischen Rechts- und Verwaltungsvorschriften der EU-Staaten.
Die Schaffung des Beschäftigungstitels im EG-Vertrag ging mit der Gründung
eines neuen „Hilfsgremiums" einher (Art. 150 AEUV), das den 1996 vom Rat
eingesetzten Ausschuss für Beschäftigung und Arbeitsmarkt ersetzt: Die Prüfung der Beschäftigungslage wird seit 1997 von einem Beschäftigungsausschuss, bestehend aus je zwei Vertretern der Mitgliedstaaten und der Kommission, unterstützt. Der Ausschuss ist seinerseits gehalten, bei der Abgabe
von Stellungnahmen die Sozialpartner zu hören. Hierzu kann er auf den bereits 1970 eingerichteten Ständigen Ausschuss für Beschäftigungsfragen zurückgreifen, in dem je 10 Vertreter der Arbeitgeber- und der Arbeitnehmer-
verbände gemeinsam mit dem Rat und der Kommission über Fragen der So-
zial-, Arbeitsmarkt- und Beschäftigungspolitik beraten.
Im Rahmen des jährlichen Berichts- und Überwachungsverfahrens (Art. 148
AEUV) erstellen der Rat und die Kommission zunächst einen gemeinsamen
Jahresbericht zur Beschäftigungslage in Europa. Dieser wird dem Europäischen Rat vorgelegt, der hierzu Schlussfolgerungen verabschiedet. Diese bilden die Grundlage für beschäftigungspolitische Leitlinien, die der Rat auf
Vorschlag der Kommission und nach Anhörung des Parlaments, des WSA,
des AdR und des Beschäftigungsausschusses mit qualifizierter Mehrheit verabschiedet. Die Leitlinien richten sich an die EU-Mitgliedstaaten, die daraufhin „nationale Aktionspläne" erarbeiten und im Verlauf des Umsetzungsjahrs
einen Bericht über die Maßnahmen, die sie zur Durchführung der beschäftigungspolitischen Leitlinien getroffen haben, erstellen. Diese Berichte werden
dann von Kommission und Rat nach Stellungnahme des Beschäftigungsausschusses geprüft und entlang der in den Leitlinien festgehaltenen Zieldaten
bewertet. Auf Empfehlung der Kommission kann der Rat als Ergebnis dieser
Prüfung auch Empfehlungen an einzelne Mitgliedstaaten richten, wobei der
EG-Vertrag den konkreten Inhalt dieser Maßnahme offen lässt. Dieses Verfahren schließt mit der Erstellung des an den Europäischen Rat gerichteten
Jahresberichts von Kommission und Rat über die Beschäftigungslage in der
EG und die Umsetzung der Leitlinien.
Das seit 1997 praktizierte Verfahren beinhaltet eine Kombination verschiedener bereits im Bereich der → Wirtschafts- und Währungsunion bei der Berichterstattung über die Einhaltung der Konvergenzkriterien genutzter Prozeduren. Neben der jährlichen Überprüfung der nationalen Praktiken zur Anhebung der Beschäftigungsquote (Monitoring) sind die Veröffentlichung der
sich in den Mitgliedstaaten bewährten Praktiken und Maßnahmen (Best Prac-

tice Procedure) und die öffentliche Bereitstellung und Verbreitung von Leistungsvergleichssystemen (als Voraussetzung für das Benchmarking) wesentliche Elemente der mit dem Vertrag von Amsterdam in Gang gesetzten Beschäftigungsstrategie. Die beschäftigungspolitischen Leitlinien des Rats entfalten keine rechtlich verbindliche Wirkung in den Mitgliedstaaten. Sie werden eher analog zu den Empfehlungen im Rahmen der multilateralen Überwachung und somit zur öffentlichkeitswirksamen Heraus- bzw. Bloßstellung nationaler (Fehl-)Leistungen genutzt. Die von den Leitlinien potenziell ausgehende politisch-psychologische Wirkung hängt dabei nicht nur von der allgemeinen „Treuepflicht" der Mitgliedstaaten gegenüber der EG (Art. 4(3) AEUV), sondern auch vom Präzisionsgrad der Leitlinien selbst ab. So können die Leitlinien nur abstrakt formulierte Maßnahmenoptionen auflisten oder aber quantitativ präzise nachprüfbare Zieldaten enthalten.

Andreas Maurer

Bildungspolitik

Vertragsgrundlage: Art 6, 9, 53, 153, 165, 166 AEUV.

Ziele: Leistung eines Beitrags zu einer qualitativ hoch stehenden allgemeinen und beruflichen Bildung; Förderung eines umfassenden Zugangs zur Bildung und durch ständige Weiterbildung eines möglichst hohen Wissensstands in der EU.

Instrumente: Aktionsprogramme; Richtlinien zur Anerkennung von Berufs- und Hochschulabschlüssen; offene Methode der Koordinierung.

Haushalt: ca. 1.1 Mrd. Euro (Bildung und berufliche Bildung, Kapitel 15-02).

Literatur: Ingo Linsenmann: Bildungspolitik, in: Werner Weidenfeld, Wolfgang Wessels (Hrsg.): Jahrbuch der Europäischen Integration, Bonn/Baden-Baden 2000-2007 • Luce Pépin: The history of European cooperation in education and training, Luxemburg 2006.

Internet: EU-Kommission: http://ec.europa.eu/education/index_de.htm

Seit den 1960er Jahren hat sich die Bildungspolitik der Europäischen Gemeinschaft langsam entwickelt in Richtung einer hauptsächlich programmorientierten distributiven Politik und der Bereitstellung eines „europäischen Mehrwerts" zu den nationalen Politiken. Seit einigen Jahren erhält sie eine neue Dynamik durch die Anwendung der offenen Methode der Koordinierung.

Aktionsprogramme als bevorzugtes Instrument

Der EU stehen in der Bildungspolitik Richtlinien und Programme zur Verfügung. Das Instrument der Harmonisierung durch Richtlinien beschränkt sich auf den Bereich der Anerkennung von Berufs- oder Hochschulabschlüssen und der Koordinierung der Rechts- und Verwaltungsvorschriften der Mitgliedstaaten über die Aufnahme und Ausübung selbständiger Tätigkeiten. Zu diesem Zweck erlassen das Europäische Parlament und der Rat gemäß dem ordentlichen Gesetzgebungsverfahren Richtlinien. Die Anerkennung von Abschlüssen ist weitgehend in der Form geregelt, dass der Grundsatz des gegenseitigen Vertrauens bei der Anerkennung gilt.

Gleichzeitig führt die EU seit Jahrzehnten mehrjährige Aktionsprogramme im Bildungsbereich durch. Die grundsätzlichen Aktionsformen wurden bereits im ersten bildungsrelevanten Ratsbeschluss von 1963 eingeführt. Die Maßnahmen der Gemeinschaft konzentrieren sich auf eine Unterstützung und Ergänzung der nationalen Politiken, den Informations- und Erfahrungsaustausch der Mitgliedstaaten und die Vernetzung nationaler Vorhaben um somit einen „europäischen Mehrwert" bereitzustellen. Seit dieser Zeit haben sich die Instrumente in der EU-Bildungspolitik nicht grundsätzlich geändert und werden seit dem Vertrag von Amsterdam (1999) gemäß dem ordentlichen Gesetzgebungsverfahren und nach Anhörung des → Wirtschafts- und Sozialausschusses und des → Ausschusses der Regionen verabschiedet (Art. 165, 166 AEUV).

Im Jahre 2007 sind beinahe sämtliche Bildungsprogramme der EU in dem „Aktionsprogramm für Lebenslanges Lernen" zusammengefasst worden. An ihm nehmen auch die Staaten des Europäischen Wirtschaftsraums (EWR) teil. Daneben existiert weiterhin das Programm Tempus für die Zusammenarbeit mit EU-Nachbarländern im Hochschulbereich, bilaterale Programme mit Ländern in Nordamerika und dem asiatisch-pazifischen Raum, und seit dem Jahre 2004 das Programm Erasmus Mundus, welches die Hochschulvernetzung zwischen Europa und Drittstaaten fördert.

Die Formen der verschiedenen Maßnahmen in den Programmen umfassen physische und virtuelle Mobilität, Entwicklung von Kooperationsnetzen zwischen Hochschulen, Förderung der sprachlichen und kulturellen Kompetenzen, die Entwicklung der Innovationstätigkeit mit Hilfe von Pilotprojekten und die Verbesserung der gemeinschaftlichen Vergleichskriterien. Das Programm für lebenslanges Lernen umfasst die Unterprogramme Comenius für die Schulbildung, Erasmus für die Hochschulbildung, und Grundtvig für die Erwachsenenbildung. Hinzu kommt das Unterprogramm Leonardo da Vinci, welches transnationale Projekte für Personen in der Berufsbildung fördert, die Entwicklung und den Transfer von Innovation und Qualität, den Erwerb sprachlicher und kultureller Kompetenz in der Berufsbildung sowie transnationale Netze für Fachwissen und Wissenstransfer in Europa. Das Programm fördert zudem Maßnahmen im Bereich der Bildungsforschung und des Bildungsvergleichs, das Jean-Monnet-Programm für Lehre und Forschung über die europäische Integration, sowie Schwerpunktaktivitäten z.b. im Bereich Sprachen und Informations- und Kommunikationstechnologien. Die Umsetzung des Aktionsprogramms findet vorwiegend auf nationaler Ebene statt.

Neben diesen klassischen Aktionsprogrammen umfassen die bildungspolitischen Aktivitäten noch weitere Instrumente zur Unterstützung nationaler Politiken. Besonders zu erwähnen sind hier das Europäische Zentrum für die Förderung der Berufsbildung (CEDEFOP) und die Europäische Stiftung für Berufsbildung sowie die Maßnahmen (z.B. Qualifizierung von arbeitslosen Jugendlichen, Fortbildungsmaßnahmen zum Wiedereinstieg ins Berufsleben), die durch den Europäischen Sozialfonds gefördert werden.

Die offene Methode der Koordinierung im Bildungsbereich

Anfang des 21. Jahrhunderts erhielt die europäische Bildungszusammenarbeit neue Impulse durch die Lissabon-Strategie, welche die Europäische Union wettbewerbsfähiger machen sollte. (Europäische) Bildungspolitik wird so mehr und mehr als Teil des arbeitsmarkt- und sozialpolitischen Maßnahmenbündels verstanden. Im Jahre 2009 wurde mit dem „Strategischen Rahmen für die europäische Zusammenarbeit auf dem Gebiet der allgemeinen und beruflichen Bildung („ET 2020“) das vorangegangene Arbeitsprogramm erneuert und partiell ausgeweitet. Mit dem Instrument der offenen Methode der Koordinierung sollen konkrete bildungspolitische Zielvorgaben umgesetzt werden. Dazu zählen vor allem die Verwirklichung von lebenslangem Lernen und Mobilität, die Verbesserung der Qualität und der Effizienz der allgemeinen und beruflichen Bildung, die Förderung von Gerechtigkeit, sozialem Zusammenhalt und aktivem Bürgersinn, sowie die Förderung von Innovation und Kreativität — einschließlich unternehmerischen Denkens — auf allen Ebenen der allgemeinen und beruflichen Bildung. Anhand von Zielvorgaben vergleichen die Mitgliedstaaten durch Umsetzungsberichte die erzielten Fortschritte untereinander und versuchen, gute Beispiele anderer Mitgliedstaaten aufzugreifen, um damit ihre eigenen Umsetzungsstrategien zu verbessern.

Neben den im Arbeitsprogramm primär für die Mitgliedstaaten aufgestellten Benchmarks und diesbezüglichen Referenz- und Leistungsindikatoren, wurden in den letzten Jahren auf europäischer Ebene mehrere Instrumente zur besseren und einfacheren Anerkennung von Qualifikationen, Erfahrungen und Fertigkeiten bereit gestellt. Neben dem schon viel früher eingeführten und bekannten System zur Übertragung und Akkumulierung von Studienleistungen (ECTS), wären als Beispiele zu nennen: der Europäische Qualifikationsrahmen (EQR), der die innereuropäische Transparenz nationaler Qualifikationen fördern soll; der Europäische Bezugsrahmen für die Qualitätssicherung in der beruflichen Aus- und Weiterbildung (EQAVET), durch den ein gemeinsames europäisches Referenzsystem geschaffen werden soll, oder auch der „Europass", durch den sichergestellt werden soll, dass Ausbildungszeiten in einem anderen EU-Land als berufliche Qualifikation anerkannt werden.

Eine konkrete Harmonisierung der mitgliedstaatlichen Systeme bleibt jedoch ausgeschlossen. Seit dem Vertrag von Maastricht (1993) ist festgelegt, dass die Maßnahmen im Bildungsbereich nur unter strikter Beachtung der Verantwortung der Mitgliedstaaten für Lehrinhalte und die Gestaltung der Bildungssysteme für die allgemeine und berufliche Bildung sowie der Vielfalt der Kulturen und Sprachen (Art. 165(4), 166(4) AEUV) durchgeführt werden dürfen. Nach wie vor gehört die Bildungspolitik wie die Kulturpolitik zum Kernbestand der Mitgliedstaaten, der durch das Subsidiaritätsprinzip geschützt sein soll.

Ingo Linsenmann

Binnenmarkt

Vertragsgrundlage: Art. 3 EUV. Art. 3, 4, 26 f. AEUV.

Ziele: Verwirklichung eine gemeinsamen Markts ohne Binnengrenzen, in dem die Freiheit des Waren-, Dienstleistungs-, Kapital- und Personenverkehr gewährleistet ist mit dem Ziel den Wohlstand in der EU zu fördern.

Dokument: Mario Monti: Eine neue Strategie für den Binnenmarkt im Dienste der Wirtschaft und Gesellschaft in Europa, Bericht an den Präsidenten der Europäischen Kommission, Brüssel, 9. Mai 2010.

Literatur: Florian Baumann/Sebastian Schäffer: Binnenmarktpolitik, in: Werner Weidenfeld/Wolfgang Wessels (Hrsg.): Jahrbuch der Europäischen Integration 2010, Baden-Baden 2011, S. 147-150 • Alasdair R. Young: Single Market, in: Helen Wallace/Mark A. Pollack/Alasdair R. Young (Hrsg.): Policy-Making in the European Union, Oxford und New York 2010, S. 107-131.

Internet: EU-Kommission: http://ec.europa.eu/internal_market/index_de.htm

Der Binnenmarkt stellt das Kernstück der Europäischen Integration dar. Ausgehend vom gemeinsamen Markt für Kohle und Stahl wurde er sukzessive auf beinahe alle Bereiche des Waren-, Dienstleistungs-, Kapital-, und Personenverkehr ausgeweitet. Obwohl fast zwei Jahrzehnte verstrichen sind, seit der Binnenmarkt vollständig hätte umgesetzt sein sollen, gilt er noch heute als Dauerbaustelle der EU. Die „vier Freiheiten" dienen dem Wettbewerb unter den EU-Mitgliedstaaten und fördern Wachstum, Beschäftigung und eine effiziente Ressourcenallokation. Als Querschnittsaufgabe tangiert die Binnenmarktpolitik dabei auch viele andere Politikfelder.

Unterschiedliche Instrumente zur Verwirklichung des Binnenmarkts

Ausgangspunkt für den Binnenmarkt waren die Römischen Verträge (1958), die zur Gründung der Europäischen Wirtschaftsgemeinschaft und damit zu den ersten Schritten auf dem Weg zum Binnenmarkt führten. In der Folge wurde der gemeinsame Markt vor allem über die Abschaffung der Binnenzölle angestrebt. Zunehmend gerieten aber auch nicht-tarifäre Handelshemmnisse, wie etwa Produktstandards, ins Blickfeld der Gemeinschaft. Während jedoch die Beseitigung der Zölle zwischen den Mitgliedstaaten zügig voranschritt, kam es bei der Regulierung des Binnenmarkts zu langwierigen Verzögerungen. Zum einen konnten die europäischen Harmonisierungsbestrebungen kaum mit der Schaffung nationaler Standards und Rechtsnormen Schritt halten. Zum anderen erschwerte die Einstimmigkeitserfordernis im Ministerrat die Verabschiedung eigener, detaillierter Rechtsakte. Letzteres wurde aufgrund der durch mehrere → Erweiterungen wachsenden Heterogenität noch zusätzlich erschwert. Erfolgreicher waren hingegen zahlreiche Klagen von privaten Wirtschaftsakteuren vor dem Gerichtshof der Europäischen Union.

Unter dem Eindruck des wirtschaftlichen Abschwungs seit Ende der 1970er Jahre und den schleppenden Fortschritten bei der Verwirklichung des Binnenmarkts ergriff die → Europäische Kommission zwei weitreichende Initiativen: Einerseits wurde anstelle europäischer Regulierung zunehmend auf die Institution der „gegenseitigen Anerkennung" auf Grundlage des „Cassis de Dijon"-Urteils zurückgegriffen. Danach dürfen Waren, die in einem Mitgliedstaat rechtmäßig in Umlauf gebracht wurden, auch in jedem anderen verkauft werden, solange dem nicht zwingende Erfordernisse des Allgemeininteresses wie Gesundheits-, Umwelt- oder Verbraucherschutz entgegenstehen. Andererseits erarbeitete die Kommission unter ihrem Präsidenten Jacques Delors bis 1985 ein Binnenmarktprogramm, das 282 Einzelmaßnahmen sowie ein verbindliches Datum (31.12.1992) zur Vollendung des gemeinsamen Markts vorsah. Gleichzeitig wurde ein neuer Harmonisierungsansatz entwickelt, wonach die Gemeinschaft lediglich grundsätzliche Mindeststandards für einzelne Produkte festlegt; und die Einheitliche Europäischen Akte (1987) führte die qualifizierte Mehrheit als Entscheidungsmodus im Rat ein.

Beide Initiativen erwiesen sich als entscheidende Hilfsmittel zur Vollendung des Binnenmarkts. Das Binnenmarktprogramm zog eine Flut von europäischen Richtlinien und Verordnungen nach sich, die den gemeinsamen Markt sukzessive weiterentwickelten. Das Hauptaugenmerk lag dabei auf der Warenverkehrsfreiheit und dem gemeinsamen Kapitalmarkt. Mit der kontrovers diskutierten Dienstleistungsrichtlinie aus dem Jahr 2006 wurde versucht, auch das enorme Potenzial dieses Marktsegments intensiver zu nutzen. Mit dem modifizierten, gemeinschaftlichen Regulierungsansatz konnte zudem flexibler auf Marktinnovationen reagiert werden. Verbunden war damit jedoch eine Rückkehr zum Leitbild der „negativen Integration", also der Marktschaffung durch die Beseitigung von Hindernissen im Binnenmarkt, während die aktive Marktgestaltung, von einigen Ausnahmen wie beispielsweise bei pharmazeutischen Erzeugnissen abgesehen, eine geringere Rolle spielt.

Die Binnenmarktpolitik im Vertrag von Lissabon

Im November 2009 waren noch 1.256 Vertragsverletzungsverfahren wegen unzureichender Anwendung der Bestimmungen zum Binnenmarkt anhängig. Bereits 2008 war der Anteil der Richtlinien, die noch nicht in allen Mitgliedstaaten vollständig implementiert waren, auf 6 % im Vergleich zu 27 % im Jahre 2004 gefallen und lag 2009 bei 5 %. Dennoch zeigen diese Zahlen, dass die Implementierung trotz aller Forschritte noch mit Defiziten behaftet ist. Die Erfolge des gemeinsamen Markts sind dabei aber kaum von der Hand zu weisen. Nach Berechnungen der Kommission hat der Binnenmarkt seit 1992

- den Wohlstand in der Union um 877 Mrd. Euro gesteigert
- 2,75 Mio. zusätzliche Arbeitsplätze geschaffen, nachdem bereits in den Jahren 1986 bis 1990 9 Mio. Stellen entstanden waren, und
- die grenzüberschreitenden Investitionen innerhalb der EU um 25 Prozentpunkte erhöht.

Der → Vertrag von Lissabon ändert wenig an der Binnenmarktpolitik. Allerdings setzt der Reformvertrag die institutionellen Veränderungen, die seit der Einheitlichen Europäischen Akte vollzogen wurden, weiter fort. Die Prozesse in diesem Politikfeld sind daher heute höchst komplex. Neben den institutionellen Akteuren – Kommission, Rat und Europäisches Parlament – ist heute auch eine Vielzahl an Interessenvertretern an der Binnenmarktpolitik beteiligt.

Gerade im Vorfeld von Entscheidungen, die ein hohes spezifisches Fachwissen erfordern, greift die Europäische Kommission gerne auf externe Berater aus der Wirtschaft oder von Nichtregierungsorganisationen zurück.

Eine der wesentlichen Änderungen durch den Vertrag von Lissabon ist, dass die „Wettbewerbsregeln für das Funktionieren des Binnenmarkts" explizit als ausschließliche Zuständigkeit der EU aufgeführt werden. Zudem wurden die Bereiche, in denen der Rat mit qualifizierter Mehrheit entscheiden kann, erneut ausgeweitet und die „doppelte Mehrheit" erleichtert die Beschlussfassung gegenüber den Anforderungen aus dem Vertrag von Nizza. Weggefallen ist hingegen, auf Betreiben des französischen Staatspräsidenten Nicolas Sarkozy, die Zielbestimmung den Binnenmarkt so zu gestalten, dass der Wettbewerb „vor Verfälschungen" geschützt wird. Jedoch wurde die Klausel zum unverfälschten Wettbewerb in ein Protokoll zum Reformvertrag aufgenommen und behält damit ihre Gültigkeit.

Neuer Schwung für den Binnenmarkt

Die Vollendung des Binnenmarkts stellt einen längest noch nicht abgeschlossenen Prozess dar. Der ehemalige Kommissar für den Binnenmarkt Mario Monti nimmt daher die Wirtschafts- und Finanzkrise als Ausgangspunkt für eine neue Binnenmarktstrategie, die über das klassische Instrumentarium hinaus zusätzliche Elemente wie „grünes Wachstum" und die öffentliche Meinung berücksichtigt. Die Weiterentwicklung dieses „Ur-Projekts" der EU wird dabei nicht nur als wirtschaftliche Notwendigkeit zur Stabilisierung der → Wirtschafts- und Währungsunion gesehen, sondern auch als Bestandteil einer Neubelebung der Europäischen Integration insgesamt.

Florian Baumann

Bürgerinitiative

Vertragsgrundlage: Art. 11 EUV. Art. 24 AEUV.

Dokument: Europäische Kommission: Vorschlag für eine Verordnung des Europäischen Parlaments und des Rates über die Bürgerinitiative, KOM (2010) 119 endg.

Literatur: Andreas Maurer/Stephan Vogel: Die Europäische Bürgerinitiative. Chancen, Grenzen und Umsetzungsempfehlungen, Stiftung Wissenschaft und Politik: SWP-Studie S 28, Berlin 2009.

Internet: EU-Server:

http://ec.europa.eu/dgs/secretariat_general/citizens_initiative/index_de.htm.

Die Europäische Bürgerinitiative ist als ein Element partizipativer Demokratie durch den → Vertrag von Lissabon neu in das Primärrecht eingeführt worden. Gemäß Art. 11(4) EUV steht mindestens einer Million Unionsbürgerinnen und -bürgern, die „Staatsangehörige einer erheblichen Anzahl von Mitgliedstaaten" sind, das Recht zu, die Europäische Kommission aufzufordern, initiativ zu werden. Der Gegenstand des geforderten Kommissionsvorschlags für einen Rechtsakt muss im Rahmen der Befugnisse der Kommission liegen und die Verträge umsetzen. Verfahren und Bedingungen der Europäischen Bürgerinitiative legen gemäß Art. 11(4) EUV in Verbindung mit Art. 24 AEUV der → Rat der Europäischen Union und das Europäische Parlament in einer Verordnung fest, die im ordentlichen Gesetzgebungsverfahren erlassen wird. Die Bestimmungen zur Europäischen Bürgerinitiative finden sich bereits in Art. I-47(4) des Vertrages über eine Verfassung für Europa. Auf Initiative des Vertreters des Deutschen Bundestages im Konvent zur Zukunft der Europäischen Union wurde die Europäische Bürgerinitiative in den Vertragsentwurf aufgenommen, nachdem sich abgezeichnet hatte, dass die Forderungen nach einem europaweiten Referendum über den Vertrag und nach Einführung direktdemokratischer Elemente nicht mehrheitsfähig waren. Die Europäische Bürgerinitiative wurde schließlich in den → Vertrag von Lissabon übernommen. Im November 2009 legte die Kommission ein Grünbuch zur Europäische Bürgerinitiative vor, dem nach Abschluss des Konsultationsverfahrens am 31. März 2010 ein Verordnungsvorschlag folgte.

Kernfrage bei der Ausgestaltung war die Definition einer „erheblichen Anzahl von Mitgliedstaaten". Die Kommission zog hier Analogien zur „verstärkten Zusammenarbeit" (Art. 20 EUV) sowie zur Subsidiaritätskontrolle (Art. 7(2) Subsidiaritätsprotokoll) und schlug vor, eine „erhebliche Anzahl" als ein Drittel (derzeit 9 Mitgliedstaaten) zu definieren, um eine „hinreichende Repräsentativität" der Initiative zu gewährleisten. Die Mindestzahl der Unterzeichner je Mitgliedstaat sollte der um den Faktor 750 multiplizierten Anzahl der Europaabgeordneten je Mitgliedstaat entsprechen. Im Dezember 2010 wurde auf europäischer Ebene eine Einigung über die Einzelheiten der Europäischen Bürgerinitiative erzielt. Demnach sollen nun mindestens sieben EU-Länder eine Initiative bei der Kommission einreichen können. Nach Übertragung der EU-Beschlüsse in nationales Recht könnten erste Bürgerbegehren voraussichtlich von 2012 an eingereicht werden.

Die Notwendigkeit einer „hinreichenden Repräsentativität" einer Europäischen Bürgerinitiative kann hinterfragt, da die Europäische Bürgerinitiative keine direkte Rechtsfolge hat und eher dem Petitionsrecht, das auch in

Art. 24 AEUV behandelt wird, vergleichbar ist. Die Europäische Bürgerinitiative beschneidet nicht das Initiativrecht der Kommission. Der Verordnungsentwurf verpflichtet die Kommission nur dazu, erfolgreiche Europäische Bürgerinitiativen innerhalb von vier Monaten zu prüfen und in einer Mitteilung ihre Schlussfolgerungen, ihr weiteres Vorgehen und ihre Gründe darzulegen. Dieses Spannungsfeld zwischen Partizipationsfreundlichkeit und Verwaltungsaufwand, in dem die Umsetzung der Europäischen Bürgerinitiative diskutiert wird, zeigt sich auch bei Fragen der Unterstützungsbekundungen, dem Anmeldeverfahren und der Zulässigkeitsprüfung.

Julian Plottka

Charta der Grundrechte

Vertragsgrundlage: Art. 6 EUV. Protokolle und Erklärungen. Charta der Grundrechte der Europäischen Union vom 7. Dezember 2000 (Abl. C 364/2000) und vom 14. Dezember 2007 (Abl. C 303/2007).

Ziel: Sicherung der bürgerlichen, wirtschaftlichen und sozialen Rechte der EU-Bürger gegenüber EU-Hoheitsgewalt.

Literatur: Christoph Grabenwarter: Auf dem Weg zur Grundrechte-gemeinschaft?, in: Europäische Grundrechtezeitschrift 2004, S. 563ff. • Franz Mayer: Schutz vor der Grundrechte-Charta oder durch die Grundrechte-Charta? in: Ingolf Pernice (Hrsg.): Der Vertrag von Lissabon. Reform der EU ohne Verfassung?, Baden-Baden 2008.

Internet: Gerichtshof der Europäischen Union: http://curia.eu.int • Grundrechtecharta: http://ue.eu.int/df/default.asp?lang=de

Bei der Unterzeichnung des EWG-Vertrags im Jahr 1957 war der Grundrechtsschutz in der Gemeinschaft nicht behandelt worden. Denn die sechs Gründungsstaaten hatten bereits 1950 im Rahmen des → Europarats mit Verabschiedung der → Europäischen Menschenrechtskonvention (EMRK) zusammen mit anderen westeuropäischen Staaten einen kollektiven Kontrollmechanismus zur Sicherung der bürgerlichen Grundrechte geschaffen. Gemäß des Konzepts der „negativen Integration" sollte der Gemeinsame Markt hingegen vor allem durch Einräumung von wirtschaftlichen Grundfreiheiten gegenüber den Mitgliedstaaten verwirklicht werden. Diese im EG-Vertrag niedergelegten grundrechtsähnlichen Rechte berechtigen jeden EU-Bürger unmittelbar gegen ungerechtfertigte Diskriminierungen aus Gründen der Staatsangehörigkeit oder unverhältnismäßige Beschränkungen der grenzüberschreitend ausgeübten Warenverkehrsfreiheit, Arbeitnehmerfreizügigkeit, Niederlassungs- und Dienstleistungsfreiheit im Einzelfall gerichtlich vorzugehen. Darüber hinaus genießt der Bürger gegen die im Rahmen der „positiven Integration" erlassenen, zunehmend grundrechtsrelevanten Rechtsakte der Europäischen Gemeinschaft Rechtsschutz. Der → Gerichtshof der Europäischen Union (EuGH) hat das Fehlen eines vertraglichen Grundrechtskatalogs seit Ende der 1960er Jahre durch Rechtsfortbildung ausgeglichen, indem er die gemeinsamen Verfassungsüberlieferungen und die für sämtliche Mitgliedstaaten verbindliche EMRK als allgemeine Grundsätze des Gemeinschaftsrechts herangezogen hat. Diese Grundrechte umfassen unter anderem die Achtung der Privatsphäre, der Wohnung und des Briefverkehrs, den Gleichheitsgrundsatz, die Religionsfreiheit, die Vereinigungsfreiheit, die Handels- und Berufsfreiheit, das Eigentumsrecht sowie die Meinungs- und Kommunikationsfreiheit. Eingriffe in diese Rechte durch die EG-Gesetzgebung, durch eine Einzelfallentscheidung der Europäischen Kommission oder durch einen Mitgliedstaat bei Vollzug von Gemeinschaftsrecht sind nur bei Vorliegen eines überwiegenden Gemeinschaftsinteresses und in verhältnismäßiger Weise zulässig. Praktisch relevant wird der Grundrechtsschutz vor allem im Bereich der Agrarpolitik, bei wirtschaftsrechtlichen Verboten und bei Zwangsmitteln im Kartellverfahren. Auch wenn die Gemeinschaft Finanzsanktionen gegenüber des Terrorismus verdächtigen Personen ergreift, sind Grundrechte einzuhalten. Ob eine Grundrechtsverletzung durch ein EU-Organ und damit eine Vertragsverletzung vorliegt, kann im Wege der Nichtigkeitsklage vom EuGH bzw. dem Gericht erster Instanz überprüft werden. Mit dem Vertrag von Maastricht (1993) ist die Achtung der Grundrechte als Rechtsgrundsatz in den EU-Vertrag ausdrücklich aufgenommen worden (Art. 6 EUV).

Die Fortschritte von Amsterdam

Mit dem Vertrag von Amsterdam (1999) wurde in der Präambel des EU-Vertrags die Bedeutung bekräftigt, die die Mitgliedstaaten „den sozialen Grundrechten beimessen, wie sie in der am 18. Oktober 1961 in Turin unterzeichneten Europäischen Sozialcharta und in der Gemeinschaftscharta der sozialen Grundrechte der Arbeitnehmer von 1989 festgelegt sind". Konkret dienen diese beiden Referenzdokumente als Orientierung für die gemeinschaftliche → Sozialpolitik, welche die Tätigkeit der Mitgliedstaaten unterstützen soll. Anders als diese Programmsätze ist jedoch der Grundsatz der Gleichbehandlung von Mann und Frau im Gemeinschaftsrecht eindeutig gefasst und bildet den Ausgangspunkt für die Gleichstellungspolitik der Gemeinschaft. Neben der seit jeher im Vertrag vorgeschriebenen gleichen Entlohnung besteht nunmehr eine klare Rechtsgrundlage für EU-Gleichbehandlungsrichtlinien im Arbeits- und Berufsleben, welche auch die Möglichkeit der positiven Diskriminierung des unterrepräsentierten Geschlechts vorsehen dürfen. Dies betrifft die Richtlinien zur Verwirklichung der Gleichbehandlung hinsichtlich des Zugangs zur Beschäftigung, zur Berufsbildung, zum beruflichen Aufstieg und den Arbeitsbedingungen (1976) sowie hinsichtlich der sozialen Sicherheit (1978). Diskriminierungen aus Gründen des Geschlechts, der Rasse, der ethnischen Herkunft, der Religion oder der Weltanschauung, einer Behinderung, des Alters oder der sexuellen Ausrichtung können per einstimmig zu beschließendem Rechtsakt im Rahmen der gemeinschaftlichen Zuständigkeiten bekämpft werden. Mit zwei Richtlinien hat der Rat im Juni und November 2000 das Verbot der Diskriminierung wegen rassistischer oder ethnischer Herkunft konkretisiert sowie einen Rahmen für die Gleichbehandlung im Berufsleben geschaffen (→ Antidiskriminierungspolitik). Die Richtlinien sind in Deutschland umgesetzt worden, wobei der Gesetzgeber in einigen Punkten über den europäischen Mindeststandard hinaus gegangen ist. Hingegen scheiterte im Februar 2010 eine weitere Richtlinie, die Diskriminierungen außerhalb des Arbeitsmarkts aufgrund der Religionszugehörigkeit, einer Behinderung, des Alters oder der sexuellen Orientierung untersagt hätte, am deutschen Veto im Rat. Weiterhin wurde in Amsterdam die → Unionsbürgerschaft ausgebaut, das Petitionsrecht der Unionsbürger erweitert, der grundsätzliche Zugang zu Dokumenten der Organe sowie die Anwendung der bis dato für die Mitgliedstaaten geltenden datenschutzrechtlichen Vorschriften auf Rechtsakte der Gemeinschaft ab 1. Januar 1999 vorgesehen.

Angesichts der sich seit Anfang der 1990er Jahre verstärkenden → Menschenrechtspolitik, in deren Rahmen zuweilen beachtliche finanzielle oder handelspolitische Sanktionen gegenüber menschenrechtsverachtenden Regimen außerhalb der EU verhängt werden, war es überfällig, auch einen Sanktionsmechanismus nach innen zu schaffen. Verletzt ein EU-Mitgliedstaat schwerwiegend und anhaltend den Grundsatz der Achtung der Menschenrechte und Grundfreiheiten, so kann er mit dem Verlust von Vertragsrechten belegt werden (Suspensionsklausel).

Die EU-Grundrechtecharta

Seine anfängliche Skepsis gegenüber dem Niveau des Grundrechtsschutzes in der EG hat das Bundesverfassungsgericht 1974 u.a. mit dem Fehlen eines EG-Grundrechtekatalogs begründet (Solange I-Entscheidung). In der Solange II-Entscheidung von 1986 und dem Maastricht-Urteil von 1993 (→ Deutschland in der EU) hat es demgegenüber anerkannt, dass angesichts der oben skizzierten Entwicklungen auch ohne Existenz eines formellen Katalogs der Grundrechtsschutz der EG im Wesentlichen mit den deutschen Grundrechtsstandards vergleichbar ist. War somit aus verfassungsjuristischer Sicht die Verabschiedung eines Katalogs auf Gemeinschafts- bzw. Unionsebene nicht unerlässlich, so sprachen gleichwohl einige politische Gründe für ein solches Vorhaben. Die Systematisierung und Zusammenfassung der durch die EG gewährleisteten Grundrechte erhöht die Rechtssicherheit für den einzelnen Bürger, sie entfaltet eine hohe Symbolkraft und bietet die Möglichkeit, „moderne" Grundrechte (z.B. Daten- oder Umweltschutz) präzise zu formulieren. Einen derartigen Katalog verabschiedete das Europäische Parlament am 12.4.1989, allerdings in technisch unglücklicher und rechtlich unverbindlicher Weise. Der von der Kommission und einigen Mitgliedstaaten befürwortete Weg eines Beitritts der EG zu der über 40 europäische Staaten bindenden EMRK erwies sich 1996 als versperrt, als der EuGH in einem Gutachten feststellte, dass für eine derartige Selbstbindung der EG ohne vorherige Vertragsänderung keine ausreichende Zuständigkeit bestehe.

Vor diesem Hintergrund belebten die EU-Staats- und Regierungschefs auf dem Kölner Gipfel im März 1999 die Idee, einen EU-Grundrechtekatalog zu schaffen. Sie beauftragten ein Gremium, bestehend aus 15 Beauftragten der Staats- und Regierungschefs der Mitgliedstaaten, einem Vertreter des Kommissionspräsidenten, 16 Abgeordneten des Europäischen Parlaments sowie je zwei Mitgliedern der 15 mitgliedstaatlichen Parlamente, mit der Ausarbeitung einer EU-Grundrechtecharta. Der Konvent nahm Ende 1999 seine Arbeit unter dem Vorsitz des ehemaligen Bundespräsidenten Roman Herzog auf und legte im Dezember 2000 in Nizza einen Entwurf vor, der daraufhin von Rat, Kommission und Parlament gemeinsam verkündet wurde.

Die sieben Kapitel der Grundrechtecharta

Die EU-Grundrechtecharta besteht aus einer Präambel und sieben Kapiteln:

- Im mit „Würde des Menschen" überschriebenen ersten Kapitel werden die Kernelemente einer jeden Person garantiert (Würdeschutz, Recht auf Leben, Folter- und Zwangsarbeitsverbot, Recht auf Unversehrtheit).
- Das zweite Kapitel über die Freiheitsrechte übernimmt zu einem großen Maße die bürgerlichen Abwehrrechte der EMRK, ergänzt um die Freiheit von Wissenschaft und Kunst, die Berufsfreiheit, das Asylrecht und den wichtigen Schutz bei Abschiebung, Ausweisung und Auslieferung.

- Differenziert stellt das dritte Kapitel „Gleichheit" die Schutzansprüche von Kulturen, Sprachen und Religionen (Art. 22) sowie von Kindern, älteren Menschen und Menschen mit Behinderungen (Art. 24-26) neben den allgemeinen Gleichheitssatz (Art. 20).

- Das im Konvent umstrittene vierte Kapitel „Solidarität" zählt eine Reihe von sozialen und wirtschaftlichen Grundrechten auf, wobei fein unterschieden wird, ob in dem genannten Bereich der sozialen Sicherheit und Fürsorge Gemeinschaftszuständigkeiten bestehen oder nicht.

- Das fünfte Kapitel über die Bürgerrechte führt einige bereits im EG-Vertrag enthaltenen Rechte der Unionsbürger (Wahlrecht, Freizügigkeit, diplomatischen und konsularischen Schutz) mit dem Anspruch auf gute Verwaltung (Art. 41) zusammen.

- Eine Reihe von justiziellen Rechten enthält das sechste Kapitel.

- Das siebte und abschließende Kapitel stellt fest, dass die Charta (nur) für Unionsorgane und die Mitgliedstaaten bei der Durchführung von EU-Recht gilt und weder neue Zuständigkeiten noch neue Aufgaben für die Gemeinschaft schafft (Art. 51).

Der Bezug im Vertrag von Lissabon

Als feierliche Erklärung kam der EU-Grundrechtecharta zunächst nicht der Status von Gemeinschaftsrecht zu. Da sie jedoch laut ihrer Präambel diejenigen Rechte bekräftigt, die den gemeinsamen Verfassungsüberlieferungen und völkerrechtlichen Verpflichtungen der Mitgliedstaaten entspringen, diente sie bereits nach ihrer Proklamation als Auslegungshilfe in der Rechtsprechung. So hat der Europäische Gerichtshof in seinem Urteil vom 27. Juni 2006 Bezug auf die Grundrechtecharta genommen, um den Wert des Rechts auf Familienleben zu betonen, als er die Richtlinie über die Familienzusammenführung von legal in der Gemeinschaft lebenden Ausländern ob ihrer Vereinbarkeit mit Grundrechten prüfte.

Durch die Einfügung in den am 29. Oktober 2004 unterzeichneten Europäischen Verfassungsvertrag war die Charta zwischenzeitlich aufgewertet worden. Der Empfehlung des Europäischen Konvents folgend, übernahmen die EU-Regierungen den Text der Charta vollständig in Teil II der intendierten EU-Verfassung. Trotz Scheiterns der Verfassung hielten die Mitgliedstaaten an dem Ziel fest, die Rechtsverbindlichkeit der Grundrechtecharta herbeizuführen. Zu diesem Zweck verkündeten Parlament, Kommission und Rat am 12. Dezember 2007 den Text der Charta (zusammen mit den angepassten Erläuterungen des Konventspräsidiums) erneut, und der am folgenden Tag unterzeichnete → Vertrag von Lissabon nahm in seinem revidierten Artikel 6(1) EUV auf sie Bezug. Damit ist die Grundrechte-Charta ein Teil des Primärrechts geworden. Eine Besonderheit bildet allerdings das zugleich angenommene Protokoll (Nr. 7) über die Anwendung der Charta in Polen und dem Vereinigten Königreich. Dem Wunsch der Regierungen dieser beiden Länder entsprechend, stellt dieses Protokoll fest, dass die sozialen und wirtschaftlichen Rechte des Teils IV der Charta dort nicht justiziabel seien, es sei denn, entsprechende Rechtsansprüche bestünden bereits nach nationalem Recht.

Der Beitritt der EU zur Menschenrechtskonvention

Einen weiteren Meilenstein in der europäischen Grundrechtsentwicklung stellt schließlich Artikel 6(2) EUV dar, der die von der Verfassung geschaffene Rechtsgrundlage für den Beitritt der EU zur EMRK übernimmt. Auf dessen Grundlage folgte der Rat der Empfehlung der Kommission vom 17. März 2010 und beauftragte sie am 4. Juni 2010, mit dem Europarat Verhandlungen aufzunehmen, welche am 7. Juli 2010 feierlich in Straßburg eröffnet wurden. Die Kommission verhandelt daher im Namen der EU insbesondere mit den Nicht-EU-Ländern des Europarats, unter anderem der Schweiz, Russland und der Türkei über die Beitrittsbedingungen.

Ein dem Lissabon-Vertrag beigefügtes Protokoll (Nr. 5) fordert diesbezüglich, dass der Beitritt die besondere Situation der Mitgliedstaaten in Bezug auf die Konvention, insbesondere ihre Vorbehalte und Notstandserklärungen unberührt lassen soll. Im künftigen Beitrittsvertrag der EU zur EMRK werden daher Einzelheiten über den Umfang der EU-Bindung, die prozessualen Voraussetzungen einer Individualbeschwerde gegen die EU (insbesondere die Rechtswegerschöpfung innerhalb der EU) sowie die institutionellen Auswirkungen auf den Europäischen Gerichtshof für Menschenrechte (von der EU ernannter Richter) zu klären sein. In diesem Rahmen wird es in Zukunft möglich sein, dass die Anwendung der EU-Grundrechtecharta einer ähnlichen externen Kontrolle unterworfen wird, wie sie derzeit in Bezug auf die nationalen Grundrechtsstandards existiert. Freilich ist davon auszugehen, dass die Einhaltung der modernen EU-Grundrechtecharta nur ausnahmsweise zu einer etwaigen Verurteilung der EU durch den Straßburger Menschenrechtsgerichtshof führen wird.

Frank Hoffmeister

Deutschland in der EU

Rechtsgrundlage: Art. 23, 28, 45, 88 Grundgesetz. Gesetz über die Ausweitung und Stärkung der Rechte des Bundestages und des Bundesrates in Angelegenheiten der Europäischen Union (Integrationsverantwortungsgesetz) vom 22.09.2009. Gesetz über die Zusammenarbeit von Bundesregierung und Deutschen Bundestag in Angelegenheiten der EU (EUZBLG) vom 22.09.2009. Gesetz über die Zusammenarbeit von Bund und Ländern in Angelegenheiten der EU vom 22.09.2009. Vereinbarung zwischen der Bundesregierung und den Regierungen der Länder vom 22.09.2009. Urteil des Bundesverfassungsgerichts vom 30.06.2009 (BVerfG 123, 267; Lissabon-Urteil).

Literatur: Janis A. Emmanouilidis/Almut Möller: General Perception of EU Integration. Accomodating a ‚New Germany', in: Where is Germany Heading?, Notre Europe, Paris, Juli 2010 • Martin Große Hüttmann: Die Koordination der deutschen Europapolitik, in: Aus Politik und Zeitgeschichte, 10/2007, S. 39-45 • Martin Große Hüttmann/Matthias Chardon: Bundesrepublik Deutschland, in: Werner Weidenfeld/Wolfgang Wessels (Hrsg.): Jahrbuch der Europäischen Integration, Bonn/Baden-Baden 2009, S. 337-344 • Gunther Hellmann: Deutschland in Europa. Eine symbiotische Beziehung, in: Aus Politik und Zeitgeschichte B-48/2002, S. 24-31 • Hanns W. Maull/Sebastian Harnisch/Constantin Grund (Hrsg.): Deutschland im Abseits? Rot-grüne Außenpolitik 1998-2003, Baden-Baden 2003 • Andreas Maurer: Germany: fragmented structures in a complex system, in: Wolfgang Wessels, Andreas Maurer und Jürgen Mittag: Fifteen into one? The Europan Union and its member states, Manchester 2003, S. 115-149 • Müller-Graff, Peter-Christian: Das Lissabon-Urteil. Implikationen für die Europapolitik, in: APuZ 18/2010, 3. Mai, S. 22-29.

Die Europapolitik ist seit der Gründung der Bundesrepublik ein Grundpfeiler deutscher Außenpolitik. Angesichts seiner zentralen politischen, wirtschaftlichen, geostrategischen und demographischen Lage besitzt das vereinte Deutschland ein vorrangiges Interesse an einer stabilen und funktionsfähigen Europäischen Union.

Die europäische Einigung hat sich in der Vergangenheit als der produktivste Rahmen zur Vertretung deutscher Interessen in Europa und in der Welt erwiesen. Aufgabe von staatlicher Souveränität durch Integration gehörte zur Maxime der deutschen Außenpolitik. Über die Europäische Union hat Deutschland maßgeblich am Aufbau der Integration und an der Wiedervereinigung des Kontinents mitwirken können. Insbesondere die Durchführung der institutionellen Restrukturierung und damit verbunden die Sicherung der europäischen Handlungsfähigkeit war ein zentrales Thema der deutschen Europapolitik im Zuge der Vor- und Nachbereitung der → Erweiterung der EU.

Die politische Gestaltungskraft Deutschlands und der EU stehen in einem engen Zusammenhang. Deutschland bedarf der europäischen Kooperation, um mit den sich stellenden globalen politischen, soziökonomischen und sicherheitspolitischen Chancen und Risiken umgehen zu können. Der Erfolg europäischer Politik ist damit auch eine entscheidende Voraussetzung für die Zukunftsfähigkeit Deutschlands. Andererseits ist jedoch auch die Bereitschaft Deutschlands, sich bei der Entwicklung und Umsetzung europäischer Politik einzubringen, eine Voraussetzung für die Wirksamkeit europäischen Handelns.

Politikformulierung und Regierungshandeln

Die Leitlinien der Europapolitik bestimmt der Bundeskanzler (Art. 65 Grundgesetz (GG)). Doch das Grundgesetz verteilt die politische Macht auch in Fragen der europäischen Integration auf die Bundesregierung mit den beteiligten Bundesministerien (horizontale Ebene) sowie auf eine abgestimmte Koordination zwischen Bund und Ländern (vertikale Ebene). Vor wichtigen europapolitischen Ereignissen erörtert das Bundeskabinett die Agenda. Die konkrete Ausgestaltung der Europapolitik wird von den zuständigen Bundesministerien wahrgenommen (Ressortautonomie), die sich untereinander abstimmen („Dienstags-Ausschuss"). Die zentrale Verbindung zu den Gremien der EU erfolgt über die Ständige Vertretung Deutschlands in Brüssel, die sich aus Beamten aller Fachministerien zusammensetzt.

Bis Anfang der 1990er Jahre nahmen vor allem das Bundesministerium für Wirtschaft und das Auswärtige Amt bei der Gesamtkoordination federführende Aufgaben wahr. Seit den 1990er Jahren stieg das Gewicht des Finanzministeriums bei der Koordinierung der Europapolitik. Unter der Schröder/Fischer-Regierung wurden dem Wirtschaftsministerium weitere Weisungs- und Koordinierungszuständigkeiten entzogen und die Rolle von Finanzministerium und Auswärtigem Amt aufgewertet. Mit der Umstrukturierung des Wirtschaftsministeriums durch die große Koalition unter Bundeskanzlerin Merkel erhielt das Wirtschaftsministerium seine Kompetenz vom Finanzministerium zurück. Durch den wachsenden Bedeutungsgewinn der Staats- und Regierungschefs in der erweiterten EU, der sich im → Vertrag von Lissabon durch die rechtliche und institutionelle Stärkung des → Europäischen Rates widerspiegelt, gewinnt das Bundeskanzleramt – das selbst über eine eigene Europaabteilung verfügt – zunehmend an Bedeutung. Insbesondere nach Amtsantritt der Regierung Merkel/Westerwelle im September 2009 setzte sich dieser Trend fort, und es kam es zu einer weiteren Machtverschiebung zugunsten des Bundeskanzleramts.

Rolle von Bundesrat und Bundestag

Im Zuge der Begründung der Europäischen Union durch den Vertrag von Maastricht kam es zu einer Reihe gravierender rechtlicher Veränderungen in der deutschen Europapolitik. Artikel 23 des Grundgesetzes postuliert die „Verwirklichung eines vereinten Europas" als Staatsziel und begründet klare Beteiligungsrechte von Bundestag und Bundesrat an den EU-Gesetzgebungsprozessen. Im Anschluss an den Vertrag von Lissabon und das dazugehörige Ingerationsverantwortungsgesetz wurden diese Rechte und Pflichten weiter gestärkt.

Das Grundgesetz räumt den Bundesländern in der Europapolitik Verfassungsrang für all jene Fälle ein, in denen ihre Rechtssetzungsprozesse betroffen sind. Sind von europäischen Rechtsakten Gesetzgebungsbefugnisse der Länder betroffen, verfügt der Bundesrat faktisch über ein Letztentscheidungsrecht in der Frage, welche Position der deutsche Vertreter im Rat der EU einnimmt. Darüber hinaus sind Änderungen des europäischen Primärrechts oder die Übertragung von Hoheitsrechten an die EU von Zwei-Drittel-Mehrheiten in Bundestag und Bundesrat abhängig.

Den Bundesländern ist es seit den 1990er Jahren gelungen, bei der innerstaatlichen Willensbildung in EU-Angelegenheiten eine deutliche Verschiebung der Gewichte zu ihren Gunsten durchzusetzen. Einzelheiten regelt das „Gesetz über die Zusammenarbeit von Bund und Ländern in Angelegenheiten der Europäischen Union (EUZBLG)" vom 12. März 1993 sowie die Bund-Länder-Vereinbarung vom 29. Oktober 1993. So ist die Bundesregierung seither verpflichtet, in den Fällen, die eine Einstimmigkeit bei Entscheidungen im → Rat der EU erfordern, Einvernehmen mit dem Bundesrat herzustellen. Der Statusgewinn der Bundesländer führte zu einer stärkeren Dezentralisierung des europolitischen Entscheidungssystems. Das Ergebnis ist eines der am stärksten dezentralisierten, langsamsten, gleichzeitig aber auch flexibelsten Systeme europapolitischer Entscheidungsfindung. Die Begleitgesetze zum Vertrag von Lissabon stärkten – auch in Reaktion auf das Urteil des BVerfG vom 30. Juni 2009 – die Länder noch weiter: Ihre Mitentscheidungsrechte wurden in den Bereichen Arbeitsrecht, Umweltrecht und Hausaltsfragen in der EU ausgeweitet. Eine besondere Rolle hierbei spielt das „Integrationsverantwortungsgesetz".

Durch die Revision des Grundgesetzes (Art. 23 und 45 GG) erhielt auch der Bundestag mehr Mitwirkungsmöglichkeiten. Der Bundestag muss umfassender und frühzeitiger als in der Vergangenheit über alle Vorhaben der EU informiert werden. Die Einrichtung des Ausschusses für Angelegenheiten der Europäischen Union (EU-Ausschuss) und eine Vereinbarung zwischen Bundesregierung und Bundestag über die Zusammenarbeit in Angelegenheiten der Europäischen Union hat die Mitwirkungsmöglichkeiten des Bundestags an europapolitischen Entscheidungsprozessen gestärkt. Das im Zuge der Ratifikation des Vertrages von Lissabon revidierte Gesetz über die Zusammenarbeit von Bundesregierung und Deutschem Bundestag in Angelegenheiten der Europäischen Union (EUZBBG) erweitert die Einbindung des Bundestags in die EU-Politik der Bundesregierung. Letztere hat vor Ratsbeschlüssen Einvernehmen mit dem Bundestag herzustellen, wobei das Parlament in zwei Fällen seine explizite Zustimmung geben muss: der Aufnahme von Verhandlungen mit potenziellen Beitrittsländern sowie von Verhandlungen, die auf die Änderung der vertraglichen Grundlagen der Union zielen.

Des Weiteren ermöglicht es der Vertrag von Lissabon den → nationalen Parlamenten, Einspruch gegen Gesetzesvorhaben der Kommission zu erheben, sollten diese gegen das Subsidiaritätsprinzip verstoßen. Der neue Absatz 23(1 a) GG ermöglicht Bundestag und Bundesrat darüber hinaus, Klage gegen EU-Gesetzgebungsakte beim → Gerichtshof der Europäischen Union zu erheben.

Die Urteile des Bundesverfassungsgerichts zu den Verträgen von Maastricht und Lissabon

Zwei Urteile des Bundesverfassungsgerichts (BVerfG) zur Beteiligung Deutschlands am europäischen Integrationsprozess sind von besonderer Bedeutung.

Am 12. Oktober 1993 wies das BVerfG eine Verfassungsbeschwerde hinsichtlich des Vertrags von Maastricht zurück. Das Urteil besagt Folgendes: Die EU bleibt ein „Staatenverbund" (kein Bundesstaat und kein Staatenbund), sie ist kein Staat, der sich auf ein europäisches Staatsvolk stützen kann. Jeder Mitgliedstaat bleibt insofern Herr der Verträge. Politische Legitimität, so das Verfassungsgericht, beziehen die europäischen Institutionen von den demokratisch gewählten nationalen Parlamenten. Ihnen müssen deshalb „Aufgaben und Befugnisse von substanziellem Gewicht verbleiben". Alle Ausweitungen der Handlungsvollmachten europäischer Institutionen stehen unter dem Vorbehalt, dass „wesentliche Änderungen des im Unionsvertrag angelegten Integrationsprogramms" verfassungsändernder Mehrheiten im Deutschen Bundestag bedürfen. Dem Bundesverfassungsgericht zufolge begründet der Unionsvertrag keine „Kompetenz-Kompetenz": Damit wurde auf die Begründungs- und Rechtfertigungspflicht der Exekutive gegenüber der Legislative hingewiesen, wenn Hoheitsrechte auf eine supranationale Ebene abgegeben werden sollen.

An diese Argumentation schloss das BVerfG auch in seinem Urteil vom 30. Juni 2009 über die Verfassungsmäßigkeit des Vertrags von Lissabon an. Das BVerfG wies darin eine Verfassungsklage gegen den Vertrag von Lissabon grundsätzlich zurück. Gleichzeitig stellte es jedoch fest, dass die Begleitgesetze, die dazu von Bundestag und Bundesrat im Frühjahr 2008 in großer Eile verabschiedet worden waren, den Anforderungen, die das BVerfG bereits in seinem Maastricht-Urteil an die parlamentarische Kontrolle über europäische Entscheidungen formuliert hatte, nicht entsprachen. Insbesondere kritisierte das BVerfG die unzureichende Einbindung und Mitwirkung von Bundestag und Bundesrat bei Entscheidungen im Zuge der vereinfachten Übertragung von neuen Aufgabenbereichen an die EU. In Reaktion auf das Lissabon-Urteil erarbeiteten und verabschiedeten Bundestag und Bundesrat nach intensiven Auseinandersetzungen innerhalb der Regierungskoalition das Integrationsverantwortungsgesetz, das die Beteiligung der beiden Kammern an europäischen Entscheidungsprozessen neu regelt.

In seinem Lissabon-Urteil setzten die Richter des BVerfG der Übertragung staatlicher Hoheitsrechte auf die europäische Ebene Grenzen. Die Richter kündigten an, in Zukunft darüber zu wachen, ob durch Entscheidungen auf europäischer Ebene der „unantastbare Kerngehalt der Verfassungsidentität des Grundgesetzes" respektiert wird, und benannten eine Reihe von Staatsaufgaben, bei denen die Selbstgestaltungsfähigkeit und damit die parlamentarische Kontrolle auf nationaler Ebene gewahrt bleiben müssten.

Der Vertrag von Lissabon aus deutscher Perspektive

Die Ergebnisse der Regierungskonferenz von Nizza im Dezember 2000 wurden in Deutschland als unzureichend bewertet, um die EU im Zuge der Osterweiterung und in einem sich wandelnden internationalen Kontext handlungsfähig zu halten. Deutschland war daher ein führender Verfechter der Konstitutionalisierung Europas im Rahmen des Europäischen Verfassungskonvents und bedauerte das Scheitern des europäischen Verfassungsvertrags in Folge des „Nein" der Franzosen und Niederländer im Mai/Juni 2005. Im Zuge der deutschen EU-Präsidentschaft im ersten Halbjahr 2007 versuchte die Bundesregierung die Reform des europäischen Primärrechts wieder in Gang zu setzen. Letztlich konnten dadurch die Neuerungen des Verfassungsvertrags gerettet und im Vertrag von Lissabon festgeschrieben werden.

Aus Sicht der deutschen Europapolitik sind die Lissabonner Reformen positiv zu bewerten. Zu den zentralen Errungenschaften zählen vor allem:

- die stärkere Personalisierung der EU durch die Schaffung eines Ständigen Präsidenten des Europäischen Rats und die Stärkung des → Hohen Vertreters für die Gemeinsame Außen- und Sicherheitspolitik (inklusive eines → Europäischen Auswärtigen Diensts),
- die zunehmende Parlamentarisierung der EU durch die Ausweitung der Mitentscheidungsrechte des Europäischen Parlaments und die direkte Einbindung der nationalen Parlamente in europäische Entscheidungsprozesse,
- die Ausweitung von qualifizierten Mehrheitsentscheidungen im Rat,
- die Rechtsverbindlichkeit der → Charta der Grundrechte,
- die Reform der verstärkten Zusammenarbeit (→ Flexibilisierung) und die Einführung neuer Differenzierungsinstrumente im Bereich der → Gemeinsamen Sicherheits- und Verteidigungspolitik und
- die Möglichkeit, die → Entscheidungsverfahren im Rat sowie die Mitentscheidungsrechte des Europäischen Parlaments auch ohne eine komplizierte Regierungskonferenz zu optimieren (Passerelle-Klausel).

Die signifikanteste Neuerung aus deutscher Perspektive ist die Einführung des Abstimmungsverfahrens der doppelten Mehrheit im → Rat der EU (Staaten und Bevölkerung). Zum einen fördert das neue Abstimmungsverfahren die Bildung konstruktiver Mehrheiten und verringert die Zahl potenzieller Sperrminoritäten in einer EU mit 27 und mehr Mitgliedstaaten. Damit werden die Entscheidungs- und Handlungsfähigkeit einer erweiterten Union maßgeblich gestärkt. Zum andern begünstigt die Einführung der doppelten Mehrheit die bevölkerungsreichsten Mitgliedstaaten. Im Ergebnis erfährt vor allem Deutschland relativ betrachtet den größten Machtzuwachs im Rat.

Aus deutscher Sicht negativ zu bewerten sind vor allem:

- die Komplexität und Unlesbarkeit des neuen Primärrechts,
- die Beibehaltung des Einstimmigkeitsprinzips in Bereichen wie der Gemeinsamen Außen- und Sicherheitspolitik oder der Steuerpolitik,
- die unzureichende Trennung zwischen den exekutiven und legislativen Funktionen des Rats,
- die mangelnde Vorsitzkontinuität in den meisten Ratsformationen,

- die fehlende Direktwahl des Kommissionspräsidenten durch das Europäische Parlament sowie
- die unzureichende Kompetenzordnung zwischen der EU und den Mitgliedstaaten.

Als Zugeständnis an Irland beschloss der Europäische Rat zudem die Verkleinerung des Kommissionskollegiums, die der Vertrag von Lissabon ab 2014 vorgesehen hatte, nicht in Kraft treten zu lassen.

In Abwägung der Vor- und Nachteile lag das In-Kraft-Treten des Vertrags von Lissabon im Interesse Deutschlands. Entscheidend bei der Ratifizierung in Deutschland waren die hohen Ansprüche an die Mitwirkungsrechte von Bundesrat und Bundestag, die im BVerfG-Urteil vom Juni 2009 formuliert und in den Begleitgesetzen umgesetzt wurden.

Kontinuität im Wandel

Seit der Wiedervereinigung 1989/1990 und dem Ende des Ost-West-Konflikts hat sich in der deutschen Europapolitik ein kontinuierlicher Wandel vollzogen. Die wieder gewonnene Souveränität, die gewachsene internationale Verantwortung Deutschlands und die Präsenz Europas in einer zunehmenden Anzahl von Politikfeldern haben zu einer Neujustierung deutscher Europapolitik geführt. Vor diesem Hintergrund ist eine stärkere Politisierung der nationalen Debatten über Europapolitik zu konstatieren. Dabei treten auch parteipolitische Differenzen über die Zukunft Europas vermehrt zu Tage. Im Zuge einer „Entmythologisierung" Europas in der Bevölkerung, den Medien und den Eliten wird die deutsche EU-Politik zunehmend von einer pragmatischen Interessenvertretung bestimmt und ist nicht länger geprägt von einem uneingeschränkten und bedingungslosen Integrationsbekenntnis.

Auch wenn die historische Bedeutung der europäischen Einigung für Deutschland nach den Erfahrungen des Nationalsozialismus präsent ist und das Ziel einer kontinuierlichen Integrationsvertiefung weiterhin besteht, rückt das Bewusstsein für die Behauptung deutscher Interessen zunehmend in den Vordergrund. Indikatoren hierfür sind die Forderungen nach einer stärkeren Berücksichtigung deutscher industriepolitischer Interessen und einer Reduktion der finanziellen Nettobelastung Deutschlands sowie die Vehemenz mit der Deutschland die Einführung des Abstimmungsverfahrens der doppelten Mehrheit durchgesetzt hat.

Auf dem Weg zu einer „neuen Normalität" hat sich Deutschland nach der Ära Kohl immer mehr von seiner traditionellen Mediatorrolle entfernt. Im Zuge der Kanzlerschaften Schröders und Merkels wurde und wird die Bundesrepublik in vielen EU-Partnerstaaten mitunter zunehmend weniger als Anwalt eines übergeordneten europäischen Gesamtinteresses wahrgenommen. Diese Perzeption wurde insbesondere durch Deutschlands vermeintlich zögerliche Positionierung bei der Entwicklung eines gesamteuropäischen Ansatzes zur Handhabe der Auswirkungen der internationalen Finanz- und Wirtschaftskrise auf Europa verstärkt. Die Auswirkungen dieser Krise sind in Europa noch längst nicht bewältigt und fordern genauso wie die zunehmenden Größe, Heterogenität und Komplexität der EU-27+ die Bereitschaft zum Engagement und zur Übernahme europapolitischer Verantwortung durch die Berliner Republik. Andernfalls droht Deutschland trotz der wieder gewonnenen Souveränität und Größe nach der Wiedervereinigung letztlich an Gestaltungskraft und Einfluss innerhalb und außerhalb eines geschwächten Europas zu verlieren.

Michael Bauer / Janis A. Emmanouilidis

Energiepolitik

Vertragsgrundlage: Art. 4, 122, 170-172, 191, 194 AEUV.

Ziele: Funktionieren des Energiebinnenmarkts; Umweltverträglichkeit der Energieversorgung; Gewährleistung der Versorgungssicherheit.

Instrumente: Richtlinien (z.B. über die Förderung erneuerbarer Energien) und Verordnungen (z.B. über die Netzzugangsbedingungen für den grenzüberschreitenden Stromhandel).

Dokument: Europäischer Rat (Brüssel): Schlussfolgerungen des Vorsitzes, 8./9. März 2007, Anlage 1: Europäischer Aktionsplan (2007-2009) – Eine Energiepolitik für Europa, S. 13-23 • Europäische Kommission: Zweite Überprüfung der Energiestrategie (Second Strategic Energy Review), Brüssel, 13.11.2008.

Literatur: Oliver Geden/Severin Fischer: Die Energie- und Klimapolitik der Europäischen Union. Bestandaufnahme und Perspektiven, Baden-Baden 2008 • Florian Baumann/ Kristina Notz: Energiepolitik, in: Werner Weidenfeld/Wolfgang Wessels (Hrsg.): Jahrbuch der Europäischen Integration, Baden-Baden 2009ff.

Internet: EU-Kommission: http://ec.europa.eu/energy/index_en.htm • „EU Energy Policy Monitoring" des Instituts für Europäische Politik: http://energy.iep-berlin.de/php/index.php

Obwohl zwei der drei Gründungsverträge – der Vertrag über die Europäische Gemeinschaft für Kohle und Stahl sowie der Euratom-Vertrag – Fragen der Energieversorgung behandelten, vollziehen sich in der europäischen Energiepolitik erst in der jüngeren Vergangenheit tiefgreifendere Integrationsfortschritte. Beide Verträge zielten auf die ausreichende, gemeinschaftliche Versorgung mit Brennstoffen als Grundlage für die Versorgungssicherheit in Europa ab. Die Atomgemeinschaft ist darüber hinaus bis heute für die Überwachung des Brennstoffkreislaufes, gemeinsame Sicherheitsstandards sowie kollektive Forschungsprogramme verantwortlich. Der EGKS-Vertrag lief im Jahr 2002 aus.

Eine europäische Energiepolitik im engeren Sinne ist erst seit Ende der 1980er Jahre zu erkennen, als die Kommission – damals noch auf Umwegen über die Rechtsgrundlagen für den → Binnenmarkt, die Umweltpolitik oder die Wettbewerbsbestimmungen – einerseits die Liberalisierung der Strom- und Gasmärkte anstieß und sich andererseits verstärkt dem Thema Umweltschutz zuwandte. Mit dem Aktionsplan „Eine Energiepolitik für Europa" vom März 2007 und dem Energie-Kapitel im Vertrag von Lissabon steht die Energiepolitik heute auf einer eigenständigen Rechtsgrundlage. Damit wurden aber nicht nur die Gemeinschaftskompetenzen im Energiebereich gestärkt, sondern auch die Souveränität der Mitgliedstaaten über die Zusammensetzung des Energiemixes und der Nutzung heimischer Ressourcen festgeschrieben.

Strom- und Erdgasbinnenmarkt

Seit Beginn der 1990er Jahre befindet sich die Verwirklichung eines Binnenmarkts für die leitungsgebundenen Energieträger Strom und Erdgas auf der energiepolitischen Agenda der EU. Mit der Verabschiedung des „Dritten Energiebinnenmarktpakets" im Juni 2009 wurde der vorläufig letzte Schritt in einer Reihe von Gesetzgebungsinitiativen vollzogen. Neben dem diskriminierungsfreien Netzzugang für neue Marktteilnehmer, steht eine bessere Regulierung und eine Verknüpfung der Energiemärkte im Mittelpunkt des Binnenmarktprojekts. Durch die Gründung einer Agentur für die Zusammenarbeit der nationalen Regulierungsbehörden im Rahmen des Legislativpaketes wurde möglicherweise der erste institutionelle Schritt auf dem Weg hin zu einer europäischen Regulierungsbehörde vollzogen.

Versorgungssicherheit

Die Gewährleistung einer konstanten und sicheren Versorgung mit Energie gehört zu den Kernanforderungen an die Energiepolitik im nationalen und zunehmend auch im europäischen Kontext. In Folge der ersten Ölkrise in den 1970er Jahren wurden erstmals gemeinschaftliche Regelungen zur Vorkehrung vor Lieferunterbrechungen und zur Krisenreaktion bei Versorgungsengpässen getroffen. Dennoch standen nationalstaatliche Souveränitätserwägungen europäischen Problemlösungen bislang oft im Wege. Seit der EU-Osterweiterung im Jahr 2004 und der zunehmenden Abhängigkeit der Europäischen Union von Importen in den versorgungssicherheitspolitisch sensiblen Bereichen Erdgas und Erdöl, finden sich immer häufiger Initiativen zur Verbesserung der Energiesicherheit auf der Tagesordnung der EU-Institutionen. Durch die Beschlüsse des Europäischen Rates vom März 2007 und die Aufnahme des Begriffs der „Energiesolidarität" in den Lissabonner Vertrag, hat Versorgungssicherheit an politischer Bedeutung hinzugewonnen. In der praktischen Umsetzung ergänzen sich interne Maßnahmen (Interkonnektion der Energienetze, Steigerung der Energieeffizienz, erneuerbare Energien und Vorratsspeicherung) und externe Maßnahmen, so etwa bei der Kooperation mit außereuropäischen Energielieferanten.

Erneuerbare Energien

Eine große Rolle in der EU-Energiepolitik spielt die Erhöhung des Anteils erneuerbarer Energieträger am Energiemix. So wurde 2007 das quantitative Ziel formuliert, bis 2020 den Anteil von 20 % regenerativer Energie am Endenergieverbrauch zu erreichen. Erneuerbare Energien werden in diesem Kontext sowohl als Beitrag zum Klimaschutz wie auch als Instrument der Versorgungssicherheit und künftiger Wettbewerbsfähigkeit Europas gesehen. Das EU-weite Gesamtziel wurde im Rahmen einer Richtlinie in spezifische nationale Ziele für jeden Mitgliedstaat aufgeschlüsselt. Die Spannweite reicht dabei von 10 % (Malta) bis 49 % (Schweden). Die Erfüllung der jeweiligen Zielvorgaben bleibt den Mitgliedstaaten überlassen, denen dafür eine breite Palette an Politikinstrumenten wie Einspeisetarife oder Quotensystemen und unterschiedlichen Anwendungsbereichen, so etwa durch Biokraftstoffe im Verkehr oder Windenergie bei der Stromerzeugung, zur Verfügung steht. Neu ist dabei die Rechtsverbindlichkeit der Zielsetzung und die Ausweitung des Anwendungsbereichs über die Stromerzeugung hinaus, auf den Wärme- und Verkehrssektor.

Energieeffizienz

Die Steigerung der Energieeffizienz gehört zu einem der Kernelemente europäischer Energiepolitik und hat in den vergangenen Jahren einen erheblichen Bedeutungszuwachs erfahren. Grund für die sich verändernde Prioritätensetzung ist die gleichzeitige Erreichbarkeit von drei energiepolitischen Kernforderungen: Erhöhung der Energiesicherheit durch geringeren Verbrauch, Verbesserung der Umweltverträglichkeit durch weniger Emissionen und Steigerung der Kosteneffizienz. Das Europäische Emissionshandelssystem stellt im Bereich der Energieeffizienz das wichtigste Anreizinstrument dar. Darüber hinaus hat die EU ordnungsrechtliche Maßnahmen ergriffen, um Energieeffizienzsteigerungen auch außerhalb der Industrie zu erzielen. So gelten seit geraumer Zeit Emissionsobergrenzen für PKW, Verbrauchsgrenzen bei Neubauten im Gebäudesektor oder Energieverbrauchskennzeichnungen auf Produkte, die Kunden über die Effizienz einzelner Geräte aufklären und damit zu einem bewussten Verhalten der Bürgerinnen und Bürger anregen sollen.

Energietechnologien

Da fossile Energieträger nach der zweiten Ölkrise für mehrere Jahrzehnte relativ günstig war, wurden die Investitionen in die Erforschung neuer Energietechnologien merklich zurückgefahren. Um diesem Bereich eine neue Dynamik zu verleihen hat die Kommission im November 2007 einen Strategieplan für Energietechnologien (SET-Plan) vorgelegt, der im Jahr 2009 ergänzt wurde. Neben Maßnahmen zur intelligenteren Nutzung von Energie und zum Ausbau der erneuerbaren Energien finden sich dort auch Vorschläge zur Abscheidung und Speicherung von Kohlenstoffdioxid (Carbon Capture and Storage, CCS) und zur Zukunft der Kernenergie. Erste Fortschritte wurden bereits bei der Errichtung von CCS-Pilotanlagen und großen Offshore-Windprojekten erzielt. Weitere Vorhaben werden künftig zum Teil mit dem EU-Konjunkturpaket und der Förderung durch Erlöse aus dem Emissionshandel finanziert.

Europäische Energienetze

Die Verknüpfung der nationalen Netzsysteme im Energiebereich stellt die physikalische Voraussetzung für die Entwicklung einer erfolgreichen gemeinsamen europäischen Energiepolitik dar. Über das Programm „Transeuropäische Netze Energie" (TEN-E) werden politische Prioritäten beim Netzausbau festgelegt, die schließlich mit einer finanziellen Förderung aus dem EU-Haushalt unterstützt werden. Gerade seit der EU-Osterweiterung ist die Auflösung von Energieinseln (etwa die baltischen Staaten) zur großen Herausforderung für das Infrastrukturinstrument geworden. Mit der Verabschiedung des „Dritten Binnenmarktpakets" wurde erstmals die Vorlage von Zehn-Jahres-Investitionsplänen durch die europäischen Netzbetreiber obligatorisch. Die Europäische Kommission hat angekündigt, weitere Maßnahmen einzuleiten, um die gesamteuropäische Netzstruktur zu verbessern und an die Herausforderung einer sich verändernden Energieversorgungsstruktur anzupassen.

Internationale Energiepolitik

Die europäische Energiepolitik beinhaltet aber auch eine außenpolitische Dimension. Dafür entwickelt die EU eine wachsende Zahl von Foren und Kooperationen mit dem Ziel Nachhaltigkeit, Wettbewerb und Versorgungssicherheit außerhalb der eigenen Grenzen zu fördern. Die Gipfeltreffen zwischen der EU und ihren Partnerstaaten bzw. -regionen wie Russland, Zentralasien oder den OPEC-Staaten, sind daher geprägt von Absichterklärungen zu gemeinsamen Initiativen im Bereich erneuerbare Energien, Energieeffizienz oder zur Stärkung marktwirtschaftlicher Strukturen im Energiehandel. Substanzielle Erfolge konnten allerdings bislang kaum verzeichnet werden. Ähnliches gilt für die Diversifizierung der Energieimporte, wo das Vorzeigeprojekt der „Nabucco"-Erdgaspipeline zwar Fortschritte erzielt, verbindliche Verträge über die Erdgaslieferungen aber noch ausstehen. Erfolgreicher ist die EU hingegen im Rahmen der Nachbarschaftspolitik sowie der Energiegemeinschaft Südosteuropa die eine sukzessive Ausweitung des EU-Rechtsbestandes, ebenso, wie gemeinsame Leuchtturmprojekte vorsehen.

Ausblick

Kaum ein anderes Politikfeld hat in den vergangenen Jahren eine ähnliche Dynamik erfahren, wie die Energiepolitik. Mit einer neuen Vertragsgrundlage im → Vertrag von Lissabon sind auch die rechtlichen Hindernisse beseitigt worden, die der Entwicklung einer europäischen Energiepolitik bislang entgegenstanden. Dennoch wird der Erfolg eines europäischen Vorgehens wesentlich von der Erreichung der im Jahr 2007 formulierten Ziele und der Formulierung gemeinsamer Prioritäten durch die Mitgliedstaaten abhängen.

Florian Baumann / Severin Fischer

Entscheidungsverfahren

Vertragsgrundlage: Art. 3-4, 13-19 EUV. Art. 288-299, 304, 307, 311-314 AEUV (Allgemeine Grundlagen); Art. 23-41 EUV (GASP); Art. 42-45 (GSVP); Art. 67-76 AEUV (Raum der Freiheit, Sicherheit und des Rechts); Art. 20 EUV, Art. 82, 83, 86, 87 AEUV, Art. 326-334

AEUV (verstärkte Zusammenarbeit); Art. 42, 46 EUV (ständig strukturierte Zusammenarbeit).

Vertragsänderung: Art. 48 EUV. **Beitrittsverfahren:** Art. 49 EUV.

Literatur: Michael Dougan: The Treaty of Lisbon 2007: Winning minds, not hearts, in: CMLRev. 2008, S. 617ff. • Klemens H. Fischer: Der Vertrag von Lissabon. Text und Kommentar zum Europäischen Reformvertrag, Baden-Baden 2010 • Andreas Hofmann/Wolfgang Wessels: Der Vertrag von Lissabon – eine tragfähige und abschließende Antwort auf konstitutionelle Grundfragen?, in: integration, 1/2008, S. 3-20 • Stephan Hobe: Europarecht, Köln 2010 • Rudolf Streinz/Christoph Ohler/Christoph Hermann: Der Vertrag von Lissabon zur Reform der EU. Einführung mit Synopse, Köln 2010.

Die Europäische Union wird für das politische, wirtschaftliche und soziale Leben Europas immer bedeutsamer: Auf einer wachsenden Breite staatlicher Aktivitätsfelder treffen die Institutionen dieses einzigartigen Systems verbindliche Entscheidungen für die Unionsbürger und die Mitgliedstaaten. Wie der Katalog an Zuständigkeiten (Art. 2-6 AEUV) ausweist, haben die Mitgliedstaaten der Union auf fast allen Gebieten öffentlicher Politik Aufgaben an die EU-Ebene übertragen. Die Beschlüsse betreffen längst nicht mehr nur die Agrarpolitik oder den Binnenmarkt, sondern inzwischen neben der Umwelt- und Sozialpolitik auch Schlüsselinstrumente der Wirtschafts- und Währungspolitik, wesentliche Angelegenheiten der Außen- und Sicherheitspolitik sowie Kernthemen der Innen- und Justizpolitik. Angesichts dieser Bedeutung erfordern die Entscheidungsverfahren innerhalb wie zwischen den Organen der EU besondere Aufmerksamkeit. Ausgehend von den jeweilig relevanten Vertragstexten ist auf die reale Nutzung der rechtlichen Angebote in der institutionellen Architektur knapp einzugehen.

Der am 1. Dezember 2009 in Kraft getretene → Vertrag von Lissabon dokumentiert den Willen der Mitgliedstaaten, die Verfahren, nach denen die Organe der EU rechtswirksame Beschlüsse fassen, sowohl teilweise zu bestätigen und zu ergänzen als auch begrenzt zu reformieren.

Vielfalt und Komplexität der Verfahren

Bei wachsender Bedeutung der EU ist jedoch auch im Vertrag von Lissabon eine Vielfalt und Komplexität an Verfahren zu beobachten. Die Regeln zur Vorbereitung, Herstellung, Durchführung und Kontrolle von Entscheidungen variieren zwischen sowie innerhalb einzelner Politikbereiche. In intergouvernemental strukturierten Politikfeldern, wie z.B. der Gemeinsamen Außen- und Sicherheitspolitik (GASP), trifft der Rat Entscheidungen vorwiegend einstimmig ohne die Beteiligung des Europäischen Parlaments (EP). Dagegen schreiben supranationale Politikbereiche ausgehend vom Initiativmonopol der → Europäischen Kommission dem → Europäischen Parlament und dem → Rat Schlüsselrollen in einem ‚legislativen Zweikammersystem' zu und gewähren dem → Gerichtshof der Europäischen Union eine Kontrollfunktion. Zählt man vereinfacht die Verfahren, nach denen Rat und EP gemeinsam Entscheidungen treffen, so ergeben sich 12 Kombinationsmöglichkeiten.

Abbildung 1: Verfahren – Beschlussfassungsregeln Rat / Europäisches Parlament (gemäß Vertrag von Lissabon)

EP \ Rat	Einstimmig-keit	QMV[1]	Einfache Mehrheit	*Summe*
Keine Beteiligung	34	48	4	**86**
Unterrichtung	4	12	0	**16**
Anhörung	31	21	2	**54**
Zustimmung	14	5	1	20
Ordentliches Gesetzgebungsverfahren	0	80	0	**80**
Summe	**83**	**166**	**7**	**256**

1 Qualifizierte Mehrheitsentscheidung.
Quelle: Lehrstuhl Wessels, eigene Berechnungen 2008.

Vorschriften für zentrale Politikfelder

Zur Übersicht sind zunächst die jeweiligen Formen des Regierens in einzelnen Aktivitätsfeldern der EU zu erwähnen, so wie sie Art. 3 EUV des Vertrags von Lissabon auflistet:

■ Raum der Freiheit, der Sicherheit und des Rechts: Dieser Politikbereich wurde durch den Lissabonner Vertrag dem Regelwerk des „ordentlichen Gesetzgebungsverfahrens" unterworfen. Aufgrund der nationalen Sensibilität dieses Politikbereichs wurden jedoch so genannte Notbremsen und Differenzierungsmöglichkeiten eingebaut (Art. 82- 83 und Art. 86-87 AEUV).

■ Binnenmarkt: Die Rechtsakte für diese Kernaufgabe der EG werden nach dem supranational ausgelegten ordentlichen Gesetzgebungsverfahren (Art. 294 AEUV) verabschiedet.

■ Geld- und Währungspolitik: Die Entscheidungen für die 16 Mitgliedstaaten der Eurozone werden verbindlich durch den Rat der → Europäischen Zentralbank (EZB) getroffen (Art. 127-133 AEUV).

■ Wirtschaftspolitik: Die Mitgliedstaaten koordinieren ihre Wirtschaftspolitik als eine Angelegenheit von gemeinsamem Interesse (Art. 120-125 AEUV). Die Mitgliedstaaten der Eurozone sprechen sich bereits intensiver im Rahmen einer informellen Euro Gruppe ab, die im Vorfeld der Treffen des Rats für Wirtschaft und Finanzen zu tagen pflegt. Der Vertrag von Lissabon gibt diesem informellen Gremium nun seine rechtliche Grundlage (Protokoll Nr. 14).

■ Fiskalpolitik der Mitgliedstaaten: Diese spezifische Form der ,harten Koordinierung' legt bei Überschreitung der Schwellenwerte für Haushaltsdefizite Sanktionsmechanismen in Form von Geldstrafen gegen ,Sünderstaaten' fest (Art. 126 AEUV). Der Lissabonner Vertrag sieht eine verstärkte Koordination der Mitgliedstaaten der Eurozone in der Wirtschafts- und Haushaltspolitik vor (Art. 136-138 AEUV).

■ Auswärtiges Handeln: Die Außenhandelspolitik erfolgt wesentlich durch das Tandem Kommission/Rat (Art. 207 AEUV) mit einer zunehmenden Beteiligung des EP. In spezifischen Fällen – so bei Assoziierungsabkommen (Art. 217 AEUV) – muss das EP seine Zustimmung mit absoluter Mehrheit seiner Stimmen abgeben (Art. 218 AEUV). Die GASP sowie die Gemeinsame Sicherheits- und Verteidigungspolitik (GSVP) bleiben auch im Lissabonner Vertrag intergouvernemental strukturiert (siehe insbesondere Art. 31 EUV).

■ In einigen Politikfeldern wie der Beschäftigungspolitik werden Formen ,weicher Koordinierung' angewendet (Art. 5 AEUV). Hierbei dienen Maßnahmen des ,naming, shaming, blaming' solcher Regierungen, die das gemeinsame Ziel verfehlen, als Hilfsmittel des ,sanften Regierens'. Diese sind der Offenen Methode der Koordinierung entlehnt. Die Gesundheits- und Bildungspolitik der Mitgliedstaaten sind Gegenstand von unterstützenden, koordinierenden und ergänzenden Maßnahmen seitens der EU (Art. 6 AEUV).

Interne Beschlussfassungsregeln zentraler Organe

Regeln für die interne Beschlussfassung einzelner Organe weisen eine erhebliche Variationsbreite auf:

Das → Europäische Parlament beschließt nach dem Regelwerk des Vertrags von Lissabon:

- im Regelfall mit der Mehrheit der abgegebenen Stimmen (Art. 231 AEUV)
- mit einem Viertel seiner Mitglieder (z.B. Einsetzung eines nichtständischen Untersuchungsausschusses durch das EP (Art. 226 AEUV))
- mit (absoluter) Mehrheit seiner Mitglieder (in bestimmten Fällen so beim Beitrittsverfahren (Art. 49 EUV) oder 2. Lesung des ordentlichen Gesetzgebungsverfahrens (Art. 294 AEUV))
- mit 2/3-Mehrheit der anwesenden und Mehrheit seiner Mitglieder (Misstrauensantrag gegen die Kommission (Art. 234 AEUV)).

Die → Europäische Kommission, der → Gerichtshof der Europäischen Union, der → Europäische Rechnungshof sowie der → Wirtschafts- und Sozialausschuss (WSA) und der → Ausschuss der Regionen (AdR) können jeweils mit der einfachen Mehrheit der Mitglieder Beschlüsse fassen.

Der → Europäische Rat beschließt im Konsens – bis auf Ausnahmen hinsichtlich Personalentscheidungen, bei denen der Europäische Rat mit qualifizierter Mehrheit (QMV) entscheidet (z.B. Wahl des Präsidenten (Art. 15(5) EUV); Vorschlag für den Präsidenten der Kommission (Art. 17(7) EUV); Wahl des Präsidenten und Vizepräsidenten der EZB (Art. 11(2) Satzung der Zentralbanken und der EZB)).

Eine besondere Bedeutung nehmen die Abstimmungsregeln im → Rat der EU ein. Der Lissabonner Vertrag hat hier grundlegende Änderungen vorgenommen. Der Rat fasst nun seine Beschlüsse je nach rechtlicher Regelung:

- im Regelfall mit qualifizierter Mehrheit (Art. 16(3) EUV)
- mit (einfacher) Mehrheit seiner Mitglieder (Art. 238(1) AEUV)
- einstimmig (z.B. Art. 31(1) EUV, Art. 113 AEUV)
- einstimmig in Verbindung mit Ratifikation durch die Mitgliedstaaten gemäß ihren verfassungsrechtlichen Vorschriften (z.B. Art. 49 EUV).

Neben der Ausdehnung der Anwendung der QMV im Rat als Regelfall (Art. 16(3) EUV) regelt der Vertrag von Lissabon die Modalitäten als Ergebnis langer Verhandlungen neu (Art. 16(4) EUV).

Abbildung 2: Bedingungen für qualifizierte Mehrheitsentscheidungen

	Regeln Des Vertrags von Nizza	Regeln des Vertrags von Lissabon
Rechtliche Grundlage	Art. 205 EGV, Art. 3 des Protokolls über die Erweiterung der Europäischen Union und Art. 12 der Beitrittsakte	Art. 16 Abs. 4 EUV
Vorschlagsrecht[1)]	Kommission	Kommission od. Hoher Vertreter der Union für Außen- und Sicherheitspolitik
Zahl der Mitgliedstaaten[2)]	Mehrheit der Mitglieder (14 MS)	Mindestens 55% der MS (min. 15 MS)
Anzahl / Anteil der gewogenen Stimmen[3)]	255 / 74% von 345	--
Anteil an der Bevölkerung der Union	Auf Antrag eines Mitgliedes Mindestens 62%	Mindestens 65%
Sperrminorität	--	Mindestens 4 Mitglieder

[1)] Die Regeln für die wenigen Mehrheitsbeschlüsse, die nicht auf Vorschlag der Kommission und/oder des Hohen Vertreters der Union für Außen- und Sicherheitspolitik getroffen werden, variieren leicht. Die Schwellenwerte liegen allgemein etwas höher (vgl. Art. 205 EGV bzw. Art. 283(2) EUV).
[2)] Die nominale Zahl ist auf Grundlage der aktuellen 27 Mitgliedstaaten berechnet.
[3)] Das Prinzip der gewogenen Stimmen teilt jedem Mitgliedstaat eine bestimmte Anzahl von Stimmen zu, die die Größe des Staates repräsentieren soll. Die Verteilung verläuft degressiv proportional von 29 (z.B. D und F) bis 3 (Malta) Stimmen.

Quelle: Eigene Zusammenstellung

Der Vertrag von Lissabon verabschiedet sich vom Prinzip der gewogenen Stimmen im Rat und gelangt somit zu dem vereinfachten System einer ‚doppelten Mehrheit'. Im Vergleich zu den drei Bedingungen, die der Vertrag von Nizza für die QMV definierte, lassen die überarbeiteten Lissabonner Regeln eine Effizienzsteigerung in der Handlungsfähigkeit des Rats erwarten. Trotz dieser Vereinfachungen gibt es auch weiterhin besondere Regeln für Beschlüsse, die nicht auf Vorschlag der Kommission oder des Hohen Vertreters der Union für Außen- und Sicherheitspolitik getroffen werden (Art. 238(2) AEUV).

Darüber hinaus greifen die neuen Regeln erst ab dem 1. November 2014 und diverse Übergangsregeln sind definiert (Art. 3(3) Protokoll Nr. 36). Zum Schutz nationaler Interessen schreibt Erklärung 7 zur Anwendung des Artikels 16(4) EUV die so genannte Ioannina-Klausel fest. Demnach können Mitglieder des Rats die Annahme eines Rechtsakts durch den Rat mit QMV aufschieben und eine erneute Erörterung durch den Rat beantragen. Für ein solches suspensives Veto werden

- bis zum 31. März 2017 mindestens 75 %
- ab dem 1. April 2017 mindestens 55 %
- der Bevölkerung oder der Anzahl der Mitgliedstaaten, die für eine Bildung der Sperrminorität erforderlich sind, benötigt.

Anhand der monatlichen Aufstellung der Rechtsakte des Rats kann eine generelle Akzeptanz von Mehrheitsentscheidungen im Rat der EU festgestellt werden: jährlich werden zwischen 11 % und 20 % (knapp 17 % in 2009) aller möglichen QMV-Entscheidungen tatsächlich mit qualifizierter Mehrheit beschlossen.

Verfahren zwischen den Organen

Neben den internen Beschlussfassungsregeln jeder Institution sind insbesondere die Vertragsregeln zu erklären, nach denen Organe gemeinsam Entscheidungen treffen und damit für die Mitgliedstaaten und die Unionsbürger verbindliches Recht setzen. Neben den offiziellen Vertragsregeln ist hier auf die interinstitutionellen Vereinbarungen zwischen Europäischem Parlament, Rat und Kommission hinzuweisen (Art. 295 AEUV). Diese regeln Einzelheiten der Zusammenarbeit der drei Organe und entfalten im Rahmen des Vertrags einen politisch verbindlichen Charakter. Ein besonders interessanter Fall ist die revidierte Rahmenvereinbarung zwischen EP und Rat für die Wahlperiode der Kommission 2010-2014, die dem EP u.a. ein eingeschränktes Initiativrecht zuschreibt.

Eine Typologie für die Vorbereitung, Verabschiedung, Durchführung und Kontrolle von Rechtsakten kann einige Grundformen von Verfahren aus dem Vertrag aufgreifen, die von der Form und der Stärke der Beteilungsrechte des EP ausgehen.

- Das *einfache Verfahren*, d.h. die Entscheidung des Rats ohne Beteiligung des EP, spielt in der Praxis, z.B. bei der Festsetzung des gemeinsamen Zolltarifs (Art. 31 AEUV), eine weiterhin beträchtliche Rolle. De facto unterrichtet der Rat das Parlament jedoch im Regelfall informell.
- Die *Unterrichtung des EP* ist formal in einer geringen Zahl von Fällen, in denen der Rat das EP lediglich zu informieren hat, vorgesehen. Diese „schwache" Beteiligungsform ist insbesondere im Bereich der GASP (Art. 36 EUV), aber auch in supranationalen Politiken, z.B. bei der Koordinierung nationaler Wirtschaftspolitiken (Art. 121 AEUV), zu finden.
- Das *Anhörungsverfahren* stellt die Ausgangsform der Einbeziehung des EP in die EU-Gesetzgebung dar. Zu unterscheiden ist zwischen der obligatorischen Anhörung, die in den meisten Bereichen des AEUV zwingend vor-

geschrieben ist, und der fakultativen Anhörung, in der der Rat auch in nicht vorgeschriebenen Fällen die Stellungnahmen des EP zur Kenntnis nimmt. Der Rat ist bei seinen Beschlüssen nicht an die Entschließungen und Änderungsvorschläge des EP gebunden, muss aber mit seiner Entscheidung bis zum Abschluss des Anhörungsverfahrens warten.

■ Bei einigen systemrelevanten Rechtsakten der EU findet das *Verfahren der Zustimmung* Anwendung. Das EP hat dabei der jeweiligen Vorlage mit der einfachen Mehrheit der abgegebenen Stimmen (z.B. Errichtung der Strukturfonds (Art. 177 AEUV)) oder mit der (absoluten) Mehrheit seiner Mitglieder (so bei Beitritten zur EU (Art. 49 EUV)) zuzustimmen. Lehnt das Parlament die Entwürfe dieser Rechtsakte ab, gelten diese als gescheitert. Somit wird dem EP durch dieses Verfahren eine Vetoposition zuteil.

■ Im *ordentlichen Gesetzgebungsverfahren* (ersetzt den Begriff des Mitentscheidungsverfahrens; Art. 294 AEUV) ist das EP gleichberechtigtes Organ der Entscheidungsfindung. Im Vertrag von Lissabon ist das ordentliche Gesetzgebungsverfahren zum Regelfall für die Verabschiedung von Rechtsakten geworden. Die entsprechenden Vertragsartikel haben sich im Vergleich zum Vertrag von Nizza fast verdoppelt.

Das ordentliche Gesetzgebungsverfahren sieht gemäß Art. 294 AEUV einen Ablauf mit drei Lesungen vor (siehe das Schaubild zum *Ordentlichen Gesetzgebungsverfahren*). Das *Initiativmonopol* liegt generell bei der Kommission, die für ihre Vorschläge auf vielfältige Anregungen zurückgreift. Nach Art. 225 bzw. 241 AEUV können das EP bzw. der Rat die Kommission zur Vorlage bestimmter Vorschläge auffordern. Diese Art von „eingeschränktem Initiativrecht" des EP ist durch eine interinstitutionelle Vereinbarung im Februar 2010 bekräftigt worden. Darüber hinaus können der WSA und der AdR – soweit vertraglich vorgesehen oder politisch gewollt – Stellungnahmen zur Vorlage abgeben.

Erste Lesung: Billigt der Rat nach Stellungnahme des EP in erster Lesung den Standpunkt des EP nicht mit QMV, ist er verpflichtet, seinen Standpunkt festzulegen und dem EP die Gründe für seine Entscheidung mitzuteilen.

Zweite Lesung: Das EP kann in zweiter Lesung den Standpunkt des Rats mit der Mehrheit der abgegebenen Stimmen billigen oder keine weiteren Stellungnahmen abgeben. In diesen Fällen gilt der Rechtsakt nach Unterzeichnung durch die Präsidenten von Rat und EP als erlassen. Lehnt das EP jedoch den Standpunkt des Rats mit der Mehrheit seiner Mitglieder ab, so ist der Rechtsakt gescheitert. Mit gleicher Mehrheit kann das EP Änderungen vornehmen, die anschließend der Kommission und dem Rat übermittelt werden.

Das Ordentliche Gesetzgebungsverfahren nach Art. 294 AEUV

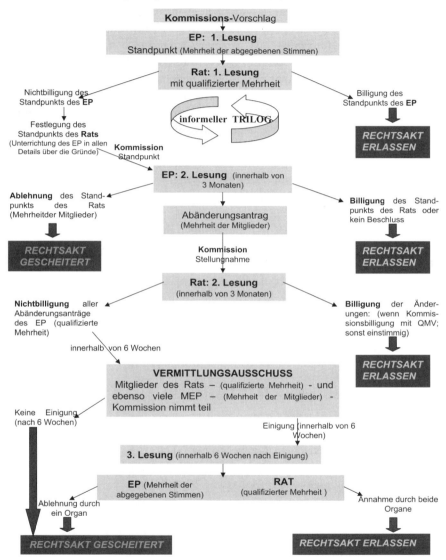

Kommissions-Vorschlag

EP: 1. Lesung
Standpunkt (Mehrheit der abgegebenen Stimmen)

Rat: 1. Lesung
mit qualifizierter Mehrheit

Nichtbilligung des Standpunkts des **EP**

Billigung des Standpunkts des **EP**

Festlegung des Standpunkts des **Rats**
(Unterrichtung des EP in allen Details über die Gründe)

informeller TRILOG

Kommission Standpunkt

RECHTSAKT ERLASSEN

EP: 2. Lesung (innerhalb von 3 Monaten)

Ablehnung des Standpunkts des Rats (Mehrheit der Mitglieder)

Abänderungsantrag
(Mehrheit der Mitglieder)

Billigung des Standpunkts des Rats oder kein Beschluss

RECHTSAKT GESCHEITERT

Kommission Stellungnahme

RECHTSAKT ERLASSEN

Rat: 2. Lesung
(innerhalb von 3 Monaten)

Nichtbilligung aller Abänderungsanträge des EP (qualifizierte Mehrheit)

Billigung der Änderungen: (wenn Kommissionsbilligung mit QMV; sonst einstimmig)

innerhalb von 6 Wochen

RECHTSAKT ERLASSEN

VERMITTLUNGSAUSSCHUSS
Mitglieder des Rats – (qualifizierte Mehrheit) - und ebenso viele MEP – (Mehrheit der Mitglieder) - Kommission nimmt teil

Keine Einigung (nach 6 Wochen)

Einigung (innerhalb von 6 Wochen)

3. Lesung (innerhalb 6 Wochen nach Einigung)

EP (Mehrheit der abgegebenen Stimmen)

RAT
(qualifizierter Mehrheit)

Annahme durch beide Organe

Ablehnung durch ein Organ

RECHTSAKT GESCHEITERT

RECHTSAKT ERLASSEN

Akzeptiert der Rat nicht alle Änderungen des EP (mit QMV; oder einstimmig, falls die Kommission Einwände zum Änderungsvorschlag des EP erhoben hat), so beruft der Präsident des Rats in Einvernehmen mit dem Präsidenten des EP den Vermittlungsausschuss ein. Dieser setzt sich paritätisch aus den Mitgliedern des Rates oder deren Vertretern und des EP zusammen; d.h. der Vermittlungsausschuss besteht aus 54 Mitgliedern.

Dritte Lesung: Wird in diesem Gremium ein gemeinsames Ergebnis gefunden, kann dieses als Rechtsakt durch eine qualifizierte Mehrheitsentscheidung im Rat und mit der Mehrheit der abgegebenen Stimmen im EP in dritter Lesung bestätigt werden. Sonst ist der Rechtsakt gescheitert.

Von nachhaltiger Bedeutung ist eine mögliche Überprüfung der Rechtmäßigkeit der Gesetzgebungsakte und Verfahren seitens des Gerichtshofs (Art. 263 AEUV), der die Nichtigkeit der Handlungen der Organe erklären kann (Art. 264 AEUV).

In der Praxis sind intensive (Vor-)Abklärungen in Form von nicht vertraglich formalisierten ‚Trilogen' zu beobachten, die häufig die Einberufung des Vermittlungsausschusses in der dritten Phase unnötig machen bzw. dessen Arbeit vorbereiten. Dabei formuliert ein kleine Gruppe, die sich aus der Ratspräsidentschaft, zwei bis drei Mitgliedern der Parlamentsdelegation und Beamten der Kommission zusammensetzt, ‚Überlegungen' ohne förmliche Beschlüsse. Laut Tätigkeitsbericht des EP wurden in dessen Wahlperiode von 2004 bis 2009 von 454 Rechtsakten, die im Mitentscheidungsverfahren verabschiedet wurden, lediglich 23 im Vermittlungsausschuss verhandelt.

Verfahren zur Feststellung des EU-Haushalts

Mit zunehmender Höhe des Gemeinschaftsbudgets (→ Haushalt und Finanzen), das gegenwärtig 1 % des Bruttoinlandsprodukts umfasst, haben auch die Verfahren an politischem Gewicht gewonnen, die die *Eigenmittel,* den *mehrjährigen Finanzrahmen* – auch „Finanzielle Vorausschau" genannt – und die *jährlichen Ausgaben* regeln (Art. 311-314 AEUV).

Der Rat legt die Höhe und Kategorien der Eigenmittel einstimmig auf Vorschlag der Kommission und nach Anhörung des EP fest. Dieser Beschluss bedarf einer Ratifizierung durch die Mitgliedstaaten (Art. 311 AEUV).

Auch der mehrjährige Finanzrahmen wird gemäß einem besonderen Gesetzgebungsverfahren erlassen. In der bisherigen Praxis waren diese Beschlüsse Ergebnis intensiven Verhandelns in längeren Nachtsitzungen des Europäischen Rats. Der Vertrag von Lissabon sieht nun vor, dass der Rat einstimmig nach Zustimmung des EP über die jährlichen Obergrenzen der Mittel für Verpflichtungen und Ausgaben in einem Fünfjahreszeitraum entscheidet (Art. 312 AEUV). Der Europäische Rat kann einstimmig beschließen, dass der Rat mit QMV entscheiden kann.

Art. 314 AEUV regelt die Modalitäten des jährlichen Budgetverfahrens innerhalb des mehrjährigen Finanzrahmens. Dabei kommt dem EP und dem Rat eine maßgebliche Rolle als gemeinsame und gleichberechtigte Haushaltsbehörde zu. Die Kommission bzw. die nationalen Verwaltungen führen den Haushalt aus.

Das Verfahren ist durch den Vertrag von Lissabon dem ordentlichen Gesetzgebungsverfahren angepasst worden, indem das EP Mitbeschlussrechte für den Haushaltsplan erhält, ohne dass nach den so genannten obligatorischen und nicht-obligatorischen Ausgaben unterschieden wird. Folgende Unterschiede zum ordentlichen Gesetzgebungsverfahren sind hervorzuheben:

- Falls der Rat binnen 10 Tagen den vom EP beschlossenen Abänderungen nicht zustimmen kann, wird umgehend nach erster Lesung in Rat und EP ein Vermittlungsausschuss einberufen.
- Der gemeinsame Entwurf des Vermittlungsausschusses ist von beiden Institutionen innerhalb von 14 Tagen anzunehmen; andernfalls legt die Kommission einen neuen Haushaltsentwurf vor.
- Wenn der gemeinsame Entwurf lediglich im Rat scheitert, kann das EP seine ursprünglich vorgeschlagenen Abänderungen mit der Mehrheit seiner Mitglieder und drei Fünftel der abgegebenen Stimmen bestätigen, welche dann als Grundlage für den Haushaltsplan gelten.

Verfahren in der Gemeinsamen Außen- und Sicherheitspolitik

Die Verfahren der → Gemeinsamen Außen- und Sicherheitspolitik sind intergouvernemental geprägt. Der Europäische Rat verabschiedet in einer Schlüsselstellung ‚allgemeine Leitlinien' und ‚gemeinsame Strategien' (Art. 26 EUV). Dieses Organ und der Rat treffen Beschlüsse über inhaltliche Fragen einstimmig (Art. 31(1) Satz 1 EUV). Der Blockadegefahr wird mit der Möglichkeit einer ‚konstruktiven Enthaltung' entgegengetreten, die es Mitgliedstaaten erlaubt, an der Durchführung eines Beschlusses nicht teilzunehmen, ohne diesen selbst zu verhindern (Art. 31(1) Satz 2 EUV). In eng begrenzten Fällen ist auch eine Mehrheitsabstimmung im Rat möglich. Selbst dann kann ein Mitgliedstaat jedoch unter Berufung auf „wichtige Gründe nationaler Politik" einen Mehrheitsbeschluss verhindern. Der Rat kann in derartigen Fällen die Vorlagen für ‚gemeinsamen Aktionen bzw. Standpunkte' zur einstimmigen Beschlussfassung an den Europäischen Rat verweisen (Art. 31(2) EUV).

Verfahren im Raum der Freiheit, der Sicherheit und des Rechts

Der Vertrag von Lissabon fasst die Verfahren zur Justiz- und Innenpolitik im Titel V zum → Raum der Freiheit, der Sicherheit und des Rechts zusammen. Im Regelfall werden Rechtsakte in diesem Titel gemäß dem ordentlichen Gesetzgebungsverfahren erlassen. Allerdings sind auch in diesem Politikfeld Sonderfälle vorgesehen. Maßnahmen zur administrativen Koordinierung der Mitgliedstaaten beschließt der Rat auf Vorschlag der Kommission und nach Anhörung des EP (Art. 74 AEUV). Ein flexibles Vorgehen wird im Bereich der polizeilichen und → justiziellen Zusammenarbeit in Strafsachen ermöglicht. Mitgliedstaaten haben aus „Gründen der Berührung grundlegender Aspekte ihrer Rechtsordnung in diesem Bereich" das Recht, Entscheidungen an den Europäischen Rat zur Konsensfindung weiterzuleiten (Art. 82 und 83 AEUV; Art. 86 und 87 AEUV). In diesen Fällen wird aber mindestens neun anderen Mitgliedstaaten, die sowohl fähig als auch gewillt sind, den entsprechenden Rechtsakt umzusetzen, die Möglichkeit gewährt, eine verstärkte Zusammenarbeit zu bilden, die dann ohne weiteres ihre Geltung findet.

Systemrelevante Akte: Verfahren zur Vertragsänderung und zum Beitritt

Zwei Verfahren im Vertrag haben systemrelevante Bedeutung, da sie die Grundlagen der EU-Architektur gestalten.

Art. 48 EUV legt die Modalitäten zur *Änderung der Verträge* fest. Dabei stellt der Vertrag von Lissabon ein vereinfachtes Änderungsverfahren (Art. 48(6-7) EUV) neben das ordentliche Änderungsverfahren (Art. 48(2-5) EUV):

- *Das ordentliche Änderungsverfahren:* Einzelne Regierungen, das EP oder die Kommission richten Vorschläge an den Rat. Der Rat übermittelt diese Vorschläge an den Europäischen Rat und setzt die nationalen Parlamenten in Kenntnis. Der Europäische Rat kann mit einfacher Mehrheit und nach Anhörung des EP beschließen, einen Konvent einzuberufen, falls dieses erforderlich ist. Ein solcher Konvent setzt sich aus Vertretern nationaler Parlamente, der Staats- und Regierungschefs sowie des EP und der Kommission zusammen. Der Konvent hat die Aufgabe, die Änderungsvorschläge zu prüfen und im Konsensverfahren eine Empfehlung an die Regierungskonferenz zu richten, welche die Vertragsänderungen beschließt. Die durch die Regierungskonferenz beschlossenen Vertragsänderungen bedürfen der Ratifizierung durch die Mitgliedstaaten gemäß der jeweiligen verfassungsrechtlichen Verfahren, um in Kraft treten zu können. Der Europäische Rat kann erneut mit der Frage befasst werden, sollte zwei Jahre nach Unterzeichnung der Vertragsänderung lediglich in vier Fünfteln aller Mitgliedstaaten die Ratifizierung erfolgreich gewesen und in den übrigen Mitgliedstaaten Schwierigkeiten aufgetreten sein.

■ *Das vereinfachte Änderungsverfahren:* Sollten Änderungen hinsichtlich der internen Politikbereiche der EU – die weder die Ausdehnung der Zuständigkeiten der Union noch militärische oder verteidigungspolitische Bezüge zum Gegenstand haben dürfen – anfallen, so können diese in einem vereinfachten Änderungsverfahren beschlossen werden: Der Europäische Rat beschließt einstimmig und hört das EP sowie die Kommission an. Bei institutionellen Änderungen im Währungsbereich muss darüber hinaus auch die Europäische Zentralbank gehört werden. Der Beschluss zur partiellen Änderung im Vertrag wird den nationalen Parlamenten zur Zustimmung vorgelegt. Sobald eines der nationalen Parlamente ein Veto geltend macht, wird der Änderungsbeschluss nicht erlassen. Das Bundesverfassungsgerichtsurteils zum Lissabonner Vertrag vom 30. Juni 2009 bestärkt die Wahrung eines solchen nationalen Parlamentsvorbehalts.

Das *Verfahren für den Beitritt* zur EU regelt Art. 49 EUV:

■ Auf Antrag eines europäischen Staates, der die Grundsätze der Union akzeptiert, erstellt die Kommission eine Stellungnahme, aufgrund derer der Rat einstimmig die Aufnahme von Verhandlungen beschließt. Die Ratspräsidentschaft führt mit Unterstützung der Kommission die mehrjährigen Verhandlungen, nach deren Abschluss ein Bericht von der Kommission erstellt wird. Der Rat, d.h. in der bisherigen Praxis de facto der Europäische Rat, muss nun einstimmig den Beitritt beschließen. Sowohl der Beitrittskandidat als auch das EP – mit der (absoluten) Mehrheit seiner Mitglieder – und das Parlament jedes Mitgliedstaats müssen den Beitrittsverträgen zustimmen. Bei nur einem negativen Votum scheitert das Beitrittsbegehren.

Flexibilisierung: Verfahren der verstärkten Zusammenarbeit

Mit wachsender Mitgliederzahl der EU und zunehmender Komplexität der Verfahren steigt die Gefahr einer Blockade in der institutionellen Architektur. Als ein Mittel zur → Flexibilisierung ermöglicht das Vertragswerk unter eng gefassten Bedingungen eine ‚verstärkte Zusammenarbeit' zwischen einigen Mitgliedstaaten (Art. 20 EUV; Art. 326-334 AEUV). Mit dem Vertrag von Lissabon wurde darüber hinaus eine ‚Ständige Strukturierte Zusammenarbeit' im Rahmen der → Gemeinsamen Sicherheits- und Verteidigungspolitik ermöglicht (Art. 42; 46 EUV).

Zur Zukunft und Gestaltung der Verfahren

Die Debatte um das geeignete Regelwerk zu den Entscheidungsverfahren ist bei der Gestaltung des Vertrags von Lissabon erneut fortgeführt und noch vertieft worden. Bei der Umsetzung werden Schlüsselbegriffe wie Legitimität, Verfassung, Demokratie, Transparenz und Effizienz die Diskussion auch weiterhin prägen. Institutionen und Verfahren werden so auf dem Prüfstand bleiben. Anpassungen in der Praxis durch informelle Vereinbarungen und gegebenenfalls auch wieder Veränderungen im vertraglichen Regelwerk sind zu erwarten.

Funda Tekin / Wolfgang Wessels

Entwicklungszusammenarbeit

Vertragsgrundlage: Art. 4, 198-203, 208-211 AEUV.

Ziel: Förderung der nachhaltigen Entwicklung mit dem vorrangigen Ziel, die Armut zu bekämpfen.

Instrumente: Handels- und Assoziierungspolitik; wirtschaftliche und technische Zusammenarbeit; Koordinierung der Entwicklungspolitiken der Gemeinschaft und der Mitgliedstaaten; Zusammenarbeit in internationalen Organisationen.

Dokumente: Der Europäische Konsens vom 20. Dezember 2005, ABl. 2006/C 46/01 • Jahresbericht 2010 über die Entwicklungspolitik der Europäischen Gemeinschaft und die Umsetzung der Außenhilfe im Jahr 2009, Luxemburg 2010.

Literatur: Jörg Faust/Susanne Neubert: Wirksamere Entwicklungspolitik – Befunde, Reformen, Instrumente, Baden-Baden 2010 • Isabelle Tannous: Entwicklungszusammenarbeit und humanitäre Hilfe der Europäischen Union, in: Werner Weidenfeld (Hrsg.), Die Europäische Union. Politisches System und Politikbereiche, Bonn 2008, S. 434-454.

Internet: Bundesministerium für wirtschaftliche Zusammenarbeit und Entwicklung, http://www.bmz.de/de/was_wir_machen/wege/ez_eu/index.html • EU-Kommission, Generaldirektion Entwicklung: http://ec.europa.eu/development/index_en.cfm • Abkommen von Cotonou: http://europa.eu.int/comm/development/body/cotonou/index_en.htm

Die Europäische Union unterhält heute ein globales Netz an bi- und multilateralen Abkommen und Programmen unterschiedlicher Dichte und Gestalt, die die Vergabepolitik ihrer Außenhilfen regeln. Die Unterstützungsleistungen reichen über die traditionellen Beziehungen mit den 79 Staaten Afrikas, der Karibik und des Pazifiks (AKP) und den überseeischen Ländern und Gebieten hinaus und umfassen privilegierte Formen der Zusammenarbeit mit den ALA-Staaten (Lateinamerika und Asien), dem Nahen und Mittleren Osten, Osteuropa, dem Westlichen Balkan oder Zentralasien. Weltweit sind die Europäische Union und ihre Mitgliedstaaten mit einem Anteil von über 50 Prozent der weltweit größte Geber öffentlicher Entwicklungsgelder. Seit Beginn der 1990er Jahre findet eine Neujustierung der Entwicklungszusammenarbeit statt, die die Menschenrechts- und Demokratieförderung stärker betont, eine regionenbezogene Zusammenarbeit vorantreibt und die Entwicklungspolitik offensiver mit der Außen- und Sicherheitspolitik vernetzt. Vorrangiges Ziel ist im Einklang mit den im Rahmen der Vereinten Nationen vereinbarten Millenniumsentwicklungszielen die weltweite Armutsbekämpfung.

Entstehung und Grundlagen: von Lomé bis Cotonou

Bereits im EWG-Vertrag (1958) wurden Regelungen für eine wirtschaftliche „Assoziierung" (Art. 198-203 AEUV) der außereuropäischen Länder und Gebiete vereinbart, zu denen die Mitgliedstaaten aufgrund ihrer Kolonialgeschichte besondere Beziehungen unterhielten. Mit den assoziierten afrikanischen Staaten und Madagaskar (vornehmlich ehemaligen französische Kolonien) wurde 1963 das Jaunde-Abkommen abgeschlossen. Es sah erstmals auf multilateraler Basis aus den Mitteln des Europäischen Entwicklungsfonds (EEF) finanzierte Entwicklungsmaßnahmen vor. Nach dem Beitritt Großbritanniens (1973) wurde mit dem Lomé-Abkommen auch eine beträchtliche Zahl britischer Kolonien mit einbezogen. Die Abkommen dienten in erster Linie dazu, den Wohlstand der assoziierten AKP-Staaten zu fördern. Neben humanitären Erwägungen führten auch wirtschaftliche Interessen wie die Bedeutung der Entwicklungsländer als Rohstofflieferanten und Absatzmärkte zu einem verstärkten Engagement. Im Rahmen der Lomé-Abkommen I (1975), II (1980), III (1985) und IV (1990) wurden neben den bereits 1971 gewährten allgemeinen Handelspräferenzen die Marktzugangskonditionen verbessert, Preisstabilisierungsmechanismen eingeführt und wirtschaftliche und technische Hilfeleistungen gestellt. Nach langwierigen Verhandlungen konnte das Lomé-Nachfolgeabkommen in Cotonou, Benin, 2000 unterzeichnet werden. Mit dem Abkommen von Cotonou veränderte sich die Zusammenarbeit mit den AKP-Staaten in wesentlichen Punkten. Mit einer Laufzeit von 20 Jahren betont es marktwirtschaftliche Reformen mit dem langfristigen Ziel der Bildung von Freihandelszonen. Im Gegensatz zu den Vorgängerabkommen ist es dabei stärker auf die Partizipation der Empfängerstaaten und die Einhaltung menschenrechtlicher, demokratischer und rechtsstaatlicher Standards ausgerichtet.

Aufgrund der Abwesenheit ausdrücklicher Gemeinschaftskompetenzen vollzog sich die Ausweitung der Entwicklungspolitik über die Jahrzehnte des Integrationsprozesses vor allem durch den Rückgriff auf Rechtsgrundlagen der → Außenhandelsbeziehungen und der → Assoziierungs- und Kooperationspolitik. Ausdrückliche entwicklungspolitische Zuständigkeiten wurden für die EG erst mit dem Vertrag von Maastricht (1993) geschaffen. Die Zuständigkeit der Union beschränkt sich allerdings darauf, die Politik der Mitgliedstaaten zu ergänzen (Art. 4, 208 AEUV). Hieran hält auch der → Vertrag von Lissabon fest, der den Bereich der Entwicklungszusammenarbeit in Art. 208-214 AEUV regelt.

Mit dem am 20. Dezember 2005 feierlich unterzeichneten „Konsens über Entwicklung" verfügt die Europäische Union über ein umfassendes Rahmendokument für die europäische Entwicklungspolitik, in dem die gemeinsamen Ziele, Werte und Grundsätze darlegt werden. In Teil I der Grundsatzerklärung wird auf der Grundlage der internationalen Verpflichtungen, der gemeinsamen Werte und Grundsätze eine gemeinsame Vision entworfen, während Teil II Leitlinien für deren konkrete Umsetzung enthält. Der Konsens umfasst neun thematische Bereiche:

- Handel und regionale Integration
- Umwelt und nachhaltige Bewirtschaftung der natürlichen Ressourcen
- Infrastruktur, Kommunikation und Verkehr
- Wasser und Energie
- ländliche Entwicklung, Raumplanung, Landwirtschaft und Ernährungssicherheit
- Staatsführung, Demokratie, Menschenrechte und Unterstützung wirtschaftlicher und institutioneller Reformen
- Konfliktprävention und fragile Staaten
- menschliche Entwicklung
- sozialer Zusammenhalt und Beschäftigung

Instrumente und internationale Verpflichtungen

Der Katalog der entwicklungspolitischen Maßnahmen schließt neben einseitigen Handelspräferenzen und einem bevorzugten Marktzugang eine breite Palette entwicklungspolitischer Hilfsinstrumente ein. Diese umfasst Finanzhilfen zur Überwindung von Verschuldungsproblemen, Darlehen für Infrastrukturprojekte der Europäischen Investitionsbank, Nahrungsmittel- und Katastrophenhilfen durch die Generaldirektion für humanitäre Hilfe (Echo), technische Hilfeleistungen und Technologietransfer, Unterstützung in den Bereichen Gesundheitswesen und Umweltschutz sowie Zuschüsse für Nichtregierungsorganisationen.

Die Mittel für die Entwicklungszusammenarbeit der Europäischen Union speisen sich aus dem Europäischen Entwicklungsfonds (EEF) sowie dem allgemeinen EU-Haushalt:

- Die Zusammenarbeit mit den AKP-Staaten wird über den EEF finanziert, dieser ist als Sondervermögen der EU eingerichtet und wird von den Mitgliedstaaten separat finanziert. Das Volumen des aktuellen 10. EEF (2008-2013) liegt bei 22,68 Mrd. Euro.

- Die Entwicklungszusammenarbeit mit Ländern und Regionen, die nicht zu den AKP-Staaten zählen, wird aus dem allgemeinen EU-Haushalt finanziert. Seit dem 1. Januar 2007 gibt es zu diesem Zweck drei neue Finanzierungsinstrumente, die eine Vielzahl älterer Programme ersetzen. Das „Europäische Nachbarschafts- und Partnerschaftsinstrument" dient der Finanzierung der Europäischen Nachbarschaftspolitik mit den Mittelmeeranrainern und osteuropäischen Nachbarn der EU. Das „Instrument für Entwicklungszusammenarbeit" finanziert die Kooperation mit Asien, Lateinamerika, Südafrika und anderen Staaten. Das „Instrument für Heranführungshilfe" bündelt die bisherigen EU-Beitrittshilfen.

Für die EU-Programme zur Zusammenarbeit mit Drittstaaten ist weiterhin die Kommission zuständig und nicht der mit dem Vertrag von Lissabon neu geschaffene → Europäische Auswärtige Dienst. Vorschläge für Änderungen im Bereich der Entwicklungszusammenarbeit (EEF und Finanzierungsinstrument für Entwicklungszusammenarbeit) werden dagegen vom Europäischen Auswärtigen Dienst und der Kommission gemeinsam erstellt und anschließend zur Beschlussfassung durch das Kommissionskollegium vorgelegt.

Auf internationalem Parkett wirkt die EU bei der Gestaltung der Entwicklungsagenden entscheidend mit. Den auf der UN-Konferenz über die Finanzierung der Entwicklungspolitik in Mexiko erzielten Monterrey-Konsens hatte sie ihrerseits im März 2002 in die acht Verpflichtungen von Barcelona gegossen. Zu diesen zählen neben einer Erhöhung der öffentlichen Mittel für Entwicklungshilfe auch die Aufhebung der Mittelbindung und eine Verbesserung der Schuldensituation hoch verschuldeter Länder. Auf der Tagung des Rates für Allgemeine Angelegenheiten und Außenbeziehungen im Mai 2005 haben die EU-Staaten einen verbindlichen Stufenplan zur Erhöhung der öffentlichen Mittel für die EU-Entwicklungszusammenarbeit (Official Development Aid, ODA) beschlossen. Nach dem Stufenplan sollen alle Mitgliedstaaten, die der EU vor 2002 beigetreten sind, bis 2015 eine ODA-Quote von mindestens 0,7 Prozent des Bruttonationaleinkommens erreichen. Für die neuen Mitgliedsländer gelten niedrigere Quoten.

Wandel der Entwicklungszusammenarbeit: Konditionalität, Sicherheit und Regionalisierung

Seit dem Ende des Ost-West-Konflikts lässt sich ein Wandel der historisch gewachsenen Entwicklungszusammenarbeit beobachten:

Heute wird der Förderung von Demokratie und Menschenrechten, dem Umweltschutz und der sozialen Transformation eine größere Bedeutung eingeräumt. Eine gewisse „Gebermüdigkeit" und die Debatte über einen möglichst effektiven Einsatz der Mittel veranlasste die EU ihre wirtschaftlichen Konzessionen und Hilfsmaßnahmen an die Einhaltung von Mindestnormen zu koppeln (Politische Konditionalität). Neben den politischen Dialogforen und der stärkeren Partizipation der Zivilgesellschaft sieht das Abkommen von Cotonou daher einen Sanktionsmechanismus (Art. 95 und 96) mit der Möglichkeit des beiderseitigen Aussetzens von Vertragspflichten bei Verstößen gegen die grundlegenden Prinzipien des Abkommens (Art. 9) vor (→ Menschenrechtspolitik).

Sicherheitspolitische Überlegungen gewinnen in der Definition der Nachhaltigkeit entwicklungspolitischer Maßnahmen größeres Gewicht. Staatszerfall und Konfliktprävention wurden zu Themen auch der Entwicklungszusammenarbeit. Die Nähe von Entwicklung und Sicherheit wird jedoch nicht nur positiv betrachtet. Vor allem von Nichtregierungsorganisationen wird befürchtet, dass genuin entwicklungspolitische Zielsetzungen verloren gehen und sich die EU auf die Krisenherde in der direkten Nachbarschaft konzentrieren könnte. Forciert wurden diese Bedenken durch die → Erweiterung der EU und die intensivierte Orientierung in die direkte Nachbarschaft im Rahmen ihrer → Südosteuropapolitik und der → Europäischen Nachbarschaftspolitik.

Regionale Wirtschaftspartnerschaftsabkommen sollen die lange als Einheit verhandelnden AKP-Staaten ersetzen. Initiativen der → Afrika-, → Asien-, → Lateinamerika- und Mittelmeerpolitik sind längst fester Bestandteil der Entwicklungszusammenarbeit. Um ihrer besonderen Verpflichtung für die am wenigsten entwickelten Länder – zu denen der Großteil der AKP-Staaten zählt – nachzukommen, hat die EU mit der „Alles außer Waffen"-Initiative eine

Sonderregelung im Allgemeinen Präferenzsystem (APS) geschaffen. Diese sieht die zollfreie Einfuhr ohne Mengenbeschränkungen in die EU für die Gruppe der 50 am wenigsten entwickelten Länder vor.

Entwicklungszusammenarbeit einer EU der 27

Anfang der 1990er Jahre war es die Sorge, dass die für die AKP-Zusammenarbeit vorgesehenen Mittel zugunsten der Staaten Mittel- und Osteuropas verringert würden – heute ist es die Befürchtung, dass durch die Verschiebung der Außengrenzen die traditionellen Bindungen weiter ins Abseits gedrängt werden und neue sicherheitspolitische Schwerpunkte in der unmittelbaren Nachbarschaft in den Vordergrund treten. Der Beitritt vor allem der mittel- und osteuropäischen Staaten stellt eine zusätzliche Herausforderung an die Bestandswahrung des entwicklungspolitischen Acquis dar. Aus bisherigen Empfängern sollen Geber werden. Ihre wenigen bestehenden Bindungen im Bereich der Entwicklungszusammenarbeit sind in erster Linie auf die früheren Mitgliedstaaten des Rats für gegenseitige Wirtschaftshilfe beschränkt und institutionell kaum verankert.

Von weiteren unerlässlichen Managementreformen und unverzichtbaren Korrekturen in der Vergabepraxis einmal abgesehen, für die globale Rolle der EU wird entscheidend sein, welchen Stellenwert die Union und ihre Mitgliedstaaten den entwicklungspolitischen Zielsetzungen im Kanon ihres gesamten Handelns beimessen werden. Ein Grundstein dafür ist mit dem 2005 lancierten Arbeitsprogramm für mehr Politikkohärenz im Interesse der Entwicklung gelegt worden, mit dem die Europäische Union Kohärenz-Verpflichtungen auch in Politikbereichen wie etwa Umwelt, Migration, Landwirtschaft, Verkehr und Energie eingegangen ist.

Isabelle Tannous

Erweiterung

Vertragsgrundlage: Präambel, Art. 6, 7, 49 EUV. Art. 119 AEUV.

Beitrittsanträge: Türkei (14.4.1987), Schweiz (20.05.1992 – ruht), Kroatien (20.2.2003), (ehemalige jugoslawische Republik) Mazedonien (22.3.2004), Montenegro (15.12.2008), Albanien (28.04.2009), Island (17.07.2009), Serbien (22.12.2009).

Instrumente: Assoziierungsabkommen, Stabilisierungs- und Assoziierungsabkommen, Heranführungshilfe (IPA), Beitrittspartnerschaften/Europäische Partnerschaften, Stellungnahmen und Fortschrittsberichte, Screening, Benchmarks, Beitrittskonferenzen, Schlussfolgerungen des Europäischen Rats.

Verfahren: Unterrichtung des Europäischen Parlaments und der nationalen Parlamente, Stellungnahme Kommission, Zustimmung des Europäischen Parlaments mit der absoluten Mehrheit seiner Mitglieder, Einstimmigkeit im Rat, Ratifizierung durch alle Mitgliedstaaten und den beitretenden Staat.

Dokumente: Erweiterungsstrategie 2009-2010 der Kommission, KOM(2009) 533 endg.

Literatur: Sait Akit/Özgehan enyuva/Çidem Üstün (Hrsg.): Turkey Watch – EU Member States' Perceptions on Turkey's Accession to the EU, Ankara 2009 • Heinz Kramer/ Maurus Reinkowski: Die Türkei und Europa. Eine wechselhafte Beziehungsgeschichte, Stuttgart 2008 • Barbara Lippert: Alle paar Jahre wieder – Dynamik und Steuerungsversuche des EU-Erweiterungsprozesses, in: integration, 4/2007, S. 422-439 • Solveig Richter: Zielkonflikte der EU-Erweiterungspolitik? Kroatien und Makedonien zwischen Stabilität und Demokratie, SWP-Studie 2009/S 19, Juli 2009.

Internet: GD Erweiterung: ec.europa.eu/enlargement/index_de.htm • Erweiterungsstrategie und Fortschrittsberichte 2009: http://ec.europa.eu/ enlargement/press_corner/key-documents/reports_oct_2009_de.htm.

Erweiterungen stellen neben der Vertiefung des Integrationsprozesses einen zentralen Bestandteil der Entwicklung der Europäischen Union dar. Diese haben nicht nur das geographische Ausmaß der EU, sondern auch ihre Rolle und Bedeutung in Europa, in der Welt sowie für ihre Mitgliedstaaten immer wieder verändert. Die verschiedenen Beitrittsrunden machen deutlich, dass es sich beim Beitrittsprozedere aufgrund der immer tieferen Integration um einen streng formalisierten Prozess handelt. Dessen Geschwindigkeit und Rückhalt in der EU werden von politischen Präferenzen und Entscheidungen beträchtlich beeinflusst.

Bisherige Etappen der Erweiterung

Ausgehend von sechs Gründungsmitgliedern (Belgien, Deutschland, Frankreich, Italien, Luxemburg und den Niederlanden) kamen zwischen 1973 und 2007 in vier großen Etappen 21 weitere Staaten hinzu.

Nach der ersten Beitrittswelle, mit welcher Großbritannien, Irland und Dänemark nach langen Verhandlungen und Vorbehalten insbesondere Frankreichs im Jahr 1973 beitraten (ein weiterer Kandidat war zu diesem Zeitpunkt Norwegen, das allerdings den Beitrittsprozess aufgrund eines gescheiterten Referendums abbrach), folgte die zweite Welle der Süderweiterungen 1981 mit Griechenland und 1986 mit Portugal und Spanien. Diese zweite Erweiterungswelle diente der Unterstützung der neuen politischen Regime nach der Rückkehr der Demokratie in den drei neuen zuvor diktatorisch regierten Mitgliedstaaten und stellte das geographische Gleichgewicht der Gemeinschaft wieder her. Auch die Schweiz verfolgte den Beitritt, er ruht jedoch, seitdem 1992 ein Beitritt zum Europäischen Wirtschaftsraum in einem Referendum abgelehnt wurde. Dennoch ist die Schweiz mit der EU in zahlreichen Politikfeldern eng verflochten.

Bei der dritten Beitrittswelle handelte es sich um die EFTA-Erweiterung. Diese aufgrund der Mitgliedschaft Finnlands, Schwedens und Österreichs in der Europäischen Freihandelsassoziation (EFTA) so genannte Erweiterung erfolgte im Jahr 1995. Die Norweger entschieden sich hingegen 1994 in einem zweiten Referendum wiederum gegen einen Beitritt.

Die vierte und bislang größte Erweiterung der EU erfolgte 2004 (Estland, Lettland, Litauen, Malta, Polen, Slowakei, Slowenien, Tschechische Republik, Ungarn, Zypern) und 2007 (Bulgarien, Rumänien) mit der EU-Osterweiterung, die jedoch auch zwei Mittelmeerstaaten umfasste. Die Nachzügler Bulgarien und Rumänien konnten nicht Teil der Erweiterung auf einen Schlag („Big-bang") sein, da sie zahlreiche Kriterien, insbesondere bezüglich der Korruptionsbekämpfung, noch nicht erfüllten. Der Osterweiterung wird nicht nur aufgrund ihres Umfangs von zehn Staaten mit 105 Mio. Einwohnern (+28 %) sowie einem Flächenzuwachs von 34 % große Bedeutung zugemessen. Dies ist auch dem Umstand geschuldet, dass es durch sie gelang, die historische Teilung Europas zu überwinden. Gegenüber dieser vierten Beitrittswelle gab es jedoch auch Kritik. Diese befasste sich unter anderem mit der sozioökonomischen Entwicklungslücke zwischen alten und neuen Mitgliedstaaten, da das BIP/Kopf in Letzteren nur bei etwa 40 % des EU-Durchschnitts lag und das EU-BIP lediglich um etwa 5 % erhöhen konnte. Neben den Kosten wurden insbesondere Fragen der Migration und der Arbeitsbewegungen im Vorlauf der Osterweiterung intensiv diskutiert. Diese Aspekte und die mit dieser vierten Beitrittswelle einhergehenden Schwierigkeiten bei der Reform der EU-Institutionen (Größe des Parlaments und der Kommission, Stimmenverteilung im Rat) und Politiken (Gemeinsame Agrarpolitik, Struktur- und Kohäsionspolitik) im Rahmen eines neuen EU-Vertrags haben zu einem Umdenken in der EU geführt, durch das weitere Erweiterungsrunden verlangsamt und erschwert werden.

Rechtliche Grundlagen

Da sich die EU von einer Erweiterung zur Nächsten auch intern weiter entwickelt hat, mussten die Kriterien für einen Beitritt ebenfalls immer weiter entwickelt werden. Einem Beitritt liegt Artikel 49 EUV zugrunde, nachdem grundsätzlich jeder europäische Staat einen Beitrittsantrag stellen kann. Artikel 49 EUV wurde mit Inkrafttreten des → Vertrags von Lissabon am 1. Dezember 2009 zuletzt umformuliert (→ Entscheidungsverfahren). Insgesamt gibt es gegenüber den Vorgängerverträgen drei wichtige Änderungen: Zum Ersten genügt es nicht mehr, dass Staaten, die an einem Beitritt interessiert sind, die Grundsätze der EU achten; sie müssen sich neben der Achtung der Werte nun auch für deren Förderung aktiv einsetzen. Zum Zweiten werden die nationalen Parlamente und das Europäische Parlament über einen Beitragsantrag unterrichtet, bevor das Parlament nunmehr mit Mehrheit statt wie zuvor mit absoluter Mehrheit entscheidet. Zum Dritten sind die Beitrittskriterien vertraglich kodifiziert, indem die Berücksichtigung der vom Europäischen Rat vereinbarten Kriterien explizit genannt wird.

Hinzukommend gibt es erstmals nicht nur einen Mechanismus zum Beitritt sondern auch eine Möglichkeit zum Austritt aus der EU (Art. 50 EUV).

Ein Katalog von Beitrittskriterien wurde erstmals 1993 festgeschrieben. Grund hierfür war der Umstand, dass insbesondere bei der Osterweiterung, bei der es sich um die Aufnahme von Ländern im Transformationsprozess handelte, die Notwendigkeit eines verbindlichen Mechanismus mit objektiven Kriterien zur Erweiterung deutlich wurde. Das Ergebnis sind die von der Kommission entwickelten so genannten Kopenhagener Kriterien, welche 1993 auf dem Gipfel von Kopenhagen vom Europäischen Rat beschlossen wurden. Hierbei handelt es sich um drei Kriterien, welche die Beitrittskandidaten erfüllen müssen und eines, das von der EU erfüllt werden muss. Auf Seiten der beitretenden Staaten gelten folgende Voraussetzungen für einen Beitritt:

- institutionelle Stabilität und Demokratie
- eine funktionierende Marktwirtschaft und
- die Übernahme und Umsetzung des Gemeinsamen Besitzstandes und der Wirtschafts- und Währungsunion.

Auf Seiten der Union muss die institutionelle und finanzielle Fähigkeit gegeben sein, neue Mitglieder aufzunehmen. Dieses Kriterium spielte bereits in den Diskussionen um die Osterweiterung eine wichtige Rolle, da die Beitrittskandidaten befürchteten, dass Erweiterungsgegner EU-interne Reformen blockieren könnten, um einen Beitritt zu verhindern. Während jedoch bei der Reform der Verträge in den 1990er Jahren und bis zum Vertrag von Nizza 2000 von Erweiterungsskeptikern lediglich die Notwendigkeit der Erfüllung dieses Kriteriums hervorgehoben wurde, steht es heute bezüglich eines zukünftigen Beitritts der Türkei als möglicherweise dauerhaftes Ausschlusskriterium im Raum.

Beitrittsverfahren

Nach Einreichen des Beitrittsantrags, welcher vom → Europäischen Rat zur Kenntnis genommen wird und über welchen das → Europäische Parlament und die → nationalen Parlamente unterrichtet werden, gibt die → Europäische Kommission auf der Grundlage des von den Verwaltungen der Beitrittskandidaten ausgefüllten Fragebogens ihre Empfehlung ab (siehe das Schaubild zum *Beitrittsverfahren zur Europäischen Union*). Nach positiver Stellungnahme der Kommission und einstimmigem Beschluss des Europäischen Rates erhält der Bewerberstaat den Kandidatenstatus und die Beitrittsverhandlungen werden eröffnet. In der Verhandlungsphase ist der Gemeinsame Besitzstand (*acquis communautaire*), aufgeteilt in 35 Kapitel, Gegenstand bilateraler intergouvernementaler Konferenzen auf ministerieller Ebene zwischen der EU-27 und dem Bewerberstaat. Für jedes Kapitel sind vier Schritte vorgesehen: Nach dem Screening durch die Kommission wird der noch bestehende Reformbedarf in dem jeweiligen Kapitel festgestellt und dieses nach Entscheidung der Mitgliedstaaten geöffnet. Nachdem die EU eine gemeinsame Position entwickelt und mit dem Beitrittskandidaten verhandelt hat, wird das Kapitel durch den Europäischen Rat vorläufig geschlossen. Dieser Ablauf macht deutlich, dass die Beitrittskandidaten nur einen sehr engen Spielraum nämlich in Bezug auf Übergangsfristen und Modi bei der Angleichung an den Acquis haben.

Im Fall der Verletzung von EU-Prinzipien können die Verhandlungen suspendiert und erst durch qualifizierten Mehrheitsentscheid des Europäischen Rates wieder aufgenommen werden. Zu einer gänzlichen Suspendierung von Verhandlungen ist es jedoch bis zum jetzigen Zeitpunkt nie gekommen, vielmehr wurde in mehreren Fällen die Aufnahme der Beitrittsverhandlungen verschoben, oder die Öffnung einzelner Verhandlungskapitel auf der Basis des Vetorechts der EU-Mitgliedstaaten blockiert.

Vom Beginn der Verhandlungen bis zum tatsächlichen Beitritt erfolgt ein fortlaufendes Monitoring durch die Kommission, welche ihre Ergebnisse in Fortschrittsberichten und Strategiepapieren an den Europäischen Rat und das Europäische Parlament bekannt gibt. Im Falle Bulgariens und Rumäniens wurde sogar ein Monitoring-Mechanismus entwickelt, der über den Beitritt hinaus greift.

Beitrittsverfahren zur Europäischen Union

(III) Ratifizierungsphase

Entwurf Beitrittsvertrag/-akte

Stellungnahme EK

Zustimmung EP (absolute Mehrheit)

Einstimmiger Beschluss ER über Beitrittsvertrag/-akte

Unterzeichnung Beitrittsvertrag/-akte

BS

MS EU-27

Ratifikation gemäß verfassungsrechtlichen Vorschriften

BS

MS EU-27

Beitritt zur EU

(II) Verhandlungsphase →

Verhandlungen:
- EU-Acquis geteilt in 35 Kapitel
- Bilaterale intergouvernementale Konferenzen auf ministerialer Ebene (EU 27 – BS)

im Detail:

1. Screening (EK)
2. Festlegung Benchmarks und Eröffnung des Kapitels
   (Entwurf EK → einstimmiger Beschluss ER)
3. Gemeinsame Position der EU
   (Entwurf EK → einstimmiger Beschluss ER)
4. Vorläufige Schließung des Kapitels (ER)

[------------ x 35 Kapitel ------------]

Im Fall von Verletzung von EU Prinzipien: Suspendierung – evtl. Wiederaufnahme
(Vorschlag EK → Qualifizierter Mehrheitsentscheid ER)

Fortlaufendes Monitoring durch die EK bis zum Beitritt (u.a. Fortschrittsberichte, Strategiepapiere) → Bekanntgabe an ER + EP

(I) Antragsphase →

Antrag BS

Kenntnisnahme ER

Anhörung EK

Unterrichtung von

NP

EP

Zustimmung EP (absolute Mehrheit)

Positive Stellungnahme EK

Einstimmiger Beschluss ER (Berücksichtigung Beitrittskriterien)

Verleihung Kandidatenstatus und Eröffnung Verhandlungen

Ablehnung

Legende: Bewerberstaat (BS); Europäische Kommission (EK); Europäisches Parlament (EP); Europäischer Rat (ER); Mitgliedstaaten (MS); nationale Parlamente (NP).
Quelle: Karin Bötger (eigene Darstellung).

Der Beitrittsvertrag und die Beitrittsakte werden nach Stellungnahme von der Kommission, Zustimmung durch das Europäische Parlament und einstimmigem Beschluss des Europäischen Rates von den EU-Mitgliedstaaten und den Beitrittskandidaten unterzeichnet und ratifiziert, bevor der Beitritt erfolgen kann. Insbesondere die Ratifikation stellt in zunehmendem Maß nicht mehr nur eine Formalität sondern eine echte Hürde zum Beitritt dar, da sie erst nach Abschluss der Verhandlungen durch alle Mitgliedstaaten und nach den jeweiligen verfassungsrechtlichen Vorschriften (teilweise durch Referendum) erfolgen muss.

Neben dem formalen Ablauf des Beitrittsprozesses hat die EU insbesondere in Hinblick auf die spezielle Situation in den Staaten des westlichen Balkans zusätzliche Instrumente entwickelt, welche den Annäherungsprozess an die EU stützen sollen (→ Südosteuropapolitik). Hierzu zählen der Stabilisierungs- und Assoziierungsprozess (SAP) mit den Stabilisierungs- und Assoziierungsabkommen (SAA). Sie sind dem Beitrittsverfahren vorangestellt und bilden zugleich seinen Rahmen. Ziele des SAP sind neben der Aussicht auf eine Mitgliedschaft in der EU die Etablierung und Stabilisierung einer funktionierenden Marktwirtschaft und die Förderung von regionaler Kooperation. Die SAA bilden die vertragliche Grundlage des Prozesses und sollen im Verlauf mit allen Staaten des westlichen Balkans geschlossen werden. Den Rahmen zur Festlegung prioritärer Handlungsfelder bilden die Europäischen Partnerschaften. Sie beinhalten kurz-, mittel- und langfristige Ziele und eine kohärente Struktur erforderlicher Reformen sowie die dazu benötigten finanziellen Mittel. Ihre Ziele sind die Förderung von Stabilität und Wachstum in der Region und eine verstärkte Anbindung an die EU.

Ein weiteres wichtiges Beitrittskriterium für die Staaten im westlichen Balkan ist die Kooperation mit dem Internationalen Strafgerichtshof für das ehemalige Jugoslawien (ICTY).

Die finanzielle Unterstützung des Beitrittsverfahrens sowie des Stabilisierungsprozesses auf dem Balkan, die zuvor mit unterschiedlichen Instrumenten (CARDS, ISPA, SAPARD und PHARE) gefördert wurde, ist seit 2007 unter dem einheitlichen Instrument für Heranführungshilfe (IPA) zusammengefasst. Insgesamt lässt sich bei den aktuellen und potentiellen Beitrittskandidaten beobachten, dass die EU die von ihr selbst vorgegebene Reihenfolge der Anwendung der Beitrittsinstrumente nicht immer einhält, was von den Beitrittskandidaten als willkürlich empfunden und in zunehmendem Maße kritisiert wird.

Aktuelle Beitrittskandidaten: Island, Kroatien, Mazedonien, Türkei

Derzeit bereiten sich mit Island, Kroatien, Mazedonien und der Türkei vier Kandidatenländer auf den Beitritt zur EU vor. Island hat einen Beitrittsantrag im Jahr 2009 gestellt, der im Februar 2010 von der Kommission positiv bewertet wurde, so dass das Land im Juni 2010 den Kandidatenstatus erhielt. Erweiterungskommissar Füle geht davon aus, dass die Beitrittsverhandlungen ähnlich wie bei der EFTA-Erweiterung aufgrund der bereits im Jahr 1994 erfolgten Integration in den Europäischen Wirtschaftsraum sehr schnell gehen und innerhalb von zwei Jahren abgeschlossen sein könnten.

Die Verhandlungen mit Kroatien sind schon am weitesten fortgeschritten: Sie wurden im Oktober 2005 begonnen, nachdem sie zunächst um ein halbes Jahr verschoben worden waren, da der Internationale Strafgerichtshof für das ehemalige Jugoslawien Kroatien zunächst nicht die volle Kooperation bei der Verfolgung des wegen Verbrechen gegen die Menschlichkeit angeklagten kroatischen Generals Ante Gotovina bescheinigte. Dieser wurde dann im Dezember 2005 in Spanien gefasst. Darüber hinaus blockierte Slowenien im Jahr 2009 für zehn Monate die Öffnung der letzten zwölf Verhandlungskapitel aufgrund der rechtlich ungeklärten Grenzfrage mit Kroatien. Es hob sein Veto jedoch im September 2009 auf, nachdem ein Kompromiss in der Grenzfrage gefunden wurde. Bis Juli 2010 konnten im Beitrittsprozess mit Kroatien 33 von 35 Kapiteln geöffnet und 20 Kapitel vorläufig geschlossen werden.

Mazedonien, das offiziell noch immer Ehemalige Jugoslawische Republik Mazedonien heißt, hat im Jahr 2004 seinen Beitrittsantrag gestellt und im darauffolgenden Jahr seinen Kandidatenstatus erhalten, allerdings wird die Aufnahme von Verhandlungen vor allem von Griechenland aufgrund des Namensstreits weiter blockiert. Dieser Streit beruht auf Befürchtungen Griechenlands, der Staat Mazedonien, welcher den nördlichen Teil der historischen Region Mazedoniens umfasst, könnte Besitzansprüche auch auf den südlichen Teil Mazedoniens erheben, der heute zu Griechenland gehört. Darüber hinaus findet die Umsetzung der Reformen in Mazedonien nur sehr zögerlich statt. Trotz blockierter Verhandlungen konnte Mazedonien im Jahr 2008 ein Visaerleichterungs- und Rückübernahmeabkommen und eine Beitrittspartnerschaft mit der EU abschließen.

Eine Sonderstellung bei den Beitrittskandidaten nimmt die Türkei ein. Sie hat ihren Beitrittsantrag schon 1987 gestellt und beim Europäischen Rat von Helsinki 1999 den Kandidatenstatus erhalten. Zwar gelten für die Türkei die gleichen Kriterien, die auch für andere Beitrittskandidaten gelten. Dennoch wurde von Seiten der EU vor der Aufnahme der Beitrittsverhandlungen im Oktober 2005 betont, dass es sich beim Beitrittsprozess um ein Verfahren mit offenem Ende handelt, d.h. dass es nicht zwangsläufig zu einem Beitritt führen müsse. Grund hierfür ist der Umstand, dass ein Beitritt der Türkei in der EU umstritten ist. Insbesondere Frankreich und Deutschland würden vielmehr eine Alternative wie zum Beispiel eine privilegierte Partnerschaft begrüßen, welche nicht die volle Freizügigkeit für Arbeitnehmer oder die Liberalisierung von Dienstleistungen vorsieht.

Gegenwärtig werden 13 Kapitel verhandelt, eins ist vorläufig geschlossen, 18 gelten als blockiert. Da die Türkei das zusätzliche Protokoll zum Ankara-Abkommen, das heißt die Ausweitung der Zollunion auf Zypern nicht ratifiziert hat, entschied der Rat im Dezember 2006, dass acht zentrale Verhandlungskapitel nicht geöffnet und keine Kapitel vorläufig geschlossen werden können, bis die Türkei sich hierzu bekennt. Fünf Kapitel werden insbesondere von Frankreich blockiert, da sie unmittelbar mit dem Beitritt zusammenhängen, den Frankreich ablehnt.

Potentielle Beitrittskandidaten

Zu den potentiellen Beitrittskandidaten zählen seit dem Gipfel von Thessaloniki im Jahr 2003 Albanien, Bosnien und Herzegowina, Kosovo gemäß UN-Resolution 1244, Montenegro und Serbien. Das Stabilisierungs- und Assoziierungsabkommen mit Albanien ist im April 2009 in Kraft getreten, das Beitrittsgesuch folgte im gleichen Monat. Für Bosnien und Herzegowina ist seit Juli 2008 das dem SAA vorausgehende auf Handel fokussierte Interims-Abkommen in Kraft, eine unilaterale Umsetzung des SAA erfolgt dennoch seit 2009, um den Willen zum Beitritt zu signalisieren. Das Kosovo verfügt zwar offiziell über eine europäische Perspektive, die Tatsache, dass es jedoch weiterhin von fünf EU-Mitgliedstaaten nicht als unabhängiger Staat anerkannt ist, erschwert die formale Gestaltung der Beziehungen etwa im Rahmen eines SAA. Montenegro stellte im Dezember 2008 ein Beitrittsgesuch; nach unilateraler Umsetzung trat das SAA am 1. Mai 2010 in Kraft. Serbien reichte sein Beitrittsgesuch im Dezember 2009 ein; das Interims-Abkommen trat im Februar 2010 in Kraft und der Ratifizierungsprozess für das SAA läuft. Auch für den serbischen Annäherungsprozess an die EU ist das Kosovo bedeutsam, da Serbien weiterhin seine territoriale Integrität inklusive des Kosovo als Voraussetzung formuliert. Im Januar 2010 trat mit Serbien ein Abkommen zur Visaliberalisierung in Kraft, obwohl das SAA noch nicht ratifiziert wurde. Somit erhielt das Land eine große Anerkennung, obwohl nur bedingter Fortschritt hinsichtlich der Forderungen der EU konstatiert werden kann. Grund für die Nichtratifizierung des SAA in Serbien seitens der EU-Mitgliedstaaten und insbesondere der Niederlande ist der Vorwurf mangelnder Kooperation mit dem Internationalen Strafgerichtshof für das ehemalige Jugoslawien in Den Haag, insbesondere bezüglich der Auslieferung von Ratko Mladić und Goran Hadzić.

Bilanz und Ausblick

Die Erweiterungspolitik der EU vollzieht sich auf zwei Ebenen. Auf der institutionellen Sachebene, welche von der Kommission dominiert wird, herrschen objektive Beitrittskriterien vor. Diese werden jedoch in zunehmendem Maße von Entscheidungen der Mitgliedstaaten auf der Grundlage politischer Präferenzen überlagert, bei denen es um wirtschaftliche Themen, aber auch um Fragen der europäischen Sicherheit und Stabilität geht. Hinzu kommt, dass es sich bei der EU um ein „moving target" handelt, das sich auch im Laufe des Beitrittsprozesses selbst weiter verändert. Für die nächste Zukunft ist aufgrund der aktuellen Priorität der Konsolidierung und der notwendigen Umsetzung des Vertrags von Lissabon von einer Verlangsamung der Beitrittsprozesse und einer größeren Bedeutung der → Europäischen Nachbarschaftspolitik auszugehen.

Katrin Böttger

Europäische Identität

Texte: „Dokument über die europäische Identität" der 9 EG-Außenminister (Kopenhagen 4.12.1973); die Integrationsverträge (vor allem Einheitliche Europäische Akte, Maastricht, Nizza, Lissabon und die Charta der Grundrechte).
Literatur: Julian Nida-Rümelin/Werner Weidenfeld (Hrsg.): Europäische Identität. Voraussetzungen und Strategien, Baden-Baden 2006 • Monika Mokre/Gilbert Weiss/Rainer Bauböck (Hrsg.): Europas Identitäten. Mythen, Konflikte, Konstruktionen, Frankfurt/New York 2003 • Heinrich Schneider: Europäische Identität. Historische, kulturelle und politische Dimensionen, in: integration, 4/1991, S. 160-176.

„Europäische Identität" war kaum ein Thema, bis 1973 die EG-Staaten Aussagen über ihren Platz in der Weltpolitik und ihre gemeinsamen „politischen und geistigen Werte" unter diese Überschrift stellten. Seit der Einheitlichen Europäischen Akte (1987) taucht der Begriff auch in den Integrationsverträgen auf, vor allem bezogen auf die Fähigkeit mit einer Stimme zu sprechen sowie geschlossen und solidarisch zu handeln. Politisch und literarisch wird er oft mit den „Grundsätzen" und „Werten" verknüpft, in denen Europa sich einig weiß. Doch warum wird das unter diesen Begriff gebracht? Und woher rührt die Konjunktur des Begriffs (die sich freilich weniger in Rechtstexten, als in Publizistik und Politik findet)?

Seitdem die EU nicht mehr ein bloßer Zweckverband wirtschaftlicher Integration ist, braucht sie, so wie jedes politische Gemeinwesen, ein „Wir-Bewusstsein", das eine gemeinsame Politik tragen kann und – die Nationen übergreifend – Solidarität stiftet. Der heute geläufige Typ politischen Gemeinsinns ist das Nationalbewusstsein. Weil aber die Einigung Europas nicht zur Verschmelzung der Glieder zu einer neuen „Nation Europa" führen soll (die EU ist ja ausdrücklich zur Achtung der „nationalen Identität" der Mitgliedstaaten verpflichtet), braucht man für Analyse und Diskussion sozusagen einen „Oberbegriff", von dem das Nationalbewusstsein einen Sonderfall darstellt, und das auf die Union bezogene Wir-Bewusstsein einen anderen. Dafür bot sich der Ausdruck „kollektive Identität" an. Inwiefern sich die auf die EU bezogene von der herkömmlichen „nationalen" Identität unterscheiden kann, das ist umstritten. Was waren bisher die prägenden Elemente kollektiver Identität? Offenbar unter anderem Vorstellungen eines gemeinsamen Schicksals, die Gemeinsamkeit von Einstellungen und Überzeugungen, die Bereitschaft zur Solidarität, und die Teilhabe an gemeinsamen Einstellungen und Überzeugungen. Oft wurde die Abgrenzung gegenüber Anderen betont (ein gemeinsamer Feind stärkt kollektive Identität). Ihrer Stabilisierung dienen einigende Symbolkomplexe oder symbolträchtige Dinge wie Riten, Mythen, geschichtliche Ereignisse, sinnträchtige Orte (Gedenkstätten), Texte – wie Glaubensbekenntnisse, Hymnen, Urkunden, Programme –, oft auch menschliche Gestalten (Gründer oder Stifter der Gemeinschaft, Retter aus kollektiver Not, Mitglieder, auf die man gemeinsam stolz ist) – und schließlich Institutionen, die dem Kollektiv Gestalt und Handlungsfähigkeit geben, nämlich durch die Autorisierung von Personen, die im Namen des Kollektivs verbindlich entscheiden (nur Einzelpersonen haben ein „Ich" und ein „Selbst").

Dabei ist das Verhältnis von Bewusstseinsverfassung und Institutionenverfassung dialektisch; nicht immer ging einer Staatsgründung ein breites Nationalbewusstsein voraus (Camillo Cavour soll 1870 gesagt haben: Italien haben wir geschaffen, was wir jetzt noch schaffen müssen, sind Italiener!").

Vordenker und „Macher" der Europapolitik betonen oft, nationale und europäische Identität sollten einander eben so wenig ausschließen, wie Staats- und Unionsbürgerschaft. Man soll sich zugleich als Deutscher (bzw. Franzose, usw.) wie als Europäer verstehen und beide Zugehörigkeiten bejahen. Dennoch ist die relative Bindekraft variabel. Die meisten Unionsbürger fühlen sich ihrer Nation stärker verbunden als der Europäischen Union. Je mehr die Vertiefung und Verdichtung der Union erstrebt wird, desto wichtiger wird die Profilierung und Stärkung der europäischen Identität. Die im Verfassungsvertrag vorgesehenen Identitätssymbole und der Verzicht darauf im → Vertrag von Lissabon sind aufschlussreich: Die „europäische Identitätspolitik" ist nicht mehr so recht „in", ursprünglich war sie von der Frage motiviert, wie das Missverhältnis zwischen wirtschaftlich-zweckrationaler Ausrichtung der Integration und gemeinwohlorientierter, die Menschen ansprechender politischer und geistiger Sinngebung ausbalanciert werden kann. Zugleich scheinen die jüngst Europa heimsuchenden Krisen für einen Mehrbedarf an Solidarisierungsbereitschaft und Zusammenhalt zu sprechen. Die Bewahrung Griechenlands vor dem Staatsbankrott wurde jedoch durchwegs unter Berufung auf das Eigeninteresse der Geberländer gerechtfertigt. Allerdings hat auch die Kritik an der Unausgewogenheit von Währungsunion und Wirtschaftsunion zugenommen, und damit verbunden die Forderung nach einer Wirtschaftsregierung. Diese müsste freilich eine kohärente Politik allemal gegen das Widerstreben von Betroffenen durchsetzen. Dazu bräuchte sie Macht, und diese bedarf demokratischer Legitimität: Eine Regierung müsste „im Namen der Europäer" handeln, und dazu müssten diese sich als Teilhaber und Mitträger einer die Nationen übergreifenden europäischen Identität verstehen. Das Thema bleibt auf der Tagesordnung.

Dimensionen europäischer Identität

Was stiftet ein Wir-Bewusstsein, und welche Inhalte prägen es? Man verweist auf „Gemeinsamkeiten, die uns verbinden" – eine gemeinsame Geschichte (oder der Glaube an eine gemeinsame Abstammung), eine einvernehmliche Sicht der Gegenwart, eine gemeinsame Zukunftsperspektive – und Aufgaben, denen wir uns gemeinsam stellen müssen. Die Präambel und Zielbestimmungen der europäischen Verträge stehen für einen europäischen Wertekonsens. Die Grenzen, diesen auch rechtsverbindlich zu fassen und auszulegen, zeigten sich in der Debatte um die → Charta der Grundrechte.

Kontrovers wird diskutiert, inwieweit eine „politische" Identität" der Europäerinnen und Europäer, also die bejahte Verbundenheit im Zeichen eines politischen Projekts, eine „kulturelle" Identität voraussetzt, wiewohl in offiziellen Texten oft das „gemeinsame Erbe" als identitätsstiftend bezeichnet wird. Aber was sind die eigenen Sinngehalte? „Die Bibel und die Antike" (so

Karl Jaspers)? Umfasst das Vermächtnis nicht auch Erbstücke, die aus der Renaissance, dem Humanismus, der Reformation, der Aufklärung stammen, das moderne Rechtsstaats- und Demokratieverständnis, und die Einigungs- und Friedensideen der späten Neuzeit? Kann man belastende Elemente einfach ausblenden – von blutigen Verfolgungen anders Denkender (z.B. religiöser Dissidenten) bis zu den Totalitarismen des 20. Jahrhunderts? Und schließt der freiheitliche Charakter unserer Gesellschaften nicht eine Pluralität nicht nur von Interesse, sondern auch von Überzeugungen ein, aus der sich unterschiedliche Apperzeptionen des kulturellen Erbes Europas ergeben? Gehören also Vielfalt und Gegensätzlichkeit (Jacob Burckhardts „discordia concors") nicht auch zur „europäischen Identität? Offenbar lässt sich diese nicht „ein für allemal" als fixe Summe von Bestandteilen (samt deren Rangordnung) definieren. Sie muss in einem Prozess der Auseinandersetzung und Vergewisserung immer wieder auf ihren Begriff gebracht werden.

Das gilt nicht nur für die Dimension der Vergangenheit, sondern auch für die gegenwarts- und zukunftsbezogene inhaltliche Bestimmung. Eine Vielzahl prägender Probleme und Zukunftsaufgaben aufzulisten, ist leicht; ihre Wichtigkeits- und Dringlichkeitsreihung wäre umstritten. Die Dynamik der Sache entzieht sich der Fixierung.

Sinngehalte, Strategien, Probleme

Dennoch werden die schon 1973 aufgezählten „Grundelemente" der europäischen Identität, d.h. die Prinzipien der repräsentativen Demokratie, der Rechtsstaatlichkeit, der sozialen Gerechtigkeit (die das Ziel des wirtschaftlichen Fortschritts ist) sowie die Achtung der Menschenrechte, bis heute als die „Grundsätze" und „Werte" bezeichnet, auf die sich die Union gründet, und die auch den Mitgliedstaaten gemeinsam sind. Sie markieren aber nicht die unterscheidende Besonderheit Europas – ihre weltweite Entwicklung und Stärkung betrachtet die Union als ein Ziel ihrer Außenpolitik. So wurde gegenläufig zu diesen Universalisierungstendenzen auch die Differenz zu „Gegenidentitäten" ins Spiel gebracht. Früher zum Ostblock, später gelegentlich zu den USA, nun da oder dort zum islamischen Fundamentalismus; auch das Motiv der Abwehr von Überfremdung wird als „identitätsstiftend" propagiert.

Für weitere Kandidaturen zur Inhaltsbestimmung der europäischen Identität wurde unter anderem die so genannte europäische „Wertegemeinschaft" nominiert (schon Augustinus definierte ein Volk als eine solche!) oder die Parole der „Leitkultur".

Wenn aber europäische politische Identität sich vor allem an Institutionen festmacht, dann kommt es ihr zugute, wenn die Europäische Union selbst als Akteur wahrgenommen wird, der zum europäischen Gemeinwohl beiträgt, beispielsweise indem sie Frieden und Wohlstand fördert oder einen „Raum der Sicherheit, der Freiheit und des Rechts" aufbaut und ausgestaltet. Die attraktive Selbstdarstellung der EU gehört daher ebenfalls zur europäischen Identitätspolitik. Auch darum ging es beim Verfassungsprojekt.

Vieles bleibt diskussionswürdig. Wie stark kann etwa eine stets neu zu begreifende europäische Identität nicht nur das Denken und Handeln kultureller Eliten und europäisch engagierter Minderheiten bestimmen, sondern auch die persönliche Identität der Unionsbürger(innen), die doch in der Welt von heute und morgen gleichzeitig mit vielerlei Problemen und Unsicherheiten und mehreren Identifizierungsmöglichkeiten umgehen müssen?

Heinrich Schneider

Europäische Kommission

Vertragsgrundlage: Präambel, Art. 1-10, 13, 47-50 EUV. Präambel, Art. 1-6 AEUV.

Literatur: Udo Diedrichs: Europäische Kommission, in: Werner Weidenfeld/Wolfgang Wessels (Hrsg.): Jahrbuch der Europäischen Integration, Baden-Baden, 2005ff. • David Spence (Hrsg.): The European Commission, London 2006 • Wolfgang Wessels: Das politische System der Europäischen Union, Wiesbaden 2008.

Internet: EU-Kommission: http://ec.europa.eu/index_de.htm

Die Kommission – seit 1993 in eigener Bezeichnung „Europäische Kommission" – ist eines der Hauptorgane der Europäischen Union. Sie bezeichnet im engeren Sinn das Kollegium aus 27 Mitgliedern und im weiteren Sinn auch die diesem unterstellte Verwaltungsbehörde. Die Kommission gilt als genuin europäische Instanz, deren Mitglieder vertragsrechtlich auf das Wohl der Union verpflichtet sind und dabei in Unabhängigkeit von den nationalen Regierungen handeln. Neben dem → Rat der EU und dem → Europäischen Parlament (EP) kommt ihr eine zentrale Rolle bei der Entscheidungsfindung der → Europäischen Union in vitalen Politikfeldern zu.

Geschichte, Aufgaben und Rollen der Kommission

Vorläufer der Kommission war die 1951 mit der Europäischen Gemeinschaft für Kohle und Stahl (EGKS) geschaffene Hohe Behörde, die bedeutende Entscheidungsrechte in der stark supranational organisierten Kohle- und Stahl-politik wahrnahm. Durch die Römischen Verträge (1958) traten die Kommissionen der Europäischen Wirtschaftsgemeinschaft (EWG) und der Europäischen Atomgemeinschaft (EAG) hinzu; 1965 wurde im Fusionsvertrag eine einzige Kommission als Organ für alle drei Gemeinschaften eingesetzt. In den 1960er und 1970er Jahren von eher geringem Profil, erlangte sie unter ihrem Präsidenten Delors in den 1980er Jahren eine politische Vorreiterrolle, was sich unter anderem in der Einheitlichen Europäischen Akte (1987), dem damit verbundenen Binnenmarktprogramm und anschließend der Initiative zur Schaffung der Wirtschafts- und Währungsunion niederschlug, die maßgeblich von der Kommission inspiriert und beeinflusst waren. Die Vertragsreformen von Maastricht (1993), Amsterdam (1999) und Nizza (2003) trugen zu einer partiellen Stärkung der Kommission bei, da sie die gemeinschaftlich geregelten Politikfelder ausweiteten und damit ihre Gestaltungsmöglichkeiten erhöhten. Zugleich haben sich ihre Aufgaben und Kompetenzen im Laufe der Integrationsentwicklung aufgefächert und ausdifferenziert. Mit der Unterzeichnung des → Vertrags von Lissabon im Dezember 2007 und dessen In-Kraft-Treten am 1. Dezember 2009 waren für die Kommission erhebliche institutionelle Veränderungen verbunden. Hierzu gehören unter anderem die Schaffung eines → Hohen Vertreters der Union für Außen- und Sicherheitspolitik, die Einführung eines Frühwarnsystems → nationaler Parlamente sowie die geänderten Bestimmungen für die Ernennung des Kollegiums. Nach dem positiven Ausgang des zweiten Referendums in Irland im September 2009 wurde die ursprünglich im Vertrag von Lissabon vorgesehene Reduzierung des Kollegiums auf Eis gelegt und dem Wunsch der kleineren EU-Länder nach einem dauerhaften ‚Vertreter‘ in der Kommission Rechnung getragen.

Laut Art. 17 EUV kommen der Kommission innerhalb der Europäischen Union folgende Aufgaben zu:

- ■ die allgemeinen Interessen der Union zu fördern und hierfür die geeigneten Initiativen zu ergreifen,
- ■ für die Anwendung der Verträge und die auf dieser Grundlage von den Organen erlassenen Maßnahmen Sorge zu tragen,
- ■ die der Anwendung des Unionsrechts unter der Kontrolle des Gerichtshofs der Europäischen Union zu überwachen,
- ■ den Haushaltsplan auszuführen und Programme zu verwalten,
- ■ nach Maßgabe der Verträge Koordinierungs-, Exekutiv- und Verwaltungsfunktionen auszuüben,

- die Außenvertretung der Union außer der GASP und anderen vertraglich definierten Fällen wahrzunehmen,
- die Einleitung der mehrjährigen Programmplanung mit dem Ziel inter-institutionelle Vereinbarungen zu erreichen.

Im Vertrag von Lissabon findet sich damit eine deutlicher ausdifferenzierte Formulierung der Aufgaben der Kommission als im alten EG-Vertrag, die sich aber durchaus am traditionellen Spektrum orientiert.

Mit ihren Funktions- und Tätigkeitsbereichen verbinden sich klassischerweise drei Rollen der Kommission innerhalb der Union. Sie gilt als der „Motor der Integration", was ihr insbesondere aufgrund ihres Initiativmonopols für Legislativvorschläge zufällt; damit ein Verfahren zur Verabschiedung eines Rechtsaktes der Union eingeleitet werden kann, bedarf es in der Regel eines Vorschlags der Kommission. Ausnahmen von dieser Regel sind allerdings in den vergangenen Vertragsreformen vermehrt zugelassen worden. Sie wird weiterhin als „Hüterin der Verträge" bezeichnet, da sie die Umsetzung und Anwendung des Unionsrechts überwacht. Sie ist schließlich die „Exekutive der EU", da ihr – neben dem Rat der EU – die Durchführung von Rechtsakten auf Unionsebene zukommt und die Ausführung des Haushalts anvertraut ist.

Die Ernennung der Kommission: Stärkung des Europäischen Parlaments

Das Kollegium der Kommission besteht derzeit aus 27 Personen. Bis zur → Erweiterung im Mai 2004 stellten die „großen" EU-Staaten jeweils zwei Kommissare, die übrigen einen. Nach einer Übergangsphase mit 30 Kommissionsmitgliedern (vom Mai bis November 2004) und dem Beitritt Bulgariens und Rumäniens schlägt nunmehr jeder EU-Staat nur noch ein Mitglied für die Kommission vor. Nach dem Vertrag von Lissabon wird die Ernennung der Kommission stärker auf das Europäische Parlament ausgerichtet, ohne einer völligen Parlamentarisierung den Weg zu ebnen. Wie bisher bleibt es bei einem zweistufigen Vorgehen. Zunächst schlägt der Europäische Rat mit qualifizierter Mehrheit nach „entsprechenden Konsultationen" dem EP einen Kandidaten für das Amt des Kommissionspräsidenten vor (Art. 17(7) EUV). Dabei hat er das Ergebnis der Wahlen zum Europäischen Parlament zu berücksichtigen. Diese Bestimmung wird sich zweifelsohne nicht immer eindeutig umsetzen lassen, zumal keine der parlamentarischen Gruppen im EP realistischerweise auf eine absolute Mehrheit hoffen darf; damit könnten sich Spielräume ergeben, die der Europäische Rat nutzen kann. Allerdings ist die Vorgabe, dass Konsultationen stattfinden sollen, nicht ganz unbedeutend. Je besser es den politischen Kräften im EP gelingen wird, sich nach den Wahlen mehrheitsfähig zu organisieren, desto enger könnte dabei der Entscheidungs-korridor des Europäischen Rates abgesteckt werden.

Im Anschluss daran stellt der Rat im Einvernehmen mit dem Kandidaten für den Kommissionspräsidenten und mit qualifizierter Mehrheit die Liste der übrigen Kommissionsmitglieder auf (Art. 17(7) EUV). Dabei soll auf der Grundlage mitgliedstaatlicher Vorschläge vorgegangen werden. Der Kandidat für das Amt des Kommissionspräsidenten kann also nicht sein „Team" nach eigenen politischen und persönlichen Präferenzen suchen, sondern ist auf die Angebote der Regierungen angewiesen. Allerdings ist es ihm möglich, den Zuschnitt und die Besetzung der Ressorts maßgeblich zu beeinflussen, wenngleich auch hier die Mitgliedstaaten immer wieder Ansprüche anmelden. Die endgültige Ernennung der gesamten Kommission erfolgt durch den Rat mit qualifizierter Mehrheit nach Zustimmung des Europäischen Parlaments zum gesamten Kollegium.

Das Parlament führt vor der Abstimmung mit den benannten Kandidatinnen und Kandidaten für das Kollegium in den Fachausschüssen Anhörungen durch, um ihre Eignung und politischen Positionen zu prüfen. Dabei hat sich mittlerweile unter den Parlamentariern die Bereitschaft erhöht, im Extremfall dem Kollegium insgesamt die Bestätigung zu verweigern, wenn einzelne Kandidaten auf Ablehnung stoßen. Damit hat das Europäische Parlament seine Rolle bei der Ernennung der Kommission deutlich stärken können. Dieser Sachverhalt betont zudem den supranationalen Charakter der Kommission. Die Möglichkeit, die Kommission mit Mehrheit im Rat zu ernennen, kann als zusätzlich verstärkender Faktor gesehen werden, welcher die Arithmetik der nationalen Repräsentanz schwächt und die Unabhängigkeit von den Mitgliedstaaten unterstreicht. Allerdings herrscht innerhalb des Rats weiterhin das Bemühen vor, die Be- und Ernennung der Kommission einmütig zu regeln und keine Fronten entstehen zu lassen.

Mit der Formulierung des Art. 17(8) EUV wird zudem die parlamentarische Verantwortlichkeit der Kommission ausdrücklich betont, wobei die Anforderungen an ein Misstrauensvotum sich im Vergleich zum Status quo ante nicht verändert haben.

Ursprünglich sah der Vertrag von Lissabon vor, die Anzahl der Kommissionsmitglieder künftig zu reduzieren. Ab dem 1. November 2014 sollte ein Rotationsverfahren einsetzen, das eine Anzahl von Kommissaren vorsieht, die zwei Dritteln der Mitgliedsländer entspricht (Art. 17(5) EUV). Im Zuge der Ratifizierungskrise des Vertrags von Lissabon wurde jedoch beschlossen, die

Zahl der Kommissionsmitglieder nicht zu reduzieren, sondern jedem Mitgliedstaat weiterhin einen Kommissar/in zu belassen, um die Zustimmung der irischen Bevölkerung zum Vertrag von Lissabon zu erleichtern. Laut Art. 17(5) EUV kann der Europäische Rat einstimmig eine Regelung zur Anzahl der Kommissionsmitglieder treffen, die von der ursprünglich vorgesehenen Reduzierung abweicht.

Einen besonderen Status wird laut Vertrag von Lissabon der künftige Hohe Vertreter für Außen- und Sicherheitspolitik besitzen, der die Funktionen eines Mitglieds der Kommission (für auswärtige Beziehungen) und eines Vertreters des Rats (de facto eines aufgewerteten Hohen Repräsentanten) unter einen doppelten Hut zu bringen hat (Art. 18 EUV). Seine Ernennung wird mit qualifizierter Mehrheit durch den Europäischen Rat mit Zustimmung des Kommissionspräsidenten erfolgen (Art. 18(1) EUV). Nach dem gleichen Verfahren kann seine Amtszeit beendet werden.

Die hybride institutionelle Natur des Hohen Vertreters lässt noch offen, ob sich damit ein Einflussgewinn oder -verlust für die Kommission ergibt. Er wird als Vizepräsident der Kommission für die Koordinierung der auswärtigen Politikfelder zuständig sein (Art. 18(4) EUV) und durch einen → Europäischen Auswärtigen Dienst unterstützt. Als Mitglied des Kollegiums ist er von nationalen Weisungen unabhängig und dem europäischen Interesse verpflichtet, als Beauftragter des Rats allerdings würde er die Vorbereitung und Umsetzung der Entscheidungen im Rahmen der → Gemeinsamen Außen- und Sicherheitspolitik (GASP) und der → Gemeinsamen Sicherheits- und Verteidigungspolitik (GSVP) zu leisten haben. Nicht ohne Ambivalenz formuliert der Vertrag von Lissabon, dass er hinsichtlich seiner Zuständigkeiten als Mitglied der Kommission den entsprechenden Verfahren dieser Institution unterliegen soll, insofern dies mit seinen Funktionen innerhalb des Rats nach Art. 18(2, 3) EUV vereinbar ist.

Auch der → Präsident des Europäischen Rates nimmt auf seiner Ebene externe Repräsentationsaufgaben wahr, was insbesondere mit den Ansprüchen des Kommissionspräsidenten, der sich in der Vergangenheit häufig als Vertreter der Union insgesamt gerierte, kollidieren kann.

Arbeitsweise und Struktur der Kommission

Die Mitglieder der Kommission üben ihre Tätigkeit in voller Unabhängigkeit aus und dürfen Weisungen der Regierungen weder erbeten noch empfangen. Während der fünfjährigen Amtszeit ist ihnen eine andere entgeltliche oder unentgeltliche Berufstätigkeit untersagt; Wiederernennung ist zulässig. Vor

Ablauf der Amtsperiode endet die Tätigkeit eines Kommissionsmitglieds durch Tod, Rücktritt, Amtsenthebung durch den → Gerichtshof der Europäischen Union (EuGH) oder ein Misstrauensvotum des EP (mit der Mehrheit der Stimmen seiner Mitglieder und mindestens zwei Dritteln der abgegebenen Stimmen), das jedoch nur kollektiv für das gesamte Kollegium anwendbar ist (Art. 17(8) EUV und Art. 234 AEUV).

Nach dem In-Kraft-Treten des Vertrags von Lissabon kann der Präsident kraft Amtes ein Mitglied der Kommission zum Rücktritt zwingen (Art. 17(6) EUV); für den Hohen Vertreter der Union für Außen- und Sicherheitspolitik ist dabei das Verfahren des Art. 18(1) EUV einzuhalten.

Die Mitglieder der Kommission üben die ihnen übertragenen Aufgaben unter der Leitung des Präsidenten aus (Art. 248 AEUV). Dieser ist für die interne Organisation verantwortlich, verteilt die Zuständigkeitsbereiche und kann diese auch in der laufenden Amtszeit neu ordnen (Art. 248 AEUV). Beschlüsse werden allerdings weiterhin mit der Mehrheit der Mitglieder gefasst. Zudem hat der Kommissionspräsident nur begrenzte Möglichkeiten der Kontrolle und politischen Führung des Hohen Vertreters für Außen- und Sicherheitspolitik der Union.

Jedem Mitglied der Kommission ist ein Zuständigkeitsbereich zugewiesen, für den wiederum die einzelnen Dienststellen tätig sind (siehe die Zusammenstellung der *Generaldirektionen, Dienste, Ämter und Agenturen der Europäischen Kommission*). Hierzu ist die Kommission administrativ in Generaldirektionen (GDs) nach einzelnen Sachbereichen wie z.B. Wirtschaft und Finanzen, Handel, Entwicklung, Landwirtschaft und Regionalpolitik gegliedert. Neben den Generaldirektionen besteht eine Reihe von Diensten und Ämtern, die allgemeine oder fachspezifische Aufgaben erfüllen. Diese genießen zum Teil ebenfalls den Status einer Generaldirektion, wie der Juristische Dienst oder das Amt für Zusammenarbeit EuropeAid. Die GDs sind wiederum in Direktionen und Referate eingeteilt. Insgesamt umfasst der Stellenplan der Kommission im Jahr 2009 20.018 Dauerplanstellen und weitere 366 Stellen auf Zeit, 3.827 Dauerplanstellen für Forschung sowie 1.883 Dauerplanstellen und 115 Stellen auf Zeit für angegliederte Ämter und Dienststellen. Damit repräsentiert sie das Rückgrat der EG-Verwaltung. Im Zuge der → Erweiterung 2004 und 2007 sind einige Umstrukturierungen vorgenommen worden, welche insbesondere die Schaffung neuer Generaldirektionen beinhalteten und damit auch die Vergabe politisch relevanter Führungsaufgaben an Angehörige der neuen Mitgliedstaaten ermöglichte. So wurde beispielsweise der Gemeinsame Dolmetscher- und Konferenzdienst in die GD Dolmetschen überführt, die hinsichtlich ihrer politischen Relevanz sicher nicht mit den GDs etwa für Landwirtschaft oder für Wettbewerb vergleichbar ist. Jedes Kommissionsmitglied verfügt über ein Kabinett, das sich aus einer Gruppe enger Mitarbeiter zusammensetzt. Das Kabinett soll die politischen Führungs- und Entscheidungsaufgaben des Kommissionsmitglieds unterstützen sowie Informationen horizontal wie vertikal weiterleiten, dabei aber den Generaldirektionen und nach geordneten Dienststellen verantwortlich die administrative Tätigkeit überlassen. Die Kabinettchefs und die Generaldirektoren sind gehalten, sich regelmäßig zu konsultieren, um ein reibungsloses Zusammenspiel zu gewährleisten. Weiterhin treffen sich die Kabinettchefs unter Leitung des Generalsekretärs der Kommission wöchentlich, um die Entscheidungen des Kollegiums vorzubereiten und die Zusammenarbeit zwischen den Dienststellen zu harmonisieren. Das Ineinandergreifen von persönlichem Führungszirkel der Kommissionsmitglieder und den administrativen Spitzenbeamten ist für die Leistungsfähigkeit und Effizienz innerhalb der Behörde unentbehrlich.

Die Kommission ist insgesamt durch ein in der politischen Praxis noch nicht völlig geklärtes Spannungsfeld zwischen dem Kollegialitätsprinzip, einem (im Falle des künftigen Hohen Vertreters für Außen- und Sicherheitspolitik besonders ausgeprägten) Ressortprinzip und einem „Präsidialprinzip" gekennzeichnet, dessen spezifischen Ausprägungen zu beobachten sein werden. Weiteres Konfliktpotenzial innerhalb der Kommission kann aus der Zuordnung von politischen Führungsaufgaben und administrativen Funktionen erwachsen. Hier spielt das Zusammenwirken von Kollegium, Kabinetten und Dienststellen eine wichtige Rolle.

Eine wachsende Rolle spielen schließlich Exekutivagenturen, an die die Kommission Verwaltungsaufgaben ausgelagert hat, um sich zu entlasten (→ Agenturen). Dieser Trend hat sich in den letzten Jahren verstärkt und betrifft vor allem die Felder Bildung, Forschung, Verkehr und Gesundheit, wo die Kommission in der Vergangenheit teils milliardenschwere Programme managen musste und dabei nicht selten an die Grenzen ihrer Belastbarkeit stieß. Eine Herausforderung für die Kommission wird sicherlich sein, die Exekutivagenturen effektiv zu kontrollieren, um die politische und administrative Kohärenz ihrer Tätigkeit zu gewährleisten.

Generaldirektionen, Dienste, Ämter und Agenturen der Europäischen Kommission

Allgemeine Dienste	Interne Dienste
GD Kommunikation	GD Haushalt
Europäisches Amt für Betrugsbekämpfung – OLAF	GD Humanressourcen und Sicherheit
Historische Archive	GD Informatik
Gemeinsame Forschungsstelle	Juristischer Dienst
Amt für Veröffentlichungen	Amt für Gebäude, Anlagen und Logistik Brüssel
Generalsekretariat	Amt für Gebäude, Anlagen und Logistik Luxemburg
GD Statistisches Amt der EU – Eurostat	Interner Auditdienst
	GD Dolmetschen
	Datenschutzbeauftragter der Europäischen Kommission
Interne Politikbereiche	Amt für die Feststellung und Abwicklung individueller Ansprüche
GD Landwirtschaft und ländliche Entwicklung	GD Übersetzen
GD Umwelt	Beratergremium für Europäische Politik
GD Justiz, Freiheit und Sicherheit	**Außenbeziehungen**
GD Wettbewerb	GD Entwicklung
GD Regionalpolitik	GD Erweiterung
GD Wirtschaft und Finanzen	GD Außenbeziehungen
GD Forschung	GD Humanitäre Hilfe
GD Bildung und Kultur	GD Handel
GD Steuern und Zollunion	EuropeAid – Amt für Zusammenarbeit
GD Beschäftigung, soziale Angelegenheiten und Chancengleichheit	
GD Energie	**Exekutivagenturen**
GD Unternehmen und Industrie	Exekutivagentur Bildung, Audiovisuelles und Kultur (EACEA)
GD Maritime Angelegenheiten und Fischerei	Exekutivagentur des Europäischen Forschungsrates (EFR)
GD Mobilität und Verkehr	Exekutivagentur für Forschung (REA)
GD Gesundheit und Verbraucher	Exekutivagentur für das transeuropäische Verkehrsnetz (TEN-TEA)
GD Informationsgesellschaft und Medien	Exekutivagentur für Gesundheit und Verbraucher (EAHC)
GD Binnenmarkt und Dienstleistungen	Exekutivagentur für Wettbewerbsfähigkeit und Innovation (EACI)

Quelle: Udo Diedrichs (Aufstellung auf der Grundlage des Organisationsplans der Kommission, Juni 2010).

Aufgaben und Tätigkeiten: Einbindung und Mitgestaltung

Die Kommission ist de jure oder de facto in allen Phasen politischer Entscheidungsprozesse in der EU eingebunden und kann als bedeutender politischer Mitgestalter der Union gelten.

a) *Entscheidungsvorbereitung:* Die Kommission steht in der Regel am Anfang eines Rechtsetzungsverfahrens, indem sie einen Vorschlag unterbreitet, der dann nach unterschiedlichen Entscheidungsverfahren im Wechselspiel mit anderen Organen weiterbehandelt und in Form eines Rechtsakts verabschiedet wird. Grundsätzlich besteht die Regel, dass ein Gesetzgebungsakt – soweit nichts anderes bestimmt ist – nur auf Vorschlag der Kommission erlassen werden darf (Art. 17(2) AEUV). Andere Rechtsakte werden dagegen nur dann auf Vorschlag der Kommission erlassen, wenn dies in den Verträgen so vorgesehen ist. In bestimmten vertraglich vorgesehenen Fällen können zudem Gesetzgebungsakte auf Initiative einer Gruppe von Staaten oder des Europäischen Parlaments, auf Empfehlung der Europäischen Zentralbank oder auf Antrag des Gerichtshofs der Europäischen Union oder der Europäischen Investitionsbank erlassen werden (Art. 289(4) AEUV). De facto ist die Kommission längst aus der Position eines ‚Initiativmonopolisten' ausgeschieden und muss sich das formale Recht auf Ingangsetzung eines Entscheidungsverfahrens mit anderen Akteuren teilen. So sind beispielsweise Rechtsakte der → Europäischen Zentralbank (EZB) innerhalb der Währungspolitik nach Art. 132 AEUV vom Initiativrecht der Kommission entbunden. In der auswärtigen Währungspolitik kann sie dagegen nach Art. 138 AEUV ein – nicht-exklusives – Empfehlungs- und Vorschlagsrecht ausüben.

Nach Art. 293(2) AEUV kann die Kommission vor der Beschlussfassung durch den Rat ihren ursprünglichen Vorschlag jederzeit verändern. Bei einem Abweichen des Rats vom Kommissionsvorschlag ist – bis auf Ausnahmen im ordentlichen Gesetzgebungsverfahren nach Art. 294 AEUV – Einstimmigkeit erforderlich (Art. 293(1) AEUV). Grundsätzlich sind ihre Gestaltungsmöglichkeiten in den Fällen, die eine Mehrheitsentscheidung im Rat vorsehen, höher anzusiedeln als bei Einstimmigkeit, da die Hürde für eine Beschlussfassung auf der Grundlage ihres Vorschlags niedriger ausfällt und die Kommission „Koalitionen" mit einigen Staaten eingehen kann. Zum Abschluss internationaler Abkommen nach Art. 218(5) AEUV unterbreitet die Kommission oder – soweit die GASP berührt ist – der Hohe Vertreter für Außen- und Sicherheitspolitik dem Rat einen Vorschlag, nachdem sie die Verhandlungen auf der Grundlage von Richtlinien des Rates geführt hat.

Bereits in der Entscheidungsvorbereitung wirken zahlreiche nationale Beamte, Sachverständige und Interessenvertreter in den ca. 1000 Beratenden Ausschüssen und Expertengruppen, die von der Kommission eingesetzt werden, bei der Ausarbeitung eines Vorschlags mit. Im Jahre 2009 waren zudem im Kommissionsregister für Interessenvertreter insgesamt 2092 Eintragungen verzeichnet. Mehr als die Hälfte davon entfielen auf Unternehmenslobbyisten und Wirtschaftsverbände (1159), dahinter folgten Nichtregierungsorganisationen und Think Tanks (590), dann Beraterfirmen und Anwaltskanzleien mit Lobbyfunktionen (121) und sonstige (222).

Die Kommission übt ihr Initiativrecht in enger Abstimmung mit den anderen Organen aus, nicht zuletzt weil sie für den Erfolg ihrer Gesetzgebungsvorhaben auf das Zusammenspiel mit diesen angewiesen ist. So präsentiert der Präsident jährlich vor dem Europäischen Parlament das Arbeitsprogramm der Kommission, das auch mit den Prioritäten des periodisch wechselnden Ratsvorsitzes koordiniert wird. Schließlich ist der Kommission die Möglichkeit gegeben, neben den formalen Vorschlägen für Rechtsakte durch Empfehlungen, Stellungnahmen, Berichte und andere Mitteilungen (z.B. Grün- und Weißbücher) auf die politische Diskussion in der EU einzuwirken und Impulse zu geben.

Die Bestimmungen der Protokolle im Anhang zum Vertrag von Lissabon über die Rolle der nationalen Parlamente (Nr. 1) und über die Anwendung der Grundsätze der Subsidiarität und der Verhältnismäßigkeit (Nr. 2) könnten für das Initiativmonopol der Kommission erhebliche Einschränkungen implizieren, da künftig das Damoklesschwert eines Frühwarnsystems über ihren Legislativinitiativen schweben wird, wonach bei Einwänden einer Anzahl nationaler Parlamentskammern ein Vorschlag der Kommission nochmals überprüft werden muss (Art. 7 des Protokolls über die Einhaltung der Grundsätze der Subsidiarität und der Verhältnismäßigkeit). Im Falle des ordentlichen Gesetzgebungsverfahrens kann dies sogar zum Scheitern des Kommissionsentwurfs führen. Damit wäre die Handlungsfreiheit der Kommission spürbar eingeengt.

b) *Entscheidungsfindung:* Die Kommission wirkt in den Rechtsetzungsverfahren neben Rat und EP mit und kann hier die Beschlussfassung beeinflussen. Allerdings variiert das Gewicht der Kommission je nach Verfahren und Entscheidungsregeln. Innerhalb des ordentlichen Gesetzgebungsverfahrens nach Art. 294 AEUV spielt sie nur partiell eine prägende Rolle. Sollte ein Vermittlungsausschuss einberufen werden, spitzt sich der Entscheidungsablauf auf Rat und Parlament zu, die Kommission nimmt nur noch eine unterstützende

Funktion wahr. Die Ausweitung des ordentlichen Gesetzgebungsverfahrens im Vertrag von Lissabon ergibt somit für die Kommission nur bedingt einen Einflussgewinn.

An den Sitzungen der Arbeitsgruppen, des Ausschusses der Ständigen Vertreter (AStV) und des Rats nehmen Vertreter der Kommission ohne Stimmrecht teil und sind damit in der Lage, die Diskussionen unmittelbar zu verfolgen und argumentativ zu beeinflussen.

Die Kommission besitzt in einigen Feldern auch eigene Rechtsetzungsbefugnisse, insbesondere in Fragen ihrer Selbstorganisation, des Haushalts, in der → Wettbewerbspolitik oder in Fragen des Waren- und Kapitalverkehrs.

Unter dem Stichwort der Flexibilisierung der Entscheidungsmodalitäten könnte die Kommission in Zukunft zudem stärker gefordert sein. In den Bestimmungen zur verstärkten Zusammenarbeit kommt eine zentrale Stellung zu. Ein Antrag zur verstärkten Zusammenarbeit wird von den interessierten Mitgliedstaaten an die Kommission gerichtet, woraufhin sie einen entsprechenden Vorschlag formulieren kann. Ausgenommen von diesem Schritt sind allerdings Bereiche, in denen die Union eine ausschließliche Zuständigkeit besitzt (diese sind insgesamt für die verstärkte Zusammenarbeit nicht vorgesehen) sowie die GASP (Art. 329(1) AEUV). Auch Anträge auf Beteiligung an einer bereits bestehenden verstärkten Zusammenarbeit bescheidet sie. Im Rahmen der GASP sind die Gestaltungsmöglichkeiten der Kommission eingeschränkter, hier fungiert der Rat als das entscheidende Organ (Art. 329(2) AEUV).

c) *Entscheidungsdurchführung:* Die Kommission trifft in der Regel die -notwendigen Entscheidungen zur Durchführung von Rechtsakten und ist nach Art. 317 AEUV für die Ausführung des Haushaltsplans eigenverantwortlich zuständig. Dabei kommt insbesondere der Verwaltung der Strukturfonds, aber auch finanzträchtiger Programme etwa in der → Forschungs-, Bildungs- oder → Umweltpolitik erhebliche Bedeutung zu.

Die Bestimmungen des Vertrags von Lissabon haben auch das System der Durchführung von Rechtsakten systematisiert. So wird in Art. 290(1) AEUV festgehalten, dass in Gesetzgebungsakten der Kommission die Befugnis übertragen werden kann, ‚Rechtsakte ohne Gesetzescharakter' mit allgemeiner Geltung zu erlassen, in denen nicht wesentliche Bestandteile der betreffenden Gesetzgebungsakte ergänzt oder verändert werden können. Dabei müssen in den ursprünglichen Gesetzgebungsakten die Ziele, der Inhalt, der Geltungsbereich und die Dauer der Befugnisübertragung ausdrücklich festgelegt sein. Weiterhin sieht der Vertrag zwei grundlegende Möglichkeiten der Begleitung durch Rat und EP vor: beide können beschließen, die Übertragung zu widerrufen, oder aber der Rechtsakt kann nur in Kraft treten, wenn keiner der beiden Einwände erhebt. Neben dem Erlass dieser ‚delegierten Rechtsakte' (Art. 290(3) AEUV) kann die Kommission – und in Ausnahmefällen der Rat – ausdrückliche Durchführungsbefugnisse nach Art. 291(2) AEUV erhalten, die es ihr ermöglichen, Durchführungsrechtsakte zu erlassen. Allerdings werden hierbei durch den Rat und das EP Regeln und Grundsätze bestimmt, nach denen die Mitgliedstaaten die Durchführungstätigkeiten der Kommission kontrollieren (Art. 291(3) AEUV).

Ob sich auf der Grundlage dieser vertraglichen Bestimmungen ein im Vergleich zu den traditionellen Ausprägungen der ‚Komitologie' transparenteres und demokratisch legitimeres Umsetzungs- und Durchführungssystem für Rechtsakte ergeben wird, bleibt abzuwarten. Auf jeden Fall wird die Kommission auch künftig mit nationalen Widerständen rechnen müssen.

d) *Entscheidungskontrolle:* Ihre Rolle als Hüterin der Verträge speist sich vor allem aus ihrer Funktion, die ordnungsgemäße Anwendung des Gemeinschaftsrechts zu kontrollieren. Verstößt nach Ansicht der Kommission ein Mitgliedstaat gegen eine vertragliche Verpflichtung etwa bei der Umsetzung von Richtlinien in nationales Recht, kann sie hierzu nach Art. 258 AEUV eine Stellungnahme erstellen, den betreffenden Staat innerhalb einer Frist zu einer Äußerung auffordern und notfalls auch den Gerichtshof der Europäischen Union anrufen. Die meisten Urteile in diesen Vertragsverletzungsverfahren entsprechen dem Antrag der Kommission. Nicht nur die Mitgliedstaaten, auch der Rat, das EP und die EZB können von der Kommission nach Art. 263 AEUV wegen Unzuständigkeit, Missachtung von Formvorschriften, Vertragsverletzung oder Ermessensmissbrauch verklagt werden. Im Rahmen der → Wirtschafts- und Währungsunion kommt der Kommission ebenfalls eine kontrollierende Funktion zu. Sie überwacht die Entwicklung der Haushaltslage und der Höhe des öffentlichen Schuldenstands in den Mitgliedstaaten und kann gemäß Art. 126 AEUV ein Verfahren einleiten, an dessen Ende notfalls die Verhängung einer Geldbuße gegen einen Mitgliedstaat stehen kann.

e) *Außenbeziehungen:* Die Kommission kann in den Außenbeziehungen der EU als Verhandlungsführer der Union auftreten, insofern ihr der Rat nach Art. 218(3) AEUV diese Rolle zuweist. In Fragen mit einem GASP-Schwerpunkt wird dagegen der → Hohe Vertreter für Außen- und Sicherheitspolitik die Federführung innehaben. Zahlreiche Handels-, Kooperations- und Assoziierungsabkommen mit Drittstaaten oder Staatengruppen zeugen von der aktiven Rolle der Kommission auf diesem Gebiet. Dabei wird sie allerdings bei Handelsverhandlungen regelmäßig durch einen vom Rat eingesetzten Ausschuss (dem Ausschuss für Zoll- und Handelsverhandlungen) begleitet (→ Außenhandelsbeziehungen). Bei währungspolitischen Abkommen ist die Position der Kommission eingeschränkt; hier ist sie nicht vertraglich gesicherte Verhandlungsführerin der EU, wird aber nach Art. 219(3) AEUV in vollem Umfang vom Rat beteiligt.

Die Kommission in der GASP: Doppelter Hut, halbierter Einfluss?

Immer noch stark abweichend von ihren beachtlichen Gestaltungsmöglichkeiten innerhalb der meisten Politikfelder Europäischen Union sind die Beteiligungsrechte der Kommission in den intergouvernementalen Kooperationsbereichen der Gemeinsamen Außen- und Sicherheitspolitik (Art. 23-41 EUV) sowie der Gemeinsamen Sicherheits- und Verteidigungspolitik (Art. 42-46 EUV). Hier dominieren weiterhin der → Europäische Rat und der Rat das Bild. Hinzu kommt allerdings, dass durch die Schaffung des Hohen Vertreters für Außen- und Sicherheitspolitik die Spielräume der Kommission für eine Mitwirkung deutlich eingeschränkt wurden. Schon die Ernennung des Hohen Vertreters weicht wie erwähnt vom üblichen Verfahren für das Kollegium ab, analog ist auch seine Entlassung aus dem Amt geregelt (Art. 18(1) EUV). Zugleich muss sich der Hohe Vertreter laut Art. 17(7) EUV mit dem Präsidenten und dem gesamten Kollegium einem Zustimmungsvotum des Europäischen Parlaments stellen, bevor die Ernennung durch den Europäischen Rat erfolgen kann. Noch komplizierter gestaltet sich der Status des Hohen Vertreters im Falle eines Misstrauensvotums des EP nach Art. 17(8) EUV gegen die Kommission. Sollte ein entsprechender Antrag die erforderliche Mehrheit finden, so legt der Hohe Vertreter lediglich sein im Rahmen der Kommission ausgeübtes Amt nieder, verbleibt aber in seinen Funktionen für den Rat der EU. Ob dies eine praktikable Lösung darstellt, wird wohl kaum überprüfbar sein, da die Hürde für eine erfolgreiche Abwahl der Kommission äußerst hoch angelegt ist. Interessant ist aber die Konstruktion, die hier zum Vorschein kommt: Im Bedarfsfall wird der Doppelhut wieder geteilt und soll dann weiterhin „passen".

Laut Vertrag von Lissabon sind auch die originären Beteiligungsechte der Kommission an den Arbeiten der GASP eingeschränkt worden War sie laut EU-Vertrag in der Nizzaer Fassung noch „in vollem Umfang" beteiligt (Art. 27, 36 EUV Nizza), gehen ihre Rechte nunmehr fast vollständig auf den Hohen Vertreter für Außen- und Sicherheitspolitik über. Dies ist insofern problematisch, als der Hohe Vertreter nicht zwangsläufig als verlängerter Arm der Kommission in der GASP gelten kann. Durch die Schaffung des Europäischen Auswärtigen Diensts unter Einbeziehung von Dienststellen der Kommission nach Art. 27(3) EUV verliert sie auch hier einen unmittelbaren Zugriff auf Personal und Ressourcen. Dies gilt insbesondere für das weltweite Netz an Delegationen, die dem Auswärtigen Dienst zugeschlagen werden.

Ein Vorschlagsrecht in der GASP besitzt die Kommission laut Vertrag von Lissabon in Zusammenwirken mit dem Hohen Vertreter (Art. 30 EUV). Dieser kann allerdings auch ohne Unterstützung der Kommission Initiativen einbringen und ist so vom Kollegium in diesem Punkt unabhängig.

Ausblick: Die Kommission nach Lissabon

Mit der Erweiterung und dem Inkrafttreten des Vertrags von Lissabon sind auch für die Kommission neue Zeiten angebrochen. Sie als Gewinnerin der jüngsten Entwicklungen zu bezeichnen, wäre äußerst vereinfachend; vielmehr wird es künftig wahrscheinlich erheblich schwieriger, ihre traditionelle Position aufrechtzuerhalten und innerhalb des neu ausgerichteten institutionellen Gefüges eine profilierte Rolle zu spielen. Sie wird versuchen müssen, zu verhindern, dass die Zuspitzung der Entscheidungsverfahren auf das EP und den Rat ihr nur noch eine Mittler- und Zuschauerrolle belässt, zumal ihr Initiativmonopol längst nicht mehr lückenlos gegeben ist. Insbesondere im Bereich der Außenpolitik wird es ihr zudem gelingen müssen, dafür zu sorgen, dass der neue Hohe Vertreter ihre Positionen wahrnimmt und berücksichtigt.

Udo Diedrichs

Europäische Menschenrechtskonvention

Charakter: Völkerrechtlicher Vertrag.

Unterzeichnung; In-Kraft-Treten: 4.11.1950 in Rom; 3.9.1953.

Sitz; Konventionssprachen: Straßburg; Englisch und Französisch.

Mitglieder: Vertragspartner der Konvention, zur Zeit 47 europäische Staaten.

Rechtsgrundlagen: Konvention zum Schutze der Menschenrechte und Grundfreiheiten vom 4.11.1950 mit 14 Protokollen.

Organe: Ständiger Europäischer Gerichtshof für Menschenrechte (EGMR); Ministerkomitee des Europarats.

Ziel: Schutz und Durchsetzung der Menschenrechte in allen Mitgliedstaaten.

Literatur: Jochen Abraham Frowein und Jochen Peukert: EMRK-Kommentar, 3. Auflage Kehl u.a. 2009 • Heribert Golsong u.a. (Hrsg.): Internationaler Kommentar zur Europäischen Menschenrechtskonvention, Köln, Stand Mai 2009 • Christoph

Grabenwarter: Europäische Menschenrechtskonvention. Ein Studienbuch, München 2009 • Benedikt Schneiders: Die Grundrechte der EU und die EMRK, Baden-Baden 2010. **Internet:** EMRK: http://conventions.coe.int/Treaty/ger/Treaties/Html/005.htm • EGMR: http://www.echr.coe.int/

Die Europäische Menschenrechtskonvention (EMRK) verfolgt das Ziel, in ihren Mitgliedstaaten elementare Menschenrechte, den Schutz der persönlichen Freiheit, rechtsstaatliche Verfahrensgarantien, besondere Freiheitsrechte sowie das Recht auf Ehe und Familie zu gewährleisten. Sie wurde als erste Konvention des → Europarats in nur 15 Monaten Vorbereitungszeit auf Drängen der Parlamentarischen Versammlung erarbeitet. Alle 47 Mitgliedstaaten des Europarats haben sie ratifiziert. Voraussetzung für die Unterzeichnung der EMRK ist die Mitgliedschaft im Europarat. Grundlagen für den vorgesehenen Beitritt der Europäischen Union zur EMRK sind Art. 59 der EMRK in der Fassung des Protokolls Nr. 14. und Art. 6(2, 3) EUV, ergänzt durch Protokoll Nr. 8 zu Art. 6(2) EUV über den Beitritt der Union zur EMRK. Vor dem Beitritt, der durch einstimmigen Beschluss des Rates erfolgen muss, sind noch einige offene Fragen zu klären und Bedenken aus dem Weg zu räumen.

Einzigartig ist der Durchsetzungsmechanismus der Konvention: Die Bürger haben auf dem Wege der Individualbeschwerde einen direkten Zugang zu dem von nationalen Instanzen unabhängigen Ständigen Gerichtshof für Menschenrechte in Straßburg.

Konventionsrechte

Die EMRK errichtet ein europäisches Menschenrechtsschutzsystem mit einem Katalog von Menschenrechten und Organen zur Überprüfung von Verletzungen dieser Rechte. Die Liste der Menschenrechte und Grundfreiheiten der EMRK ist weit gefächert und enthält u.a. das Recht auf Leben (Art. 2), das Verbot der Folter (Art. 3), das Verbot der Sklaverei und Zwangsarbeit (Art. 4), das Recht auf Freiheit und Sicherheit (Art. 5), das Recht auf gerichtliches Gehör (Art. 6), weitere Justizgrundrechte (Art. 7), das Gebot der Achtung der Privatsphäre (Art. 8), die Gedanken-, Gewissens- und Religionsfreiheit (Art. 9), das Recht der freien Meinungsäußerung (Art. 10) sowie die Versammlungs- und Vereinsfreiheit (Art. 11). Die EMRK wird durch 14 Zusatzprotokolle (ZP) ergänzt.

Die Zusatzprotokolle sind nur für diejenigen Mitgliedstaaten verbindlich, die sie auch unterzeichnet und ratifiziert haben. Die Verpflichtung zur Ratifikation des 6. ZP, das die Abschaffung der Todesstrafe in Friedenszeiten vorsieht, gilt seit einigen Jahren als Voraussetzung für die Aufnahme in den Europarat. Trotz Kritik hat Russland dieses Protokoll zwar am 16. April 1997 gezeichnet, aber als einziger Mitgliedstaat nicht ratifiziert. Das am 1. Juli 2003 in Kraft getretene 13. ZP will die Todesstrafe unter allen Umständen, also auch in Kriegszeiten, abschaffen. 42 Staaten habe es ratifiziert, Armenien, Aserbaidschan, Lettland, Polen und Russland bislang nicht. Das 12. ZP hebt die bisherige Beschränkung der EMRK in Art. 14 auf in der Konvention festgelegte Rechte auf und sorgt für ein umfassendes Diskriminierungsverbot: Niemand darf unter keinem Vorwand von einer öffentlichen Behörde diskriminiert werden. Es trat am 1. April 2005 in Kraft. Von 18 Staaten wurde es ratifiziert, Deutschland beschränkt sich bislang auf die bloße Unterzeichnung des Protokolls.

Durchsetzung der Rechte

Im Gegensatz zu anderen internationalen Menschenrechtspakten verfügt die EMRK über einen wirksameren Mechanismus zur Durchsetzung der gewährleisteten Rechte. Bis 1998 bestand er aus der Europäischen Kommission für Menschenrechte (EKMR), dem Europäischen Gerichtshof für Menschenrechte (EGMR) und dem Ministerkomitee des Europarats. Bevor ein Gesuch vor den Gerichtshof gelangte, wurde es von der Kommission geprüft. Dieses Verfahren erwies sich auch im Hinblick auf die in den 1980er und 1990er Jahren stark gestiegene Mitgliederzahl als zu langwierig und führte 1998 zur Reform des Kontrollsystems durch das 11. ZP zur EMRK. Das Protokoll ermöglichte nach zähen Verhandlungen und langjährigen Ratifizierungsprozessen am 1. November 1998 die Einrichtung eines alleinigen und ständigen Menschenrechtsgerichtshofs.

Arbeitsweise

Der neue EGMR besteht wie der vorherige aus einem Richter pro Mitgliedstaat. Derzeit sind es 47 hauptamtliche Richter. Deutschland wird seit dem 1. November 2004 vertreten durch die frühere Richterin am Bundesverfassungsgericht Dr. h.c. Renate Jaeger. Am 1. Januar 2011 wird sie abgelöst von Prof. Dr. Dr. h.c. Angelika Nussberger, Direktorin des Instituts für Osteuroparecht an der Universität Köln. Sie hat bereits mehrere Expertisen über Osteuropa erstellt, auch für den Europarat – so etwa über Minderheitenrechte oder über den russisch-georgischen Konflikt. Die Richter werden von der Parlamentarischen Versammlung aus einer Liste von drei geeigneten Kandidaten der jeweiligen Mitgliedstaaten für neun Jahre ohne Möglichkeit der Wiederwahl gewählt. Zweiter Präsident des EGMR ist seit dem 19. Januar 2007 der Franzose Jean Paul Costa. Das Gericht tagt regelmäßig in Einzelrichterbesetzung, in Ausschüssen mit drei Richtern, in Kammern mit sieben Richtern und in einer Grossen Kammer mit siebzehn Richtern. Es entscheidet nach Verhandlung und eventueller Beweisaufnahme durch Urteil, ob eine Verletzung der EMRK vorliegt. Der Klagende erhält gegebenenfalls eine Entschädigung. Das Urteil ist endgültig und bindet die betroffenen Mitgliedstaaten. Etwa zwei Drittel der 11.361 EGMR-Urteile (an den Verfahren waren teilweise auch zwei Staaten beteiligt) zwischen dem 1. November 1998 und dem 31. Dezember 2009 betrafen die Mitgliedstaaten Türkei (2.261), Italien (1.866), Russland (862), und Polen (763), Frankreich (656) Rumänien (646), Ukraine (608) und Griechenland (515). In 10.156 Fällen stellte der EGMR die Verletzung mindestens einer EMRK-Regelung durch den betroffenen Staat fest. Am häufigsten wird die Verletzung von Art. 6 gerügt, d.h. entweder ließ das Verfahren vor den nationalen Gerichten (z.B. in mehr als der Hälfte der Urteile betreffend Russland und Ukraine) oder aber die Verfahrenslänge (z.B. in der Hälfte Urteile betreffend Polen und Italien) zu wünschen übrig. Auch in rund einem Drittel der 154 Deutschland betreffenden Urteile wird die Länge der Gerichtsverfahren bemängelt.

Reform

Schon kurz nach der grundlegenden Neuausrichtung waren erneute Veränderungen des Kontrollsystems unumgänglich. Die erste Reform konnte die bisherige langjährige Verfahrensdauer nicht abkürzen. Dies liegt insbesondere an der angesichts der Beschwerdezahl mangelhaften personellen und finanziellen Ausstattung des Gerichtshofs und an der hohen Zahl der Staaten des Europarats. Das Budget des EGMR ist Teil des Haushalts des Europarates. Für 2010 betrug es 58.588.600 Euro (2005: 41,7 Mio. Euro). Die Zahl der neuen Beschwerden pro Jahr steigt und steigt: 2009 waren es 57.100 (2008: 49.850, 2007: 41.717, 2005: 35.369, 2000: 20.075). 2009 wurden 1.625 Urteile gefällt, 33.065 Beschwerden wurden für unzulässig erklärt bzw. zurück genommen. Ende 2009 waren insgesamt 119.300 Beschwerden anhängig (am 1. November 2008 – zum 10. Geburtstag des Gerichtshofes – waren es „nur" 95.500). Sie stammten insbesondere aus Russland (33.568=28,1 %), Türkei

(13.115=11 %), Ukraine (9.975=8,4 %), Rumänien (9.812=8,2 %) und Italien (7.158=6 %).

Das am 13. Mai 2004 beschlossene und am nach jahrelanger Blockade durch Russland schließlich am 1. Juni 2010 in Kraft getretene 14. ZP zur EMRK reformiert den EGMR nun erneut. Umstritten waren die Regelungen der Zulässigkeitsvoraussetzungen der Individualbeschwerden in Art. 35 EMRK, mit der die Zahl zulässiger Beschwerden durch rigidere Filterungen verringert werden soll. Beschwerden sind nun unzulässig, wenn sie vom Gerichtshof für offensichtlich unbegründet oder missbräuchlich gehalten werden oder auch wenn er der Ansicht ist, dass dem Beschwerdeführer kein erheblicher Nachteil entstanden ist. Letzteres gilt jedoch nur eingeschränkt. Wenn die Achtung der Menschenrechte, wie sie in der Konvention und den Protokollen dazu anerkannt sind, eine Prüfung der Begründetheit der Beschwerde erfordert oder aus diesem Grund eine Rechtssache zurückgewiesen würde, die noch von keinem innerstaatlichen Gericht gebührend geprüft worden ist, ist die Beschwerde zulässig. Auch Einzelrichter können Individualbeschwerden für unzulässig erklären oder im Register streichen, wenn eine solche Entscheidung ohne weitere Prüfung getroffen werden kann. Die Entscheidung ist endgültig.

Diese Bestimmungen ließen Menschenrechtsorganisationen und auch die Parlamentarische Versammlung eine Einschränkung des weltweit einzigartigen Rechts auf die Individualbeschwerde zum Schutz der Menschenrechte befürchten. Ob jedoch selbst mit dieser Reform die bald zu erwartenden 60.000 jährlichen Beschwerden von den 47 Richterinnen und Richtern in den Griff zu bekommen sein werden, ist zweifelhaft.

Anke Gimbal

Europäische Nachbarschaftspolitik

Vertragsgrundlage: Art. 8, 20, 24-41 EUV. Art. 3, 4, 32, 207, 211, 212, 217, 218 AEUV.

Zielländer: Algerien, Ägypten, Armenien, Aserbaidschan, Belarus, Georgien, Israel, Jordanien, Libanon, Libyen, Marokko, Moldau, das besetzte palästinensische Gebiet, Syrien, Tunesien, Ukraine.

Ziele: Entstehung neuer Trennlinien zwischen der erweiterten EU und den Nachbarn verhindern; Wohlstand, Stabilität und Sicherheit aller Beteiligten stärken.

Instrumente: Partnerschafts- und Kooperationsabkommen, Assoziierungsabkommen, Länderberichte, Aktionspläne, Fortschrittsberichte, Assoziierungsagenden, weitreichende und umfassende Freihandelsabkommen, Visumerleichterungs- und Rückübernahmeabkommen, Europäisches Nachbarschafts- und Partnerschaftsinstrument.

Dokumente: Strategiepapier „Für eine starke Europäische Nachbarschaftspolitik" der Kommission, KOM(2007) endg. • Strategiepapier zur Union für den Mittelmeerraum der Kommission, KOM(2008) 319 endg. • Strategiepapier zur Östlichen Partnerschaft der Kommission, KOM(2008) 823 endg.

Literatur: Katrin Böttger: Die Entstehung und Entwicklung der Europäischen Nachbarschaftspolitik. Akteure und Koalitionen, Baden-Baden 2010 • Katrin Böttger: Im Osten nichts Neues? Ziele, Inhalte und erste Ergebnisse der Östlichen Partnerschaft, in: integration, 4/2009, S. 372-387 • Barbara Lippert: Die Europäische Nachbarschaftspolitik. Viele Vorbehalte – einige Fortschritte – unsichere Perspektiven, Berlin/Bonn 2008.

Internet: ENP: http://ec.europa.eu/world/enp/index_de.htm • Östliche Partnerschaft: http://ec.europa.eu/external_relations/eastern/index_en.htm • Euro-Mediterrane PArtnerschaft: http://ec.europa.eu/external_relations/euromed/index_en.htm

Die Europäische Nachbarschaftspolitik (ENP) bildet den einheitlichen Rahmen für die Beziehungen der Europäischen Union zu ihren östlichen Nachbarstaaten, den Staaten im südlichen Kaukasus und den Mittelmeerdrittstaaten. Hierzu zählen im Osten Armenien, Aserbaidschan, Belarus, Georgien, Moldau und die Ukraine, sowie im Süden Ägypten, Algerien, Israel, Jordanien, Libanon, Libyen, Marokko, das besetzte palästinensische Gebiet, Syrien und Tunesien. Insgesamt handelt es sich bei diesen 16 Staaten um eine sehr heterogene Gruppe von Adressaten. Gemeinsam ist ihnen allen, dass sie derzeit nicht über eine EU-Beitrittsperspektive verfügen. Diese fehlende Finalität stößt insbesondere in der Ukraine, aber auch in Georgien und Moldau auf Widerspruch. Einerseits ist diesen Ländern eine engere Anbindung an die EU willkommen, andererseits bietet die ENP zu wenig für diejenigen, die eine EU-Mitgliedschaft anstreben.

Die ENP richtet sich nicht an Russland und die Länder des westlichen Balkans. Während die Beziehungen zu Russland im Rahmen der strategischen Partnerschaft und seit 2003 mit dem Ziel, vier Gemeinsame Räume in den Bereichen Wirtschaft, äußere und innere Sicherheit sowie Bildung einzurichten, geregelt sind, verfügen die Staaten des westlichen Balkans über eine Beitrittsperspektive (→ Erweiterung).

Die ENP wurde 2002 ursprünglich als Alternative zur Erweiterung für die osteuropäischen Staaten und insbesondere die Ukraine entwickelt, um trotz einer fehlenden Beitrittsperspektive die Entstehung neuer Trennlinien durch die EU-Osterweiterung zu verhindern. Ab 2004 wurde die Politik dann von der → Europäischen Kommission ausformuliert, die sich hierbei an den Instrumenten der Erweiterungspolitik orientierte. Eine weitere wichtige Grundlage war die vom damaligen Hohen Vertreter für die Außen- und Sicherheitspolitik Javier Solana im Jahr 2003 entwickelte Europäische Sicherheitsstrategie.

Ziel der ENP ist die Förderung von Stabilität, Sicherheit und Wohlstand in einem Ring verantwortungsvoll regierter Staaten. Gefördert werden insbesondere eine bessere Regierungsführung und die wirtschaftliche Entwicklung. Diese Ziele sollen durch politische Zusammenarbeit, Normenexport und Reformen in Bezug auf Demokratie, Menschenrechte und Rechtstaatlichkeit sowie durch die Einhaltung marktwirtschaftlicher Prinzipien erreicht werden. Anreize hierfür werden durch die Gewährung von Marktzugängen bis hin zu einer teilweisen wirtschaftlichen Integration in den Europäischen Binnenmarkt sowie finanzielle und technische Hilfe gesetzt.

Aufgrund der unterschiedlichen Relevanz, welche dem Verhältnis zwischen der EU und dem jeweiligen Nachbarstaat von beiden Seiten beigemessen wird, sind die Beziehungen unterschiedlich intensiv: Während die Ukraine als Vorreiter gesehen werden kann, nehmen Belarus, Libyen und Syrien gar nicht aktiv an der ENP teil.

Rechtliche und institutionelle Grundlagen

Erstmals finden die Beziehungen der Europäischen Union zu ihren Nachbarn im Teil 1 „Gemeinsame Bestimmungen" des → Vertrags von Lissabon (Art. 8 EUV) eine primärrechtliche Grundlage:

„(1) Die Union entwickelt besondere Beziehungen zu den Ländern in ihrer Nachbarschaft, um einen Raum des Wohlstands und der guten Nachbarschaft zu schaffen, der auf den Werten der Union aufbaut und sich durch enge, friedliche Beziehungen auf der Grundlage der Zusammenarbeit auszeichnet. (2) Für die Zwecke des Absatzes 1 kann die Union spezielle Übereinkünfte mit den betreffenden Ländern schließen. Diese Übereinkünfte können gegenseitige Rechte und Pflichten umfassen und die Möglichkeit zu gemeinsamem Vorgehen eröffnen. Zur Durchführung der Übereinkünfte finden regelmäßige Konsultationen statt."

Die ENP und ihre Instrumente haben jedoch keinen Eingang in die Verträge gefunden – ein Umstand, der aus Sicht der EU mehr Flexibilität ermöglicht, von einigen Nachbarstaaten aber als fehlendes Engagement ausgelegt wird. Seit 2010 gibt es mit Štefan Füle einen Kommissar für Erweiterung und Europäische Nachbarschaftspolitik; vor 2010 war die ENP Teil der Aufgaben der Kommissarin für Außenbeziehungen und Europäische Nachbarschaft,

Benita Ferrero-Waldner. Während Vertreter der EU diesen neuen Zuschnitt der Kompetenzen als eine Aufwertung der ENP als eigenständigem Politikfeld sehen, besteht in den aktiveren Nachbarstaaten die Hoffnung, dass diese Personalunion einen neuen Impuls für eine Mitgliedschaftsperspektive bringt. Regionale Ausdifferenzierung: Mittelmeerunion und Östliche Partnerschaft Neben dem umfassenden Konzept der ENP existieren regionale Ausdifferenzierungen für die südlichen und östlichen Nachbarn. Sie sind Ausdruck der regionalen Präferenzen und Schwerpunkte, welche die EU-Mitgliedstaaten setzen.

Regionale Ausdifferenzierung

Schon im Jahre 1995 wurde der Barcelona-Prozess ins Leben gerufen, um die Beziehungen zu den Mittelmeerdrittstaaten zu regeln. Ziel des Prozesses war es, für Frieden und Stabilität in der Region eine solidere Grundlage zu schaffen, um basierend auf den gemeinsamen Werten der Partnerländer einen politischen Dialog zu initiieren. Themenfelder der Zusammenarbeit auf bilateraler und multilateraler Ebene (in so genannten „Körben") waren Politik und Sicherheit, Wirtschaft und Finanzen sowie Soziales und Kultur. Zudem sollten durch den Barcelona-Prozess Konflikte in der Region verhindert oder beigelegt werden. Hier ist insbesondere der weiter schwelende Nahost-Konflikt zu nennen, welcher die Zusammenarbeit aber eher behinderte.

Im Jahr 2008 wurde der Barcelona-Prozess auf Initiative des französischen Staatspräsidenten Nicolas Sarkozy durch die „Union für das Mittelmeer" (im Folgenden Mittelmeerunion) abgelöst. Ihr Ziel ist eine stärkere regionale Kooperation durch neue Initiativen, regelmäßige Gipfeltreffen und ein gemeinsames Sekretariat. Sarkozys Konzept einer Mittelmeerunion sah vor, nur die Mittelmeeranrainer unter den EU-Mitgliedstaaten einzubeziehen. Dieses Konzept wurde aber in der Kompromissfindung, insbesondere von der deutschen Bundeskanzlerin Angela Merkel, abgelehnt. Somit nehmen an der Mittelmeerunion neben den 27 EU-Mitgliedstaaten und Ägypten, Algerien, Israel, Jordanien, Libanon, Libyen, Marokko, dem besetzten palästinensischen Gebiet, Syrien und Tunesien auch Albanien, Bosnien-Herzegowina, Kroatien, Mauretanien, Monaco, Montenegro und die Türkei teil. Institutionell sind neben Treffen auf der Ebene der Staats- und Regierungschefs sowie der Außenminister und hoher Beamter ein gemeinsames Sekretariat in Barcelona und eine Fortführung der Euromediterranen Parlamentarischen Versammlung vorgesehen. Fast zwei Jahre nach der Gründung der Mittelmeerunion wurden der Generalsekretär und seine sechs Stellvertreter benannt und das Sekretariat in Barcelona im März 2010 eröffnet. Der Prozess der Annäherung kommt aufgrund zahlreicher Konfliktlinien jedoch nur schleppend voran. Im Jahr 2009 konnten deshalb lediglich informelle Treffen am Rande anderer Zusammenkünfte stattfinden.

Für die Beziehungen der EU mit den Nachbarstaaten in Osteuropa und im südlichen Kaukasus entwarfen die Regierungen Polens und Schwedens im Jahr 2008 eine eigene Initiative. Auf deren Grundlage verabschiedeten die 27 EU-Mitgliedstaaten am 7. Mai 2009 gemeinsam mit den sechs östlichen Nachbarn Armenien, Aserbaidschan, Belarus, Georgien, Moldau und der Ukraine in Prag eine Erklärung zur „Östlichen Partnerschaft". Sie soll mithilfe von multilateralen und bilateralen Instrumenten eine neue Phase in den Beziehungen eröffnen. Die Entstehung und Entwicklung der Östlichen Partnerschaft wurde durch den russisch-georgischen Konflikt im August 2008 beschleunigt, da dieser die fehlende Stabilität in der für die EU wichtigen Region verdeutlichte. Auch die Östliche Partnerschaft sieht Treffen auf der Ebene der Staats- und Regierungschefs sowie der Außenminister und hoher Beamter vor. Im Gegensatz zur Mittelmeerunion verfügt sie jedoch nicht über ein eigenes Sekretariat. Die Östliche Partnerschaft umfasst Instrumente, welche schon vor ihrer Entstehung mit der Ukraine verhandelt wurden und nun allen sechs Staaten grundsätzlich offen stehen. Neu ist hingegen die multilaterale Komponente der Östlichen Partnerschaft. Hierzu zählen die multilateralen Plattformen, in denen sechs prioritäre Themen (Vorreiterinitiativen) behandelt werden: Integriertes Grenzverwaltungsprogramm; Fazilität für kleine und mittlere Unternehmen zur Förderung des Privatsektors; Förderung regionaler Strommärkte, der Energieeffizienz und erneuerbarer Energieträger; Entwicklung des südlichen Energiekorridors; Zusammenarbeit bei der Katastrophenvorsorge und der Bewältigung natürlicher und von Menschen verursachter Katastrophen, Unterstützung von Good Governance im Bereich Umweltschutz. Weitere multilaterale Elemente der Östlichen Partnerschaft sind das zivilgesellschaftliche Forum und die parlamentarische Versammlung Euronest. An diesen multilateralen Elementen nimmt auch Belarus teil, obwohl das Land mangels vertraglicher Basis mit der EU gegenwärtig weder an der ENP noch an der bilateralen Dimension der Östlichen Partnerschaft beteiligt ist. Im Rahmen der Östlichen Partnerschaft stehen im Zeitraum von 2010-2013 insgesamt 600 Mio. Euro für ein Programm zum umfassenden Institutionenaufbau, für Vorreiterprogramme zur regionalen Entwicklung sowie für die multilaterale Komponente zur Verfügung.

Übersicht: Zielländer und Instrumente der Europäischen Nachbarschaftspolitik

ENP-Zielländer	*Instrumente der 1. Generation*				*Instrumente der 2. Generation*			
	Vertragliche Basis[1] (Inkrafttreten)	ENP-Länder-bericht	ENP-Aktions-plan[2]	Assoziierungs-abkommen	Assoziierungs-agenda (Inkrafttreten)	Weitreichende und umfassende Freihandelsabkommen	Visa-Bestimmungen[3]
Mitglieder der Östlichen Partnerschaft							
Armenien	PKA 1999	2005	2006	Verhandlungs-aufnahme vorgesehen	–	KOM-Empfehlungen über Reformprioritäten zur Verhandlungsaufnahme (2/2009)	VP - VEA geplant
Aserbaidschan	PKA 1999	2005	2006	Verhandlungs-aufnahme vorgesehen	–	Fehlende WTO-Mitgliedschaft (Voraussetzung für Verhandlungen)	–
Belarus	PKA 1994 (eingefroren)	–	–	–	–	–	–
Georgien	PKA 1999	2005	2006	Entwurf v. Verhandlungs-richtlinien diskutiert	–	KOM-Empfehlungen über Reformprioritäten zur Verhandlungsaufnahme (10/2008)	VP - Unterzeichnung v. VEA u. RÜA geplant (ca. 6/2010)
Moldau	PKA 1998	2004	2005	Verhandelt (seit 1/2010)	–	Verhandlungsaufnahme vorgesehen	VEA u. RÜA in Kraft (1/2008)
Ukraine	PKA 1998	2004	2005	Verhandelt (seit 3/2007)	11/2009	Verhandelt (seit 2/2008)	VEA u. RÜA in Kraft (1/2008) - Dialog zur Abschaffung VP (seit 10/2008)
Mitglieder der Union für das Mittelmeer							
Algerien	AA 2005	–	–	–	–	–	–
Ägypten	AA 2004	2005	2007	–	–	–	–
Israel	AA 2000	2004	2005	–	–	–	–
Jordanien	AA 2002	2004	2005	–	–	–	–
Libanon	AA 2006	2005	2006/07	–	–	–	–
Libyen	–	–	–	–	–	–	–
Marokko	AA 2000	2004	2005	–	–	Verhandlungsaufnahme geplant (2010)	VP - VEA und RÜA verhandelt
Das besetzte palästinensische Gebiet	Interim-AA 1997	2004	2005	–	–	–	–
Syrien	–	–	–	–	–	–	–
Tunesien	AA 1998	2004	2005	–	–	–	–

Quelle: Böttger (eigene Darstellung).

[1] AA: Assoziierungsabkommen; PKA: Partnerschafts- und Kooperationsabkommen.
[2] Annahme durch die EU und im ENP-Partnerland.
[3] VP: Visumpflicht; VEA: Visumerleichterungsabkommen; RÜA: Rückübernahmeabkommen.

In mancher Hinsicht handelt es sich bei der Östlichen Partnerschaft um einen Gegenimpuls zur Mittelmeerunion. Jedoch gab es schon vor den Plänen für die Mittelmeerunion regionale Initiativen für eine „ENP-Ost" (Eastern Dimension, ENPplus), die jedoch in der EU keine Mehrheiten gefunden haben, da noch nicht alle EU-Mitgliedstaaten die Beziehungen zu diesen Staaten über die ENP hinaus intensivieren wollten.

Die Instrumente der Europäischen Nachbarschaftspolitik

Die Instrumente der ENP beinhalten einerseits Reformanreize und Transformationshilfen für die Nachbarstaaten. Andererseits sollen sie im Interesse der EU Sicherheit und Stabilität exportieren. Langfristiges Ziel der Implementierung dieser Instrumente ist eine teilweise Angleichung an den gemeinsamen Besitzstand, um den Handel mit dem europäischen Markt zu erleichtern sowie im Bereich der Visabestimmungen eine größere Reisefreiheit für die Bevölkerungen der Nachbarstaaten zu erlangen. Die EU ist zudem bestrebt, den Demokratisierungsprozess zu stabilisieren und die Rechtsstaatlichkeit in den jeweiligen Ländern zu festigen. Hierbei kommt wie bei der → Erweiterung das Konzept der Konditionalität zum Einsatz.

Die Instrumente der ENP haben sich inkrementell entwickelt. Sie werden nicht alle exklusiv im Rahmen dieser Politik angewandt und haben zum Teil schon vor Inkrafttreten der ENP existiert. Aus diesem Grund lassen sie sich nicht alle eindeutig der ENP oder den geografischen Ausdifferenzierungen zuordnen. Gleichwohl können sie in Instrumente der ersten und der zweiten Generation eingeteilt werden.

Aufbauend auf Strategiepapieren der Europäischen Kommission stellen Partnerschafts- und Kooperationsabkommen (PKA) bzw. Assoziierungsabkommen, Länderberichte und Aktionspläne die wichtigsten Instrumente der ersten Generation dar.

Die PKA, welche die EU bereits in den 1990er Jahren mit den Partnerstaaten geschlossen hatte, bilden die Grundlage für die östliche Dimension der ENP. Als vertragliche Basis für die Nachbarstaaten im Süden gelten hingegen die Assoziierungsabkommen, welche zwischen 1997 und 2006 mit unbefristeter Gültigkeit in Kraft traten. In beiden Fällen handelt es sich um bilaterale, völkerrechtliche Abkommen, die jährliche Gipfeltreffen und regelmäßige Konsultationen auf Minister- und Beamtenebene vorsehen.

Das zweite wichtige ENP-Instrument der ersten Generation sind die Aktionspläne. Hierbei handelt es sich um nicht bindende beiderseitige Absichtserklärungen. Sie dienen der Implementierung der ENP und werden auf bilateraler

Ebene zwischen der EU und den einzelnen Nachbarstaaten beschlossen. Ihre Grundlage sind Länderberichte, in welchen die Kommission eine Bewertung der bilateralen Beziehungen zwischen der EU und dem jeweiligen Nachbarstaat vornimmt und die Fortschritte im Rahmen des PKA bzw. des Assoziierungsabkommens sowie die aktuelle Lage beschreibt. Die Aktionspläne gelten für drei bis fünf Jahre und enthalten eine Agenda politischer und wirtschaftlicher Reformen mit kurz- und mittelfristigen Prioritäten sowie konkrete Benchmarks. Die ersten Aktionspläne werden seit 2005 umgesetzt und einseitig von der Kommission in Fortschrittsberichten evaluiert.

Da die PKA eine Laufzeit von 10 Jahren haben, ist ihre ursprüngliche Gültigkeit bereits abgelaufen. Sie werden bis zum Abschluss eines vertieften Nachfolgeabkommens stillschweigend um jeweils 12 Monate verlängert und bleiben somit in Kraft. Ein neues Abkommen der zweiten Generation verhandelt die EU seit 2007 mit der Ukraine und seit Januar 2010 mit Moldau. Dieses wird als Assoziierungsabkommen bezeichnet um der größeren Annäherung an die EU Rechnung zu tragen. Mit Georgien sollen Verhandlungen für ein solches Abkommen in naher Zukunft beginnen. Auch für Armenien und Aserbaidschan sind Assoziierungsabkommen grundsätzlich geplant, Verhandlungen aber noch nicht terminiert.

Zur Implementierung dienen die Assoziierungsagenden, welche als Nachfolger der Aktionspläne die Assoziierungsabkommen begleiten. Da sich für die Beteiligten gezeigt hat, dass die Aktionspläne zu vage formuliert sind, enthalten die Assoziierungsagenden detailliertere Angaben dazu, welche Akteure auf Seiten der Nachbarstaaten oder der EU für die Umsetzung verantwortlich sind. Insbesondere formulieren die Assoziierungsagenden gemeinsame Ziele und übertragen die Verantwortung, sie zu erreichen gleichermaßen an die EU und an die Nachbarstaaten (Joint Ownership). Die erste Assoziierungsagenda wurde wiederum mit dem ENP-Vorreiter Ukraine abgeschlossen und ist seit November 2009 in Kraft.

Neben den bereits genannten Assoziierungsabkommen und Assoziierungsagenden zählen zu den Instrumenten der zweiten Generation weitreichende und umfassende Freihandelsabkommen (DCFTA), die darauf abzielen, den Nachbarstaaten einen Zugang zum Europäischen Markt zu gewähren und europäische Investitionen in diesen Ländern zu unterstützen. Darüber hinaus sehen die DCFTA eine rechtliche Annäherung an europäische Gesetze und Standards vor. Voraussetzung für ein DCFTA im Rahmen der ENP ist die WTO-Mitgliedschaft, die einigen Ländern noch fehlt (Aserbaidschan). Mit anderen läuft hingegen der Vorbereitungsprozess für die Verhandlungsaufnahme (Armenien, Georgien, Moldau), während das DCFTA mit der Ukraine seit Februar 2008 verhandelt wird.

Ein weiteres langfristiges Ziel im Rahmen der Östlichen Partnerschaft ist die vollständige Visafreiheit in den Nachbarstaaten. Auf dem Weg hierzu stellen Visaerleichterungsabkommen ein wichtiges Instrument der zweiten Generation dar. Diese Abkommen koppelt die EU mit Rückübernahmeabkommen für Staatsangehörige des jeweiligen Staates und der EU-Mitgliedstaaten sowie für Drittstaatsangehörige und Staatenlose, die rechtswidrig eingereist sind. Die Abkommen mit der Ukraine und der Republik Moldau sind Anfang 2008 in Kraft getreten, während die Verhandlungen mit Georgien bereits abgeschlossen sind und das Abkommen voraussichtlich im Juni 2010 unterzeichnet werden soll. Auch mit Marokko werden Visaerleichterungs- und Rückübernahmeabkommen verhandelt. Bezüglich der Abschaffung der Visapflicht führt die Ukraine seit Oktober 2008 einen Dialog mit der EU zur Visafreiheit. Ab 2010 soll ein solcher Dialog auch mit Moldau begonnen werden. Wichtige Voraussetzungen hierfür müssen in den Bereichen biometrische Angaben in Passdokumenten, illegale Immigration und Rückübernahmen, öffentliche Ordnung und Sicherheit sowie Außenbeziehungen geschaffen werden.

Finanzielle und technische Unterstützung im Rahmen der ENP

Das Finanzinstrument der ENP ist das Europäische Nachbarschafts- und Partnerschaftsinstrument (ENPI). Es hat die Finanzierungsprogramme MEDA und TACIS abgelöst und findet somit auch für die Kooperation mit Russland Verwendung. Von 2007 bis 2013 stellt das ENPI 12 Mrd. Euro bereit, um die Reformen der Nachbarstaaten zu unterstützen. Dies entspricht einer effektiven Erhöhung um ein Drittel gegenüber den Vorgängerinstrumenten. Bei den Verhandlungen über die Aufteilung dieser Mittel auf die Nachbarregionen gab es zwischen den EU-Mitgliedstaaten Uneinigkeit über den regionalen Schwerpunkt sowie über die Höhe der Summe, um welche die Nachbarstaaten in Konkurrenz zu einander stehen sollten. Letztlich wurden sowohl ein kollektiver Ansatz in Form von Regionalprogrammen als auch eine einzelstaatliche Förderung sowie zwei spezielle Fördertöpfe für die grenzüberschreitende Zusammenarbeit und für die Förderung guter Regierungsführung beschlossen.

Die technische Hilfe basiert auf jenen Mechanismen, die auch bei den Erweiterungsprozessen zur Anwendung kommen. Hierzu zählen die Unterstützung durch den Informationsaustausch mit Sachverständigen (TAIEX) sowie langfristig angelegte Partnerschaften mit Verwaltungen von Mitgliedstaaten (TWINNING).

Bilanz und Ausblick

Die stetige Weiterentwicklung der ENP und ihrer Instrumente spiegelt intensivere Kontakte und eine differenzierte Entwicklung der Beziehungen wider. Sie kann jedoch nicht darüber hinwegtäuschen, dass die gemeinsame Klammer der ENP unter Spannung steht. Diese ergibt sich aus den Unterschieden sowohl zwischen den Zielen der Nachbarstaaten und der EU als auch der EU-Mitgliedstaaten untereinander. Differenzen beziehen sich insbesondere auf die Frage nach einer Mitgliedschaftsperspektive für die osteuropäischen Staaten, aber auch nach der höheren Bedeutung von Normen und Werten oder wirtschaftlicher Interessen für die Ausgestaltung der Zusammenarbeit.

Katrin Böttger

Europäische Parteien

Vertragsgrundlage: Art. 10 EUV. Art. 224 AEUV.

Rechtsgrundlage: Verordnung (EG) Nr. 2004/2003 des EPs und des Rates vom 4. November 2003 über die Regelungen für die politischen Parteien auf europäischer Ebene sowie Modifikationen und Ergänzungen durch Verordnung (EG) Nr. 1524/2007 und (EG) Nr. 1525/2007; des Weiteren einzelne Parteistatuten und Geschäftsordnung des EP (Kapitel V).

Ziele: Artikulation des Willens der Unionsbürger, Herausbildung eines europäischen Bewusstseins, Verabschiedung gemeinsamer Aktions- und Europawahlprogramme, Interaktion mit den Mitglieds-, assoziierten und Beobachterparteien in den Staaten Europas.

Organisationsstrukturen: Kongress, (Partei)rat, Präsidium und Generalsekretariat. Hinzu kommen weitere Gremien wie das Treffen der Partei- und Regierungschefs, Vereinigungen und korrespondierende Institutionen wie Stiftungen oder die Fraktionen im EP und im Ausschuss der Regionen.

Literatur: Pascal Delwit/Errol Külahci/Cédric van de Walle (Hrsg.): The Europarties. Organisation and Influence, Brüssel 2004 • Jürgen Mittag/Janosch Steuwer (Hrsg.): Politische Parteien in der EU, Wien 2010.

Internet: Sozialdemokratische Partei Europas (SPE) – www.pes.org/ • Europäische Volkspartei (EVP) – www.epp.eu/ • Europäische Liberale, Demokraten und Reformpartei (ELDR) – www.eldr.org/ • Europäische Grüne Partei (EGP) – www.europeangreens.eu/ • Europäische Freie Allianz (EFA) – www.e-f-a.org/ • Europäische Linke (EL) – www.european-left.org/ • EUDemokraten – www.eudemocrats.org/ • Europäische

Demokratische Partei (EDP) – www.pde-edp.net/ • Europäische Christliche Politische
Bewegung (EUCD) – www.ecpm.info/

In den Demokratien Europas bilden Parteien die am stärksten institutionalisierten Akteure allgemeinpolitischer Interessenvermittlung. Politische Partei-
en vermitteln gesellschaftliche Vorstellungen, Forderungen und Konflikte und
bündeln diese in Form generalisierender Handlungs- und Aktionsprogramme.
Im Zuge der fortschreitenden europäischen Integration und der Ausweitung
ihres Aktionsradius auf immer mehr Bereiche des öffentlichen Lebens haben
sich – offiziell auch so bezeichnete – Parteien auf europäischer Ebene herausgebildet, in denen die nationalen Parteien der Mitgliedstaaten zusammenarbeiten, um an der Herausbildung eines europäischen Bewusstseins mitzuwirken und den politischen Willen der Unionsbürgerinnen und -bürger zum Ausdruck zu bringen (Art. 10(4) EUV).

Entwicklungslinien transnationaler Parteikooperation in Europa

Die Zusammenarbeit einander programmatisch nahe stehender nationaler
Parteien hat eine bis ins 19. Jahrhundert zurückreichende Tradition, die allerdings bis 1945 weitgehend auf lockere, unverbindliche Treffen begrenzt
blieb. Erst nach dem Zweiten Weltkrieg verstärkten die Parteien ihre Interaktion. Vor allem in den Mitgliedstaaten der Europäischen Gemeinschaft für
Kohle und Stahl (EGKS, 1952) institutionalisierten die ‚Schwesterparteien'
ihre Zusammenarbeit. Dreh- und Angelpunkt dieser Kooperation war das
→ Europäische Parlament (EP), das sich schon als Versammlung der EGKS
nach Fraktionen aufteilte, um auch nach Außen seine Bedeutung als politische
Repräsentanz der Gemeinschaft zu unterstreichen. Im Vorfeld der ersten Direktwahl zum EP 1979 bildete sich der „Bund der Sozialdemokratischen Parteien der EG" im Jahr 1974 und 1976 die aus der Europäischen Union der
Christlichen Demokraten (EUCD) hervorgegangen „Europäischen Volkspartei" (EVP) sowie die „Föderation der Liberalen und Demokratischen Parteien
der EG". Die 1981 etablierte „Europäische Freie Allianz" (EFA) basiert auf
einer Kooperation von Regionalparteien. Im Jahr 1984 gründeten die grünalternativen Parteien der Benelux-Staaten, Großbritanniens, Frankreichs,
Deutschlands, Schwedens und der Schweiz die „Europäische Koordination
der Grünen Parteien".

Der Vertrag von Maastricht (1993) brachte neuen Schub in die Entwicklung
europäischer Parteien. Der Vertrag nahm eine Passage auf, in der Parteien als

wichtiger Faktor der Integration bezeichnet werden: „Sie tragen dazu bei, ein europäisches Bewusstsein herauszubilden und den politischen Willen der Bürger der Union zum Ausdruck zu bringen." In gezielter Anlehnung an diesen ‚Parteienartikel' ging 1992 aus dem Bund der Sozialdemokratischen Parteien die „Sozialdemokratische Partei Europas" (SPE) hervor. Die grünalternativen Parteien wandelten ihre 1984 gegründete Koordination im Juni 1993 in die „Europäische Föderation Grüner Parteien" (EFGP) um. Ende 1993 nannte sich die Föderation der Liberalen Parteien in „Europäische Liberale, Demokratische und Reform Partei" (ELDR) um und auch die EFA konstituierte sich neu. Im November 1997 fusionierten EUCD und EVP zur EVP-ED.

Ungeklärt blieben jedoch die Anerkennungskriterien für europäische Parteien und deren Finanzierungsgrundlagen. Vom → Rechnungshof wurde insbesondere die Quersubventionierung der europäischen Parteien durch die ihnen nahe stehenden EP-Fraktionen kritisiert, die den Parteien Zuschüsse für die Finanzierung von Personal, Materialien und Dienstleistungen ermöglichten. Auf Initiative des EP ergänzte der Vertrag von Nizza den Parteienartikel daher, um die Möglichkeit, die Anerkennungskriterien für europäische politische Parteien und die Bestimmungen über ihre Finanzierung auf dem Wege des Mitentscheidungsverfahrens festzulegen. Auf dieser Grundlage einigten sich das EP und der Ministerrat im November 2003 auf eine Verordnung, die entsprechende Details regelte. Auf diesen Impuls reagierten sowohl einige der bereits bestehenden Parteienzusammenschlüsse, die ihre Strukturen anpassten (Europäische Grüne Partei, Europäische Freie Allianz), als auch weitere nationale Parteien, die nun ebenfalls beschlossen, ihre transnationale Zusammenarbeit zu vertiefen und eigene europäische Parteiorganisationen zu bilden. Zu den oben genannten fünf europäischen Parteien sind so seit 2002 weitere sieben Parteiorganisationen hinzugekommen, deren Gründungsimpuls im Wesentlichen auf die Verordnung aus dem Jahr 2004 – und die damit verbundenen finanziellen Anreize – zurückgeht. Während die Europäische Linkspartei (EL) mittlerweile ebenfalls dauerhafte Strukturen etabliert hat, ist dies bei der Europäischen Demokratischen Partei (EDP), bei den EUDemokraten (EUD) und bei den wieder aufgelösten Parteien „Allianz der Unabhängigen Demokraten" und „Allianz für ein Europa der Nationen" nicht der Fall. Dies gilt in besonderem Maße auch für die erstmals 2010 anerkannte „Allianz der europäischen Konservativen und Reformisten" (AECR) und die „Europäische Christliche Politische Bewegung" (ECPM).

Anerkennungskriterien der Parteien auf europäischer Ebene

Das 2003 mit 345 Ja- bei 102 Gegenstimmen und 34 Enthaltungen ange-
nommene, Europäische Parteienstatut sieht vor, dass eine Partei oder ein
Bündnis politischer Parteien dann den Status einer Partei auf europäischer
Ebene erhalten soll, wenn sie wenigstens in einem Viertel der Mitgliedstaaten
über Europaabgeordnete oder Abgeordnete in den nationalen und regionalen
Parlamenten oder in den Regionalversammlungen verfügt. Eine europäische
Partei wird zudem erst dann anerkannt, wenn sie bei den jeweils letzten Eu-
ropawahlen in einem Viertel der Mitgliedstaaten mindestens drei Prozent der
Stimmen erhalten hat. Zur Einstufung einer Partei als ‚europäisch' im Sinne
des Art. 10(4) EUV sind gemäß des Statuts weitere Indikatoren maßgeblich:
Erstens befasst sich die betreffende Partei mit europäischen Themen – eine
pro-europäische Haltung muss allerdings dabei nicht nachgewiesen werden.
Zweitens muss die Partei im EP eine Fraktion bilden, deren Bildung beab-
sichtigen oder die Beteiligung an einer Fraktion anstreben. Die Führungsmit-
glieder der Partei müssen demokratisch gewählt werden, die Partei muss sich
die im EU-Vertrag festgehaltenen Grundsätze der Demokratie, der Einhaltung
der Grundrechte und der Achtung des Rechtsstaats zu Eigen machen und sie
muss in dem Mitgliedstaat, in dem sie ihren Sitz hat, Rechtspersönlichkeit
besitzen.

Zudem muss die Partei die Herkunft ihrer Finanzmittel ab einer Spendenhöhe
von 500 Euro offen legen. Anonyme Spenden, Spenden aus Haushalten von
Fraktionen des EP sowie von Unternehmen, auf welche die öffentliche Hand
direkt oder indirekt Einfluss ausüben kann, müssen zurückgewiesen werden.
Unzulässig sind Spenden, die 12.000 Euro pro Spender und Jahr übersteigen.
Für 2008 veranschlagte die Kommission insgesamt 10,3 Mio. Euro für die
satzungsgemäß anerkannten europäischen Parteien aus dem EU-Haushalt.
Die Mittel müssen von den Parteien jährlich beantragt werden. Die Verwal-
tung der Gelder obliegt dem EP, das innerhalb von drei Monaten über die
Gewährung der Mittel zu entscheiden hat. Von den Finanzmitteln wird ein
Sockel von 15 % zu gleichen Teilen unter allen europäischen Parteien verteilt
werden. Der Löwenanteil von 85 % wird den Parteien mit Abgeordneten im
EP hingegen proportional zu ihren Mandaten gewährt.

Organisation und Strukturen

Die Mehrzahl der europäischen Parteien (SPE, EVP, ELDR, EGP, EL, EFA,
EDP) basiert auf der Rechtsform einer internationalen Non-Profit-Organisa-

tion nach belgischem Recht (Association internationale sans but lucratif). Obwohl sich zahlreiche europäische Parteien inzwischen selbst als „Partei" und nicht mehr als „Parteienbund" oder „Parteienföderation" bezeichnen, bilden dennoch fast ausschließlich nationale Parteien die Mitgliederbasis. Einige europäische Parteiorganisationen ermöglichen eine Individualmitgliedschaft, verknüpfen diese jedoch mit keinen spezifischen Rechten.

Die Parteien haben ihre Arbeitsstrukturen auf ähnliche organisatorische Grundlagen gestellt, die sich aber hinsichtlich der Kompetenzen, der Abstimmungsverfahren und -quoren sowie der Befugnisse unterscheiden. Die Parteien verfügen mit Ausnahme der EL über einen Kongress (EFA = Generalversammlung), ein Präsidium mit dem Präsidenten an der Spitze, ein Sekretariat und, mit Ausnahme von EDP, EFA und EL, das Treffen der Parteiführer. Hinzu kommt – unter unterschiedlichen Bezeichnungen – ein Parteirat. Diese Gremien werden zum Teil ergänzt durch Kommissionen, themenbezogene Arbeitsgruppen und Vereinigungen wie Jugendorganisationen.

Das oberste beschlussfassende Organ der europäischen Parteien ist der Kongress. Er tagt in festen Abständen (etwa alle zwei Jahre), setzt sich aus dem Vorstand und einer bestimmten Anzahl von Delegierten zusammen, die sich an der Größe des jeweiligen Mitgliedstaats orientieren oder Europawahlergebnissen bzw. die Stärke der jeweiligen Fraktion im EP besonders berücksichtigen. Dem Kongress obliegt die Festlegung der Parteistatuten und der politischen Leitlinien, die Verabschiedung eines gemeinsamen Wahlprogramms und die Wahl des Vorstands.

Bildet der Kongress das zentrale Organ für die programmatischen Debatten der europäischen Parteien, so stellt der Parteirat (EVP: Politisches Büro) das Forum für strategische Diskussionen dar. Nicht alle europäischen Parteien (EL, EFA, EUD) verfügen über ein entsprechendes Organ; in diesen Fällen werden die Aufgaben des Parteirats unmittelbar durch den Kongress übernommen. Dem Parteirat obliegen zentrale Kompetenzen etwa bei der Entscheidung über die Aufnahme neuer Mitglieder. Daneben verfügt er über die Entscheidungsgewalt bei administrativen Fragen, etwa zum Haushalt der Europäischen Partei. Der Rat tagt ebenfalls regelmäßig und deutlich häufiger als der Kongress.

Dem Präsidium (EGP: Komitee; EL, EDU: Vorstand; ELDR, EFA: Büro) gehören Vertreter aller Mitgliedsparteien an, dabei variiert unter den einzelnen Parteiorganisationen die Repräsentanz zwischen dem Gleichheitsprinzip und einer proportionalen Vertretung. Die Präsidien vertreten die Parteien nach außen, wobei die eigentliche organisatorische Arbeit den Generalsekretariaten obliegt. Die zunehmend an Bedeutung gewinnenden Konferenzen der Parteiführer agieren weitgehend unabhängig, da sie nicht unmittelbar in den Willensbildungsprozess der europäischen Parteien eingebunden sind und zumeist keine formalen Kompetenzen besitzen. Sie geben jedoch insbesondere im Vorfeld von Sitzungen des Europäischen Rates wichtige Impulse und haben sich zu regelrechten „kleinen Parteitagen" der Vorsitzenden entwickelt. Ergänzt wird die Konferenz in jüngster Zeit durch Treffen der Fachminister der jeweiligen Parteizusammenschlüsse – so etwa im Vorfeld der Sitzungen des Rats der Wirtschafts- und Finanzminister.

Finanzreformen und Gründung politischer Stiftungen

Im Dezember 2007 traten zwei Verordnungen zu den europäischen Parteien in Kraft, die wesentliche Neuerungen enthielten. Zum einen wurde den Parteien auf europäischer Ebene bei der Übertragung von Finanzmitteln in das nächste Haushaltsjahr und bei der Bildung von Rücklagen größerer Spielraum gewährt sowie bei der Finanzierung von Wahlkämpfen zum EP größere Flexibilität eingeräumt. Zum anderen wurde die Möglichkeit zur Gründung von politischen Stiftungen eröffnet, die mit Hilfe der Parteien auf europäischer Ebene Anträge auf Unterstützung aus dem EU-Haushalt stellen können. Dieses Projekt verfolgt das Ziel, europapolitische Debatten zu verstärken, Seminare und Konferenzen durchzuführen und neue Foren der Zusammenarbeit auf europäischer Ebene zu schaffen, die einen Beitrag zur Schaffung einer europäischen Öffentlichkeit leisten.

Auf den Weg zum europäischen Parteiensystem?

In jüngster Zeit wirken sich vor allem die Stärkung des EP auf die Herausbildung transeuropäischer Vorstellungen über die Regelung bestimmter Politikfelder aus. In diesem Sinne lassen sich immer häufiger parteipolitische Auseinandersetzungen im EP in Politikbereichen wie der Sozial-, Grundrechte-, Umwelt-, Handels-, Innen- und Justizpolitik feststellen. Da die Abstimmungsmodalitäten des EP die größeren Parteien jedoch zu einer „großen Koalition" zwingen, um Gesetzgebungsanträge gegen Positionen des Ministerrats zu verabschieden, werden die zumeist auf Ausschussebene stattfindenden Konflikte nur selten wahrgenommen und kaum in den Medien thematisiert. Die Formierung der Parteien auf europäischer Ebene zu schlagkräftigen, transnationalen Akteuren im Integrationsprozess und die Herausbildung eines europäischen Parteiensystems wird durch weitere Faktoren erschwert: Der → Vertrag von Lissabon erweitert die Beteiligungsmöglichkeiten der Parteien, u.a. durch den Passus zur Nominierung des Kommissionspräsidenten unter Berücksichtigung der → Wahlen zum Europäischen Parlament. Dennoch spielen die Parteien auf europäischer Ebene bei der Vergabe von wichtigen Ämtern in der EU sowie bei der Aufstellung von Kandidatinnen und Kandidaten für die Wahlen zum EP noch keine wahrnehmbare Rolle. Die Konzeption und operative Durchführung der Wahlkämpfe zu den Europawahlen obliegen nach wie vor den nationalen Parteien. Hier sind bislang nur in den kleineren Parteien Ansätze zu beobachten, neben nationalen Themen transeuropäische Konfliktmuster zu veranschaulichen und die Wähler zur Auswahl einer Partei entlang der angebotenen Lösungsmodelle aufzufordern.

Andreas Maurer / Jürgen Mittag

Europäische Union

Vertragsgrundlage: Präambel, Art. 1-10, 47-50 EUV. Präambel, Art. 1-6 AEUV.

Literatur: Roland Bieber/Astrid Epiney/Marcel Haag: Die Europäische Union – Europarecht und Politik, Baden-Baden 2009 • Desmond Dinan: Ever Closer Union. An Introduction to European Integration, Boulder 2010 • Jean-Paul Jacqué: Der Vertrag von Lissabon – neues Gleichgewicht oder institutionelles Sammelsurium?, in: integration, 2/2010 • Andreas Hofmann/Wolfgang Wessels: Der Vertrag von Lissabon – eine tragfähige und abschließende Antwort auf konstitutionelle Grundfragen?, in: integration, 2/2008 • Wolfgang Wessels: Das politische System der Europäischen Union, Wiesbaden 2008.

Internet: www.europa.eu/

Die Europäische Union ist zu einem wesentlichen Bestandteil des politischen Lebens Europas geworden. In vielen zentralen Bereichen der Politik treffen die Organe der EU verbindliche Entscheidungen, welche die Mitgliedstaaten und deren Bürger unmittelbar betreffen. Wie die Zielvorgaben des Vertrags über die Europäische Union (Art. 3 EUV) und noch mehr der Katalog an Zuständigkeiten (Art. 2-6 AEUV) ausweisen, umfassen ihre Aufgabenfelder und Tätigkeiten dabei ein weites und wachsendes Spektrum an politischen, wirtschaftlichen und sozialen Themen.

Von besonderem Interesse ist die Entwicklung und Gestaltung dieses politischen Systems aufgrund der Ergänzung bzw. Veränderung der vertraglichen Grundlagen und der Erweiterung durch Beitritte neuer Mitgliedstaaten. Der im Dezember 2009 in Kraft getretene → Vertrag von Lissabon bietet als quasikonstitutionelle Grundlage zentrale Orientierungspunkte, die für die künftige Entwicklung der EU von erheblicher Bedeutung sind.

Bauphasen der Integrationskonstruktion (1951 bis 2010)

Rückblickend kann die Entwicklung der europäischen Integration als Prozess beschrieben werden, der mit der Gründung der Europäischen Gemeinschaft für Kohle und Stahl (EGKS) 1951 seinen Anfang nahm und mit dem Vertrag von Lissabon (2009) seinen vorläufigen Endpunkt gefunden hat.

Ausgangspunkt war zunächst die Schaffung einer sektoral begrenzten, aber mit konkreten Handlungskompetenzen ausgestatteten supranationalen Organisation in Form der Europäischen Gemeinschaft für Kohle und Stahl, der sich 1958 – nach dem Scheitern föderaler Pläne und Konzepte – die Europäische Wirtschaftsgemeinschaft (EWG) und die Europäische Atomgemeinschaft (EAG) hinzugesellten. Das Prinzip der Regelung begrenzter, funktional zugeschnittener Sachbereiche wurde schrittweise weiterentwickelt und ausgebaut und fand als „Monnet-Methode" ihren konzeptionellen Ausdruck. Im Zentrum der EWG stand dabei die ordnungspolitische Aufgabe der Schaffung eines Gemeinsamen Markts zwischen den Mitgliedstaaten.

In den späten 1960er und 1970er Jahren wuchs nach teils kontroversen Auseinandersetzungen um die Gestalt der Gemeinschaften die Forderung nach einer deutlicheren Einbeziehung der politischen Dimension des Einigungsprozesses, die sich unter anderem seit 1970 in der Schaffung der Europäischen Politischen Zusammenarbeit (EPZ) – dem Vorläufer der → Gemeinsamen Außen- und Sicherheitspolitik (GASP) – niederschlug. Wichtige Impulse gingen von den Gipfeltreffen der Staats- und Regierungschefs 1969 in den Haag (u.a. erster Anlauf zur Schaffung einer → Wirtschafts- und Währungsunion) sowie 1972 (Zielbestimmung einer Europäischen Union) und 1974 (Einrichtung des → Europäischen Rats) in Paris aus.

Die ersten Direktwahlen zum → Europäischen Parlament 1979 brachten eine zusätzliche demokratische Legitimation des Integrationsprozesses. Mit der Einheitlichen Europäischen Akte (1987) konnte durch die Einführung von Mehrheitsentscheidungen ein institutioneller Impuls freigesetzt werden. Eine besondere Weichenstellung erfolgte nach der deutschen Vereinigung mit dem Maastrichter Vertrag mit dem Beschluss zur Währungsunion, der mit dem Vertrag von Amsterdam (1999) ergänzt und teilweise verändert wurde. Kernelemente dieser Vertragsreformen waren die Stärkung der Institutionen und Verfahren sowie eine Ausweitung der behandelten Politikfelder.

Zudem wurden die Bemühungen um eine Erhöhung der demokratischen Legitimität und die Verbreiterung der Wertegrundlagen der EU vorangetrieben. So beschloss der Europäische Rat im Juni 1999, durch einen eigens hierfür einberufenen Konvent eine → Charta der Grundrechte zu schaffen. Diese wurde durch den Europäischen Rat von Nizza im Dezember 2000 feierlich proklamiert, ohne zunächst rechtsverbindlichen Charakter zu erhalten. Der Lissabonner Vertrag hat den rechtlichen Status der Charta schließlich anerkannt (Art. 6(1) EUV).

Als nächste Bauphase der Europäischen Union trat auf der Grundlage der Erklärung des Europäischen Rats von Laeken vom Dezember 2001 ein Europäischer Konvent aus Vertretern nationaler Regierungen und Parlamente, des Europäischen Parlaments, der Kommission sowie Beobachtern aus weiteren Institutionen im Februar 2002 unter dem Vorsitz des ehemaligen französischen Präsidenten Valérie Giscard d'Estaing zusammen, um die Reform der EU über den Vertrag von Nizza hinaus voranzutreiben. Der Konvent legte im Juli 2003 den Entwurf für einen Verfassungsvertrag vor, der dann ab Oktober 2003 durch eine Regierungskonferenz beraten wurde. Diese fand im Juni 2004 ihren Abschluss und ermöglichte nach Änderung und Ergänzung einiger zentraler Passagen des Konventsentwurfs die Unterzeichnung des Vertrags über eine Verfassung für Europa durch die Staats- und Regierungschefs am 29. Oktober 2004 in Rom. Allerdings geriet der Ratifizierungsprozess bald in die Krise. Nach der Ablehnung des Verfassungsvertrags durch die Referenden in den Niederlanden und in Frankreich im Mai und Juni 2005 wurde deutlich, dass der ursprünglich anvisierte Konstitutionalisierungsfahrplan nicht durchzuhalten war.

In der Berliner Erklärung vom 25. März 2007 anlässlich des fünfzigjährigen Jubiläums der Unterzeichnung der Römischen Verträge unterstrichen die Staats- und Regierungschefs die Wertegrundlage der Europäischen Union und äußerten zugleich ihre Absicht, den Prozess der Weiterentwicklung der EU nicht abreißen zu lassen. Im Juni 2007 wurde deshalb eine Regierungskonferenz einberufen, die sich um eine Vertragsreform bemühen sollte.

Als Ergebnis der Regierungskonferenz gelang es schließlich, am 17. Dezember 2007 in Lissabon den (Reform-)Vertrag von Lissabon zu unterzeichnen, der einerseits die Substanz der Bestimmungen des Verfassungsvertrags weitgehend wahrte, zum anderen aber auf die bewährte Form einer inkrementalistischen Revision der rechtlichen Architektur der EU zurückgriff und dabei jegliche konstitutionelle Symbolik (wie die Einführung einer Hymne oder einer Flagge) vermied. Nach der Ablehnung der Ratifizierung des Reformvertrags in einer Volksabstimmung in Irland am 12. Juni 2008 sah sich die EU allerdings erneut der Gefahr der Paralyse ausgesetzt. Mithilfe von Zugeständnissen an die irische Regierung und nicht zuletzt aufgrund der Auswirkungen der internationalen Wirtschafts- und Finanzkrise konnte in der Folge ein Stimmungswandel der EU erreicht werden, der zu einem positiven Ergebnis beim zweiten Referendum am 2. Oktober 2009 führte. Nachdem schließlich auch der tschechische Präsident die Ratifizierung vollzogen hatte, trat der (Reform-)Vertrag von Lissabon am 1. Dezember 2009 in Kraft.

Die jüngsten Schritte hin zum Vertrag von Lissabon sind beispielhaft für die Gesamtentwicklung der EU, die letztlich in der Lage ist, aus einem Scheitern und einer Krise eine neue produktive Dynamik zu entwickeln. Allerdings hat sich der gesellschaftliche Kontext hierfür deutlich gewandelt: Die Bereitschaft in den Bevölkerungen der Mitgliedstaaten, einen zwar finalitätsoffenen, aber auch durchaus kompetenzhungrigen Integrationsprozess mit zu tragen, hat seit den 1990er Jahren sichtlich an Unterstützung eingebüßt. Der Ausgang der Referenden zum Verfassungsvertrag in den Niederlanden und Frankreich sowie des ersten irischen Urnengangs zum Reformvertrag konnten hierbei eine zwar diffuse und heterogene, zugleich aber auch ausreichend wirkungsmächtige Europaskepsis mobilisieren. Diese hat die vertragliche Entwicklung entscheidend verändert, ohne sie allerdings zum Stillstand zu bringen. Vielmehr wurde die pragmatische Fähigkeit der Mitgliedstaaten unter Beweis gestellt, auch erhebliche Widerstände zu überwinden und institutionelle Krisen zu meistern. Damit haben sich letztlich die seit den 1950er Jahren angelegten Trends und Muster in der Herausbildung der legalen und realen Architektur der Europäischen Union nachhaltig bestätigt. Die vertragliche Entwicklung der EU bleibt danach wesentlich das Ergebnis eines Lern- und Erfahrungsprozesses, der aus der Umsetzung bestehender Bestimmungen in einem „Realitätstest" den Bedarf für weitere Reformen und Anpassungen auslotet. Externe Schocks wie die seit 2008 virulente Wirtschafts- und Finanzkrise können hierbei eine katalysierende Wirkung entfalten.

Damit wären auch jene Stimmen mit Vorsicht zu genießen, die den Vertrag von Lissabon bereits als – zumindest vorläufigen – Endpunkt der institutionellen Evolution der EU deklarieren. Auch wenn die allgemeine politische Stimmungslage derzeit keine europaweite Reformbegeisterung erkennen lässt, so sind bereits kurz nach dem Inkrafttreten des Lissabonner Vertragswerks erste Stimmen nach einer Änderung der Verträge, etwa im deutschen Neun-Punkte-Plan zur Verbesserung der finanz- und fiskalpolitischen Koordinierung der EU-Staaten vom Mai 2010, laut geworden.

Seit der Gründung der Europäischen Gemeinschaften in den 1950er Jahren hat sich auch die Zahl der Mitgliedstaaten deutlich erhöht. Mit dem Beitritt Großbritanniens, Irlands und Dänemarks 1973, Griechenlands 1981, Spaniens und Portugals 1986, Österreich, Finnland und Schwedens 1995, neun süd- und mittelosteuropäischer Staaten 2004 sowie Rumäniens und Bulgariens 2007 wurde aus der ursprünglichen Sechsergemeinschaft eine Staatengruppe mit 27 Mitgliedern. Ein Ende dieses Prozesses ist nicht abzusehen. Kroatien, die Türkei und die ehemalige jugoslawische Republik Mazedonien genießen offiziellen Kandidatenstatus (wobei Verhandlungen derzeit nur mit Kroatien und der Türkei geführt werden). Daneben befinden sich Albanien, Bosnien und Herzegowina, Serbien, Montenegro und das Kosovo in Europäischen Partnerschaften oder Beitrittspartnerschaften zur Heranführung an die EU (→ Südosteuropapolitik). Island hat zudem 2009 eine Mitgliedschaft zur EU beantragt und bereits im Juli 2010 wurden die Beitrittsverhandlungen aufgenommen. Die Attraktivität des Modells EU ist offenbar weiterhin deutlich gegeben.

Die → Erweiterungen haben in mehrfacher Hinsicht die Entwicklung der EU beeinflusst. Zunächst wurde spätestens seit der Vertragsrevision von Amsterdam die Notwendigkeit weiterer institutioneller Reformen der EU zentral mit der Erweiterung begründet und vorangetrieben. Zudem werden die politischen Präferenzen und Gestaltungsabsichten der Mitgliedstaaten durch jeden Beitritt vielfältiger und damit schwerer institutionell zu kanalisieren. Schließlich stellt jeder Beitritt eines Drittstaates grundsätzlich die Frage nach den Grenzen und der Identität der Europäischen Union, die derzeit im Falle der Türkei besonders intensiv und kontrovers diskutiert wird. Die Erweiterung der EU ist ähnlich der Vertiefung grundsätzlich ein offener Prozess, der allerdings zunehmend zu einer Debatte um Sinn und Inhalt der Integration führt.

Zur Begriffsgeschichte: konstruktive Mehrdeutigkeit und zunehmende Konflikthaftigkeit

Angesichts der politischen Bedeutung ist es nicht verwunderlich, dass die Europäische Union immer wieder zu einem zentralen wie umstrittenen Gegenstand der öffentlichen Diskussion wurde. In einem typischen Fall für die programmatische Mehrdeutigkeit, die den Einigungsprozess (West-)Europas seit dem Ende des Zweiten Weltkriegs begleitet und charakterisiert, sind die Konzepte zur Europäischen Union von einer Vielfalt unterschiedlicher Leitbilder zu Zielen und Formen europäischer Integrationspolitik geprägt.

Das Stichwort „Europäische Union" wurde von den Staats- und Regierungschefs der Mitgliedstaaten bereits auf der Pariser Gipfelkonferenz von 1972 als Vorgabe formuliert: Sie setzten damals „als vornehmstes Ziel, (...) in absoluter Einhaltung der bereits geschlossenen Verträge die Gesamtheit der Beziehungen der Mitgliedstaaten in eine Europäische Union umzuwandeln" (Gipfelkonferenz von Paris 1972).

In den 1970er und 1980er Jahren entwickelte sich um Begriff und Inhalte einer Europäischen Union eine lebhafte Diskussion, die etwa im Tindemans-Bericht 1975 einen Kristallisationspunkt erhielt, in dem der damalige belgische Premier im Auftrag der Staats- und Regierungschefs die Perspektive einer Weiterentwicklung der Gemeinschaften zu einer Politischen Union skizzierte, aber nicht auf einen gemeinsamen europäischen Nenner zu bringen war. Der Vertragsentwurf des → Europäischen Parlaments (Spinelli-Entwurf) zur Gründung einer Europäischen Union von 1984 formulierte Grundsätze, Ziele und institutionelle Bestimmungen einer Union mit föderalen Vorzeichen. Dieser konkrete Vorschlag wurde jedoch bisher nicht zu einem verbindlichen Leitbild.

In der „Feierlichen Erklärung" von Stuttgart 1983 wurden ebenso wie in der Präambel der Einheitlichen Europäischen Akte 1987 allgemeine Ziele für eine Europäische Union aufgeführt, so etwa die Grundsätze der Demokratie und die Wahrung des Rechts und der Menschenrechte.

In diesen Dokumenten kommt ein Verständnis zum Tragen, das von den konkreten europapolitischen Entwicklungen der 1960er und 1970er Jahre ausgehend die historisch gestalteten Formen sowohl von supranationaler Integration als auch gleichzeitig von intergouvernementaler Zusammenarbeit als wesentliche Elemente der Europäischen Union definiert.

Die Reformen des Maastrichter (1993), Amsterdamer (1999) und Nizzaer Vertrags (2003) wie des Lissabonner (Reform-)Vertrags (2009) folgen grundlegend dieser Strategie einer Mischung aus kreativer Neuformulierung und konservativer Kontinuitätswahrung. So zeigt sich die Europäische Union „entschlossen, den mit der Gründung der Europäischen Gemeinschaften eingeleiteten Prozess der europäischen Integration auf eine neue Stufe zu heben" (Präambel, Vertrag über die Europäische Union).

Der politische und akademische Diskurs über die Integrationskonstruktion wurde so seit den 1950er Jahren weiterentwickelt, ohne die „Finalität" der Europäischen Union allgemeingültig zu definieren. Auch der Lissabonner Vertrag kann, wie das Urteil des Bundesverfassungsgerichts vom 30. Juni 2009 zeigt, unterschiedlich ausgelegt werden.

So bezeichnete das Bundesverfassungsgericht in seinem Lissabon-Urteil die EU weiterhin als „Staatenverbund" und als „Vertragsunion souveräner Staaten"; die Schaffung eines europäischen Bundesstaates wurde als nicht vereinbar mit der bestehenden, im Grundgesetz niedergelegten Verfassungsordnung beschrieben und damit zugleich eine formale Grenze des Integrationsprozesses skizziert. Darin kommt ein Integrationsverständnis zum Ausdruck, das wesentliche Elemente staatlicher Hoheitsgewalt im Rahmen des demokratisch organisierten Nationalstaates verankert und hier gleichsam eine Schallmauer der Kompetenzübertragung sieht. Kernbereiche nationaler Souveränität liegen demnach in den Bereichen der Staatsbürgerschaft, des zivilen und militärischen Gewaltmonopols, staatlicher Einnahmen und Ausgaben sowie Grundrechtsrelevanter Tatbestände. Weiterhin werden kulturelle Fragen wie die Verfügung über die Sprache, die Gestaltung der Familien- und Bildungsverhältnisse, die Ordnung der Meinungs-, Presse- und Versammlungsfreiheit und der Umgang mit religiösen oder weltanschaulichen Bekenntnissen im nationalen Kompetenzraum verortet (Bundesverfassungsgerichtsurteil zum Vertrag von Lissabon vom 30.06.2009, TZ 249).

Ob sich mit diesem Verständnis des Integrationsprozesses reale Entwicklungsprozesse nachhaltig prägen und steuern lassen, wird sich zeigen müssen. Bislang jedenfalls sind Versuche einer definitiven und dauerhaft verbindlichen Abgrenzung der Handlungs- und Gestaltungsräume der EU und der Mitgliedstaaten durch politische, wirtschaftliche und gesellschaftliche Dynamiken und einen daraus resultierenden Verständniswandel regelmäßig überholt worden. Deutlich pragmatischer hat der Abschlussbericht der Reflexionsgruppe zur Zukunft der EU 2030 („Rat der Weisen") vom Mai 2010 das „Regierungsmodell" der Europäischen Union als „Regieren in Partnerschaft" bezeichnet; die Union wird hier gesehen „als ein gemeinsamer öffentlicher Raum mit gebündelter Souveränität, in dem es möglich ist, gemeinsame Interessen zu definieren, der über starke Institutionen verfügt und die Rechtsstaatlichkeit zum Primat erhoben hat" (Bericht der Reflexionsgruppe an den Europäischen Rat zur Zukunft Europas 2030, Projekt Europa 2030). Die EU selber hat in den Verträgen zunehmend differenzierte Rollen- und Zielvorgaben eingefügt, die ihr politisches Selbstverständnis konkretisieren. Neben der Zollunion, dem Binnenmarkts und der Wirtschafts- und Währungsunion (Art. 3(4) EUV sowie Titel VIII AEUV), die aus dem historischen Kern des Integrationsprojekts erwachsen sind, wird in der Innen- und Justizpolitik der „Raum der Freiheit, der Sicherheit und des Rechts" (Art. 3(2) EUV sowie Art. 67(1) AEUV) sowie in der Forschungspolitik der „europäische(r) Raum der Forschung"

(Art. 179(1) AEUV) umrissen; daneben beansprucht die EU in ihrem auswärtigen Handeln „eine Weltordnung zu fördern, die auf einer verstärkten multilateralen Zusammenarbeit und einer verantwortungsvollen Weltordnungspolitik beruht" (Art. 21(2 h) EUV). Damit skizziert sich die EU zaghaft als internationale Ordnungsmacht, die bei aller integrationspolitischen Offenheit darum bemüht ist, ein als „europäisch" geltendes Verständnis internationaler Beziehungen, das auch in der Europäischen Sicherheitsstrategie von 2003 ihren Niederschlag gefunden hat, zu vermitteln und zu fördern.

Diese Beschreibungen sprechen insgesamt für eine multiple, plurale und parallele Entwicklung verschiedener Leit- und Zielvorstellungen des Integrationsprozesses, durch die einerseits ein konzeptioneller Orientierungsrahmen generiert wird, dieser zugleich aber ausreichend flexibel und offen gestaltet ist, sich neuen Anforderungen und Bedürfnissen anzupassen.

Vertragliche Bestimmungen und institutionelle Architektur: zwei Verträge, eine Union

Der Lissabonner (Reform-)Vertrag schafft für die Europäische Union eine einheitliche Rechtspersönlichkeit, stützt die politische und institutionelle Architektur der EU aber auf zwei Vertragswerke: den Vertrag über die Europäische Union (EUV) und den Vertrag über die Arbeitsweise der Europäischen Union (AEUV). Im Anhang zum → Vertrag von Lissabon finden sich schließlich insgesamt 37 Protokolle, zwei Anhänge sowie insgesamt 65 Erklärungen. Der Vertrag über die Europäische Union in der Lissabonner Fassung umfasst neben den allgemeinen Bestimmungen zu den Zielvorgaben, Prinzipien und Organen der Union insbesondere auch die Ausführungen zum Auswärtigen Handeln und zur Gemeinsamen Außen- und Sicherheitspolitik der EU. Insgesamt besteht er aus sechs Titeln. Der Vertrag über die Arbeitsweise der Europäischen Union umfasst neben der Präambel sieben Teile, die neben einleitenden Grundsätzen, Ausführungen zur Nichtdiskriminierung und Unionsbürgerschaft insbesondere den internen Politiken und Maßnahmen der Union und dem auswärtigen Handeln der Union sowie institutionellen und Finanzvorschriften gewidmet sind.

Die in Maastricht eingeführte und in Amsterdam modifizierte „Drei-Pfeiler-Struktur" (aus EG, GASP sowie polizeilicher und → justizieller Zusammenarbeit in Strafsachen) wird aufgehoben, die → Zuständigkeiten der EU bleiben aber weiterhin durch den Grundsatz der begrenzten Einzelermächtigung definiert (Art. 5(1) EUV). Eine umfassende Kompetenz-Kompetenz, also eine Fähigkeit zur eigenständigen Bestimmung ihrer Zuständigkeiten, wird der

Union aber auch künftig nicht zukommen. Die Abgrenzung zwischen dem neuen EU-Vertrag und dem Vertrag über die Arbeitsweise der Union folgt dabei keiner durchgehend systematischen Blaupause, vielmehr ergeben sich zahlreiche Überschneidungen und Querverweise, sodass beide Dokumente parallel zu lesen sind, um die rechtliche Architektur der EU nachzuvollziehen. Laut Lissabonner Vertrag geht es dabei um die „Verwirklichung einer immer engeren Union der Völker Europas [...], in der die Entscheidungen möglichst bürgernah und offen getroffen werden" (Art. 1(1) EUV); die zentralen Werte und Ziele der EU (Art. 2 und 3 EUV) haben sich nicht fundamental geändert, sondern bleiben dem im bisherigen EU-Vertrag definierten Kanon weitgehend treu. Von besonderer Bedeutung ist die → Charta der Grundrechte der Europäischen Union in Art. 6(1) EUV, die den Verträgen rechtlich gleichgestellt wird. Weiterhin tritt die Union der Europäischen Konvention zum Schutz der Menschenrechte bei (Art. 6(2) EUV). Ausnahmeregelungen für Großbritannien und Polen schränken die unionsweite Anwendung der Grundrechtecharta allerdings ein (Protokoll Nr. 30 über die Anwendung der Charta der Grundrechte der Europäischen Union auf Polen und das Vereinigte Königreich).

Jeder europäische Staat, der die im Vertrag genannten Werte (Art. 2 EUV) achtet und sich für ihre Förderung einsetzt, kann Mitglied der Union werden (Art. 49 EUV). Daneben sieht der Lissabonner Vertrag auch die Möglichkeit des freiwilligen Austritts eines Staates aus der Union vor (Art. 50 EUV).

Der Vertrag über die Europäische Union bekennt sich ausdrücklich zum Prinzip der repräsentativen Demokratie, das ihre Arbeitsweise prägt und das einerseits durch die Vertretung der Bürger im Europäischen Parlament, andererseits durch die Regierungen der Mitgliedstaaten verwirklich ist (Art. 10(1) und 2 EUV). Allerdings hat der Lissabonner Vertrag zugleich auch Instrumente der direkten Demokratie eingeführt. So wird eine europäische Bürgerinitiative (Art. 11(4) EUV; Art. 24(1) AEUV) eingeführt. Allerdings sind die Hürden trotz hoch gesetzt. So bedarf es der Mitwirkung von mindestens einer Million Unionsbürgern, die zugleich Staatsbürger einer „erheblichen Anzahl von Mitgliedstaaten" (Art. 10(4) EUV) sein müssen, um die Kommission aufzufordern, bestimmte Vorschläge zu Themen zu unterbreiten, die nach Ansicht der Beteiligten notwendig sind. Die Organisation einer multinationalen Form der Bürgerbeteiligung, die sich ad hoc für bestimmte Themen stark macht, erfordert beachtliche Kapazitäten und Ressourcen. Zugleich kann die Kommission nur zu Vorschlägen aufgefordert werden, soweit sie vertraglich abgestützt sind; unklar bleibt, inwieweit es möglich sein wird, sie in der konkreten Formulierung von legislativen Initiativen zu binden. Erfolgversprechender scheinen dagegen die Optionen zu sein, welche der Lissabonner Vertrag den nationalen Parlamenten einräumt. So sollen sie künftig die Entwürfe für Gesetzgebungsakte mindestens acht Wochen, bevor sie auf die vorläufige Tagesordnung des Rates gesetzt werden, erhalten (Art. 4 des Protokolls Nr. 1 über die Rolle der nationalen Parlamente in der Europäischen Union). Zudem sollen künftig die nationalen Parlamente oder eine ihrer Kammern im Gesetzgebungsverfahren die Rolle einer Kontrollinstanz für Rechtsetzungsvorschläge wahrnehmen (Art. 6 EUV; Protokoll Nr. 2 über die Anwendung der Grundsätze der Subsidiarität und der Verhältnismäßigkeit). Sollte eine bestimmte Anzahl nationaler Parlamente bzw. parlamentarischer Kammern in einer begründeten Stellungnahme die Unvereinbarkeit eines Entwurfs mit dem Subsidiaritätsprinzip feststellen, so muss eine Überprüfung vorgenommen werden (Art. 7 des Protokolls Nr. 2 über die Anwendung der Grundsätze der Subsidiarität und der Verhältnismäßigkeit). Im Falle des ordentlichen Gesetzgebungsverfahrens kann dies unter bestimmten Voraussetzungen zum Scheitern des gesamten Entwurfs führen. Schließlich kann ein Mitgliedstaat im Namen seines Parlaments oder einer Kammer Klage vor dem Gerichtshof der Europäischen Union wegen Verletzung des Subsidiaritätsprinzips erheben (Art. 8 des Protokolls Nr. 2 über die Anwendung der Grundsätze der Subsidiarität und der Verhältnismäßigkeit).

Die Abgrenzung der Zuständigkeiten zwischen der Union und den Mitgliedstaaten ist laut Art. 2 AEUV nach verschiedenen Kategorien zu unterscheiden:

Vertragliche Zuständigkeitsverteilung zwischen der EU und den Mitgliedstaaten

Vertragsgrundlage	Zuständigkeit	Politik- und Handlungsfelder
Art. 2 Abs. 1 u. Art. 3 AEUV	ausschließliche Zuständigkeit	Zollunion, Wettbewerbsregeln für Binnenmarkt, Währungspolitik der Euro-Staaten, Erhaltung der biologischen Meeresschätze, gemeinsame Handelspolitik
Art. 2 Abs. 2 u. Art. 4 AEUV	**geteilte** Zuständigkeit	Binnenmarkt, Sozialpolitik, Kohäsion, Landwirtschaft u. Fischerei, Umwelt, Verbraucherschutz, Verkehr, transeuropäische Netze, Energie, Raum der Freiheit, der Sicherheit und des Rechts, Sicherheitsanliegen in der öffentlichen Gesundheit; bestimmte Bereiche in Forschung, technolog. Entwicklung und Raumfahrt sowie Entwicklungszusammenarbeit und humanitäre Hilfe

Vertragsgrundlage	Zuständigkeit	Politik- und Handlungsfelder
Art. 2 Abs. 5 u. Art. 6 AEUV	Maßnahmen zur **Unterstützung, Koordinierung oder Ergänzung** der Maßnahmen der Mitgliedstaaten	Gesundheitsschutz, Industrie, Kultur, Tourismus, allgemeine und berufliche Bildung, Jugend und Sport, Katastrophenschutz, Verwaltungszusammenarbeit
Art. 2 Abs. 3 u. Art. 5 AEUV	**Koordinierung** der Wirtschafts- und Beschäftigungspolitik	Wirtschaftspolitik, Beschäftigungspolitik
Art. 2 Abs. 4	Erarbeitung und Verwirklichung einer Gemeinsamen Außen- und Sicherheitspolitik	Gemeinsame Außen- und Sicherheitspolitik einschließlich einer gemeinsamen Verteidigungspolitik

Quelle: **Eigene Zusammenstellung auf Grundlage des AEUV.**

Aus einem Drei-Säulen-Tempel wird somit eine eigens rechtsfähige EU mit „mehrschichtiger" Kompetenzarchitektur, die innerhalb der einzelnen Kompetenzkategorien weitere Differenzierungen aufweist. So bleibt insbesondere die GASP ihren eigenen, primär intergouvernemental ausgerichteten Grundsätzen und Verfahren verpflichtet (Art. 31 EUV); auch sind innerhalb des Raums der Freiheit, der Sicherheit und des Rechts die im Bereich der polizeilichen Zusammenarbeit (Art. 87 AEUV) und der justiziellen Zusammenarbeit in Strafsachen (Art. 82 AEUV) einige Fälle besonderen Verfahren unterworfen. Die alten Säulen des Tempels wurden damit nicht gänzlich „geschliffen", sie wurden aber innerhalb des neu formierten Kompetenzgefüges nicht mehr als tragende Teile des EU-Gebäudes ausgeschildert.

Auch die Institutionen der Europäischen Union werden durch den Lissabonner Vertrag modifiziert und mit innovativen Elementen angereichert.

Zum einen tritt der Europäische Rat nun offiziell in die Riege der EU-Organe ein (Art. 13 EUV). Damit ist nicht nur ein formaler Akt besiegelt, sondern vor allem der in den vergangenen Jahren deutlich gewachsenen Rolle des Europäischen Rates als Entscheidungsproduzent Rechnung getragen worden. Das häufig zitierte legislative Dreieck zwischen Rat, Kommission und Parlament hat sich de facto zu einer Raute erweitert, in dem die Staats- und Regierungschefs so selbstbewusst wie selbstverständlich ihren Einfluss geltend machen. Hierbei ist auch die Schaffung eines für zweieinhalb Jahre gewählten hauptamtlichen → Präsidenten des Europäischen Rats zu erwähnen (Art. 15 EUV); ebenso soll ein → Hoher Vertreter der Union für Außen- und Sicherheitspolitik ernannt werden (Art. 18 EUV), der die Aufgaben eines aufgewerteten Hohen Repräsentanten für die GASP mit denen des für Außenbeziehungen zuständigen Kommissionsmitglieds unter einen „doppelten Hut" bringen soll.

EU-Institutionen nach dem Vertrag von Lissabon

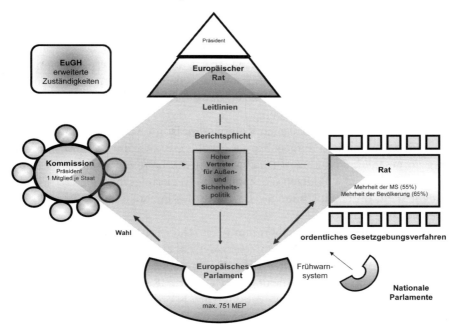

Quelle: Eigene Zusammenstellung.

Mit beiden Ämtern hat die EU institutionelles Neuland betreten und wird die Bewährung ihres Funktionierens noch unter Beweis stellen müssen. Allerdings belegen die ersten Entwicklungen nach Inkrafttreten des Vertrags von Lissabon bereits die intensive Nutzung der neuen Möglichkeiten durch die Staats- und Regierungschefs und die Mitgliedstaaten. So wirkt der Präsident des Europäischen Rates aktiv an den Bemühungen um die Behebung der seit Frühjahr 2010 virulenten Euro-Krise mit und leitet hier eine Arbeitsgruppe der EU-Finanzminister zur Formulierung von Reformvorschlägen für den Wachstums- und Stabilitätspakt.

Mehrheitsentscheidungen im → Rat werden künftig durch ein zweifaches Kriterium – Anteil an der Bevölkerung (65 %) und der Mitgliedstaaten (55 %, aber mindestens fünfzehn) – bestimmt werden und damit ab dem 1. November 2014 die komplexe Nizzaer Abstimmungsarithmetik, die drei Bedingungen vorsah, ablösen. Zur Sperrminorität sind mindestens 4 Mitgliedstaaten erforderlich (Art. 16(4) EUV). Sollte der Rat nicht auf Vorschlag der Kommission oder des Hohen Vertreters für Außen- und Sicherheitspolitik entscheiden, so erhöht sich die notwendige Anzahl der Mitgliedstaaten auf 72 % (Art. 238(2) AEUV). Allerdings sind Übergangsbestimmungen hinsichtlich der Entscheidungsmodalitäten vereinbart worden. So kann auf Antrag eines Mitgliedstaates bis zum 31. März 2017 die Anwendung der Nizzaer Bestimmungen über die qualifizierte Mehrheit angewandt werden (Protokoll Nr. 36 über die Übergangsbestimmungen). Zudem ist für den Fall besonders knapper Mehrheiten eine erneute Befassung des Rates und damit ein Aufschub der Beschlussfassung vorgesehen.

Die Reform der → Europäischen Kommission ist im Zuge der irischen Referendumskrise politisch aufgegeben worden. So ist zwar im Lissabonner Vertrag vorgesehen, dass ab 2014 nicht mehr jedes Land ein Kommissionsmitglied stellen soll, doch nutzen die Staats- und Regierungschefs die vertragliche Möglichkeit, durch einstimmigen Beschluss des Europäischen Rates hiervon abzuweichen (Art. 17(EUV).

Der Lissabonner Vertrag übernimmt die traditionelle Nomenklatur der Rechtsakte (Art. 288 AEUV), unterscheidet dabei aber zwischen „Gesetzgebungsakten" und „Rechtsakten ohne Gesetzescharakter" bzw. „delegierten Rechtsakten" und „Durchführungsakten" (Art. 289-291 AEUV). Das Verfahren der Mitentscheidung wird nunmehr als ordentliches Gesetzgebungsverfahren bezeichnet und von besonderen Gesetzgebungsverfahren unterschieden (→ Entscheidungsverfahren), in denen ein Rechtsakt entweder nur vom Rat oder vom Parlament mit Beteiligung der jeweils anderen Institution verabschiedet wird (Art. 289 AEUV).

Das Verfahren der verstärkten Zusammenarbeit (Titel IV, Art. 20 EUV, Titel III Art. 326-334 AEUV) wird dabei als Generalklausel für → Flexibilität dienen und soll eine Dynamik durch Differenzierung erzeugen. Der Vertrag von Lissabon erlaubt die Anwendung der verstärkten Zusammenarbeit auf alle Politikfelder der Europäischen Union und erhöht damit die Handlungsmöglichkeiten für differenzierte Formen der Kooperation, die bislang trotz vertraglicher Angebote nicht genutzt wurden. Daneben sind je nach Politikfeld spezifische Differenzierungspotentiale eingebaut worden, wie in der ständigen strukturierten Zusammenarbeit innerhalb der Gemeinsamen Sicherheits- und Verteidigungspolitik (Art. 46 EUV). Auch die Eurogruppe (mit den EU-Staaten, deren Währung der Euro ist) wird deutlich gestärkt, etwa durch die Wahl eines Vorsitzenden und durch die Umsetzung eigener Maßnahmen (Art. 136 AEUV; Protokoll Nr. 14 betreffend die Euro-Gruppe). Diese Schritte sind in der politischen Wirklichkeit bereits umgesetzt worden, sodass der Vertrag hier eine primärrechtliche Grundlage schafft.

Der Lissabonner Vertrag hat der EU insgesamt entlang der zentralen Linien, die bereits im Verfassungsvertrag angelegt warten, eine insgesamt straffere und kompaktere Ordnung verliehen, enthält aber eine Fülle von Differenzierungen, die es erschweren, eine klar definierte institutionelle Blaupause zu erkennen. Der Vertrag fügt sich so in die Entwicklung der EU als zentrale Wegmarke ein, ohne den Integrationsprozess selbst zu einem Abschluss zu bringen. Lissabon bedeutet nicht das Ende der Integrationsgeschichte.

Die Europäische Union: die Finalität als Teil des Prozesses

Die Unionsbildung ist weiter im Gang und folgt dabei verschiedenen Langzeittrends. Die Ausweitung der Aufgabenfelder, der Transfer von Entscheidungskompetenzen, eine institutionelle und prozedurale Differenzierung, aber auch ein wachsender Fusionsprozess von Instrumenten und Ressourcen verschiedener Akteure und Handlungsebenen, sind prägende Kennzeichen der Entwicklung der EU seit ihren Ursprüngen in den 1950er Jahren. Dieser Institutionalisierungsprozess hat auch mit der Verabschiedung des Vertrags von Lissabon noch keinen Endpunkt erreicht. Die Europäische Union bleibt ein Prozess, dessen Finalität nicht von außen vorgegeben ist, sondern mit der fortschreitenden Umformulierung und Reformierung ihrer politischen und institutionellen Architektur immer wieder neu und kontrovers diskutiert wird.

Udo Diedrichs / Wolfgang Wessels

Europäische Zentralbank

Vertragsgrundlage: Art. 13 EUV. 127-133, 282-284 AEUV. Protokoll zum EU-Vertrag über die Satzung des ESZB und der EZB.

Ziele: Gewährleistung der Preisstabilität; Unterstützung der allgemeinen Wirtschaftpolitik der Union, soweit dies ohne Beeinträchtigung des Ziels der Preisstabilität möglich ist.

Instrumente: Verordnungen, Entscheidungen, Leitlinien und Maßnahmen, Stellungnahmen.

Zusammensetzung: Die Europäische Zentralbank (EZB) bildet zusammen mit den Nationalen Zentralbanken der Mitgliedstaaten das Europäische System der Zentralbanken (ESZB). Die Beschlussorgane der EZB sind das EZB-Direktorium, der EZB-Rat und der Erweiterte EZB-Rat.

Entscheidungsverfahren: Das EZB-Direktorium entscheidet mit einfacher Mehrheit, der EZB-Rat normalerweise mit einfacher bzw. mit qualifizierter Mehrheit.

Sitz; Personal: Frankfurt am Main; 1.563 Mitarbeiter Ende 2009.

Literatur: Michael Heine/Hansjörg Herr: Die Europäische Zentralbank, Marburg 2008 · David Howarth/Peter Loedel: The European Central Bank. The New European Leviathan?, Houndmills 2005 · Ottmar Issing: Der Euro: Geburt – Erfolg – Zukunft, München 2008.

Internet: http://www.ecb.int (deutschsprachige Spiegelseite: http://www.bundesbank.de/ezb/ezb.php)

Mit dem Beschluss zum Übergang in die dritte Stufe der → Wirtschafts- und Währungsunion (WWU) wurde im Juni 1998 offiziell die Europäische Zentralbank (EZB) errichtet, die im Januar 1999 alle im EG-Vertrag festgelegten Kompetenzen übernommen hat. Die seit Anfang 2011 insgesamt 17 Euro-Teilnehmerstaaten haben damit einen wesentlichen Teil ihrer staatlichen Souveränität im Bereich der Währungspolitik an das Europäische System der Zentralbanken (ESZB) und die EZB abgegeben, die damit eine zentrale Rolle für die Geld- und Währungspolitik übernimmt. Eine Rücknahme des Kompetenztransfers in wesentlichen Bereichen wird kaum oder nur unter bisher nicht durchgespielten Krisenszenarien möglich sein.

Aufgaben und Struktur

Die EZB bildet gemeinsam mit den nationalen Zentralbanken der 27 EU-Mitgliedstaaten das Europäische System der Zentralbanken. Das ESZB ist verantwortlich für die gemeinsame Geldpolitik der Euro-Mitgliedstaaten, für die Durchführung von Devisengeschäften, für die Haltung und Verwaltung der Währungsreserven und für die Förderung des reibungslosen Funktionierens der Zahlungssysteme. Das ESZB trägt zur Durchführung von Maßnahmen zur Aufsicht der Kreditinstitute und zur Stabilität des Finanzsystems bei und hat das ausschließliche Recht zur Genehmigung der Ausgabe von Euro-Banknoten. Darüber hinaus hat die EZB das Recht, bei allen Vorschlägen für Rechtsakte der EG und zu allen Gesetzesvorschlägen nationaler Behörden in ihrem Zuständigkeitsbereich gehört zu werden, die für ihre Arbeit notwendigen Statistiken einzuholen, im Bereich der internationalen Zusammenarbeit vertreten zu sein und sich an internationalen Währungseinrichtungen zu beteiligen. Nicht in allen Bereichen der WWU ist die EZB die allein entscheidende Institution. Für die Wechselkurspolitik (Art. 219 AEUV) und im Bereich der → Außenhandelsbeziehungen ist die EZB gemeinsam mit dem Ecofin-Rat verantwortlich. Der Ecofin-Rat ist und bleibt zentrales Entscheidungsorgan im Bereich des Stabilitäts- und Wachstumspakts zur Vermeidung übermäßiger öffentlicher Defizite. Darüber hinaus gibt es auch im Bereich der Außenvertretung des Euroraumes, z.b. in internationalen Finanzorganisationen, eine geteilte Verantwortung mit dem Rat bzw. der Eurogruppe.

Die EZB ist zu einem umfassenden Berichtswesen verpflichtet. Neben einer wöchentlichen Veröffentlichung der konsolidierten Bilanz des Euro-Systems und einem Jahresbericht gibt die EZB einen Monatsbericht heraus. Ein regelmäßiger monetärer Dialog zwischen den Direktoriumsmitgliedern und dem zuständigen Ausschuss des → Europäischen Parlaments ist etabliert worden; das Europäische Parlament kann weiterhin eine Plenardiskussion zum Jahresbericht abhalten. Eine zentrale Rolle in der Kommunikationspolitik der EZB spielt auch die monatliche Pressekonferenz des EZB-Präsidenten im Anschluss an die Sitzung des EZB-Rats.

Die EZB hat Organstatus und ist in ihrer Unabhängigkeit durch die Bestimmungen im EU-Vertrag und in der EZB-Satzung besonders geschützt. Weder die EZB noch die Mitglieder der Beschlussorgane der EZB dürfen Weisungen erhalten. Die EZB hat Klagerecht vor dem → Gerichtshof der Europäischen Union, einen eigenen Haushalt und wird auch nur hinsichtlich der effizienten Mittelverwendung vom → Rechnungshof überprüft. Sie besitzt Rechtspersönlichkeit.

Entscheidungsverfahren: prozedurale Vielfalt

Das ESZB wird geleitet von den Beschlussorganen der EZB:

- Dem EZB-Direktorium gehören der Präsident, der Vize-Präsident und vier weitere Mitglieder an. Die Mitglieder des Direktoriums werden für acht Jahre vom Europäischen Rat mit qualifizierter Mehrheit auf Empfehlung des Rates und nach Anhörung des EZB-Rats und des EP ernannt.
- Dem EZB-Rat gehören das EZB-Direktorium, die Präsidenten der nationalen Zentralbanken derjenigen Mitgliedstaaten, die den Euro eingeführt haben, sowie ohne Stimmrecht der Präsident des Ecofin-Rats (in der Praxis der Vorsitzende der Eurogruppe) und ein Mitglied der Kommission an. Derzeit haben neben den Direktoriumsmitgliedern alle Präsidenten der Nationalen Zentralbanken Stimmrecht im Rat. Sobald mehr als 15 Mitgliedstaaten der Eurozone beigetreten sind, sollen sie nach einem komplexen Rotationssystem zeitweise auf ihr Stimmrecht im EZB-Rat verzichten; unabhängig von der Zahl der Teilnehmerstaaten sollen immer nur 15 Gouverneure stimmberechtigt sein. Die Rotation ist gestaffelt und abhängig von der Wirtschaftskraft des jeweiligen Landes (unter Berücksichtigung des Bruttoinlandsprodukts und der Größe des Finanzsektors). Durch

einen Beschluss des EZB-Rats wird dieses Rotationssystem jedoch erst beginnen, wenn die Euro-Zone 19 Mitglieder hat.

■ Dem Erweiterten EZB-Rat gehören abweichend zum EZB-Rat alle Präsidenten der nationalen Zentralbanken an.

Das Direktorium ist verantwortlich für die Ausführung der Geldpolitik gemäß den Leitlinien und Entscheidungen des EZB-Rats und der damit verbunden Weisungen an die nationalen Zentralbanken, die Führung der laufenden Geschäfte, sowie weitere, vom EZB-Rat übertragene Aufgaben. Das Direktorium kann immer, der EZB-Rat kann im Allgemeinen mit einfacher Mehrheit beschließen (bei Stimmengleichheit entscheidet die Stimme des Präsidenten).

Der EZB-Rat ist das oberste Beschlussorgan im ESZB. Er erlässt die maßgeblichen Leitlinien, Entscheidungen und Verordnungen (zwischen 20 und 30 pro Jahr), gibt Stellungnahmen an Mitgliedstaaten und EU-Institutionen ab (derzeit zwischen 80 und 100 pro Jahr) und ergreift somit die notwendigen Maßnahmen zur Erfüllung der im EG-Vertrag an das ESZB übertragenen Aufgaben. Wenn der Status der nationalen Zentralbanken als Anteilseigner am Kapital der EZB betroffen ist, stimmt der EZB-Rat mit qualifizierter Mehrheit ab, wobei die Stimmen nach gezeichnetem Kapital der EZB gewichtet werden. In einigen Fällen ist auch eine einstimmige Beschlussfassung notwendig. Im Normalfall finden zwei Sitzungen im Monat statt. Auf einer Sitzung diskutiert der EZB-Rat die wirtschaftlichen und monetären Entwicklungen und erlässt diesbezügliche geldpolitische Beschlüsse, auf einer weiteren Sitzung stehen sonstige Aufgaben und Zuständigkeiten im Vordergrund.

Der Erweiterte Rat ist vor allem mit den Aufgaben beschäftigt, die sich aus der Tatsache ergeben, dass nicht alle EU-Mitgliedstaaten auch Euro-Teilnehmerstaaten sind. Im Jahr 2009 trat der Erweiterte Rat viermal zusammen.

Ingo Linsenmann

Europäischer Auswärtiger Dienst

Vertragsgrundlage: Art. 27 EUV. Art. 221 AEUV (Delegationen der Union).

Aufgaben: Unterstützung des Hohen Vertreters der Union für Außen- und Sicherheitspolitik; Unterstützung des Präsidenten des Europäischen Rates, des Präsidenten der Kommission und der Kommission bei der Wahrnehmung ihrer jeweiligen Aufgaben im Bereich der Außenbeziehungen.

Sitz und Zusammensetzung: Brüssel (Hauptsitz) und Drittländer / internationale Organisationen (rund 130 EU-Delegationen); rund 7.000 Mitarbeiter (Beamte des Generalsekretariats des Rates und der Kommission sowie Personal aus den EU-Mitgliedstaaten).

Literatur: Sophie Vanhoonacker/Natasja Reslow: The European External Action Service. Living Forwards by Understanding Backwards, in: European Foreign Affairs Review, 15/2010, S. 1-18 • CEPS/Egmont – The Royal Institute for International Relations/ European Policy Centre: The Treaty of Lisbon. A Second Look at the Institutional Innovations. Joint Study, September 2010, www.epc.eu.

Internet: http://www.eeas.europa.eu/

Der Europäische Auswärtige Dienst (EAD) untersteht dem → Hohen Vertreter der Union für Außen- und Sicherheitspolitik. Er unterstützt diesen bei der Formulierung und Durchführung der → Gemeinsamen Außen- und Sicherheitspolitik. Darüber hinaus trägt der EAD Sorge für die Abstimmung des auswärtigen Handelns der EU sowohl auf der Brüsseler Ebene als auch gegenüber den Außenpolitiken der EU-Mitgliedstaaten. Der EAD wurde 2009 durch den → Vertrag von Lissabon eingeführt. Nach langen Verhandlungen einigte sich der Rat am 26. Juli 2010 darauf, den EAD als „eine funktional eigenständige Einrichtung der Europäischen Union" (Ratsbeschluss 2010/427/EU) zu installieren. Außerdem wurden Details zu Struktur und Zusammensetzung festgelegt.

Der EAD wird von einem Geschäftsführenden Generalsekretär verwaltet, der dem Hohen Vertreter unterstellt ist. Er setzt sich zusammen aus mehreren Generaldirektionen, die Referate für einzelne Länder und Regionen umfassen, thematischen Referaten (z.B. Menschenrechte, multilaterale Kooperation) sowie Abteilungen für Querschnittsaufgaben (z.B. Personal, Haushalt). Zudem wurden die in den 2000er Jahren geschaffenen Strukturen des zivil-militärischen Krisenmanagements der EU in den EAD integriert, darunter die Direktion Krisenmanagement und Planung, der Stab für die Planung und Durchführung ziviler Operationen, der EU-Militärstab und das EU-Lagezentrum. Die weltweit über 130 Delegationen der Union, die aus Delegationen der Kommission hervorgegangen sind, unterstehen ebenfalls dem Hohen Vertreter. Verbindliche Beschlüsse zum EAD-Personalstatut wurden im November 2010 im Mitentscheidungsverfahren unter Beteiligung des → Europäischen Parlaments gefasst. Vorgesehen ist ein schrittweiser Aufbau des EAD, der schließlich rund 7.000 Mitarbeiter weltweit beschäftigen soll, davon mindestens ein Drittel Personal aus den EU-Mitgliedstaaten.

In der täglichen Arbeit des EAD könnten sich Spannungen mit der → Europäischen Kommission ergeben, da diese nach wie vor die *Verwaltung* der EU-Programme für die Zusammenarbeit mit Drittländern innehat. Die führende

Rolle des Hohen Vertreters und des EAD bei der *Planung* der Programme wird zudem dadurch eingeschränkt, dass die programmatische Verantwortung für die beiden strategisch wichtigen Bereiche der → Europäischen Nachbarschaftspolitik und der → Entwicklungszusammenarbeit weiterhin bei den zuständigen Kommissaren liegt. Darüber hinaus kann die Kommission – zusätzlich zum Hohen Vertreter und zum EAD – den EU-Delegationen Weisungen erteilen, wenn traditionell von der Kommission verwaltete Bereiche der EU-Außenbeziehungen (z.B. die → Außenhandelsbeziehungen) betroffen sind. Aus institutioneller Perspektive bleibt somit die Kohärenz des auswärtigen Handelns der Union auch nach der Einführung des EAD eingeschränkt. Laut Ratsbeschluss soll der Hohe Vertreter bis Mitte 2013 eine Überprüfung der Organisation und Arbeitsweise des EAD vorlegen – inklusive möglicher Verbesserungsvorschläge.

Nadia Klein

Europäischer Rat

Vertragsgrundlage: insbesondere Art. 13, 15 EUV und Art. 235 AEUV. Geschäftsordnung vom 1.12.2009.

Zusammensetzung: Staats- und Regierungschefs der Mitgliedstaaten, Präsident des Europäischen Rates, Präsident der Kommission; der Hohe Vertreter der Union für Außen- und Sicherheitspolitik nimmt an den Arbeiten des Europäischen Rates teil (vgl. Art. 15(2) EUV).

Vorsitz: Präsident des Europäischen Rates (vgl. Art. 15(5, 6) EUV).

Gründung: 10.12.1974.

Tagungshäufigkeit: Zweimal pro Halbjahr; ggf. außerordentliche Tagungen.

Verfahren: Konsens, „soweit in den Verträgen nichts anderes festgelegt ist" (Art. 15(4) EUV); „Schnüren von Verhandlungspaketen"; Vereinbarungen zu technischen Details.

Literatur: CEPS/EGMONT/EPC: The Treaty of Lisbon. Implementing the Institutional Innovations, Brüssel 2007 • Michael Dougan: The Treaty of Lisbon 2007. Winning Minds, Not Hearts, in: Common Market Law Review 45, 2008, S. 617-703 • Philippe de Schoutheete: The European Council, in: John Peterson/Michael Shackleton (Hrsg.): The Institutions of the European Union, Oxford/New York 2006, S. 37-59 • Jan Werts: The European Council, London 2008 • Wolfgang Wessels: Das politische System der Europäischen Union, Wiesbaden 2008, S. 155-190 • Wolfgang Wessels: The European Council. A Bigger Club, a Similar Role?, in: Edward Best et al. (Hrsg.): The Institutions of the enlarged European Union. Continuity and Change, Cheltenham 2008, S. 16-33.

Internet: http://www.consilium.europa.eu/ (unter anderem Schlussfolgerungen des Europäischen Rates)

Keine andere Institution prägte und prägt die Politik- und Systemgestaltung der Europäischen Union insgesamt so nachhaltig wie das Gremium der Staats- und Regierungschefs der Mitgliedstaaten. Außerhalb der rechtlichen Aufgabenbeschreibungen der bisherigen Verträge hat der Europäische Rat durch seine geschichtsträchtigen Entscheidungen zu Vertragsrevisionen und Erweiterungsrunden die konstitutionellen Grundlagen des EU-Systems de facto nachhaltig und umfassend gestaltet. Die Verabschiedung des → Vertrages von Lissabon wie auch die Beschlüsse des Europäischen Rates zur Aufnahme weiterer Mitgliedstaaten sind jüngste Beispiele dieser Schlüsselrolle. In europäischen Krisensituationen – wie in der Finanzkrise seit 2007 – nimmt der Europäische Rat Führungsaufgaben wahr. Die Schlussfolgerungen der jeweiligen Präsidentschaften von über 110 Sitzungen aus den vergangenen vier Jahrzehnten dokumentieren, dass die oberen Vertreter der Mitgliedstaaten in ihrem „Club" regelmäßig gemeinsam einen umfassenden Katalog an zentralen innen- und außenpolitischen Problemen behandeln. Zu wesentlichen Fragen der Wirtschafts-, Finanz-, Innen- und Außenpolitik sowie weiterer Themen von gemeinsamem Interesse verabschieden sie programmatische Leitlinien und teilweise auch konkrete Vorgaben – so zu → Haushalt und Finanzen der EU und zur globalen → Klimapolitik.

Der Vertrag von Lissabon hat die rechtliche Basis dieser Schlüsselinstitution neu geregelt und mit der Einführung des Amtes eines hauptamtlichen → Präsidenten des Europäischen Rats wesentliche Veränderungen für dessen Arbeitseffizienz und Wirkungseffektivität vorgesehen.

Der Europäische Rat im Vertragswerk von Lissabon: Zurückhaltende Funktionenbeschreibung und neue Spitze

Bis zum Vertrag von Lissabon war der Europäische Rat im rechtlichen Sinne kein Organ der Europäischen Gemeinschaft. Gestützt auf eine Regierungsvereinbarung der Gipfelkonferenz von Paris 1974 wurde er in Artikel 2 der Einheitlichen Europäischen Akte (EEA 1987) erstmals in einem rechtlich verbindlichen Text erwähnt – aber weiterhin außerhalb des damaligen Gemeinschaftsvertrags. Der Vertrag von Maastricht (1993) siedelte dieses Gremium im Abschnitt der „Gemeinsamen Bestimmungen" des EU-Vertrages an.

Der Vertrag von Lissabon hat den Europäischen Rat in den Katalog der Unionsorgane aufgenommen (Art. 13 EUV). Damit übernimmt der Europäische Rat erstmals die vertraglich aus dem Organstatus resultierenden Pflichten. Außerdem unterliegt sein Handeln, soweit es rechtlich verbindliche Wirkungen hat, der Prüfung der Rechtmäßigkeit durch den → Gerichtshof der Europäischen Union.

Aufgaben, Zusammensetzung, Entscheidungsmodalitäten und wesentliche Teile der internen Organisation regeln Art. 15 EUV und Art. 235 AEUV. Demnach gibt der Europäische Rat „der Union die für ihre Entwicklung erforderlichen Impulse und legt die allgemeinen politischen Zielvorstellungen und Prioritäten hierfür fest" (Art. 15(1) EUV). Er wird jedoch ausdrücklich „nicht gesetzgeberisch tätig". Weitere Rechte, die das Gremium der Staats- und Regierungschefs de facto immer wieder ausgeübt hat, werden im Vertrag von Lissabon nun festgeschrieben.

Das Schlüsselorgan besteht aus den Staats- und Regierungschefs der Mitgliedstaaten sowie dem Präsidenten des Europäischen Rates und dem Präsidenten der → Europäischen Kommission. Der Hohe Vertreter der Union für Außen- und Sicherheitspolitik nimmt an den Arbeiten des Europäischen Rates teil (Art. 15(2) EUV). Zudem können sich die Mitglieder, „[w]enn es die Tagesordnung erfordert" (Art. 15(3) EUV), von einem Minister oder — im Fall des Präsidenten der Kommission — von einem Mitglied der Kommission unterstützen lassen.

Im Regelfall lädt der Präsident zu zwei Zusammentreffen pro Halbjahr ein; er kann aber, „[w]enn es die Lage erfordert", außerordentliche Tagungen des Europäischen Rates einberufen. Mit Ausnahme einiger in den Verträgen festgelegter Fälle trifft der Europäische Rat seine Entscheidungen im Konsens (Art. 15(4) EUV). Die Möglichkeit einer Entscheidung mit qualifizierter Mehrheit ist im Vertrag insbesondere für die Wahlfunktion vorgesehen. Mit einfacher Mehrheit beschließt der Europäische Rat über Verfahrensfragen sowie über den Erlass seiner Geschäftsordnung (Art. 235(3) AEUV).

In seiner Arbeit wird der Europäische Rat vom Generalsekretariat des → Rates unterstützt (Art. 235(4) AEUV). Zu Beginn jeder Sitzung hört er den Präsidenten des → Europäischen Parlaments (Art. 235(2) EUV).

Eine nachhaltig wirkende Innovation des Vertrags von Lissabon ist die Einführung des hauptamtlichen Präsidenten, dessen vielseitige Verantwortlichkeiten im Vertrag sowie in der Geschäftsordnung des Europäischen Rates verankert sind. Diese umfassen sowohl die für Gremienvorsitzende klassischen Aufgaben der Sitzungsleitung und der Vertretung des Organs nach außen als auch Aufgaben der Konsensförderung. Zudem soll der Präsident die Kontinuität der Arbeit des Europäischen Rates durch Vor- und Nachbereitung herstellen und sichern (Art. 15(6) EUV).

Die im Vergleich zu anderen Führungspositionen in der institutionellen Architektur der EU kurze Amtszeit des Präsidenten beträgt zweieinhalb Jahre mit der Möglichkeit zur einmaligen Wiederwahl.

Die Praxis: Extensive Rolleninterpretation einer Schlüsselinstitution

Im Vergleich zum Katalog der (bisher) vertraglich festgelegten Aufgaben ist die Skala der tatsächlichen Aktivitäten und Funktionen des Europäischen Rates in der Politik- und Systemgestaltung der EU erheblich differenzierter und gewichtiger. Zu erwarten ist, dass die Staats- und Regierungschefs auch das erweiterte Lastenheft des Vertrags von Lissabon intensiv nutzen werden. Darüber hinaus ist davon auszugehen, dass sie – wie in den vergangenen Jahrzehnten – auch Entscheidungen zu denjenigen für sie zentralen Fragen europäischer Politik treffen, für die der Vertrag dem Europäischen Rat keine Zuständigkeit zuweist. So werden sie die bis 2014 anstehende Reform des Haushaltes der Union verabschieden und über die zukünftigen Erweiterungen entscheiden.

Mit Blick auf die Gesamtbedeutung des Europäischen Rates für die Politik- und Systemgestaltung ist zunächst seine Rolle als „konstitutioneller Architekt" zu nennen. Diese hat er – ohne ausdrückliche Ermächtigung durch Vertragsartikel – de facto immer wieder wahrgenommen, so unter anderem hinsichtlich der Einheitlichen Europäischen Akte, des EU-Vertrags von Maastricht sowie der Verträge von Amsterdam und Nizza. Auch den Vertrag von Lissabon haben die Staats- und Regierungschefs initiiert, beschlossen und unterschrieben.

Zu diesen quasi-konstitutionellen Entscheidungen gehören auch Beschlüsse zur → Erweiterung, beispielsweise die Festlegung von Beitrittskriterien in Kopenhagen 1993. Auf dem Kopenhagener Gipfel im Jahr 2002 brachte der Europäische Rat die Beitrittsverhandlungen mit zehn Kandidatenstaaten zum politischen Abschluss. Der mögliche Beitritt der Türkei steht auch gegenwärtig immer wieder auf der Tagesordnung.

Im Rahmen seiner vielfach betonten Orientierungs-, Leitlinien- und Lenkungsfunktionen dirigiert der Europäische Rat regelmäßig das Vorgehen von EU-Organen bei der Gestaltung einer breiten, ja staatsähnlichen Agenda europäischer Politik. So behandelte der Europäische Rat in den vorgelegten Schlussfolgerungen und Erklärungen unter anderem Themen zur:

- Wirtschafts-, Finanz-, Beschäftigungs- und Sozialpolitik,
- Währungspolitik,
- Innen- und Justizpolitik,

- Gemeinsamen Außen- und Sicherheitspolitik und anderen Bereichen des Auswärtigen Handelns der Union, sowie zur
- Umwelt-, Klima- und Energiepolitik.

In Zeiten interner Krisen und externer Schocks wurde vom Europäischen Rat wiederholt eine Führungsrolle erwartet. Zu allen Krisengebieten globaler Politik der vergangenen 25 Jahren haben die Staats- und Regierungschefs der europäischen Außenpolitik bis auf einige Ausnahmen zentrale Orientierungspunkte vorgegeben. Zudem ist der jeweilige Präsident des Europäischen Rates zum Sprachrohr und zum Repräsentanten der EU im internationalen System geworden. Der im Vertrag von Lissabon eingeführte hauptamtliche Präsident soll dieser Funktion nun für eine längere Periode „Gesicht" und „Stimme" geben.

In der öffentlichen Diskussion stehen die Staats- und Regierungschefs insbesondere bei der Ausübung ihrer Wahlfunktion – ob bei der Wahl ihres eigenen Präsidenten (Art. 15(5) EUV), beim Vorschlag zur Wahl des Präsidenten der Kommission (Art. 17(7) EUV) oder bei der Auswahl des Präsidenten der Zentralbank (Art. 283(2) AEUV).

Von Beginn an haben die Staats- und Regierungschefs auch immer wieder Entscheidungen zu strittigen Fragen getroffen, die im Rat nicht abschließend beraten werden konnten. Diese Funktion als „Letztentscheidungsinstanz" nahmen sie beispielsweise hinsichtlich der Einnahmen und Ausgaben der Union sowie der Ansiedlung von Organen und Europäischen Agenturen wahr. Durch die Selbstzuweisung einer Aufgabe als „Appellationsinstanz" bzw. „Schiedsgericht" ist diese Rolle im Vertrag von Lissabon nochmals ausgebaut worden. Diese Funktion erfüllt der Europäische Rat nun unter anderem im Fall einer „Notbremse" eines Mitgliedstaates durch ein Veto bei Mehrheitsentscheidungen in der GASP (vgl. Art. 31(2) EUV) sowie in zentralen Bereichen der Sozialpolitik (Art. 48 AEUV) und der justiziellen Zusammenarbeit in Strafsachen (Art. 82(3) AEUV). Zudem sehen die Verträge vor, dass der Europäische Rat Entwürfe und Berichte anderer Organe zu zentralen Themen erhält und daraus Schlussfolgerungen zieht. Dies betrifft die Schlussfolgerungen zu den Grundzügen der Wirtschaftspolitik der Mitgliedstaaten und der Union (Art. 121(2) AEUV) sowie zur Beschäftigungspolitik (Art. 148 AEUV).

Die interne Dynamik: Entscheidungsfindung durch Verhandlungspakete

Angesichts dieser umfassenden Rollenwahrnehmung stellt sich die Frage nach den Gründen für die überraschende Beschlussfähigkeit dieses auf Konsens beruhenden Gremiums. Eine besondere Entscheidungsdynamik des Europäischen Rates geht von der Möglichkeit des „Schnürens von Verhandlungspaketen" aus: Nur die Staats- und Regierungschefs als „oberste" Verantwortliche ihrer Staaten können die Forderungen und Angebote der Mitgliedstaaten aus mehreren Politikbereichen gegeneinander „verrechnen". Aufgrund derartiger „Kuhhandel" sind die – häufig nach langen Nachtsitzungen erreichten – Ergebnisse der Beratungen jedoch nicht immer optimal im Sinne angemessener Problemlösungen. Bei dieser mühsamen Arbeit müssen die Regierungschefs entgegen ihrem ursprünglichen Selbstverständnis intensiv auch über konkrete Formulierungen verhandeln. Die Versuche der Staats- und Regierungschefs, nur generelle Leitlinien vorzugeben, erwiesen sich als nicht tragfähig. Die politischen Kontroversen liegen im „technischen" Detail, wie z.B. bei der Verteilung der Haushaltsmittel oder der Stimmengewichtung im Rat der EU.

Der Verhandlungsstil im Europäischen Rat ist direkter und persönlicher als im Rat. In der Regel prägen die Staats- und Regierungschefs der größeren Staaten die Debatten. Je nach Thema spielen aber auch der Präsident der Europäischen Kommission oder einzelne Staats- und Regierungschefs kleinerer Staaten eine erhebliche Rolle. Der Vorsitz übernimmt sowohl bei der Vorbereitung als auch bei der Herbeiführung von Entscheidungen eine zentrale Rolle, nicht zuletzt aufgrund seines Ansehens als vermittelnder „ehrlicher Makler". Ein übliches Verfahren zur Konsensfindung in festgefahrenen Verhandlungssituationen ist das so genannte „Beichtstuhlverfahren", in welchem der Präsident in einer Reihe vertraulicher Einzelgespräche mit den betroffenen Mitgliedern des Europäischen Rates den Spielraum für einen Kompromiss auslotet.

Die institutionelle Architektur: Wandel durch Fusion

Zum Zeitpunkt der Gründung dieses Gipfelgremiums wurde vielfach befürchtet, dass die Staats- und Regierungschefs das Initiativmonopol der Europäischen Kommission untergraben, den Rat der EU zu einer untergeordneten Kammer „degradieren" und die ursprünglich geringen Rechte des Europäischen Parlamentes de facto unterlaufen würden. Die Entwicklung der institutionellen Architektur zeigt demgegenüber eine gemischte Bilanz. Von nachdrücklicher Bedeutung ist, dass die Staats- und Regierungschefs im Rahmen der Regierungskonferenzen die Rechte und Handlungsfelder des Europäischen Parlaments, der Europäischen Kommission und auch die des Gerichtshofs der Europäischen Union erheblich ausgeweitet haben. Nach dieser Sichtweise hat ein intergouvernemental zusammengesetztes Gremium supranationale Organe gestärkt. Durch den gleichzeitigen und parallelen Ausbau der eigenen Rolle und derjenigen supranationaler Organe hat der Europäische Rat – bewusst oder unbewusst – eine horizontale Fusion von Verantwortlichkeiten innerhalb der EU-Architektur beschleunigt. So sind in der institutionellen Architektur unübersichtliche Mischformen entstanden. Während die Nationalstaaten – repräsentiert durch die Staats- und Regierungschefs – bestrebt sind, die gestaltenden Kräfte des EU-Systems zu bleiben, so begrenzen sie doch als unbeabsichtigte Folge ihres „Problemlösungsinstinkts" ihre eigene Handlungsautonomie durch die Stärkung gemeinsamer Institutionen. Nationale Regierungen und Verwaltungen bleiben zwar an allen Phasen des Politikzyklus beteiligt, benötigen aber in der Regel die Mitwirkung anderer Institutionen.

Der Europäische Rat ist somit nicht ein zufälliges Produkt der politischen Laune einiger Staats- und Regierungschefs, sondern Träger einer grundlegenden Entwicklung hin zu einer gemeinsamen Nutzung staatlicher Instrumente und einer damit einhergehenden Tendenz zur vertikalen Fusion nationaler Strukturen mit der EU-Ebene. Mit dem Vertrag von Lissabon als jüngster Meilenstein in diesem Fusionsprozess kommt dem Gremium der Staats- und Regierungschefs weiterhin eine Schlüsselrolle in der Politik- und Systemgestaltung zu.

Wolfgang Wessels / Maria Schäfer

Europäisches Parlament

Vertragsgrundlage: Art. 10, 13, 14, 16, 48-50 EUV. Art. 223 bis 234, 289, 294-297 AEUV.

Zusammensetzung: Im Vertrag von Lissabon wird die Höchstzahl der Abgeordneten auf 751 festgelegt. Der geänderte EUV sieht erstmals keine Sitzverteilung pro Mitgliedstaat vor, sondern delegiert die betreffende Entscheidung an den Europäischen Rat, der auf Vorschlag des EP und mit dessen Zustimmung einen Beschluss über diese Sitzverteilung auf der Grundlage des Prinzips der „degressiv proportionalen" Vertretung mit mindestens sechs und höchstens 96 Sitzen pro Mitgliedstaat fasst.

Sitz: Straßburg. Das Generalsekretariat befindet sich in Luxemburg, wobei jedoch immer mehr Sekretariatsdienste nach Brüssel verlagert werden. Die meisten Fraktions- und Ausschusssitzungen finden in Brüssel statt.

Literatur: Doris Dialer/Eva Lichtenberger/Heinrich Neisser (Hrsg.): Das Europäische Parlament. Institution, Vision und Wirklichkeit, Innsbruck 2010 • Richard Corbett/ Francis Jacobs/Michael Shackleton: The European Parliament, London 2007 • David Judge/David Earnshaw: The European Parliament, Houndsmills 2008 • Andreas

Maurer/Dietmar Nickel (Hrsg.): Das Europäische Parlament: Supranationalität, Repräsentation und Legitimation, Baden-Baden 2005.
Internet: EP: http://www.europarl.europa.eu • COSAC: http://www.cosac.org

Das Europäische Parlament (EP) ist das einzige direkt gewählte und somit unmittelbar legitimierte Organ der Europäischen Union. Es repräsentiert die Bürgerinnen und Bürger der EU. Ursprünglich verfügten die Europäische Gemeinschaft für Kohle und Stahl (EGKS), die Europäische Wirtschaftsgemeinschaft (EWG) und die Europäische Atomgemeinschaft über eine „parlamentarische Versammlung", in die Vertreter der nationalen Parlamente entsandt wurden. Die Versammlung fungierte gemeinsam mit dem Rat als Haushaltsbehörde der drei Gemeinschaften. Darüber hinaus besaß sie Kontroll- und Informationsrechte gegenüber dem Rat und der Kommission sowie das Recht, der Kommission das Misstrauen auszusprechen. Zwar nannte sich die Versammlung seit 1958 selbst Parlament, allerdings bestätigte erst die am 1. Juli 1987 in Kraft getretene Einheitliche Europäische Akte (EEA) die Begriffswahl sowie – aufgrund der Einführung des Zusammenarbeits- und Zustimmungsverfahrens – die von den Abgeordneten (Mitgliedern des Europäischen Parlaments, MdEP) seit langem eingeforderte politische und rechtliche Aufwertung. Die Rechte des EP wurden im Zuge von Vertragsänderungen wie der EEA, dem Vertrag von Maastricht (1993), dem Vertrag von Amsterdam (1999), dem Vertrag von Nizza (2003) und dem → Vertrag von Lissabon (2009) sowie anderer außervertraglicher Regelungen (interinstitutionelle Abkommen zwischen den EU-Organen) beständig ausgeweitet. Gleichwohl sind seine Befugnisse in der → Gemeinsamen Außen- und Sicherheitspolitik (GASP), in der → Agrar-, → Sozial-, → Beschäftigungspolitik sowie in der → Wirtschafts- und Währungspolitik beschränkt.

Entsprechend Art. 14(2) AEUV setzt sich das EP aus maximal 751 Abgeordneten einschließlich des stimmberechtigten Parlamentspräsidenten zusammen. Da das EP im Juni 2009 und damit vor Inkrafttreten des Lissabonner Vertrages gewählt wurde, umfasst es derzeit noch 736 MdEP, wobei offen ist, wann die zusätzlichen Mitglieder ihr Amt antreten werden. Erst ab den nächsten → Wahlen zum Europäischen Parlament 2014 wird das Parlament regulär 751 Abgeordnete umfassen. Aus den siebten Direktwahlen zum EP ging die Europäische Volkspartei (EVP) als stärkste Fraktion mit 265 Abgeordneten hervor (siehe das Schaubild *Zusammensetzung des Europäischen Parlaments – multinationale Fraktionen*).

Zusammensetzung: Multinationale Fraktionen

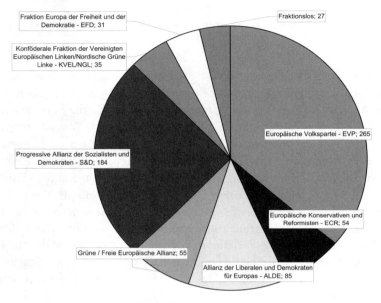

Quelle: Andreas Maurer (eigene Darstellung, Stand: Juli 2010)

Trotz der Reformen des Lissabonner Vertrages, der vorsieht, dass die Bürgerinnen und Bürger der EU im EP „degressiv proportional" vertreten sind, spiegelt die Zahl der jedem der europäischen Völker zustehenden Parlamentarier nicht die Einwohnerzahl in den 27 Mitgliedstaaten wider. Ausschlaggebend für die Arbeit der MdEP ist die Zusammensetzung nach multinationalen Fraktionen. Da deren Bildung Voraussetzung für die Ausübung wichtiger parlamentarischer Rechte ist (Verteilung von Redezeiten, Berichterstattern, Vertretern in den Ausschussvorständen, Mindeststimmenzahl zur Bildung von Untersuchungsausschüssen, Anzahl der Büros und Sekretariatskräfte), sind die Anreize zur Gründung nationaler Gruppen erheblich begrenzt. Bereits für das 1999 gewählte Parlament wurde die Bildung einer Fraktion aus einem Mitgliedstaat abgeschafft. Die Hürden zur Bildung einer Fraktion wurden in der Sechsten Legislaturperiode nochmals verschärft: Anstelle der bislang geltenden Schwelle von mindestens 19 Abgeordneten aus sechs verschiedenen Mitgliedstaaten waren nach der Europawahl 2009 mindestens 25 Abgeordnete aus sieben Mitgliedstaaten notwendig. Den organisatorischen Überbau der Fraktionen bilden die → Europäischen Parteien.

Arbeitsweise – das EP als „Arbeitsparlament"

Falls im EU-Vertrag und dem Vertrag über die Arbeitsweise der Europäischen Union (AEUV) nicht anders vorgesehen, stimmt das EP mit der einfachen Mehrheit der abgegebenen Stimmen ab. Zur Verabschiedung von Änderungsanträgen ab der zweiten Lesung im ordentlichen Gesetzgebungsverfahren sowie bei den meisten Beschlüssen im Zustimmungsverfahren wird aber die (absolute) Mehrheit der Mitglieder des Parlaments benötigt. Bei anderen wichtigen Entscheidungen (Misstrauensantrag gegen die Kommission, Haushaltsentscheidungen) stimmt das Parlament nach in den Verträgen genauer festgelegten Quoren ab (z.b. Art. 234 AEUV: Misstrauensvotum gegen die → Europäische Kommission mit Zwei-Dritteln der abgegebenen Stimmen und der Mehrheit der Mitglieder des EP). Beraten werden Entschließungen und die diesen meistens zugrunde liegenden Berichte einzelner oder mehrerer Abgeordneter (Berichterstatter) in einer Vielzahl von Gremien: Das Präsidium (Präsident, vierzehn Vizepräsidenten und fünf Quästoren) entscheidet über finanzielle Angelegenheiten und die Organisation des Parlaments, seines Sekretariats und seiner Teilorgane. Die Konferenz der Präsidenten (Parlamentspräsident und die Fraktionsvorsitzenden) beschließt die Sitzordnung, die Gesetzgebungsplanung sowie die Aufgabenverteilung in den Ausschüssen. Die Konferenz stellt die Tagesordnung der Plenarsitzungen auf, gibt die von den Ausschüssen beantragten Initiativberichte in Auftrag und besitzt eine allgemeine Organisationszuständigkeit in Fragen der Beziehungen des EP zu anderen EU-Organen sowie zu den nationalen Parlamenten der Mitgliedstaaten. Die Sitzungen der Fraktionen finden in der Regel im Monatsrhythmus vor den Sitzungen der Ausschüsse sowie während der Plenarwoche nach Bedarf statt. Besonders wichtig für eine effektive Arbeit des EP sind die Ausschüsse. Die ständigen Ausschüsse beraten zu Gesetzgebungsvorhaben die Positionen des EP gegenüber Rat und Kommission. Sie entwickeln durch Anhörungen und Initiativberichte auch eigene Initiativen und Ideen, mit denen sie auf den europäischen Politikgestaltungprozess einwirken können.

Übersicht: Ausschüsse des Europäischen Parlaments in der 7. Wahlperiode (2009 – 2014)

Ausschuss für …	Größe	Abkürzung	Vorsitzende/-r (7. Wahlperiode)
Auswärtige Angelegenheiten	76	AFET	Gabriele Albertini (EVP)
Menschenrechte (Unterausschuss)	30	DROI	Heidi Hautala (Grüne/EFA)

208 | Europäisches Parlament

Ausschuss für ...	Größe	Abkür-zung	Vorsitzende/-r (7. Wahlperiode)
Sicherheit und Verteidigung (Unterausschuss)	29	SEDE	Arnaud Danjean (EVP)
Entwicklung	29	DEVE	Eva Joly (Grüne/EFA)
Internationalen Handel	29	INTA	Vital Moreira (S&D)
Haushalt	29	BUDG	Alain Lamassoure (EVP)
Haushaltskontrolle	29	CONT	Luigi de Magistris (ALDE)
Wirtschaft und Währung	48	ECON	Sharon Bowles (ALDE)
Beschäftigung und soziale Angelegenheiten	49	EMPL	Pervence Berès (S&D)
Umweltfragen, Volksgesundheit und Lebensmittelsicherheit	64	ENVI	Jo Leinen (S&D)
Industrie, Forschung und Energie	55	ITRE	Herbert Reul (EVP)
Binnenmarkt und Verbraucherschutz	39	IMCO	Marlcom Harbour (ECR)
Verkehr und Fremdenverkehr	43	TRAN	Brian Simpson (S&D)
Regionale Entwicklung	49	REGI	Danuta Hübner (EVP)
Landwirtschaft und ländliche Entwicklung	45	AGRI	Paolo de Castro (S&D)
Fischerei	24	PECH	Carmen Frage Estevèz (EVP)
Kultur und Bildung	32	CULT	Doris Pack (EVP)
Recht	25	JURI	Klaus-Heiner Lehne (EVP)
Bürgerliche Freiheiten, Justiz und Inneres	54	LIBE	Juan Fernando López Aguilar (S&D)
Konstitutionelle Fragen	25	AFCO	Carlo Casini (EVP)
Rechte der Frau und Gleichstellung der Geschlechter	34	FEMM	Eva-Britt Svenssono (KVEL-NGL)
Petitionen	35	PETI	Erminia Mazzoni (EVP)
Temporärer Ausschuss zur Wirtschafts- und Finanzkrise	44	CRIS	Wolf Klinz (ALDE)
Temporärer Ausschuss zu den politischen Herausforderungen (des mehrjährigen Finanzrahmens)	50	SURE	Jutta Haug (S&D)

Quelle: Eigene Zusammenstellung.

Legende: EVP-ED - Fraktion der Europäischen Volkspartei (Christdemokraten) und europäischer Demokraten, S&D - Fraktion der Progressiven Allianz der Sozialisten und Demokraten, SPE - Sozialdemokratische Fraktion im Europäischen Parlament, ALDE - Fraktion der Allianz der Liberalen und Demokraten für Europa, KVEL/NGL - Konföderale Fraktion der Vereinigten Europäischen Linken/Nordische Grüne Linke, GRÜNE/EFA - Fraktion der Grünen / Freie Europäische Allianz, UEN - Fraktion Union für das Europa der Nationen, IND/DEM - Fraktion Unabhängigkeit und Demokratie, ECR - Fraktion der Europäischen Konservativen und Reformisten, EFD - Fraktion Europa der Freiheit und der Demokratie, FL – Fraktionslos.

Darüber hinaus richtete das EP im Oktober 2009 einen nichtständigen Ausschuss zur Wirtschafts- und Finanzkrise sowie im Juni 2010 einen nichtständigen Ausschuss zu den politischen Herausforderungen des künftigen, mehrjährigen Finanzrahmens ein. Neben diesen Gremien unterhält das Parlament (Juli 2010) 21 bilaterale und 16 multilaterale Delegationen zu parlamentarischen Gremien von dritten Staaten und Organisationen, sowie vier Delegationen zu den gemeinsamen parlamentarischen Versammlungen (EU-AKP, EU-Mittelmeer, EU-Lateinamerika und EU-Östliche Partnerschaft). Daneben tagen Untersuchungsausschüsse und politikbereichsspezifische interfraktionelle Gruppen (z.B. Menschen mit Behinderungen, Europäische Verfassung, Tierschutz usw.).

Befugnisse, Macht, Verantwortung

Das EP ist grundsätzlich befugt, über jede Frage der EU zu beraten, hierzu mit der Mehrheit der abgegebenen Stimmen Entschließungen anzunehmen und diese den anderen Gemeinschaftsorganen vorzulegen. Das parlamentarische Kontrollrecht bezogen die Verträge ursprünglich nur auf die Kommission. Seit dem Maastrichter Vertrag umfasst die Kontrolltätigkeit des EP aber auch die Tätigkeit der Organe im Rahmen der GASP und der → Gemeinsamen Sicherheits- und Verteidigungspolitik (GSVP) sowie der polizeilichen und → justiziellen Zusammenarbeit in Strafsachen. Das parlamentarische Untersuchungsrecht (Art. 226 AEUV) richtet sich auf die Institutionen und die Mitgliedstaaten der EU. Es knüpft an mögliche Missstände bei der Anwendung des Unionsrechts an. Als Instrumente der parlamentarischen Kontrolle sehen die Verträge außerdem die folgenden Rechte und Pflichten vor: Fragerechte gegenüber → Rat der EU, Kommission und → Europäischer Zentralbank (EZB), Berichts- und Informationspflichten der Kommission, der Hohen Vertreterin der Union für die Außen- und Sicherheitspolitik, des Rates, des Europäischen Rates und seines Präsidenten, und der Mitgliedstaaten, Klagerechte vor dem → Gerichtshof der Europäischen Union (EuGH), Petitionsrechte der EU-Bürger an das Parlament (Art. 227 AEUV) und indirekte Kontrollen durch Beauftragung des Europäischen → Rechnungshofs (EuRH) zur Abgabe von Stellungnahmen (Art. 287 AEUV).

Nach Ablauf des jeweiligen Haushaltsjahrs sind alle Organe und Einrichtungen verpflichtet, Rechenschaft über ihr Finanzgebaren abzulegen. Der Rechnungshof fertigt einen Bericht über die Organe und Einrichtungen für das jeweilige Haushaltsjahr an. Auf der Basis dieses Berichts erteilt oder verwehrt das EP der Kommission die Entlastung für die Ausführung des Haushaltsplans

(→ Haushalt und Finanzen). Verweigert das EP wie zuletzt 1998 die Entlastung, dann gilt das als schwerwiegender Schritt, der zum Rücktritt der gesamten Kommission führen kann. Das stärkste Kontrollrecht besitzt das Parlament im Instrument des Misstrauensantrags gegen die Kommission. Hierzu bedarf es jedoch eines Votums von Zwei-Dritteln der abgegebenen Stimmen und der Mehrheit aller MdEP.

Die Mitwirkungsrechte des EP wurden durch Vertragsänderungen und Entscheidungen des EuGH über die Wirkungsweise des Anhörungsrechts sukzessive ausgedehnt. Das EP verfügt neben dem obligatorischen Anhörungsrecht über folgende Mitwirkungsrechte (→ Entscheidungsverfahren): Das durch den Maastrichter Vertrag eingerichtete und durch den Amsterdamer und den Lissabonner Vertrag erheblich ausgeweitete, ordentliche Gesetzgebungsverfahren (Art. 294 AEUV) hat das Mitentscheidungsverfahren abgelöst. Das EP kann hierbei den Gesetzgebungsvorschlag der Kommission ändern oder mit einem Ablehnungsbeschluss verhindern. Lehnt der Rat die durch das EP geänderte Gesetzgebungsmassnahme ab, dann müssen beide Organe im Vermittlungsausschuss einen gemeinsamen Rechtsakt ausarbeiten. Das *Zustimmungsverfahren* wurde durch die EEA für Beitritte zur EU (Art. 49 EUV) und dem Abschluss von Assoziierungsabkommen (Art. 218 AEUV) eingeführt (→ Assoziierungs- und Kooperationspolitik). Der Amsterdamer Vertrag weitete den Anwendungsbereich der parlamentarischen Zustimmung auf die Feststellung des Rates einer schwerwiegenden Verletzung der Unionsgrundsätze durch einen Mitgliedstaat aus (Art. 7 EUV). Erst der Lissabonner Vertrag hat das Zustimmungserfordernis auch auf alle Freihandelsabkommen der Union mit dritten Staaten und Organisationen ausgedehnt (Art. 207 AEUV).

Das Recht zur förmlichen Gesetzgebungsinitiative steht dem EP nicht zu. Eine Ausnahme stellt jedoch die Ausarbeitung eines Entwurfs für ein einheitliches Verfahren zu den → Wahlen zum Europäischen Parlament dar (Art. 223 AEUV). Darüber hinaus kann das EP die Kommission zur Einleitung von Gesetzgebungsverfahren auffordern (Art. 225 AEUV).

Das EP muss seit 1993 die Ernennung der Kommission bestätigen. Der Amsterdamer Vertrag hat dieses Ernennungsrecht auch auf die explizite Zustimmung des Parlaments zur vorläufigen Ernennung des Kommissionspräsidenten erweitert. Im Lissabonner Vertrag ist dieses Verfahren nun in Art. 17(7) EUV niedergelegt. Eine Anhörung des Parlaments erfolgt auch vor der Ernennung der Mitglieder des Direktoriums der EZB und der Mitglieder des

EuRH. Schließlich wählt das EP den Bürgerbeauftragten der EG (Art. 228 AEUV).

Der Lissabonner Vertrag dehnt insbesondere den Anwendungsbereich des ordentlichen Gesetzgebungsverfahrens (Art. 294 AEUV) massiv, von ehemals 45 auf nun 84 fallspezifische Handlungsermächtigungen der EU aus. Hierzu gehören fast alle Bestimmungen in der Justiz- und Innenpolitik, der Landwirtschafts- und Fischereipolitik, die Handelspolitik, Teilaspekte der wirtschaftspolitischen Koordinierung sowie die neuen Politikfelder des Katastrophenschutzes und der Verwaltungszusammenarbeit. Ausgenommen von diesem Verfahren bleiben nach wie vor Maßnahmen des Rates zum Aufenthaltsrecht mit Blick auf Pässe und Personalausweise, zur sozialen Sicherheit und der Sozialversicherung, zur Erleichterung des diplomatischen und konsularischen Schutzes, zu Maßnahmen des Kapitalverkehrs mit Drittstaaten, zu Steuerharmonisierung und Körperschaftssteuer, zu den Sprachenregelungen für die Rechtstitel, umweltpolitischen Maßnahmen mit Finanzbestimmungen, Raumordnungs-, Bodennutzungs- und Wasserbewirtschaftungsfragen, Maßnahmen, die die Wahl eines Mitgliedstaates zwischen verschiedenen Energiequellen berühren, und Vorschriften steuerlicher Art.

Funktionsbilanz – Entwicklungslinien eines Arbeitsparlaments

Die Rechte des EP orientieren sich an idealtypischen Vorstellungen zu Parlamentsfunktionen in repräsentativen Demokratien, ohne dass Übereinstimmung mit einem der in den Mitgliedstaaten verwirklichten parlamentarischen Modelle besteht. Ein Funktions- und Leistungsvergleich des EP mit den nationalen Parlamenten wird durch den „sui generis"-Charakter der EU erschwert: Das politisch-institutionelle System der EU kommt – auch nach In-Kraft-Treten des Lissabonner Vertrages – ohne eine europäische Regierung aus, die sich zur Ausübung ihres Amts auf eine parlamentarische Mehrheit stützen müsste. Stattdessen teilen sich die Exekutivaufgaben der EU zwischen Kommission, Rat und Europäischem Rat auf. Damit ist auch eine der originären Aufgaben von Parlamenten – die Kontrolle der Regierung – auf EU-Ebene nicht in der bekannten Form gegeben. Zur Beschreibung und Analyse der Aufgaben des EP dienen daher die folgenden Funktionsbereiche als aussagekräftige Indikatoren:

Die Politikgestaltungs- und Kontrollfunktion umfasst die Mitwirkung des EP an der Rechtsetzung der EU und die Sicherstellung der Rechenschaftspflicht der EU-Organe gegenüber dem EP als dem einzigen direkt gewählten Repräsentativorgan der EU. Aus der Kontrollfunktion geht die seit dem Maastrichter Vertrag deutlicher zum Tragen kommende Wahl- oder Kreationsfunktion hervor. Sie bezieht sich auf die Umsetzung der parlamentarischen Ernennungsrechte und die Versuche, auf EU-Ebene ein regierungsähnliches System zu errichten. Die Systemgestaltungsfunktion betrifft sowohl die Revision der Verträge, Beitritte zur EU sowie die außervertragliche Änderung der Systemgrundlagen der EU. Die Interaktionsfunktion bezieht sich auf die Beziehungen zwischen den Abgeordneten des EP und den Wählern sowie auf die Beziehungen zwischen EP und den Parlamenten in den EU-Mitgliedstaaten, den assoziierten und weiteren Drittstaaten. Dabei geht es um die Artikulation von Wählerinteressen, unterschiedlicher Positionen, die Mobilisierung der Bürger für wichtige Anliegen sowie – mit Blick auf die interparlamentarischen Beziehungen (Zusammenarbeit der Parlamente) – um die Kommunikation und gegenseitige Information zwischen Abgeordneten. Seit 1989 finden in diesem Rahmen halbjährliche Sitzungen der Konferenz der auf EU-Angelegenheiten spezialisierten Ausschüsse (COSAC) statt.

Zur Vergegenwärtigung der Politikgestaltungsfunktion des EP im Entscheidungssystem der EU kann auf die vertragsmäßige Entwicklung der → Entscheidungsverfahren zurückgegriffen werden. Festzustellen ist hierbei ein langsamer, aber konstanter Ausbau der Rechte des EP. Das relative Ausmaß der „Nicht-Beteiligung" des Parlaments hat beträchtlich – von über 70 % zum Zeitpunkt des EWG-Vertrags (1958) hin zu 34,8 % im Lissabonner Vertrag – abgenommen. Auch die Analyse der tatsächlichen Nutzung der dem EP zur Verfügung stehenden Mitwirkungsrechte zeigt eine deutliche Ausweitung seiner Politikgestaltungsfunktion. Im Bereich des → Binnenmarkts (einschließlich der Umwelt-, Industrie-, Sozial- und Strukturpolitik) ist seit Inkrafttreten des Lissabonner Vertrages eine Parlamentsbeteiligungsquote von nahezu 90 % für alle Legislativverfahren festzustellen. Als Folge der Konzentration des EP auf die gesetzgeberischen Tätigkeiten ist die Zahl der selbständigen Initiativentschließungen und Dringlichkeitsanträge seit 1993 dramatisch um mehr als die Hälfte zurückgegangen. Allerdings gehen vom EP weiterhin wichtige Initiativen zur Fortentwicklung verschiedener Politikfelder (Verbraucher- und Gesundheitspolitik, Menschenrechtspolitik, Entwicklungszusammenarbeit, Außen- und Sicherheitspolitik sowie in der Innen- und Justizpolitik) aus.

Übersicht: Handlungsermächtigungen von Europäischem Parlament und Rat

Beschlussfassung im Rat Beteiligung des EP	Einstimmigkeit		Qualifizierte Mehrheit		Einfache Mehrheit		Besondere Mehrheiten > QM		Rechte des Präsidenten des Europäischen Rates		Summe	
		%		%		%		%		%		%
Autonome Beschlussrechte	1	0,33	3	0,99	0	0,00	0	0,00	0	0,00	4	1,32
Mitentscheidung	0	0,00	84	28,29	0	0,00	0	0,00	0	0,00	84	28,29
Zustimmung	15	4,93	7	2,30	1	0,33	2	0,66	0	0,00	25	7,89
Konsultation	28	9,21	23	7,57	4	1,32	0	0,00	0	0,00	55	16,78
Unterrichtung	7	2,30	10	3,29	0	0,00	0	0,00	5	1,64	22	7,24
Keine Beteiligung	41	13,49	52	17,11	6	1,97	11	3,62	2	0,66	112	34,87
Summe	92	30,26	179	59,54	11	3,62	13	4,28	7	2,30	302	

Legende: QM: Qualifizierte Mehrheit, EP: Europäisches Parlament.

Quelle: Reformvertrag vom 13. Dezember 2007 (Amtsblatt der EU, Nr. C 306, 17. Dezember 2007); eigene Zusammenstellung.

Die Konzentration auf die Gesetzgebung hat auch Verschiebungen im Bereich der Kontrollfunktion – insbesondere mit Blick auf die Nutzung der zur Verfügung stehenden Fragerechte gegenüber Rat und Kommission – zur Folge. Das Parlament konzentriert sich tendenziell immer stärker auf Kontrollbefugnisse, die öffentlich wirksame Sanktionen nach sich ziehen können (Untersuchungsausschüsse, Haushaltsentlastungsverfahren).

Während der letzten Jahre haben sechs Regierungskonferenzen zur Änderung der EG-/EU-Verträge stattgefunden. Das EP hat hierbei Änderungen mit beeinflusst, ohne zunächst, bis zur Aushandlung des Verfassungsvertrags, an den Vertragsänderungen unmittelbar beteiligt zu sein. So lässt sich das Mitentscheidungsverfahren auf den von Altiero Spinelli vorgelegten, vom EP am 14. Februar 1984 verabschiedeten „Vertragsentwurf zur Gründung der Europäischen Union" zurückverfolgen. Das Parlament unterstreicht mit derartigen Initiativen seinen Anspruch als Motor für Systemveränderungen. Erst im Rahmen des Europäischen Konvents über die Zukunft der EU konnte die Forderung des Parlaments nach einer förmlichen Beteiligung an Regierungskonferenzen durchgesetzt werden. Die im Lissabonner Vertrag sanktionierte Ausweitung des Anwendungsbereichs für das ordentliche Gesetzgebungsverfahren, die neuen Rollenzuschreibungen und Rechte der nationalen Parlamente, das neue Haushaltsverfahren und die neuen partizipativen Elemente der Bürgerbeteiligung im EU-Recht wurden im Wesentlichen durch die aktive Mitwirkung des EP im Konvent eingeführt. Reformen im politisch-institutionellen Gefüge der EU können auch in Form so genannter interinstitutioneller Abkommen eingeleitet werden (z.B. Haushaltsrechte des EP in der GASP, Kontrollrechte im Rahmen des Europäischen Auswärtigen Diensts, Informations- und Kontrollrechte bei Verhandlungen über Internationale Abkommen). Schließlich hat das EP auch auf dem Wege der Neufassung seiner Geschäftsordnung Systemveränderungen mit initiiert. So gehen einzelne Elemente des durch die Verträge von Maastricht, Amsterdam, Nizza und Lissabon reformierten Ernennungsverfahrens der Kommission auf Geschäftsordnungsregeln zurück, die von der Kommission und den Mitgliedstaaten akzeptiert wurden.

Trotz der Bedeutung, die das Parlament im Hinblick auf die Politikgestaltungs-, Kontroll- und Systemgestaltungsfunktion gewonnen hat, bleibt der Kontakt zu den Bürgerinnen und Bürgern defizitär. Die stetige Abnahme der Wahlbeteiligung deutet darauf hin, dass das EP den Bürgerinnen und Bürgern seine Rolle und Leistungen nicht so vermitteln kann, dass diese hierin einen Anreiz sehen, um den Parteien und Kandidaten für das EP das politisch motivierte Mandat für die nächste Wahlperiode zu erteilen. Da die EU ohne eine einheitliche, aus dem Parlament hervorgehende Regierungsspitze arbeitet, ist der unmittelbare Nutzen der Wahl zum EP nicht ohne weiteres einsichtig. Der Zwang zur fraktionsübergreifenden Konsensfindung bei der Abstimmung von Änderungsanträgen im Gesetzgebungsverfahren erschwert zudem die Herausbildung parteipolitisch geprägter, identitätsstiftender Positionen.

Andreas Maurer

Europarat

> **Mitglieder:** Vertragspartner der Satzung, zur Zeit 47 europäische Staaten.
>
> **Gründungsdatum; Sitz:** 5.5.1949 in London; Straßburg.
>
> **Rechtsgrundlagen:** Satzung des Europarats vom 5.5.1949, über 200 weitere Verträge und Protokolle (nicht alle in Kraft).
>
> **Amtssprachen:** Französisch und Englisch (Deutsch, Italienisch und Russisch sind Arbeitssprachen).
>
> **Organe:** Ministerkomitee (47 Außenminister oder deren Beauftragte); Parlamentarische Versammlung (2-18 Personen umfassende Delegationen aus den Parlamenten eines jeden Mitgliedstaats, derzeit insgesamt 318 Abgeordnete).

Institutionen: Europäischer Gerichtshof für Menschenrechte (EGMR); Kommissar für Menschenrechte; Kongress der Gemeinden und Regionen Europas.

Arbeitsgebiete: Aufbau und Sicherung von Demokratie und rechtsstaatlichen Verhältnissen; Einhaltung der Menschenrechte; Erhaltung des europäischen kulturellen Erbes; Forum für Konsultationen in den Bereichen Migration, neue Technologien, Bioethik, Terrorismus, internationale Kriminalität, Intoleranz.

Haushalt 2010: 218 Mio. Euro (2004: 180,5 Mio. Euro). Den größten Teil des Budgets tragen mit je 11,787 % Deutschland, Frankreich, Italien, die Russische Föderation und das Vereinigte Königreich. Für weitere Programme, an denen nicht alle Staaten teilnehmen, gibt es einen gesonderten Haushalt.

Literatur: Council of Europe – Activity report 2009, Straßburg, April 2010 • Uwe Holtz (Hrsg.): 50 Jahre Europarat (Schriften des Zentrums für Europäische Integrationsforschung, Bd. 17, Baden-Baden 2000: http://www.uni-bonn.de/~uholtz/lehrmaterial/50_jahre_europarat.pdf • Denis Huber: A decade which made History – The Council of Europe 1989-1999, Straßburg 1999.

Internet: http://www.coe.int • Satzung: http://www.conventions.coe.int/Treaty/ ger/ Treaties/Html/001.htm

Der Europarat wurde am 5. Mai 1949 als erste europäische Staatenorganisation nach dem Zweiten Weltkrieg von zehn Staaten ins Leben gerufen. Der Beitritt der Bundesrepublik Deutschland erfolgte am 13. Juli 1950. Als Aufgabe hat sich die Organisation nach Art. 1 ihrer Satzung die Herstellung „einer engeren Verbindung zwischen seinen Mitgliedern zum Schutze und zur Förderung der Ideale und Grundsätze, die ihr gemeinsames Erbe bilden, und ihren wirtschaftlichen und sozialen Fortschritt zu fördern" gestellt. Dieser Auftrag soll durch gemeinschaftliches Vorgehen auf wirtschaftlichem, sozialem, kulturellem, wissenschaftlichem, rechtlichem und administrativem Gebiet sowie durch den Schutz und die Fortentwicklung der Menschenrechte und Grundfreiheiten erfüllt werden. Für Fragen der nationalen Verteidigung ist der Europarat nicht zuständig.

Besonderes Anliegen der Organisation ist die Entwicklung und Einhaltung rechtsstaatlicher Grundsätze in Europa. Vertreter des Europarats beraten u.a. die Mitgliedstaaten bei der Erarbeitung von Verfassungen und die Rechtsstaatlichkeit, Demokratie oder Menschenrechte betreffenden Gesetzen. Sie überwachen den ordnungsgemäßen Ablauf von Parlaments- und anderen bedeutenden Wahlen in Mitgliedstaaten des Europarats und Staaten, die der Organisation beitreten wollen. Komitees des Europarats beurteilen z.B. auch die Einhaltung bestimmter Rechte der Bürger durch die Mitgliedstaaten, wie das Recht, nicht durch staatliche Organe gefoltert zu werden.

Als Ergebnis seiner Arbeit kann der Europarat insbesondere auf die in seinem institutionellen Rahmen zu den genannten Themen abgeschlossenen europäischen Übereinkommen verweisen. Die mehr als 200 Verträge und Konventionen des Europarats prägen das Recht seiner Mitgliedstaaten. Grundlegend sind die Europäische Menschenrechtskonvention (EMRK) vom 4. November 1950 mit inzwischen 14 Protokollen, die Europäische Sozialcharta vom 18. Oktober 1961, die Anti-Folter-Konvention vom 26. November 1987, die Minderheiten-Konvention vom 1. Februar 1995 und das Übereinkommen über Menschenrechte und Biomedizin vom 4. April 1997 mit Zusatzprotokoll vom 25. Januar 2005 und das Übereinkommen zum Schutz von Kindern vor sexueller Ausbeutung und sexuellem Missbrauch vom 25.10.2007.

Struktur der ersten europäischen Staatenorganisation

Die Satzung des Europarats sieht zwei Organe vor: Das *Ministerkomitee* ist das Entscheidungsorgan der Organisation. Es setzt sich aus den Außenministern der einzelnen Mitgliedstaaten oder deren Ständigen diplomatischen Vertretern in Straßburg – bei denen es sich in der Regel um hochrangige Diplomaten handelt – zusammen. Der Vorsitz wechselt alle sechs Monate im Rahmen der halbjährlichen Sitzungen in (englischer) alphabetischer Reihenfolge der Mitgliedstaaten. Während der halbjährlichen Treffen der Minister, regelmäßig im Mai und November in Straßburg, werden politische Anliegen der Mitgliedstaaten, die von einem gemeinsamen europäischen Interesse sind, diskutiert. Die wöchentlichen Treffen der Ständigen Vertreter finden ebenfalls im Straßburger Sitzungssaal des Ministerkomitees statt. Bis November 2010 hatdie Ehemalige jugoslawische Republik Mazedonien, vertreten durch Außenminister Antonio Miloshoski, den Vorsitz inne. Es folgen halben Jahr wird es die Türkei sein.

Die *Parlamentarische Versammlung* (bis 1994: Beratende Versammlung) (PACE) hält ihre jährlichen Sitzungsperioden in Straßburg ab. Sie bildet Fachausschüsse (u.a. Rechtsausschuss, Politischer Ausschuss, Ausschuss für die Gleichstellung von Frauen und Männern, Ausschuss für die Einhaltung der von den Mitgliedstaaten des Europarats eingegangenen Verpflichtungen – Monitoring-Ausschuss), die im Rahmen ihrer Zuständigkeit alle Angelegenheiten prüfen können, Stellung nehmen und der Versammlung Bericht erstatten. Am 25. Januar 2010 wurde der Türke Mevlüt Çavusoglu zum Präsident der PACE gewählt. Er ist der erste Türke, der seit dem Beitritt der Türkei zum

Europarat im August 1949 dieses Amt innehat. Zusammen mit Recep Tayyip Erdogan gehörte er zu den Gründern der „Partei für Gerechtigkeit und Entwicklung" (AKP), die bei den türkischen Parlamentswahlen 2002 einen überragenden Wahlsieg errang und seitdem regiert.

Den beiden Organen steht das Generalsekretariat zur Seite. Zum Generalsekretär des Europarats wurde am 1. Oktober 2009 für die reguläre Amtszeit von fünf Jahren der ehemalige Präsident (2005-2009) des Norwegischen Parlamentes, Thorbjørn Jagland, gewählt.

Der 1994 zusätzlich zu Ministerkomitee und Parlamentarischer Versammlung ins Leben gerufene Kongress der Gemeinden und Regionen Europas soll die demokratischen Strukturen auf lokaler und regionaler Ebene stärken und hat insbesondere die Aufgabe, die mittel- und osteuropäischen Mitgliedstaaten beim Aufbau lokaler und regionaler Demokratiestrukturen zu unterstützen. Er ersetzt die 1951 ins Leben gerufene Konferenz der Gemeinden und Regionen von Europa. Der Kongress besteht aus zwei Kammern: den lokalen Gebietskörperschaften und den Regionen, in denen jeweils Vertreter von Gemeinden und Regionen der 47 Mitgliedstaaten sitzen. Seit 27. Mai 2008 ist ihr Präsident der Türke Yavuz Mildon. Seit dem 20. Januar 2009 wird er jedoch wegen Krankheit vom Malteser Ian Micallef (seit Mai 2006 Präsident der Kammer der Gemeinden und seit Mai 2004 Vizepräsident des Kongresses) als Präsident vertreten. Derzeit wird eine Reform der Strukturen und Arbeitsmethoden diskutiert.

Jeder Mitgliedstaat trägt die Kosten seiner eigenen Vertretung im Ministerkomitee und in der Parlamentarischen Versammlung. Die Aufwendungen des Sekretariats werden auf alle Mitglieder umgelegt. Darüber hinaus leisten die Mitgliedstaaten alljährlich festzusetzende Beiträge, mit denen insbesondere die vom Europarat im Rahmen seiner satzungsmäßigen Aufgaben initiierten und realisierten Programme finanziert werden.

Beitrittspolitik

40 Jahre war der Europarat gezwungenermaßen westeuropäisch ausgerichtet. Nach den Umbrüchen in Mittel- und Osteuropa wandelten sich die selbst gesetzten Aufgaben. Die Kooperation mit den Reformstaaten und deren Aufnahme als Mitglieder standen im Vordergrund. Spezielle Programme wurden ins Leben gerufen, um die neuen Partner vor und nach dem Beitritt bei der demokratischen Transformation zu unterstützen. Sie mündeten zunächst in der Aufnahme Ungarns (1990), Polens (1991), Bulgariens (1992), Estlands, Litauens, Sloweniens, der Slowakei, der Tschechischen Republik und Rumä-

niens (1993). Diese Beitrittspolitik wurde von den Staats- und Regierungschefs während ihres ersten Gipfeltreffens am 8. und 9. Oktober 1993 in Wien bestätigt. Unter dem Stichwort „demokratische Sicherheit" wollte sich der Europarat von nun an um Stabilität auf dem gesamten europäischen Kontinent bemühen. Die Organisation sah sich als Kristallisationspunkt des neuen, postkommunistischen Europa.

Auch anlässlich des zweiten Treffens der Staats- und Regierungschefs am 10. und 11. Oktober 1997 in Straßburg wurde die Richtigkeit dieser Politik betont. Jedoch sollte dieses Gipfeltreffen vor allem dazu dienen, Antworten auf die drängenden Fragen zu finden, denen sich der Europarat aufgrund seiner (Beitritts-)Politik gegenüber sah: Der Wunsch, allen Reformstaaten eine wirkungsvolle und umfassende Unterstützung zu bieten, führte unter Aufweichung der bisherigen strikten Beitrittskriterien zur Aufnahme von mittlerweile 21 mittel- und osteuropäischen Staaten: Albanien, Lettland, Republik Moldau, Mazedonien, Ukraine (Beitritt 1995), Russland, Kroatien (1996), Georgien (1999), Armenien, Aserbaidschan (2001), Bosnien und Herzegowina (2002), Serbien und Montenegro (2003 bzw. 2007). Weißrussland stellte bereits 1993 einen Antrag auf Beitritt zum Europarat; der 1992 zuerkannte Gaststatus wurde 1997 jedoch ausgesetzt, weil minimale demokratische Standards nicht erfüllt sind. Fünf Staaten haben einen Beobachterstatus: Heiliger Stuhl, die Vereinigten Staaten von Amerika, Kannada, Japan und Mexiko.

Monitoring

Die neuen – und auch einige ältere – Mitgliedstaaten erfüllten zu einem großen Teil zum Zeitpunkt der Aufnahme und zu einem kleineren Teil auch heute nicht die in der Satzung des Europarats vorgeschriebenen Aufnahmekriterien. Die Staaten verpflichteten sich zwar ausnahmslos, nach dem Beitritt angestrengt an der Verwirklichung der Regeln der Organisation zu arbeiten. Dazu zählen die Einführung bzw. Verbesserung demokratischer Prinzipien, die Rechtsstaatlichkeit, die Achtung der Menschenrechte, die Durchführung freier Wahlen, die Garantie freier Medien, die Meinungsfreiheit, der Minderheitenschutz sowie die Achtung völkerrechtlicher Prinzipien. Doch vielfach kamen die Staaten diesen Auflagen aufgrund in mancher Hinsicht chaotischer Staatsstrukturen nicht nach. Daraufhin wurden spezielle Überwachungs- und Sanktionsmöglichkeiten geschaffen, darunter die Verfahren im PACE-Ausschuss für die Einhaltung der von den Mitgliedstaaten des Europarates eingegangenen Verpflichtungen (Monitoring-Ausschuss). Sie belegten oft schwerwiegende rechtsstaatliche Mängel in einzelnen Mitgliedstaaten. Solche andauernden, schwerwiegenden Verstöße gegen die Grundsätze des Europarats können Sanktionen bis hin zum Ausschluss des betreffenden Lands aus der Organisation nach sich ziehen. Ernsthafte Konsequenzen wurden aus den Ergebnissen der Monitoring-Verfahren regelmäßig nicht gezogen. Ein möglicher Ausschluss von der Arbeit der Parlamentarischen Versammlung wurde zwar der Ukraine mehrfach angedroht, aber nicht vollzogen. Auch der Ausschluss der Türkei oder Armeniens wurde lediglich diskutiert; im Januar 2004 drohte die Parlamentarische Versammlung Aserbaidschan nach dem inakzeptablen Verlauf der Präsidentschaftswahlen im Oktober 2003 und den folgenden Ausschreitungen mit einem Ausschluss. Einzig den russischen Abgeordneten wurde aufgrund der schweren Menschenrechtsverletzungen in Tschetschenien in den Jahren 2000/2001 für einige Monate ihr Stimmrecht in der Parlamentarischen Versammlung entzogen. Die russische Militärintervention in Georgien im Sommer 2008 wurde zwar von vielen Abgeordneten kritisiert. Der Antrag, den 18 russischen Vertretern in der Parlamentarischen Versammlung die Stimme zu entziehen, fand jedoch keine Mehrheit. So bilden die Monitoring-Verfahren in der Parlamentarischen Versammlung eher das Forum für einen kritischen Dialog, die Berichte sind eine Basis für diplomatischen Druck durch das Ministerkomitee. Im Ministerkomitee tagen die Ständigen Vertreter regelmäßig in Sachen Menschenrechte (Vollzug der Urteil des EGMR) und Überwachung der Einhaltung eingegangener Verpflichtungen durch die Mitgliedstaaten. Die Sanktionsmöglichkeiten sind begrenzt.

Strukturelle Reformen

Seit dem ersten Gipfeltreffen in Wien 1993 hat sich die Mitgliederzahl des Europarats auf mehr als 800 Mio. Bürger verdoppelt. Das Budget hielt mit der geradezu explosionsartigen Erweiterung der Organisation nicht Schritt. Strukturen und Arbeitsteilung des erweiterten Europarats waren zur Erhaltung der Arbeitsfähigkeit reformbedürftig. Entsprechende Vorschläge legte das nach dem zweiten Gipfeltreffen der Staats- und Regierungschefs am 10. und 11. Oktober 1997 in Straßburg geschaffene Komitee der Weisen vor. Erste Reformen sollten anlässlich der Feierlichkeiten zum 50-jährigen Bestehen der Organisation im Mai 1999 in Gang gesetzt werden. Umgesetzt wurde die im Aktionsplan der Staats- und Regierungschefs von 1997 befürwortete Einsetzung eines Kommissars für Menschenrechte. Nach sechsjähriger Amtszeit des ersten Kommissars, des Spaniers Alvaro Gil-Robles, übernahm am 1. April 2006 der Schwede Thomas Hammarberg das Amt. Eingeführt wurden neue Geschäftsordnungen der Parlamentarischen Versammlung und des

Kongresses der Gemeinden und Regionen Europas. Den Aktivitäten der Staatenorganisation in den Bereichen Demokratie, Rechtsstaatlichkeit und Menschenrechte sind aufgrund der beengten Finanzlage deutliche Grenzen gesetzt.

Künftige Aufgaben

Am 16. und 17. Mai 2005 fand unter dem Stichwort „Gipfel der europäischen Einheit" unter polnischem Vorsitz das dritte Treffen der Staats- und Regierungschefs in Warschau statt. Der anlässlich des Gipfeltreffens erarbeitete Aktionsplan bildet weiterhin die Grundlage der Arbeit des Europarates. Die moderne europäische Architektur soll danach auf der Zusammenarbeit der europäischen Institutionen, namentlich dem Europarat, der Europäischen Union und der → Organisation für Sicherheit und Zusammenarbeit (OSZE) beruhen. Ziele sind auch künftig die Stärkung der Demokratie, die Einführung bzw. Einhaltung rechtstaatlicher Regelungen und die Achtung der Menschenrechte. Ein wesentliches laufendes Vorhaben ist der Beitritt der Europäischen Union zur EMRK.

Anke Gimbal

Fischereipolitik

Vertragsgrundlage: Art. 3, 4, 38-44 AEUV.

Ziele: Gewährleistung einer angemessenen Lebenshaltung für die in der Fischerei Beschäftigten; Marktstabilisierung; Sicherung der Versorgung der Verbraucher zu angemessenen Preisen; Erhaltung der Fischbestände.

Instrumente: Gemeinsame Marktorganisation; Gemeinsame Strukturpolitik; Festlegung zulässiger Fangmengen und -methoden; Fischereiabkommen mit Drittländern.

Haushalt 2010: 1,0 Mrd. Euro Verpflichtungen für Fischerei und maritime Angelegenheiten.

Literatur: Christian Lippert: Agrar- und Fischereipolitik, in: Werner Weidenfeld/ Wolfgang Wessels: Jahrbuch der Europäischen Integration 2010, Baden-Baden 2011.

Internet: EU-Server: http://ec.europa.eu/fisheries/index_de.htm

Eine eigenständige Gemeinsame Fischereipolitik (GFP) bzw. das „Blaue Europa", wie die Fischereipolitik der EU auch genannt wird, besteht erst seit 1983. Sie beruht nach Art. 38 AEUV auf denselben Rechtsgrundlagen wie die Gemeinsame Agrarpolitik. Neben den in Art. 39 AEUV (→ Agrarpolitik) genannten Zielen gilt das erklärte Ziel der Erhaltung und nachhaltigen Nutzung der Fischbestände. Der Rat entscheidet nach Art. 43 AEUV gemeinsam mit dem Europäischen Parlament über die Bestimmungen der Gemeinsamen Fischereipolitik. Lediglich die Festsetzung von Preisen und Fischfangmöglichkeiten fällt in die alleinige Zuständigkeit des Rates. Die GFP gliedert sich in vier Bereiche:

Marktordnung

Die 1970 geschaffene und zuletzt 1999 geänderte Verordnung über die gemeinsame Marktorganisation für Erzeugnisse der Fischerei und der Aquakultur schreibt u.a. gemeinsame Vermarktungsnormen sowie Regeln zur Produktkennzeichnung vor, um auf diese Weise Markttransparenz zu gewährleisten. Die Durchführung der Vermarktung obliegt Erzeugerorganisationen, die zum Zwecke der Preisstabilisierung Fischereierzeugnisse vom Markt nehmen können, sofern deren Marktpreis unter einem in der Regel von der Kommission festgelegten „Rücknahmepreis" liegt. Dieser darf 90 % des für das betreffende Erzeugnis geltenden, jährlich vom Rat beschlossenen „Orientierungspreises" nicht überschreiten. Die von der Rücknahme betroffenen Fischer erhalten über ihre intervenierende Erzeugerorganisation einen finanziellen Ausgleich.

Fischereistrukturpolitik

Zusammen mit der ersten Fassung einer gemeinsamen Marktorganisation wurde 1970 eine Verordnung über die Einführung einer gemeinsamen Strukturpolitik für die Fischwirtschaft mit dem Ziel der Förderung einer ausgewogenen Entwicklung der Fischwirtschaft und einer rationellen Nutzung der biologischen Schätze des Meers und der Binnengewässer erlassen. Neben die Koordinierung der Strukturpolitik traten zunehmend gemeinsame Strukturprogramme. Mittel wurden bereitgestellt für die Erneuerung der Fischereiflotte durch Modernisierung und Neubau von Schiffen, für die Stilllegung von Schiffen sowie für die Erforschung neuer Fanggebiete und bislang wenig genutzter Fischarten.

Die Strukturpolitik gewann an Bedeutung, als deutlich wurde, dass die Flottenkapazität den zum Erhalt der Fischbestände reduzierten Gesamtfangmengen angepasst werden musste. Bis 1982 dienten jährlich beschlossene und von der EG kofinanzierte Übergangsmaßnahmen dem Abbau von Überkapazitäten. Erst 1983 wurden mehrjährige Ausrichtungsprogramme für die Fischereiflotten (MAP) eingeführt, die für alle Mitgliedstaaten eine Reduzierung des Fischereiaufwands je nach Zielfischarten und Fangmethoden vorsahen. 1994 wurde anlässlich der Reform der Strukturfonds ein einheitliches Finanzinstrument für die Ausrichtung der Fischerei (FIAF) eingeführt. Angesichts einer weiterhin zu großen Gemeinschaftsflotte wurden die MAP im Rahmen der GFP-Reform von 2002 durch eine Regelung ersetzt, bei der die Neubauförderung und Modernisierung von Fischereifahrzeugen unter 400 Tonnen nur noch möglich war, wenn die fördernden Mitgliedstaaten gleichzeitig ihre Kapazitäten reduzierten bzw. in der Bootsklasse bis zu 100 Tonnen konstant hielten. Für das Abwracken von Fischereifahrzeugen wurden zusätzliche Mittel bereitgestellt. Die wirtschaftlichen und sozialen Folgen der Umstrukturierung des Fischereisektors sollten durch sozio-ökonomische Maßnahmen abgefedert werden. 2007 wurde das FIAF durch den neuen Europäischen Fischereifonds (EFF) abgelöst, der für die Jahre 2007 bis 2013 mit einem Volumen von 3,85 Mrd. Euro (zu Preisen 2004) ausgestattet ist. Künftig dürfen lediglich Modernisierungen ohne eine Erhöhung von Fangkapazitäten bezuschusst werden.

Erhaltung und nachhaltige Nutzung der Fischbestände

In einem „historischen Kompromiss" einigte sich der Rat am 25. Januar 1983 nach sechsjährigen Verhandlungen erstmalig auf zulässige Gesamtfangmengen (Total Allowed Catches (TAC)) und deren Aufteilung auf die Mitgliedstaaten in der Form nationaler Quoten. Mit der Konkurrenz um zunehmend knappere Fischbestände gewann in der Folge das Problem der Kontrolle der Einhaltung der Fangmengen und der gemeinsam beschlossenen Beschränkungen der Fangmethoden (incl. Vorschriften zu Fanggerät und Mindestgrößen) zunehmend an Bedeutung. Grundsätzlich sind die Behörden der Mitgliedstaaten verpflichtet, bei Verstößen gegen die geltenden Vorschriften geeignete Maßnahmen einschließlich der Einleitung eines Strafverfahrens zu treffen. Für die Kontrollen sind die Mitgliedstaaten zuständig. Alle Fischereifahrzeuge müssen ein Logbuch führen, anhand dessen überprüft werden kann, ob die an Bord behaltenen Fänge den Gemeinschaftsvorschriften über die Zusammensetzung der Arten und über mitgeführte Netze entsprechen. Seit 2002 gilt – in den EU-Gewässern mit Ausnahme der Ostsee für alle Schiffe und in internationalen und in Drittlandsgewässern für EU-Schiffe – ein vollständiges Verbot der Treibnetzfischerei.

Angesichts zahlreicher bedrohter Fischbestände verabschiedete der Rat am 20. Dezember 2002 eine umfassende Reform der GFP, die neben strukturpolitischen Maßnahmen zur Beschleunigung des Flottenabbaus als -zentrales Element Vorschriften zur Einschränkung der Fangtätigkeit (z.B. Begrenzung der monatlich erlaubten Fangtage) sowie Maßnahmen zur Bekämpfung der illegalen Fischerei beinhaltet. Die „neue" GFP soll zudem einem langfristigen Planungsansatz folgen. So hat sich der Rat im Dezember 2003 erstmals auf einen langjährigen „Wiederauffüllungsplan" bei Kabeljau verständigt. Die erlaubten Fangmengen sollten so gewählt werden, dass Jahr für Jahr ein 30 %iger Bestandszuwachs gewährleistet ist. Eine Verschärfung der Kontrollmaßnahmen sollte helfen, dieses Ziel zu erreichen. In sensiblen Gebieten wurde darüber hinaus der Fischereiaufwand eingeschränkt; in Gewässern mit laichendem Kabeljau bzw. mit vielen Jungfischen kann die Kommission den Fischfang zeitweise ganz untersagen. Der Grundsatz der „relativen Stabilität", d.h. die Aufteilung der jährlich festgesetzten Gesamtfangmengen (TAC) unter den Mitgliedsländern anhand eines feststehenden Verteilungsschlüssels, bleibt bestehen.

Beziehungen zu Drittländern

Die EU unterhält Fischereiabkommen mit zahlreichen Drittländern. Die „Abkommen der ersten Generation" haben Fangmöglichkeiten für die EG in den Gewässern der Drittländer gegen gleichwertige Möglichkeiten in den Gemeinschaftsgewässern oder gegen finanziellen Ausgleich und/oder Marktzugang zum Inhalt. „Abkommen der zweiten Generation" sehen die Förderung von gemischten Gesellschaften und befristeten Vereinigungen von Unternehmen aus der EU und dem Partnerland vor. Bei neuen Abkommen sollen verstärkt der partnerschaftliche Ansatz mit ausgewogener Berücksichtigung der Interessen beider Parteien zum Tragen kommen und eine nachhaltige Fischerei gefördert werden.

Christian Lippert

Flexibilisierung

Vertragsgrundlage: Verstärkte Zusammenarbeit: Titel IV – Bestimmungen über die verstärkte Zusammenarbeit: Art. 20 EUV (allgemeine Bestimmungen); Titel III – Verstärkte Zusammenarbeit: Art. 326-334 AEUV (Detailbestimmungen). Ständige strukturierte Zusammenarbeit: Art. 42 EUV; Protokolle zum EU-Vertrag bezüglich der Ständigen Strukturierten Zusammenarbeit, der WWU und der Integration der Schengener Abkommen in die Unionsverträge.

Literatur: Franklin Dehousse/Wouter Coussens/Giovanni Grevi (Hrsg.): Integrating Europe: Multiple Speeds – One Direction, EPC Working Paper No 9, April 2004 • Janis A. Emmanouilidis: Conceptualizing a Differentiated Europe, ELIAMEP Policy Paper No. 10, Juni 2008 • Claus Giering: Europa zwischen Zweckverband und Superstaat. Die

Entwicklung der politikwissenschaftlichen Integrationstheorie im Prozeß der europäischen Integration, Bonn 1997 • Daniel Thym, Ungleichzeitigkeit und europäisches Verfassungsrecht, Baden-Baden 2004.

In einer immer größeren und komplexeren Europäischen Union wird es zunehmend schwieriger, im Gleichschritt zwischen allen Mitgliedstaaten eine weitere Vertiefung der Integration zu erreichen. Eine Flexibilisierung des Integrationsprozesses soll daher jenen Mitgliedstaaten, die eine noch engere Zusammenarbeit anstreben und dazu auch in der Lage sind, die Chance bieten, schneller als andere voranzuschreiten. Die Instrumente hierzu sind eine zeitliche, bereichsspezifische oder mitgliedschaftliche Abstufung. Die Flexibilisierung ist eine Methode, um für die beteiligten Staaten ein Mehr an Integration und Vertiefung zu erreichen. Das Zulassen einer Flexibilisierung kann aber auch die entgegenlaufende Tendenz auslösen, indem sich unterschiedliche Mitgliedstaaten auf unbefristete Zeit an bestimmten gemeinsamen Politikbereichen nicht beteiligen und dies zu einer Zerfaserung des Integrationsprozesses führt. In Theorie und Praxis haben sich unterschiedliche Formen der Flexibilisierung entwickelt.

Theoretische Flexibilisierungskonzepte

Als Vorreiter der theoretischen Debatte ist das Konzept der abgestuften Integration zu nennen, nach dem einige Mitgliedstaaten in ihren Integrationsbestrebungen zeitlich voranschreiten (Tindemans-Bericht von 1975). Die zu Beginn der Abstufung integrationsunfähigen oder -unwilligen Staaten können sich nach gemeinsam bestimmten Vorgaben später anschließen. Die Abstufung erfolgt auf der Basis der gemeinsamen Verträge und Institutionen und soll kurzfristig im Kernbereich sowie langfristig für alle Mitgliedstaaten zu einheitlichen Strukturen führen. Als Leitbild der *abgestuften Integration* ist das Europa der zwei Geschwindigkeiten bekannt geworden. Eine viel diskutierte Variante der abgestuften Integration ist die Kerneuropa-Konzeption (u.a. Schäuble-Lamers-Papier von 1994). Den innersten Kern bilden dabei Deutschland und Frankreich, die als Motor der Integration fungieren. Kritisiert wurde an diesem Vorschlag vor allem, dass damit eine Mitgliedschaft zweiter Klasse für die übrigen Staaten verbunden sein könnte.

Das Konzept der *differenzierten Integration* bzw. der *variablen Geometrie* unterscheidet sich von der abgestuften Integration insbesondere dadurch, dass einige EU-Mitglieder auch gegen den Widerstand der integrationsunwilligen

Staaten voranschreiten und sich mehrere Kerne mit jeweils unterschiedlichen Teilnehmern bilden können. In den entstehenden Integrationskernen werden Regeln, Ziel und Tempo ohne ein Mitentscheidungsrecht der nicht beteiligten Staaten bestimmt, denen allerdings die Teilnahme bei Erfüllung vorgegebener Kriterien offen stehen muss. In den differenzierten Kernen sollten dann auch vorgezogene oder Teilmitgliedschaften möglich sein. Solche Konstruktionen können dabei helfen, Widerstände gegen eine Vertiefung zu umgehen, und bieten auch künftigen Mitgliedern die Option einer vorzeitigen Beteiligung.

Anders als die beiden genannten Ansätze, die im Prinzip den gemeinsamen Besitzstand erhalten und den Stand der Integration zumindest in Teilbereichen durch eine begrenzte Zahl von Mitgliedern vertiefen wollen, relativiert das Konzept eines *Europa à la carte* die Bedeutung eines einheitlichen gemeinschaftlichen Besitzstands (*acquis communautaire*). Stattdessen gesteht es, in Anlehnung an das *Europa der Vaterländer*, den Nationalstaaten eine weit reichende Wahl- und Entscheidungsfreiheit zu.

Flexibilisierungsbereiche in der Praxis

Flexibilisierung ist kein neues Phänomen. In der Geschichte der europäischen Integration wurden immer wieder entsprechende Maßnahmen ergriffen oder vorgeschlagen. Bereits mit den Übergangsregelungen bei der Errichtung der Zollunion wurde dieses Prinzip in den Römischen Verträgen (1958) eingeführt. Übergangsfristen als Instrument der zeitlichen Abstufung wurden auch bei allen Erweiterungsrunden erfolgreich angewandt. Eine weitere Form der abgestuften Integration stellt die Konstruktion der → Wirtschafts- und Währungsunion (WWU) dar. Grundlage der WWU war ein gemeinsamer Beschluss aller EU-Mitgliedstaaten über den Zeitraum und die Modalitäten des Beginns sowie der stufenweisen Vertiefung der Währungsintegration. Allerdings bestimmt die Erfüllung bestimmter Kriterien den Zeitpunkt des Beitritts der einzelnen Mitgliedstaaten zur WWU. Nur Großbritannien und Dänemark wurde ein zeitlich nicht beschränktes Opting-out eingeräumt, so dass hier prinzipiell die Möglichkeit eines unbefristeten Fernbleibens aus diesem Kernbereich der Integration gegeben ist.

Eine differenzierte Form der Flexibilität wurde für die → Sozialpolitik entwickelt. Sowohl die außerhalb der Gemeinschaftsverträge geregelten Bestimmungen der Sozialcharta von 1989 als auch das darauf aufbauende Sozialprotokoll zum Vertrag von Maastricht von 1991 hatten für Großbritannien bis zu dessen Einlenken in Amsterdam zunächst keine Geltung. Und die seit 1985 durch die Schengener Abkommen entwickelte Öffnung der Binnengrenzen ist erst mit In-Kraft-Treten von Amsterdam in den gemeinsamen Rechtsbestand übertragen worden (→ Asyl-, Einwanderungs- und Visapolitik). Allerdings konnte dies nur durch weit reichende Opting-out-Regelungen für Großbritannien, Irland und Dänemark erreicht werden, die sich im Sinne eines Europa à la carte nur an den von ihnen selbst gewählten Regelungen beteiligen können. Sozialpolitik und Schengener Abkommen zeigen dennoch, dass eine außerhalb der Union begonnene Integrationsinitiative bei Erfolg in den gemeinsamen Besitzstand übertragen wird.

Amsterdam, Nizza und Lissabon

Um in Zukunft eine engere Zusammenarbeit auch innerhalb der Verträge nach gemeinsam festgelegten Regeln beginnen zu können, wurde durch den Vertrag von Amsterdam das Instrument der „verstärkten Zusammenarbeit" eingeführt. Die grundlegenden Bestimmungen wurden als „Generalklausel" verankert. Die konkreten Anwendungsregeln beruhen auf „Spezialklauseln" für die erste bzw. dritte Säule der → Europäischen Union. In Amsterdam wurde die verstärkte Zusammenarbeit aber zahlreichen Einschränkungen unterworfen: Vor allem konnte sie nur von einer Mehrheit der Staaten für die im Vertrag explizit genannten Bereiche angewendet werden, nicht aber in der → Gemeinsamen Außen- und Sicherheitspolitik, wobei noch jedem Mitglied ein Vetorecht zustand. Es bestand daher weitgehend Einigkeit darüber, dass die verstärkte Zusammenarbeit in dieser Form nicht zur Anwendung kommen würde.

Im Rahmen der Regierungskonferenz 2000 wurde eine Lockerung der Bestimmungen beschlossen. Doch die frühere Regelung wurde lediglich neu komponiert: Aus fünf Artikeln mit 15 Absätzen an drei Stellen der Verträge wurden 14 Artikel mit 23 Absätzen an vier Stellen der Verträge. Um den Befürchtungen mehrerer Mitgliedstaaten hinsichtlich der Entstehung eines „geschlossenen Clubs" entgegenzuwirken, wurden zahlreiche Beschränkungen beibehalten oder neu eingeführt. Es wurde noch weiter differenziert, wann wie viele Staaten in welchen Bereichen unter welchen Bedingungen tätig werden dürfen. Gleichzeitig sind einige Reformschritte beschlossen worden: Zumindest fiel die Vetomöglichkeit für die erste und dritte Säule in Nizza weg und die Mindestanzahl der zu beteiligenden Staaten wurde auf acht festgesetzt. In der EU-15 waren dies mehr als die Hälfte der Mitglieder, in der EU-27 aber deutlich weniger als ein Drittel. Die größte Beschränkung besteht weiterhin darin, dass die verstärkte Zusammenarbeit nur für bereits im Vertrag verankerte Politikbereiche angewendet und der bestehende Rechtsbestand nicht beeinträchtigt werden darf. Weder die WWU noch die Schengener Abkommen hätten mit diesem Instrument realisiert werden können. Mit dem → Vertrag von Lissabon haben sich einige Erleichterungen und Fortschritte gegenüber den Regelungen von Nizza ergeben. Die zentralen Vorteile liegen in der Bündelung der Rechtsbestimmungen, der Vereinfachung des Antragsverfahrens und der Ausdehnung der verstärkten Zusammenarbeit auf den Bereich der Außen-, Sicherheits- und Verteidigungspolitik. Für letzteren Bereich wäre jedoch weiterhin ein einstimmiger Beschluss im Rat der EU nötig und grundsätzlich müssten sich mindestens ein Drittel der Mitgliedstaaten beteiligen. Im Gegensatz zur geltenden Vertragsgrundlage von Nizza sieht der Vertrag von Lissabon auch eine Reihe neuer Flexibilisierungsmöglichkeiten etwa für den Bereich der → Gemeinsamen Sicherheits- und Verteidigungspolitik vor. Von besonderer Bedeutung ist hierbei die „Ständige Strukturierte Zusammenarbeit", wonach diejenigen Mitgliedstaaten, die „anspruchsvollere Kriterien" in Bezug auf ihre militärische Fähigkeiten erfüllen und die im Hinblick auf Missionen mit „höchsten Anforderungen untereinander festere Verpflichtungen eingegangen sind", eine engere Zusammenarbeit begründen können.

Bewertung und Ausblick: ambivalente Wirkungen

Durch Amsterdam wurde das Flexibilisierungsprinzip vertragsrechtlich anerkannt, mit Nizza wurden einige Einschränkungen der Anwendbarkeit gelockert und der Vertrag von Lissabon setzt diesen Weg weiter fort. Die verstärkte Zusammenarbeit ist jedoch vornehmlich ein Instrument der funktional-pragmatischen Differenzierung, mit dem vor allem bereichsspezifische Blockaden im politischen Alltag einer EU mit 27 und mehr Mitgliedstaaten gelockert werden können. Einige Monate nach Inkrafttreten des Lissabonner Vertrags hat die Europäische Kommission im März 2010 erstmalig die konkrete Einleitung einer verstärkten Zusammenarbeit vorgeschlagen, in diesem Fall zur Harmonisierung von Scheidungsregeln für multinationale Ehepartner. Als grundsätzliches Vertiefungsinstrument einer stetig wachsenden Union oder gar als Basis zur Errichtung eines „Gravitationszentrums" wird die verstärkte Zusammenarbeit jedoch nur bedingt anwendbar sein. Daher wird sie wohl künftig weniger der Kernbildung als vielmehr der effizienten Politikgestaltung im Detail dienen. In diesem Sinne ist eine abgewogene Einschränkung ihrer Anwendbarkeit gerechtfertigt, damit die tagespolitische Anwendung nicht zu einer unkontrollierten Zerfaserung des gemeinsamen Rechtsbestands führt. Für ambitionierte Schritte im kleinen Kreis wird jedoch weiterhin in gewissen Fällen eine Differenzierung außerhalb des Vertragsbestands nötig sein. Doch auch in diesen Fällen sollte eine spätere Eingliederung der Kooperationsinitiative in den EU-Rahmen vorgesehen werden.

Janis A. Emmanouilidis

Forschungs- und Technologiepolitik

Vertragsgrundlage: Art. 4, 179-190 AEUV.

Ziele: Verbesserung der industriell-technologischen Wettbewerbsfähigkeit der europäischen Industrie; im Kontext der Lissabon-Strategie und dem 7. Rahmenprogramm für Forschung und technologische Entwicklung sowie dem Rahmenprogramm für Wettbewerbsfähigkeit und Innovation der EU sollen wissenschaftliche Exzellenz, Wachstum, Wettbewerbsfähigkeit und Beschäftigung stimuliert werden.

Instrumente: Gemeinsame Forschungsstelle, Eureka, Rahmen- und spezifische Forschungsprogramme, Europäischer Forschungsrat, Technologieinstitut.

Programme: 7. Rahmenprogramm für Forschung, technologische Entwicklung und Demonstration (2007-2013, 53 Mrd. Euro) und spezifische Forschungsprogramme Cooperation, Ideas, People und Capacities.

Dokumente: 7. Rahmenprogramm der EU im Bereich der Forschung, technologischen Entwicklung und Demonstration, http://www.forschungsrahmenprogramm.de • Europäische Kommission: Forschung – ERA, http://ec.europa/research/era/index.htm.

Literatur: Jürgen Turek: Forschungs-, Technologie- und Telekommunikationspolitik, in: Werner Weidenfeld/Wolfgang Wessels (Hrsg.): Jahrbuch der Europäischen Integration, Bonn/Baden-Baden 1992ff. • ders.: Space as a strategic policy for Europe and the European Union, in: European Space Policy Institute (Hrsg.), Yearbook on Space Policy 2008/ 2009. Setting new trends, Wien 2010, S. 179-186 • Roland Sturm: Die Forschungs- und Technologiepolitik der Europäischen Union, in: Werner Weidenfeld (Hrsg.): Die Europäische Union. Politisches System und Politikbereiche, Bonn 2008, S. 237-253.

Internet: CORDIS: www.cordis.europa.eu/home_de.html • 7. EU-Forschungsrahmenprogramm: www.forschungsrahmenprogramm.de

Im heutigen Verständnis dient die EU-Forschungsförderung dazu, dass das industrielle Potenzial der Europäischen Union insgesamt besser genutzt wird und Europa als Wissensgesellschaft und Forschungsgemeinschaft wettbewerbsfähig bleibt. Dabei ist die Forschungs- und Technologiepolitik der EU kohärenter als früher und wird in einem übergreifenden Rahmen realisiert. Forschungs- und Technologiepolitik dient hierbei einer groß angelegten europäischen Wachstums- und Innovationsstrategie, die drei Teilstrategien zusammen führt. Dies sind der Europäische Forschungsraum mit seinen Forschungsrahmenprogrammen und seiner Weltraumpolitik, das Rahmenprogramm für Wettbewerbsfähigkeit und Innovation und schließlich die 2005 revitalisierte Lissabon-Strategie des Europäischen Rats für Wachstum und Beschäftigung. Ziel dieses Pakets ist eine bessere Förderung der Grundlagenforschung und angewandten Forschung, die Steigerung der wirtschaftlichen Kraft der EU und eine robustere Wettbewerbsfähigkeit ihrer Unternehmen auf dem Weltmarkt. Dabei sind der Europäische Forschungsraum sowie das 7. Rahmenprogramm für Forschung, technologische Entwicklung und Demonstration (2007-2013) Resonanzboden und tragende Säule der europäischen Forschungs- und Technologiepolitik. Der Europäische Forschungsraum setzt sich aus sämtlichen Forschungs- und Entwicklungsaktivitäten sowie Programmen und Strategien in Europa zusammen, die eine grenzüberschreitende Perspektive beinhalten. Gemeinsam geben sie Wissenschaftlern, Forschungseinrichtungen und Unternehmen die Möglichkeit zu mehr Mobilität, verstärktem Wettbewerb und zu einer grenzüberschreitenden Zusammenarbeit. Somit bieten sie Zugang zu einem europaweiten öffentlichen Raum für Wissen und Technologien, in dem die Synergien und Ergänzungsmöglichkeiten der verschiedenen Mitgliedstaaten voll ausgeschöpft werden. Das 7. Rahmenprogramm ist dabei das wichtigste Instrument der Forschungsförderung auf europäischer Ebene. Das Programm ist nicht lediglich eine Fortführung der früheren Förderungspolitik mit Rahmenprogrammen und spezifischen Programmen. Die Forschungsförderung soll aufgrund von Defiziten in der Vergangenheit vielmehr kohärenter konzipiert und stärker auf innovative Produkte und Dienstleistungen sowie auf die gesellschaftlichen Konsequenzen neuer Technologien ausgerichtet werden.

Entwicklung

Im EWG-Vertrag (1958) wurde der Forschungs- und Technologiepolitik kein eigenständiger Bereich eingeräumt. Dennoch wurde mit den Gründungsverträgen der Europäische Gemeinschaft für Kohle und Stahl (EGKS, 1952) und der Europäischen Atomgemeinschaft (Euratom, 1958) Teile der Forschungs- und Technologiepolitik auf die Ebene gemeinschaftlicher Politik gehoben. Dies wurde besonders im Bereich der Atompolitik deutlich, die darauf abzielte, über gemeinschaftliche Forschung und Steuerung der Versorgung mit Uran eine international wettbewerbsfähige und autonome Kernenergiewirtschaft aufzubauen. Dafür wurde eine Gemeinsame Forschungsstelle (GFS) und eine

„Euratom-Versorgungsagentur" gegründet. Um technologische Wettbewerbsschwächen und Abhängigkeiten zu vermeiden, wurde 1969 auf dem Haager Gipfeltreffen der Staats- und Regierungschefs die Forschungs- und Technologiepolitik ausgeweitet. 1974 richtete die Gemeinschaft Forschungsprogramme auf Kostenteilungsbasis zwischen den Forschungsstellen und den interessierten Unternehmen ein. Die Verabschiedung des Programms Esprit 1984 (European Strategic Programme for Research and Information Technologies) galt als qualitativer Sprung der Forschungs- und Technologiepolitik weil es gelang, im Rahmen der Kooperation mit Industrie und Wissenschaft gemeinsam ein Programm zu entwerfen und gegen den Druck einzelner Mitgliedstaaten im Forschungsministerrat durchzusetzen. Forschung und technologische Entwicklung gewannen in den 1980er Jahren aufgrund des sich immer schneller vollziehenden technischen Fortschritts und der weltweit zunehmenden Technologiekonkurrenz eine weiter steigende Bedeutung. Vor dem Hintergrund der Errichtung des → Binnenmarkts gewann auch der Gedanke einer „Europäischen Technologiegemeinschaft" zunehmend an Kontur. Teilweise sehr unterschiedliche Auffassungen zwischen der → Europäischen Kommission und einzelnen Mitgliedstaaten führten dabei aber einerseits zu gemeinschaftlichen Aktionen im Rahmen der EG und andererseits zur Gründung der weitgehend privatwirtschaftlich und einzelstaatlich getragenen Technologieinitiative EUREKA (European Research Coordination Agency). Technologiepolitik wurde mit der Einheitlichen Europäischen Akte (1987) rechtlicher Bestandteil der EU und sukzessive im Rahmen der Verträge von Maastricht (1993) und Amsterdam (1999) vertragsrechtlich bestätigt bzw. weiter entwickelt. Die Forschungs- und Technologiepolitik wurde dann 2004 auch in den Europäischen Verfassungsvertrag aufgenommen. Neu war, dass dort auch eine europäische → Weltraumpolitik als Teil der Forschungs- und Technologiepolitik vorgesehen war und dass die Forschungs- und Technologiepolitik damit Verfassungsrang gewann. Nach dem Scheitern des Verfassungsvertrags handelte die EU den → Vertrag von Lissabon (2009) aus. Titel XIX „Forschung und technologische Entwicklung und Raumfahrt" legt mit den Art. 179-190 AEUV nun die Ziele, Instrumente und Maßnahmen der europäischen Forschungs- und Technologiepolitik verbindlich fest.

Spitzenforschung und wissenschaftliche Exzellenz im 21. Jahrhundert

Bereits ab 1984 bündelten die Rahmenprogramme für Forschung, technologische Entwicklung und Demonstration Aktionen und Finanzmittel der EG. Die Rahmenprogramme haben sich dabei im Zeitverlauf hinsichtlich ihrer

Zielsetzung, Reichweite und finanziellen Ausstattung erheblich gewandelt und den Anforderungen des internationalen Forschungsgeschehens sowie der Weltwirtschaft stärker angepasst. Insbesondere seit dem 6. Rahmenprogramm reagierte die europäische Forschungs- und Technologiepolitik konsequenter auf die weltweit stark angewachsene Technologiekonkurrenz und ihre Auswirkungen auf Innovationsfähigkeit, Wirtschaftswachstum, wissenschaftliche Exzellenz und Wettbewerbsfähigkeit in Europa. Das seit 2007 laufende 7. Rahmenprogramm wird den höheren Anforderungen an die Forschungs- und Technologiepolitik und den gebündelten Zielen der EU in den Bereichen Wettbewerbsfähigkeit, Beschäftigungsintensität, Innovation und Technologiefähigkeit noch gerechter. Zwischen 2007 und 2013 hat es zum Ziel, die Produktivität, die Innovationsfähigkeit und das nachhaltige Wachstum in Europa zu fördern. Das Programm zielt darauf ab, Maßnahmen in den Bereichen unternehmerische Initiative und Innovation, Nutzung von Informations- und Kommunikationstechnologien sowie Technologien für erneuerbare Energien und Umwelttechnologien zu platzieren. Im Rahmen des Programms sind spezifische Initiativen und Programme konzentriert, welche die Innovationskraft und technologische Wettbewerbsfähigkeit der Unternehmen in der Union stimulieren sollen. Bemerkenswert sind dabei die Einrichtung des Europäischen Forschungsrats und die Gründung des Europäischen Technologieinstituts, das seine Arbeit 2008 in Budapest aufgenommen hat. Hinzu kommen gemeinsame Technologieinitiativen zwischen öffentlichem und privatem Bereich, die zum Beispiel für die Erforschung umweltfreundlicherer leiserer und effizienterer Flugzeuge ins Leben gerufen werden („Clean Sky", 2009). Der Europäische Forschungsrat öffnet dabei das Tor zu einer kommerziell unbelasteten Grundlagenforschung; das Technologieinstitut ist – wie ursprünglich einmal konzipiert – kein lokal fokussierter Forschungscampus, sondern steuert als Organisationsplattform über virtuelle Wissens- und Innovationsgemeinschaften europaweit den Aufbau von Forschungsnetzwerken. Mit dem Institut ist die Hoffnung verbunden, dass es die besten Talente und Akteure im Wissensdreieck ‚Hochschulbildung', ‚Forschung' und ‚industrielle Innovation' zusammenführt. Die Initiative geht auf eine Idee des Kommissionspräsidenten José Manuel Barroso zurück und soll mit dazu dienen, die Innovationslücke in Europa zu schließen. Das Institut wird für den Zeitraum 2008 bis 2013 öffentliche und private Mittel in Höhe von insgesamt rund 308 Mio. Euro erhalten.

Das 7. Rahmenprogramm für Forschung und technologische Entwicklung ist mit einer Laufzeit von 7 Jahren deutlich länger angelegt als seine Vorgängerprogramme und darüber hinaus sowohl größer als auch finanziell reichhaltiger ausgestattet. Sein Gesamthaushalt während dieser Periode beträgt über 53 Mrd. Euro. Das Budget hat sich im Vergleich zu den Vorgängerprogrammen nicht nur verdreifacht; es sieht darüber hinaus auch eine kontinuierliche Erhöhung der Fördermittel bis auf 12 Mrd. Euro im Jahr 2013 vor. Das Programm ist damit gewollt asymmetrisch aufgebaut.

Das Rahmenprogramm hat vier spezifische Programme:

- Kooperation (Cooperation) für transnationale Zusammenarbeit in der Forschung
- Ideen (Ideas) zur Umsetzung der Grundlagenforschung durch einen europäischen Forschungsrat, der ohne Vorgaben der EU-Kommission eigenständig Schwerpunkte der Forschung definieren soll
- Humanressourcen (People) für den Austausch von Wissenschaftlern
- Kapazitäten (Capacities) zur Unterstützung von Forschungsinfrastrukturen, Wissensregionen und kleineren und mittleren Unternehmen (KMU)

Der Schwerpunkt der vier Oberprogramme im 7. Rahmenprogramm liegt dabei auf der Förderung der Bereiche ,Kooperation' und ,Ideen'. Der Europäische Forschungsrat setzt das Programm ,Ideen' unabhängig vom restlichen Rahmenprogramm weitestgehend autonom um. Er verfügt über ein Gesamtbudget von 7,5 Mrd. Euro für den Zeitraum von 2007 bis 2013. Der Forschungsrat wurde durch Beschluss der Europäischen Kommission gebildet und besteht aus einem „Wissenschaftlichen Rat", der von einer untergeordneten Durchführungsstelle unterstützt wird. Der wissenschaftliche Rat besteht aus 22 hoch qualifizierten Wissenschaftlerinnen und Wissenschaftlern aus Europa; er ist das Herzstück des Forschungsrats und arbeitet aufbauend auf den Grundsätzen der wissenschaftlichen Exzellenz, Autonomie, Effizienz und Transparenz. Das Alleinstellungsmerkmal der Förderung seitens des Forschungsrats ist die Möglichkeit seiner autonomen Entscheidung zur Förderung von einzelnen Forschern und ihren Teams. In diesem Zusammenhang geht es auch um die Förderung der Mobilität und Laufbahnentwicklung europäischer Forscher und die Ausarbeitung von Orientierungshilfen für den Umgang mit geistigem Eigentum durch öffentliche Forschungseinrichtungen. Neben den Vernetzungsbemühungen nehmen die Bemühungen der EU in der Weltraum- und Raumfahrtpolitik zu. Dieses Politikfeld steht dabei in einem engen Zusammenhang mit der Forschungs- und Technologiepolitik. Die Weltraumpolitik ist dabei verschränkt mit einer öffentlich-privaten Technologieinitiative (JTC) zur globalen Umwelt- und Sicherheitsüberwachung. Solche Maßnahmen korrespondieren sehr eng mit den vielfältigen Zielsetzungen der

Weltraumpolitik, die unter anderem im Kontext des Satellitensystems Galileo (ab 2014) der Navigation, Erdbeobachtung oder der Sicherstellung des Zugangs zu neuen, strategisch wichtigen Technologien und Materialien dienen soll.

Innovationsraum Europa

Vor dem Hintergrund der zunehmenden Bedeutung von technologischer und wissenschaftlicher Leistungsfähigkeit für die Wettbewerbsfähigkeit Europas auf dem Weltmarkt passte sich die Forschungs- und Technologiepolitik der Union insbesondere zunächst in den 1970er sowie 1980er und dann nach dem Ende des Ost-West Gegensatzes in den 1990er und 2000er Jahren folgerichtig an die veränderten Umstände des internationalen Umfelds an. Ausgehend von sektoralen Interventionen in früherer Zeit über die Bündelung wirtschaftlicher mit staatlichen Maßnahmen bis zur Gründung eines kompakten Europäischen Forschungsraums hat sich das Gesicht der Forschungs- und Technologiepolitik entsprechend gewandelt. Das Dreieck von Forschungsraum, Innovations- und Lissabon-Strategie stellt für die EU gegenüber der Vergangenheit einen besseren strategischen Rahmen bereit. Die kohärentere Ausrichtung einzelner Programme macht in diesem Arrangement Sinn. Die aktuelle Architektur und das sichtbare Bewusstsein für die Notwendigkeit eines stärker integrierten technologisch-industriellen Ansatzes sind selbstbewusst. Forschung und Innovationen sind als Handlungsfelder angesichts einer wachsenden und zunehmend wettbewerbsfähigeren Weltbevölkerung existenziell und somit für Europa wichtig. Die aktuelle Programmarchitektur und das Bewusstsein für die Notwendigkeit eines stärker integrierten technologisch-industriellen Ansatzes sind stimmig. Hier spielen insbesondere die veränderten Zuwendungsmechanismen im Europäischen Forschungsrat eine ebenso große Rolle wie die Konzentration der spezifischen Programme auf aktuelle Problemlagen. Während ersteres mehr wissenschaftliche Exzellenz generiert, kann zweites zu Fortschritten bei existenziellen Fragen führen, die zwingend zu lösen sind. Dies sind Energiesicherheit oder Klimaschutz, Umweltschutz oder Pandemien, Migration oder nukleare Proliferation. Insgesamt aber gilt es aus wettbewerbspolitischen Gründen nach wie vor, durch wissenschaftliche Exzellenz und technologische Innovationen die Standortqualitäten Europas gegenüber der ausländischen Konkurrenz zu bewahren und zu steigern. So können wirtschaftliche Marginalisierung verhindert und Wettbewerbsfähigkeit gewonnen werden. Alles dies realisiert Zukunftsfähigkeit in einem gleichermaßen notwendigen wie tatsächlich entstehenden Innovationsraum Europa.

Jürgen Turek

Gemeinsame Außen- und Sicherheitspolitik

Vertragsgrundlage: insbesondere Art. 3, 18, 21-46 EUV. Art. 2, 238 AEUV.

Ziele: Wahrung grundlegender Werte und Interessen der Union, insbesondere Unabhängigkeit, Sicherheit und Unversehrtheit der Union sowie Förderung von multinationalen Lösungen, schrittweise Festlegung einer gemeinsamen Verteidigungspolitik und Verteidigung (militärisches Krisenmanagement im Sinne der Petersberg-Aufgaben) sowie Friedenssicherung, Stärkung von Demokratie, Rechtsstaatlichkeit und Menschenrechten (ziviles Krisenmanagement).

Instrumente: Beschlüsse des Europäischen Rates zu den strategischen Interessen und Zielen der Union, Beschlüsse des Rates Auswärtige Angelegenheiten zu Aktionen und Standpunkten, politischer Dialog, Deklarations- und Demarchenpolitik; kollektive Stimmabgabe und Vorlage von Resolutionstexten bei internationalen Organisationen und Konferenzen; Reisediplomatie; diplomatische Mediation. Militärische und zivile Krisenmanagementoperationen; Sonderbeauftragte.

Literatur: Karen Smith: European Union foreign policy in a changing world, Cambridge 2008 • Elfriede Regelsberger: Von Nizza nach Lissabon – das neue konstitutionelle Angebot für die Gemeinsame Außen- und Sicherheitspolitik der EU, in: integration, 3/2008, S. 266-280 • Nadia Klein/Elfriede Regelsberger: Gemeinsame Außen- und Sicherheitspolitik, in: Werner Weidenfeld/Wolfgang Wessels (Hrsg.): Jahrbuch der Europäischen Integration 2010, Baden-Baden 2011 S. 243-250.

Internet: Generalsekretariat des Rats: http://ue.eu.int/pesc/default.asp • Newsroom des Rats: http://ue.eu.int/newsroom, http://ue.eu.int/pesc

Die mit dem Vertrag von Maastricht (1993) aus der früheren Europäischen Politischen Zusammenarbeit (EPZ) hervorgegangene und mit dem Vertrag von Lissabon in einigen Teilen grundlegend reformierte Gemeinsame Außen- und Sicherheitspolitik (GASP) beschreibt den zentralen außen- und sicherheitspolitischen Handlungsrahmen der EU. Sie ist Teil des gesamten auswärtigen Handelns der EU, zu dem u.a. auch die → Entwicklungszusammenarbeit, Fragen des Umweltschutzes und der Energieversorgung und die → Außenhandelsbeziehungen gehören, und orientiert sich an den grundlegenden Werten und Zielen eines friedlichen Interessenausgleichs, von denen sich die Europäische Union und ihre Mitgliedstaaten auch in ihrem eigenen Zusammenleben leiten lassen. Ziel ist die möglichst geschlossene europäische Einflussnahme auf das internationale Geschehen auf der Basis einer immer größeren politischen Solidarität der EU-Länder untereinander, einer immer stärkeren Angleichung nationaler Standpunkte und deren Umsetzung in konkrete Maßnahmen.

Die GASP gilt bei allen EU-Mitgliedstaaten nach wie vor als attraktives Instrument nationaler Interessenwahrnehmung und bevorzugtes Mittel zur Einflussnahme auf internationale Herausforderungen, erst recht im Zeitalter globaler wechselseitiger Abhängigkeiten.

Zugleich steht ein nach wie vor auf dem Konsens beruhendes System vor enormen Herausforderungen, die sich nicht nur aus der gestiegenen Erwartungshaltung von Dritten gegenüber einer kraftvollen europäischen Außenpolitik und immer wieder anderen und neuen Bedrohungen aus dem internationalen Umfeld (z.B. internationaler Terrorismus, sg. Schurkenstaaten, Energieversorgungssicherheit) ergeben. Die Attraktivität der EU selbst und ihr daraus resultierendes Wachstum auf 27 Staaten hat eine Vielfalt außenpolitischer Interessen mit sich gebracht, die die GASP-interne Meinungsbildung nicht immer vereinfacht hat. Als exemplarisch für die größere Heterogenität zwischen den „alten" und den „jungen" EU-Ländern kann deren je unterschiedliche Positionierung im Verhältnis EU-Russland (etwa in der Georgienkrise 2008) gelten. Auch das tägliche Management einer ständig inhaltlich wie institutionell expandierenden GASP erfordert heute andere und anspruchsvollere Strukturen als die früher Bewährten. Insbesondere das Modell eines alle sechs Monate wechselnden Vorsitzes bedurfte einer grundlegenden Reform, die den Kriterien der Sichtbarkeit, Kontinuität und Effizienz der GASP besser entsprach als das bisher Bekannte.

Der → Vertrag von Lissabon, basierend auf den Vorschlägen des Europäischen Konvents und deren Fortschreibung in den Regierungskonferenzen 2003/2004 und 2007, hält hierfür ein reichhaltiges Menü an institutionellen Neuerungen und flexibleren Modellen der Zusammenarbeit insbesondere im Bereich der → Gemeinsamen Sicherheits- und Verteidigungspolitik (GSVP) bereit. Die ersten Monate seit Inkrafttreten der Neuerungen zum 1.12.2009 haben allerdings bereits deutlich gemacht, dass weitere Präzisierungen des konstitutionellen Angebots des Lissabon-Vertrags notwendig sind und mühsame Detailverhandlungen erfordern. Die Ausarbeitung des Beschlusses über einen → Europäischen Auswärtigen Dienst im Jahr 2010 ist hierfür ebenso exemplarisch wie die Besetzung der neu geschaffenen Ämter (→ Hoher Vertreter der Union für die Außen- und Sicherheitspolitik, ständiger → Präsident des Europäischen Rates).

Geschichte und Entwicklung der GASP

Spätestens seit Beginn der 1970er Jahre erwies sich der Verzicht auf eine gemeinsame Außenpolitik der damals sechs EG-Gründerstaaten als zunehmend unrealistisch. Die EG avancierte allein durch ihre → Außenhandelsbeziehungen zu einem Akteur im internationalen Geschehen. Damit wuchs die Erkenntnis, mehr und mehr abhängig von Entwicklungen außerhalb der eigenen Grenzen zu sein und internationalem Druck mit einer abgestimmten Position der Westeuropäer besser begegnen zu können. Den Rahmen hierfür bot die bis Mitte der 1980er Jahre rechtlich unverbindliche EPZ, der Vorläufer der mit dem Vertrag über die Europäische Union (EUV) 1993 geschaffenen GASP. Auch wenn die häufig als zu „reaktiv" und „tatenlos" kritisierte Deklarationspolitik Wirkungen bei den Adressaten (z.B. im Nahostkonflikt, im südlichen Afrika) zeigte, erwies sich die 1970 geschaffene EPZ allein als zu selektiv und wirkungslos in bestimmten Krisensituationen (etwa der sowjetischen Invasion in Afghanistan 1979). Man erkannte, dass eine glaubwürdige europäische Einflussnahme auch vom Angebot beziehungsweise vom Entzug wirtschaftlicher Hilfen und gegebenenfalls vom Einsatz militärischer Mittel bestimmt wird und eine Koppelung mit dem Gemeinschaftsinstrumentarium und den Brüsseler Institutionen immer dringlicher wurde (z.B. im Falle der Politik gegenüber den Nachfolgestaaten im ehemaligen Jugoslawien, Nigeria, Birma). Nach mehreren Phasen pragmatischer Anpassungen sorgten ab 1989 neue außenpolitische Herausforderungen, insbesondere in der europäischen Nachbarschaft nach dem Zerfall der Sowjetunion und der Destabilisierung auf dem Balkan, der Integrationsschub durch die Schaffung eines → Binnenmarkts und die Debatte um die → Wirtschafts- und Währungsunion für eine grundsätzliche Reform der EPZ und ihre Überführung in die GASP.

Die in den Reformetappen von Maastricht (1993) über Amsterdam (1999) bis Nizza (2003) beschlossenen Vertragsänderungen zielten insbesondere darauf ab, die Verbindlichkeit der GASP für die beteiligten Regierungen zu erhöhen und diese stärker auf die Einhaltung der Grundsätze zu verpflichten sowie die Entscheidungsstrukturen effizienter zu gestalten und eine bessere Sichtbarkeit in der Außendarstellung der GASP zu erreichen. Die Installation ständiger GASP-Gremien in Brüssel seit 2000 und das Wirken des ehemaligen NATO-Generalsekretärs Solana als erster Hoher Vertreter für die GASP (1999-2009) haben wesentlich zu Profilschärfe und größerer Sichtbarkeit der europäischen Außenpolitik beigetragen.

Die mit der Kehrtwende der britischen Politik ab 1998 einsetzende (außervertragliche) Dynamik in sicherheits- und verteidigungspolitischen Fragen, nicht zuletzt wegen der europäischen Schwächen im Kosovo-Krieg in der zweiten Hälfte der neunziger Jahre, sowie neue Bedrohungen, am sichtbarsten in den Terroranschlägen seit dem 11. September 2001, führten zu weiteren Anpassungen. So wurde die institutionelle Infrastruktur ausgebaut, Planziele und Einsatzkräfte für das militärische und zivile Krisenmanagement definiert und bereitgestellt und ab 2003 in bisher knapp 30 konkreten Operationen unterschiedlicher Reichweite in der europäischen Nachbarschaft wie zunehmend auch in Afrika (Republik Kongo; Tschad) und anderen Regionen (Indonesien; Afghanistan; Georgien) und ab 2008 erstmals auch mit einer Marineoperation vor der Küste Somalias mit unterschiedlichem Erfolg getestet.

Um ein weiteres Auseinanderdriften der EU-Länder seit der Irakkrise 2003 zu verhindern und eine Antwort auf ein bis dahin fehlendes strategisches außen- und sicherheitspolitisches Konzept der EU zu finden, wurde der damalige Hohe Vertreter für die GASP, Solana, zur Ausarbeitung eines entsprechenden Dokuments beauftragt. Die Ende 2003 vom Europäischen Rat verabschiedete Europäische Sicherheitsstrategie (ESS) definiert erstmals in umfassender Weise die sachlichen/regionalen Prioritäten (Bekämpfung des internationalen Terrorismus, Nichtverbreitung von Massenvernichtungswaffen, Lösung von Regionalkonflikten insbesondere im Nahen Osten, Stabilisierung staatlicher Strukturen, vorrangig im westlichen Balkan) und Handlungsmöglichkeiten für die GASP/GSVP. Sie wurde 2008 einer Überprüfung unterzogen, wobei unüberwindbare Meinungsverschiedenheiten im Kreis der 27 – etwa über die EU-Politik gegenüber Russland – nicht die erhoffte Neufassung der ESS erbrachte. Der stattdessen vom Europäischen Rat verabschiedete Bericht zur ESS bestätigt einerseits die bisher erreichte Leistungskraft der GASP, ermahnt die EU-Länder aber zugleich, sich nicht in Selbstgefälligkeit zu üben und fordert mehr Kohärenz und ein Abstellen der bekannten Unzulänglichkeiten bei dem Einsatz verschiedener EU- und GASP-Instrumente.

Sofern diese eine Vertragsreform erforderlich machten – wie etwa das Ersetzen des rotierenden durch einen ständigen Vorsitz oder das Verschmelzen („Doppelhut") der Funktionen des Hohen Vertreters für die GASP und jener des Kommissars für Außenbeziehungen, kam es wegen des langen Ratifizierungsprozesses des Lissabon-Vertrags zu Verzögerungen. Allerdings versuchte man mit praktischen Maßnahmen – wie etwa gemeinsamen Berichten von Kommission und Generalsekretariat des Rates, einer Zusammenlegung der Aufgaben von GASP-Sonderbeauftragten mit jenen der Leiter der Kommissions-

GASP-Institutionensystem (nach Inkrafttreten des Vertrags von Lissabon)

Europäischer Rat

 strategische Vorgaben

Rat „Auswärtige Angelegenheiten"

Vorsitz: HV

⇧ Vorschläge

Europäische Kommission

„Doppelhut"

Hohe Vertreterin der Union für Außen- und Sicherheitspolitik

(HV)

und

Vizepräsidentin der Kommission

Europäisches Parlament

 unterstützt

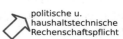 politische u. haushaltstechnische Rechenschaftspflicht

PSK	Europäischer Auswärtiger Dienst		Arbeitsgruppen

PSK

Vorsitz:

„Vertreter" HV/EAD

Arbeitsgruppen

Vorsitz:

EAD/Präsidentschaft

Europäischer Auswärtiger Dienst

Hohe Vertreterin

Generalsekretär und Stellvertreter

Geographische/ funktionale Abteilungen	
Sonderbeauftragte	EUMS
CPCC	CMPD
Satellitenzentrum	Lagezentrum (SitCen)
EU Delegationen (136 weltweit)	

Quelle: Elfriede Regelsberger (eigene Darstellung).

delegationen (z.B. in Mazedonien, bei der Afrikanischen Union) – das tagtäg-liche Miteinander der Brüsseler Institutionen effizienter zu gestalten. Mit Inkrafttreten der Reformen des Lissabon-Vertrags ab 1.12.2009 haben personelle Veränderungen und ein grundlegender Umbau des institutionellen Gefüges begonnen, deren Folgen für das Zusammenspiel der Akteure und die Effizienz der GASP von erheblicher Bedeutung sind (siehe das Schaubild zum *GASP-Institutionensystem*). Welche Wirkungen sie tatsächlich entfalten, be-darf jedoch noch weiterer Beobachtung.

Reichweite und Ausdifferenzierung der GASP/ GSVP

Wesentliche Elemente der GASP erschließen sich aus dem Vertrag von Lissa-bon (insbesondere Art. 16-18; 23-46 EUV), ergänzt um Verweise auf Bestim-mungen im Vertrag über die Arbeitsweise der EU, insbesondere hinsichtlich der Abstimmungsverfahren im Rat im Falle der allerdings eher unwahrschein-lichen Anwendung von Mehrheitsbeschlüssen (Art. 238 AEUV). Zum ge-naueren Verständnis der mittlerweile sehr komplexen Regelungen sind ferner heranzuziehen: dem Vertrag von Lissabon beigefügte Erklärungen (z.B. Nr. 13 und 14 zum Verhältnis von GASP und nationaler Außenpolitik) und Protokolle (z.B. zur Rolle der nationalen Parlamente; zur Ständigen Struktu-rierten Zusammenarbeit (SSZ)) sowie Folgebeschlüsse des Rats (Auswärtige Angelegenheiten) – etwa zum Europäischen Auswärtigen Dienst – und des Europäischen Rates (z.B. Ernennung des Hohen Vertreters der Union für die Gemeinsame Außen- und Sicherheitspolitik).

Ziel der EU-Mitgliedstaaten ist es, eine „alle Bereiche" der Außen- und Si-cherheitspolitik einschließende gemeinsame Linie bis hin zu einer gemeinsa-men Verteidigung zu definieren (Art. 24 EUV) und mit Hilfe eines ausdiffe-renzierten Instrumentariums umzusetzen. Die 27 lassen sich hierbei von den Grundwerten leiten, die für ihr eigene Entwicklung und den europäischen In-tegrationsprozess maßgeblich sind, insbesondere Demokratie, Rechtstaatlich-keit, Schutz und Förderung der Menschenrechte und Grundfreiheiten (Art. 21 EUV). Wenngleich die GASP mit dem Wegfall der bisherigen Säulenstruktur der EU als Teil des gesamten auswärtigen Handelns der EU eingeordnet wird, bleibt der besondere Charakter der GASP als einer maßgeblich von den Mit-gliedstaaten bestimmten Struktur erhalten.

Bemerkenswert ist ferner die im Lissabon-Vertrag erstmals in einem eigenen Abschnitt (Abschnitt 2, Art. 42-46 EUV) vorgenommene Definition und Aus-differenzierung der nunmehr in GSVP (Gemeinsame Sicherheits- und Vertei-digungspolitik) umbenannten ESVP (Europäischen Sicherheits- und Verteidigungspolitik). Gestützt auf zivile und – im Extremfall – militärische Mittel, die die Mitgliedstaaten bereitstellen, erstreckt sich die GSVP als integraler Bestandteil der GASP auf folgende Bereiche (Art. 43 EUV):

- Abrüstungsmaßnahmen
- Konfliktverhütung und friedenserhaltende Aufgaben
- Kampfeinsätze bei der Krisenbewältigung einschließlich friedenschaffender Maßnahmen
- Bekämpfung des internationalen Terrorismus
- Beistandsverpflichtung (bis hin zu militärischen Mitteln, wobei deren Einsatz in der Verantwortung jedes EU-Landes verbleibt), wenn ein bewaffneter Angriff auf das Hoheitsgebiet eines Mitgliedstaates erfolgt (Art. 42(7) EUV)
- Gemeinsame Verteidigung, sofern der Europäische Rat dies einstimmig beschließt (Art. 24 und 42(2) EUV)

Vor dem Hintergrund unterschiedlicher sicherheits- und verteidigungspolitischer Interessen, Bündniszugehörigkeiten und Fähigkeiten der EU-Länder hält der Lissabon-Vertrag verschiedene Modelle einer Beteiligung an der GSVP bereit. Er bestätigt zum einen die bestehende Praxis, wonach bei den (militärischen) Operationen/(zivilen) Missionen im Rahmen des EU-Krisenmanagements nicht immer alle 27 mitwirken wollen und können und sieht daher eine Beauftragung des Rates an eine Gruppe vor (Art. 44 EUV). Zugleich eröffnet er jenen, die über „anspruchsvollere" militärische Fähigkeiten verfügen und diese gemeinsam noch ausbauen wollen, ein gesondertes Vorangehen (Art. 42(6) und 46 EUV). Erst der Praxistest, weitere Präzisierungen hinsichtlich der Aufnahmekriterien und die Rolle der Europäischen Verteidigungsagentur (Art. 45 EUV) werden die Brauchbarkeit dieses in der Reformdebatte heftig umstrittenen Konzepts einer Ständigen Strukturierten Zusammenarbeit (SSZ) erweisen.

Instrumente und Entscheidungsverfahren

Die Ergebnisse der GASP werden üblicherweise je nach ihrem Zweck in unterschiedlichen Formen öffentlich bekannt gemacht und/oder vertraulich den Adressaten übermittelt. Dabei kann differenziert werden nach:

- den klassischen Instrumenten der Diplomatie: Erklärungen; Reden und gemeinsamen Stimmabgaben bei internationalen Organisationen (insbesondere in der Generalversammlung der UNO und im Rahmen der OSZE), diplomatische Demarchen (z.B. bei Menschenrechtsverletzungen gegenüber Regierungsvertretern von Nicht-EU-Staaten; Präsenz bei multilateralen Verhandlungen (z.B. im Rahmen des „Nahost-Quartetts" zur Lösung des arabisch-israelischen Konflikts; Iran); Reise- und Vermittlungstätigkeit (z.B. Georgienkrise 2008).

■ dem von der EU selbst kreierten Instrument des politischen Dialogs mit Nicht-EU-Ländern (z.B. USA, Russland, Japan, Saudi-Arabien) und regionalen Staatengruppen (z.B. Asean, Mercosur), d.h. einem dichten Netz von regelmäßigen Treffen von Politikern und Beamten, das der EU eine wichtige Plattform eröffnet, um ihre Positionen gegenüber Dritten zu artikulieren und ihr eigenes Erfolgsmodell der Integration anderen zur Konfliktlösung und Zusammenarbeit anzubieten.

■ den auch in ihrem Verpflichtungscharakter gegenüber den GASP-Teilnehmerländern anspruchsvolleren Instrumenten (Art. 25 EUV), basierend auf Leitlinien des Europäischen Rates zu den strategischen Interessen und Zielen der EU (Art. 22 EUV): Aktionen und Standpunkte. Beschlüsse zu diesen beiden Großkategorien sind so mannigfaltig wie das internationale Geschehen selbst. Allerdings spiegelt sich dort sowohl die regionale Schwerpunktsetzung als auch der anspruchsvollere Ansatz der heutigen GASP wider. Standpunkte (Art. 29 EUV) enthalten üblicherweise eine Positionsbestimmung der EU zu Entwicklungen in Staaten in Afrika (und auch anderen Entwicklungsländern) sowie – dort wie Länder übergreifend – Sanktionsbeschlüsse der EU (z.B. Einreiseverbote für Regierungsmitglieder von Belarus, Handelsbeschränkungen gegenüber Iran). Charakteristisch für Beschlüsse über Aktionen (Art. 28 EUV) ist das gesamte Krisenmanagement der EU, insbesondere auf dem westlichen Balkan (u.a. Bosnien-Herzegowina, Mazedonien, Kosovo), im Nahen Osten (Grenzmission Gaza/ Ägypten; Unterstützung der Palästinensischen Behörde) aber auch in Afrika (Kongo), im Irak oder Afghanistan.

Art. 31 EUV enthält das seit den 1990er Jahren allmählich ausdifferenzierte System unterschiedlicher Beschlussverfahren. Nach wie vor dominiert das Generalprinzip der Einstimmigkeit. Für sämtliche Beschlüsse im Rahmen der GSVP, einschließlich bereits der Einleitung einer Mission, ist es zwingend (Art. 42(4) EUV).

Zwar eröffnet Art. 31(1) EUV mit der „konstruktiven Enthaltung" einer bestimmten Anzahl von Mitgliedstaaten die Möglichkeit, aus der gemeinsamen Linie auszuscheren, ohne einen Beschluss der Mehrheit zu behindern. Doch auch diese → Flexibilisierung kam in der GASP-Praxis bisher nicht zum Tragen. Insofern dürfte auch die mit dem Vertrag von Lissabon neu eingeführte Klausel, wonach der Europäische Rat die Bereiche für Mehrheitsentscheidungen (ohne GSVP) erweitern kann (Art. 31(3) EUV), eher theoretischer Natur bleiben. Gleiches gilt für die Bestimmung, wonach Mehrheitsentscheidungen möglich sind (insbesondere für sämtliche im Anschluss an die vom Europäischen Rat definierten strategischen Interessen und Ziele zu unternehmenden Folgebeschlüsse in Form von Standpunkten und Aktionen) sowie für die Ernennung von Sonderbeauftragten. Des Weiteren kann ein Mitglied des Rats aus „wesentlichen", von ihm allerdings zu benennenden Gründen der nationalen Politik die Annahme einer Entscheidung mit qualifizierter Mehrheit blockieren. Der Rat kann dann mit qualifizierter Mehrheit die Sache lediglich an den Europäischen Rat verweisen, der einstimmig zu beschließen hat (Art. 31(2) EUV).

Die institutionelle Struktur der GASP

Wer in der GASP das „Sagen" hat (siehe Schaubild zum *GASP-Institutionensystem*), erschließt sich zu allererst aus den Vertragsbestimmungen selbst, wobei der → Vertrag von Lissabon hier grundlegende Veränderungen enthält, um die vielfach beklagten zu vielen und zu häufig wechselnden „Gesichter" zu reduzieren und ein Mehr an Kohärenz zu erreichen. Für die Detailbeschreibung einzelner Akteure und insbesondere deren Neujustierung durch „Lissabon" sind ferner entsprechende Folgebeschlüsse des Rates zu beachten.

An der GASP-Spitze steht der → Europäische Rat (Art. 22 EUV) als Leitlinengeber, oberste Entscheidungsinstanz im Falle unüberwindbarer Meinungsverschiedenheiten der unteren Gremien sowie Initiator und Wegweiser für Reformvorschläge zu GASP/GSVP und Sprachrohr gemeinsamer Positionen nach außen. Der Vertrag von Lissabon bestätigt und stärkt die Rolle der Staats- und Regierungschefs, insbesondere durch die Schaffung eines ständigen → Präsidenten, der in der Außenvertretung der GASP (Art. 15(6) EUV) in eine gewisse Konkurrenz zu anderen wichtigen Akteuren, wie dem mit Lissabon aufgewerteten bisherigen Hohen Vertreter für die GASP, treten könnte. Die zweite und für die laufenden Geschäfte maßgebliche Entscheidungsebene bildet der Rat „Auswärtige Angelegenheiten", in der Zusammensetzung der Außenminister (Art. 16, 26 EUV), im Bedarfsfall ergänzt um die Verteidigungsminister. Er tagt monatlich, in Krisenzeiten auch häufiger.

Mit dem Ende der rotierenden Präsidentschaft in der GASP ab 1.12.2009 obliegen Vorbereitung (einschließlich eines Initiativrechts, das allerdings auch den Mitgliedstaaten zusteht) und Sitzungsleitung im Rat „Auswärtige Angelegenheiten" sowie die Durchführung seiner Beschlüsse und die Außenvertretung dem → Hoher Vertreter der Union für die Außen- und Sicherheitspolitik

(Art. 18, 27 EUV). Dabei handelt es sich um eine deutlich aufgewertete Version des bisherigen Hohen Vertreters für die GASP (in der Person Javier Solanas 1999-2009), dessen ursprüngliche Bezeichnung „Außenminister" der Union im Laufe der Reformdebatte allerdings den Bedenken einiger Mitgliedstaaten wieder geopfert werden musste. Das Aufgabenprofil des neuen Hohen Vertreters ist äußerst anspruchsvoll, sowohl bezogen auf die GASP-interne Meinungsbildung, Entscheidungsfindung und Definition von GASP-Inhalten wie auch in der GASP-Außenvertretung. Um immer wieder sichtbar gewordene Schwachstellen in der Koordinierung zwischen GASP und anderen Aspekten des auswärtigen Handelns der EU zu beheben und ein Mehr an Kohärenz nach außen zu erreichen, wurde das Amt des Hohen Vertreters ferner mit jenem des bisher für die GASP zuständigen Mitglieds in der Europäischen Kommission verschmolzen. In dieser Konstruktion („Doppelhut") unterliegt der Hohe Vertreter als Vizepräsident den für die Europäische Kommission gültigen Regeln (Art. 18(4) EUV) und übt innerhalb der Kommission eine wichtige Koordinierungsfunktion gegenüber den anderen mit Fragen der Außenbeziehungen befassten Kommissaren aus. Diese doppelte Anbindung des Hohen Vertreters an Kommission und Rat/Mitgliedstaaten findet ihren Niederschlag auch im Ernennungsverfahren: der Hohe Vertreter wird vom Europäischen Rat für fünf Jahre bestellt und hierfür bedarf es der Zustimmung des Präsidenten der Europäischen Kommission.

Für das neue Amt wählte der Europäische Rat im November 2009 eine bis dahin mit der GASP wenig vertraute Persönlichkeit aus – die frühere EU-Handelskommissarin Catherine Ashton –, deren erste Gehversuche noch nicht überzeugend sind.

Für sein überaus anspruchsvolles Aufgabenprofil soll der Hohen Vertreterin ein → Europäischer Auswärtiger Dienst (EAD) zur Verfügung stehen (Art. 27(3) EUV). Dessen Konzipierung war 2010 von einem überaus kontrovers geführten Entscheidungsprozess zwischen den Mitgliedstaaten, der Hohen Vertreterin, der Europäischen Kommission und dem Europäischen Parlament geprägt und erbrachte bis Juli 2010 einen Grundsatzbeschluss. Dessen weitere Präzisierung, insbesondere die Frage der genauen Eingliederung und Zuordnung bisher bereits bestehender GASP-Akteure (z.B. Policy Unit, Sonderbeauftragte, Militärstab, GASP-Generaldirektion im Generalsekretariat des Rates, EU-Delegationen) und solcher aus Kommission und EU-Mitgliedstaaten in den neuen EAD sowie die personelle Besetzung wichtiger Positionen wurde bis zur Arbeitsaufnahme des EAD am 1.12.2010 abgeschlossen.

Auf der GASP-Beamtenebene übt das Politische und Sicherheitspolitische Komitee (PSK), bestehend aus hohen Beamten/Botschaftern in den Ständigen Vertretungen der EU-Länder in Brüssel, die zentrale inhaltliche Scharnierfunktion zwischen dem Rat und der administrativen Ebene aus und verfügt im Fall von Krisenmanagementoperationen über besondere Kontroll- und Leitungsbefugnisse (Art. 38 EUV). Das PSK und der Ausschuss der Ständigen Vertreter (AStV), ein ebenfalls mit hochrangigen Vertretern der Mitgliedstaaten besetztes Botschaftergremium, dem traditionellerweise die Vor- und Nachbereitung der Arbeit des Rats obliegt, werden in ihrer Arbeit von regelmäßig in Brüssel tagenden Arbeitsgruppen (2010: ca. 30) von Regional- bzw. Fachexperten der Außenministerien und den in den Ständigen Vertretungen angesiedelten GASP-Botschaftsräten unterstützt. Hier wie auch im PSK endete mit dem Vertrag von Lissabon grundsätzlich das Rotationsprinzip, wobei es auf der Ebene der Arbeitsgruppen in Teilbereichen (z.B. Finanzierung und Rechtsfragen in der GASP) in etwa einem Drittel der Fälle beibehalten wird. Weiterer wichtiger Bestandteil der GASP-Infrastruktur sind die überwiegend monatlichen Zusammenkünfte der Botschafter der EU-Staaten in Nicht-Mitgliedstaaten und bei internationalen Organisationen und Konferenzen (Art. 35 EUV). Ihre regelmäßigen Berichte gelten als wichtige Informationsquelle für die Entscheidungsfindung der Brüsseler GASP-Gremien. Gleiches trifft für die mittlerweile auf ein Dutzend angewachsenen Sonderbeauftragten (Art. 33 EUV) zu, die auf Initiative des Hohen Vertreters vom Rat für besonders wichtige politische Fragen ernannt werden (Mitte 2010: zu Afghanistan, Afrikanische Union, Bosnien-Herzegowina, Kosovo, Krise in Georgien, Mazedonien, Moldau, Naher Osten, Region der Großen Seen in Afrika, Südkaukasus, Sudan, Zentralasien).

Die Beteiligung des → Europäischen Parlaments besteht primär in der Berichterstattung bereits in der GASP beschlossener Politiken und in der von den Parlamentariern extensiv genutzten Ausübung von Fragerechten (Art. 36 EUV). Wenngleich sich die Kontakte – nicht zuletzt durch das Wirken des früheren Hohen Vertreters Solana – mittlerweile verdichtet haben, bleibt weiterhin fraglich, wie ernsthaft und wie „gebührend" die Auffassungen des EP in der GASP berücksichtigt werden. Allerdings sollte nicht übersehen werden, dass das EP über seine Zustimmungsrechte zu allen wichtigen Abkommen der EG mit Drittstaaten, über sein Votum bei der Bestellung der Kommission sowie über sein Haushaltsrecht (Art. 41 EUV) gewisse Zugriffsmöglichkeiten auf die GASP besitzt und diese entschlossen nutzt, wie die Errichtung des EAD 2010 gezeigt hat.

Für den → Gerichtshof der Europäischen Union bleibt die GASP auch nach Inkrafttreten des Vertrags von Lissabon tabu, d.h. deren Beschlüsse bleiben einer richterlichen Prüfung durch den EUGH entzogen (Art. 24(1) EUV).

Ausblick: vorsichtiger Optimismus

Sofern es ein „Wollen" der beteiligten Regierungen gibt und die Dynamik in der GSVP anhält, ohne dass die Lücke zwischen den externen Anforderungen und den zivilen wie militärischen Fähigkeiten größer wird, sind die 27 in der Lage, gezielt, zeitnah und operativ auf internationale Herausforderungen zu reagieren. Die Mittlerrolle der EU in der Georgienkrise 2008 mit einem ambitionierten Vorsitz hat dies eindrucksvoll bewiesen.

Mit dem Vertrag von Lissabon sind weitere wichtigen Weichen für mehr Kohärenz und Effizienz gestellt. Gleichwohl bleibt der besondere Charakter der GASP und damit Potenzial für Trennendes und Reibungsflächen erhalten. Ob die neuen Modelle eines deutlich aufgewerteten Hohen Vertreters und eines ihm unter einem gemeinsamen „Dach" in Form des EAD zuarbeitenden Stabes gelingt, hängt in entscheidendem Maße von der Auswahl der Persönlichkeiten – z.B. im EAD unterhalb des Hohen Vertreters – ab und wie sie die anspruchsvollen Funktionen ausgestalten. Wichtig wird hierbei auch sein, inwieweit es ihnen gelingt, einen eigenen Korpsgeist für die gemeinsame Sache zu entwickeln sowie davon, ob die Mitgliedstaaten in den Neuerungen tatsächlich einen Mehrwert sehen wollen. Noch fehlt hierfür wie auch für die neuen Formen der Flexibilität in der GSVP der Praxistest und die Übergangsphase wird noch einige Zeit jenseits von 2010 dauern.

Unverzichtbar für eine leistungsstarke europäische Stimme ist eine entsprechende finanzielle und personelle Mittelausstattung – und auch hier haben die Georgienkrise und einige Krisenmanagementmissionen gezeigt, dass beides in kürzester Zeit verfügbar gemacht werden kann. Defizitär bleibt hingegen eine stärkere Einbindung der GASP im gesellschaftlichen Umfeld. Trotz einer allgemein hohen Zustimmung für eine gemeinsame europäische Außen- und Sicherheitspolitik findet auf europäischer und nationaler Ebene eine intensiver geführte öffentliche Debatte über das „ob" und „wie" konkreter GASP- und GSVP-Operationen, insbesondere solcher mit militärischen Mitteln, bisher immer noch nicht in ausreichendem Maße statt.

Elfriede Regelsberger

Gemeinsame Sicherheits- und Verteidigungspolitik

Vertragsgrundlage: Art. 3, 42-46 EUV. Art. 2 AEUV. Protokoll Nr. 10 über die Ständige Strukturierte Zusammenarbeit und Erklärungen Nr. 13 und 14 zur GASP (inkl. GSVP) sowie Erklärung Nr. 15 zum Europäischen Auswärtigen Dienst.

Ziele: Sicherung der Union durch eine auf zivile und militärische Mittel gestützte Operationsfähigkeit; Rückgriff auf diese bei Missionen außerhalb der Union zur Friedenssicherung; Konfliktverhütung und Stärkung der internationalen Sicherheit auf der Basis der Grundsätze der UN-Charta; schrittweise Festlegung einer Gemeinsamen Verteidigungspolitik bis zu einer Gemeinsamen Verteidigung durch einstimmigen Beschluss des Europäischen Rates.

Mitglieder/Teilnehmer: Alle 27 Mitgliedstaaten, bei verteidigungspolitischen Bezügen Ausnahmeregelungen (Opt-out) Dänemarks.

Instrumente: Relevante sicherheitspolitische sowie militärische und zivile Gremien und Stäbe des Rates zur Durchführung ziviler und militärischer Missionen; Rückgriff auf Mittel und Fähigkeiten der NATO (zur Zeit wegen Zypern/Türkei-Konflikt blockiert) oder autonome Handlungsfähigkeit durch Einsatzführungsstäbe und zivile sowie militärische Mittel der Mitgliedstaaten; ein Crisis Management and Planning Directorate (CMPD) im Generalsekretariat des Rates; ein temporär ausbaubares Operationszentrum und ein permanentes ziviles operatives Führungszentrum (CPCC/Civil Planning and Conduct Capacity).

Dokumente: Schlussfolgerungen der Europäischen Räte seit Juni 1999; halbjährliche Berichte der Ratspräsidentschaften zur GSVP • Europäische Sicherheitsstrategie (Dezember 2003; ergänzt durch Solana-Bericht Dezember 2008).

Literatur: Franco Algieri/Sven Biscop (Hrsg.): The Lisbon Treaty and ESDP: Transformation and Integration, Egmont Paper 24, The Royal Institute for International Relations, Gent 2009 • Mathias Jopp/Sammi Sandawi: Europäische Sicherheits- und Verteidigungspolitik, in: Werner Weidenfeld/Wolfgang Wessels (Hrsg.): Jahrbuch der Europäischen Integration 2009, Baden-Baden 2010, S. 241-248 • Richard Whitman: The Lisbon Treaty and the Foreign, Security and Defence Policy: Reforms, Implementation and the Consequences of (non-)Ratification, European Foreign Affairs Review, 14/1, London 2009, S. 25-46.

Internet: Rat der EU:

http://consilium.europa.eu/showPage.aspx?id=261&lang=DE (u.a. detaillierte Übersicht der GSVP-Missionen)

Kaum ein Integrationsprojekt hat eine so lange Anlaufzeit gehabt wie die Gemeinsame Sicherheits- und Verteidigungspolitik: vom Scheitern der Europäischen Verteidigungsgemeinschaft (EVG) 1954 über die Verträge von Maastricht (1993), Amsterdam (1999) und Nizza (2003) bis zum Vertrag von Lis-

sabon (2009). Souveränitätspolitische Vorbehalte und bündnispolitische Interessen hatten bis zum Ende des Kalten Krieges die Bemühungen um eine
europäische Sicherheits- und Verteidigungspolitik immer wieder im Sande
verlaufen lassen. Allzu groß war die Abhängigkeit der westeuropäischen Staaten von der Stärke der NATO und vom nuklearen Schutz der USA. Zwar
gelang es in den 1980er Jahren in begrenztem Maße die Europäische Politische
Zusammenarbeit (EPZ) auch zur Abstimmung über bestimmte Aspekte der
Sicherheit zu nutzen und in den 1990er Jahren die Westeuropäische Union
(WEU) als verteidigungspolitisches Forum zu aktivieren. Dadurch wurde aber
ein wenig tauglicher Dualismus zwischen der EPZ bzw. der späteren → Gemeinsamen Außen- und Sicherheitspolitik (GASP) auf der einen und der WEU
auf der anderen Seite geschaffen, der erst am Ende der 1990er Jahre überwunden werden konnte.

Auf seinen Gipfeltreffen in Köln (Juni 1999) und Helsinki (Dezember 1999)
formulierte der Europäische Rat ein Planziel (Headline Goal) zum Aufbau
einer europäischen Interventionskapazität bis 2003 von 60.000 Mann an Bo-
dentruppen auf der Basis von freiwilligen Einzelbeiträgen der Mitgliedstaaten
– ohne damit den Aufbau einer europäischen Armee zu implizieren – und bil-
ligte in Analogie zu NATO-Strukturen die dazugehörigen neuen sicherheitspolitischen und militärischen Gremien der EU. Der Aufbau einer Europäischen Sicherheits- und Verteidigungspolitik (ESVP) wurde dann durch den
im Dezember 2000 von den Staats- und Regierungschefs ausgehandelten Niz-
za-Vertrag bestätigt.

Mit dem → Vertrag von Lissabon wurde die ESVP nach intensiven Debatten
im Rahmen des Europäischen Konvents (2002–2003) und in Folge des gescheiterten Europäischen Verfassungsvertrags umbenannt in „Gemeinsame
Sicherheits- und Verteidigungspolitik" (GSVP). Zu den Zielen der GSVP heißt
es in Abschnitt 2, Art. 42 EUV, dass die GSVP weiterhin integraler Bestandteil
der GASP bleibt und „der Union eine auf zivile und militärische Mittel gestützte Operationsfähigkeit ... (für) ... Missionen außerhalb der Union zur
Friedenssicherung, Konfliktverhütung und Stärkung der internationalen Sicherheit zur Verfügung stellt." Dies geschieht in Übereinstimmung mit der
UN-Charta, wobei die zivilen und militärischen Mittel von den Mitgliedstaaten bereitgestellt werden.

Geschichte und Entwicklung

Nach zwei Weltkriegen stand zunächst die Schaffung einer europäischen Frie-
densstruktur durch Integration im Vordergrund. Der Gründung der Europä-

ischen Gemeinschaft für Kohle und Stahl 1951 folgten die Projekte einer Europäischen Verteidigungsgemeinschaft (EVG) und einer Europäischen Politischen Gemeinschaft (EPG), die auch externen Schutz gegenüber dem als expansiv wahrgenommenen Kommunismus (Korea-Krieg) und die Selbstbehauptung Europas als dritte Kraft in einem sich verfestigenden System des konfrontativen Bipolarismus gewährleisten sollten. Beide Projekte scheiterten aber 1954 durch eine Abstimmungsniederlage in der französischen Nationalversammlung. Die NATO entwickelte sich zur dominanten Institution der westlichen Sicherheitspolitik. Die 1954 aus dem Brüsseler Vertrag von 1948 hervorgegangene Westeuropäische Union (WEU) hatte primär die Funktion, französische Rüstungskontrollbedürfnisse gegenüber der Bundesrepublik Deutschland zu befriedigen und deren Beitritt zur NATO zu ermöglichen. Vor diesem Hintergrund konnten sich dann die von der französischen Regierung zu Beginn der 1960er Jahre (1960 und 1962) vorgelegten Fouchet-Pläne, die auch eine gemeinsame Sicherheits- und Verteidigungspolitik vorsahen, wegen der auf die NATO ausgerichteten bündnispolitischen Interessen der meisten EWG-Staaten nicht durchsetzen.

Sehr bald zeigte sich, dass die 1970 als politischer Abstimmungsmechanismus außerhalb der Römischen Verträge gegründete EPZ nicht ohne sicherheitspolitische Dimension auskommen konnte. Die Entspannungspolitik der 1970er Jahre entwickelte sich zu einem wichtigen Feld europäischer Interessendefinition. In den 1980er Jahren lösten zunächst das Anheizen des Rüstungswettlaufs wie dann die nuklearen Abrüstungsschritte Befürchtungen auf Seiten der Westeuropäer aus, zum Spielball von Supermachtinteressen zu werden. Nach etlichen Anlaufschwierigkeiten gelang es mit der Einheitlichen Europäischen Akte (1987), die EPZ einschließlich ihrer wirtschaftlichen und politischen Aspekte der Sicherheit vertraglich zu verankern. Verteidigungspolitische Aspekte blieben jedoch wegen der Vorbehalte Dänemarks, Griechenlands und Irlands ausgeschlossen, so dass teilweise auf die völlig im Schatten der NATO stehende WEU als Reserveinstitution zurückgegriffen werden musste.

Das Ende des Kalten Krieges und die Auflösung der Sowjetunion (1990/1991) veränderten das sicherheitspolitische Umfeld radikal und reduzierten die europäische Abhängigkeit von amerikanischem Schutz. Die deutsche Einheit sowie die Erfahrungen mit neuen regionalen Konflikten in der Golfregion und auf dem Balkan taten ein Weiteres, eine eigenständigere europäische Sicherheitspolitik auf die integrationspolitische Agenda zu setzen. Auf der Regierungskonferenz von Maastricht (1991) einigten sich die EU-Staaten auf die

Errichtung der GASP als zweite Säule der Europäischen Union, die auch die Perspektive einer gemeinsamen Verteidigungspolitik beinhaltete. Da die EU aber keine eigenen verteidigungspolitischen Instrumente erhielt, wurde die WEU zum integralen Bestandteil der Entwicklung der Europäischen Union erklärt und in der Folge ausgebaut. Mehr war aufgrund der sehr unterschiedlichen Interessenkonstellationen zwischen den eher atlantisch orientierten Mitgliedstaaten um Großbritannien und den mehr kontinentaleuropäisch orientierten um Deutschland und Frankreich wie auch aufgrund amerikanischer Vorbehalte nicht möglich.

Unzufriedenheiten über die eigene Konstruktion von Maastricht und über das völlig unzureichende europäische Krisenmanagement in Bosnien-Herzegowina führten dann bei der Aushandlung des Vertrags von Amsterdam (1997) zu einer wesentlich engeren Anbindung der WEU als militärisches Instrument an die EU, auch wenn der Vorschlag von sechs Mitgliedstaaten, die WEU gleich in die Union zu integrieren, von Großbritannien und Dänemark sowie den neutralen und paktungebundenen Staaten abgelehnt wurde. Andererseits gelang es aufgrund eines schwedisch-finnischen Vorschlags, die Petersberg-Aufgaben der WEU in den Amsterdamer Vertrag für die Konkretisierung der EU-Verteidigungspolitik einzubeziehen: „humanitäre Aufgaben und Rettungseinsätze, friedenserhaltende Aufgaben sowie Kampfeinsätze bei der Krisenbewältigung einschließlich friedenschaffender Maßnahmen" (Art. 17 EUV, Amsterdam).

Erst die Erfahrungen der extremen einseitigen Abhängigkeit der Europäer von amerikanischen Entscheidungen und militärischen Fähigkeiten während des Kosovo-Luftkriegs sowie die schon kurz zuvor erfolgte Kehrtwende in der britischen Politik hin zur Förderung einer Europäischen Sicherheits- und Verteidigungspolitik (ESVP) und die entsprechende britisch-französische Annäherung auf dem bilateralen Gipfel von Saint Malo (Dezember 1998) ebneten dann den Weg über die Europäischen Räte von Köln und Helsinki (Juni bzw. Dezember 1999) unter deutscher und finnischer Präsidentschaft für eine wirklich eigenständigere europäische Sicherheitspolitik, die durch den Vertrag von Nizza und in Folge des gescheiterten Verfassungsvertrages im Vertrag von Lissabon (Dezember 2009) kodifiziert wurde. Eine Beschleunigung erfuhr die Entwicklung dann durch die weiteren Ereignisse des 11. September 2001 und den schmerzhaften Lernprozess aufgrund der Zerrissenheit Europas während des Irak-Krieges (erstes Halbjahr 2003). Die EU versuchte mit mäßigem Erfolg, ihre zivilen und militärischen Fähigkeiten zur Krisenbewältigung auszubauen durch die Umsetzung des ersten „Headline Goals" für die ESVP vom

Dezember 1999, demzufolge 60.000 Soldaten und bis zu 5.000 Polizisten ab 2003 durch die Mitgliedstaaten für die Krisenbewältigung bereitgestellt werden sollten. Die für den Rückgriff auf NATO-Mittel notwendige Berlin-plus-Lösung aus der zweiten Hälfte der 1990er Jahre konnte erst Anfang 2003 in Kraft gesetzt werden, wurde jedoch wegen anhaltender türkisch-zypriotischer Zwistigkeiten mit Ausnahme der noch heute laufenden EUFOR-Mission AL-THEA in Bosnien und Herzegowina kaum genutzt.

Die EU bewies allerdings ihre autonome Handlungsfähigkeit mit Erfolg durch die Operation ARTEMIS (September 2003), die mit ca. 1.500 Soldaten unter französischer Leitung und mit deutscher, britischer und weiterer mitgliedstaatlicher Beteiligung zur zeitweisen Stabilisierung im östlichen Kongo beitrug. Im Sommer 2006 unternahm die EU zur Sicherung der Präsidentschaftswahlen im Kongo eine zweite militärische Mission (EUFOR RD Congo), die allgemein als kurz, aber erfolgreich angesehen unter deutscher Operationsleitung durchgeführt wurde.

Strukturen und Grundlagen der GSVP

Mit dem Vertrag von Lissabon wurden die praktischen Funktionen der Westeuropäischen Union endgültig in die EU übernommen. Die WEU, die damit ihre ihre historische Rolle als erfüllt betrachtete, verkündete am 31. März 2010 die Auflösung des Bündnisses. Dieser schrittweise Prozess bereits Jahre zuvor begonnen. Schon im Vertrag von Amsterdam wurde zudem die Position eines Hohen Vertreters für die GASP (Solana) geschaffen. Außerdem wurde mit dem Vertrag von Nizza an die Stelle des Politischen Komitees (PK) ein Politisches und Sicherheitspolitisches Komitee (PSK) gesetzt, das mehrmals wöchentlich auf der Ebene von ständigen PSK-Botschaftern in Brüssel tagt. Es kann in Krisenzeiten sofort einberufen werden und vom Rat Entscheidungsbefugnisse für die Dauer einer Krisenbewältigungsoperation erhalten, was eine dem NATO-Rat vergleichbare Handlungsfähigkeit bedeutet. Ein Militärisches Komitee (EUMC) der Generalstabschefs der Mitgliedstaaten berät das PSK. Der Militärstab (EUMS) mit ca. 180 Offizieren untersteht dienstrechtlich dem Generalsekretär des → Rates, fachlich dem EUMC und ist leider nur für die generische sowie strategische Planung von Kriseneinsätzen zuständig. Die entscheidende operative Planung wird allerdings von nationalen Operationshauptquartieren übernommen (wie etwa das Einsatzführungskommando der Bundeswehr in Potsdam). Zu betonen sind auch die zivilen Aspekte des Krisenmanagements, für die eigens ein Komitee (CIVCOM) auf formal gleicher Höhe mit dem Militärausschuss eingerichtet wurde. Dieses Komitee ist u.a.

zuständig für die Koordinierung und Unterstützung des Einsatzes von Polizeikräften, Justizbeamten und anderen nicht-militärischen Fachleuten in den Bereichen Menschenrechte und Demokratie, Rechtsstaatlichkeit und Wiederherstellung der öffentlichen Ordnung. Die zivilen Krisenmissionen der EU machen ca. drei Viertel der Zahl aller bisherigen GSVP-Einsätze aus. Außerdem wurde ein operatives Führungszentrum CPCC (Civil Planning and Conduct Capability) im Generalsekretariat des Rates auf Initiative der deutschen Ratspräsidentschaft im ersten Halbjahr 2007 eingerichtet, um über ein zentrales Kommandozentrum insbesondere für Polizeieinsätze der EU zu verfügen. Die größten GSVP-Operationen sind zur Zeit die UN-legitimierten Missionen in Bosnien-Herzegowina (EUFOR ALTHEA) und im Kosovo (EULEX). In Bosnien-Herzegowina werden mit einer ca. 2.000 Mann starken Truppe militärische Aufgaben im Rahmen der Friedenssicherung, Überwachung und Umsetzung des Dayton-Abkommens übernommen. Im Kosovo tragen die 1.700 internationalen Zivilbeamten, Richter, Polizisten und Verwaltungsexperten der EULEX-Mission zum Aufbau und zur Stabilisierung des Landes bei.

Seit Verabschiedung des ersten Planziels wurde nur schleppend an der Verbesserung der europäischen militärischen Fähigkeiten im Rahmen des „European Capability Action Plan" (ECAP) gearbeitet. Zur Verstärkung der mitgliedstaatlichen Bemühungen begann die EU deshalb in der zweiten Jahreshälfte 2004 mit dem Aufbau einer Europäischen Verteidigungsagentur, in die mittlerweile alle ECAP-Gruppen integriert wurden. Gleichzeitig erarbeiteten die EU-Gremien ein zweites, den Erfahrungen angepasstes, präziseres Planziel 2010, demzufolge nicht nur die Europäische Verteidigungsagentur, sondern auch Gefechtsverbände (Battle Groups) in der Größe der ARTEMIS-Operation (1.500 Mann) zur kurzfristigen Krisenbewältigung aufgebaut wurden. Zudem hatte der Rat schon 2003 die Einrichtung der zivil-militärischen Zelle im Militärstab der EU beschlossen, die entsprechend einem deutsch-französisch-britischen Kompromiss über eine enge Verbindung zu einer ähnlichen Zelle in SHAPE bei der NATO verfügt. Zusätzlich hatte im Dezember des gleichen Jahres der → Europäische Rat die Europäische Sicherheitsstrategie (ESS) verabschiedet, die sich in der Bedrohungsanalyse mit der nationalen Sicherheitsstrategie (NSS) der USA weitgehend deckte hinsichtlich der Gefahren des Terrorismus, der transnationalen Kriminalität, der Zunahme an ethnisch bedingten gewaltträchtigen Konflikten und der Gefahr an Proliferation von Massenvernichtungswaffen. Die ESS schlug allerdings zur Bekämpfung dieser Gefahren und Herausforderungen weitgehend zivile und diplomatische Mittel vor, beinhaltete gleichzeitig aber auch das Bekenntnis der Europäer zum Rückgriff auf militärische Gewalt, sollten alle anderen Mittel der Konfliktbewältigung scheitern. Die ESS stellt deshalb nicht nur ein wichtiges Dokument zur Überbrückung der Spaltung Europas durch den Irak-Krieg dar, sondern es beinhaltet auch ein deutliches Bekenntnis der EU-Mitgliedstaaten zum Rückgriff auf militärische Gewaltanwendung als „last resort".

Der → Vertrag von Lissabon kodifizierte primärrechtlich in Titel V, Kapitel 2, Abschnitt 2, Art. 42-46 EUV die Bestimmungen über die Gemeinsame Sicherheits- und Verteidigungspolitik (GSVP). Ex-post werden die Europäische Verteidigungsagentur (Art. 42(3) EUV), die Battle Groups (Art. 42 (3) EUV und Protokoll Nr. 10) und die Übertragung von Operationen oder Missionen an Gruppen von Mitgliedstaaten (Coalitions of the Willing) primärrechtlich legitimiert. Darüber hinaus beinhaltet der Vertrag von Lissabon im Bereich der Verteidigungspolitik zwei wesentliche Neuerungen. Erstens wurde die Ständige Strukturierte Zusammenarbeit (SSZ) eingeführt für Mitgliedstaaten, „die anspruchsvollere Kriterien in Bezug auf die militärischen Fähigkeiten erfüllen und die im Hinblick auf Missionen mit höchsten Anforderungen untereinander weitergehende Verpflichtungen eingegangen sind" (Art. 42(6) EUV). Die Teilnehmer an der Ständigen Strukturierten Zusammenarbeit müssen besondere Kriterien erfüllen, wie z.B. die intensive Mitarbeit in Projekten der Europäischen Verteidigungsagentur und in den halbjährlich rotierenden „Battle Groups" und vieles andere mehr. Es ist der einzige Bereich im Rahmen der GSVP, bei dem mit qualifizierter Mehrheit im Rat nach Anhörung der Hohen Vertreterin entschieden werden kann (Art. 46(2) EUV), und zwar nur über den Eintritt in die SSZ. Innerhalb der SSZ wird wiederum einstimmig entschieden (Art. 46(6) EUV). Es kann Nachrücker nach dem zuvor genannten Entscheidungsprinzip (qualifizierte Mehrheit der teilnehmenden Staaten) geben, und es ist sogar möglich, die weitere Teilnahme eines Mitgliedstaates an der SSZ wegen mangelnder Leistungsfähigkeit durch qualifizierten Mehrheitsbeschluss der Mitglieder der SSZ ohne die Berücksichtigung der Stimme des betroffenen Staates zu suspendieren (Art. 46(4) EUV). Dieses Vertragselement ist zur Stärkung der militärischen Operationsfähigkeit der EU gedacht, wobei bislang allerdings vom Rat hierzu seit Inkrafttreten des Lissabon-Vertrags leider kein Beschluss erlassen wurde. Dies liegt hauptsächlich daran, dass bisher nur wenige Mitgliedstaaten alle Grundanforderungen des Protokolls Nr. 10 zur Ständigen Strukturierten Zusammenarbeit wegen heruntergefahrener Kooperationsprojekte und Einsparungsmaßnahmen erfüllen und vor allem auch Großbritannien äußerst zurückhaltend agiert.

Die zweite große Neuerung betrifft die Einführung einer gegenseitigen Beistandsverpflichtung (ähnlich dem Art. 5 im NATO- oder im WEU-Vertrag). Hierzu heißt es in Art. 42(7) EUV: „Im Falle eines bewaffneten Angriffs auf das Hoheitsgebiet eines Mitgliedstaates schulden die anderen Mitgliedstaaten ihm alle in ihrer Macht stehende Hilfe und Unterstützung im Einklang mit Art. 51 der Charta der Vereinten Nationen." Diese weit gefasste Verpflichtung beinhaltet militärische Hilfeleistung und Unterstützung nach Art. 51 VN-Charta (individuelle oder kollektive Selbstverteidigung). Die Beistandsklausel wird aber gleichzeitig auch wieder dadurch immunisiert, indem sie nicht „den besonderen Charakter der Sicherheits- und Verteidigungspolitik bestimmter Mitgliedstaaten" berührt, was bedeutet, dass neutrale oder nicht-paktgebundene Länder faktisch ein Opt-out-Recht haben. Außerdem sollen die Mitgliedstaaten, die der NATO angehören, die Verpflichtung zur kollektiven Verteidigung weiterhin in diesem Rahmen ausführen. Brenzlig könnte die Situation hier theoretisch werden, wenn die NATO nicht bereit wäre, tätig zu werden.

Neu ist im Lissabon-Vertrag zudem, dass nach Aufzählung möglicher Missionen und Operationen der EU (wie Abrüstungsmaßnahmen, humanitäre Aufgaben, Rettungseinsätze, militärische Beratung und Unterstützung, Aufgaben der Konfliktverhütung, Friedenserhaltungsmaßnahmen, Kampfeinsätze zur Krisenbewältigung einschließlich friedensschaffender Maßnahmen zur Stabilisierung der Lage nach Konflikten mit militärischen Mitteln) diese auch zur „Bekämpfung des Terrorismus beigetragen" können (Art. 43(1) EUV). Dies wird noch verstärkt durch die Solidaritätsklausel nach Art. 222 AEUV, demzufolge die EU „alle ihr zur Verfügung stehenden Mittel" auch bei Terroranschlägen auf einen Mitgliedstaat mobilisiert, einschließlich bereitzustellender militärischer Mittel der Mitgliedstaaten, um „terroristische Bedrohungen (...) abzuwenden, die demokratischen Institutionen und die Zivilbevölkerung (...) zu schützen" (Art. 222(1 a) AEUV).

Insgesamt wurde die GSVP im Unterschied zur ESVP im Primärrecht der EU signifikant verändert, selbst wenn einige Vertragsmechanismen noch nicht funktionieren und einige strukturelle Merkmale wie die Intergouvernementalität und die Einstimmigkeit bei verteidigungspolitischen Aktionen weiterhin fortbestehen. Allerdings wird die → Hohe Vertreterin der Union für die Außen- und Sicherheitspolitik, Catherine Ashton, einen Einfluss auch auf die GSVP haben und diesen unter geschickter Nutzung ihrer Vorsitz- und Initiativrechte (über die ihr Vorgänger Solana primärrechtlich nicht verfügte) im Außenministerrat, an dem gegebenenfalls auch die Verteidigungsminister teilnehmen, ausüben können. So heißt es in Art. 42(4) EUV: „Beschlüsse über die Gemeinsame Sicherheits- und Verteidigungspolitik, einschließlich der Beschlüsse über die Einleitung einer Mission nach diesem Artikel, werden vom Rat einstimmig auf Vorschlag des Hohen Vertreters der Union für Außen- und Sicherheitspolitik oder auf Initiative eines Mitgliedstaates erlassen." Außerdem kann Lady Ashton gemeinsam mit der → Europäischen Kommission auf Mittel der Einzelstaaten oder der Union zurückgreifen, was besonders bei zivilen Operationen und Finanzierungsfragen von großer Bedeutung sein kann. Die Hohe Vertreterin ist zudem für die Koordinierung „der zivilen und militärischen Aspekte" (Art. 43(2) EUV) von GSVP-Missionen unter „Aufsicht des Rates" und in enger Abstimmung mit dem PSK zuständig. Sie kann des Weiteren mit Billigung des Rates Sonderbeauftragte unter ihrer Verantwortung für Krisenregionen ernennen (Art. 33 EUV) und auf ihren Vorschlag hin einen Anschubfonds zur Anfangsfinanzierung von militärischen Operationen ausgestalten und vom Rat zur „Inanspruchnahme dieses Fonds" (Art. 41(3) EUV) ermächtigt werden. Sie unterhält enge Bindungen zum → Europäischen Parlament (Art. 36 EUV) und kann aus sich heraus in Krisensituationen binnen 48 Stunden eine außerordentliche Ratstagung einberufen (Art. 30(2) EUV), so wie im Übrigen auch der → Präsident des Europäischen Rates aus den gleichen Gründen den Europäischen Rat zur Vorgabe strategischer Leitlinien versammeln kann (Art. 26(1) EUV). Da die Außenminister eher zur Verfügung stehen könnten als alle Staats- und Regierungschefs, mag sich hieraus keine unmittelbare Konkurrenz- oder Überschneidungssituation ergeben, wohl aber werden bei längerfristig gewichtigen krisenträchtigen Situationen die „strategischen Vorgaben" des → Europäischen Rates für das weitere Vorgehen der Hohen Vertreterin und des Rates unumgänglich sein (Art. 22 EUV). Aus all dem ergibt sich, dass nicht nur die GSVP gegenüber der früheren ESVP erhebliche Neuerungen aufweist, sondern auch die Hohe Vertreterin in der GSVP eine bedeutende Rolle spielt, selbst wenn, wie bereits angedeutet, die Entscheidungsmacht bei den Mitgliedstaaten uneingeschränkt verbleibt.

Perspektiven der EU als globaler Akteur in der Sicherheits- und Verteidigungspolitik

Die EU entwickelt sich zu einer Institution, die über das gesamte Spektrum an zivilen und militärischen Kriseninterventionsmöglichkeiten verfügt und sich auf dem Weg zu einer mehr operativ ausgerichteten Außen- und Sicherheitspolitik befindet, um besser Stabilität nach außen zu projizieren und zur internationalen Sicherheit beizutragen. Die meisten der ca. 26 GSVP-Einsätze sind ziviler Natur und häufig mit wenig Personal ausgestattet – mit Ausnahme der zivilen EULEX-Kosovo-Mission mit über 1.700 Verwaltungsmitarbeitern, Polizisten und anderen zivilen Experten. Von ihrem Charakter her ist die EU ein ziviler Krisenmanager, wird immer wieder aber auch zur militärischen Krisenbewältigung angefragt, weil sie als weitgehend neutral angesehen wird.

Militärische Einsätze werden sich eher auf die Stabilisierung nach Konflikten oder die Konfliktprävention konzentrieren und gegebenenfalls auf Vorbereitungs-, Überbrückungs- und Unterstützungseinsätze für Operationen der Vereinten Nationen (wie bei der Operation ARTEMIS). Hierbei zeichnet sich auch eine gewisse Arbeitsteilung in der regionalen Verantwortung zwischen der EU einerseits und den USA und der NATO andererseits ab, der zufolge die EU gegenüber ihrem unmittelbaren Nachbarschaftsraum, insbesondere dem westlichen Balkan, und gegenüber Afrika Verantwortung zuwächst, obwohl die europäischen Ambitionen global ausgelegt sind.

Die Einsatzfähigkeit der GSVP beschränkt sich bislang auf die substrategische Ebene, auf der sich keine akuten und essentiellen Fragen der Weltordnung stellen. Die fundamentalen Fragen hat die EU in der ESS vom Dezember 2003 aufgegriffen und im Dezember 2008 durch einen Bericht Solanas an den Europäischen Rat ergänzt, der neue Herausforderungen wie den Klimawandel, die Energiesicherheit und die Abwehr gegen „Cyber War" mit aufnimmt. Ingesamt umfasst die ESS die volle Bandbreite der politischen, ökonomischen und militärischen Instrumente der EU zur Bekämpfung der globalen Herausforderungen und Bedrohungen und bildet eine gute Basis für den notwendigen strategischen Dialog mit den USA.

Allerdings gibt es immer noch gravierende Lücken in Bereichen der strategischen Aufklärung, des weiträumigen Lufttransports und des taktischen Helikoptertransports bei den europäischen Einsatzstreitkräften, die in Zeiten von Sparhaushalten und teilweisen Austeritätsprogrammen nur langfristig und allmählich zu schließen sein werden. Auch gilt es, die immer noch vorhandenen Rekrutierungsprobleme bei Polizeikräften und anderem zivilem Personal zu überwinden, um schneller in ausreichender Zahl vor Ort zu sein.

Ohne Zweifel konzentriert sich durch die mit dem Lissabonner Vertrag neu geschaffenen Strukturen die sicherheits- und verteidigungspolitische Zusammenarbeit der Mitgliedstaaten in der EU mehr als zuvor auf Brüssel, was nur der Kontinuität und der Handlungsfähigkeit der EU-Politik zugute kommen kann. Es wird aber sehr darauf ankommen, ob und wann die oben genannten Probleme gelöst und die komplizierten Prozesse in Brüssel (zwischen Rat und Kommission sowie innerhalb beider Institutionen) und vor allem auch zwischen Brüssel und den Mitgliedstaaten vereinfacht werden können, um Reibungen und Effizienzverluste zu überwinden und stattdessen mehr Synergien zu erzielen. Vieles wird dabei von der Frage des Teamplays zwischen Hoher Vertreterin und Präsident des Europäischen Rates abhängen. Vor allem steht Lady Ashton vor der Herkulesaufgabe, die Zusammenarbeit zwischen Rat und Kommission wesentlich zu verbessern, wozu ja die Doppelfunktion als Hohe Repräsentantin und Vizepräsidentin der Kommission mit gleichzeitiger Zuständigkeit für die Kommissionsaußenbeziehungen geschaffen wurde. Zudem muss sie noch eine Motorfunktion durch ihr Vorsitz- und Initiativrecht gegenüber den Außenministern der Mitgliedstaaten erfüllen, die sich in Problemsituationen eher zurückhaltend und re-aktiv statt pro-aktiv verhalten. Weiterhin steht eine umfassendere Reform im Generalsekretariat des Rates an, auch, um gegebenenfalls im zivilen und militärischen Bereich oder auch gemeinsam in beiden über eine strategische operative Führungsfähigkeit in Form eines EU-Headquarters zu verfügen, in das auch das CPCC und das Operationszentrum eingegliedert werden – so wie es von den Deutschen gewünscht, von den Franzosen etwas halbherzig unterstützt und von den Briten wenig geliebt wird.

Positiv könnte sich für die Hohe Vertreterin gegenüber den Mitgliedstaaten der im Aufbau befindliche → Europäische Auswärtige Dienst (EAD) durch die Verfügung über eine solide Informationsbasis und eine bereits vor Ort beginnende kollektive Meinungsfindung von Vertretern der Kommission, des Rates und der Mitgliedstaaten auswirken. Auch könnten einige der oben genannten Probleme eher gelöst werden, wenn es durch eine Umschichtung bei den Ausgaben im EU-Haushalt gelänge, mehr finanzielle Mittel für das „Auswärtige Handeln" der EU und insbesondere GASP und GSVP zur Verfügung zu stellen.

Kurzfristig eröffnen die Verteidigungsagentur, die Battle Groups und das Konzept der „Coalitions of the Willing" potentielle Entwicklungsmöglichkeiten, was der EU erlauben wird, auch weiterhin in mehreren Krisenregionen präsent zu sein. Langfristig sind allerdings Fragen nach einem Brüsseler zivil-militärischen operativen Hauptquartier, einer stärkeren Integration der Streitkräfte und Verteidigungspolitiken, zumindest aber ein „Pooling" von zivilen und militärischen Mitteln sowie von Ausbildung und Logistik unvermeidlich, schon alleine aus Finanz- und Effizienzgründen, um „auf sämtliche Fragen im Zusammenhang mit der Sicherheit der Union" (Art. 24(1) EUV) adäquat reagieren zu können und einen Einfluss auf das Weltgeschehen zu behalten.

Mathias Jopp

Gerichtshof der Europäischen Union

Vertragsgrundlage: Art. 13, 19 EUV. Art. 251 bis 281 AEUV. Protokoll über die Satzung des Gerichtshofs der Europäischen Union.

Aufgaben: Wahrung des Rechts bei der Anwendung und Auslegung des Rechts der Verträge.

Zusammensetzung: Gerichtshof; Gericht; Gericht für den öffentlichen Dienst.

Sitz: Luxemburg.

Entscheidungsverfahren: Kammern mit drei oder fünf Richtern, Große Kammer mit 13 Richtern, Plenum oder Einzelrichter.

Literatur: Siegfried Magiera/Matthias Niedobitek: Der Gerichtshof, in: Werner Weidenfeld/Wolfgang Wessels (Hrsg.): Jahrbuch der Europäischen Integration, Bonn/Baden-Baden 1993ff. • Hans-Werner Rengeling/Andreas Middeke/Martin Gellermann (Hrsg.): Handbuch des Rechtsschutzes in der Europäischen Union, München 2003 • Matthias Pechstein: EU-, EG-Prozessrecht, Tübingen 2007.

Internet: http://www.curia.europa.eu

Der Gerichtshof der Europäischen Union umfasst gemäß dem → Vertrag vom Lissabon den Gerichtshof (bisher – und wohl auch weiterhin – allgemein Europäischer Gerichtshof [EuGH] genannt), das Gericht (bisher Gericht erster Instanz [GeI oder EuG]) und Fachgerichte (bisher gerichtliche Kammern; konkret das Gericht für den öffentlichen Dienst der EU [GöD]).1952 ursprünglich als Gerichtshof der Europäischen Gemeinschaft für Kohle und Stahl (EGKS) errichtet, wurde der EuGH 1958 mit Inkrafttreten der Verträge zur Gründung der Europäischen Wirtschaftsgemeinschaft (EWG) und der Europäischen Atomgemeinschaft (EAG) gemeinsames Gericht der drei Europäischen Gemeinschaften. Die weitgehend übereinstimmenden Regelungen des – nach Beendigung des EGKS- und nunmehr des EG-Vertrags – verbleibenden EAG- und des neuen AEU-Vertrags werden durch den EU-Vertrag, die Satzung, die Verfahrensordnung und die Zusätzliche Verfahrensordnung des EuGH sowie die Verfahrensordnungen des EuG und des GöD ergänzt und konkretisiert. Der Vertrag von Lissabon übernimmt den erreichten Rechtsbestand mit nur geringfügigen Änderungen und Ergänzungen.

Aufbau und Organisation

Der EuGH besteht gegenwärtig aus 27 Richtern und acht Generalanwälten, die von den Regierungen der Mitgliedstaaten im gegenseitigen Einvernehmen und gemäß dem Vertrag von Lissabon nunmehr nach Anhörung eines Ausschusses aus sieben hochrangigen Juristen für sechs Jahre ernannt werden. Eine teilweise Neubesetzung findet alle drei Jahre statt, wobei eine Wiederernennung unbeschränkt zulässig ist. Voraussetzung für die Ernennung sind die Gewährleistung von Unabhängigkeit sowie eine herausragende fachliche Qualifikation. Die Leitung der rechtsprechenden Tätigkeit und der Verwaltung des EuGH obliegt dessen Präsidenten, der von den Richtern aus ihrer Mitte für drei Jahre gewählt wird. Die Aufgabe der Generalanwälte besteht in der Unterstützung des EuGH, indem sie Schlussanträge zu den einzelnen Rechtssachen stellen. Dabei handelt es sich um eine Art Rechtsgutachten, in dem der Generalanwalt unparteiisch und unabhängig alle Sach- und Rechtsfragen des Falles beurteilt und dem EuGH einen konkreten – nicht bindenden – Entscheidungsvorschlag unterbreitet.

Das EuG nahm seine Arbeit am 31. Oktober 1989 auf. Grund für die Erweiterung der Gerichtsbarkeit um eine zusätzliche Instanz für bestimmte Klageverfahren war vor allem die erheblich angestiegene Arbeitsbelastung des EuGH. Während die Aufgaben des EuG anfänglich nur auf wenige Bereiche begrenzt waren, kam es in der Folgezeit zu einer Ausdehnung seiner Zuständigkeiten, insbesondere durch den Vertrag von Nizza (2003), der die Möglichkeit einer Übertragung zusätzlicher Entscheidungsbefugnisse auf das EuG eröffnete. Gleichzeitig erfolgte eine Aufwertung der Rechtsstellung des EuG von einem dem EuGH beigeordneten Gericht zu einer eigenständigen Rechtsprechungsinstitution. Zusammensetzung und Organisation des EuG entsprechen im Wesentlichen dem Vorbild des EuGH; es verfügt allerdings nicht über ständige Generalanwälte.

Zur weiteren Entlastung des EuGH und des EuG schuf der Vertrag von Nizza die Voraussetzungen für die Bildung von – dem EuG beigeordneten – gerichtlichen Kammern bzw. nach der Terminologie des Vertrags von Lissabon Fachgerichten als zusätzliche erstinstanzliche Spruchkörper für besondere Sachgebiete. Von dieser Möglichkeit wurde im Jahr 2004 durch die Errichtung des „Gerichts für den öffentlichen Dienst der Europäischen Union" mit sieben Richtern Gebrauch gemacht. Für die Errichtung eines „Gemeinschaftspatentgerichts" liegt seit 2003 ein Vorschlag der Kommission vor.

Zuständigkeit und Verfahren

Allgemein hat der EuGH – zusammen mit dem EuG einschließlich des GöD – die Wahrung des Rechts bei der Auslegung und Anwendung des EU- und des AEU-Vertrags (sowie des EAG-Vertrags) zu sichern. Diese allgemeine Aufgabenumschreibung umfasst die Zuständigkeit für das (primäre, sekundäre und ungeschriebene) Unionsrecht einschließlich der von der Union abgeschlossenen völkerrechtlichen Verträge. Mit Inkrafttreten des Vertrags von Amsterdam 1999 wurde seine Zuständigkeit, wenn auch begrenzt, auf die aus dem EU- in den EG-Vertrag überführten Bereiche der Justiz- und Innenpolitik, insbesondere die → Asyl-, Einwanderungs- und Visapolitik ausgedehnt. Die weiterhin im EU-Vertrag geregelten Politikbereiche wurden entweder nicht (so die Bestimmungen über die → Gemeinsame Außen- und Sicherheitspolitik) oder nur in sehr beschränktem Umfang (so die Bestimmungen über die polizeiliche und justizielle Zusammenarbeit in Strafsachen und über eine verstärkte Zusammenarbeit) der Rechtsprechung des EuGH unterworfen. Diese Einschränkungen sind mit der Aufhebung der Säulenstruktur durch den Vertrag von Lissabon im Bereich der Justiz- und Innenpolitik weitgehend beseitigt, im Bereich der GASP geringfügig gelockert worden. Im Rahmen seiner Zuständigkeit ist der EuGH allgemein auch befugt, Handlungen der Unionsinstitutionen und der Mitgliedstaaten auf ihre Vereinbarkeit mit den zu beachtenden Grundrechten, insbesondere der nunmehr auf Vertragsniveau rechtswirksamen Grundrechtecharta der Union, zu überprüfen.

Im Einzelnen nimmt der EuGH die ihm übertragenen Aufgaben durch die im AEU-Vertrag abschließend aufgeführten Verfahren wahr. Dabei lassen sich direkte Klagen, die einen unmittelbaren Zugang zur Unionsgerichtsbarkeit eröffnen, und sonstige Verfahren unterscheiden. Zu ersteren gehören insbesondere die Vertragsverletzungs-, Nichtigkeits- und Untätigkeitsklagen, die Schadensersatzklagen gegen die Union sowie die Dienstrechtsklagen; zu den sonstigen Verfahren zählen vor allem das Vorabentscheidungs- und das Gutachtenverfahren.

Das EuG ist Eingangsinstanz grundsätzlich für direkte Klagen gegen Handlungen und Unterlassungen der Unionsorgane sowie für Schadensersatzklagen gegen die Union. Gegen seine Entscheidungen kann ein auf Rechtsfragen beschränktes Rechtsmittel beim EuGH eingelegt werden. Für das Vorabentscheidungsverfahren wurde das Entscheidungsmonopol des EuGH durch den Vertrag von Nizza dadurch begrenzt, dass die Zuständigkeit nunmehr in festgelegten Bereichen auf das EuG übertragen werden kann. Für Entscheidungen der Fachgerichte und damit des GöD, das Eingangsinstanz für die den öffentlichen Dienst der Europäischen Union betreffenden Klagen ist, fungiert das EuG als Rechtmittelinstanz. Wenn eine ernste Gefahr für die Einheit oder die Kohärenz des Unionsrechts besteht, kann ausnahmsweise eine Überprüfung von Entscheidungen des EuG durch den EuGH erfolgen. Gleiches gilt in den dem EuG übertragenen Vorabentscheidungsverfahren. Damit besteht nunmehr in bestimmten Fällen ein dreistufiger Instanzenzug.

Gemessen an ihrer praktischen Bedeutung kommt drei Verfahren besonderes Gewicht zu:

- Die *Nichtigkeitsklage* (Anfechtungsklage) ermöglicht die unmittelbare gerichtliche Überprüfung von Rechtsakten der Unionsorgane am Maßstab von höherrangigem Recht. Klageberechtigt ist jeder Mitgliedstaat und jedes Unionsorgan, wobei die → Europäische Zentralbank und der → Rechnungshof sowie nach dem Vertrag von Lissabon nunmehr auch der → Ausschuss der Regionen auf die Geltendmachung der Verletzung ihrer eigenen Rechte beschränkt sind. Zudem kann jede natürliche und juristische Person einen Rechtsakt eines Unionsorgans dann direkt mit der Nichtigkeitsklage angreifen, wenn sie von der Maßnahme unmittelbar und individuell sowie – nach dem Vertrag von Lissabon – nunmehr in bestimmten Fällen auch lediglich unmittelbar betroffen ist.

- Im Rahmen der *Vertragsverletzungsklage* wird das Vorliegen von Verstößen gegen das Unionsrecht durch das Verhalten (Handlungen oder Unterlassungen) der Mitgliedstaaten überprüft. In der Praxis macht die unterbliebene, verspätete oder nicht ordnungsgemäße Umsetzung von Richtlinien in nationales Recht den Hauptanteil der Verfahren aus. Klageberechtigt sind die → Europäische Kommission und die anderen Mitgliedstaaten. Der Klageerhebung ist ein außergerichtliches Verfahren vorgeschaltet. Dieses wird von der Kommission durchgeführt, indem sie dem Mitgliedstaat zunächst Gelegenheit zur Äußerung gibt (so genannte Mahnschreiben) und dann eine begründete Stellungnahme abgibt. Kommt der Mitgliedstaat der Stellungnahme nicht innerhalb der gesetzten Frist nach, kann die Kommission den EuGH anrufen. Wird in dem Urteil ein Vertragsverstoß des Mitgliedstaats festgestellt, so ist dieser zur Abhilfe verpflichtet. Die Nichtbeachtung des Urteils stellt eine erneute Vertragsverletzung dar, gegen die die Kommission wiederum gerichtlich vorgehen kann, um eine Verurteilung des Mitgliedstaats zur Zahlung eines Pauschalbetrags oder Zwangsgelds zu erreichen. Nach dem Vertrag von Lissabon kann eine solche Verurteilung ohne das Erfordernis einer begründeten Stellungnahme und, wenn ein Mitgliedstaat gegen seine Verpflichtung verstoßen hat, Maßnahmen zur Umsetzung einer Richtlinie mitzuteilen, auch unmittelbar im Vertragsverletzungsverfahren beantragt und ausgesprochen werden.

- Charakteristisch für das *Vorabentscheidungsverfahren* ist die Zusammenarbeit zwischen den mitgliedstaatlichen Gerichten und dem EuGH. Im

Gegensatz zu den direkten Klagen handelt es sich um ein Zwischenverfahren innerhalb eines Rechtsstreits vor einem mitgliedstaatlichen Gericht, in dem dieses berechtigt und, wenn es letztinstanzlich entscheidet, verpflichtet ist, dem EuGH Fragen zur Auslegung und Gültigkeit des Unionsrechts vorzulegen, soweit diese für das Ausgangsverfahren entscheidungserheblich sind. Ausnahmsweise ist auch ein nicht letztinstanzliches Gericht zur Vorlage verpflichtet, wenn es eine Vorschrift des Unionsrecht für ungültig erachtet und deshalb unangewendet lassen will. Die Zuständigkeit des EuGH in diesem Verfahren umfasst die Prüfung der Gültigkeit von sekundärem Unionsrecht sowie die Auslegung des Unionsrechts. Die Entscheidung über dessen konkrete Anwendung im Ausgangsverfahren bleibt dem mitgliedstaatlichen Gericht vorbehalten.

Wahrung der Rechtseinheit

Die gerichtliche Kontrolle der ordnungsgemäßen Anwendung des Unionsrechts ist nicht nur Aufgabe der europäischen Gerichtsbarkeit, sondern auch der mitgliedstaatlichen Gerichte. Wird das Unionsrecht – wie im Regelfall – von den mitgliedstaatlichen Verwaltungen vollzogen, so muss ein Verstoß gegen unionsrechtliche Vorschriften vor den hierfür zuständigen Gerichten der Mitgliedstaaten gerügt werden. Diese müssen sämtliche bei ihnen anhängige Rechtssachen auch am Maßstab des vorrangigen Unionsrechts überprüfen. Die mitgliedstaatlichen Gerichte werden daher auch als Unionsgerichte im funktionellen Sinn bezeichnet. Da somit die europäischen wie die mitgliedstaatlichen Gerichte das Unionsrecht anwenden, besteht die Gefahr voneinander abweichender Entscheidungen, was zur unterschiedlichen Anwendung des Unionsrechts in den einzelnen Mitgliedstaaten führen kann. Die Europäische Union ist jedoch in erster Linie eine Rechtsgemeinschaft, für deren Wirksamkeit eine allgemeine und einheitliche Geltung ihrer Rechtsordnung unentbehrlich ist.

Zur Wahrung der Rechtseinheit ist dem EuGH die letztinstanzliche Kontrolle der Anwendung des Unionsrechts zugewiesen. Umfasst ist damit zugleich die Befugnis, eine für alle Mitgliedstaaten verbindliche Auslegung und Fortbildung des Unionsrechts vorzunehmen. Dabei stützt sich der EuGH – entsprechend allgemein anerkannter juristischer Methodik – auf Wortlaut, Systematik sowie Sinn und Zweck der jeweiligen Vorschrift, während die Entstehungsgeschichte infolge der besonderen Dynamik der unionsrechtlichen Entwicklungen in den Hintergrund tritt. Zudem findet die Erhaltung der Funktionsfähigkeit der Union besondere Berücksichtigung. In der Rechtsprechung des EuGH wird dies vor allem durch den Begriff des „effet utile" erfasst, wonach im konkreten Einzelfall die praktische Wirksamkeit der unionsrechtlichen Vorschriften gewährleistet werden soll. Aufgrund der noch nicht abgeschlossenen Entwicklung des Unionsrechts besteht darüber hinaus eine besondere Notwendigkeit, Regelungslücken durch die Rechtsprechung des EuGH zu schließen. Als Grundlage für seine Rechtsfortbildung zieht der EuGH die in den Verfassungsgrundsätzen der Mitgliedstaaten enthaltenen gemeinsamen Wertvorstellungen heran und entwickelt unter wertender Rechtsvergleichung und unter Berücksichtigung der Struktur und Ziele der Union allgemeine Rechtsgrundsätze des Unionsrechts. Während diese Befugnis allgemein anerkannt ist, ist es dem EuGH jedoch, wie jedem anderen Gericht auch, verwehrt, sich selbst an die Stelle der Rechtssetzungsorgane zu setzen.

Die wichtigsten Grundsätze, die vom EuGH durch Auslegung und Rechtsfortbildung herausgearbeitet wurden, sind die unmittelbare Anwendbarkeit und Wirkung von Unionsrecht, dessen Vorrang vor nationalem Recht, die Haftung der Mitgliedstaaten für Verstöße gegen das Unionsrecht sowie die Gewährleistung unionsrechtlicher Grundrechte. Während er damit in den Augen mancher Kritiker seine Befugnisse unzulässig ausgedehnt hat, hat das Bundesverfassungsgericht die Praxis des EuGH in seiner bisherigen Rechtsprechung nicht beanstandet.

Siegfried Magiera

Gesundheitspolitik

Vertragsgrundlage: Art. 5 EUV i.V.m. Art. 151 und 168 AEUV. Art. 4, 14, 106 AEUV.

Ziele: Herstellung der Übereinstimmung der nationalen Modalitäten der Erstellung gesundheitsbezogener Dienstleistungen mit dem Binnenmarktrecht.

Dokument: Entscheidung der Kommission vom 28. November 2005 über die Anwendung von Artikel 86 Absatz 2 EG-Vertrag auf staatliche Beihilfen, die bestimmten mit der Erbringung von Dienstleistungen von allgemeinem wirtschaftlichem Interesse betrauten Unternehmen als Ausgleich gewährt werden, nun im Lichte des „Protokoll(s) über Dienste von allgemeinem Interesse" vom 13.12.2007, Abl. Nr. C 306 S. 158.

Literatur: Frank Schulz-Nieswandt/Remi Maier-Rigaud: EU-Harmonisierung im Gesundheitswesen?, in: Wolfgang Greiner/J.-Matthias Schulenburg/Christoph Vauth (Hrsg.): Gesundheitsbetriebslehre, Bern 2008, S. 515-533 • Manfred Huber/Mathias Maucher/Barbara Sak: Study on Social and Health Services of General Interest in the European Union, Brüssel 2008 • Markus Krajewski: Dienstleistungen von allgemeinem

Interesse im Vertrag von Lissabon, in: Zeitschrift für öffentliche und gemeinwirtschaftliche Unternehmen, 2/2010, S. 75-96.

Internet: EU-Server: http://europa.eu/pol/health/index_de.htm

Obwohl die Art. 151 in Verbindung mit Art. 168 AEUV im Lichte von Art. 5(1) EUV (Subsidiaritätsprinzip) keine originäre Kompetenz der Europäischen Union im Politikfeld der Gesundheitspolitik vorsehen, führt die Dynamik des Binnenmarkts zum Phänomen einer geteilten Kompetenz in der Gesundheitspolitik im EU-Mehrebenensystem. Dies kann als Beleg dafür gesehen werden, dass es bereits ohne offizielle Konstitutionalisierung des EU-Vertragssystems zu einem Verfassungsvertragsverbund gekommen ist. Und auch der → Vertrag von Lissabon kann in diesem Sinne als vertragsförmige Konstitutionalisierung interpretiert werden. Der morphologisch hybride Charakter der EU als „Verfassungsvertragsverbund" wird gestärkt.

Die Dynamik des Integrationsprozesses

Die Ursache für die Herausbildung einer geteilten Kompetenz liegt in der Dynamik des → Binnenmarkts begründet. Die Grundfreiheiten werden quasi vergrundrechtlicht und im Lichte des allgemeinen Nicht-Diskriminierungsgebots drängen Patientenmobilität und die Freizügigkeit der Dienstleistungen zu Anpassungen nationaler Arrangements der Erstellung von Gesundheits- und Sozialleistungen.

Das Sozialmodell der EU

Der Staat fungiert als Gewährleistungsstaat. Gesundheits- und Sozialleistungen werden als Dienstleistungen von allgemeinem (wirtschaftlichen, nur sehr begrenzt von nicht-wirtschaftlichen) Interesse (DA[W]I) definiert und sind gekennzeichnet

■ durch den freien Zugang (Inklusionsgebot) der (Sozial-)Bürger zu den Sozialschutzsystemen und den entsprechenden Dienstleistungen (Idee der sozialen Daseinsvorsorge),

■ durch eine hohe Produktqualität und

■ durch die fiskalische Nachhaltigkeit der Systeme.

Dies konvergiert zu den allgemeinen Oberzielen in der Politik der Offenen Methode der Koordinierung (OMK). Die Erstellung der Dienstleistungen soll jedoch marktoffen und wettbewerbsorientiert erfolgen (vgl. jedoch Art. 106(2) i. V. m. Art. 14 AEUV im Lichte des „Protokoll(s) über Dienste von allgemeinem Interesse"). Hier kommt der obligatorische Ausschreibungs-wettbewerb ins Spiel, gefolgt von Alternativen wie dem Betrauungsakt. Die so genannte „Modernisierung" der Erstellung der DA(W)I stehen also ganz im Lichte des europäischen Wettbewerbs-, insbesondere des Vergabe- und Beihilferechts. Neuerdings wird das Konzessionswesen in den Diskurs einbe-zogen.

Probleme

Aus deutscher Sicht ergeben sich eine Reihe von Anpassungsproblemen, die aus dem Sachleistungsprinzip auf der Basis der kollektivvertraglichen oder staatlichen Kapazitätssteuerung resultieren. Daran ändert auch die Subsidia-ritätsklausel des Art. 5(1) EUV nichts, da die EU sich zur freien Marktwirt-schaft bekennt, formuliert jedoch deutlich als „wettbewerbsfähige soziale Marktwirtschaft" (Art. 3(3) EUV). Allerdings sind die DA(W)I im Rahmen des Gewährleistungsstaates ebenso vertraglich verbürgt (Art. 14 und Art 106(2) AEUV), wobei die sozialen Grundrechte der → Charta der Grund-rechte diesbezüglich verstärkend wirken (vgl. Art. 36 im Lichte von Art. 34 der Grundrechtecharta). Auch die Existenz kommunaler Krankenhäuser (In-house-Prinzip) wird hinsichtlich der These einer Wettbewerbsverzerrung kri-tisch hinterfragt. Der Weg der gesetzlichen Reformen des deutschen Systems in Richtung auf eine „solidarische Wettbewerbsordnung" (Einkaufsmodell der Einzelkassen im Wettbewerb) forciert diese Europäisierung der neuen Steuerung.

Frank Schulz-Nieswandt

Haushalt und Finanzen

Vertragsgrundlage: Art. 14, 16 EUV. Art. 310-324, 332 AEUV.

Instrumente: Mehrjähriger Finanzrahmen, Jährlicher Haushalt, Haushaltsordnung.

Dokumente: EU-Haushalt 2010, http://ec.europa.eu/budget/library/publications/budget_in_fig/synthif_2010_de.pdf • Finanzrahmen 2007-2013, http://ec.europa.eu/budget/prior_future/fin_framework_de.htm • Haushaltsordnung von 2002 mit späteren Änderungen, http://europa.eu/legislation_summaries/budget/l34015_de.htm.

Internet: EU-Server: http://ec.europa.eu/budget/index_de.htm

Haushalte sind das Abbild politischer Prioritäten und vorherrschender Machtverhältnisse. Nicht anders ist es in der EU. Welchen Stellenwert – und welch politische Sprengkraft – der EU-Haushalt besitzt, wird vor allem bei den alle sieben Jahre anstehenden Verhandlungen über den mehrjährigen Finanzrahmen (Finanzielle Vorausschau) deutlich. Wohl kaum ein anderes EU-Thema – abgesehen von Vertragsänderungen – entwickelt derartige politische Sprengkraft. Dabei ist dies schon ein Fortschritt gegenüber den 1970er und 1980er Jahren, als die noch heute vorherrschenden Konfrontationen jährlich ausgetragen wurden und das Haushaltsverfahren quasi zum Erliegen kam.

Die sich ständig wandelnde Natur der EU sorgt aber auch mit Blick auf den Haushalt dafür, dass sich ständig Neuerungen ergeben. Da stehen auf der einen Seite die großen → Erweiterungen der letzten Jahre, die nicht nur das Volumen des Haushalts steigerten, sondern durch wachsende ökonomische Ungleichheiten auch eine besondere redistributive Herausforderung darstellten. Dazu kommt eine sich stark wandelnde Welt, der die EU mit der Struktur und Ausstattung ihrer finanziellen Instrumente nicht ausreichend gewachsen zu sein scheint, was nicht erst der Streit um die Ausstattung des → Europäischen Auswärtigen Diensts verdeutlichte. Ganz neue Diskussionen innerhalb der einzelnen Programme und Politikfelder haben sich durch detaillierte Transparenzanforderungen ergeben, die 2007 eingeführt wurden. EU-Kommission und Mitgliedstaaten müssen nun die Empfänger von EU-Mitteln offenlegen. Dies hat insbesondere im Agrarbereich zu überraschenden Ergebnissen geführt. Letztlich ergeben sich aber auch aus Vertragsänderungen Neuerungen für den EU-Haushalt. Der → Vertrag von Lissabon ist hier besonders hervorzuheben, denn er bringt nach der Einbindung des → Europäischen Parlaments (EP) in das Haushaltsverfahren in den 1970er Jahren und der Einführung der Mehrjahreshaushalte Ende der 1980er Jahre die größten Reformen des EU-Budgets. Seit Anfang 2010 ist das EP nun vollkommen gleichberechtigter Partner des → Rates bei der Erstellung des Haushalts. Hinzu kommt die Aufnahme des mehrjährigen Finanzrahmens in die Verträge.

Finanzierung der EU: Die Eigenmittel

Laut Vertrag bestehen die Einnahmen der EU ausschließlich aus so genannten Eigenmitteln (Art. 311 AEUV). Herkunft und Obergrenzen für diese Mittel legt der Rat einstimmig fest. Danach müssen die Regeln in allen Mitgliedstaaten ratifiziert werden. Die Festlegung der Obergrenzen ähnelt in seiner Komplexität damit einer Vertragsänderung. Technisch und juristisch getrennt wurden die Eigenmittel immer parallel zum mehrjährigen Finanzrahmen verhandelt, damit Einnahmen- und Ausgabenziele übereinstimmen. Dadurch wird auch sichergestellt, dass das Verschuldungsverbot der EU eingehalten wird. Historisch hat sich ein jährlicher Haushaltsumfang – und damit eine Finanzierungsnotwendigkeit – von ca. 1 % des EU-Bruttonationaleinkommens (BNE) ergeben. Allerdings spielt die genaue Höhe eine entscheidende Rolle, denn eine Ausdehnung von nur 0,1 % entspricht möglichen jährlichen Mehrausgaben von mehr als einer Milliarde Euro. Traditionell hat sich Mitte der 1980er eine theoretische Eigenmittel-Obergrenze von 1,23 % des BNE ergeben, die allerdings von keinem der vergangenen Finanzrahmen erreicht wurde. Im Rahmen des aktuellen Haushalts von 2007-2013 liegen die Obergrenzen für den Gesamtzeitraum bei 1,13 % für die Verpflichtungen und lediglich 1,07 % für die Zahlungen. Schon im Sommer 2010 erheben sich Stimmen in Deutschland und Frankreich, den nächsten Mehrjahreszeitraum bei 1 % des EU-BNE zu begrenzen.

Der Begriff Eigenmittel wird manchmal dahingehend missverstanden, dass die Einnahmen der EU aus originären eigenen Quellen stammen müssten und direkt der EU zu fließen. In der Tat stammte der größte Teil der Einnahmen in den 1960er Jahren noch aus Zöllen und war somit ein „Nebenprodukt" der vergemeinschafteten Politik. Heute kommen lediglich 12 % der Eigenmittel aus diesen traditionellen Einnahmen, die direkt dem EU-Haushalt zufließen. Ein weiterer Teil von ähnlichem Umfang wird aus Beiträgen der Mehrwertsteuer bestritten. Der überwiegende Anteil der Eigenmittel speist sich allerdings aus nationalen Beiträgen, die sich an der Höhe des jeweiligen BNE bemessen. Die folgende Tabelle gibt einen Überblick über die Verteilung der Einnahmen nach Quelle:

Tabelle 1: Verteilung der Eigenmittel nach Quelle (Haushalt 2010)

Quelle	Erläuterung	Anteil (2010)
Traditionelle Eigenmittel	Vorrangig Zölle sowie minimale Zuckerabgaben, Mitgliedstaaten behalten 25 %	12 %
Mehrwertsteueranteil	0,3 % auf die harmonisierte Bemessungsgrundlage; zahlreiche Rabatte	11 %
Bruttonationaleinkommen (BNE)	Anteilig vom BNE um den Teil der Ausgaben zu finanzieren, der durch die traditionellen Eigenmittel und die MwSt.-Eigenmittel nicht gedeckt werden kann; zahlreiche Ausnahmen	76 %

Quelle: http://ec.europa.eu/budget/budget_detail/overview_de.htm.

Aufgrund des hohen Anteils der BNE-basierten Beiträge ist es kaum verwunderlich, dass Deutschland als größte Volkswirtschaft der EU 20 % des Haushalts (2010) trägt. Damit wird jeder fünfte Euro des EU-Haushalts aus Deutschland überwiesen. Allerdings stehen diesen hohen absoluten Beiträgen signifikante Rückflüsse über die Agrar- und Strukturmittel gegenüber. Eine transparente Nettorechnung über die Beiträge zur EU lässt sich allerdings nur schwer herstellen. Zum einen ist schon die Anrechnung von Beiträgen diskussionswürdig (warum werden beispielsweise die Einnahmen aus den Zöllen den Staaten mit den Häfen zugeschlagen, obwohl die Produkte möglicherweise im Hinterland produziert wurden?). Zum anderen sind die Regeln wegen vermeintlicher Ausgleichsmechanismen – wie etwa dem Rabatt auf den so genannten „Britenrabatt" – so komplex, dass sie selbst für Insider schwer nachzuvollziehen sind und ihre Formeln mehrere Seiten füllen. Gerade diese Intransparenz führt oft zu Missverständnissen und vermeintlichen Ungerechtigkeiten wie an der Debatte um den Britenrabatt nur allzu deutlich wird. Andere bemängeln im Sinne des Prinzips „no taxation without representation" die Nichteinbindung des Europäischen Parlaments bei der Aufstellung der Eigenmittel.

Im Lichte dieser Debatten um mehr Transparenz, aber auch zur Steigerung der Einnahmen und zur Finanzierung von neuen Herausforderungen wird immer wieder die Idee einer EU-Steuer in die Diskussion gebracht. Auf Grund ihrer beschränkten Kompetenzen ist es für EU bzw. die → Europäische Kommission nicht einfach, eigene Steuern auf europäischer Ebene einzuführen. Dazu müsste sie nämlich nicht nur die oft schon bestehenden Regeln (wie bei der Mehrwertsteuer oder bei Energiesteuern) umfassend harmonisieren – woran die Kommission seit Jahren scheitert –, sondern auch den Rat gewinnen, der hier mit Einstimmigkeit entscheidet. Dies war und ist unwahrscheinlich. Eine Alternative wurde kürzlich von Kommissionspräsident Barroso ins Gespräch gebracht. Er stellte in seiner Rede vom September 2010 die Idee von „Eurobonds" zur Diskussion. Mit solchen Anleihen möchte er beispielsweise europäische Infrastrukturprojekte finanzieren.

Die Finanzielle Vorausschau 2007-2013

Die erste finanzielle Vorausschau der EU wurde Ende der 1980er Jahre unter Kommissionspräsident Delors ausgehandelt. Nach jahrelangen institutionellen Kämpfen zwischen Europäischem Parlament und Mitgliedstaaten über den jährlichen Haushalt sah man sich gezwungen, durch ein neues Instrument Frieden in die interinstitutionellen Beziehungen zu bringen. So kam es für die

Periode 1988-1992 zum ersten fünfjährigen Finanzrahmen. Dieser und alle folgenden Mehrjahreshaushalte, die dann über sieben Jahre galten, wurden so genannte Inter-institutionelle Vereinbarungen (IIV). Diese Inter-institutionellen Vereinbarungen sind rechtlich gesehen Verträge zwischen Rat, Kommission und Parlament, in denen die Ausgabenobergrenzen sowie die Verteilung der Mittel auf verschiedene Kategorien für mehrere Jahre festgelegt wurden. Mit dem → Vertrag von Lissabon werden diese Inter-institutionellen Vereinbarungen zu regulären Verordnungen und bekommen damit normalen Rechtscharakter. Außerdem legt der Vertrag eine Mindestgrenze von fünf Jahren fest, so dass der nächste Rahmen ab 2014 theoretisch wieder auf die ursprüngliche Länge von fünf Jahren zurückgeführt werden kann, was insbesondere das EP unterstützt, um Laufzeit des Finanzrahmens und Legislaturperiode in Übereinstimmung zu bringen.

Der erste Entwurf für den nächsten Finanzrahmen wird ca. zwei Jahre vor Inkrafttreten von der Kommission vorgeschlagen und prägt die folgenden Debatten. Die Kommission legt damit vor allem den Grundstein für die Aufteilung des Haushalts auf die verschiedenen Politikfelder. Die folgende Tabelle 2 gibt einen Überblick über die Aufteilung des aktuellen Rahmens von 2007-2013.

Tabelle 2: Finanzrahmen 2007-2013 (nach Anpassungen)

Mittel für Verpflichtungen	2007	2008	2009	2010	2011	2012	2013	Gesamt 2007–2013
1. Nachhaltiges Wachstum	53.979	57.653	61.696	63.555	63.974	66.964	69.957	437.778
1 a. Wettbewerbsfähigkeit für Wachstum und Beschäftigung	8.918	10.386	13.269	14.167	12.987	14.203	15.433	89.363
1 b. Kohäsion für Wachstum und Beschäftigung	45.061	47.267	48.427	49.388	50.987	52.761	54.524	348.415
2. Bewahrung und Bewirtschaftung der natürlichen Ressourcen	55.143	59.193	56.333	59.955	60.338	60.810	61.289	413.061
davon: marktbezogene Ausgaben und Direktzahlungen	45.759	46.217	46.679	47.146	47.617	48.093	48.574	330.085
3. Unionsbürgerschaft, Freiheit, Sicherheit und Recht	1.273	1.362	1.518	1.693	1.889	2.105	2.376	12.216

Mittel für Verpflichtungen	2007	2008	2009	2010	2011	2012	2013	Gesamt 2007–2013
3 a. Freiheit, Sicherheit und Recht	637	747	867	1.025	1.206	1.406	1.661	7.549
3 b. Unionsbürgerschaft	636	615	651	668	683	699	715	4.667
4. Die EU als globaler Partner	6.578	7.002	7.440	7.893	8.430	8.997	9.595	55.935
5. Verwaltung	7.039	7.380	7.525	7.882	8.334	8.670	9.095	55.925
6. Ausgleichszahlungen	445	207	210					862
Mittel für Verpflichtungen ingesamt	124.457	132.797	134.722	140.978	142.965	147.546	152.312	975.777
Mittel für Verpflichtungen in % des BNE	1,02 %	1,08 %	1,16 %	1,18 %	1,16 %	1,15 %	1,14 %	1,13 %

Quelle: Europäische Kommission, http://ec.europa.eu/budget/prior_future/fin_framework_de.htm.

Die derzeitigen sechs Kategorien bilden nicht nur eine Ordnung des Haushalts sondern gebieten auch, dass einfache Umschichtungen durch die Kommission nur innerhalb der jeweiligen Kategorie vorgenommen werden können. Die Obergrenzen für die großen Ausgabenprogramme wie die → Agrar-, → Fischerei- und → Struktur- und Regionalpolitik ergeben sich politisch allerdings gar nicht direkt aus den Haushaltsverhandlungen, sondern aus den parallel stattfindenden Verhandlungen über diese einzelnen Programme. In den meisten Ausgabenbereichen ist es heute so, dass parallel zum Rahmenhaushalt laufende Programme (wie „Jugend in Aktion" oder das 7. Forschungsrahmenprogramm) die Ziele, Konditionen und letztlich auch den Umfang der Politik festlegen. Die dort vereinbarten Ausgabengrenzen werden dann bei den Verhandlungen über die Grenzen der einzelnen Kategorien in der Regel nur übernommen. Dies führt dazu, dass die qualitative Debatte über einzelne Politiken in den jeweiligen Ausschüssen stattfindet und Kommission, EP sowie nationale Regierungen beim Zusammenschnüren des Gesamtpakets die Ausgestaltung der Programme nicht weiter diskutieren. Obergrenzen werden oft ohne Diskussion übernommen. Gerade im Bereich der Agrar-, Fischerei- und Strukturpolitik wird vor Ende der Verhandlungen sogar festgelegt, wie viel Geld jeder einzelne Mitgliedstaat aus den wesentlichen Programmlinien erhält. So bleiben Qualität und Wettbewerb zwar oft auf der Strecke, da diese Ausgaben rund 80 % der Gesamtausgaben ausmachen, gleichzeitig weiß aber jeder Mitgliedstaat ziemlich genau, was ihn in den kommenden sieben Jahren an Rückflüssen erwartet. In Deutschland wird parallel dazu die Verteilung des deutschen Anteils an den Strukturmitteln auf die Bundesländer festgelegt. Trotz der Schwierigkeit, die einmal geschnürten siebenjährigen Finanzrahmen wieder zu öffnen, hat es in der laufenden Periode fast jährliche Änderungen gegeben. Dies ist umso erstaunlicher, als der Kompromiss Ende 2005 so bitter erkämpft worden war. Obwohl niemand mit dem Ergebnis zufrieden war, hätte zu dem Zeitpunkt jedoch keiner der Akteure geglaubt, dass das Paket mit Zustimmung aller so schnell wieder geöffnet werden würde. Auf Grund aktueller Entwicklungen kam es letztlich dazu, dass eine erste Revision des Finanzrahmens schon 2007 stattfand, um die Fortführung des Satellitenprojekts Galileo zu gewährleisten. 2008 folgten dann Revisionen zur Finanzierung von Nahrungsmittelhilfen in Entwicklungsländern und 2009 für das Europäische Konjunkturprogramm. Derzeit wird über die Finanzierung des Fusionsreaktors ITER verhandelt, der nach Vorschlägen der Kommission wiederum durch eine Revision und Umschichtungen aus dem Agrarhaushalt finanziert werden soll. Anders als in der Vergangenheit wird die einmalige Verbindlichkeit des Finanzrahmens damit aufgeweicht. Dieser wird dann zusammen mit dem jährlichen Haushaltsverfahren ausgehandelt und gibt diesen Verhandlungen damit einen höheren Stellenwert.

Weil es bei den letzten Verhandlungen über die Finanzielle Vorausschau zu ernsten Verwerfungen unter den Mitgliedstaaten kam und das Verhandlungsergebnis allgemein als schwacher Kompromiss gewertet wurde, vereinbarte man auf Druck der britischen Regierung die Aufnahme der so genannten „Review-Klausel". Sie sah vor, dass 2008/2009 von der Kommission eine Überprüfung sämtlicher bestehender Einnahmen und Ausgaben vorgelegt wird, um die langfristige Ausrichtung des EU-Haushalts mit seinem Schwerpunkt auf Agrarausgaben und Strukturfonds zu überdenken. Dieser Forderung ist die Barroso-Kommission allerdings nicht nachgekommen, sondern hat erst im Herbst 2010 ein Diskussionspapier vorgelegt. Es wird sich zeigen, ob damit vor Vorlage des neuen Entwurfs für den Post-2013-Finanzrahmen eine grundlegendere Debatte über die Ausrichtung des EU-Haushalts ohne die Konzentration auf Zahlen und nationale Rückflüsse geführt werden kann.

Der jährliche Haushalt

Der jährliche Haushalt mit einem Umfang von ca. 130 Mrd. Euro ist in der EU ein zentrales politisches Projekt jeden Jahres. Gleichzeitig sind Rahmen und Ausgestaltung der jährlichen Haushalte über sieben Jahre vordefiniert. Der mehrjährige Finanzrahmen gibt die jährlichen Obergrenzen der einzelnen

Kategorien vor, während die Ausgabenprogramme in den verschiedenen Politikfeldern für ihre gesamte Laufzeit vorprogrammiert sind. D.h. es ist auf sieben Jahre festgelegt, welcher finanzielle Spielraum im einzelnen Jahr für jedes Programm veranschlagt ist. Politische Konflikte entfachen sich darum weniger in der Sache, als vielmehr zwischen den Institutionen. Die Rollenverteilung sieht oft so aus, dass der Rat auf stärkere Ausgabendisziplin drängt, während das EP eher mehr als vorgesehen ausgeben möchte, und man am Ende wieder beim Kommissionsvorschlag zusammenkommt. Die politische Brisanz des jährlichen Haushalts ist damit gering – mit Ausnahme der Jahre, in denen unerwartete Ausgabenanpassungen vor allem im Rahmen von Revisionen des Finanzrahmens vorgenommen werden. In den letzten Jahren haben sich diese Ereignisse im Vergleich zu den Finanzrahmen vor 2007 stark gehäuft.

Das jährliche Haushaltsverfahren kennt einen durch die Verträge vorgegebenen und institutionell ritualisierten Fahrplan (Art. 310(1) und 314 AEUV), der mit der Vorlage des Haushaltsentwurfs durch die Kommission gegen Ende April beginnt. Nach Beratungen in Rat und Parlament stimmt der Rat im Juli über seine erste Position ab, die erste Lesung des Parlaments findet Mitte Oktober statt. Im unwahrscheinlichen Fall, dass das Parlament die Ratsvorschläge übernimmt (oder bis dahin gar keine Position annimmt), ist der nächste Jahreshaushalt angenommen, so wie er vom Rat beschlossen wurde. Liegen die Positionen der beiden Institutionen auseinander, tagt Ende Oktober der Vermittlungsausschuss. In der Regel bewegen sich Rat und Parlament hier aufeinander zu und der Kompromiss wird danach vom Parlament Mitte Dezember verabschiedet. Sollte es aber nicht zu einer Einigung im Vermittlungsausschuss kommen, muss die Kommission einen neuen Haushalt vorlegen. Solange dieser nicht angenommen wird, schreibt die Kommission den letzten gültigen Haushalt jeweils monatlich fort (so genannte „Zwölftel-Regelung"). Ohne diesen Fahrplan in der Substanz zu verändern, bringt der Vertrag von Lissabon wesentliche Neuerungen mit sich. Ab 2010 – und damit für den Haushalt 2011 – kann das Parlament zum ersten Mal bei allen Ausgabekategorien voll mitentscheiden und die bisherige Unterscheidung in obligatorische und nicht-obligatorische Ausgaben entfällt. Dies schließt insbesondere die Agrarpolitik ein. Inwiefern das Parlament seine neu gewonnene Macht nutzt, muss sich nun zeigen. Da die Ausgaben durch die Programmierung bis 2013 umfassend vorgegeben sind, wird sich die neue Machtbalance zwischen Rat und Parlament wohl erst nach 2013 finden.

Ausblick und Reformen

Obwohl der aktuelle Finanzrahmen erst Ende 2013 endet, wirft der neue seine Schatten bereits voraus. Nach Vorlage ihrer Ideen für den zukünftigen Haushalt im Herbst 2010 hat die Kommission die Debatte formell eröffnet. Spätestens im Sommer 2011 muss sie ihren Ideen und der wachsenden Debatte dann Zahlen folgen lassen und einen ersten Entwurf für die Finanzperiode ab 2014 vorlegen. Darin muss sie auf verschiedene Fragen eingehen: Soll der nächste Finanzrahmen auf fünf Jahre verkürzt werden oder gar mit der Amtszeit von EU-Kommission und Parlament in Einklang gebracht werden? Wagt sie sich an eine Erhöhung des Umfangs des Budgets – entgegen den Interessen der großen Nettozahler? Schafft sie eine Neuorientierung der tradierten Agrar- und Fischereipolitiken? Lässt sich Kohäsion effektiv durch die Strukturfonds erreichen? Wie viel Finanzmittel sind dafür nötig und sollen diese wie bisher mit der Gießkanne an alle Mitgliedstaaten oder nur die ärmeren Regionen verteilt werden? Woher kommt das Geld für eine neue europäische Außenpolitik und wofür soll es ausgegeben werden? Der neue Finanzrahmen wird ab Sommer 2011 bis Ende 2012 verhandelt werden müssen, um dann nach einjähriger Vorbereitungsphase ab Januar 2014 implementierbar zu sein. Inwieweit der europäische Haushalt reformierbar ist, wird ganz wesentlich von den Debatten in den einzelnen Politikfeldern abhängen – und davon, wie weit sich der Kommissionspräsident der Sache annimmt. Ohne starke Führung gegenüber europamüden Staats- und Regierungschefs wird eine Abweichung von der aktuellen Prioritätensetzung schwierig. Gerade innerhalb kritischer Politikbereiche hat die Transparenzinitiative der letzten Jahre einiges bewirkt: Die Offenlegung der Empfänger im Agrar- und Fischereibereich verdeutlicht die Notwendigkeit von Reformen. Gleichzeitig steht die Kommission unter Zugzwang, die in der Europa 2020-Strategie vorgegebenen Schwerpunkte in Forschung, Innovation und bei der Schaffung von Arbeitsplätzen durch entsprechende Haushaltmittel zu bestätigen. Aber nicht nur diese qualitative Debatte über die Effektivität von Ausgaben in einzelnen Bereichen hat an Fahrt aufgenommen. Auch die Erfahrungen der letzten Jahre zeigen, dass insbesondere der Spielraum in Rubrik 2 (Agrar) des aktuellen Finanzrahmens auf Grund der Agrarpreise kaum ausgeschöpft wurde und so der Finanzierung von Revisionen diente. Solch eine unrealistische Planung wird die Kommission in Zukunft vermeiden wollen. Ein anderes Interesse der Kommission mag in größerer Flexibilität liegen. Die strengen Regeln – wie auch der enge finanzielle Rahmen – machen Reaktionen auf Krisen und neue Entwicklungen fast unmöglich. Dies schränkt die Politikfähigkeit der Kommission, aber auch der EU insgesamt ein. Es bleibt abzuwarten, inwiefern die Kommission hier Vorschläge vorlegt, um diesem Dilemma zu begegnen.

Falls Kommissionspräsident Barroso sich die von ihm im Sommer 2010 gemachten Forderungen nach „Eurobonds" oder die von der Kommission forcierten Ideen einer EU-Steuer bzw. engerer Steuerharmonisierung durch konkrete Maßnahmen wirklich zu eigen macht, könnte auch in die Frage der Eigenmittel wieder Bewegung kommen. Gerade die so offensichtlichen Rückflüsse von EU-Mitteln und die starke Abhängigkeit von direkten Beiträgen aus den nationalen Haushalten (BNE-Anteil) werden von vielen aus Auslöser der Nettozahlerdebatte gesehen. Gleichzeitig stellt sich die Frage, ob die EU nicht gerade in ihrem Kompetenzbereich und den sich in letzter Zeit intensivierten Notwendigkeiten nach Steuerung der europäischen und globalen Finanzströme nicht alternative (Be-)Steuerungsmöglichkeiten eröffnen sollte. Nicht zuletzt muss die aktuelle Kommission Antworten finden auf die Frage eines dauerhaften Krisenreaktionsmechanismus für den Euro-Raum. Der bisherige Rettungsschirm sieht auch begrenzte Mittel aus dem EU-Haushalt vor. Ob und wie diese künftig mobilisiert und abgesichert werden, ist allerdings noch ungeklärt. Die kommenden Monate versprechen spannend zu werden und insbesondere die Finanzkrise hat gezeigt, dass die Europäische Union vor gewaltigen Herausforderungen steht, die sich letztlich auch in ihrem Haushalt widerspiegeln müssen.

Jan Seifert / Ole Funke

Hoher Vertreter der Union für Außen- und Sicherheitspolitik

Vertragsgrundlage: Art. 18, 27 EUV.

Aufgaben: Leitung und Durchführung der Gemeinsamen Außen- und Sicherheitspolitik und der Gemeinsamen Sicherheits- und Verteidigungspolitik der Union; politischer Dialog mit Dritten; Sicherung der Kohärenz des auswärtigen Handelns der Union; Vorsitz im Rat für „Auswärtige Angelegenheiten"; Vizepräsident der Europäischen Kommission.

Sitz und Personal: Brüssel; unterstützt durch den Europäischen Auswärtigen Dienst mit rund 7000 Mitarbeitern weltweit.

Literatur: Antonio Missiroli: Implementing the Lisbon Treaty. The External Policy Dimension, Bruges Political Research Papers Nr. 14/2010, http://aei.pitt.edu/14448/01/wp14_Missiroli.pdf • CEPS/Egmont – The Royal Institute for International Relations/European Policy Centre: The Treaty of Lisbon. A Second Look at the Institutional Innovations. Joint Study, September 2010, www.epc.eu.

Internet: Rat der EU: http://www.consilium.europa.eu/showPage.aspx?
id=1847&lang=de • Europäische Kommission: http://ec.europa.eu/
commission_2010-2014/index_de.htm

Der Hohe Vertreter der Union für Außen- und Sicherheitspolitik leitet die Außen-, Sicherheits- und Verteidigungspolitik der Europäischen Union und vertritt diese nach außen. Die Staats- und Regierungschefs der EU haben die Kompetenzen des Hohen Vertreters, der 1999 mit dem Vertrag von Amsterdam zur Unterstützung der EU-Präsidentschaft eingeführt worden war, im → Vertrag von Lissabon stark ausgeweitet. Dazu ist der Posten des EU-Kommissars für Außenbeziehungen mit dem des Hohen Vertreters fusioniert worden („Doppelhut"). Als Vizepräsident der → Europäischen Kommission ist der Hohe Vertreter seit Lissabon für die Kohärenz des auswärtigen Handelns der EU verantwortlich. Durch den Vorsitz im Rat für „Auswärtige Angelegenheiten" sowie durch ein (mit den EU-Mitgliedstaaten geteiltes) Initiativrecht (Art. 30 EUV) kann er insbesondere die → Gemeinsame Außen- und Sicherheitspolitik aktiv mitgestalten. Der Hohe Vertreter wird vom Europäischen Rat mit qualifizierter Mehrheit und mit Zustimmung des Präsidenten der Kommission für eine fünfjährige Amtszeit ernannt. Der → Europäische Rat kann seine Amtszeit nach dem gleichen Verfahren beenden (Art. 18(1) EUV). Falls das → Europäische Parlament einen Misstrauensantrag gegen die Kommission annimmt, muss der Hohe Vertreter zudem „sein im Rahmen der Kommission ausgeübtes Amt niederlegen" (Art. 17(8) EUV). Laut Vertrag wäre es daher möglich, dass ein als Kommissar entlassener Hoher Vertreter seine Aufgaben im Rahmen des → Rates weiter ausübt – in der politischen Praxis ist dieses Szenario jedoch kaum vorstellbar.

Unterstützt wird der Hohe Vertreter vom → Europäischen Auswärtigen Dienst (EAD), der sich aus Vertretern des Generalsekretariats des Rates, der Kommission sowie aus Diplomaten der EU-Mitgliedstaaten zusammensetzt. Laut Beschluss des Rates vom 26. Juli 2010 zur Einrichtung des EAD benennt der Hohe Vertreter die Vorsitzenden der Vorbereitungsgremien des Rates, in denen wiederum Vertreter des Hohen Vertreters den Vorsitz führen. Von zentraler Bedeutung ist hierbei vor allem der Vorsitz im Politischen und Sicherheitspolitischen Komitee. Ein weltweites Netz von über 130 Delegationen der Union als Teil des EAD untersteht ebenfalls dem Hohen Vertreter. Spannungen könnten sich mit dem neu eingeführten ständigen Präsidenten des Europäischen Rates ergeben, wenn dieser die Union in Angelegenheiten der Gemeinsamen Außen- und Sicherheitspolitik „auf seiner Ebene" (Art. 15(6) EUV) nach außen vertritt und damit zu einer „zweiten Stimme" der EU-Außenpolitik wird.

Nadia Klein

Industriepolitik

Vertragsgrundlage: Art. 6, 173 AEUV, beschränkt v.a. durch Titel VII (Wettbewerb).

Ziele: Verbesserung des Umfelds für international wettbewerbsfähige, leistungsstarke und innovationsorientierte Unternehmen, besonders kleine und mittlere Unternehmen; Stärkung der Wettbewerbsfähigkeit durch Förderung von Forschung und Entwicklung, Kooperationen und Erleichterung bei Strukturanpassungen.

Instrumente: Initiierung und Unterstützung zwischenstaatlicher Konsultation und Koordination; Parlament und Rat (im ordentlichen Gesetzgebungsverfahren); auch Unterstützung spezifischer Maßnahmen der Mitgliedstaaten.

Dokumente: Europäische Kommission: Halbzeitbewertung der Industriepolitik – Ein Beitrag zur EU-Strategie für Wachstum und Beschäftigung, KOM(2007) 374 endg. • Ein politischer Rahmen zur Stärkung des Verarbeitenden Gewerbes in der EU – Auf dem Weg zu einem stärker integrierten Konzept für die Industriepolitik, KOM(2005) 474 endg.

Literatur: Berthold Busch: Renaissance der Industriepolitik?, Köln 2005 • Klaus Winkler, Industriepolitik, in: Werner Weidenfeld/Wolfgang Wessels (Hrsg.): Jahrbuch der Europäischen Integration 2010, Baden-Baden 2011, S. 175-178.

Internet: GD Unternehmen und Industrie: http://ec.europa.eu/enterprise/index_en.htm

Die Industriepolitik gehörte lange zu den umstrittenen Politikbereichen der Europäischen Union. Bereits die Bezeichnung des Vertragskapitels – „Industrie" statt „Industriepolitik" – spiegelt die seit Gründung der Gemeinschaft existierenden Unterschiede zwischen traditionell eher dirigistisch-interventionistischen und marktwirtschaftlich eher liberal orientierten Mitgliedstaaten wider. Anders als bei der → Wettbewerbspolitik, die den fairen Wettbewerb aller Marktteilnehmer garantieren soll, wird Industriepolitik stets als direkter Eingriff zugunsten bevorzugter Akteure gesehen. Auf EU-Ebene wird diesem Vorwurf dadurch begegnet, dass horizontale Maßnahmen gegenüber branchen- oder gar unternehmensspezifischen Eingriffen im Vordergrund stehen.

Anfänge einer Industriepolitik der Gemeinschaft

1970 benannte die Kommission in einem Memorandum „Die Industriepolitik der Gemeinschaft" das Thema explizit. 1987 wurde mit der Einheitlichen Europäischen Akte ein Vertragsartikel eingeführt und erst seit den 1990er Jahren fand sich mit dem Vertrag von Maastricht ein eigenständiger Titel dazu. Allerdings enthielten bereits die Gründungsverträge der Europäischen Gemeinschaft für Kohle und Stahl (EGKS, 1952) sowie der Europäischen Atomgemeinschaft (1958) industriepolitische Befugnisse, beispielsweise zur Investitionslenkung. Nachdem sich die Europäische Wirtschaftsgemeinschaft zunächst auf die Zollunion konzentriert hatte, wurde ab 1968 deutlich, dass ein gemeinsamer Absatzmarkt für Waren durch einen einheitlichen Raum für Unternehmen unterfüttert werden musste. 1970 regte die Kommission die Schaffung eines gemeinsamen Rechts-, Steuer- und Finanzrahmens für Unternehmen sowie deren Unterstützung im schneller werdenden Strukturwandel an. 1973 wurde vom Rat ein erstes Aktionsprogramm für die Industriepolitik verabschiedet. Es sah neben horizontalen Aufgaben wie dem Abbau technischer Handelshemmnisse sowie der Angleichung gesellschaftsrechtlicher Bestimmungen und im öffentlichen Vergabewesen auch branchenspezifische Maßnahmen in Bereichen wie Luftfahrttechnik, Informatik, Werften und Papierproduktion vor.

Dieses Nebeneinander von branchenspezifischen und horizontalen Aufgaben bestimmte in der Folgezeit die Aktivitäten. Kritik zogen gelegentlich branchenspezifische Eingriffe – wie die Förderung der Luftfahrt und → Weltraumpolitik (Airbus und Ariane) und die staatliche Beihilfepolitik in der Stahlindustrie – auf sich. Notwendige Strukturanpassungen, auch als Folge der Süderweiterung ab Anfang der 1980er Jahre, wurden weiterhin durch branchenspezifische Politiken (z.B. Textil, Stahl, Automobil und Schiffsbau) zu steuern versucht. Zum anderen wurde allerdings die Sicherung der Wettbewerbsfähigkeit der Gemeinschaft in den Mittelpunkt gestellt. Hierzu gehörten die Herstellung des → Binnenmarkts und die → Forschungs- und Technologiepolitik.

Von Maastricht nach Lissabon

Seit dem Vertrag von Maastricht (1993) basiert die Industriepolitik auf einem eigenen Artikel, der mit In-Kraft-Treten des → Vertrags von Lissabon jetzt als Artikel 173 AEUV geführt wird. Der Gemeinschaft wird dadurch, zusammen mit den Mitgliedstaaten, die Verantwortung für die Wettbewerbsfähigkeit der

Industrie zugewiesen. Der Handlungsrahmen ist durch den Verweis auf ein System offener und wettbewerbsorientierter Märkte abgesteckt. Dabei sieht Art. 173(3) AEUV vor, dass Parlament und Rat (im ordentlichen Gesetzgebungsverfahren) auf Vorschlag der → Europäischen Kommission und nach Anhörung des → Wirtschafts- und Sozialausschusses Maßnahmen beschließen können. Während der Vertrag von Maastricht lediglich die Einschränkung enthielt, dass diese nicht zu Wettbewerbsverzerrungen führen dürfen, wurden im Laufe der Zeit weitere Bedingungen hinzugefügt (keine steuerlichen Vorschriften oder Bestimmungen betreffend der Rechte und Interessen der Arbeitnehmer (Nizza), ausdrücklicher Ausschluss jeglicher Harmonisierung der Rechtsvorschriften der Mitgliedstaaten (Lissabon)). Neu im Vertrag von Lissabon ist, dass Instrumente wie die Erarbeitung von Leitlinien und Indikatoren, der Austausch bewährter Verfahren, Elemente für eine Überwachung und Bewertung der Maßnahmen der Mitgliedstaaten speziell Erwähnung finden. Zudem gibt es nun für Bereiche wie Weltraum und Tourismus eigenständige Vertragsartikel.

Seit seiner Schaffung wurde der Industrie-Artikel nur sparsam genutzt. In den letzten Jahren diente er beispielsweise als Rechtsgrundlage für nicht-sektorspezifische Förderprogramme, wie das Rahmenprogramm für Wettbewerbsfähigkeit und Innovation (2007- 2013), zum „Testen" eines Forschungsförderungsprogramms für Sicherheitsforschung sowie in Verbindung mit kulturellen Zielsetzungen zur Förderung des Europäischen audiovisuellen Sektors.

Eine neue Politik für Unternehmen

Unter der Prodi-Kommission begann Ende 1999 die Entwicklung von Leitlinien für eine neue EU-Unternehmenspolitik, die den alten Begriff Industriepolitik ablösen sollte. Mit dem Ende des Internetbooms und der Verschlechterung der wirtschaftlichen Lage kehrte ab Anfang 2002 der Begriff der Industriepolitik wieder zurück in die politischen Debatten. Die Kommission befasste sich in mehreren Mitteilungen mit dem Thema und unterstrich dabei die Bedeutung des produzierenden Gewerbes für Europas Gesamtwirtschaft. Im Mittelpunkt standen bessere Gesetzesfolgenabschätzungen und eine bessere Abstimmung verschiedener Gemeinschaftspolitiken, bei der beispielsweise die → Struktur- und Regionalpolitik stärker auf Innovation ausgerichtet sein sollte.

Auch diese neue Industriepolitik blieb eine horizontale „Standortpolitik". Einem 2005 verabschiedeten Arbeitsprogramm folgten Initiativen zur Verbesserung der Rahmenbedingungen und zur Ausweitung des Binnenmarkts in

Bereichen wie Automobil, Chemie, Weltraum und Verteidigungsgüter. Branchenübergreifend wurde an der Verbesserung des Güter-Binnenmarkts sowie der besseren Rechtsetzung gearbeitet. Im Rahmen einer Zwischenbilanz (2007) wurden Anpassungen, beispielsweise an die Diskussion zum Klimawandel, vorgenommen.

In der Barroso II-Kommission rückte die Industriepolitik – mit einem Schwerpunkt auf dem produzierenden Gewerbe – weiter in den Mittelpunkt. Bereits in seinen Leitlinien vor der Bestätigung durch das Europäische Parlament kündigte Barroso eine ambitionierte Politik zur weiteren Verbesserung der Standortbedingungen an. Ein Strategiepapier im Rahmen der neuen Wettbewerbsfähigkeitsstrategie „Europa 2020" soll folgen.

Peter M. Wagner / Maik Schmahl

Integrationstheorien

Literatur: Hans-Jürgen Bieling/Marika Lerch (Hrsg.): Theorien der europäischen Integration, Wiesbaden 2006 • Antje Wiener/Thomas Dietz (Hrsg.): European Integration Theory, Oxford 2009 • Michelle Egan/Neill Nugent/William E. Paterson (Hrsg.): Research Agendas in EU Studies – Stalking the Elephant, Basingstoke 2009 • Andreas Grimmel/Cord Jakobeit (Hrsg): Politische Theorien der Europäischen Integration. Ein Text- und Lehrbuch, Wiesbaden 2009.

Mit der zunehmenden Bedeutung des EU-Systems wächst ebenfalls die Vielzahl und Vielfalt wissenschaftlicher Ansätze, die dieses System theoretisch zu erfassen, zu erklären und zu bewerten suchen. Wesentliches Ziel der Theoriebildung in den EU-Studien ist die Erklärung der Entstehung und Entwicklung europäischer Politik- und Systemgestaltung. Sie versucht eine Beantwortung zentraler Fragen des Integrationsprozesses: Wie können wir eine Entwicklung von einer eng umschriebenen Gemeinschaft, die sich in erster Linie Fragen der Kohleförderung und Stahlproduktion widmete, hin zu einer Union erklären, die mit den Zuständigkeitsübertragungen des Vertrags von Lissabon (siehe insbesondere Art. 4-5 EUV und Art. 2-6 AEUV) weitgehend staatsähnliche Aufgaben verfolgt? Wie können wir zudem die geographische Erweiterung dieser Gemeinschaft erklären, die von einer Gruppe von sechs Staaten hin zu einer europäischen Union von 27 Mitgliedstaaten expandierte? Wie und wieso haben souveräne Nationalstaaten zunehmend Kompetenzen auf eine europäische Ebene übertragen und ihre eigene Souveränität eingegrenzt, indem sie unabhängige Institutionen beauftragten, rechtliche Entscheidungen mit bindender Wirkung für sie zu treffen?

Analyse und Bewertung

Die Konzipierung von Theorien zur und über europäische Integration („Integrationstheorien") ist ein herausforderndes Unterfangen. Bereits eine Charakterisierung des Untersuchungsobjekts bereitet grundlegende Schwierigkeiten. Wir beobachten einen kontinuierlichen Auf- und Ausbau eines neuartigen Systems, dessen Erscheinungsformen gleichzeitig vielfältiger werden. Vertragsänderungen der letzten Jahrzehnte haben die Rolle der europäischen Institutionen und die Verfahren zwischen ihnen erheblich ausgebaut und weiter differenziert. Der Vertrag von Lissabon bildet dazu keine Ausnahme. Integrationstheorien dienen daher dazu, die Vielfalt der zu beobachtenden Prozesse zu ordnen und die Komplexität des Systems zu reduzieren. Wissenschaftliche Erkenntnisse müssen aber auch regelmäßig überprüft werden, ob sie angesichts der häufigen Veränderungen noch tragfähige Aussagen zur Wirklichkeit ermöglichen.

Zu dieser Aufgabe der Wissenschaft kommen Nachfragen aus der Öffentlichkeit und Politik hinzu: Im Rahmen der intensiven politischen Debatten um europäische Politik- und Systemgestaltung werden nicht zuletzt auch Beiträge aus Universitäten und Forschungsinstituten angefordert.

Begriffe, Ansätze und Strömungen

Bildet das EU-System ein höchst relevantes, aber auch schwer identifizierbares Objekt, dann stellt sich für jeden Beobachter die Frage nach dem „Netz" an Kategorien, mit dem dieses Systems erfasst und erklärt werden kann. In der Wissenschaftslandschaft sind sowohl durchgängige Trends mit Variationen einiger klassischer Schulen (im wissenschaftlichen Sprachgebrauch: „grand theories"), aber auch immer wieder beträchtliche Perspektivwechsel (im entsprechenden Sprachgebrauch als „turns" ausgeschildert) zu beobachten. Trotz einiger Kontroversen über Umfang, Schwerpunkt und mögliche Relevanz einzelner Schulen kann die nachfolgende Übersicht einen Überblick immer wieder genutzter und diskutierter Theorien und Ansätze bieten. Klassische Ansätze der Theoriebildung in den EU-Studien erleben regelmäßig Renaissancen („Neo"-ismen). Neuere bzw. wiederbelebte generelle Ansätze aus den Sozialwissenschaftwissenschaften wie der (Neo-) Institutionalismus und der Konstruktivismus erproben ihre Konzepte und ihr Instrumentarium vermehrt am EU-System als lohnenswertem Untersuchungsfeld. In diesem Sinne gehören die EU-Studien durchaus zum „mainstream" der Sozialwissenschaften.

Übersicht: Grundströmungen der Theoriebildung in den EU-Studien

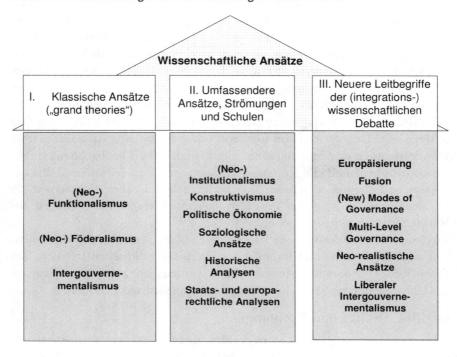

Wissenschaftliche Ansätze		
I. Klassische Ansätze („grand theories")	II. Umfassendere Ansätze, Strömungen und Schulen	III. Neuere Leitbegriffe der (integrations-) wissenschaftlichen Debatte
(Neo-) Funktionalismus (Neo-) Föderalismus Intergouvernementalismus	(Neo-) Institutionalismus Konstruktivismus Politische Ökonomie Soziologische Ansätze Historische Analysen Staats- und europarechtliche Analysen	Europäisierung Fusion (New) Modes of Governance Multi-Level Governance Neo-realistische Ansätze Liberaler Intergouvernementalismus

Quelle: Eigene Darstellung.

Viele wissenschaftliche Ansätze zur Erklärung des Integrationsprozesses fokussieren auf eine „Innensicht", die die Entstehung und Entwicklung des EU-Systems aus sich heraus erklärt. Als prominentes Beispiel hierfür ist der auf Ernst Haas zurückzuführende Neo-Funktionalismus zu nennen. Dieser Ansatz erklärt den Integrationsprozess als einen sich selbst verstärkenden „spillover"-Prozess, in dem aufgrund funktionaler Verknüpfungen unterschiedlicher Politikfelder einer „Sachlogik" (Walter Hallstein) folgend die zwischenstaatliche Integration in einem Bereich eine Vergemeinschaftung in anderen Bereichen nach sich zieht.

Neo-föderalistische Ansätze erklären den fortdauernden Ausbau der Beteiligungsrechte des Europäischen Parlaments mit der Notwendigkeit, die zunehmende Kompetenzfülle der europäischen Institutionen demokratisch zu legitimieren. Die empirische (vergleichende) Föderalismusforschung untersucht die Auswirkungen dezentralisierter Kompetenzen auf Politikgestaltung und weist auf die Bedeutung einer „Politikverflechtungsfalle" (F. Scharpf) hin, die als Resultat weit reichender Vetorechte einer Vielzahl von Akteuren auf mehreren Ebenen im EU-System bestehende Verhältnisse zementiert und Veränderungen erschwert.

Als Alternative zu diesen Theorien verweisen andere wissenschaftliche Ansätze auf Faktoren außerhalb der EU-Architektur im engeren Sinne, die die Gestaltung dieses Systems bestimmen. So verweist der aus einer Auseinandersetzung mit dem Realismus in den Internationalen Beziehungen entstandene Intergouvernementalismus auf die Bedeutung nationalstaatlicher Interessen für die Entstehung und Entwicklung des EU-Systems. Die Regierungen der Mitgliedstaaten bestimmen nach diesem Ansatz die Ziele des Integrationsprozesses und behalten die Kontrolle über die Resultate dieses Prozesses. In neo-realistischen Varianten dieses Ansatzes wird Kooperation innerhalb des EU-Systems vorwiegend durch das Ringen um Machtgleichgewichte („balancing") im europäischen und internationalen Kontext erklärt. Der auf Andrew Moravcsik zurückgehende „Liberale Intergouvernementalismus" führt den Integrationsprozess hingegen auf innerstaatliche Präferenzbildung zurück, die im Wesentlichen wirtschaftlichen Interessen folgt.

In Ergänzung zu diesen klassischen „grand theories" betonen neuere Ansätze zusätzliche oder alternative Faktoren, die den Integrationsprozess bedeutsam prägen. Der Konstruktivismus und der soziologische Institutionalismus heben etwa die Rolle geteilter sozialer Normen und Werte sowie Vorstellungen von „Angemessenheit" (J. G. March/J. P. Olson) als zentrale Erklärungsfaktoren für die Zusammenarbeit zwischen Staaten hervor. Ansätze zur „Europäisierung" untersuchen den Einfluss des EU-Systems auf nationale Politikgestaltung und identifizieren und analysieren umfangreiche Anpassungsvorgänge in nationalen politischen Systemen als Antwort auf die zunehmende Kompetenzverlagerung für viele Politikbereiche. Die Fusionsthese unterstreicht die Bedeutung einiger grundlegender Dilemmata für die Entwicklung europäischer Integration: Mitgliedstaatliche Regierungen sehen demnach einerseits die Notwendigkeit effektiver zwischenstaatlicher Zusammenarbeit angesichts globaler Abhängigkeiten („Problemlösungsinstinkt"), fürchten aber andererseits einen allzu großen Souveränitätsverlust in der Schaffung überstaatlicher Institutionen („Souveränitätsreflex"). Resultat dieses Interessenkonflikts ist eine wachsende Komplexität des EU-Systems, die dem konfliktreichen Streben nach gesteigerter Effizienz, Effektivität und Legitimität unter gleichzeitiger Beibehaltung größtmöglicher nationalstaatlicher Souveränität geschuldet ist. Weitere Ansätze beschäftigen sich weniger mit der dynamischen Entwicklung des EU-Systems, sondern widmen sich einer Analyse des Ist-Zustands. Sie versuchen die Komplexität der Verfahren auf der EU-Ebene zu reduzieren und herauszustellen, wer für die Herstellung europäischer Politiken verantwortlich ist und wessen Interessen obsiegen. „Governance"-Ansätze heben dabei die Bedeutung unterschiedlicher Formen und Instrumente des Regierens für die Herstellung von Politiken hervor. Die Analyse nimmt zunehmend Prozesse auf mehreren Ebenen der Politikgestaltung („multi-level governance") in Betracht und vergleicht Prozesse innerhalb des EU-Systems mit Politikgestaltungsprozessen in internationalen Organisationen oder Nationalstaaten.

Trotz Pluralismus: Gemeinsame Grundannahmen

Trotz unterschiedlicher Sichtweisen und Zugänge zwischen und innerhalb der einzelnen Ansätze wird jedoch fast durchgängig betont, dass das EU-System „Hoheitsakte" erlässt. Institutionen der EU leisten eine für die Charakterisierung als „politisches System" notwendige und für das Regieren typische Setzung von Rechtsakten mit Wirkungen auf die Verteilung von Werten in und für die Gesellschaft (nach D. Easton's Definition von Politik als „authoritative allocation of values"). Europäische Institutionen sind in unterschiedlichen Formen an Vorbereitung, Verabschiedung, Durchführung und Kontrolle allgemeinverbindlicher Entscheidungen über den Einsatz quasi-staatlicher Handlungs- und Steuerungsinstrumente beteiligt. Die EU ist so Teil eines Herrschaftssystems, das Mitgliedstaaten und EU-Bürgern Möglichkeiten bietet, aber auch Grenzen für deren Handeln setzt.

Offene Fragen

Nach dem lange fraglichen Inkrafttreten des Vertrags von Lissabon ist nun zu erwarten, dass Fragen der Handlungsfähigkeit und Legitimität des neu gestalteten EU-Systems einen Fokus der weiteren wissenschaftlichen Auseinandersetzung bilden werden. Nach langjährigen Debatten über mögliche vertraglich angelegte Konfliktfelder können nun die Effekte vieler institutionellen Neuerungen nach und nach empirisch beobachtet und evaluiert werden. Die gerichtlichen Auseinandersetzungen um die Vereinbarkeit des neuen Vertragswerks mit nationalen Verfassungen in einigen Mitgliedstaaten (insbesondere in der Bundesrepublik und der Tschechischen Republik) haben nicht zuletzt darauf hingewiesen, dass die Kompatibilität von europäischer Integration und nationaler Staatlichkeit nicht immer eindeutig zu klären ist und einen wiederkehrenden Topos der politischen und gesellschaftlichen Debatte darstellen wird. Die integrationstheoretische Forschung ist daher mit der Frage konfrontiert, ob mit dem gefundenen „constitutional settlement" (A. Moravcsik) ein Endpunkt der Systementwicklung gesetzt wurde. In einer Langzeitperspektive könnte die EU nach Lissabon eine neue Stufe in der Entwicklung von Staatlichkeit in Europa darstellen, die durch eine Parallelität (nichtexklusiver) nationalstaatlicher Souveränität und supranationaler europäischer Politikgestaltung geprägt ist.

Wolfgang Wessels / Andreas Hofmann

Jugendpolitik

Vertragsgrundlage: Art. 6, 165 AEUV.

Ziele: Förderung des Jugendaustauschs und Beteiligung der Jugendlichen am demokratischen Leben in Europa.

Programm: JUGEND IN AKTION.

Dokument: Entschließung des Rates über einen erneuerten Rahmen für die jugendpolitische Zusammenarbeit in Europa (2010-2018), Abl. C 311/2009, S. 1-11.

Literatur: Forschungsgruppe Jugend und Europa (Hrsg): Der Strukturierte Dialog mit der Jugend – quo vadis?, München 2008.

Internet: Generaldirektion Bildung, Ausbildung, Jugend: http://europa.eu/pol/educ/index_de.htm

Der Jugendpolitik kommt in der Europäischen Union kein eigener Aufgabenbereich zu. Jugendliche sind jedoch in einer Reihe von Gemeinschaftspolitiken eine besondere Zielgruppe von Maßnahmen und Aktivitäten der EU. Europäische Jugendpolitik in einem weiteren Sinne kann somit als Querschnittspolitik angesehen werden und zwar in den Bereichen, in denen Jugendliche besonders von den Maßnahmen der EU betroffen sind. Hierzu zählen unter anderem die → Bildungs-, → Sozial- und → Beschäftigungspolitik der EU. In einem engeren Sinne bezieht sie sich auf die Fördermaßnahmen und Aktivitäten der EU, um die grenzüberschreitende Jugendarbeit und den Jugendaustausch zu unterstützen und die → Europäische Identität bei Jugendlichen zu fördern.

Jugendpolitik als Gemeinschaftspolitik

Der EWG-Vertrag (1958) enthielt zunächst keine rechtlichen Bestimmungen hinsichtlich der Ausübung einer gemeinsamen Jugendpolitik. Um dennoch jugendrelevante Maßnahmen durchführen zu können, stützte sich die Gemeinschaft auf die Befugniskompetenz des Art. 352 AEUV. Das Europäische Parlament hat in einer Vielzahl von Berichten und Vorstößen schon seit Mitte der 1980er Jahre die Situation von jungen Menschen thematisiert und Anstoß zu den jugendrelevanten Programmen gegeben. Mit dem Vertrag von Maastricht (1993) wurden erstmals Aufgaben der Jugendpolitik Bestandteil des EG-Vertrags. Im → Vertrag von Lissabon wurde in Art. 6(e) AEUV „Jugend" als ein Bereich mit europäischer Zielsetzung genannt, in dem die EU Unterstützungs-, Koordinierungs- oder Ergänzungsmaßnahmen ergreifen kann. In Art. 165 AEUV wird die Förderung des Jugendaustauschs und des Austausch der sozialpädagogischen Betreuer sowie die verstärkte Beteiligung der Jugendlichen am demokratischen Leben in Europa als Ziele der EU genannt. Das → Europäische Parlament und der → Rat können gemäß dem ordentlichen Gesetzgebungsverfahren und nach Anhörung des → Wirtschafts- und Sozialausschusses und des → Ausschusses der Regionen Fördermaßnahmen unter Ausschluss jeglicher Harmonisierungsbestrebungen der Rechts- und Verwaltungsvorschriften der Mitgliedstaaten erlassen.

2001 veröffentlichte die Europäische Kommission das Weißbuch „Neuer Schwung für die Jugend Europas". Auf der Grundlage einer allgemeinen Bestandaufnahme der Situation Jugendlicher in Europa und deren Forderungen im Hinblick auf Politik und Gesellschaft sieht es die Kommission als vorrangig an, dass sich die jungen Menschen in Europa als solidarische, verantwortungsbewusste, aktive und tolerante Bürger in pluralistischen Gesellschaften behaupten können. Um dies leisten zu können, hat die EU einen neuen Rahmen geschaffen, der die Methode der offenen Koordinierung vorsieht und die Bedürfnisse Jugendlicher bei der Ausarbeitung von Maßnahmen in anderen Politikbereichen stärker berücksichtigt. In diesem Sinne wurde auf dem EU-Gipfel 2005 der Europäische Pakt für die Jugend verabschiedet, der im Kontext der Lissabon-Strategie die Situation junger Menschen in Europa verbessern soll. Ende 2006 wurde zudem die Einrichtung eines „Strukturierten Dialogs mit der Jugend" beschlossen. Ziel ist es, die Jugendpartizipation in den Mitgliedstaaten nachhaltig zu stärken und junge Menschen aktiv in die Debatten über die Zukunft der EU und die Gestaltung der europäischen Jugendpolitik einzubeziehen. Auf der Grundlage der neuen Jugendstrategie der EU-

Kommission hat der Rat im November 2009 einen Rahmen für die jugendpolitische Zusammenarbeit in Europa für die Jahre 2010-2018 beschlossen. Im Mittelpunkt stehen dabei, mehr Möglichkeiten und Chancengleichheit für alle Menschen im Bildungswesen und auf dem Arbeitsmarkt zu schaffen sowie gesellschaftliches Engagement, soziale Eingliederung und Solidarität aller Jugendlichen zu fördern.

Das EU-Aktionsprogramm „JUGEND IN AKTION" stellt das Instrument dar, mit dem Jugendpolitik in der EU gefördert werden kann. Im Mittelpunkt der Aktionen stehen die Förderung der Mobilität, die Durchführung des Europäischen Freiwilligendienst, Initiativen im Jugendbereich sowie das interkulturelle Lernen. Durch die angebotenen Projekte sollen junge Menschen die Möglichkeit erhalten, sich aktiv an der Europäischen Bürgergesellschaft zu beteiligen. Für das Programm JUGEND IN AKTION stehen für den Zeitraum 2007-2013 885 Mio. Euro zur Verfügung.

Mit den neuen Bestimmungen des Vertrags von Lissabon und der aktuellen jugendpolitischen Strategie wurde die EU-Jugendpolitik deutlich gestärkt.

Barbara Tham

Justizielle Zusammenarbeit in Strafsachen

Vertragsgrundlage: Art. 82-89 EUV.

Ziele: Teil des Programms zur Schaffung eines Raums der Freiheit, der Sicherheit und des Rechts als flankierende Maßnahme zur Erreichung und Sicherung des Binnenmarkts.

Instrumente: Verordnungen, Richtlinien, Übereinkommen (vor Inkrafttreten des Lissabonner Vertrages: Rahmenbeschlüsse, Entscheidungen, Übereinkommen).

Literatur: Martin Böse: Strafrecht in der Europäischen Union. Ein großer Sprung oder ein kleiner Schritt?, in: Peter-Christian Müller-Graff (Hrsg.): Der Europäische Raum der Freiheit, der Sicherheit und des Rechts, Baden-Baden 2005, S. 152-172 • Peter-Christian Müller-Graff: Der Raum der Freiheit, der Sicherheit und des Rechts in der Lissabonner Reform, in: Europarecht Beiheft 1/ 2009, S. 105-128 • Nuria Pastor Munoz: Europäisierung des Strafrechts und mitgliedstaatliche nationale Besonderheiten in der Europäischen Union – zugleich: einige Überlegungen zu den Grenzen und Grundlagen einer legitimen europäischen Kriminalpolitik, in: Goltdammer's Archiv für Strafrecht (GA) 2010, S. 84-98 • Ulrich Sieber: Die Zukunft des Europäischen Strafrechts. Ein neuer Ansatz zu den Zielen und Modellen des europäischen Strafrechtssystems, in: Zeitschrift für die gesamte Strafrechtswissenschaft (ZStW), 1/2009, S. 1-67

Internet: EU-Server: http://europa.eu/pol/index_de.htm • EU-Kommission: http://ec.europa.eu/justice_home/index_de.htm

Die Mitgliedstaaten der Europäischen Union haben durch den Vertrag von Amsterdam (1999) das Ziel in den EU-Vertrag aufgenommen, einen → Raum der Freiheit, der Sicherheit und des Rechts (Art. 67(1) AEUV) zu schaffen und hierdurch den Unionsbürgern ein hohes Maß an Sicherheit zu bieten. Dieses Ziel soll im Wesentlichen durch drei verschiedene Mittel erreicht werden: (1) durch eine engere Zusammenarbeit der mitgliedstaatlichen Polizei-, Zoll- und anderen zuständigen Behörden und durch die Einschaltung von EUROPOL, dem Europäischen Polizeiamt; (2) durch eine engere Zusammenarbeit der Justizbehörden; (3) durch eine Annäherung der Strafvorschriften der Mitgliedstaaten. Die beiden letzten Bereiche werden unter dem Begriff der „Zusammenarbeit in Strafsachen" (gemeint: Zusammenarbeit in der Verhütung und Bekämpfung von Straftaten) zusammengefasst.

Das Erfordernis der Zusammenarbeit in diesen Bereichen findet seine Begründung in der fortschreitenden europäischen Integration und dient als flankierende Maßnahme dem zentralen Verwirklichungskonzept der Europäischen Union, dem → Binnenmarkt. Dabei macht die mit der Personenverkehrsfreiheit einhergehende Öffnung der Binnengrenzen eine Kompensation der durch den Wegfall der Grenzkontrollen entstehenden Sicherheits- und Kontrolllücken erforderlich. Einen Teilbeitrag hierzu können die vertraglich vorgesehenen Formen der Zusammenarbeit zur Verhütung und Bekämpfung von Straftaten leisten. Darüber hinaus wird die Zusammenarbeit von dem Gedanken getragen, dass das für die europäische Integration grundlegende Freiheitsziel seinen Sinn verlöre, wenn die Freiheit nicht in einem Rechtsraum ausgeübt werden könnte, in dem der Bürger auf seine Sicherheit und ein rechtsstaatliches System vertrauen kann. Gleichzeitig schafft der internationale Terrorismus, der mit dem Anschlag vom 11. März 2004 in Madrid auch Europa erreicht hat, eine neue Herausforderung für die europäische Zusammenarbeit in der Verhütung und Bekämpfung von Straftaten.

Die Rechtsgrundlagen nach Lissabon

Die Zusammenarbeit in der Verhütung und Bekämpfung von Straftaten, die erst im Rahmen des Maastrichter Vertrags (1993) als dritte Säule der Union eine strukturierte institutionalisierte Form der intergouvernementalen Zusammenarbeit annahm, wurde mit dem Amsterdamer Vertrag (1999), dem Nizzaer Vertrag (2003) und dem → Vertrag von Lissabon (2009) weiterentwickelt. Die bisherigen Angelegenheiten von gemeinsamem Interesse im Bereich der polizeilichen und justiziellen Zusammenarbeit in Strafsachen wurden jetzt nach dem Vorbild der → Asyl-, Einwanderungs- und Visapolitik und der → justiziellen Zusammenarbeit in Zivilsachen vergemeinschaftet und kompetentiell erweitert. Der Zusammenarbeit in Strafsachen und der polizeilichen Zusammenarbeit stehen die allgemeinen Handlungsformen der Union (insbesondere Verordnung und Richtlinie) zur Verfügung, die im Grundsatz im Rahmen des ordentlichen Gesetzgebungsverfahrens erlassen werden, aufgrund von Souveränitätsvorbehalten einiger Mitgliedstaaten allerdings teilweise modifiziert. So können Mitgliedstaaten bei der Angleichung strafverfahrensrechtlicher oder strafrechtlicher Regelungen unter bestimmten Voraussetzungen die Verweisung des Verfahrens an den Europäischen Rat beantragen, der dann einvernehmlich über den Fortgang des Rechtssetzungsverfahrens entscheidet. Kommt es nicht zu einer Einigung, eröffnet das Primärrecht (Art. 82(3), Art. 83(3) AEUV) die Möglichkeit zu einer verstärkten Zusammenarbeit nach Art. 20(2) EUV und Art. 329(1) AEUV. Letzteres gilt auch in Rechtssetzungsverfahren betreffend die Einrichtung einer Europäischen Staatsanwaltschaft (Art. 86(1) AEUV) oder operativer polizeilicher Zusammenarbeit (Art. 87(3) AEUV), für die ein besonderes Gesetzgebungsverfahren Einstimmigkeit bereits im Rat voraussetzt. Neu ist nach Lissabon auch die reguläre Jurisdiktion des EuGH, der allerdings nicht für die Prüfung der Gültigkeit oder Verhältnismäßigkeit polizeilicher Maßnahmen oder Maßnahmen sonstiger mitgliedstaatlicher Strafverfolgungsmaßnahmen zuständig ist. Dasselbe gilt für die Wahrnehmung von nationalen Zuständigkeiten zur Aufrechterhaltung der öffentlichen Ordnung oder den Schutz der inneren Sicherheit. Kompetentiell hat die Union im Zuge der Lissabonner Vertragsrevision neue Zuständigkeiten erhalten, insbesondere die Befugnis zum Aufbau einer Europäischen Staatsanwaltschaft und zur Unterstützung in der Kriminalprävention; die bereits bestehenden Kompetenzen wurden im einzelnen zum Teil deutlich erweitert.

Die justizielle Zusammenarbeit

Die justizielle Zusammenarbeit zur Verhütung und Verfolgung von Straftaten besteht aus zwei Elementen. So soll erstens durch die Zusammenarbeit der Strafverfolgungsbehörden eine grenzüberschreitende Verfolgung von Straftaten erleichtert werden. Es geht dabei insbesondere um die Anerkennung von Entscheidungen (z.B. Einziehungsentscheidungen), die Erleichterung der Auslieferung und, allgemeiner, um eine allmähliche Angleichung des Strafverfahrensrechts. Wesentliche Bedeutung hat insoweit der Rahmenbeschluss zur Einführung eines europäischen Haftbefehls, welcher für 32 Deliktsarten das bisherige Auslieferungsverfahren verkürzt. Die Zusammenarbeit der Justizbehörden wird u.a. durch das Europäische Justizielle Netz und durch die mit Beschluss von 2002 geschaffene Einrichtung „EUROJUST" unterstützt, die bei schweren Straftaten mit grenzüberschreitendem Bezug Ermittlung und Strafverfolgung koordiniert und fördert. Zweitens ist auch die Angleichung materiellen Strafrechts möglich, wobei über die in Art. 83(2) AEUV genannten Bereiche (z.b. Terrorismus, Geldwäsche oder organisierte Kriminalität) nunmehr ausdrücklich die Harmonisierung von Strafrechtsbestimmungen zulässig ist, wenn dies für eine Harmonisierungsmaßnahme im Rahmen anderer Politiken (insbesondere Binnenmarkt) unerlässlich scheint. Materielles Strafrecht wurde schon vor der Lissabonner Reform insbesondere durch intergouvernementale Rahmenbeschlüsse erfasst, vor allem in den Bereichen der organisierten Kriminalität, des Terrorismus und des Menschenhandels.

Die polizeiliche Zusammenarbeit

Im Rahmen der polizeilichen Zusammenarbeit zur Verhütung und Verfolgung von Straftaten hat EUROPOL eine herausragende Bedeutung. Zu den Aufgaben von EUROPOL gehören insbesondere die Bekämpfung von illegalem Drogenhandel, illegalem Handel mit radioaktiven und nuklearen Substanzen, Schleuserkriminalität, Kraftfahrzeugverschiebung, Menschenhandel einschließlich sexueller Gewalt gegen Kinder und Herstellung und Verbreitung von Kinderpornografie, Terrorismus sowie Geldfälschung bzw. Geldwäsche. Hierzu stehen der Behörde eine Reihe von Befugnissen zu, insbesondere der Austausch von Informationen, die Erstellung von Kriminalitätsanalysen, die Bereitstellung von Expertenwissen und technischer Unterstützung für Ermittlungen der Mitgliedstaaten sowie schließlich die Zusammenarbeit mit Drittstaaten. Bislang hatte EUROPOL im Wesentlichen unterstützende und koordinierende Funktionen. Nunmehr könnten Beamte von EUROPOL auch bei operativen Maßnahmen teilnehmen, allerdings stets nur in Verbindung und Absprache mit den zuständigen mitgliedstaatlichen Behörden. Daneben gibt es zahlreiche andere Instrumente zur Verbesserung der Zusammenarbeit nationaler Polizei- oder Strafverfolgungsbehörden. So bemüht sich die EU intensiv um die Verbesserung des Austauschs von Informationen, etwa durch grenzüberschreitenden Zugang zu Informationen in nationalen Datenbanken (etwa DNA-Profilen, Fahrzeugregistern – Beschluss von 2008). Ferner steht nunmehr allen Polizeidienststellen der Zugriff auf das Schengener Informationssystem (SIS) offen, das über die Datei von zur Einreiseverweigerung ausgeschriebenen Personen auch eine Fahndungsdatei umfasst (Fahndungsunion, Art. 92ff. SDÜ). Mit der Inbetriebnahme des Nachfolgesystems (SIS II) soll der Austausch von Informationen verbessert werden, der einen Kern der polizeilichen Zusammenarbeit darstellt. Daneben gibt es neue Ansätze zur operativen Zusammenarbeit neben der schon seit 2002 möglichen Schaffung von gemeinsamen Ermittlungsgruppen im Rahmen von Krisensituationen, bei denen ein Mitgliedstaat Spezialeinheiten aus anderen Mitgliedstaaten anfordern kann, die in der Folge unter Leitung und Verantwortung des ersuchenden Staates auch operativ tätig werden können (Beschluss von 2008).

Ausblick

Die weitere Entwicklung in der polizeilichen und justiziellen Zusammenarbeit in Strafsachen erfährt erhebliche Impulse aus dem 2009 vom Europäischen Rat angenommenen Stockholmer Programm. Es ruft u.a. zu einer Erweiterung der operativen Zusammenarbeit mitgliedstaatlicher Polizeibehörden unter Entwicklung eines entsprechenden Kodex auf, daneben zu einer Verstärkung der Kriminalprävention und allgemein zu einer Intensivierung des Kampfes gegen schwere Kriminalität. Dabei dürfte die weitere Entwicklung erneut von Herausforderungen durch den internationalen Terrorismus und die (angesichts moderner Kommunikation immer schwieriger zu bekämpfende) grenzüberschreitende Kriminalität angetrieben werden. Ihnen steht mit der Lissabonner Vertragsreform eine durch erweiterte Kompetenzen, einfachere Verfahren und qualitativ verbesserte Handlungsformen handlungsfähigere Europäische Union gegenüber.

Peter-Christian Müller-Graff / Friedemann Kainer

Justizielle Zusammenarbeit in Zivilsachen

Vertragsgrundlage: Art. 81 AEUV.

Ziele: Teil des Programms zur Schaffung eines Raums der Freiheit, der Sicherheit und des Rechts als flankierende Maßnahme zur Erreichung und Sicherung des Binnenmarkts.

Instrumente: Verordnungen, Richtlinien, Entscheidungen.

Literatur: Stefan Leible: Die Angleichung der nationalen Zivilprozessrechte: Vom „Binnenmarktprozeß" zu einer Europäischen Zivilprozessordnung?, in: Peter-Christian Müller-Graff (Hrsg.): Der Europäische Raum der Freiheit, der Sicherheit und des Rechts, Baden-Baden 2005, S. 49-67 • Heinz-Peter Mansel u.a.: Europäisches Kollisionsrecht 2009: Hoffnungen durch den Vertrag von Lissabon, in: Praxis des internationalen Privat- und Verfahrensrechts 2010, S. 1-26 • Peter-Christian Müller-Graff: Die ziviljustizielle Zusammenarbeit im „Raum der Freiheit, der Sicherheit und des Rechts" im System des Europäischen Verfassungsvertrags, in: Festschrift für Jayme, 2004, S. 1323-1337 • Rolf

Wagner: Vereinheitlichung des Internationalen Privat- und Zivilverfahrensrechts zehn Jahre nach In-Kraft-Treten des Amsterdamer Vertrags, in: Neue Juristische Wochenschrift 2009, S. 1911-1916 • ders.: Die politischen Leitlinien zur justiziellen Zusammenarbeit in Zivilsachen im Stockholmer Programm, in: Praxis des internationalen Privat- und Verfahrensrechts 2010, S. 97-100.

Internet: EU-Server: http://europa.eu/pol/index_de.htm

Die justizielle Zusammenarbeit in Zivilsachen bildet zusammen mit den anderen in Art. 67 AEUV genannten Politiken (→ Asyl-, Einwanderungs- und Visapolitik, → justizielle Zusammenarbeit in Strafsachen) einen Grundpfeiler zum Aufbau eines → Raums der Freiheit, der Sicherheit und des Rechts. Die Zusammenarbeit in diesem Bereich ist daneben aber vor allem für die Vollendung des → Binnenmarkts von Bedeutung. Der grenzüberschreitende Handel von Waren und Dienstleistungen, aber auch der Zahlungs- und Kapitalverkehr und die Freizügigkeit von Personen in der Europäischen Union können durch unterschiedliches und miteinander inkompatibles Zivilverfahrensrecht erschwert werden.

Begriff der justiziellen Zusammenarbeit in Zivilsachen

Zweck der justiziellen Zusammenarbeit in Zivilsachen ist es, Schnittstellen für die grenzüberschreitende zivilrechtliche Rechtsverfolgung in der Union zu schaffen. Sie umfasst vor allem verfahrensrechtliche Regelungsgegenstände bei der zivilrechtlichen Rechtsverfolgung: darunter das System der grenzüberschreitenden Zustellung gerichtlicher und außergerichtlicher Schriftstücke, die Zusammenarbeit bei der Erhebung von Beweismitteln, die Zuständigkeit der Gerichte bei grenzüberschreitendenden Sachverhalten, die Anerkennung von in anderen Mitgliedstaaten ergangenen gerichtlichen und außergerichtlichen Entscheidungen in Zivil- und Handelssachen und bestimmten familienrechtlichen Fragen sowie eine verstärkte Zusammenarbeit bei der Beseitigung von sonstigen Hindernissen für eine reibungslose Abwicklung zivilrechtlicher Verfahren. Angestrebt ist auch die Förderung der Vereinbarkeit des Kollisionsrechts, das die bei grenzüberschreitenden Sachverhalten mitunter schwierige Frage beantwortet, welche von verschiedenen in Betracht kommenden nationalen Rechtsordnungen anwendbar ist. Das allgemeine Zivilrecht gehört grundsätzlich nicht zur justiziellen Zusammenarbeit, doch können unterschiedliche materielle zivilrechtliche Normen das Funktionieren des Binnenmarkts erschweren und daher Angleichungsbedarf auf der Grundlage des Art. 114 AEUV auslösen.

Die Rechtsgrundlagen

Der EG-Vertrag enthielt zunächst lediglich eine Absichtserklärung der Mitgliedstaaten zu Verhandlungen über die Vereinfachung der Förmlichkeiten für die gegenseitige Anerkennung und Vollstreckung richterlicher und außergerichtlicher Entscheidungen. Bereits mit dem In-Kraft-Treten des Vertrags von Amsterdam (1999) ist die justizielle Zusammenarbeit in Zivilsachen aus der intergouvernementalen dritten Säule der → Europäischen Union in die supranationale erste Säule (EG) überführt worden. Die unionalen Kompetenzen finden sich nunmehr in Art. 81 AEUV, wobei im Gegensatz zur Rechtslage des Amsterdamer Vertrages die Voraussetzung entfallen ist, dass die jeweilige Maßnahme für das reibungslose Funktionieren des Binnenmarkts erforderlich ist.

Maßnahmen, darunter namentlich der Erlass von Verordnungen und Richtlinien, können auf dieser Grundlage seit der Vertragsänderung von Lissabon im ordentlichen Gesetzgebungsverfahren mit qualifizierter Mehrheit erlassen werden. Familienrechtliche Maßnahmen mit grenzüberschreitendem Bezug werden weiterhin einstimmig vom Rat nach Anhörung des Europäischen Parlaments erlassen, wobei jedes mitgliedstaatliche Parlament ein Vetorecht hat. Im Übrigen nehmen die Rechtsakte der justiziellen Zusammenarbeit in Zivilsachen an der allgemeinen Prinzipienarchitektur des Unionsrechts teil, sie entfalten potentiell unmittelbare Wirkung, haben Anwendungsvorrang vor nationalem Recht und unterliegen der uneingeschränkten Kontrolle durch den → Gerichtshof der Europäischen Union.

Integrationsstand und Entwicklungsperspektiven

Die Förderung der justiziellen Zusammenarbeit in Zivilsachen hat sich zunächst auf nur einige Übereinkommen beschränkt, von denen das Brüsseler Übereinkommen und das spätere, einige Drittstaaten einbeziehende Luganer Übereinkommen über die gerichtliche Zuständigkeit und die Vollstreckung gerichtlicher Entscheidungen in Zivil- und Handelssachen eine erhebliche Bedeutung im Rechtsverkehr in Europa erlangt haben. In diesen Abkommen sind die Zuständigkeiten nationaler Gerichte und die Voraussetzungen für die Anerkennung und Vollstreckung von gerichtlichen Entscheidungen in anderen Mitgliedstaaten festgelegt. Das Brüsseler Übereinkommen wurde ergänzt durch das Römische Übereinkommen über das auf Schuldverhältnisse anzuwendende Recht von 1980, welches bereits teilweise eine Angleichung des Kollisionsrechts bewirkt hat.

Von der durch den Amsterdamer Vertrag geschaffenen Kompetenz (Art. 81 AEUV) ist mittlerweile beträchtlich Gebrauch gemacht worden. Das Gerichtsstands- und Vollstreckungsabkommen ist als Verordnung neu erlassen worden (Brüssel I); für Ehesachen gilt nunmehr die (2003 bereits wieder reformierte) Brüssel II-Verordnung. Vereinheitlicht ist das internationale Privatrecht für vertragliche und außervertragliche Schuldverhältnisse mit Inkrafttreten der Rom I und II-Verordnung. In gleicher Weise sind Verfahrensregelungen für Unterhaltssachen, geringfügige Forderungen, Fragen grenzüberschreitender Insolvenzen (Europäische Insolvenzverordnung), grenzüberschreitender Vollstreckung (zunächst beschränkt auf unbestrittene Forderungen) sowie der Verbesserung der Zusammenarbeit von Gerichten aus unterschiedlichen Mitgliedstaaten bei der Zustellung von Schriftstücken und bei der Beweiserhebung in zivil- oder handelsrechtlichen Verfahren einer europäischen Regelung zugeführt worden. Durch Richtlinien näher geregelt sind auch die Prozesskostenhilfe und die Mediation.

Derzeit arbeiten die EU-Organe an weiteren Maßnahmen, darunter an einer Verordnung zur Bestimmung des anwendbaren Rechts in Scheidungssachen sowie zum internationalen Erb- und Güterrecht. Insgesamt kann die justizielle Zusammenarbeit in Zivilsachen als ausgesprochen erfolgreiches Teilgebiet des Raums der Freiheit, der Sicherheit und des Rechts bezeichnet werden, was mit seiner Nähe zum Binnenmarktprinzip leicht erklärbar ist.

Peter-Christian Müller-Graff / Friedemann Kainer

Klimapolitik

Vertragsgrundlage: Präambel, Art. 3, 21 EUV. Art. 4, 11, 114, 177, 191-193, 194 AEUV.

Ziele: Bekämpfung des Klimawandels; Verringerung von Treibhausgasemissionen; Um-/Fortsetzung des Kyoto-Protokolls; globale Verantwortung; internationale Kooperation.

Instrumente: Verordnungen, Richtlinien, Entscheidungen, Mitteilungen, Grün-/Weißbücher, EU-Emissionshandelssystem, EU-Klimawandelprogramm, EU-Klimawandelstrategie.

Literatur: Sebastian Oberthur/Marc Pallemaerts (Hrsg.): The New Climate Policies of the European Union: Internal Legislation and Climate Diplomacy, Brüssel 2010 • Helmuth Schulze-Fielitz/Thorsten Müller (Hrsg.): Europäisches Klimaschutzrecht, Baden-Baden 2009 • Gaby Umbach: Umwelt- und Klimapolitik, in: Werner Weidenfeld/

Wolfgang Wessels (Hrsg.): Jahrbuch der europäischen Integration, Baden-Baden 2008ff.

Internet: EU-Kommission, GD Klimaschutz: http://ec.europa.eu/climateaction/index_de.htm, GD Umwelt: http://ec.europa.eu/environment/climat/home_en.htm · EU-Klimawandelprogramm: http://ec.europa.eu/environment/climat/eccp.htm · Europäische Umweltagentur: http://www.eea.europa.eu/de/themes/climate

Europäische Klimapolitik ist der Verringerung von Treibhausgasemissionen und der Umsetzung des Kyoto-Protokolls verpflichtet. Dabei spielen globale Verantwortlichkeit und internationale Kooperation, speziell durch Integration des Klimaschutzes in die Entwicklungszusammenarbeit, eine zentrale Rolle. Der Vertrag von Lissabon betont zudem die Bekämpfung des Klimawandels als Ziel der EU-Umweltpolitik und unterstreicht so deren gesamtumweltpolitische Bedeutung ebenso wie dies die Einrichtung einer eigenen Generaldirektion ‚Klimaschutz' in der Kommission im Jahr 2010 tat. Thematisch vereint die EU-Klimapolitik Aspekte der Emissionsreduzierung, Luftreinhaltung, Energieeffizienz und erneuerbaren Energien. Es finden die Prinzipien europäischer → Umweltpolitik Anwendung und die umweltpolitischen Vertragsgrundlagen sind einschlägig.

Beschlussverfahren

Mit dem → Vertrag von Lissabon kommt das ordentliche Gesetzgebungsverfahren regulär zur Anwendung und löst das im Amsterdamer Vertrag eingeführte Mitentscheidungsverfahren ab (→ Entscheidungsverfahren). In Einzelfällen findet ein besonderes Gesetzgebungsverfahren unter Anhörung des → Europäischen Parlaments Anwendung (Art. 192(2) AEUV).

Instrumente

Die EU-Klimapolitik nutzt den Instrumentenkasten europäischer Umweltpolitikgestaltung. Hauptsächlich kommen Verordnungen, Richtlinien, Entscheidungen und Mitteilungen zur Anwendung, die Ge- und Verbote sowie gemeinsame Stoffgrenzwerte für Luftqualität und die Reduzierung von Treibhausgasemissionen festlegen. Programme sowie Grün- und Weißbücher dienen der strategischen Gesamtausrichtung und Vorbereitung.

Zentrale Programme und Maßnahmen

Das EU-Emissionshandelssystem (EU-EHS) und das EU-Klimawandelprogramm (ECCP) bilden zentrale Programmlinien, die die Klimapolitik inhaltlich ebenso prägen wie die EU-Klimawandelstrategie oder das europäische Klima- und Energiepaket.

Das 2005 angelaufene und 2009 überarbeitete EU-EHS implementiert einen flexiblen Mechanismus des Kyoto-Protokolls und verzahnt ihn mit den projektbezogenen Mechanismen. Es regelt den EU-Markt für den Handel mit Treibhausgasemissionszertifikaten. Anfangs auf ausgewählte energieproduzierende und -intensive Kernsektoren begrenzt, wurden sukzessive weitere Sektoren, wie etwa der Luftverkehr, integriert. Das EU-EHS wird zunächst in zwei Stufen von 2005-2007 sowie 2008-2012 ohne Versteigerungen umgesetzt. Ab 2013 werden Verschmutzungsrechte anteilig versteigert. 2027 soll eine 100 %ige Versteigerungsquote erreicht sein.

Zu den Kernelementen des ECCP, das die EU-Klimapolitik kontinuierlich weiterentwickelt, zählen Energieeinsparungen, Energieeffizienz, Verminderung der Treibhausemissionen im Bereich Verkehr, Förderung umweltfreundlicher Verkehrsmittel, Verkehrsverlagerung sowie Umwelt- und Energiesteuern. Das ECCP I trat 2000 in Kraft, während das ECCP II 2005 anlief.

Zur Verbindung der europäischen Klima- und → Energiepolitik betonen das 2009 verabschiedete Klima- und Energiepaket sowie die Mitteilung „20 und 20 bis 2020: Europas Chancen im Klimawandel", aufbauend auf der EU-Klimawandelstrategie, die Ziele der CO_2-Emissionsreduktion von 20 % bis 2020 sowie der Steigerung der Anteile erneuerbarer Energien auf 20 %. Hauptinstrumente sind der Mix von wirtschaftlicher Modellierung und Lastenverteilung sowie die Definition einzelstaatlicher Reduktionsziele über das EU-EHS hinaus.

Die EU in der internationalen Klimapolitik

Ein zentraler Moment für die EU in der internationalen Klimapolitik war die Ratifizierung des Ergebnisses der UN-Klimarahmenkonvention, des so genannten Kyoto-Protokolls, durch alle EU-Mitgliedstaaten im Jahr 2002. Im Rahmen der Verhandlungen der UN-Klimarahmenkonvention ist die EU bemüht, ihrem Anspruch auf eine internationale Führungsrolle in der Klimapolitik gerecht zu werden. Zu ihren zentralen Verhandlungspositionen zählen die ökologische Integrität des Protokolls, die Integration nicht-ratifizierungswilliger Staaten, der Klimaschutz in Entwicklungsländern, die gemeinsame, aber unterschiedliche Verantwortlichkeit und die Nachfolgeregelung für das internationale Klimaregime ab 2012. Diese Schwerpunkte sind von der Bereitschaft zur Selbstverpflichtung bei der Emissionsreduzierung gekennzeichnet.

Die Entwicklung einer Globalen Allianz gegen den Klimawandel zwischen EU und Entwicklungsländern ab 2007, die Klimaschutz und Entwicklungszusammenarbeit zunehmend verknüpft, soll diese selbstdefinierte Vorreiterrolle im internationalen Rahmen unterstreichen und ausbauen.

Gaby Umbach

Kulturpolitik

Vertragsgrundlage: Präambel und Art. 2, 3, 6 EUV. Art. 6, 107, 167, 207 AEUV.

Ziele: Verbesserung der Kenntnisse der Kulturen und Geschichte der Völker Europas; Entfaltung der Kultur unter gleichzeitiger Wahrung der kulturellen Vielfalt und Hervorhebung des gemeinsamen kulturellen Erbes; Förderung des kulturellen Schaffens und des Kulturaustauschs.

Instrumente: Kulturpolitische Aktionen, Förderprogramme und Preise, kultureller Dialog und Zusammenarbeit mit Drittstaaten und internationalen Organisationen.

Programme: Kultur (2007-2013); Europa für Bürgerinnen und Bürger (2007-2013); MEDIA (2007-2013); MEDIA Mundus (2011-2013).

Dokumente: Entschließung des Rates zu einer europäischen Kulturagenda (Abl. C 287/1, 29.11.2007) • Beschluss über das Programm Kultur (2007-2013) (Abl. L 372/1, 27.12.2006) • Beschluss über das Programm „Europa für Bürgerinnen und Bürger" (2007-2013) (Abl. L 378/32, 27.12.2006) • Grünbuch: Erschließung des Potenzials der Kultur- und Kreativindustrien (KOM/2010/183) • Beschluss zur Umsetzung eines Förderprogramms für den europäischen audiovisuellen Sektor (MEDIA 2007) (Abl. L 327/12, 24.11.2006) • Beschluss über ein Programm für die Zusammenarbeit mit Fachkräften aus Drittländern im audiovisuellen Bereich (MEDIA Mundus) (Abl. L 288/10, 4.11.2009).

Literatur: Institut für Kulturpolitik der Kulturpolitischen Gesellschaft (Hrsg.): Jahrbuch für Kulturpolitik 2007, Band 7 – Europäische Kulturpolitik. Essen 2007 • Jan Holthoff: Kulturraum Europa, Baden-Baden 2008 • Carola Drechsler: Europäische Förderung audiovisueller Medien zwischen Welthandel und Anspruch auf kulturelle Vielfalt, Frankfurt 2009.

Internet: Europa fördert Kultur: http://www.europa-foerdert-kultur.info • Compendium of Cultural Policies: http://www.culturalpolicies.net • Cultural Contact Point Germany: http://www.ccp-deutschland.de • EU-Kommission, Generaldirektion Bildung und Kultur: http://ec.europa.eu/culture/index_de.htm • Audiovisuelle- und Medienpolitik: http://ec.europa.eu/avpolicy • Exekutivagentur Bildung, Audiovisuelles und Kultur: http://eacea.ec.europa.eu • European Cultural Foundation (ECF): http://www.eurocult.org

Die Mitgliedstaaten der Europäischen Union haben lange gebraucht, sich auf eine gemeinsame Kulturförderung zu einigen. In der früheren Europäischen

Wirtschaftsgemeinschaft waren eigenständige europäische Kulturaktivitäten auf europäischer Ebene zunächst kaum von Bedeutung, sie blieben im Debattenbereich vornehmlich des → Europarats, der neben der UNESCO bis in die 1980er Jahre die zentrale transnationale kulturpolitische Instanz war. Kulturförderprogramme gibt es im Rahmen der EU erst seit der Mitte der 1990er Jahre, seit im Maastrichter Vertrag 1992 die rechtliche Grundlage dafür geschaffen wurde. Das Politikfeld „europäische Kulturpolitik" besteht freilich nicht nur aus den offiziellen Institutionen und Akteuren. Hinzu kommen zivilgesellschaftliche und private Organisationen, die ebenfalls zur kulturpolitischen Kooperation in Europa beitragen (z.B. European Cultural Foundation, Culture Action Europe, European Committee for Business, Arts and Culture). Einen wichtigen Beitrag leisten dazu auch die Partnerschaften der nationalen Kulturinstitute (EUNIC-Europe).

Vertragliche Grundlagen

Im Jahr 1993 brachten die Mitgliedstaaten mit dem In-Kraft-Treten des Maastrichter Vertrags ihren Willen zum Ausdruck, „den Prozess der europäischen Integration auf eine neue Stufe zu heben" und „eine immer engere Union der Völker Europas zu schaffen" (Präambel). Mit einem eigenständigen Kulturartikel hat die Kulturpolitik ihren Platz gefunden: Art. 167 AEUV bildet die rechtliche Grundlage für die Programme, Aktionen und Initiativen der EU, die gezielt zur Förderung kultureller Aktivitäten im Gemeinschaftsgebiet aufgelegt werden. Kulturelle Aspekte enthalten jedoch auch andere EU-Regelungen (insbesondere Binnenmarkt, Wettbewerb, Steuerrecht und internationaler Handel). Die Rechtsprechung des Europäischen Gerichtshofes (EuGH) präzisiert und vervollständigt dieses Recht. Der Kulturartikel überträgt der Europäischen Union die Aufgabe, einen Beitrag zur Entfaltung der Kulturen der Mitgliedstaaten unter Wahrung ihrer nationalen und regionalen Vielfalt sowie gleichzeitiger Hervorhebung des gemeinsamen kulturellen Erbes zu leisten. Dieser Beitrag besteht darin, dass die Union die Zusammenarbeit zwischen den Mitgliedstaaten fördert und deren Tätigkeit in bestimmten kulturellen Bereichen – soweit erforderlich – unterstützt und ergänzt. Hinzu kommen eine Kulturverträglichkeitsklausel, wonach die kulturpolitischen Auswirkungen bei allen EU-Initiativen zu berücksichtigen sind („cultural mainstreaming") sowie das Postulat der kulturellen Zusammenarbeit der EU mit Drittländern, einschließlich Europarat und internationalen Organisationen. Die Tätigkeitsfelder des Kulturartikels sind sehr weit gefasst – „künstlerisches und literarisches Schaffen einschließlich im audiovisuellen Bereich" –

und lassen kaum eine thematische Begrenzung der Förderbereiche zu. Eine wesentliche Einschränkung besteht darin, dass die EU nur eine komplementäre Zuständigkeit besitzt. Die Zuständigkeiten und Verantwortlichkeiten für Kulturpolitik und für die Gestaltung des kulturellen Lebens verbleiben prinzipiell bei den Mitgliedstaaten und dort wiederum – wie im Fall der Bundesrepublik Deutschland – bei den Ländern und Kommunen. An Handlungsformen zur Verwirklichung der Ziele des Art. 167 AEUV stehen der EU Fördermaßnahmen und Empfehlungen zur Verfügung. Der → Vertrag von Lissabon bietet hierfür eine neue Handlungsgrundlage: Die Fördermaßnahmen werden vom Europäischen Parlament und vom Rat im ordentlichen Gesetzgebungsverfahren entsprechend Art. 294 AEUV und nach Anhörung des → Ausschusses der Regionen (AdR) erlassen. Die Befugnisse des Europäischen Parlaments im Bereich der kulturpolitischen Entscheidungsfindung werden damit gestärkt. Das Europäische Parlament ist nun dem Rat als Gesetzgeber gleichgestellt. Eine wesentliche Neuerung ist außerdem die Regelung, dass Rats-Entscheidungen im Bereich der Kultur nicht mehr einstimmig, sondern mit qualifizierter Mehrheit getroffen werden.

Aktionen und Förderprogramme

Die allgemeinen Zielsetzungen nach Art. 167 AEUV werden durch Maßnahmen der Europäischen Union konkretisiert. Dazu zählt neben dem Programm „Europa für Bürgerinnen und Bürger" vor allem das Programm mit der Kurzbezeichnung „Kultur 2007" mit einem Gesamtbudget von 400 Mio. Euro für die Jahre 2007 bis 2013. Das zentrale Anliegen dieses Programms ist es, die kulturelle Kooperation und den kulturellen Austausch unter Beachtung der kulturellen und sprachlichen Vielfalt zu unterstützen. Zugleich soll auch das Bewusstsein für das gemeinsame europäische Kulturerbe gestärkt werden. Spezielle Ziele sind die Unterstützung der grenzüberschreitenden Mobilität von Kulturakteuren, die Unterstützung der grenzüberschreitenden Verbreitung von kulturellen und künstlerischen Werken und Erzeugnissen sowie die Förderung des interkulturellen Dialogs. Da der Kultursektor selbst ein wichtiger Arbeitgeber ist und darüber hinaus ein Zusammenhang zwischen ökonomischem Wachstum und der Förderung von Kreativität unterstellt wird, zielt das neue Kulturförderprogramm auch auf die Stärkung der ökonomischen Potentiale der Kultur. Die Verwaltung der Kulturförderprogramme der Europäischen Union obliegt der Exekutivagentur Bildung, Audiovisuelles und Kultur (Education, Audiovisual and Culture Executive Agency, EACEA). Auf nationaler Ebene informieren die Kulturkontaktstellen (Cultural Contact

Points) über die Kulturförderung der Europäischen Union. Neben dem Förderprogramm „Kultur 2007" werden kulturelle Projekte auch im Rahmen anderer europäischer Programme wie etwa der EU-Strukturfonds unterstützt. Nicht zu übersehen ist die Komplexität dieser umfassenden Kulturförderung. So verweist das Statistische Bundesamt im Kulturfinanzbericht 2008 auf die Schwierigkeiten, angesichts der Projektverflechtung diese Fördermaßnahmen detailliert auszuweisen.

Audiovisuelle Medien

Schwerpunkt der EU-Medienpolitik ist die Schaffung gleicher Wettbewerbsbedingungen für grenzüberschreitende audiovisuelle Mediendienste. Die „Richtlinie über audiovisuelle Mediendienste", die am 19. Dezember 2007 in Kraft getreten ist, erweitert ihren Anwendungsbereich von klassischen Fernsehdiensten („Fernsehen ohne Grenzen") auf alle audiovisuellen Mediendienste unabhängig von der Übertragungsart oder der Beschaffenheit des Empfangsgerätes. Mit dem Programm MEDIA 2007 werden die Gemeinschaftsmaßnahmen fortgeführt, die im Rahmen der Programme MEDIA I, MEDIA II, MEDIA Plus und MEDIA Fortbildung ergriffen wurden und mit denen der Ausbau der audiovisuellen Industrie seit 1991 unterstützt wird. MEDIA 2007 ist als Gesamtprogramm konzipiert, das die bisherigen Einzelschwerpunkte in einem einzigen neuen Programm zusammenfasst. Der Finanzrahmen beläuft sich auf 755 Mio. Euro für den Zeitraum von 2007 bis 2013. MEDIA 2007 wird ergänzt durch MEDIA Mundus. Durch das Programm sollen die kulturellen und kommerziellen Beziehungen zwischen der europäischen Filmindustrie und Filmemachern aus Drittländern ausgebaut werden. Ein weiteres Projekt der EU ist die Europäische Digitale Bibliothek, die seit 2008 unter dem Namen Europeana der Öffentlichkeit zugänglich ist (www.europeana.eu).

Perspektiven der europäischen Kulturpolitik

Obwohl der Kulturartikel der Gemeinschaft nur einen ergänzenden Beitrag zur Kulturförderung einräumt, haben sich in den letzten Jahren die kulturpolitischen Aktivitäten auf europäischer Ebene zunehmend erweitert und vertieft. Dies verdeutlicht insbesondere die im Jahr 2007 vorgelegte Europäische Agenda für Kultur, die mit der offenen Koordinierungsmethode einen neuen Modus der zwischenstaatlichen Kooperation für dieses Politikfeld vorsieht. In der Kulturagenda sind die zentralen strategischen Ziele der EU-Kulturpolitik enthalten. Der Arbeitsplan des Rates im Bereich der Kultur operationalisiert diese Ziele. Mit der Agenda wurde auch ein strukturierter Dialog mit kultur-politischen Organisationen eingeleitet. In diesem Rahmen werden die zivilge-sellschaftlichen Akteure im Kulturbereich – etwa Berufsverbände, kulturelle Einrichtungen, Nichtregierungsorganisationen, europäische Netze, Stiftungen – in die Debatte auf europäischer Ebene einbezogen (z.b. Europäisches Kul-turforum). Ein zentrales Element der Agenda ist die Förderung der Kultur- und Kreativwirtschaft, die in einen engen Zusammenhang mit der neuen Wachstumsstrategie „Europa 2020" gestellt wird. Ein Grünbuch der Kom-mission vom Frühjahr 2010 fasst die bisherigen Ergebnisse zusammen. Be-sondere Beachtung erhält darüber hinaus die Rolle der Kultur in den Außen-beziehungen der Europäischen Union. Weitere Projekte der Europäischen Union mit kulturellem Bezug kommen hinzu. Zu nennen sind etwa die Europäischen Jahre mit kulturellem Bezug. Hierzu zählt neben dem „Europä-ischen Jahr der Kreativität und Innovation 2009" auch das „Europäisches Jahr der Freiwilligkeit 2011". Auch die Kulturhauptstadt Europas ist eine In-itiative der Europäischen Union. Durch einen Beschluss des Rates wurden Guimarães (Portugal) und Maribor (Slowenien) für das Jahr 2012 sowie Mar-seille (Frankreich) und Košice (Slowakei) für das Jahr 1013 ernannt. 2014 wird Lettlands Hauptstadt Riga zusammen mit der schwedischen Stadt Umeå den Titel „Kulturhauptstadt Europas" tragen.

Otto W. Singer

Lateinamerikapolitik

Grundlagen: Abkommen, politische Erklärungen.

Instrumente: politischer Dialog auf unterschiedlichen Ebenen; verschiedene Kooperationsabkommen mit einzelnen Staaten und Staatengruppen.

Literatur: Udo Diedrichs: Lateinamerikapolitik, in: Werner Weidenfeld/Wolfgang Wessels (Hrsg.), Jahrbuch der Europäischen Integration 2010, Baden-Baden 2011 • Wolf Grabendorff/Reimund Seidelmann (Hrsg.): Relations between the European Union and Latin America, Baden-Baden 2005.

Internet: EU-Server: http://europa.eu.int/comm/external_relations/la/index.htm

Mit den Ländern Lateinamerikas bestehen seit den 1970er Jahren verstärkte vertragliche Beziehungen, die sich zunächst in Abkommen der Europäischen Gemeinschaft über nicht-präferentielle Handelsbeziehungen niederschlugen. In der Folge wurden die Kontakte im Rahmen der → Entwicklungszusammenarbeit, der → Außenhandelsbeziehungen und der → Assoziierungs- und Kooperationspolitik auf weitere Felder ausgeweitet. Neben einer Expansion der Zusammenarbeit vollzogen sich in den 1990er Jahren eine Verknüpfung der vertraglichen Bindungen mit den Prinzipien von Demokratie und Menschenrechten in Form von Menschenrechts- und Demokratieklauseln (→ Menschenrechtspolitik).

Seit den 1980er Jahren wird ein regelmäßiger politischer Dialog mit den Staaten Lateinamerikas geführt, der 1984 im San-José-Prozess, einem Dialogforum zur Lösung der Krise in Zentralamerika, seinen Anfang nahm. Aus diesen Aktivitäten erwuchsen die Kontakte mit der Rio-Gruppe, die seit 1990 mit mittlerweile fast allen Ländern Lateinamerikas geführt werden. Seit den 1990er Jahren richtet sich die Politik der EU deutlicher auf wirtschafts- und handelspolitische Fragen aus. Ein wesentlicher Antrieb hierfür ist nicht zuletzt in den wieder erstarkten regionalen Integrations- und Kooperationsbemühungen Lateinamerikas zu sehen, die in Gestalt der Nafta (North American Free Trade Agreement), des Mercosur (Mercado Común del Sur), aber auch in der Wiederbelebung der Andengemeinschaft und des zentralamerikanischen Markts in den 1990er Jahren ihren Niederschlag gefunden haben. Vorreiter engerer Beziehungen waren Mexiko (mit dem bereits 2000 eine Freihandelsvereinbarung getroffen worden war) und Chile (das 2002 ein interregionales Assoziierungsabkommen mit der EU abschloss). Dagegen stagnieren die Gespräche mit dem Mercosur, die seit 1999 geführt werden, ohne dass ein Durchbruch abzusehen ist. Teile der Andengemeinschaft und Zentralamerika haben 2010 mit der EU eine interregionale Assoziierung geschlossen.

Ausnahmefall der EU-Lateinamerikapolitik ist Kuba, das nicht in die regionalen und subregionalen Dialogprozesse eingebunden ist; die angestrebte Eingliederung in das System der EU-AKP-Zusammenarbeit (mit den Ländern Afrikas, der Karibik und des pazifischen Raums) wurde bislang dadurch blockiert, dass aus politischen Gründen immer wieder periodische Störungen der bilateralen Beziehungen eintraten.

Der erste Gipfel der Staats- und Regierungschefs der EU, Lateinamerikas und der Karibik, der im Juni 1999 in Rio de Janeiro stattfand, hat das Konzept einer strategischen Partnerschaft zwischen beiden Regionen in den Mittelpunkt gerückt und eine verstärkte Zusammenarbeit in internationalen und biregionalen Fragen in Aussicht gestellt. Drei große Felder wurden dabei identifiziert, in denen Handlungsschwerpunkte der Kooperation liegen sollten: der politische Bereich, die wirtschafts- und handelspolitische Zusammenarbeit sowie einzelne Felder wie Kultur, Wissenschaft und Bildung. Die hohen Erwartungen konnten allerdings in den Folgejahren nicht erfüllt werden. So standen die euro-lateinamerikanisch-karibischen Gipfeltreffen von Madrid 2002, Guadalajara (Mexiko) 2004, Wien 2006 und Lima 2008 bereits im Zeichen einer deutlichen Ernüchterung. Das Konzept einer strategischen Partnerschaft mit Lateinamerika wurde letztlich nicht glaubhaft eingelöst, da es auf biregionaler Ebene zu pauschal und rhetorisch unverbindlich blieb. Zudem hat sich mittlerweile ein globalisierungs- und liberalisierungskritischer Kurs in der öffentlichen Meinung und in den Regierungen zahlreicher Länder der Region durchgesetzt, der das Projekt einer auf Freihandel gegründeten Partnerschaft mit der EU zunehmend in Frage stellt. Insbesondere der wachsende Einfluss Venezuelas in Südamerika und sein Beitritt zum Mercosur haben sich zu einem Störfaktor der euro-lateinamerikanischen Beziehungen entwickelt.

Neue Dynamik erhofft sich Brüssel insbesondere von einem stärker fokussierten Ansatz, der es der EU ermöglicht, mit den ökonomisch attraktivsten Ländern in engere politische, Wirtschafts- und Handelbeziehungen einzutreten. Brasilien und Mexiko wurden daher eigene bilaterale strategische Partnerschaften angeboten. Auf dem Gipfel von Madrid im Mai 2010 wurden Initiativen ergriffen, um den Beziehungen neue Impulse zu verleihen. Neben einem Wiedereinstieg in die EU-Mercosur-Verhandlungen und der Gründung einer gemeinsamen Stiftung sollten vor allem neue finanzielle Förderinstrumente im EU-Budget sowie die Fokussierung auf Fragen technologischer Innovation, der Nachhaltigkeit und sozialen Ausgleichs als Katalysatoren einer Vertiefung der Beziehungen dienen.

Die Krise der US-Lateinamerikapolitik seit der Regierung Bush und die Paralyse einer gesamtamerikanischen Freihandelszone haben sich allerdings bislang für die EU nicht spürbar positiv ausgewirkt. Ganz im Gegenteil scheint die EU auf eine aktive Rolle der USA in der Region angewiesen zu sein, um ihre eigenen Projekte voranzutreiben. Ob sich mit der Präsidentschaft Obamas eine neue Ära der US-lateinamerikanischen Beziehungen einläuten lässt, bleibt derzeit abzuwarten. Atmosphärische Verbesserungen werden sicher nicht ausreichen.

Udo Diedrichs

Menschenrechtspolitik

Vertragsgrundlage: Präambel, Art. 2, 3, 6, 21 EUV. Art. 218 AEUV. Protokoll Nr. 6 zum EMRK-Beitritt. Charta der Grundrechte.

Ziele: Achtung der Menschenrechte und Grundfreiheiten; Entwicklung und Stärkung von Demokratie und Rechtsstaatlichkeit; Förderung und Erhalt von Frieden, Stabilität und Wohlstand.

Instrumente: Vertrauliche und öffentliche Beurteilung der Menschenrechtssituation; politischer Dialog; Menschenrechts- und Demokratieklauseln in Abkommen mit Dritten; Wahlbeobachtung und -unterstützung; Verzögern, Aussetzen und Beenden von Vertragspflichten und Verträgen; koordiniertes Vorgehen der EU-Staaten in internationalen Organisationen; Instrumente der GASP einschließlich der GSVP sowie der Verhängung von Wirtschaftssanktionen.

Dokument: EU-Jahresbericht zur Menschenrechtslage 2008, http://www.consilium.europa.eu/showPage.aspx?id=970&lang=en

Literatur: Philip Alston (Hrsg.): The EU and Human Rights, Oxford 1999 • Thomas Buergenthal/Daniel Thürer: Menschenrechte. Ideale, Instrumente, Institutionen, Baden-Baden 2010 • Wolfgang S. Heinz: Die Förderung der Menschenrechte in der Entwicklungszusammenarbeit der Europäischen Union, in: Ulla Selchow/Franz-Josef Hutter (Hrsg.): Menschenrechte und Entwicklungszusammenarbeit. Anspruch und politische Wirklichkeit, Wiesbaden 2004, S. 69-86 • Marika Lerch: Menschenrechte und europäische Außenpolitik. Eine konstruktivistische Analyse, Wiesbaden 2004.

Internet: Europäischer Auswärtiger Dienst: http://ec.europa.eu/external_relations/human_rights/index_en.htm • EIDHR: http://ec.europa.eu/europeaid/what/human-rights/index_en.htm

---

Die Europäische Union beruht auf den für alle Mitgliedstaaten verbindlichen Grundsätzen der Freiheit, der Demokratie, der Achtung der Menschenrechte und der Grundfreiheiten sowie der Rechtsstaatlichkeit. Dieses Bekenntnis wurde mit dem Vertrag von Maastricht (1993) primärrechtlich verankert – im Selbstverständnis der Institutionen, im Erweiterungsprozess und in den Außenbeziehungen wurde diesen Werten jedoch stets eine wesentliche Bedeutung beigemessen. Heute steht diese Verpflichtung nicht nur für den Einigungsprozess selbst, sie wird auch als außenpolitischer Kompass des gesamten auswärtigen Handelns der EU betont.

Entwicklung der Zuständigkeiten im Inneren und Äußeren

Die Römischen Verträge (1958) klammerten die Zuständigkeit der Gemeinschaft für eine Grund- und Menschenrechtspolitik aus und beschränkten sich in ihrem Ansatz auf die wirtschaftliche Integration. Fragen der Grund- und Menschenrechte wurden im → Europarat und im Rahmen der → Europäischen Menschenrechtskonvention (EMRK) behandelt. Die daraus resultierende Lücke innerhalb der sich vertiefenden Gemeinschaft schloss der → Gerichtshof der Europäischen Union (EuGH) durch seine auf den gemeinsamen Verfassungsüberlieferungen der Mitgliedstaaten und der EMRK basierenden Rechtsprechung. Zwar wurde den EU-Organen damit keine genuine Zuständigkeit übertragen, doch Rat, Kommission und Parlament bekannten sich ihrerseits 1977 zur Achtung der Grund- und Menschenrechte. Vor allem das Europäische Parlament hat sich seit seiner ersten Direktwahl (1979) für die Grundfreiheiten und Menschenrechte stark gemacht und nutzt unter anderem neben seinem Haushaltsrecht Jahresberichte, Entschließungsanträge und Dringlichkeitsverfahren, um menschenrechtspolitischen Themen mehr Resonanz zu verschaffen. Zudem verleiht es den jährlichen Sacharow-Preis für geistige Freiheit.

Schon seit den 1970er Jahren wurden die Grund- und Menschenrechte auch als Teil der → Europäischen Identität gegenüber Dritten betont. Seit Beginn der 1990er Jahre rückte das Bekenntnis zu den universellen und unteilbaren Menschenrechten prominenter auf die außen- und erweiterungspolitischen Agenden. Der Vertrag von Maastricht postulierte die Grund- und Menschenrechte als Fundament der Union und nahm diese Werte in die Zielbestimmungen der Gemeinsamen Außen- und Sicherheitspolitik und der Entwicklungszusammenarbeit auf. Mit dem Vertrag von Amsterdam (1999) wurde die Einhaltung der Menschenrechte als Grundvoraussetzung für einen EU-Beitritt schließlich auch vertragsrechtlich verankert. Der → Vertrag von Lissabon stellt nun das Bekenntnis zu den Menschenrechten dem gesamten Auswärtigen Handeln der Europäischen Union voran (Art. 21 EUV).

Institutionalisierung und Mainstreaming des Anliegens

Eine auswärtige Menschenrechtspolitik umfasst handels- und entwicklungspolitische, genauso wie diplomatische, außen- und sicherheitspolitische Maßnahmen. Ihr Querschnittscharakter veranschaulicht, dass es sich dabei, wie auf nationaler Ebene auch, um keine bloße Koordinierungsaufgabe handelt, sondern um das Ausbalancieren unterschiedlicher Konzepte und Interessen. Dabei stellt das komplexe Entscheidungsgefüge der EU eine Besonderheit dar. Die Europäische Kommission verfügt aufgrund des eingeschlagenen Wegs des europäischen Einigungsprozesses in den → Außenhandelsbeziehungen und in der → Entwicklungszusammenarbeit über weitreichende Befugnisse und eine langjährige Praxis. Die → Gemeinsame Außen- und Sicherheitspolitik (GASP) hingegen wird weitgehend von der intergouvernementalen Zusammenarbeit der Mitgliedstaaten im Rat getragen.

Ein Streit aus den 1990er Jahren um die Haushaltslinien zur Menschenrechts- und Demokratieförderung illustriert die auch heute noch strittige Kompetenzfrage zwischen Rat und Kommission. Nachdem dieser zeitweilig sogar zu einem Einfrieren der Haushaltslinien führte, schufen zwei Verordnungen aus dem Jahr 1999 klare Verhältnisse. Die Verordnungen begründeten die Europäische Initiative für Demokratie und Menschenrechte (EIDHR) und weisen der Kommission beachtliche Durchführungsbefugnisse zu. Die EIDHR wurde inzwischen zum Europäischen Instrument für Demokratie und Menschenrechte aufgewertet und mit einem jährlichen Budget von 140 Mio. Euro ausgestattet. Durch eine durchgängige Berücksichtigung („Mainstreaming") sollen Menschenrechtsbelange in allen Politikbereichen gestärkt und die Verantwortlichen sensibilisiert werden. In der Kommission wurden Menschenrechtsreferate eingerichtet und die vorhandenen Gremien, wie die 1987 errichtete Ratsarbeitsgruppe Menschenrechte (COHOM) oder der Unterausschuss Menschenrechte im Europäischen Parlament, wurden aufgewertet. Anfang 2005 berief der damalige Hohe Vertreter der GASP Solana erstmals eine persönliche Menschenrechtsbeauftragte. Auf Druck des Parlaments wird der mit dem Vertrag von Lissabon geschaffene → Europäische Auswärtige Dienst über eine Menschenrechtsabteilung am Hauptsitz in Brüssel verfügen, die ihre Arbeit mit den eigenständigen Stellen in den EU-Delegationen vor Ort aufnehmen kann.

Menschenrechts- und Demokratieklauseln in den Gemeinschaftsabkommen

Seit Beginn der 1980er Jahre misst die Gemeinschaft dem Anliegen bereits in der → Entwicklungszusammenarbeit größere Bedeutung bei. Das 1989 geschlossene vierte Lomé-Abkommen enthielt ein Bekenntnis zu den Menschenrechten, allerdings ohne die Konsequenzen einer möglichen Verletzung näher zu benennen. Mit der Abkommensrevision von 1995 wurde dies durch die Einführung eines Suspendierungsmechanismus behoben. Das Nachfolgeabkommen von Cotonou (2003) fixiert Menschenrechte, Demokratie und Rechtsstaatlichkeit als wesentliche Elemente der Beziehungen zwischen der EU und den AKP-Staaten und sieht neben unterschiedlichen Dialogforen ein Konsultationsverfahren bei schweren Menschenrechtsverletzungen vor.

Auch im Rahmen der → Assoziierungs- und Kooperationspolitik werden seit Beginn der 1990er Jahre Menschenrechtsdialoge geführt und Menschenrechtsklauseln in die Abkommen mit Drittländern und regionalen Staatengruppen integriert. Eine standardisierte Menschenrechtsklausel wird seit 1995 obligatorisch in Abkommen der EG aufgenommen, die für beide Seiten gleichermaßen verpflichtend ist und bei schweren Menschenrechtsverletzungen ein Aussetzen von Vertragspflichten ermöglichen soll. Von dieser Praxis sind allerdings sektorale und gemischte Abkommen, wie mit den handelspolitisch bedeutsamen USA oder China, häufig ausgenommen.

Zusammenarbeit in der Außen- und Sicherheitspolitik und in internationalen Organisationen

Neben dem gesamten Instrumentarium der → Gemeinsamen Außen- und Sicherheitspolitik (GASP) stehen der EU Erklärungen, öffentliche und vertrauliche Demarchen sowie die Politischen Dialoge zur Verfügung, um die mitgliedstaatlichen Aktivitäten zu koordinieren und in internationalen Gremien eine europäische Position einnehmen zu können. Durch Kooperation und Konsultation der EU-Staaten im Rahmen des Europarats, der → Organisation für Sicherheit und Zusammenarbeit in Europa und der Vereinten Nationen ist die EU treibende Kraft in der Kodifizierung und Herausbildung von Mechanismen zum Schutz der Menschenrechte und Grundfreiheiten. Eine einheitliche Verhandlungsposition, die sich im Abstimmungsverhalten widerspiegeln soll, wird im Rat von der thematischen Ratsarbeitsgruppe COHOM koordiniert. Erfolge konnte die EU insbesondere bei der Ächtung von Todesstrafe und Folter oder bei der Aushandlung des Statuts für den Internationalen Strafgerichtshof (Rom, 1998) erzielen.

Der Rat verabschiedet zudem EU-Leitlinien zu den Menschenrechten. Diese nicht rechtsverbindlichen Strategiepapiere widmen sich unter anderem der Todesstrafe (1998, aktualisiert 2008), Folter und andere grausame, unmenschliche oder erniedrigende Behandlungen oder Strafen (2001, aktualisiert 2008), den Menschenrechtsdialogen (2001), Kindern und bewaffneten Konflikte (2003, aktualisiert 2008), Menschenrechtsverteidigern (2004), der Einhaltung der Normen des humanitären Völkerrechts (2005) und Rechten des Kindes (2007).

Mit der → Gemeinsamen Sicherheits- und Verteidigungspolitik (GSVP) stehen der EU auch polizeiliche und militärische Krisenmanagementkapazitäten zur Verfügung. Künftig sollen für alle GSVP-Missionen Menschenrechts- und Gleichstellungsberater ernannt werden. Damit ist die politische Debatte über

Berechtigung, Reichweite und Nutzen des zur Verfügung stehenden Instrumentariums kontroverser geworden. Die Einbettung der zur Verfügung stehenden Maßnahmen in eine den menschenrechtspolitischen Zielen angemessene Politik wird daher eine Priorität künftiger EU-Präsidentschaften bleiben.

Bilanz und Ausblick: Glaubwürdigkeit und Besonnenheit

Bei der → Erweiterung der EU haben menschenrechts- und demokratiepolitische Erwägungen stets eine tragende Rolle gespielt. Nach dem Beitritt von mittel- und osteuropäischen Transformationsstaaten entfaltet die politische Dimension der „Kopenhagener Kriterien" heute ihre Wirkung insbesondere in der → Südosteuropapolitik und wird in der → Europäischen Nachbarschaftspolitik betont. In den letzten Jahren wurde wiederholt zu einem besonnenen und bescheidenen Umgang mit menschenrechtspolitischen Anliegen gegenüber Dritten aufgerufen – eine auswärtige Menschenrechtspolitik wird sich dennoch auch weiterhin vorwerfen lassen müssen, gegenüber handelspolitisch interessanten Partnern doppelte Maßstäbe anzulegen.

Isabelle Tannous

Nationale Parlamente

Vertragsgrundlage: Art. 12 EUV. Protokoll über die Rolle der nationalen Parlamente in der Europäischen Union, Protokoll über die Anwendung der Grundsätze der Subsidiarität und Verhältnismäßigkeit.

Literatur: Andreas Maurer: Mehrebenendemokratie und Mehrebenenparlamentarismus. Das Europäische Parlament und die nationalen Parlamente nach Lissabon, in: Stefan Kadelbach (Hrsg.): Europäische Integration und parlamentarische Demokratie, Baden-Baden 2009, S. 19-58 • John O'Brennan/Tapio Raunio: National Parliaments within the enlarged European Union. From 'victims' of integration to competitive actors?, London 2007 • Wolfgang Wessels/Cyril Gläser: National Parliaments in the EU Multi-level System. Will Lisbon represent a turn?, in: Costas Melakopides (Hrsg.): The Cyprus Yearbook of International Relations 2008-2009, Nikosia 2009, S. 53-74.

Internet: Konferenz der EU-Ausschüsse: http://www.cosac.eu • Interparliamentary EU Information Exchange: http://www.ipex.eu

In den 27 Mitgliedstaaten der Europäischen Union gibt es 40 nationale Parlamente bzw. parlamentarische Kammern. Durch den → Vertrag von Lissabon wird ihre Rolle deutlich stärker betont und vielfältiges Potential für eine intensivere Mitwirkung in EU-Angelegenheiten eröffnet. Erstmals wird die

Rolle der nationalen Parlamente prominent im Vertragstext selber geregelt (Art. 12 EUV). Neben zwei konkretisierenden Protokollen wird die Einbeziehung der nationalen Parlamente in weiteren elf Vertragsartikeln festgelegt. Die Informationsrechte werden konkretisiert und ausgeweitet. Rechte zur Subsidiaritätskontrolle und einige besondere Kontroll- und Beteiligungsrechte insbesondere im Bereich der Justiz- und Innenpolitik, aber auch bei künftigen Vertragsänderungen werden eingeführt. Bei Anwendung der so genannten Passarelle-Klausel besitzt gar jedes einzelne nationale Parlament ein Einspruchsrecht (Art. 48(7) EUV).

Kontrolle des Subsidiaritätsprinzips

Durch eine Subsidiaritäts-Rüge und -Klage sind die nationalen Parlamente erstmals explizit als Akteure am EU-Entscheidungsprozess beteiligt. Die Rüge ist als ein „Frühwarnsystem mit Gelber bzw. Oranger Karte" angelegt. Innerhalb von acht Wochen nach Übermittlung eines Gesetzentwurfs können die nationalen Parlamente in einer begründeten Stellungnahme an die Präsidenten des → Europäischen Parlaments, des → Rates und der → Europäischen Kommission darlegen, weshalb der Entwurf nicht mit dem Subsidiaritätsprinzip vereinbar ist. Je nach Anzahl negativer Stellungnahmen hat dies unterschiedliche Konsequenzen: Wird mindestens ein Drittel der Gesamtzahl der den nationalen Parlamenten zugewiesenen Stimmen erreicht, so muss der Entwurf überprüft werden. Im sensiblen Bereich der Justiz- und Innenpolitik liegt diese Schwelle bei einem Viertel der Stimmen. Nach der verpflichtenden Überprüfung kann die Kommission jedoch begründet am Entwurf festhalten. Erreicht im Rahmen des ordentlichen Gesetzgebungsverfahrens die Anzahl der Stellungnahmen mindestens die einfache Mehrheit und hält die Kommission dennoch an ihrem Vorschlag fest, muss sie ihre begründete Stellungnahme gemeinsam mit den Stellungnahmen der nationalen Parlamente dem Europäischen Parlament und dem Rat vorlegen. Diese müssen vor Abschluss der ersten Lesung die Vereinbarkeit mit dem Subsidiaritätsprinzip unter Berücksichtigung der Stellungnahmen explizit prüfen und gegebenenfalls das Vorhaben verwerfen. Die Subsidiaritätsklage berechtigt die nationalen Parlamente über ihre Regierungen eine Klage wegen einer vermuteten Verletzung des Subsidiaritätsprinzips vor dem → Gerichtshof der Europäischen Union zu erheben. Im Deutschen Bundestag reicht dazu ein Quorum von einem Viertel der Mitglieder aus. Allerdings hat der Europäische Gerichtshof bislang noch niemals einen Rechtsakt wegen eines Verstoßes gegen das Subsidiaritätsprinzip aufgehoben.

Indirekte Mitwirkung und interparlamentarische Kooperation

Ansonsten kommt den nationalen Parlamenten eine eher indirekte Rolle im europäischen Rechtsetzungsprozess zu: Sie sind hauptsächlich darauf beschränkt, die EU-Politik ihrer jeweiligen Regierung im Rat zu kontrollieren sowie an der Ausführung und Durchsetzung des Europäischen Rechts auf nationaler Ebene mitzuwirken. Dafür haben sich in den Mitgliedstaaten teils sehr unterschiedliche Systeme der parlamentarischen Mitwirkung herausgebildet – institutionell meist verbunden mit einem eigenen EU-Ausschuss sowie einem Ständigen Vertreter vor Ort in Brüssel. Lediglich in konstitutionellen Grundentscheidungen wie Vertragsänderungen bzw. Erweiterungen sind sie über die Ratifikation durch die Mitgliedstaaten „gemäß ihren verfassungsrechtlichen Vorschriften" in der Regel direkt beteiligt. Zentrale Voraussetzung für eine wirkungsvolle Nutzung der erweiterten Rechte insbesondere zur Subsidiaritätskontrolle ist eine effektive interparlamentarische Kooperation. Deren Formen werden in ihren zentralen Prinzipien von den „Richtlinien für die interparlamentarische Zusammenarbeit in der EU" bestimmt. Gesamtzuständigkeit für die interparlamentarischen EU-Aktivitäten besitzt die EU-Parlamentspräsidentenkonferenz (EU-PPK). Die Konferenz der EU-Ausschüsse, kurz COSAC genannt, ist ein vertraglich verankertes, institutionalisiertes Forum des Meinungsaustausches mit Selbstbefassungs- und Entschließungsrechten. COSAC-Treffen finden halbjährlich im Land der jeweiligen EU-Präsidentschaft statt. Ihre Rolle wird von einigen Parlamenten eher kritisch eingeschätzt und eine weitere Institutionalisierung über informellen Meinungs- und Erfahrungsaustausch hinaus abgelehnt. Dennoch besteht seit 2004 ein ständiges COSAC-Sekretariat. In der Praxis stellen interparlamentarische Treffen zu spezifischen Themen bzw. Treffen von Fachausschüssen Kernstücke interparlamentarischen Informationsaustausches und Kooperation dar, deren Häufigkeit und Bedeutung zunimmt. Zudem werden bi- und multilaterale Kontakte durch bestimmte Parlamentariergruppen einzelner nationaler Parlamente gepflegt und vereinzelt auch konkrete bilaterale Kooperationsversuche unternommen. Ständige Vertreter bzw. Verbindungsbeamte der nationalen Parlamente vor Ort in Brüssel ermöglichen einen regelmäßigen direkten Informationsaustausch zwischen nationalen Parlamenten aber auch zwischen nationalen Parlamenten und den EU-Institutionen. Zum wichtigsten Werkzeug eines effektiven virtuellen Informationsaustausches hat sich die IPEX Internet-Plattform entwickelt. Zum Europäischen Parlament bestehen sowohl innerhalb der dargestellten Strukturen als auch darüber hinaus vielfältige Beziehungen.

Ausblick

Lange mit der „Entparlamentarisierungsthese" als Verlierer der EU-Integration betrachtet, haben die nationalen Parlamente in den letzten Jahren an Bedeutung gewonnen. Für die weitere Entwicklung ihrer tatsächlichen Rolle wird entscheidend sein, wie die formalen Rechte genutzt werden wollen und können. Zentrale Aspekte dabei sind: Bewältigung der komplexen Informationsflut, Verbesserung der Europatauglichkeit, Intensivierung interparlamentarischer Kooperation und Entwicklung des Selbstverständnisses besonders gegenüber den Regierungen. Angesichts fortbestehender Unterschiede zwischen den 40 Parlamentskammern ist dabei eine Konvergenz bis auf weiteres nicht absehbar.

Cyril Gläser

Organisation für Sicherheit und Zusammenarbeit in Europa

Gründung: 30.7.-1.8.1975 Schlussphase der ersten Konferenz über Sicherheit und Zusammenarbeit in Europa (KSZE) mit Unterzeichnung der „Schlussakte von Helsinki".

Teilnehmerstaaten: 56 Staaten aus Europa, Nordamerika und Asien.

Organe und Institutionen: Verhandlungsprozess souveräner Staaten; seit 1990 teilinstitutionalisiert, 1995 umbenannt in OSZE; Gipfeltreffen der Staats- und Regierungschefs, Ministerrat, Ständiger Rat, Forum für Sicherheitskooperation, Wirtschafts- und Umweltforum; Amtierender Vorsitz, Troika, Generalsekretär, Sekretariat; Büro für demokratische Institutionen und Menschenrechte, Hoher Kommissar für nationale Minderheiten, Beauftragter für Medienfreiheit; Parlamentarische Versammlung.

Haushalt; Personal: 2010: 151 Mio. Euro; ca. 550 Bedienstete im Sekretariat und in den Fachinstitutionen; ca. 2300 Mitarbeiter in den Feldoperationen.

Grundlegende Dokumente: Schlussakte von Helsinki, 1.8.1975 • Schlusskommuniqué der KSZE-Nachfolgekonferenz von Belgrad, 8.3.1978 • Abschließendes Dokument des Madrider KSZE-Folgetreffens, 6.9.1983 • Dokument der Stockholmer Konferenz über Vertrauens- und Sicherheitsbildende Maßnahmen und Abrüstung in Europa, 19.9.1986 • Kopenhagener Dokument zur menschlichen Dimension, 29.6.1990 • Moskauer Dokument zur menschlichen Dimension, 3.10.1991 • Wiener Dokument über vertrauens- und sicherheitsbildende Maßnahmen, 17.11.1990, 4.3.1992, 28.11.1994, 16.11.1999 • Vertrag über konventionelle Streitkräfte in Europa (KSE), 19.11.1990 • Vertrag über die Anpassung des KSE-Vertrags, 19.11.1999 • Charta von Paris für ein neues Europa, 19.-21.11.1990 • Helsinki-Dokument 1992: Herausforderung des Wandels, 10.7.1992 • Budapester Dokument 1994: Der Weg zu echter Partnerschaft in einem neuen Zeitalter,

6.12.1994 • Lissabonner Dokument 1996, 3.12.1996 • Istanbuler Dokument 1999, darin: Europäische Sicherheitscharta, 19.11.1999.

Literatur: Institut für Friedensforschung und Sicherheitspolitik an der Universität Hamburg (Hrsg.): OSZE-Jahrbuch/OSCE Yearbook, Baden-Baden 1995-2010 • Organization for Security and Co-operation in Europe: OSCE Handbook, Wien 2007.

Internet: http://www.osce.org • Zentrum für OSZE-Forschung am Institut für Friedensforschung und Sicherheitspolitik: http://core-hamburg.de

Die Organisation für Sicherheit und Zusammenarbeit in Europa (OSZE) ist 1995 aus der Konferenz über Sicherheit und Zusammenarbeit in Europa (KSZE) hervorgegangen. Sie ist eine internationale Organisation, der heute 56 Staaten angehören. Die OSZE ist eine relativ schwache Organisation, die aber durchaus politische Langzeitwirkungen durch multilaterale Vereinbarungen und Erfolge in der zivilen Konfliktbearbeitung vorweisen kann. Als „Management-Agentur des Ost-West-Konflikts" hat sie zu dessen Überwindung ebenso beigetragen wie zur Verbreitung von Normen und Regeln für das Zusammenleben der Völker und Staaten. Rahmenbedingungen und Aufgaben der Organisation haben sich im Laufe der Zeit gewandelt, ohne dass die zentrale Zielsetzung, einen Beitrag zur Sicherheit und Zusammenarbeit im OSZE-Raum zu leisten, aufgegeben wurde.

Geschichte

Die Geschichte der KSZE/OSZE lässt sich in vier Etappen gliedern.

- Die Frühphase umfasst den Beginn der KSZE 1973 bis zur Unterzeichnung der Schlussakte von Helsinki am 1. August 1975. Diese bestand aus drei „Körbe" genannten Themenbereichen: Sicherheit in Europa mit einem Prinzipienkatalog, der die Grundlagen der Beziehungen zwischen den Teilnehmerstaaten regelt („Dekalog"), und einem Dokument über vertrauensbildende Maßnahmen (heute: politisch-militärische Dimension), Zusammenarbeit in den Bereichen Wirtschaft, Wissenschaft, Technik und Umwelt (heute: Wirtschafts- und Umweltdimension) sowie Zusammenarbeit im humanitären Bereich (heute: menschliche Dimension).

- Die zweite Phase reicht bis zum Ende des Ost-West-Konflikts 1990. In sie fielen drei Folgetreffen (Belgrad, Madrid und Wien), die Konferenz für Vertrauens- und Sicherheitsbildende Maßnahmen und Abrüstung in Europa (KVAE), die Verhandlungen über konventionelle Streitkräfte in Europa (KSE) und das Treffen der Konferenz über die Menschliche Dimension in Kopenhagen.

■ Die sich anschließende dritte Phase umfasst die Jahre 1990 bis 1994. Sie wurde von zwei Höhepunkten geprägt: der Verabschiedung der Charta von Paris für ein neues Europa 1990 und dem sich dem vierten Folgetreffen anschließenden Gipfeltreffen in Helsinki 1992. In diese Zeit fallen auch wichtige Entscheidungen zur Institutionalisierung des KSZE-Prozesses, die sich in den folgenden Jahren konsolidierte und mehrfach ergänzt wurde. Gleichzeitig entfaltete die 1995 in OSZE umbenannte Institution ihr Instrumentarium präventiver Diplomatie.

■ Der Übergang von der Normensetzung zur Implementierung und eine erhebliche Ausweitung des Aufgabenspektrums der OSZE kennzeichnen schließlich die Phase seit 1995. Im Mittelpunkt stehen die Lösung der „eingefrorenen" Konflikte im postsowjetischen Raum, die Friedenskonsolidierung nach Konflikten, vor allem im ehemaligen Jugoslawien, sowie die Förderung von Demokratie, Rechtsstaatlichkeit und Menschenrechten, insbesondere in den Transformationsstaaten. Neben der Beobachtung von Wahlen entwickelten sich auf der Grundlage der Europäischen Sicherheitscharta (1999) und der OSZE-Strategie gegen Bedrohungen der Sicherheit und Stabilität im 21. Jahrhundert (2003) u.a. Polizeiarbeit, Grenzsicherheit und die Bekämpfung von Rassismus, Fremdenfeindlichkeit und religiöser Intoleranz zu wichtigen Tätigkeitsschwerpunkten. Als regionale Schwerpunkte kristallisierten sich Südosteuropa, Zentralasien und der Südkaukasus heraus. Seit Mitte 2009 kann von einer Wiederbelebung der OSZE als Forum für den gesamteuropäischen Sicherheitsdialog („Korfu-Prozess") gesprochen werden.

Wesensmerkmale

Die OSZE wird charakterisiert durch vier Wesensmerkmale. Erstens verficht sie seit ihren Anfängen einen modernen, weitgefassten Sicherheitsbegriff, der sich in den drei Dimensionen widerspiegelt. Dieser ermöglicht es, eine breite Palette innenpolitischer, bilateraler und intraregionaler Konfliktursachen zu bearbeiten. Ein zweites Charakteristikum der OSZE ist ihre Inklusivität. Sie umschließt den gesamten geographischen Raum „von Vancouver bis Wladiwostok". Wichtiger noch ist jedoch ihre politische Inklusivität. Das Agieren der OSZE richtet sich nach innen, d.h. auf die gemeinsame Sicherheitsgestaltung im Anwendungsgebiet der Organisation selbst und nicht, wie etwa bei einem Verteidigungsbündnis, nach außen. Alle 56 Teilnehmerstaaten haben prinzipiell die gleichen Rechte und Pflichten. Daraus folgt, dass in der OSZE – mit wenigen Ausnahmen – nach dem Konsensprinzip entschieden und ein kooperativer Politikstil verfolgt wird. Hat das Konsensprinzip den Nachteil schwieriger Entscheidungsfindung, so bedingt es positiv gewendet ein hohes Maß an Legitimität, wenn alle 56 Staaten einer Maßnahme zustimmen. Diese hohe Legitimität ihrer Beschlüsse ist das dritte Wesensmerkmal. Hervorzuheben ist dabei, dass 1992 mit Blick auf die Gefährdung grundlegender Menschenrechte im Konsens beschlossen wurde, dass in Fällen von groben Verletzungen einschlägiger KSZE/OSZE-Verpflichtungen Maßnahmen erforderlichenfalls auch ohne Zustimmung des betroffenen Staates getroffen werden können. Die vierte wesentliche Eigenschaft der OSZE ist die gemeinsame normative Basis. Die beiden wichtigsten in diesem Kontext zu nennenden Dokumente sind der Dekalog der Helsinki-Schlussakte und die Charta von Paris für ein neues Europa, von Bedeutung sind jedoch auch die nachfolgenden Erweiterungen, Differenzierungen und Bekräftigungen eines Wertekanons, der die heutige „ordre public" von Menschen- und Minderheitenrechten, Demokratie, Rechtsstaatlichkeit und Marktwirtschaft beschreibt.

Verhandlungsgremien und Institutionen

Die OSZE ist das Ergebnis eines politischen Konferenzprozesses, der immer wieder durch die Suche nach Antworten auf aktuelle Krisen angetrieben wurde. Die auf dem Konsensprinzip beruhenden Beschlüsse sind politisch, aber nicht rechtlich bindend. Der Grund dafür ist, dass die OSZE auf politischen Vereinbarungen der teilnehmenden Staaten beruht und nicht auf einem internationalen Vertrag. Die OSZE verfügt über keine Rechtsfähigkeit. Entsprechende Bemühungen wurden bislang u.a. von den USA blockiert.

Die Entscheidungen werden auf verschiedenen Ebenen gefällt. Die periodisch stattfindenden Gipfeltreffen der Staats- und Regierungschefs sind das höchste Beschlussfassungsorgan und definieren die Prioritäten und Leitlinien. Wichtigstes Beschlussfassungsorgan zwischen den Gipfeltreffen ist der von den Außenministern gebildete Ministerrat. Er tagt in der Regel einmal im Jahr. Der Ständige Rat ist das für das „Tagesgeschäft" zuständige Gremium. Er tagt auf der Ebene der Ständigen Repräsentanten (Botschafter) wöchentlich in der Wiener Hofburg oder in Dringlichkeitsfällen. Das Forum für Sicherheitskooperation tritt ebenfalls wöchentlich in Wien zusammen. Es wurde 1992 eingerichtet und dient als Konsultations- und Verhandlungsrahmen für a) die Bereiche Abrüstung, Rüstungskontrolle und Vertrauensbildende Maßnahmen, b) allgemeine sicherheitspolitische Angelegenheiten, c) die Reduzierung von Konfliktrisiken und d) die Implementierung vereinbarter Maßnahmen. Neben diesen Entscheidungsstrukturen verfügt die OSZE über eine Reihe operativer Institutionen. An erster Stelle ist hier der Amtierende Vorsitzende zu nennen. Er leitet während seiner einjährigen Amtszeit die Sitzung des Ministerrats und koordiniert, unterstützt von seinem Vorgänger und seinem Nachfolger (Troika), die laufenden Angelegenheiten. Er hat zudem die Möglichkeit, auf politische Krisen rasch zu reagieren und Persönliche Beauftragte zu ernennen. Er wird von einem Generalsekretär und einem Sekretariat in Wien mit Außenstelle in Prag unterstützt.

Die Aufgaben des Büros für demokratische Institutionen und Menschenrechte umfassen Förderung und Beobachtung demokratischer Wahlen, Unterstützung von demokratischen Institutionen, Menschenrechten und Zivilgesellschaften sowie Frühwarnung im Bereich der menschlichen Dimension. Der Hohe Kommissar für nationale Minderheiten (HKNM) soll mittels „stiller Diplomatie" frühzeitig auf solche Minderheitenkonflikte einwirken, die eine potenzielle Gefahr für Frieden und Stabilität darstellen. Er ist kein Ombudsmann für nationale Minderheiten, sondern ein sicherheitspolitisches Instrument der Frühwarnung und Konfliktprävention. Der OSZE-Beauftragte für Medienfreiheit hat seit 1997 die Aufgabe, die Medienentwicklung in den Teilnehmerstaaten hinsichtlich ihrer Übereinstimmung mit den OSZE-Prinzipien zu beobachten und dem Ständigen Rat darüber zu berichten. Die dreimal jährlich zusammentretende Parlamentarische Versammlung soll die parlamentarische Beteiligung an der gesamteuropäischen Zusammenarbeit innerhalb der OSZE stärken.

Insgesamt ist die OSZE durch eher schwache zentrale Strukturen gekennzeichnet (so hat der Generalsekretär z.B. kein politisches Mandat); mit ca. 2300 lokalen und von den Teilnehmerstaaten abgeordneten Mitarbeitern und Mitarbeiterinnen in den Feldoperationen ist sie gleichzeitig jedoch eine äußerst komplexe Organisation. Mit einem Budget von 151 Mio. Euro und einem Mitarbeiterstab von rund 550 Bediensteten im Sekretariat und in den Fachinstitutionen ist die OSZE eine extrem schlanke internationale Organisation.

Missionen und Feldoperationen

Die OSZE wirkt als regionale Abmachung gemäß Kapitel VIII der Charta der Vereinten Nationen an der Verhütung und friedlichen Beilegung von Konflikten mit. War sie früher ein hochpolitisierter Konferenzprozess, der vor dem

Hintergrund des Ost-West-Konflikts primär auf die zwischenstaatliche Ebene abzielte, so entwickelte sie sich in den 1990er Jahren zu einer „Dienstleistungsorganisation", die sich vorwiegend mit der friedlichen Bearbeitung innerstaatlicher (z.b. interethnischer) und regionaler Krisen und Konflikte befasst. Die 18 Missionen und anderen Feldoperationen bilden heute ihr „Kerngeschäft", das die Krisengebiete vom Balkan über Osteuropa und den Südkaukasus bis nach Zentralasien abdeckt. Über 65 Prozent des Budgets werden für diese Vor-Ort-Maßnahmen verwendet.

Die OSZE war in mehreren Fällen instabilen Friedens erfolgreich tätig. Ihre 2001 geschlossenen Missionen in Estland und Lettland trugen zur Entschärfung der Konflikte mit der jeweiligen russischen Minderheit bei. Ähnlich erfolgreich war der Hohe Kommissar für nationale Minderheiten in Rumänien und der Slowakischen Republik bei der Regelung der damals als äußerst brisant eingeschätzten Frage der ungarischen Minderheiten.

Als partiell erfolgreich ist auch das Wirken in akuten Krisen zu bewerten. So unterstützte die OSZE gemeinsam mit den Vereinten Nationen den erfolgreichen innertadschikischen Friedensprozess und trug 2001 zusammen mit der EU und der NATO zum Abschluss des Rahmenabkommens von Ohrid bei, das die bürgerkriegsähnlichen Zustände in Mazedonien beendete.

Nicht erfolgreich war die OSZE hingegen z.b. im zweiten Tschetschenienkrieg und im georgisch-südossetischen Konflikt, der im August 2008 zu einem fünftägigem Krieg zwischen Russland und Georgien eskalierte. Die OSZE-Mission in Georgien musste das Land im Juni 2009 verlassen, nachdem Russland der Verlängerung ihres Mandats die Zustimmung verweigert hatte. Ungelöst ist bis heute auch der Konflikt um Berg-Karabach. In Moldawien ist der Status Transnistriens bislang ebenfalls ungeklärt

Beziehungen zur EU und Perspektiven

Die EU und die OSZE sind füreinander zugleich Partner und Konkurrenten. Ihre Beziehungen gründen sich erstens darauf, dass alle EU-Mitglieder auch Teilnehmerstaaten der OSZE sind, zweitens bestehen seit Beginn des Helsinki-Prozesses institutionelle Beziehungen und drittens ergänzen und überlappen sich ihre Aktivitäten zunehmend. Die EU stellt fast die Hälfte der Teilnehmerstaaten und steuert beinahe zwei Drittel des Haushalts und des abgeordneten Personals bei. Die Mitgliedstaaten stimmen sich vor Sitzungen des Ständigen Rats ab und die Präsidentschaft trägt die Position anschließend vor. Dieser manchmal quälende Prozess der Blockbildung erhöht einerseits den Einfluss, kann andererseits jedoch auch zu inhaltlichen Verwässerungen und zeitlichen Verzögerungen führen. Nach Inkrafttreten des Vertrags von Lissabon werden voraussichtlich neben dem Präsidenten des Europäischen Rates auch der Präsident der → Europäischen Kommission und die Hohe Vertreterin der Union für Außen- und Sicherheitspolitik an Gipfel- und Ministerratstreffen der OSZE teilnehmen. Auf der Arbeitsebene gibt es institutionalisierte Beziehungen zwischen der Europäischen Kommission und dem Sekretariat des → Rats der EU einerseits und dem Sekretariat der OSZE andererseits.

Engere Beziehungen sind umso wichtiger, seit sich die EU mit der → Gemeinsamen Sicherheits- und Verteidigungspolitik neue Instrumente der zivilen Konfliktbearbeitung in jenen Feldern zugelegt hat, in denen auch die OSZE aktiv ist. Erweiterungen und Reformen von NATO und EU haben bereits zu einer Bedeutungsminderung der OSZE geführt. Eine Klärung der zukünftigen Aufgabenteilung und Zusammenarbeit steht noch aus. Die Zukunft der OSZE wird wesentlich davon abhängen, wie sich ihre Vor-Ort-Aktivitäten entwickeln, ob sie neue Themenfelder besetzen kann und wie sie sich im Kräftedreieck USA, Russland und EU positionieren kann. Da die OSZE in der amerikanischen Außenpolitik einen geringen Stellenwert hat und Russland ihr gegenüber in den vergangenen Jahren eine zunehmend kritische Haltung eingenommen hat, kommt es vor allem auf die EU an.

Russlands 2008 gestartete Initiative zur Wiederbelebung des gesamteuropäischen Sicherheitsdialogs, die nach dem Willen Moskaus zum Abschluss eines rechtlich verbindlichen Vertrags über europäische Sicherheit führen soll, hat der OSZE vorerst wichtige neue Impulse gegeben – insbesondere dank der französischen EU-Ratspräsidentschaft, auf deren Vorschlag hin die OSZE seit 2009 als Rahmen für den neuen Sicherheitsdialog dient. Die EU könnte in diesem nach einem ersten informellen Treffen der Außenminister der OSZE-Staaten auf der griechischen Insel Korfu im Juni 2009 so genannten „Korfu-Prozess" auch weiterhin eine führende Rolle spielen.

Hans-Georg Ehrhart / Ursel Schlichting

Präsident des Europäischen Rates

Vertragsgrundlage: Art. 6, 15 EUV. Art. 235 AEUV. Beschluss des Europäischen Rates vom 1. Dezember 2009 zur Festlegung seiner Geschäftsordnung (2009/882/EU).

Literatur: CEPS/EGMONT/EPC: The Treaty of Lisbon. Implementing the Institutional Innovations, Brussels 2007 • Michael Dougan: The Treaty of Lisbon 2007. Winning Minds, Not Hearts, in: Common Market Law Review, 3/2008, S. 617-703 • Herman van Rompuy: ‚Speech by the President of the European Council', 7. Januar 2010, Wildbad Kreuth, http://www.consilium.europa.eu/uedocs/cms_data/docs/pressdata/en/ec/112174.pdf • Wolfgang Wessels, A New Top? The Lisbon Provisions for the Permanent

President of the European Council, Salzburg Papers on European Integration 02-10, SCEUS Salzburg Centre of European Union Studies/Jean Monnet Centre of Excellence, März 2010.
Internet: http://www.european-council.europa.eu/

Eine der zentralen Veränderungen des → Vertrags von Lissabon ist die Schaffung der Position eines hauptamtlichen Präsidenten des Europäischen Rates. In seiner Verantwortung für Arbeits- und Beschlussfähigkeit dieser Schlüsselinstitution nimmt der Präsident eine herausgehobene Position in der institutionellen Architektur der EU ein.

Auf der Suche nach Effizienzsteigerung und Führung

Zentrale Erwartungen an den Vorsitz des → Europäischen Rates sind die Vorbereitung der Treffen und die Sitzungsleitung sowie die Wahrnehmung der Rolle eines „ehrlichen Maklers" im Club der nationalen Spitzenpolitiker und deren Führung in Zeiten eines Krisenmanagements. Bei der Wahrnehmung dieser Rolle durch eine halbjährlich rotierende Präsidentschaft lagen die Schwächen vor allem in der mangelnden Kontinuität sowie einer möglichen Überforderung der Person bei der Vereinbarung von europäischen und nationalen Führungsaufgaben.

Wahl und Amtsdauer

„Der Europäische Rat wählt seinen Präsidenten mit qualifizierter Mehrheit für eine Amtszeit von zweieinhalb Jahren; der Präsident kann einmal wiedergewählt werden" (Art. 15(5) EUV). Im Unterschied zu der Wahlperiode des Präsidenten der Europäischen Kommission und des → Hohen Vertreters der Union für Außen- und Sicherheitspolitik, die erst nach fünf Jahren zur möglichen Wiederwahl stehen, ist die Amtszeit des Präsidenten des Europäischen Rates deutlich kürzer. Er kann außerdem auch nur einmal wiedergewählt werden. Beide Regelungen reflektieren die bei den Vertragsverhandlungen aufgekommene Sorge um eine zu starke Rolle eines Vollzeit-Präsidenten.

Aufgaben und Funktionen

Der Lissabonner Vertrag (Art. 15(6) EUV) und die davon ausgehende Geschäftsordnung des Europäischen Rates (vom 1.12.2009) geben einen umfassenden Satz an Aufgaben vor:

- Eine erste wesentliche Verantwortung liegt in der Sitzungsleitung: der Präsident „führt den Vorsitz bei den Arbeiten des Europäischen Rates und gibt ihnen Impulse" (Art. 15(6 a) EUV). Dieses Recht ermöglicht ihm, den Ablauf der Sitzung zu organisieren und je nach Verhandlungskonstellation zu gestalten.

- Für eine zweite zentrale Aufgabe haben die Vertragsarchitekten eine Formulierung vereinbart, die ein genaueres Lesen erfordert: der Präsident „sorgt in Zusammenarbeit mit dem Präsidenten der Europäischen Kommission auf der Grundlage der Arbeiten des Rates „Allgemeine Angelegenheiten" für die Vorbereitung und Kontinuität des Europäischen Rates" (Art. 15(6 b) EUV). Diese Formulierung unterstreicht einerseits die angestrebte Kontinuität durch einen hauptamtlichen Präsidenten, setzt ihm andererseits aber auch enge Grenzen für ein eigenständiges Arbeiten.

- Eine dritte Aufgabe spricht die Funktion des Vorsitzes als „ehrlicher Makler" an: der Präsident „wirkt darauf hin, dass der Zusammenhalt und Konsens im Europäischen Rat gefördert werden" (Art. 15(6 c) EUV). Ohne eigene nationale Interessen vertreten zu müssen soll er als integrativer Mediator bei Interessendivergenzen und Konflikten vermitteln.

- Auch eine Rolle als Sprecher seiner Institution sieht der Vertrag vor: der Präsident „legt dem Europäischen Parlament im Anschluss an jede Tagung des Europäischen Rates einen Bericht vor" (Art. 15(6 d) EUV).

- Eine zentrale Rolle legt der Vertrag bei der Vertretung der EU nach außen fest: „Der Präsident des Europäischen Rates nimmt auf seiner Ebene und in seiner Eigenschaft, unbeschadet der Befugnisse des Hohen Vertreters der Union für Außen – und Sicherheitspolitik, die Außenvertretung der Union in Angelegenheiten der Gemeinsamen Außen – und Sicherheitspolitik wahr" (Art. 15(6)EUV). Eine Lesart dieser Bestimmung erwartet vom Amtsinhaber, einer ambitionierten internationalen Rolle der EU eine ‚Stimme' und ein ‚Gesicht' zu geben. Bei einem zweiten Blick wird eine derartige Aufgabenwahrnehmung jedoch auf das Gebiet der Außen- und Sicherheitspolitik beschränkt.

Der erste Amtsinhaber Herman van Rompuy hat sein Rollenverständnis zwischen zwei Polen angesiedelt: Er will weder ein machtvoller Präsident nach französischem Verständnis sein, noch nur eine begrenzte Aufgabe eines Sitzungsleiters ausüben. Seine tatsächliche Rolle wird von seinem Geschick abhängen, Herausforderungen an die EU im Kreise nationaler Führungspersönlichkeiten produktiv anzugehen.

Wolfgang Wessels mit Jonas Kranz

Rat

Vertragsgrundlage: Art. 13, 16, 18 EUV. Art. 237-243 AEUV.

Aufgaben: Zentrale Entscheidungsbefugnis zur Realisierung der vertraglich festgelegten Ziele; Erlass von Vorschriften; Übertragung von Befugnissen zur Durchführung von Vorschriften an die Kommission; Ausübung von Durchführungsbefugnissen; Abstimmung der Wirtschaftspolitik der Mitgliedstaaten.

Zusammensetzung: je ein Vertreter jedes Mitgliedstaats auf Ministerebene, der verbindlich für seine Regierung handeln kann (Art. 16(2) EUV). Der Rat tagt je nach Materie in unterschiedlichen Zusammensetzungen.

Sitz und Personal: Brüssel; in den Monaten April, Juni und Oktober tagt der Rat in Luxemburg; etwa 3.000 Beamte im Generalsekretariat des Rats.

Literatur: Sven von Alemann: Der Rat der Europäischen Union. Seine Stellung im institutionellen Gefüge des europäischen Mehrebenensystems und sein Beitrag zur demokratischen Legitimation der Europäischen Union, Köln/München 2009 • Daniela Kietz: Rat der Europäischen Union, in: Werner Weidenfeld/Wolfgang Wessels (Hrsg.): Jahrbuch der Europäischen Integration 2007, Baden-Baden 2008ff. • Jakob Lempp: Die Evolution des Rats der Europäischen Union. Institutionenevolution zwischen Intergouvernementalismus und Supranationalismus, Baden-Baden 2009.

Internet: http://www.consilium.europa.eu/

Der Rat der Europäischen Union repräsentiert die Vertretung der Mitgliedstaaten im politischen System der EU. Er stellt somit eine direkte Verbindung zwischen der EU-Ebene und der mitgliedstaatlichen Interessenvermittlung her. Er verfügt – im Regelfall im ordentlichen Gesetzgebungsverfahren mit dem Europäischen Parlament (→ Entscheidungsverfahren) – über die Entscheidungsbefugnis zur Realisierung der vertraglich festgelegten Ziele und zur Rechtsetzung innerhalb der EU. Er erlässt Rechtsvorschriften, kann Befugnisse zur Durchführung von Vorschriften an die Europäische Kommission übertragen oder diese selbst ausüben. Des Weiteren ist er für die Abstimmung der Wirtschaftspolitik der Mitgliedstaaten verantwortlich und nimmt eine zentrale Rolle in der → Gemeinsamen Außen- und Sicherheitspolitik (Art. 16(6) EUV) sowie der → Gemeinsamen Sicherheits- und Verteidigungspolitik ein (Art. 42-46 EUV).

Historische Entwicklung

Ebenso wie bei anderen EU-Organen wandelten sich Struktur und Arbeitsweise des Rats im Verlauf der europäischen Integration grundlegend. Bis zur

Einheitlichen Europäischen Akte (EEA) 1987 war der Rat ein eher langsam und stark konsensorientiert arbeitendes Gemeinschaftsorgan, dessen Funktionsweise weitgehend intransparent war.

Trotz der Ausdehnung von Entscheidungen mit qualifizierter Mehrheit (QM) durch die EEA war der Rat weiterhin stark auf Konsensfindung ausgerichtet. Die Möglichkeit der Abstimmung mit QM besaß dabei ein Drohpotenzial, das eher verstärkend auf die Konsensbereitschaft wirken sollte, als dass der Abstimmungsmodus selber tatsächlich genutzt wurde. Als Ausnahme kann lediglich das Haushaltsverfahren angeführt werden, in dem der Rat seit Mitte der 1970er Jahre durchaus mit QM abgestimmt hat.

Mit dem Vertrag von Maastricht (1993) wurde die noch in der EEA für die Europäische Politische Zusammenarbeit (EPZ) festgeschriebene Trennung von EG-Ministerrat und den Ministertagungen im Rahmen der Außenbeziehungen aufgehoben. Seither ist der Rat auch in der GASP, sowie in der Zusammenarbeit in den Bereichen Justiz und Inneres zuständig. Die Vertragsrevisionen von Amsterdam (1999) und Nizza (2003) legten eine weitere Ausdehnung der Aufgabengebiete sowie eine Revision der Entscheidungsstrukturen und -modalitäten fest.

Seit den 1990er Jahren konzentrierte sich die Diskussion um die strukturelle und prozedurale Reform des Ratssystems auf die mangelnde interne Koordination, die Rolle und Struktur der Ratsformationen, die Gewichtung von legislativen und exekutiven Ratsfunktionen, die zunehmende Übernahme von Ratsfunktionen durch den → Europäischen Rat, die Transparenzsteigerung sowie die Neuregelung der sechsmonatigen Rotation der Präsidentschaft nach der EU-Osterweiterung 2004/07. Bereits 2002 wurden wesentliche Reformen in den Bereichen Trennung der Tagesordnungen des außenpolitischen und des koordinierungspolitischen Teils des Rats „Allgemeine Angelegenheiten", Verringerung der Ratsformationen und Einrichtung verlängerter Vorsitzzeiten in Fachgremien des Rats beschlossen.

Der → Vertrag von Lissabon (2009) setzte diese Reformen fort. Der Rat „Allgemeine Angelegenheiten" ist nun für die Grundlage der Arbeiten des Europäischen Rates verantwortlich, für deren Vorbereitung und Kontinuität der neue Präsident des Europäischen Rates in Zusammenarbeit mit dem Kommissionspräsidenten Sorge trägt (Art. 15(6 b), 16(6) EUV). Der Lissabonner Vertrag schafft damit eine Kooperationsform zwischen zentralen Institutionen und politischen Akteuren der EU, die im politischen Prozess durchaus zu institutionellen Spannungen und prozeduralen Überlappungen sowie Verschiebungen führen könnte.

Der Vertrag von Lissabon änderte auch den turnusmäßigen Wechsel des Vorsitzes in den Ratsformationen. Der Rat „Auswärtige Angelegenheiten" wird nun dauerhaft vom neu installierten → Hohen Vertreter der Union für Außen- und Sicherheitspolitik geleitet. Er ist gleichzeitig einer der Vizepräsidenten der EU-Kommission, leitet die GASP und GSVP (Art. 18 EUV), verfügt in der GASP über ein Initiativrecht (Art. 30(1) EUV), übernimmt Funktionen in der Außenrepräsentation der EU und soll insgesamt für die Kohärenz des auswärtigen Handelns der EU sorgen (Art. 18(4) EUV). Der Vorsitz in den anderen Ratsformationen wird nach dem gleichberechtigten Rotationsprinzip der Ratspräsidentschaften von den Mitgliedstaaten wahrgenommen (Art. 16(9) EUV).

Institutionelle Struktur und Arbeitsweise

Als Folge des qualitativen und quantitativen Ausbaus der EU-Aktivitäten tagte der Rat phasenweise in mehr als 20 sektoriellen Zusammensetzungen. Im Juni 2000 beschränkte der Rat die Zahl seiner Zusammensetzungen auf 16 und reduzierte sie 2002 durch Zusammenlegung einzelner Ressorts nochmals auf neun. Der Vertrag von Lissabon erhöhte die Anzahl der Zusammensetzungen 2009 durch die formelle Festschreibung der Trennung der Tageordnungen des Rates „Allgemeine Angelegenheiten" in den Rat „Allgemeine Angelegenheiten" und den Rat „Auswärtige Angelegenheiten" wieder auf zehn (Art. 16(6) EUV).

Der Rat besteht aus je einem Vertreter jedes Mitgliedstaats auf Ministerebene, der befugt ist, für die Regierung des Mitgliedstaats verbindlich zu handeln und abzustimmen (Art. 16(2) EUV). Diese Formulierung erlaubt es föderalen Mitgliedstaaten, Minister der subnationalen Ebene in Ratssitzungen zu entsenden. Ferner folgt daraus, dass die stimmberechtigten Mitglieder des Rats – nach dem Prinzip der doppelten Legitimation – für ihre Beteiligung an der Entscheidungsfindung auf europäischer Ebene indirekt dadurch legitimiert sind, dass sie der nationalen oder einer subnationalen Regierung der Mitgliedstaaten angehören und damit direkt demokratisch legitimiert und rechenschaftspflichtig sind.

Sitz des Rats ist Brüssel; in den Monaten April, Juni und Oktober tagt er in Luxemburg. In der Regel trifft ein sektorieller Rat zweimal pro Präsidentschaft zusammen. Der Rat „Allgemeine Angelegenheiten", der Agrar-Rat und der Ecofin-Rat (Wirtschafts- und Finanzminister) treffen häufiger – nicht selten einmal pro Monat – zusammen. Seit September 2001 tritt auch der Rat der Innen- und Justizminister häufiger zusammen. Tagt der Rat „Auswärtige

Angelegenheiten" im Hinblick auf die GSVP, so können auch die Verteidigungsminister beteiligt werden. Traditioneller Weise nehmen die Verteidigungsminister zweimal pro Jahr an formellen und zweimal an informellen Ratssitzungen teil. Eine besondere Stellung unter den Ratsformationen nimmt die Eurogruppe ein, die informell vor dem Ecofin-Rat zusammentritt. Sie setzt sich aus den Vertretern der Mitgliedstaaten der Euro-Zone zusammen und wählt für je zweieinhalb Jahre ihren eigenen Präsidenten (Protokoll Nr. 14). Darüber hinaus nehmen die Mitgliedstaaten, deren Währung der Euro ist im Rat eine Sonderstellung ein, wenn es um Entscheidungen zum reibungslosen Funktionieren der Wirtschafts- und Währungsunion geht (Art. 136(1) AEUV). Hier sind im Rat nur die Mitgliedstaaten der Eurozone stimmberechtigt (Art. 136(2) AEUV).

Die Teile der Ratstagungen, in denen über Entwürfe zu Gesetzgebungsakten beraten oder abgestimmt wird, werden seit dem Vertrag von Lissabon öffentlich abgehalten. Ratstagungen sind somit seit dem Inkrafttreten des Vertrags von Lissabon in zwei Teile unterteilt (Art. 16(8) EUV).

Unterstützt wird der Rat durch sein Generalsekretariat mit etwa 3.000 Beamten, den Ausschuss der Ständigen Vertreter (AStV) sowie eine Vielzahl von Arbeitsgruppen. Das Generalsekretariat ist für die administrative und organisatorische Unterstützung des Rats zuständig.

Der AStV ist das entscheidende Organ zur Vorbereitung von Ratsentscheidungen. Er besteht aus zwei Teilen: Der AStV I besteht aus den stellvertretenden Ständigen Vertretern der Mitgliedstaaten, der AStV II aus den Ständigen Vertretern. Der AStV I befasst sich mit eher technischen, den Gemeinsamen Markt betreffenden Fragen, der AStV II mit eher politischen Themen und solchen, die die Bereiche der GASP bzw. GSVP und den → Raum der Freiheit, der Sicherheit und des Rechts betreffen. Beide tagen mindestens einmal wöchentlich und bereiten die Sitzungen des Rats vor. Die Arbeit des AStV führt zur Einteilung der zu behandelnden Thematiken in A- und B-Punkte der Tagesordnung des Rats. Bei A-Punkten schließt sich der Rat in der Regel der Beschlussempfehlung des AStV an, ohne nochmals darüber zu diskutieren und zu verhandeln. Die B-Punkte, bei denen es sich häufig um politisch sensible oder kontroverse Fragen handelt, werden hingegen von den Ministern im Rat diskutiert. Sowohl A-, als auch B-Punkte bedürfen der formalen Annahme durch den Rat. Der AStV entscheidet außerdem, welche Dossiers auf die Tagesordnung des Rats gesetzt und welche zur weiteren Verhandlung an die Arbeitsgruppen zurückverwiesen werden. Die etwa 250 Arbeitsgruppen des Rats setzen sich aus nationalen Beamten zusammen, die zu den Sitzungen aus den Mitgliedstaaten nach Brüssel oder Luxemburg anreisen.

Alle Rechtsakte, über die der Rat entscheidet, durchlaufen entweder den AStV I oder II. Damit stellt der AStV eine zentrale Schaltstelle innerhalb der Ratsstruktur dar. Oft werden auf dieser Ebene Kompromisse – so genannte Paketlösungen – über verschiedene Sektoren hinweg ausgehandelt, die dann von den Ministern – je nach Entscheidungsverfahren gemeinsam mit dem → Europäischen Parlament – angenommen werden.

In seiner Aufgabenerfüllung im Bereich der Gemeinschaftspolitiken unterliegt der Rat der Jurisdiktion des → Gerichtshofs der Europäischen Union (EuGH) insofern, als dass dieser Ratsentscheidungen für nichtig erklären oder den Rat wegen Untätigkeit verurteilen kann (Art. 263, 265 AEUV).

Die Arbeit im Rat, mit Ausnahme des Rates „Auswärtige Angelegenheiten", wird in großem Maße von der jeweiligen Ratspräsidentschaft beeinflusst, die nach einer vom Europäischen Rat mit qualifizierter Mehrheit (QM) festgelegten Reihenfolge (Art. 236 b AEUV, Erklärung 9) halbjährlich zwischen den Mitgliedstaaten gleichberechtigt rotiert sowie die Arbeit des Rats inhaltlich und organisatorisch vorbereitet.

Übersicht: Ratspräsidentschaften bis 2020

	Erstes Halbjahr (Januar – Juni)	Zweites Halbjahr (Juli – Dezember)
2010	Spanien	Belgien
2011	Ungarn	**Polen**
2012	**Dänemark**	**Zypern**
2013	Irland	Litauen
2014	Griechenland	**Italien**
2015	**Lettland**	**Luxemburg**
2016	Niederlande	Slowakei
2017	Malta	**Großbritannien**
2018	**Estland**	**Bulgarien**
2019	Österreich	Rumänien
2020	Finnland	

Legende: (Dreier-Gruppierungen (**fett**/normal) = Teampräsidentschaften)

Quelle: Eigene Zusammenstellung.

Seit 1989 legt jede Präsidentschaft ein detailliertes Arbeitsprogramm vor, das ihre Prioritäten sowie die gemeinsam formulierten und zu bearbeitenden (Reform-)Vorhaben der EU enthält. Zu den Aufgaben der Präsidentschaft zählen u.a. die Einberufung und Leitung der im Rahmen der Ratsstruktur stattfindenden Sitzungen der verschiedenen Ebenen. Die Geschäftsordnung des Rats überlässt der Präsidentschaft einen weit reichenden Gestaltungsspielraum in Bezug auf die Ausgestaltung der einzelnen Sitzungen. Im Dezember 2003 verabschiedete der Europäische Rat erstmalig ein dreijähriges Strategieprogramm des Rats. Es umfasste den Zeitraum 2004-2006 und wurde von den betroffenen Vorsitzen ausgearbeitet, ohne deren eigene Präsidentschaftsprogramme zu ersetzen. Die Praxis dieser gemeinsamen Prioritätensetzungen aufeinanderfolgender Ratspräsidentschaften (so genannte Teampräsidentschaften) wurde auch nach 2006 fortgesetzt. So erarbeiteten Deutschland, Portugal und Slowenien 2007 gemeinsam ein Achtzehn-Monatsprogramm. Die Teampräsidentschaften umfassen jeweils drei in der Abfolge der Ratspräsidentschaften aufeinander folgende Mitgliedstaaten.

Neben den offiziellen Ratssitzungen kommen die Minister zu informellen Treffen zusammen. Das primäre Ziel dieser Sitzungen ist es, in einem ‚gelösteren' Rahmen und kleinerem Kreis von beratenden Beamten, Kompromisse auszuloten und Themen vertieft zu diskutieren. Der Rat ist auf diesen informellen Treffen allerdings nicht berechtigt, rechtsverbindliche Beschlüsse zu fassen.

Abstimmungsmodi

Abstimmungen im Rat erfordern je nach Vertragsgrundlage, Politikbereich und → Entscheidungsverfahren unterschiedliche Mehrheiten. Abstimmungen mit einfacher Mehrheit der Mitgliedstaaten finden so gut wie keine Anwendung mehr. In der Regel entscheidet der Rat entweder mit QM oder einstimmig. Im Falle der Einstimmigkeit (und der einfachen Mehrheit) hat die Stimme jedes Mitgliedstaats das gleiche Gewicht, während Entscheidungen mit QM zwei Komponenten umfassen: eine Mehrheit der Mitgliedstaaten und eine Mehrheit der Bevölkerung der Union (Art. 16(4)EUV, Art. 238 AEUV). Mit dieser Beachtung von Bevölkerungsanteilen wird ein demographisches Element in die Entscheidungsfindung eingebunden.

Die aktuellen Abstimmungsmodalitäten im Rat sind mit dem Vertrag von Lissabon eingeführt worden, um Abstimmungen im Rat transparenter zu gestalten. Er macht die QM zur ordentlichen Abstimmungsmethode, es sei denn, der Vertrag sieht ein anderes Verfahren vor (Art. 16(3) EUV). Das QM-Verfahren findet in über 180 Fällen Anwendung. Art. 238 AEUV regelt das System der QM. Eine QM ist erreicht, wenn mindestens 55 % der Mitglieder im Rat, die mindestens 15 Staaten repräsentieren und gemeinsam mindestens 65 % der EU-Bevölkerung ausmachen, für einen Vorschlag stimmen. Durch diese Art der Kombination erhalten Mitgliedstaaten mit hohem Bevölkerungsanteil mehr Gewicht bei Abstimmungen. Ergänzt wird diese QM-Kombination durch die Einführung einer Sperrminorität von vier Staaten.

Bis zum 31. Oktober 2014 regelt Art. 3(3) AEUV des Protokolls Nr. 36 die (Nicht-)Anwendung der neuen QM im Rat. Zudem wird in Erklärung 7 zu Art. 16 EUV und Art. 238 AEUV für die Zeit vom 1. November 2014 bis 31. März 2017 festgehalten, dass keine Entscheidung mit dieser neuen QM getroffen werden kann, wenn mindestens drei Viertel des Bevölkerungsanteils oder mindestens drei Viertel der Mitgliedstaaten, die für eine Sperrminorität erforderlich sind, der Annahme eines Rechtsakts widersprechen. Ab dem 1. April 2017 sind hierfür 55 % der Bevölkerung und 55 % der Mitgliedstaaten erforderlich. Entscheidet der Rat nicht auf Initiative der Kommission bzw. des Hohen Vertreters für Außen- und Sicherheitspolitik, gilt ab dem 1. November 2014 ein Quorum von 72 % der Staaten und 65 % der Bevölkerung (Art. 238(2) AEUV).

Im Laufe der europäischen Integration sahen bereits die Römischen Verträge die Beschlussfassung mit QM vor. Die tatsächliche Umsetzung dieser Bestimmung im Rahmen der → Agrarpolitik hat jedoch in den 1960er Jahren eine schwere Krise ausgelöst und 1965 durch die Nicht-Teilnahme der französischen Delegation an den Ratssitzungen zur „Politik des leeren Stuhls" geführt. Der zur Lösung dieser Krise 1966 erzielte „Luxemburger Kompromiss" beendete die Blockade. Er sah vor, dass in Fragen, die von vitalem Interesse für einen Mitgliedstaat sind, so lange ein Kompromiss gesucht wird, bis der betreffende Staat zur Zustimmung bereit ist. Angewendet wurde dieses Verfahren jedoch nur selten. Seit den 1980er Jahren wurde hiervon kein Gebrauch mehr gemacht. Da es sich um eine politische und nicht um eine rechtlich verbindliche Übereinkunft handelt, kann er formal nicht abgeschafft werden und besteht weiter, ohne de facto die Entscheidungsfindung im Rat zu beeinflussen. Eine modifizierte Form des „Luxemburger Kompromisses" findet sich in der GASP (Art. 31(2) EUV) und bei der verstärkten Zusammenarbeit (Art. 20 EUV) wieder.

Hinsichtlich der weiteren Reform und Neugewichtung der Stimmen in Rat wurde mit dem Vertrag von Amsterdam ein Ausgleich für die größten Staaten bei Verzicht auf das zweite Kommissionsmitglied im Rahmen der 2004/07

→ Erweiterung der EU vereinbart. Die Staats- und Regierungschefs einigten sich hierfür auf die Kombination von Stimmenneugewichtung und doppelter Mehrheit (Bevölkerungsanteil und Anzahl der Stimmen), die mit dem Vertrag von Lissabon eingeführt wurde.

Für Entscheidungen mit QM innerhalb der früheren EU-15 mussten gemäß dem Vertrag von Nizza 62 der insgesamt 87 Stimmen und in gewissen Fällen mindestens 10 Mitgliedstaaten aufgebracht werden. Eine qualifizierte bzw. blockierende Minderheit war mit 26 Stimmen erreicht. Die Regelungen zu Entscheidungen mit QM nach der EU-Erweiterung wurden vom 1. November 2004 bis zum 30. November 2009 angewandt. Sie setzten sich aus drei ineinander greifenden Komponenten zusammen. In der EU-25 war die QM erreicht, wenn 232 von 321 Stimmen aufgebracht wurden. Mit dieser Gewichtung erhielten die Stimmen der großen Staaten durch den Vertrag von Nizza relativ mehr Gewicht. Ergänzt wurde die stärkere Berücksichtigung des demographischen Faktors durch das Kriterium, dass – auf Antrag eines Mitgliedstaates – auch mindestens 62 % der Gesamtbevölkerung der Union den Beschluss unterstützen mussten. Zusätzlich musste eine Mehrheit von Staaten den Beschluss tragen. Die Schwelle für eine QM erhöhte sich in der EU-27 auf 255 von insgesamt 345 gewogenen Stimmen. Da jedoch in der EU-27 auch eine Minderheit von dreizehn Staaten diese 255 Stimmen aufbringen konnte, fand in solchen Fällen die Klausel Anwendung, nach der eine Mehrheit der Staaten den Beschluss tragen musste.

In dieser Reihe von Reformen der QM-Entscheidungen hat der Vertrag von Lissabon mit seiner dargelegten Reform des Abstimmungsverfahrens mit QM den Übergang vom Prinzip der gewichteten Stimmen zum Prinzip der doppelten Mehrheit erreicht. Die doppelte Mehrheit ist allerdings mit einer Vielzahl von Bedingungen und Übergangsbestimmungen verbunden, die das Abstimmungssystem weder transparenter noch effizienter machen.

Trotz aller Berechnungen zur QM darf jedoch nicht übersehen werden, dass die Entscheidungsfindung im Rat auch heute noch eher auf Konsens als auf Kampfabstimmung ausgerichtet ist und dass es im Rat keine festen Koalitionen zwischen verschiedenen Staaten gibt, sondern dass Koalitionen sich vielmehr mit den anstehenden Politikfeldern ändern.

Gaby Umbach
(aktualisierte Version von Ines Hartwig / Gaby Umbach 2007)

Raum der Freiheit, der Sicherheit und des Rechts

Vertragsgrundlage: Art. 4, 67-89 AEUV.

Literatur: Jörg Monar: Die politische Konzeption des Raumes der Freiheit, der Sicherheit und des Rechts: Vom Amsterdamer Vertrag zum Verfassungsentwurf des Konvents, in: Peter-Christian Müller-Graff (Hrsg.): Der Raum der Freiheit, der Sicherheit und des Rechts, Baden-Baden 2005, S. 26-38 • Peter-Christian Müller-Graff: Der Rechtsrahmen des Raums der Freiheit, der Sicherheit und des Rechts, in: Peter-Christian Müller-Graff: Der Raum der Freiheit, der Sicherheit und des Rechts, Baden-Baden 2005, S. 1-25 • ders., Der Raum der Freiheit, der Sicherheit und des Rechts in der Lissabonner Reform, in: Europarecht Beiheft 1/2009 • Albrecht Weber: Der Raum der Freiheit, der Sicherheit und des Rechts im Vertrag von Lissabon, BayVerwBl 2008, S. 485-489.

Internet: Politikbereiche der EU: http://europa.eu/pol/index_de.htm • Europäische Kommission: http://ec.europa.eu/justice_home/index_de.htm

Der Raum der Freiheit, der Sicherheit und des Rechts wurde als eigene begriffliche Kategorie mit dem Amsterdamer Vertrag (1999) in das europäische Primärrecht eingefügt. Er ist als allgemeine Zielbestimmung der Europäischen Union in Art. 3(2) EUV verankert und wird in den Art. 67ff. AEUV kompetenziell näher ausgestaltet. In ihm fasst das Primärrecht eine Reihe von Politiken zusammen, die vom Vertrag von Maastricht (1993) zu einem Gegenstand des gemeinsamen Interesses der Mitgliedstaaten erhoben wurden. Dazu zählen die Zugangspolitiken (→ Asyl-, Einwanderungs- und Visapolitik), die → justizielle Zusammenarbeit in Zivilsachen und die polizeiliche und → justizielle Zusammenarbeit in Strafsachen. Grund und Antrieb für die Verfolgung dieser Politiken auf europäischer Ebene, die sich auf den ersten Blick nur schwer in das im Ausgangspunkt auch weiterhin primär auf die Schaffung eines → Binnenmarkts abzielende Aufgabenfeld der Europäischen Union einzupassen scheinen, bildet die im Zuge der Verwirklichung der Grundfreiheiten erfolgende Öffnung der Binnengrenzen. Mit dem Wegfall der Personenkontrollen – ein Postulat insbesondere der Freizügigkeit – werden innerunionale Wanderungsbewegungen von Drittstaatsangehörigen ebenso wie von kriminellen oder auch terroristisch aktiven Personen möglich. Beides begründet Herausforderungen, denen die Mitgliedstaaten nur gemeinsam kohärent und effizient gerecht werden können.

Hiervon abgesehen lässt sich ein durchgreifendes Konzept des Raums der Freiheit, der Sicherheit und des Rechts nur schwer erkennen. In ihm zusammengefasst sind sachgegenständlich ganz unterschiedliche, im Einzelnen nur wenig zusammenhängende Politikbereiche. Ihre Verklammerung unter die namensgebenden Leitbegriffe Freiheit, Sicherheit und Recht als neues Politik-konzept der Union scheint aus zwei Gründen künstlich: zum einen, weil je-denfalls Freiheit und Recht schon seit jeher Kerngegenstände der europäischen Integration darstellen, insofern als ein ungestört grenzüberschreitender Wett-bewerb ohne Freiheit und Recht nicht denkbar ist; vor allem aber scheint das Versprechen eines Raums der Freiheit, der Sicherheit und des Rechts ange-sichts der nach wie vor lückenhaften Kompetenzen auf europäischer Ebene von vornherein nur sehr beschränkt einlösbar. Überdies nehmen nicht alle Mitgliedstaaten vollständig teil.

Die eigenständige Entwicklung

Ausgehend von dem auch in Art. 3(2) EUV aufscheinenden engen Zusam-menhang mit der Personenverkehrsfreiheit hat der Raum der Freiheit, der Si-cherheit und des Rechts eine relativ eigenständige Entwicklung genommen. Konkretisiert wurde er erstmals durch den Wiener Aktionsplan „zur best-möglichen Umsetzung der Bestimmungen des Amsterdamer Vertrags über ei-nen Aufbau eines Raums der Freiheit, der Sicherheit und des Rechts" (1998) und im Folgejahr durch den Europäischen Rat von Tampere. Das dort ent-wickelte Leitbild einer offenen und sicheren Union wurde vom Europäischen Rat von Sevilla (2002) graduell verschoben. Aufgrund der zunehmenden ille-galen Einwanderung und der veränderten Bedrohungslage nach dem Septem-ber 2001 gerieten Maßnahmen zur Bekämpfung der illegalen Einwanderung, die Steuerung der Migrationsströme und die schrittweise Einführung eines koordinierten und integrierten Schutzes der Außengrenzen stärker in den Blickpunkt. Bemerkenswert ist, dass der Raum der Freiheit, der Sicherheit und des Rechts in politischer Zielkonzeption und tatsächlicher Rechtsetzung eine beachtliche Entwicklung genommen hat. Dabei hat der Lissabonner Vertrag in den Kompetenzgrundlagen die normative Verbindung zum Binnenmarkt weitgehend aufgehoben. In der Praxis hat die Justiz- und Innenpolitik den ursprünglich dienenden Charakter schon früher abgestreift und auch konzep-tionell eine weitgehend binnenmarktunabhängige Politik verfolgt. Diese Ten-denz findet sich verstärkt im 2009 vom Europäischen Rat angenommenen Stockholmer Programm, das in Diktion und in der Fülle an Themen vielfach eher an staatliche Innenpolitik erinnert. Folgerichtig heißt der sich mit dem Raum der Freiheit, der Sicherheit und des Rechts beschäftigende Rat auch Rat für Justiz und Inneres. Die weitere Rechtsentwicklung wird vom Fortbestand des politischen Willens der Mitgliedstaaten zu fortschreitender Europäisierung abhängen, wobei der Übergang zum ordentlichen Gesetzgebungsverfahren (mit Modifikationen vor allem in der justiziellen Zusammenarbeit in Strafsachen und in der polizeilichen Zusammenarbeit) förderlich sein dürfte.

Peter-Christian Müller-Graff / Friedemann Kainer

Rechnungshof

Vertragsgrundlage: Art. 13, 285-287 AEUV.

Aufgaben: Prüfung der Rechnung über alle Einnahmen und Ausgaben der Europäischen Union.

Zusammensetzung: Ein Staatsangehöriger je Mitgliedstaat.

Sitz: Luxemburg.

Entscheidungsverfahren: Annahme der Berichte, Stellungnahmen und Zuverlässigkeitserklärungen grundsätzlich mit Mehrheit der Mitglieder; Möglichkeit zur Bildung von Kammern für bestimmte Arten von Berichten und Stellungnahmen.

Literatur: Michael Freytag: Der Europäische Rechnungshof, Baden-Baden 2005 • Siegfried Magiera u.a.: Der Rechnungshof, in: Werner Weidenfeld/Wolfgang Wessels (Hrsg.): Jahrbuch der Europäischen Integration, Bonn/Baden-Baden 2000ff.

Internet: http://www.eca.europa.eu

Der Europäische Rechnungshof (EuRH) ist das für die externe Rechnungsprüfung zuständige Organ der EU. Mit seiner Errichtung durch den Vertrag zur Änderung bestimmter Finanzvorschriften (1975) erfolgte eine Aufwertung der externen Finanzkontrolle, die mit der 1970 eingeleiteten Ablösung der Finanzierung des Gemeinschaftshaushalts aus Beiträgen der Mitgliedstaaten durch ein System eigener Einnahmen (so genannte Eigenmittel) notwendig geworden war. Er nahm seine Tätigkeit als unabhängige Kontrollinstitution aller drei Gemeinschaften im Oktober 1977 auf. Seine förmliche Gleichstellung mit den übrigen Organen erfolgte mit dem Vertrag von Maastricht (1993). Eine weitere Aufwertung erfuhr er mit einer Stärkung seiner Befugnisse durch die Verträge von Amsterdam (1999) und Nizza (2003). Der gescheiterte Europäische Verfassungsvertrag hätte demgegenüber den EuRH als „sonstiges Organ" eingeordnet, das nicht vom „institutionellen Rahmen" der EU umfasst worden wäre. Der → Vertrag von Lissabon qualifiziert den EuRH wieder als eines der Organe der EU.

Zusammensetzung und Stellung der Mitglieder

Der EuRH besteht aus einem Staatsangehörigen je Mitgliedstaat. Voraussetzungen für das Amt sind besondere fachliche Eignung und Gewähr für Unabhängigkeit. Die Mitglieder werden vom → Rat der EU nach Anhörung des → Europäischen Parlaments mit qualifizierter Mehrheit für sechs Jahre ernannt. Sie wählen aus ihrer Mitte für drei Jahre den Präsidenten des EuRH. Seine Wiederwahl wie auch die Wiederernennung der Mitglieder sind zulässig. Die Mitglieder üben ihre Tätigkeit in voller Unabhängigkeit zum allgemeinen Wohl der Union aus. Sie dürfen keine Anweisungen von einer Regierung oder anderen Stelle anfordern oder entgegennehmen, haben alle Handlungen zu unterlassen, die mit ihren Aufgaben unvereinbar sind und dürfen während ihrer Amtszeit keine andere Berufstätigkeit ausüben. Auch nach Ablauf ihrer Amtstätigkeit sind sie verpflichtet, bei der Annahme von Tätigkeiten und Vorteilen ehrenhaft und zurückhaltend zu sein.

Aufgabe und Zuständigkeiten

Aufgabe des EuRH ist die Rechnungsprüfung, die sich auf alle Einnahmen und Ausgaben der EU erstreckt. Damit obliegt dem EuRH nicht nur die externe Kontrolle über die Haushaltsmittel, sondern auch über solche Mittel, die außerhalb des Unionshaushaltsplans stehen. Dazu zählen u.a. die Mittel der von der EU geschaffenen Einrichtungen, soweit es deren Gründungsakt nicht ausschließt, und die Mittel der Europäischen Entwicklungsfonds. Einschränkungen seiner Prüfungsbefugnis gelten für das Finanzgebaren der → Europäischen Zentralbank und der Europäischen Investitionsbank. Der EuRH ist auch für die Prüfung seiner eigenen Haushaltsführung zuständig, bedient sich in der Praxis jedoch privater Revisionsgesellschaften, um sich einer unabhängigen Kontrolle zu unterziehen.

Prüfungsmaßstab des EuRH ist die Recht- und Ordnungsmäßigkeit der Einnahmen und Ausgaben sowie die Wirtschaftlichkeit der Haushaltsführung. Damit erfolgt eine umfassende Kontrolle im Hinblick auf die Übereinstimmung mit den geltenden Rechtsvorschriften, die rechnerische Richtigkeit der Vorgänge und das Verhältnis von Kosten und Nutzen des Mitteleinsatzes. Der EuRH berichtet insbesondere über alle festgestellten Fälle von Unregelmäßigkeiten und wird so in die Bemühungen um den Schutz der finanziellen Interessen der EU eingebunden.

Verfahren der Rechnungsprüfung

Die Rechnungsprüfung erfolgt grundsätzlich nachträglich, d.h. nach Rechnungsabschluss jedes Haushaltsjahrs. Um jedoch einer Verzögerung und damit Wirkungslosigkeit der Überprüfung zu begegnen, besteht auch die Möglichkeit einer „mitlaufenden" Kontrolle.

Die Durchführung der Prüfung erfolgt anhand der Rechnungsunterlagen und, wenn erforderlich, an Ort und Stelle bei den Unionsorganen, den Einrichtungen, die Einnahmen oder Ausgaben für die EU verwalten, den natürlichen und juristischen Personen, die Zahlungen aus dem Unionshaushalt erhalten, sowie in den Mitgliedstaaten. Auf Antrag des EuRH sind ihm alle Unterlagen und Informationen zur Verfügung zu stellen, die er für seine Prüfungen benötigt.

Die Prüfungen in den Mitgliedstaaten erfolgen in Verbindung mit den dortigen Rechnungsprüfungsorganen oder sonstigen zuständigen Dienststellen im Wege einer vertrauensvollen Zusammenarbeit. Ihre Mitwirkung ist jedoch nicht zwingend erforderlich, so dass der EuRH auch selbständig prüfen kann.

Der Umfang der Prüfung beschränkt sich auf Systemanalysen, die ihrerseits durch Stichproben überprüft und ergänzt werden. Darüber hinaus stützt sich der EuRH auch auf die Tätigkeitsberichte der einzelnen Generaldirektoren der → Europäischen Kommission und gegebenenfalls auf Untersuchungen anderer unabhängiger Prüfer.

Berichte, Stellungnahmen und Zuverlässigkeitserklärung

Die Ergebnisse der Rechnungsprüfung werden nach Abschluss jedes Haushaltsjahrs in einem (allgemeinen) Jahresbericht zusammengefasst, der den übrigen Organen vorgelegt und zusammen mit deren Antworten zu den Bemerkungen des EuRH im Amtsblatt der EU veröffentlicht wird.

Daneben erstellt der EuRH besondere Jahresberichte im Hinblick auf solche Finanzmittel, die außerhalb des Unionshaushalts stehen, u.a. zu den selbständigen Einrichtungen der EU, die über einen eigenen Haushaltsplan verfügen. Der EuRH kann zudem jederzeit von sich aus Bemerkungen zu besonderen Fragen, insbesondere in Form von Sonderberichten, vorlegen und auf Antrag eines der anderen Organe sowie des → Wirtschafts- und Sozialausschusses, des → Ausschusses der Regionen, des Bürgerbeauftragten und des Datenschutzbeauftragten Stellungnahmen abgeben. In der Praxis handelt es sich dabei überwiegend um Stellungnahmen zu Verordnungsvorschlägen der Kommission.

Der EuRH ist verpflichtet, dem Parlament und dem Rat eine Zuverlässig-keitserklärung hinsichtlich der Rechnungsführung sowie der Recht- und Ord-nungsmäßigkeit der zugrunde liegenden Vorgänge vorzulegen, die im Amts-blatt der EU zu veröffentlichen ist. Die Anforderungen decken sich im We-sentlichen mit denen an die Rechnungsprüfung. Ihre Besonderheit liegt in der Form der Darstellung als systematische Zusammenfassung und Bewertung der wesentlichen Prüfungsergebnisse. Die bereits vorherrschende Praxis, die Zu-verlässigkeitserklärung durch spezifische Beurteilungen zu allen größeren Tä-tigkeitsbereichen zu ergänzen, wurde durch den Vertrag von Nizza auch rechtlich verankert.

Siegfried Magiera

Sozialpolitik

Vertragsgrundlage: Art. 2, 3, 6 EUV. Art. 4, 5, 9, 14, 48, 151-165 AEUV. Titel IV Solidarität (insbesondere Art. 34) der Charta der Grundrechte.

Ziele: Gesundheit und Sicherheit von Arbeitnehmern; Arbeitsbedingungen; berufliche Eingliederung; Unterrichtung und Anhörung von Arbeitnehmern; Chancengleichheit und Gleichbehandlung von Männern und Frauen; soziale Sicherheit und sozialer Schutz der Arbeitnehmer; Vertretung und kollektive Wahrnehmung der Arbeitnehmer- und Arbeitgeberinteressen einschließlich der Mitbestimmung; Beschäftigungsbedingungen von Drittstaatsangehörigen; Förderung der Beschäftigung und Schaffung von Arbeitsplätzen.

Instrumente: Primär- und Sekundärrecht, Europäischer Sozialfonds (ESF), Methode der offenen Koordinierung, Sozialer Dialog.

Programme: Progress – Programm für Beschäftigung und soziale Solidarität

Europäische Agenturen: EUROFOUND – Europäische Stiftung für die Verbesserung der Lebens- und Arbeitsbedingungen (Dublin) • EU-OSHA – Europäische Agentur für Sicherheit und Gesundheitsschutz am Arbeitsplatz (Bilbao) • FRA – Agentur der Europäischen Union für Grundrechte (Wien) • EIGE – Europäisches Institut für Gleichstellungsfragen (Brüssel).

Literatur: Peter Becker, Beschäftigungs- und Sozialpolitik, in: Werner Weidenfeld/ Wolfgang Wessels: Jahrbuch der Europäischen Integration 2010, Baden-Baden 2011 • Hartmut Kaelble/Günther Schmid (Hrsg.): Das europäische Sozialmodell. Auf dem Weg zum transnationalen Sozialstaat, (WZB-Jahrbuch), Berlin 2004.

Internet: Generaldirektion Beschäftigung, soziale Angelegenheiten und Chancengleichheit: http://ec.europa.eu/social • Europäisches Netzwerk sozialpolitischer Nichtregierungsorganisationen: http://www.socialplatform.org/

Die europäische Sozialpolitik hat das Ziel, die Lebens- und Arbeitsbedingungen zu verbessern und ihre Angleichung zu ermöglichen, einen angemessenen sozialen Schutz zu garantieren, den sozialen Dialog zwischen Gewerkschaften und Arbeitgebern zu fördern und soziale Ausgrenzungen zu bekämpfen. Der europäische Integrationsprozess soll eine „soziale Dimension" erhalten. Angesichts der sehr unterschiedlichen Traditionen, Konzeptionen und ökonomischen Ausgangsbedingungen behalten sich die Mitgliedstaaten jedoch weitgehend die inhaltliche Gestaltung der Sozialpolitik vor. Sie legen die Grundprinzipien für die Systeme der sozialen Sicherheit fest, wobei das finanzielle Gleichgewicht der nationalen Systeme nicht durch europäische Regelungen beeinträchtigt werden soll. Seit den Römischen Verträgen gilt die unausgesprochene Arbeitsteilung, wonach die EU für die wirtschaftliche Integration und die Schaffung des Binnenmarkts zuständig war und die Mitgliedstaaten für dessen soziale Flankierung die Verantwortung übernahmen.

Reformen des Vertrags von Lissabon

Der → Vertrag von Lissabon bestätigt und bekräftigt die bisherigen sozialen Werte und Ziele der EU. In Art. 2 EUV werden die sozialen Grundwerte Gerechtigkeit, Solidarität und Nichtdiskriminierung aufgeführt und in Art. 3(3) EUV wird die Union auf die soziale Marktwirtschaft verpflichtet, die auf Vollbeschäftigung und sozialen Fortschritt abzielt. Soziale Ziele sind die Bekämpfung von sozialer Ausgrenzung und Diskriminierung, die Förderung sozialer Gerechtigkeit und Schutz, die Gleichstellung von Frauen und Männern, die Solidarität zwischen den Generationen sowie der Schutz der Rechte von Kindern. Diese Querschnittsziele werden in Art. 9 AEUV wiederholt und zur Messlatte aller Maßnahmen der EU. Den Mitgliedstaaten wird im Teilbereich der sozialen Sicherheit von Arbeitnehmern eine „Notbremse" eingeräumt, wenn EU-Gesetzgebungsvorhaben ihr nationales Sozialschutzsystem zu gefährden drohen (Art. 48 AEUV). Die Rolle der Sozialpartner wird in Art. 152 AEUV gestärkt und der dreigliedrige Sozialgipfel aus Vertretern der EU, der Arbeitgeberverbände und der Gewerkschaften vertraglich gefestigt. Die Methode der offenen Koordinierung wird in Art. 156 AEUV auf den gesamten Bereich der Sozialpolitik ausgeweitet (bisher galt die Methode nur für die Bereiche des Sozialschutzes und der sozialen Eingliederung). Mit der Rechtsverbindlichkeit der EU-Grundrechtecharta (allerdings mit Opt out-Regelungen für Großbritannien und Polen) werden auch die sozialen Grundrechte zu einklagbaren Rechten gegen Rechtsakte der EU.

Etappen der europäischen Sozialpolitik

- Verhaltener Beginn (1958-1974): Zwar machte die Arbeitnehmerfreizügigkeit auch ein Mindestmaß an sozialpolitischer Koordinierung erforderlich, dennoch beschränkten sich die Römischen Verträge auf die Bestimmungen zur Freizügigkeit von Arbeitnehmern und die Niederlassungsfreiheit.

- Erste Blütezeit (1974-1980): Das erste sozialpolitische Aktionsprogramm bildete 1974 die politische Grundlage für eine intensive europäische Gesetzgebungstätigkeit. Mit der Verabschiedung zahlreicher Richtlinien zur Gleichbehandlung von Frauen und Männern, zum Schutz der Arbeitnehmer bei Massenentlassungen sowie der Wahrung von Arbeitnehmeransprüchen bei Betriebsübergängen und Fusionen wurde der Kern des heutigen europäischen Arbeits- und Sozialrechts geschaffen.

- Stagnation (1980-1989): Das radikale Deregulierungs- und Privatisierungsprogramm in Großbritannien unter Margret Thatcher wurde auf europäischer Ebene ergänzt durch das britische Veto gegen jegliche sozialpolitischen Initiativen der Kommission, wie z.B. Richtlinien über einen Mindestschutz bei Leiharbeit und Teilzeitarbeit.

- Soziale Dimension des Binnenmarkts (1989-1996): Mit der Einheitlichen Europäischen Akte wurden die beiden sozialpolitischen Bereiche Gesundheit und Sicherheit am Arbeitsplatz sowie der „Soziale Dialog" zwischen den Sozialpartnern aufgenommen. Wichtige sozialpolitische Richtlinien waren 1989 die Rahmenrichtlinie zum Arbeitsschutz und die Gemeinschaftscharta der sozialen Grundrechte (allerdings mit Ausnahme Großbritanniens) und 1993 die Arbeitszeitrichtlinie. Der Vertrag von Maastricht 1992 vertiefte die soziale Dimension durch die Annahme des Protokolls und des Abkommens zur Sozialpolitik in elf Mitgliedstaaten (auch ohne Großbritannien). Mit der Ausweitung der Abstimmungen mit qualifizierter Mehrheit wurde die Möglichkeit für weitere Regelungen geschaffen (z.B. die Betriebsräte-Richtlinie).

- Konsolidierung des gemeinsamen Fundaments (1996-2000): Mit dem Regierungswechsel zur Labour-Regierung 1997 wurde der britische Sonderstatus beendet und mit der Integration des Sozialprotokolls und des Abkommens zur Sozialpolitik die Einheit und Kohärenz der europäischen Sozialpolitik wiederhergestellt. Erweitert wurde im Amsterdamer Vertrag (1999) die Formulierung der europäischen sozialpolitischen Ziele um die Bezugnahme auf die Europäische Sozialcharta und die Gemeinschaftscharta der sozialen Grundrechte der Arbeitnehmer. Darüber hinaus wurde das sozialpolitische Grundrecht der Nichtdiskriminierung aufgenommen (→ Antidiskriminierungspolitik). Mit dem Vertrag von Nizza wurde der Maßnahmenkatalog neu formuliert und ergänzt sowie der Anwendungsbereich für Abstimmungen mit qualifizierter Mehrheit ausgeweitet.

■ Politik der sozialen Flankierung (seit 2000): Der Europäische Rat von Nizza im Dezember 2000 verabschiedete die erste „Europäische Sozialagenda". Das Programm wurde inzwischen mehrfach überarbeitet und erneuert; schließlich legte die EU-Kommission im Juli 2008 eine neue Sozialagenda und ein umfangreiches Sozialpaket vor, um die EU mit einem soliden sozialpolitischen Fundament auszustatten. Sie rückte drei Ziele in den Vordergrund: 1. Durch mehr und bessere Arbeitsplätze sollen den Bürgern neue Chancen eröffnet werden. 2. Die Zugangsmöglichkeiten zu Bildung, sozialem Schutz und zu einer hochwertigen Gesundheitsversorgung sollen für die am stärksten benachteiligten Bevölkerungsgruppen verbessert werden. 3. Die soziale Solidarität zwischen den Generationen, den Regionen und zwischen Reichen und Armen soll weiter entwickelt werden.

Instrumente der europäischen Sozialpolitik

Grundsätzlich ist zwischen den Instrumenten der regulativen Politikgestaltung durch die Fixierung europäischer Mindeststandards im Zuge europäischer Gesetzgebung und der redistributiven Politik durch die europäischen Strukturfonds, insbesondere den Europäischen Sozialfonds (ESF), zu unterscheiden.

Europäisches Recht: Grundlage der europäischen Sozialpolitik ist die Verankerung sozialpolitischer Ziele und Handlungsermächtigungen im europäischen Vertragsrecht. Die Sozialpolitik fällt entsprechend der neuen Kompetenzordnung des Vertrags von Lissabon in die Kategorie der geteilten Zuständigkeiten, d.h. die Mitgliedstaaten können ihre sozialpolitischen Zuständigkeiten wahrnehmen solange und soweit die EU noch nicht rechtssetzend tätig wurde. Die Bereiche, in denen die EU unterstützend und ergänzend zu den Mitgliedstaaten tätig werden kann sind in Art. 153(1) AEUV aufgeführt. Ausgeschlossen wird jegliche Harmonisierung der mitgliedstaatlichen Rechts- und Verwaltungsvorschriften. Mit dem auf dieser Grundlage verabschiedeten europäischen Sekundärrecht hat die EU inzwischen einen Sockel sozialer Rechte geschaffen, der in keinem Mitgliedstaat unterschritten werden darf.

Europäischer Sozialfonds: Der ESF von 1957 ist das älteste und das wichtigste Instrument der redistributiven europäischen Sozialpolitik (→ Struktur- und Regionalpolitik). Hauptaufgabe ist die Finanzierung von Maßnahmen, um Arbeitslosigkeit vorzubeugen und zu bekämpfen, zur beruflichen Qualifizierung, zur sozialen Integration in den Arbeitsmarkt sowie zur Förderung der Gleichstellung von Männern und Frauen. Dem Fonds stehen jährlich rund 10 Mrd. Euro zur Verfügung.

Methode der offenen Koordinierung: Diese Methode führt ein rechtlich nicht verbindliches, aber de facto politisch verpflichtendes Verfahren für nahezu den gesamten Bereich der Sozialpolitik ein. Dabei tritt die gemeinsame Definition sozialpolitischer Ziele an die Stelle der Verabschiedung von Rechtsvorschriften. In einem abgestuften Verfahren werden europäische Leitlinien entwickelt, quantitative und qualitative Strukturindikatoren definiert und nationale Berichte über die Umsetzung der Leitlinien erstellt.

Sozialer Dialog (Art. 152 AEUV): Erstmals mit der Einheitlichen Europäischen Akte eingeführt, dient der soziale Dialog dazu, die Sozialpartner in die Gestaltung der europäischen Sozialpolitik einzubinden. Die Kommission hat die Aufgabe den Dialog zwischen den Sozialpartnern auf Gemeinschaftsebene zu erleichtern. Der Dialog kann zur Herstellung vertraglicher Beziehungen bzw. zum Abschluss von Vereinbarungen genutzt werden, die als Grundlage europäischer Richtlinien dienen (in bisher vier Fällen z.B. 1996 Richtlinie zum Elternurlaub oder 1997 Rahmenvereinbarung über Teilzeitarbeit).

Rechtsprechung des → Gerichtshofs der Europäischen Union (EuGH): Der EuGH nutzte das Binnenmarktrecht wiederholt, um sozialpolitische Fortschritte im Interesse von Arbeitnehmern, Verbrauchern und Konsumenten durchzusetzen, zum Beispiel zur Stärkung der Rechte von Patienten bei grenzüberschreitenden Gesundheitsdienstleistungen und der Erstattung von Gesundheitsprodukten oder um den sozialrechtlichen Schutz vor Diskriminierung auszuweiten. Allerdings wurde seine jüngste Rechtsprechung heftig kritisiert – der EuGH hatte in mehreren Fällen für die Öffnung des Binnenmarkts und gegen die Geltung nationaler arbeitsrechtlicher Vorgaben und die Rechte der Gewerkschaften entschieden.

Peter Becker

Struktur- und Regionalpolitik

Vertragsgrundlage: Art. 3, 4, 162-164, 174-178 AEUV.

Ziel: Stärkung des wirtschaftlichen und sozialen Zusammenhalts in der EU vor allem über regional-, struktur-, sozial-, agrar- und arbeitsmarktpolitische Maßnahmen.

Instrumente: die beiden Strukturfonds (Europäischer Sozialfonds (ESF), Europäischer Fonds für Regionale Entwicklung (EFRE)); Kohäsionsfonds; Europäische Investitionsbank (EIB); staatliche Beihilfen.

Haushalt: Mittel für Verpflichtungen 2010: 49,4 Mrd. Euro, davon sind 52 % für die neuen EU-Mitgliedstaaten (EU-12) bestimmt.

Dokumente: Verordnungen über die Strukturfonds, den EFRE, den ESF und den Kohäsionsfonds, Abl. L 210/31.7.2006 • Umsetzungsverordnung der Kommission, Abl. L 45/15.2.2007.

Literatur: Peter Becker: Die europäische Kohäsionspolitik und ihre Modernisierung, SWP Studie Maerz 2009 • Michael Baun/Dan Marek (Hrsg.): EU cohesion policy after enlargement, Basingstoke 2008 • John Bachtler/Carlos Mendez: Who governs EU cohesion policy? Deconstructing the reforms of the structural funds, in: Journal of Common Market Studies, 3/2007, S. 535-564 • Willlem Molle: European Cohesion Policy, London 2007.

Internet: ESF: http://www.europa.eu/pol/socio/index_de.htm; EFRE: http://www.europa.eu.int/pol/reg/index_de.htm

Mit der Erweiterung der Europäischen Union auf 27 Mitgliedstaaten haben sich die bereits vorher bestehenden wirtschaftlichen und sozialen Disparitäten zwischen den Volkswirtschaften der Mitgliedstaaten erheblich verstärkt. Zu den als rückständig eingestuften Gebieten in den alten Mitgliedstaaten zählen Teile Griechenlands, Italiens, Portugals, Spaniens und des Vereinigten Königreichs, die französischen überseeischen Departements sowie die neuen deutschen Bundesländer; in den „neuen" Mitgliedstaaten gehören nahezu alle Gebiete dazu. Lediglich Zypern und einige Regionen in der Tschechischen Republik, der Slowakei und in Ungarn fallen nicht in diese von der Strukturfondsverordnung definierte Kategorie.

Die in der EU-27 verschärften Entwicklungsunterschiede zeigen sich deutlich am Bruttoinlandsprodukt (BIP), gemessen in Kaufkraftstandards. Während in der EU-15 rund 73 Mio. Menschen (ca. 19 %) der EU-Bevölkerung in Regionen lebten, deren Pro-Kopf-BIP zwischen 1999 und 2001 weniger als 75 % des Gemeinschaftsdurchschnitts betrug, leben in den neuen Mitgliedstaaten mehr als 90 % der Bürgerinnen und Bürger in Regionen, deren Pro-

Kopf-BIP weniger als 75 % des EU-25-Durchschnitts beträgt. Gleichzeitig wuchs mit der → Erweiterung die EU-Bevölkerung um 21 %, während das EU-BIP nur um knapp 4 % zunahm. Dadurch sank das durchschnittliche Pro-Kopf-BIP in der EU-27 gegenüber dem der EU-15. Auch die Wirtschafts- und Finanzkrise hat die Mitgliedstaaten und Regionen in unterschiedlicher Weise betroffen. Während zu erwarten ist, dass die meisten neuen Mitgliedstaaten Mittel- und Osteuropas die Krise relativ rasch überwinden werden, ist die Prognose für einige alte Mitgliedstaaten weniger optimistisch. Auch die Arbeitslosenzahlen spiegeln ein vielfältiges Bild. In Spanien, Irland und den Baltischen Staaten stieg die Arbeitslosigkeit drastisch an, während Deutschland und Polen eher moderate Zuwächse erlebten.

Struktur- und Regionalpolitik zielt darauf ab, diese Unterschiede bei Wohlstand und Lebensstandard in den Mitgliedstaaten und Regionen der EU abzubauen und dadurch den wirtschaftlichen und sozialen Zusammenhalt zu fördern.

Begründung für Gemeinschaftsvorgehen

Die wirtschaftliche Dynamik, die der Prozess der europäischen Integration in den Mitgliedstaaten ausgelöst hat, erfasste die Mitgliedstaaten und Regionen in unterschiedlichem Maße. Aus dieser divergierenden wirtschaftlichen Dynamik leitete sich die Notwendigkeit zu einem gemeinschaftlichen Vorgehen bereits in einem sehr frühen Stadium des Integrationsprozesses ab. Einerseits geht es dabei um soziale Kohäsion, also darum Lebensbedingungen der EU-BürgerInnen durch höhere Qualifizierung und bessere Berufsaussichten zu verbessern; andererseits geht es um wirtschaftliche und territoriale Kohäsion, die auf Innovation, Förderung des Unternehmergeists und der wissensbasierten Wirtschaft, auf einen Ausbau und Verbesserung der Verkehrsinfrastruktur und eine Verbesserung der Energieeffizienz abzielt. Obwohl die ursprüngliche Europäische Wirtschaftsgemeinschaft eine relativ homogene Wirtschaftsentwicklung aufwies, wurde bereits in den Römischen Verträgen (1958) festgelegt, dass negativen Folgen der Integration im sozialen Bereich und in der Landwirtschaft entgegenzuwirken sei.

Strukturpolitische Instrumente und Entscheidungsverfahren

Die EU-Strukturpolitik stellt einen umfassenden Politikansatz zur Stärkung des wirtschaftlichen, sozialen und territorialen Zusammenhalts dar. Neben der Gewährung finanzieller Unterstützung in Form von Zuschüssen oder zinsvergünstigten Darlehens zielt sie auch auf eine Koordinierung der Wirtschaftspolitik der Mitgliedstaaten. Dabei sind neben der Wirtschaftspolitik so unterschiedliche Bereiche betroffen wie Umwelt-, Beschäftigungs-, Verkehrs-, Gleichstellungs- und Forschungspolitik. Darüber hinaus wird durch die Beihilfenkontrolle der EU sichergestellt, dass es nicht zu Verzerrungen durch unterschiedliche nationale Beihilfenregime kommt. Das Kernstück der EU-Strukturpolitik sind die Strukturfonds und der Kohäsionsfonds, die seit der letzten Reform im Jahre 2006 eng mit der Lissabon-Strategie (2000) verknüpft:

- *Europäischer Sozialfonds (ESF):* Schon die Römischen Verträge sahen die Gründung des ESF vor, um die Beschäftigungsmöglichkeiten der Arbeitskräfte im → Binnenmarkt zu verbessern, die Mobilität und die Anpassung an die industriellen Wandlungsprozesse zu fördern (Art. 162 AEUV). Heute ist der ESF ein vielseitiger Fonds. Er fördert schwerpunktmäßig aktive arbeitsmarktpolitische Maßnahmen zur Vermeidung und Bekämpfung von Arbeitslosigkeit, Chancengleichheit durch besseren Zugang zum Arbeitsmarkt, die Verbesserung der Qualifikation und Anpassungsfähigkeit der ArbeitnehmerInnen und neue Formen der Arbeitsorganisation sowie das Unternehmertum und die Verbesserung der Rahmenbedingungen zur Schaffung von Arbeitsplätzen.

- *Europäischer Fonds für Regionale Entwicklung (EFRE):* Der EFRE wurde 1975 nicht zuletzt deshalb ins Leben gerufen, um das Vereinigte Königreich nicht zum größten Nettozahler werden zu lassen. Als Agrarimportland profitierte es nur in geringem Umfang von der gemeinsamen Agrarpolitik, die damals noch über 80 % des Gemeinschaftshaushaltes ausmachte. Der EFRE fördert die strukturelle Anpassung der rückständigen Gebiete und die Umstellung der Industriegebiete mit rückläufiger Entwicklung, um zum Ausgleich der wichtigsten regionalen Ungleichgewichte beizutragen (Art. 176 AEUV).

Seit der jüngsten Reform der Strukturfonds im Jahre 2006, werden die beiden folgenden Fonds nicht mehr zu den eigentlichen Strukturfonds gerechnet. Die Strukturfondsverordnung findet auf sie keine Anwendung. Die Entwicklung des ländlichen Raumes und der Fischerei wird in die Gemeinsame Agrar- und Fischereipolitik überführt.

- *Europäischer Ausrichtungs- und Garantiefonds für die Landwirtschaft (EAGFL):* Der EAGFL wurde 1962 eingerichtet. Die Abteilung Ausrichtung fördert die ländliche Entwicklung durch agrarstrukturelle Maßnahmen ebenso wie die Umstellung der Agrarproduktion und komplementäre Tätigkeiten von LandwirtInnen.

■ *Finanzinstrument für die Ausrichtung der Fischerei (FIAF):* Das FIAF wurde 1993 eingerichtet. Es unterstützt Maßnahmen im Bereich der → Fischereipolitik, der Aquakultur sowie der Verarbeitung und Vermarktung der Erzeugnisse.

Neben diesen Fonds gibt es eine Reihe weiterer strukturpolitischer Instrumente: Der 1993 geschaffene Kohäsionsfonds ist ebenso primärrechtlich verankert. Er unterstützt Vorhaben in den Bereichen Umwelt und transeuropäische Netze auf dem Gebiet der Verkehrsinfrastruktur in wirtschaftsschwachen Mitgliedstaaten (Art. 177 AEUV). Förderfähig sind jene Mitgliedstaaten, deren Bruttoinlandsprodukt pro Kopf unter 90 % des EU-Durchschnitts liegt. Seit seiner Gründung haben Griechenland, Irland, Portugal und Spanien Mittel aus dem Kohäsionsfonds erhalten. In der Programmperiode 2007-2013 erhalten folgende Mitgliedstaaten eine Förderung durch den Kohäsionsfonds: Bulgarien, Rumänien, Zypern, Estland, Griechenland, Ungarn, Lettland, Litauen, Malta, Polen, Portugal, die Tschechische Republik, die Slowakei und Slowenien. Spanien erhält eine Übergangsförderung, da das spanische BIP pro Kopf unter dem Durchschnitt der EU-15 liegt. Die Europäische Investitionsbank stellt zinsgünstige Darlehen bereit. Das gemeinschaftliche Regime staatlicher Beihilfen ermöglicht es den Mitgliedstaaten, strukturschwachen Regionen oder einzelnen Wirtschaftsgebieten höhere staatliche Beihilfen zu gewähren als gut entwickelten Regionen (Art. 107 AEUV).

Bis zum Vertrag von Nizza verabschiedete der Rat die allgemeine Strukturfondsverordnung und die Verordnung zum Kohäsionsfonds einstimmig nach Zustimmung des Europäischen Parlaments. Diese Verordnung legt die Aufgaben, vorrangigen Ziele und die Organisation der Strukturfonds fest. Die Verordnungen für den ESF und den EFRE wurden in Mitentscheidung vom Rat mit qualifizierter Mehrheit und dem Europäischen Parlament verabschiedet. Der Vertrag über die Arbeitsweise der Europäischen Union schreibt bei der Verabschiedung aller Bestimmungen für die Strukturfonds und den Kohäsionsfonds nun das ordentliche Gesetzgebungsverfahren vor (Art. 164, 177, 178 AEUV).

Die fünf Förderprinzipien der Strukturfonds

Zu Beginn wurde der Einsatz der Strukturfonds nicht von einem Gesamtkonzept geleitet. Vielmehr wirkten die einzelnen Fonds isoliert voneinander. Dabei bestand die Gefahr, dass sich ihre Wirkung gegenseitig neutralisierte oder sogar negativ verstärkte. Mit der Verabschiedung der Einheitlichen Europäischen Akte 1986 wurde die Kommission verpflichtet, unmittelbar nach In-

Kraft-Treten des Vertrags eine Gesamtreform der Strukturfonds vorzulegen. Der Ministerrat hat diese Reform nach Anhörung des Europäischen Parlaments einstimmig verabschiedet. Die Reform ist 1989 in Kraft getreten. Der damals eingeführte umfassende Ansatz europäischer Strukturpolitik und ihre Prinzipien gelten im Wesentlichen bis heute, auch wenn sie in weiteren Reformen in 1993, 1999 und 2006 ausformuliert oder neu justiert wurden. Bei den letzten beiden Reformen ging es im Wesentlichen darum, die Strukturfonds weiter auf zentrale Prioritäten zu konzentrieren, die Verfahren zu vereinfachen und die Wirksamkeit der Maßnahmen zu steigern. Auch sollte die Strukturpolitik für eine EU-27 angepasst werden.

Der Einsatz der Strukturfonds wird von fünf Förderprinzipien geleitet:

(1) Das Prinzip der Konzentration sieht vor, die begrenzten Mittel auf die wichtigsten Ziele und bedürftigsten Regionen zu konzentrieren. Während die Reform von 1999 die vormals sieben vorrangigen Ziele auf drei zusammenfasste, integrierte die Reform von 2006 die Gemeinschaftsinitiativen in die folgenden drei Ziele:

- das Ziel *„Konvergenz"*: Förderfähig sind dabei jene Regionen, die ein pro Kopf BIP von nicht mehr als 75 % des EU-25 Durchschnitts haben. Die Regionen, die als „Konvergenz"-Gebiete betrachtet worden wären, wenn für die Förderfähigkeit weiterhin die Schwelle von 75 % des durchschnittlichen BIP der EU-15 gegolten hätte, die aber nicht mehr förderfähig sind, weil ihr nominales pro Kopf BIP nunmehr 75 % des durchschnittlichen BIP der EU-25 übersteigt, erhalten eine besondere Übergangsunterstützung (phasing-out). Jene Regionen, die im Jahr 2006 vollständig unter Ziel 1 fielen und deren pro Kopf BIP 75 % des durchschnittlichen BIP der EU-15 überstieg, erhalten eine besondere Übergangsunterstützung (phasing-in)

- das Ziel *„Regionale Wettbewerbsfähigkeit und Beschäftigung"*: Förderfähig sind all jene Regionen, die nicht bereits unter dem Konvergenz-Ziel gefördert werden.

- das Ziel *„Europäische territoriale Zusammenarbeit"*: Anspruch auf eine Förderung im Rahmen der grenzübergreifenden Zusammenarbeit haben Gemeinschaftsregionen an allen Landbinnengrenzen und bestimmten Landaußengrenzen sowie alle an innergemeinschaftlichen Seegrenzen liegende Gemeinschaftsregionen, die im Regelfall höchstens 150 Kilometer voneinander entfernt sein dürfen; dabei sind jedoch mögliche Anpassungen zu beachten, die erforderlich sein können, um die Kohärenz und die Kontinuität der Kooperationsaktion zu gewährleisten. Die Kommission nimmt das Verzeichnis der förderfähigen Regionen an. Dieses Verzeichnis gilt vom 1. Januar 2007 bis 31. Dezember 2013. Neben der inhaltlichen Konzentration erzielte die Reform auch eine größere Konzentration der Finanzmittel auf die besonders strukturschwachen Regionen. Während in der Programmperiode 2000-2006 70 % der Strukturmittel auf Ziel 1 verwandt wurden, stieg der Anteil der Mittel, die im Konvergenzziel verwendet werden, in der Programmperiode 2007-2013 auf 81,54 %. Das Ziel regionale Wettbewerbsfähigkeit und Beschäftigung erhält 15,95 % und das Ziel territoriale Zusammenarbeit 2,52 %. Während in der Förderperiode 2000-2006 22 % der Bevölkerung in Ziel 1 Regionen lebten, sind es gegenwärtig 35 %.

(2) Mehrjährige Programmplanung: Dieses Prinzip schafft einen Handlungsrahmen, der die aus den Fonds unterstützten Maßnahmen in den Mitgliedstaaten auch unter gemeinschaftlichen Gesichtspunkten auf die wirkungsvolle Unterstützung einer nachhaltigen Entwicklung ausrichtet. Hierfür müssen die Mitgliedstaaten zunächst einen nationalen strategischen Rahmenplan (NSRP) erstellen. Der NSRP soll die Kohärenz zwischen den Interventionen der Fonds und den strategischen Kohäsionsleitlinien der Gemeinschaft gewährleisten und den Zusammenhang zwischen den Prioritäten der Gemeinschaft einerseits und seinem NSRP andererseits aufzeigen. Danach erstellt der Mitgliedstaat operationelle Programme. Diese umfassen die Strategie und Schwerpunkte für das jeweilige Ziel und den jeweiligen Fonds. Sie enthalten auch quantitative Ziele für die Strukturfondsinterventionen, erwartete Auswirkungen und Angaben über die Einbettung der Maßnahmen in die Wirtschafts- und Beschäftigungspolitik der Mitgliedstaaten. Die Kommission verabschiedet auf dieser Grundlage Teile des NSRP und die Operationellen Programme. Die Umsetzung der Fonds erfolgt in geteilter Verwaltung. Dabei beschränkt sich die Kommission im wesentlich auf Beratung und Kontrolle. Es obliegt also jedem Mitgliedstaat über die Verteilung der Mittel auf spezifische Problembereiche und die Auswahl einzelner Projekte zu entscheiden.

(3) Partnerschaft: Das Partnerschaftsprinzip wiederum fordert eine Einbindung regionaler und lokaler Behörden sowie der Wirtschafts- und Sozialpartner und Vertreter der Zivilgesellschaft und der Kommission in die Umsetzung der Fonds.

(4) Ko-finanzierung und Zusätzlichkeit: Das Prinzip der Ko-Finanzierung besagt, dass die Strukturfonds und der Kohäsionsfonds Projekte immer nur zum Teil finanzieren. In Konvergenz-Regionen und im Ziel der europäischen territorialen Zusammenarbeit liegt die Ko-Finanzierung durch die Fonds in der

Regel bei bis zu 75 %; im Ziel regionale Wettbewerbsfähigkeit und Beschäftigung in der Regel bei 50 %. Gleichzeitig darf nach dem Prinzip der Zusätzlichkeit die Zuweisung von EU-Strukturmitteln nicht mit einer Reduktion der bislang aufgewendeten nationalen Finanzmittel einhergehen. Dies soll vermeiden, dass in einem Nullsummenspiel mitgliedstaatliche Eigenaufwendungen durch solche der EU ersetzt werden.

(5) Begleitung und Evaluation: Dieses Prinzip soll die Qualität, Effizienz und Kohärenz der Interventionen der Fonds steigern. Bei der Begleitung geht es darum, verlässliche Daten zu vorher definierten quantifizierten Ergebnisindikatoren bereitzustellen. Bei der Evaluation sieht die Verordnung der gegenwärtigen Programmperiode im Unterschied zur vorherigen keine Zwischenevaluierung vor, die zu einem festgelegten Zeitpunkt zu erfolgen hat. Stattdessen sind die Mitgliedstaaten aufgefordert, während des Programmplanungszeitraums Bewertungen in Lichte möglicher Probleme bei der Umsetzung der Fonds vorzunehmen.

Finanzielle Ausstattung

Nach dem Beschluss des Europäischen Rats vom Februar 1988 wurden die Strukturmittel von 1987 bis 1993 real verdoppelt. Auf dem Gipfel von Edinburgh im Dezember 1992 beschlossen die Staats- und Regierungschefs, die Mittel für die anschließende Förderperiode 1993 bis 1999 nochmals kräftig aufzustocken. Insgesamt flossen in diesem Zeitraum rund 200 Mrd. ECU in die Strukturpolitik. Für den Zeitraum 2000-2006 wurden die Mittel für die EU-15 auf 213 Mrd. Euro festgeschrieben. Für die Beitrittsstaaten wurden für den Zeitraum 2004-2006 noch einmal zusätzlich 22 Mrd. Euro bereitgestellt Davon flossen rund 16 Mrd. in die Strukturfonds. Im Rahmen der finanziellen Perspektiven 2007-2013 verfügt die Kohäsionspolitik über 35,7 % des gesamten Unionshaushalts, das bedeutet für die gesamte Zeitspanne der Finanzperspektive insgesamt 347,41 Mrd. Euro für die EU-27. Insgesamt sind die strukturpolitischen Finanzmittel auf die einzelnen Mitgliedstaaten nach Zielen aufgeteilt. Dabei sollte der jährliche Gesamtbetrag, den ein Mitgliedstaat aus den Strukturfonds zusammen mit der Unterstützung aus dem Kohäsionsfonds erhält, in Abhängigkeit vom mitgliedstaatlichen Brutto-Nationaleinkommen pro Kopf zwischen 3,2 und 3,7 % des jeweiligen BIP nicht überschreiten. Diese Bestimmung, die mit den Reformen von 1999 Eingang in die Strukturfondsverordnung gefunden hat, soll sicherstellen, dass die Absorptionsfähigkeit der Staaten nicht überschritten wird.

Die Zukunft europäischer Strukturpolitik jenseits 2013

Bereits jetzt hat die Kommission mit den Vorarbeiten für die Programmperiode jenseits 2013 begonnen. Dieser Reform der Strukturpolitik wird eine grundlegende Überprüfung des EU-Haushalts vorgeschaltet. Im September 2007 hat die Kommission diese Überprüfung mit einem Konsultationspapier („Den Haushalt reformieren, Europa verändern") eröffnet. Ein Konsens über die zukünftige Haushaltsstruktur und die großen Reformlinien des Eigenmittelsystems scheint jedoch noch in weiter Ferne zu liegen. Eigentlich – so der ursprüngliche Fahrplan – wollte die Kommission vor Ende 2008 einen Bericht über die Überprüfung des EU-Haushalts mit ersten Reformvorschlägen vorlegen. Nunmehr soll dieser Bericht im Herbst 2010 vorgelegt werden. Ebenfalls im September 2007 startete die Kommission eine Konsultation der Öffentlichkeit zur Zukunft der Kohäsionspolitik. Die rund 100 Antworten auf die von der Kommission gestellten Fragen lassen ein sehr breites Meinungsspektrum der europäischen Öffentlichkeit erkennen. Zentrale Forderung, die in einer Mehrzahl der Beiträge durchscheint, ist, dass der Einsatz der Fonds einen europäischen Mehrwert generieren müsse. Allerdings gehen die Meinungen darüber auseinander, was diesen Mehrwert im konkreten ausmacht. Der fünfte Kohäsionsbericht, der in der zweiten Hälfte 2010 von der Kommission vorgelegt werden soll, könnte weitere Anstöße für die Debatte über die Zukunft der Kohäsionspolitik liefern. Spätestens jedoch im Sommer/Herbst 2011, wenn die Kommission ihre Verordnungsvorschläge für die Strukturfonds und den Kohäsionsfonds vorlegt, wird die Debatte über die Zukunft der Strukturpolitik Fahrt aufnehmen.

Strukturfonds als Ausdruck europäischer Solidarität

Die EU-Strukturpolitik ist zu einer tragenden Säule des europäischen Einigungswerks geworden. Sie ist Ausdruck europäischer Solidarität. Ein Prinzip, das in Art. 2 EUV als eines der Grundwerte der EU verankert ist. In einer EU, in der die Wohlstandsschere immer weiter auseinander geht und in der für viele Menschen die Chance auf Bildung und Beschäftigung keine Selbstverständlichkeit darstellt, ist die praktische Umsetzung dieses Prinzips mehr denn je gefordert. Die Zahl der Menschen, die in relativ armen Regionen leben, hat sich in der EU-27 im Vergleich zur EU-15 mehr als verdoppelt. Gleichzeitig sind auch relativ wohlhabende Regionen mit wachsenden Anpassungsschwierigkeiten konfrontiert, die sie aus eigener Kraft kaum bewältigen können. Deshalb fordert die Ausübung europäischer Solidarität über die Strukturfonds nicht nur die Förderung der schwachen Regionen, sondern auch Maßnahmen zum Abbau von Arbeitslosigkeit, Bildungsarmut und sozialer Ausgrenzung. Daneben müssen Forschung, Innovation und nachhaltige Entwicklung ebenso zum Standardrepertoire der Strukturfonds gehören.

Die jüngste Reform der Strukturfonds im Jahre 2006 hat hierfür den Weg geebnet, indem sie die Strukturpolitik eng mit der Lissabon-Strategie verknüpft hat. Es war an den Mitgliedstaaten, bei der konkreten Umsetzung der Strukturfonds die drei Säulen der Lissabon-Strategie (Wirtschaft, Beschäftigung und Nachhaltigkeit) in konkrete Maßnahmen umzumünzen. Die Europa 2020-Strategie setzt diesen Ansatz fort, indem sie mehr Arbeitsplätze und Lebensqualität mit intelligentem, nachhaltigem und integrativem Wachstum erreichen will.

Für die nächste Reform von → Haushalt und Finanzen der EU sowie der Strukturfonds wäre es fatal, wenn die Mitgliedstaaten nur über die Verteilung der Mittel und eine gerechte Gegenleistung ihrer Transferzahlungen (Just-Retour) verhandeln; im Vordergrund müssen vielmehr politische Prioritäten und Konzepte stehen, die den gigantischen Herausforderungen der Zukunft angemessen sind. Die EU und ihre Mitgliedstaaten können sich ein „weiter so", das lediglich die Finanzausstattung ein wenig nach oben oder unten justiert, nicht mehr leisten. Die EU ist gefordert sich darauf einzulassen, das Solidarprinzip an die veränderten Bedingungen in einer immer heterogeneren EU, die in einem dramatisch veränderten weltpolitischen Klima agiert, anzupassen. Es ist zu hoffen, dass bei der geplanten Revision der Finanzstruktur der EU die verschiedenen Dimensionen der europäischen Solidarität, bei der Unterschiede im Bruttoinlandsprodukt lediglich eine der verschiedenen Facetten ist, anerkannt werden. Erst dann hat sich Solidarität als gemeinsamer grundlegender Wert des Integrationsprozesses bewährt.

Ines Hartwig

Südosteuropapolitik

Vertrag von Lissabon: Titel V EUV. Art. 207, 216, 217, 218 AEUV.

Ziele: Stabilisierung nach dem Zerfall Jugoslawiens, vor Ort verankerte regionale Zusammenarbeit, Heranführung an die Europäische Union.

Dokumente: SAA-Albanien, 8164/6 vom 22 Mai 2006 (in Kraft seit April 2009); SAA-Montenegro, 11566/07 vom 21. September 2007 (in Kraft seit Mai 2010); SAA-Bosnien und Herzegowina, EC 594/2008 vom 16. Juni 2008 (noch nicht ratifiziert); SAA-Serbien, vom 29. April 2008 (noch nicht ratifiziert).

Länder: Albanien, Bosnien und Herzegowina, Bulgarien, ehemalige jugoslawische Republik Mazedonien, Griechenland, Kosovo gemäß UN-Resolution 1244, Kroatien, Republik Moldau, Montenegro, Rumänien, Serbien, Türkei.

Instrumente: Stabilisierungs- und Assoziierungsprozess (SAP), Stabilisierungs- und Assoziierungsabkommen (SAA), Instrument für Heranführungshilfe (IPA), Europäische Partnerschaften, Regionaler Kooperationsrat (RKR).

Literatur: Franz-Lothar Altmann: Südosteuropapolitik, in: Werner Weidenfeld/ Wolfgang Wessels (Hrsg.): Jahrbuch der Europäischen Integration 2010, Baden-Baden 2011 • Annegret Bendiek: Komplexität und Kohärenz – Die Geschichte des Stabilitätspaktes für Südosteuropa und die Rolle der Europäischen Union, in: Mathias Jopp/Peter Schlotter (Hrsg.): Kollektive Außenpolitik – Die Europäische Union als internationaler Akteur, Baden-Baden 2008, S. 211-237.

Internet: EU-Außenbeziehungen (Europäische Länder und östliche Nachbarn): http:// www.eeas.europa.eu/we/index_en.htm • EU und regionale Kooperation: http:// ec.europa.eu/enlargement/projects-in-focus/regional-cooperation/index_en.htm • Regionaler Kooperationsrat: http://www.rcc.int/ • Südosteuropäischer Kooperationsprozess, 2009/2010 unter Vorsitz der Türkei: http://www.seecp-turkey.org/

Die Südosteuropapolitik ist heute fast deckungsgleich mit der Politik der → Erweiterung, welche sich auf den westlichen Balkan und die Türkei bezieht. Des Weiteren werden aber auch die Republik Moldau (mit der die Beziehungen der EU im Rahmen der → Europäischen Nachbarschaftspolitik geregelt sind) sowie die EU-Mitgliedstaaten Bulgarien, Griechenland und Rumänien zu der Region gezählt. Zudem überschneiden sich in Südosteuropa EU-Initiativen mit starkem bilateralen Engagement der USA und Russlands, aber auch einzelner EU-Mitgliedstaaten sowie mit Initiativen der internationalen Gemeinschaft, die nach dem Zerfall Jugoslawiens aktiv geworden ist. Zunehmend entwickelt sich darüber hinaus eine eigenständige regionale Zusammenarbeit.

Stabilitätspakt für Südosteuropa und Regionaler Kooperationsrat

Der Regionale Kooperationsrat (RKR) löste im Jahr 2008 den 1999 als umfassende Strategie zur Konfliktvermeidung gestarteten Stabilitätspakt für Südosteuropa ab. Der Stabilitätspakt hatte zunächst die Aufgabe, Fördermittel zu verteilen, später war er ein Forum in dem internationale Akteure und Länder der Region gemeinsam Probleme benannten und Strategien entwickelten, diese zu lösen. Durch ein breites Mandat, große internationale Unterstützung und bekannten Koordinatoren (vor allem 2001-2008 Erhard Busek) konnte der Stabilitätspakt die südosteuropäischen Staaten dazu bewegen, an regionalen Kooperationsprogrammen teilzunehmen. Der Regionale Kooperationsrat ist ein regional verankerter Kooperationsrahmen, der heute aufgrund des Fortschritts in der Region für die Strukturierung der Beziehungen angemessener erscheint, da er diese Beziehungen fest in der Region verankert. Er wurde 2008 ins Leben gerufen und gründet seine Arbeit auf Prioritäten, die von den Vertretern der Region selbst benannt werden. Er übernahm das Mandat des Stabilitätspaktes, die Kooperationsprozesse in der Region und die Einbindung in Europäische und Euro-Atlantische Strukturen zu beaufsichtigen. Insgesamt sind 46 Staaten, Organisationen und Internationale Finanzinstitutionen Mitglieder des Regionalen Kooperationsrat.

Stabilisierungs- und Assoziierungsprozess

Der Stabilisierungs- und Assoziierungsprozess (SAP) ist Teil der Europäischen Perspektive der Westbalkanstaaten. Er bildet für diese Staaten den Bezugsrahmen bis zum EU-Beitritt und beinhaltet ein langfristiges politisches, personelles und finanzielles Engagement. Sein Ziel ist es, den Weg zu einer enger werdenden Anbindung an die EU basierend auf Anreizen und Verpflichtungen zu ebnen. Die wichtigsten Ziele des SAP sind politische Stabilisierung sowie stabile Marktwirtschaft, regionale Kooperation und Hinführung zu einer EU-Mitgliedschaft. Die drei wesentlichen Komponenten des SAP, welche auf dem Gipfel von Zagreb im Jahr 2000 beschlossen wurden, sind die Stabilisierungs- und Assoziierungsabkommen (SAA), die EU-Finanzhilfe in Form des Instruments für Heranführungshilfe (IPA) sowie die einseitigen Handelserleichterungen für die Länder der Region.

Das Kernstück des Stabilisierungs- und Assoziierungsprozesses ist der Abschluss von Stabilisierungs- und Assoziierungsabkommen (SAA). Sie stellen eine weitreichende vertragliche Beziehung zwischen der EU und den Ländern des westlichen Balkans mit gegenseitigen Rechten und Verpflichtungen her. Übergeordnete Ziele sind Frieden, Stabilität, Freiheit, Sicherheit und Gerechtigkeit, Wohlstand und Lebensqualität für die EU und den westlichen Balkan. Bei den SAA handelt es sich um stark Policy-orientierte Dokumente mit einem ausgeprägten Fokus auf den Zugang zum → Binnenmarkt. Der Prozess hat insbesondere drei Ziele: den schnellen Aufbau einer funktionierenden Marktwirtschaft, die regionale Kooperation und die Aussicht auf eine Mitgliedschaft in der EU. Somit ergeben sich einige Überschneidungen mit dem Regionalen Kooperationsrat und dem Südosteuropäischem Kooperationsprozess. Ein

SAA muss von allen Mitgliedsstaaten ratifiziert werden, bis dahin gelten in der Regel Interimsabkommen.

Die EU-Finanzhilfe IPA im EU-Finanzrahmen 2007-2013 bietet den Kandidatenländern und potentiellen Beitrittskandidaten Unterstützung im Beitrittsprozess. Sie ist in fünf Komponenten aufgeteilt, von denen die letzten drei nur EU-Kandidatenländern zugute kommen:

■ Übergangshilfe und Aufbau von Institutionen,
■ grenzübergreifende Zusammenarbeit,
■ regionale Entwicklung zur Vorbereitung auf den Europäischen Fonds für regionale Entwicklung und den Kohäsionsfonds,
■ Entwicklung der Humanressourcen zur Vorbereitung auf die Einbeziehung in die Kohäsionspolitik und den Europäischen Sozialfonds,
■ Entwicklung des ländlichen Raums zur Vorbereitung auf die gemeinsame Agrarpolitik und den Europäischen Landwirtschaftsfonds für die Entwicklung des ländlichen Raums (ELER).

Die dritte wichtige Komponente des SAP sind einseitige Handelserleichterungen. Diese Zugeständnisse an die Beitrittskandidaten des westlichen Balkans ermöglichen einen zollfreien Zugang für fast alle Waren inklusive Agrarprodukten mit nur wenigen Ausnahmen.

Mit der Thessaloniki-Agenda von 2003 wurden neue Instrumente eingeführt. Hierzu zählen die Europäischen Partnerschaften. Sie entstanden in Anlehnung an früher mit den mittelosteuropäischen Staaten existierende Beitrittspartnerschaften und stellen einen Rahmen zur Festlegung prioritärer kurz- und langfristiger Handlungsfelder dar. Sie beinhalten eine kohärente Struktur erforderlicher Reformen sowie den dazu benötigten finanziellen Rahmen. Ziele sind auch hier die Förderung von Stabilität und Wachstum im Westbalkan und eine verstärkte Anbindung an die Europäische Union.

Regionale Zusammenarbeit auf dem westlichen Balkan

Der Südosteuropäische Kooperationsprozess (SEECP) wurde im Jahr 1996 auf Initiative Bulgariens mit dem Ziel, die regionale Zusammenarbeit zu fördern, gegründet. Dies geschah zu einem Zeitpunkt an dem die bilateralen Beziehungen mancher Staaten in der Region sehr schlecht waren und basiert im Gegensatz zu vielen anderen Ansätzen auf Initiative aus der Region. Gründungsmitglieder des SEECP sind Albanien, Bosnien und Herzegowina, Bulgarien, Griechenland, Mazedonien, Serbien und die Türkei. Im weiteren Verlauf traten ihm zudem Kroatien, die Republik Moldau und Montenegro bei. Im Juni 2010 ist überraschend auch Slowenien dem SEECP beigetreten, das bislang immer betont hatte, zur Alpen-Adria-Region und nicht zum Westbalkan zu gehören.

Die regionale Zusammenarbeit der Westbalkanstaaten ist eine wichtige Voraussetzung für deren Aufnahme in die EU. Aktuelle Ereignisse, wie die Zustimmung Kroatiens und Sloweniens ein Schiedsgerichts-Urteil zu ihrer Grenzziehung zu akzeptieren oder das Treffen der Präsidenten Kroatiens und Serbiens, Ivo Josipovic und Boris Tadic (März 2010), bei dem sie sich für mehr Kooperation aussprachen und sogar erwogen, die gegenseitigen Klagen vor dem Internationalen Gerichtshof zurückzunehmen, weisen auf eine zunehmende Kooperation in der Region hin. Diese kann den Beitrittsprozess in Zukunft wesentlich beschleunigen.

Militärische Operationen und zivile Missionen in der Region

Teil der Südosteuropapolitik sind zurzeit eine militärische Operationen und zwei zivile Missionen im Rahmen der → Gemeinsamen Außen- und Sicherheitspolitik (GASP) der EU. Hierzu zählen die militärische Operation EUFOR Althea, die seit 2004 in Bosnien und Herzegowina durchgeführt wird, sowie die zivilen Missionen EUPM seit 2003 ebenfalls in Bosnien und Herzegowina und EULEX KOSOVO seit 2008. Die European Union Police Mission (EUPM) trat die Nachfolge der internationalen Polizei Task Force der UN an und war die erste Mission im Rahmen der → Gemeinsamen Sicherheits- und Verteidigungspolitik (GSVP). Sie wurde vom Rat zuletzt bis Dezember 2011 verlängert. Die European Union Rule of Law Mission in Kosovo (EULEX) ist die bisher größte zivile Mission im Rahmen der GSVP.

Katrin Böttger

Transatlantische Beziehungen

Ziele: Förderung von Frieden, Stabilität, Demokratie und Entwicklung; Kooperation bei globalen Herausforderungen; Förderung von wirtschaftlicher Entwicklung und Welthandel; transatlantische Vernetzung.

Dokument: Neue Transatlantische Agenda von 1995 (NTA).

Literatur: Meier-Walser, Reinhard C. (Hrsg.): Die Außenpolitik der USA. Präsident Obamas neuer Kurs und die Zukunft der transatlantischen Beziehungen, München 2009 • Shapiro, Jeremy/Witney, Nick: Towards a Post-American Europe: A Power Audit of EU-US Relations, London 2009.

Internet: Delegationen von USA und EU: http://useu.usmission.gov • http://www.eurunion.org

---

Die USA und Europa sind politisch, wirtschaftlich und gesellschaftlich enger miteinander verbunden als alle anderen Regionen der Welt. Das Verhältnis ist äußerst komplex, umfassen die transatlantischen Beziehungen doch sowohl das Verhältnis zwischen der EU und den USA als auch den einzelnen europäischen Nationalstaaten und den USA. Wenn von den transatlantischen Beziehungen die Rede ist, kann man kaum strikt zwischen den verschiedenen Ebenen unterscheiden. Außenpolitisches Handeln umfasst auf europäischer Seite sowohl nationalstaatliches Handeln als auch Handeln im Rahmen der EU und durch die EU selbst. Transatlantische Politik findet damit in verschiedenen Arenen mit unterschiedlichen Akteuren statt.

Der → Vertrag von Lissabon ändert daran nichts Grundsätzliches. Obwohl mit der Reform der institutionelle Aufbau der EU im Bereich der auswärtigen Beziehungen gestrafft wurde, bleibt die EU ein Akteur mit vielen Stimmen. So war das erste halbe Jahr nach Inkrafttreten des Lissabon-Vertrags von Kompetenzgerangel und Machtkämpfen bei Fragen der Außenvertretung der EU geprägt. Auch die Ernennung der vergleichsweise unerfahrenen Catherine Ashton zur → Hohen Vertreterin der Union für die Außen- und Sicherheitspolitik zeigt, dass der politische Wille zur Schaffung einer außenpolitisch starken EU begrenzt ist. Der intergouvernementale Charakter der → Gemeinsamen Außen- und Sicherheitspolitik (GASP) sowie der → Gemeinsamen Sicherheits- und Verteidigungspolitik (GSVP) bleibt weiterhin erhalten. Eine einheitliche europäische Außenpolitik ist unter diesen Bedingungen nicht zu erwarten.

Die transatlantischen Beziehungen werden durch den Vertrag von Lissabon nicht substantiell verändert. Die lange geforderte „Telefonnummer von Europa" gibt es für die USA weiterhin nicht. Stattdessen bestätigt sich der seit zwei Jahrzehnten sichtbare Trend, dass die transatlantischen Beziehungen von beiden Seiten pragmatisch und interessenbasiert betrachtet werden. Europa – egal ob als EU oder in Form von Nationalstaaten – ist für die USA ein wichtiger Partner. Gemeinsame Interessen führen zu Kooperation, die aber nicht automatisch und konfliktfrei ist.

Beziehungen bis 1990: Interessenskongruenz während des Ost-West-Konflikts

Von 1947 bis 1991 gründete sich das enge transatlantische Verhältnis auf dem gemeinsamen Interesse, die UdSSR einzudämmen, Westeuropa wiederaufzubauen und eine liberale Handelsordnung zu schaffen. Die enge Bindung der USA an Europa während des Kalten Kriegs mag als Konstante erscheinen, war historisch betrachtet aber eine Ausnahme. Die Vereinigten Staaten hielten sich die längste Zeit ihrer Geschichte dezidiert aus europäischen Angelegenheiten heraus. Besonderes Interesse am politischen Schicksal Europas zeigten die USA nur temporär und interessenbegründet. Nach dem Zweiten Weltkrieg wollten sie eine Machtausweitung der Sowjetunion sowohl in Europa als auch in der Welt verhindern und zogen sich anders als nach dem Ersten Weltkrieg nicht vom europäischen Schauplatz zurück. Gefestigt wurden die transatlantischen Beziehungen nach 1945 durch Institutionen (z.B. NATO, IWF, Weltbank, GATT), die der Kooperation stabile, dauerhafte Form gaben.

Beziehungen nach 1990: Partnerschaft auf Sinnsuche

Nach dem Zerfall der Sowjetunion im Jahre 1991 änderten sich die Prämissen europäisch-amerikanischer Zusammenarbeit grundlegend. Einerseits bekannten sich die transatlantischen Partner nach 1990 weiterhin zu enger Kooperation, was 1990 in der Transatlantischen Erklärung zwischen EU (damals EG) und den USA zum Ausdruck kam und die Annahme der Neuen Transatlantischen Agenda (NTA) im Dezember 1995 bekräftigte. Auch die anfängliche Aufbruchstimmung auf beiden Seiten des Atlantiks, nach Überwindung des Kalten Kriegs Konflikte im Rahmen der UNO zu lösen, schien eine gefestigte, auf gemeinsamen Werten beruhende Partnerschaft zu versprechen. Andererseits zeigten sich schon bald Differenzen: bei konzeptionellen Fragen (z.B. Stellenwert von multilateraler Kooperation, Definition zukünftiger Herausforderungen, Rolle des Militärs) ebenso wie bei konkreten Entscheidungen (z.B. Bosnien-Konflikt, Kyoto-Protokoll, Internationaler Strafgerichtshof). Zudem machte die fortschreitende europäische Integration die transatlantischen Beziehungen komplexer. Die Institutionalisierung der Gemeinsamen Außen- und Sicherheitspolitik als zweiter Säule der Europäischen Union 1993 und die verteidigungspolitischen Ambitionen, die im letzten die Übernahme militärischer Einsätze durch die EU ermöglichen sollten, lösten hitzige Debatten über das Verhältnis zwischen NATO und EU aus.

Sicherheitspolitik

Seit dem Zerfall der Sowjetunion leben sich Europa und die USA sicherheitspolitisch auseinander. Europa versteht sich in erster Linie als Regionalmacht und widmete sich vor allem der Vertiefung und → Erweiterung der EU, die Vereinigten Staaten sehen sich als Supermacht mit globalen Interessen. Auch die Frage nach den geeigneten Mitteln und Instrumenten in der internationalen Politik beantworten beide unterschiedlich. Schließlich verliert Europa an strategischer Bedeutung für die USA, die sich zunehmend dem Mittleren Osten und Asien zuwenden.

Während Differenzen in den 1990er Jahren noch überspielt werden konnten, führten die unterschiedlichen Sichtweisen nach den Terroranschlägen vom 11. September 2001 zu einer schweren transatlantischen Krise. Das Zerwürfnis über den Irakkrieg ist zwar überwunden, der unilaterale Reflex der USA geschwächt und der Ton in den transatlantischen Beziehungen wieder partnerschaftlich, Ziel- und Mittelkonflikte bleiben aber unverändert bestehen. Kooperation gibt es heute situativ (z.b. iranisches Atomprogramm) und zum Teil auch selektiv (z.b. ursprüngliche Pläne der USA zur Raketenabwehr mit Polen und Tschechien).

Ein Gradmesser für den Zustand der transatlantischen Partnerschaft ist die NATO. In den 1990er Jahren machten die USA und Europa Fortschritte bei der Transformation des Bündnisses (z.b. Osterweiterung) und festigten sicherheitspolitische Kooperation. Das Bekenntnis zu „out of area"-Einsätzen und humanitären Interventionen (Kosovo 1999) schuf neue Handlungsfelder für die Allianz. Während aber die USA die NATO zu einer flexiblen, global agierenden Allianz verändern wollen, stößt diese Idee in Europa auf Skepsis. Besonders deutlich zeigen sich die Schwierigkeiten der NATO beim ISAF-Einsatz in Afghanistan. Das amerikanische Engagement ist wesentlich stärker, gerade was Kampfverbände anlangt, als das der meisten Europäer. Einige Bündnisländer beschränken das Mandat ihrer Truppen (Truppenstärke, Stationierungsgebiet, Mission). Damit stehen Bündnissolidarität und Funktionsfähigkeit der Allianz zur Disposition.

Wirtschaftsbeziehungen

Die USA und die EU-Länder sind wirtschaftlich eng verflochten und vereinen rund die Hälfte der Weltwirtschaftsleistung auf sich. Die EU und die USA sind füreinander die wichtigsten Handelspartner. 2008 gingen 21,6 % der amerikanischen Exporte in die EU, 17,7 % der US-Importe stammten aus der EU. 19,1 % der EU-Exporte gingen in die USA, die EU bezog 12 % ihrer Importe aus den USA. Daneben tragen umfangreiche Direktinvestitionen auf beiden Seiten zur Verflechtung der Wirtschaften bei. Zur Vereinfachung der ökonomischen Beziehungen initiierten beide Seiten 1998 eine transatlantische Wirtschafts-Partnerschaft (TEP) und 2007 das Transatlantic Economic Council (TEC). Nichtsdestotrotz kommt es in den transatlantischen Wirtschaftsbeziehungen immer wieder zu Differenzen. Handelsdispute (z.B. US-Schutzzölle für Stahl 2002-2003, EU-Bananenimporte) münden regelmäßig in Streitschlichtungsverfahren der WTO. Auch die 2001 eröffnete Doha-Welthandelsrunde dümpelt nicht zuletzt wegen der mangelnden europäisch-amerikanischen Abstimmung vor sich hin.

Die Finanzkrise 2008 und die daraus resultierende Wirtschaftskrise trafen die amerikanische und die europäische Wirtschaft gleichermaßen. Es zeigt sich die hohe wirtschaftliche Interdependenz in den Beziehungen. Insgesamt ergibt die Betrachtung der transatlantischen Wirtschaftsbeziehungen ein gemischtes Bild: Die Märkte sind so eng verflochten wie nie zuvor, damit aber auch anfällig für negative Wechselwirkungen und Streitigkeiten. Die USA und die EU sind in Wirtschaftsfragen also zugleich Partner und Konkurrenten.

Ausblick: Pragmatismus statt Automatismus

Die transatlantischen Beziehungen haben sich in den letzten zwei Jahrzehnten grundlegend gewandelt. Waren die USA und Europa in den Tagen des Kalten Kriegs automatische Partner, ist dies heute nicht mehr der Fall. In vielen Bereichen treten unterschiedliche politische Prioritäten und Visionen zu Tage. Während die USA globale Weltordnungspolitik betreiben, sind europäische Ambitionen und Fähigkeiten primär regional verhaftet. Die transatlantischen Beziehungen sind heute politisch, wirtschaftlich und gesellschaftlich immer noch eng, aber deutlich pragmatischer als früher.

Stephan Bierling / Gerlinde Groitl

Umweltpolitik

Vertragsgrundlage: Präambel, Art. 3, 21 EUV. Art. 4, 11, 114, 177, 191-193, 194 AEUV.

Ziele: Hohes Umweltschutzniveau; nachhaltige Ressourcennutzung und Gesamtentwicklung; Verbesserung der Umweltqualität; Bekämpfung des Klimawandels; Schutz der Gesundheit des Menschen; Integration von Umweltbelangen in andere Politikbereiche; Beitrag zum globalen Umweltschutz.

Instrumente: Verordnungen, (Rahmen-)Richtlinien, Mitteilungen, Beschlüsse, Empfehlungen, Grün-/Weißbücher, Aktionspläne, Strategien, Umweltaktionsprogramme, Finanzierungslinie Life+.

Literatur: Christoph Knill: Europäische Umweltpolitik: Steuerungsprobleme und Regulierungsmuster im Mehrebenensystem, Wiesbaden 2008 • Daniel Köster: Die Auswirkungen des Lissabon-Vertrags auf Umwelt- und Energiepolitik. Mehr Subsidiarität und doch weniger Mitsprache in der EU?, Saarbrücken 2009 • Joanne Scott (Hrsg.): Environmental protection. European law and governance, Oxford 2009 • Gaby Umbach: Umweltpolitik, in: Werner Weidenfeld/Wolfgang Wessels (Hrsg.): Jahrbuch der europäischen Integration, Bonn/Baden-Baden 2002ff.

Internet: Generaldirektion Umwelt: http://ec.europa.eu/environment/index_de.htm • Europäische Umweltagentur: http://www.eea.europa.eu/de • 6. EU-Umweltaktionsprogramm: http://ec.europa.eu/environment/newprg/index.htm.

Zentrale Prinzipien der EU-Umweltpolitik sind das Vorbeuge-, Vorsorge-, Ursprungs-, Verursacher- (Art. 191(2) AEUV) sowie das Querschnittsprinzip (Art. 11 AEUV) und ein hohes Schutzniveau (Art. 114(3), 191(2) AEUV). Letzteres und die Verbesserung der Umweltqualität stellen zudem allgemeine Ziele gemeinschaftlicher Rechtsetzung dar, die in allen Politikbereichen zu beachten sind. Während das Vorbeugeprinzip auf Vermeidung und Beseitigung von Umweltschädigungen ausgerichtet ist, zielt das Vorsorgeprinzip auf die langfristige Vermeidung umweltgefährdender Aktivitäten ab. Beide Prinzipien verleihen der EU-Umweltpolitik ihren präventiven Charakter. Das Ursprungsprinzip verlagert den Ansatzpunkt von Maßnahmen örtlich und zeitlich möglichst nah an die Quelle der Umweltbeeinträchtigung. Nach den Maßgaben des Verursacherprinzips ist der Verschmutzer für die Beseitigung entstandener Umweltschäden verantwortlich. Es handelt sich hierbei um ein reaktives Kostenzurechnungsprinzip mit nachsorgender Zielsetzung.

Vier Phasen der vertragsrechtlichen Entwicklung

Die Gründungsverträge enthielten keine explizite Grundlage für die Entwicklung einer eigenständigen umweltpolitischen Kompetenz der Europäischen Wirtschaftsgemeinschaft (EWG). Umweltpolitische Maßnahmen wurden bis 1972 auf der Grundlage der Art. 2, Art. 100 und Art. 235 EWGV beschlossen. Diese Vertragsartikel trafen keine Aussagen über umweltpolitische Leitlinien, sondern waren auf binnenmarktrelevante Aspekte ausgerichtet, was zu einem unkoordinierten Politikansatz führte.

Eine zweite Phase ist von 1972 bis zur Einheitlichen Europäischen Akte (EEA) 1987 auszumachen. Nach der ersten UN-Umweltkonferenz 1972 forderten die europäischen Staats- und Regierungschefs die Europäische Kommission zur Entwicklung eines 1. Umweltaktionsprogramms (UAP) auf. Dieses stark reaktiv ausgerichtete 1. UAP (1973) legte erstmals Leitlinien zur Entwicklung einer gemeinschaftlichen Umweltpolitik fest, besaß jedoch, wie auch nachfolgende UAP, keinen rechtsverbindlichen Charakter. Der Politikansatz blieb auf einzelfallbezogene Nachsorgeaspekte beschränkt. Institutionelle Neuerungen brachte 1981 die Einrichtung der Generaldirektion XI ,Umwelt, nukleare Sicherheit und Katastrophenschutz' in der Europäischen Kommission. Inhaltlich wurde im 3. UAP (1982) der Präventivgedanke ergänzt.

Die dritte Phase erstreckte sich von der EEA (1987) bis zum Maastrichter Vertrag (1993) und bedeutete einen Qualitätssprung. Mit der EEA wurde die europäische Umweltpolitik primärrechtlich verankert und erhielt mit dem eigenen Titel VII ‚Umwelt' einen selbständigen Politikcharakter. Bei der Verwirklichung des → Binnenmarkts wurde der Umweltschutz einem hohen Schutzniveau verpflichtet. Hinzu traten die Prinzipien Vorsorge, Vorbeugung, Ursprung, Integration und Verursacherbezug.

In der vierten Phase (1993 bis heute) wurde ein umweltverträgliches Wachstum im Maastrichter Vertrag als Ziel der EG definiert. Umwelt fand erstmals Erwähnung unter den Tätigkeitsbereichen der EG und das Ziel des hohen Schutzniveaus wurde auf den Umwelttitel ausgedehnt. 1993 wurde die Europäische Umweltagentur als Beobachtungs- und Informationszentrum gegründet. Der Amsterdamer Vertrag (1999) nahm den Gedanken der Nachhaltigkeit als Grundsatz der EU auf und integrierte das hohe Umweltschutzniveau und die Verbesserung der Umweltqualität in die Aufgaben der EG, zudem wurde die Bedeutung des Querschnittsprinzips unterstrichen. Der Vertrag von Nizza brachte hierzu keine Veränderungen. Der → Vertrag von Lissabon positionierte das hohe Schutzniveau, eine nachhaltige Entwicklung und die Umweltqualitätsverbesserung als Querschnittsaufgaben unter den allgemeinen Zielen der EU (Art. 3(3) EUV). Er unterstrich damit eine verstärkt umweltpolitische Auffassung des Nachhaltigkeitsbegriffs. Diese Ausrichtung ist auch bei der gemeinschaftlichen Politikgestaltung und -durchführung zu beachten (Art. 11 AEUV, Art. 21 EUV). Darüber hinaus muss die Kommission ein hohes Umweltschutzniveau bei der Planung ihrer Vorschläge berücksichtigen (Art. 114 AEUV) und die Bekämpfung des Klimawandels (Art. 191(1) AEUV) wurde Ziel der EU-Umweltpolitik. Diese letztere Akzentuierung widerspiegelnd wurde 2010 eine eigene Generaldirektion ‚Klimaschutz' in der Kommission eingerichtet.

Beschlussverfahren

Nachdem die EEA das seit 1957 praktizierte Einstimmigkeitsverfahren unter Anhörung des → Europäischen Parlaments – mit Ausnahme von qualifizierten Mehrheitsabstimmungen zur Verwirklichung des Binnenmarkts im Mitentscheidungsverfahren – prinzipiell als Abstimmungsmodus festgelegt hatte, führte der Maastrichter Vertrag qualifizierte Mehrheitsabstimmungen und das Verfahren der Zusammenarbeit ein. Seit dem Amsterdamer Vertrag fand das Mitentscheidungsverfahren regulär Anwendung. Der Lissabonner Vertrag verortet die Umweltpolitik unter der geteilten Zuständigkeit (Art. 4 AEUV). Mit Ausnahme einiger Einzelfälle (Art. 192(2) AEUV) findet das ordentliche Gesetzgebungsverfahren Anwendung (Art. 192 AEUV).

Instrumente

Hauptinstrument der EU-Umweltpolitik ist die Rechtsetzung durch Ge- und Verbote in Form von Verordnungen und (Rahmen-)Richtlinien. Dies kennzeichnet ihren stark regulativen Ansatz, der durch Mitteilungen, Beschlüsse, Empfehlungen, Grün-und Weißbücher, Aktionspläne, Programme und Strategien ergänzt wird. Als primäre Steuerungsprinzipien werden ordnungsrechtliche Instrumente wie z.B. Festsetzung gemeinsamer Normen/Grenzwerte für die Qualität der Umwelt oder Überwachung/Verbot gefährlicher Stoffe eingesetzt. Steuerung durch Anreiz ist weniger prominent, findet aber beim Einsatz marktwirtschaftlicher oder marktwirtschaftlich orientierter Instrumente (Abgaben, Gebühren, Steuern und Zertifizierungsmechanismen) Anwendung. Weitere Instrumente sind finanzielle Anreize wie z.B. Steuervergünstigungen für umweltfreundliches Verhalten oder das Finanzierungsprogramm Life+ (2007-2013). Ein weiteres wesentliches Instrument sind die bereits erwähnten Umweltaktionsprogramme. Sie legen Leitlinien und Prinzipien fest und spezifizieren Politikinhalte. Seit dem 1. UAP ist eine konzeptionelle Weiterentwicklung festzustellen, die von ersten Leitlinien zur Verbesserung der Umwelt (1. UAP, 1973) über den Übergang von reaktiv-nachsorgenden Politiken zum Konzept der nachhaltigen Entwicklung (5. UAP, 1993) bis hin zur Betonung der europäischen Verantwortung im Klima- und Naturschutz, für Umwelt und Gesundheit und nachhaltigen Ressourcenverbrauch sowie der Integration von Umweltbelangen in die Gemeinschaftspolitiken (6. UAP, 2002-2012) führte.

Gaby Umbach

Unionsbürgerschaft

Vertragsgrundlage: Präambel, Art. 9-11, 14 EUV. Art. 15, 18-25, 35, 227, 228 AEUV.

Ziel: Bürgerrechte und -pflichten auf EU-Ebene.

Literatur: Marten Breuer u.a. (Hrsg.): Im Dienste des Menschen: Recht, Staat und Staatengemeinschaft, Berlin 2009 (hier: Rudolf Streinz, Vom Marktbürger zum Unionsbürger und Martin Nettesheim, Die Unionsbürgerschaft: Mehr als ein Status des Bourgeois?) • Stefan Kadelbach: Unionsbürgerschaft, in: Armin von Bogandy (Hrsg.):

Europäisches Verfassungsrecht. Theoretische und dogmatische Grundzüge, Berlin 2009, S. 611-656 • Walter Obwexer: Diskriminierungsverbot und Unionsbürgerschaft, in: Thomas Eilmansberger und Günter Herzig (Hrsg.): Jahrbuch. Europarecht, Berlin 2010 • Melanie Reddig: Bürger jenseits des Staates? Unionsbürgerschaft als Mittel europäischer Integration. Baden-Baden 2005 • Ferdinand Wollenschläger: Grundfreiheit ohne Markt. Die Herausbildung der Unionsbürgerschaft im unionsrechtlichen Freizügigkeitsregime, Tübingen 2007.

Internet: EU-Server: http://ec.europa.eu/justice_home/fsj/citizenship/wai/ fsj_citizenship_intro_de.htm • http://ec.europa.eu/justice_home/news/ information_dossiers/5th_citizenship/docs/com_2008_85_en.pdf • http:// ec.europa.eu/commission_2010-2014/reding/citizenship/index_de.htm

Primäres Ziel der Gründung der Europäischen Gemeinschaften war, einen gemeinsamen Markt zu schaffen. Ausschließlich auf den (Binnen-)Markt bezogen sich jahrelang auch die in den Gemeinschaftsverträgen geregelten Grundfreiheiten als Säulen des → Binnenmarkts der Europäischen Union: freier Verkehr von Waren, Personen, Dienstleistungen und Kapital. Die Freiheit des Personenverkehrs wurde – um Hindernisse im Binnenmarkt abzubauen – schon relativ früh sozial abgesichert. Bürgerrechte auf europäischer Ebene fehlten. Sie waren im Rahmen der Europäischen Gemeinschaften nicht beabsichtigt.

Einzelne Mitgliedstaaten hatten jedoch Ausländern die Beteiligung an meist lokalen Wahlen ermöglicht. Denn mit zunehmender Harmonisierung der Rechtssysteme der Mitgliedstaaten, freilich stets unter dem Aspekt des Binnenmarkts, trat die Diskrepanz zwischen den immer deutlicheren Auswirkungen der Rechtsakte der Europäischen Gemeinschaft auf die Bürger einerseits und der mangelnden Identifikation mit der Rechtskonstruktion Europäische Gemeinschaften andererseits immer stärker zu Tage. Es entspann sich eine jahrelange Diskussion über ein „Europa der Bürger". Diese Diskussion führte zunächst am 20. September 1976 zu einem Ratsbeschluss und dem dazugehörigen „Akt zur Einführung allgemeiner unmittelbarer Wahlen der Abgeordneten der Versammlung", die den Bürgern der Mitgliedstaaten ein politisches Recht gewährten: das Wahlrecht zum → Europäischen Parlament (EP), dessen Zusammensetzung bis dahin mittelbar bestimmt worden war. Damit war jedoch das Problem der mangelnden Identifikation der Bürger der Mitgliedstaaten mit den Europäischen Gemeinschaften – insbesondere den Folgen ihrer Existenz, den Auswirkungen der europäischen Rechtsnormen und -akte – nicht beseitigt. Die Debatte um ein „Europa der Bürger" ging weiter mit dem Ziel, die wirtschaftliche und soziale Rechtsstellung der Gemeinschaftsangehörigen durch politische Rechte auf europäischer Ebene umfassend zu ergänzen. Durch den Vertrag von Maastricht (1993) wurde mit dem Ziel, neben der Wirtschafts- auch eine Politische Union zu schaffen, die „Unionsbürgerschaft" in das Primärrecht der Gemeinschaft eingeführt: Den Bürgern der Europäischen Union wurden neben den wirtschaftlichen auch politische Rechte eingeräumt.

Vom „Europa der Bürger" zur Unionsbürgerschaft

Die Präambel des EWG-Vertrags (1958) lieferte mit den Worten, „den ersten Grundstein für eine weitere und vertiefte Gemeinschaft unter den Völkern (...) legen", einen ersten Ansatz zur Gestaltung eines „Europa der Bürger". Doch erst im Rahmen der Gipfelkonferenz der Staats- und Regierungschefs in Paris 1974 wurde eine Arbeitsgruppe damit beauftragt zu untersuchen, unter welchen Voraussetzungen den Bürgern der Mitgliedstaaten besondere Rechte als Angehörige der Gemeinschaft zuerkannt werden könnten. Der daraufhin erstellte Bericht „Europa für die Bürger" befasste sich mit bestimmten Bürgerrechten und politischen Rechten, und zwar hauptsächlich mit dem aktiven und passiven Wahlrecht sowie mit dem Recht auf Zugang zu öffentlichen Ämtern. Er führte in der Folge zur Einführung des Direktwahlverfahrens zum EP, nicht aber zu weiteren politischen Rechten der Gemeinschaftsangehörigen.

1984 unternahm der Europäische Rat in Fontainebleau einen neuen Versuch zur Entwicklung von Bürgerrechten in der EG. Er setzte einen Ad-hoc-Ausschuss für ein „Europa der Bürger" unter dem Vorsitz von Pietro Adonnino ein, mit dem Ziel, die EG im Meinungsbild der europäischen Bürger zu stärken und zu fördern. Zwei Berichte des Ausschusses enthielten Vorschläge zur Verbesserung der Freizügigkeit, der wirtschaftlichen und sozialen Stellung der Gemeinschaftsangehörigen sowie zur stärkeren Beteiligung der Bürger am politischen Prozess in der Gemeinschaft und den Mitgliedstaaten. Das EP und der Europäische Rat stimmten diesen Empfehlungen zu. Letzterer beauftragte im Dezember 1990 in Rom die von ihm eingesetzte Regierungskonferenz zur Politischen Union, dem Begriff „Europabürgerschaft" – im Gegensatz zu „Marktbürger" – besondere Beachtung zu schenken. Die Unionsbürgerschaft wurde schließlich durch die Maastrichter Beschlüsse in einem eigenen Titel in den EG-Vertrag eingefügt.

Reformen durch die Verträge von Amsterdam, Nizza und Lissabon

Die Reformen durch die Verträge von Amsterdam (1999) und Nizza (2003) veränderten die Vorschriften aus dem Maastrichter Vertrag inhaltlich kaum. Die Teilnehmer der Regierungskonferenz zur Reform des Maastrichter Vertrags konnten sich über die Weiterentwicklung der Unionsbürgerschaft nicht einigen. U.a. wurde festgelegt, dass einem Unionsbürger kein Asylrecht in einem anderen Mitgliedstaaten gewährt werden solle. Eine bedeutendere Änderung erfolgte im Entscheidungsverfahren im Bereich des Rechts des freien Aufenthalts oder der Freizügigkeit. Der Vertrag von Nizza führte die Entscheidung mit qualifizierter Mehrheit ein; nach dem → Vertrag von Lissabon gilt das ordentliche Gesetzgebungsverfahren nach Art. 289(1), 294 AEUV. Zur Ergänzung der in Art. 20(2) AEUV aufgeführten Rechte entscheidet der Rat jedoch bis heute einstimmig, jetzt nach dem besonderen Gesetzgebungsverfahren (Art. 289(2) AEUV).

Der stetig betriebene Ausbau der Politischen Union führte am 7. Dezember 2000 zur Unterzeichnung und Proklamation der → Charta der Grundrechte. Sie fasst neben wirtschaftlichen und sozialen auch bürgerliche und politische Rechte der europäischen Bürger sowie aller im Hoheitsgebiet der Union lebenden Personen zusammen. Der Europäische Konvent erhielt den Auftrag, einen vertraglichen Rahmen zu erarbeiten, der zu einer Europäischen Verfassung ausgebaut werden könne. Er sollte u.a. auf die Bedürfnisse der Bürgerinnen und Bürger in Europa eingehen; diese sollten mitentscheiden und sich auf Grundrechte berufen können. Der Verfassungsvertrag sollte als Teil II die Charta der Grundrechte enthalten, darunter die Bürgerrechte mit Regelungen zur Unionsbürgerschaft. Die Verfahrensvorschriften sollten im Titel „Nichtdiskriminierung und Unionsbürgerschaft" festgeschrieben werden. Der EuGH hatte schon zuvor die Vertragsbestimmungen zur Unionsbürgerschaft mit dem Verbot der Diskriminierung aus Gründen der Staatsangehörigkeit verbunden (→ Antidiskriminierungspolitik). Der Unionsbürgerstatus sei „der grundlegende Status der Angehörigen der Mitgliedstaaten", der es denjenigen von ihnen, die sich in der gleichen Situation befinden, erlaubt, unabhängig von ihrer Staatsangehörigkeit die gleiche rechtliche Behandlung zu genießen (Rs. Grzelczyk, C-184/99, Slg. 2001, I-6193). Sie hätten im sachlichen Geltungsbereich des Vertrags unabhängig von ihrer Staatsbürgerschaft Anspruch auf gleiche rechtliche Behandlung (Rs. d'Hoop, C-244/98, Slg. 2002, I-6191). Aus diesen Urteilen wurde die – teilweise massiv kritisierte – Schlussfolgerung gezogen, dass die Rechtsprechung des EuGH ein quasi universelles Zugangsrecht zu allen Arten von Sozialleistungen für Unionsbürger gewährt, die sich rechtmäßig in einem anderen Mitgliedstaat aufhalten.

Doch der am 29. Oktober 2004 feierlich unterzeichnete Verfassungsvertrag wurde schließlich nach dessen Ablehnung durch einige Mitgliedstaaten durch den am 1. Dezember 2009 in Kraft getretenen → Vertrag von Lissabon ersetzt. Da die Charta der Grundrechte mit den Bürgerrechten aus dem Vertrag wieder herausgenommen wurde, bilden die Regelungen zur „Nichtdiskriminierung und Unionsbürgerschaft" jetzt den Zweiten Teil des AEU-Vertrags. Das für alle Unionsbürger geltende Verbot der Diskriminierung aufgrund der Staatsangehörigkeit steht ganz am Anfang. Jegliche rechtliche Schlechterstellung des Unionsbürgers vor allem gegenüber einem Inländer, aber auch gegenüber anderen Ausländern (Drittstaatsangehörigen) ist untersagt. Damit wirken sich Privilegierungen aufgrund bilateraler Verträge indirekt auf alle Unionsbürger aus.

Rechte und Pflichten der Unionsbürger

Unionsbürger ist nach Art. 9(2, 3) EUV und – nahezu gleichlautend – Art. 20(1) AEUV, wer die Staatsangehörigkeit eines EU-Staats besitzt. Die Unionsbürgerschaft tritt zur nationalen Staatsangehörigkeit hinzu, ohne diese zu ersetzen. Sie bezieht sich auf alle im EU- und AEU-Vertrag enthaltenen Regelungen betreffend die Staatsangehörigen der EU-Staaten (u.a. freier Personenverkehr, Niederlassungs- und Aufenthaltsrechte) und fällt unter die Jurisdiktion des → Gerichtshofs der Europäischen Union (EuGH).

Zwar heißt es in Art. 20(2) „Die Unionsbürgerinnen und Unionsbürger haben die in den Verträgen vorgesehenen Rechte und Pflichten"; Pflichten kennt der Vertrag aber nicht. Konkrete Rechte sind u.a. am demokratischen Leben der Union teilzunehmen (Art. 10(1) EUV), das Recht auf Zugang zu Dokumenten der Organe, Einrichtungen und sonstigen Stellen der Union (Art. 15(3) AEUV) und das Aufenthaltsrecht im Hoheitsgebiet aller Mitgliedstaaten (Art. 20(2 a) und – mit fast gleichem Wortlaut – Art. 21(1) AEUV). Unionsbürger haben ein allgemeines Recht auf Bewegungs- und Aufenthaltsfreiheit, ohne dass sie sich auf einen wirtschaftlichen Zweck ihres Aufenthalts im anderen EU-Staat berufen müssten. Zu den Rechten gehören weiterhin der diplomatische und konsularische Schutz auch durch andere Mitgliedstaaten, das Petitionsrecht beim EP sowie das Recht auf Anrufung des Bürgerbeauftragten (Ombudsmann). Die letzten beiden Rechte stehen auch Angehörigen dritter Staaten mit Wohnsitz in einem Mitgliedstaat zu und können in allen Vertragssprachen ausgeübt werden.

Die Einführung des Wohnsitzprinzips bei den → Wahlen zum Europäischen Parlament und bei Kommunalwahlen in den Mitgliedstaaten war das Kernstück der Regelungen zur Unionsbürgerschaft. Insbesondere im Rahmen der Kommunalwahlen schuf es ein neues politisches Recht. Jeder Unionsbürger mit Wohnsitz in einem Mitgliedstaat hat dort das aktive und passive Wahlrecht bei Kommunalwahlen und bei den Wahlen zum EP. Dabei gelten dieselben Bedingungen für die Staatsangehörigen des betreffenden Mitgliedstaats und anderer Mitgliedstaaten.

Neu: die europäische Bürgerinitiative

Mit Art. 11(4) EUV wurde die europäische → Bürgerinitiative geschaffen, durch die Unionsbürgerinnen und Unionsbürger die Möglichkeit erhalten, sich direkt an der Politikgestaltung der Europäischen Union zu beteiligen: Sie können die Europäische Kommission zur Vorlage eines Vorschlags in einem in die Zuständigkeit der EU fallenden Bereich auffordern. Voraussetzung ist, dass mindestens eine Million Staatsangehörige aus einer erheblichen Anzahl von Mitgliedstaaten die Initiative unterstützt. Vor Ausübung dieses neuen Rechts müssen grundlegende Bestimmungen und Verfahren im ordentlichen Gesetzgebungsverfahren in einer EU-Verordnung festgelegt werden. EU-Kommissarin Viviane Reding legt großen Wert auf dieses neue Instrument. Die Kommission hat vom 11. November 2009 bis zum 31. Januar 2010 auf der Grundlage eines Grünbuchs eine öffentliche Konsultation durchgeführt, um die Meinung aller interessierten Kreise dazu einzuholen, wie die Bürgerinitiative in der Praxis funktionieren soll. Nach einer Anhörung und unter Berücksichtigung einer EP-Entschließung liegt der Kommissionsvorschlag für die Verordnung zur Bürgerinitiative seit dem 31. März 2010 vor. Die Verfahren und Bedingungen sollen klar, einfach, nutzerfreundlich und angemessen sein. Die europäischen Bürger hätten dann zum ersten Mal die Möglichkeit, EU-Regelungen direkt anzuregen.

Anke Gimbal

Verbände und Interessenvertretung

Anzahl: Schätzungen gehen von ca. 15.000 Interessenvertretern aus, die sich auf europäischer Ebene engagieren. Die Zahl der unmittelbar in Brüssel ansässigen Interessenvertretungen liegt bei etwa 2.600.

Ziele: Analyse und Informationsgewinnung hinsichtlich der EU-Gesetzgebung, der Unionspolitiken und der europäischen Entscheidungsprozesse (Monitoring);

Erarbeitung europapolitischer Positionen, Bereitstellung von Expertenwissen und Einflussnahme auf europäische Politikprozesse (Lobbying); Initiierung medienwirksamer öffentlicher Debatten und Kampagnen zu punktuellen Anliegen (Advocacy); Politik- und Unternehmensberatung (Consulting); Einwerbung von EU-Fördermitteln (Fundraising).

Akteure: von den Brüsseler Interessenvertretern sind etwa 33 % europäische Dachverbände, ca. 20 % Anwalts- und professionelle Beratungsfirmen, jeweils 10 % Unternehmen, nationale Arbeitgeberverbände und Gewerkschaften sowie Nichtregierungsorganisationen, jeweils 5 % regionale Gebietskörperschaften sowie Repräsentationen internationaler Organisationen, 1 % Think Tanks.

Organisation: Interessenvertretungen besitzen in der Regel eigene Repräsentationen in Brüssel, die nur über moderate Personalausstattung verfügen (5-30 Mitarbeiter). Europäische Dachverbände können zusätzlich auf Mitarbeiter nationaler Mitgliedsverbände zurückgreifen. Ferner nimmt das professionelle Auftragslobbying durch Anwaltskanzleien und Beratungsunternehmen zu.

Dokument: Europäischen Kommission: Europäische Transparenzinitiative: ein Jahr seit Eröffnung des Registers der Interessenvertreter, Mitteilung der Kommission, KOM(2009) 612 endg., 28.10.2009.

Literatur: Rainer Eising/Beate Kohler-Koch (Hrsg.): Interessenpolitik in Europa, Baden-Baden 2005 • Justin Greenwood: Interest Representation in the European Union, Basingstoke 2007 • Irina Michalowitz: Lobbying in der EU, Wien 2007.

Internet: EU-Kommission: http://ec.europa.eu/transparency/index_de.htm • EurActiv: http://www.euractiv.com/de/pa/eu-transparenzinitiative/article-140896

In der Europäischen Union haben in den vergangenen drei Jahrzehnten sowohl die fortschreitende Europäisierung von Politikbereichen als auch die Aufnahme neuer Mitgliedstaaten zur Herausbildung einer pluralistischen Verbändelandschaft geführt. Diese Expansion der Interessenvertretung auf Brüsseler Ebene darf jedoch nicht darüber hinwegtäuschen, dass die Einbeziehung von Verbänden vor allem in die Politikplanung der → Europäischen Kommission bereits eine lange Tradition besitzt. Schon der Vertrag zur Gründung der Europäischen Gemeinschaft für Kohle und Stahl (1952) normierte im Art. 46, dass die Hohe Behörde (die Vorläuferin der Europäischen Kommission) jederzeit Verbände und Sachverständige anhören könne. Auch im weiteren Verlauf der Integrationsentwicklung hat die Europäische Kommission selbst nicht unerheblich zur Ausweitung solcher Lobbyaktivitäten beigetragen. Erstens spielen für sie vielfältige informelle Gesprächsforen für die Einholung von Experten von europäischen Industrievertretern eine wichtige Rolle. Daneben werden Vertreter von Unternehmen auch formell in die Politikplanung einbezogen, sei es auf der Ebene so genannter europäischer Technologieplattformen, in deren Rahmen langfristige Strategien für Forschung und technologische Entwicklung aufgestellt werden, oder in Form des Europäischen Runden Tisches der Industriellen (ERT), eines Zusammenschlusses von 45 Vorstandsmitgliedern europäischer Unternehmen, der bereits seit 1983 vorwiegend zu Fragen der Wettbewerbsfähigkeit der EU Stellung nimmt. Zweitens existiert im Prozess der Politikplanung traditionell eine privilegierte Einbeziehung europäischer Dachverbände. Diese herausgehobene Stellung ist durch den → Vertrag von Lissabon auch formal weiter gestärkt worden. Da diese Vereinigungen aufgrund der Zahl der Mitglieder ihrer nationalen Mitgliedsverbände als „repräsentative Verbände" angesehen werden, ist ihnen durch Art. 11(2) EUV ein „offener, transparenter und regelmäßiger Dialog" mit den Organen der EU garantiert worden. Drittens hat die Europäische Kommission selbst eine „Aktivierung" von Nichtregierungsorganisationen betrieben, die im Rahmen einer partnerschaftlichen Zusammenarbeit nicht nur angehört werden. Vielmehr engagierte sich die Kommission auch zugunsten ihrer Finanzierung und Vernetzung in verschiedenen thematischen Plattformen. Am stärksten institutionalisiert wurde auf europäischer Ebene aber, viertens, die Mitwirkung organisierter Interessen von Arbeitgebern und Arbeitnehmern. Deren beratende Mitwirkung am europäischen Politikprozess ist zunächst durch den im Jahr 1957 etablierten → Wirtschafts- und Sozialausschuss gewährleistet. Darüber hinaus ist es mit der Schaffung einer Europäischen Sozialpartnerschaft durch den Maastrichter Vertrag zur Institutionalisierung eines neokorporatistischen Arrangements gekommen, das die Kommission nicht nur verpflichtet, bei sozial- und beschäftigungspolitischen Vorhaben die drei wichtigsten Dachverbände, den Europäischen Gewerkschaftsbund (EGB), die Union der Industrie- und Arbeitgeberverbände Europas (UNICE) und den Europäischen Zentralverband der öffentlichen Wirtschaft (ECPE), zu konsultieren (→ Sozialpolitik). Vielmehr ist den Sozialpartnern das Recht eingeräumt worden, sich autonom auf beschäftigungspolitische Kollektivabkommen zu verständigen, die anschließend durch den Ministerrat als Richtlinien zu verbindlichem europäischen Recht werden.

Interessenvertretung im Spannungsfeld von transparenter Mitwirkung und ausuferndem Lobbyismus

Das Wirken von Interessenverbänden in der Europäischen Union bewegt sich seit nunmehr zwei Jahrzehnten in einem Spannungsfeld zwischen dem Anspruch der Gemeinschaftsorgane institutionelle Vorkehrungen für eine transparente Mitwirkung von Verbänden an der europäischen Politik zu treffen sowie dem zumindest punktuellen Ausufern von Lobbypraktiken, die den Ruf nach strikter Kontrolle und Regulierung ihrer Mitwirkung bestärkt haben. Schon im Jahr 1992 hatte die Europäische Kommission den Lobbyorganisationen den Vorschlag unterbreitet, einen Verhaltenskodex zu verabschieden, durch den sich diese verpflichten sollten, die von ihnen repräsentierten Interessen offenzulegen sowie die Verbreitung irreführender Informationen und das Angebot jeglicher Form von Anreizen zu unterlassen. Im Rahmen ihres Weißbuchs „Europäisches Regieren" (2001) hat sie festgestellt, dass Inhalt, Objektivität und Verantwortlichkeit von Experten und Interessenvertretern von der Öffentlichkeit zunehmend in Zweifel gezogen würden. Deshalb hat die Kommission im Folgejahr in einer Mitteilung über eine „verstärkte Kultur der Konsultation und des Dialogs" bemängelt, dass den Gemeinschaftsorganen Fehlinformationen über die wirtschaftlichen, sozialen oder umweltpolitischen Folgen von Gesetzesvorhaben übermittelt würden bzw. dass Interessengruppen mittels moderner Kommunikationstechniken „massiv Propaganda" für oder gegen ein Vorhaben initiieren, ohne dass für die Gemeinschaftsorgane erkennbar wäre, inwieweit hierbei tatsächlich Anliegen der Bevölkerung thematisiert würden. In einem einmaligen Vorgang machten im Juni 2010 Abgeordnete des Ausschusses für wirtschafts- und währungspolitische Angelegenheiten des Europäischen Parlaments auf sich aufmerksam, als sie die Zivilgesellschaft aufriefen, in stärkerem Maße Expertise zur Regulierung der Finanzmärkte zur Verfügung zu stellen, um dadurch den immensen politischen Druck auszubalancieren, dem sich die Parlamentarier durch die Bankenlobby ausgesetzt sehen.

Inter-institutionelle Verhandlungen für einen gemeinsamen Regulierungsrahmen

Die Gemeinschaftsorgane sind bisher höchst unterschiedlich mit dem Phänomen der Expansion der europäischen Interessenvertretung umgegangen. Während das → Europäische Parlament schon im Jahr 1996 eine Akkreditierungspflicht eingeführt hat, die den Interessenvertretern im Gegenzug zur Offenlegung ihrer Auftraggeber einen vereinfachten, aber nicht exklusiven Zugang zum Parlament bietet, hat der Rat bis heute auf jede Regelung des Umgangs mit Interessengruppen verzichtet. Die Europäische Kommission ihrerseits hat zunächst einer Selbstregulierung der Interessengruppen den Vorzug vor einer sanktionsfähigen Akkreditierungspflicht gegeben. In einer Mitteilung über die „Europäische Transparenzinitiative" von Mai 2008 hat sie dann jedoch ihre

Erwartungen gegenüber den Lobbygruppen konkretisiert und sowohl Anforderungen hinsichtlich ihrer Registrierung sowie bezüglich der Konformität ihres Handelns mit einem neuen Verhaltenskodex definiert. Diese Registrierung unterliegt auch zukünftig der Freiwilligkeit. Allerdings „erwartet" die Kommission eine solche von allen Organisationen, die Einfluss auf die Politikgestaltung der Gemeinschaftsorgane und weiterer europäischer Einrichtungen nehmen. Davon nicht berührt sind neben der Rechtsberatung durch Anwälte sowie der Tätigkeit von Gewerkschaften und Arbeitgeberverbänden im Rahmen des „Sozialen Dialogs" insbesondere auch jene Aktivitäten von Interessenvertretern, die sich auf eine direkte Anforderung von Sachinformationen durch Kommissionsdienststellen gründen. Ausgenommen bleiben ferner Kirchen, politische Parteien sowie Repräsentationen staatlicher Organe der lokalen, regionalen oder nationalen Ebene sowie von internationalen Organisationen, sofern sie im Rahmen ihrer öffentlichen Aufgaben und Verantwortlichkeit tätig werden.

Mit der Registrierung ist insbesondere die Offenlegung der finanziellen Ressourcen der Interessenvertretungen verbunden, die je nach Akteurstypus unterschiedlich definiert werden. Die Kernelemente bestehen allerdings in einem Verhaltenskodex für Interessenvertreter sowie der Benennung von Sanktionsmaßnahmen bei offensichtlichen Verstößen gegen dessen Prinzipien. Zu diesen Prinzipien gehören im Wesentlichen die Offenlegung der jeweiligen Interessen und Auftraggeber, die Zusicherung, dass bereitgestellte Informationen zutreffend, vollständig, aktuell und nicht irreführend sind sowie der Verzicht auf die unlautere Beschaffung von Informationen. Der Erfolg der europäischen Transparenzinitiative ist bisher aus mindestens zwei Gründen begrenzt geblieben. Erstens haben sich zwar bis Ende 2009 ca. 2.700 Organisationen registrieren lassen, Untersuchungen lobbykritischer Organisationen legen aber nahe, dass sich bisher nur ein relativ geringer Anteil der professionellen Lobbyorganisationen in dieses Transparenzregister eingetragen hat. Zweitens ist es bisher auch nicht gelungen, dieses Register für alle Gemeinschaftsorgane als verbindlich festzuschreiben. Da der Rat bei seiner ablehnenden Haltung geblieben ist, konzentrieren sich die inter-institutionellen Verhandlungen seit 2009 auf ein gemeinsames Register von Kommission und Parlament. Ein positiver Abschluss der im Mai 2010 wieder aufgenommenen Verhandlungen ist derzeit aber nicht absehbar.

Die drei Konfliktdimensionen der europäischen Interessenvertretung

Insgesamt wird also deutlich, dass sich hinsichtlich der Interessenvertretung in der europäischen Politik drei Konfliktdimensionen etabliert haben, deren Wechselwirkungen für die europäische Politik durchaus problematisch sind. Eine erste Konfliktdimension existiert zwischen der Effektivität und Transparenz der Mitwirkung von Verbänden auf europäischer Ebene. Weil deren Expertise vor allem für die Europäische Kommission von enormer Bedeutung ist, entstand ein komplexes System der Einbindung, das Anforderungen nach höherer Transparenz nur schwerlich erfüllen kann. Eine zweite, inter-institutionelle, Konfliktdimension ist dem Umstand geschuldet, dass sich die Organe der Union bisher nicht auf eine einheitliche Behandlung von Interessenvertretungen verständigen konnten und insofern auch der Versuch der Kommission, mittels der Europäischen Transparenzinitiative einheitliche Standards in gleicher Weise für Rat und Parlament zu schaffen, zunächst gescheitert ist. Schließlich entwickelt sich durch den Interessenwettbewerb zwischen den Verbänden selbst eine dritte Konfliktdimension, die von der Kommission durch ihre Forderung nach größerer Transparenz noch befördert worden ist. Diese äußert sich im Wesentlichen darin, dass von zivilgesellschaftlichen Akteuren nicht mehr die Mitwirkung von Interessenvertretungen an europäischen Politikprozessen grundsätzlich kritisch beleuchtet wird, sondern vor allem die Bevorzugung von Unternehmenslobbyisten.

Robert Kaiser

Verbraucherpolitik

Vertragsgrundlage: Art. 4, 169 AEUV.

Ziele: Gewährleistung eines hohen Verbraucherschutzniveaus; Beitrag zum Schutz der Gesundheit, der Sicherheit und der wirtschaftlichen Interessen der Verbraucher; Förderung des Informationsrechts der Verbraucher.

Instrumente: Richtlinien und Verordnungen, Verbraucherpolitische Strategie.

Dokument: Europäische Kommission: Verbraucherpolitische Strategie der EU 2007-2013, KOM(2007) 99 endg.

Literatur: Stephen Weatherill: EU consumer law and policy, Cheltenham 2005 · Franziska Rischkowsky: Europäische Verbraucherpolitik. Theoretische Grundlagen und neue Probleme am Beispiel des Internets, Marburg 2007.

Internet: Generaldirektion Gesundheit und Verbraucher: http://ec.europa.eu/dgs/health_consumer/index_de.htm

Die EU-Verbraucherpolitik unterstützt, ergänzt und überwacht die Verbraucherpolitik der Mitgliedstaaten. Sie ist einerseits eine flankierende Politikmaßnahme, da sie der weitgehenden Zersplitterung des Binnenmarkts in nationale Märkte entgegenwirken soll. Andererseits hat sie mit der Verbesserung des Verbraucherschutzniveaus eine eigenständige Zielsetzung. Dies beinhaltet einen wirksamen Schutz vor Risiken und Gefahren sowie ausgeprägte Rechte für Verbraucher, um in komplexen Märkten agieren zu können. Insgesamt ist Verbraucherpolitik eine Querschnittsaufgabe, die in vielen anderen Politikbereichen präsent ist.

Etappen der europäischen Verbraucherpolitik

Die Verbraucherpolitik ist ein vergleichsweise junges Politikfeld der EU. Zwar legte die Europäische Kommission bereits 1975 ein Aktionsprogramm zum Schutz der Verbraucher vor, jedoch wurde Verbraucherpolitik erst im Zuge der Politik zur Vollendung des Binnenmarkts auf der Grundlage der Einheitlichen Europäischen Akte (1987) zu einem zentralen Thema. In der Folge wurde 1989 der Dienst Verbraucherpolitik geschaffen und dieser dann – unter dem Eindruck der europaweiten Rinderseuche BSE – 1997 in die Generaldirektion „Verbraucherpolitik und Gesundheitsschutz" umgewandelt. Obwohl beide Politikbereiche unter dem Dach einer Generaldirektion zusammengefasst sind, werden Verbraucherpolitik und Gesundheitsschutz auf europäischer Ebene als getrennte Politikfelder verstanden. Der Versuch der Kommission, in der verbraucherpolitischen Strategie 2007-2013 beide Bereiche zu integrieren, scheiterte am Widerstand des Europäischen Parlaments. Einer der wesentlichen Gründe für die Ablehnung einer integrierten Strategie war – neben der unterschiedlichen Vertragsgrundlage – der qualitative Unterschied zwischen Patienten und Verbrauchern.

Durchsetzung des Einzelhandelbinnenmarkts

Die EU-Verbraucherpolitik trägt substanziell zur Schaffung des Einzelhandelbinnenmarkts mit 493 Mio. Verbrauchern bei. Damit ist das Ziel einer Stärkung der Verbraucherdimension in allen binnenmarktbezogenen Politikbereichen vorgegeben. Im Oktober 2008 hat die Kommission eine Richtlinie über Rechte der Verbraucher vorgeschlagen, die eine Erleichterung des grenzüberschreitenden Einzelhandels anstrebt. Diese neue Richtlinie vereinheitlicht den verbraucherpolitischen Besitzstand, indem vier Richtlinien zusammengeführt werden: über unlautere Geschäftspraktiken, Vertragsabschlüsse im Fernabsatz, außerhalb von Geschäftsräumen geschlossene Verträgen, zu bestimmten Aspekten des Verbrauchsgüterkaufs und der Garantien für Verbrauchsgüter. Damit sollen für alle Verbraucher in der EU künftig die gleichen Rechte gelten. Während bisher die europäische Verbraucherpolitik nur eine Mindestharmonisierung verfolgt hatte, die es den Mitgliedstaaten erlaubte, darüber hinausgehende Vorschriften zu erlassen, würde die Richtlinie für ein einheitliches Verbraucherrecht sorgen. Ob diese Richtlinie verabschiedet wird, ist gegenwärtig offen, da insbesondere Verbraucherschutzgruppen und einige Mitgliedstaaten eine Einschränkung nationaler Kompetenzen in Hinblick auf höhere Standards, fürchten. Die von der Kommission angestrebte vollständige Harmonisierung soll beispielsweise Verbrauchern bei Onlineeinkäufen oder Haustürgeschäften europaweit eine Überlegungsfrist von 14 Kalendertagen einräumen. In dieser Zeit kann der Kauf ohne Begründung rückgängig gemacht werden. Einheitliche Rechte für europäische Verbraucher stärken in doppelter Hinsicht den Einzelhandelbinnenmarkt: Einzelhandelsunternehmen wird die grenzüberschreitende Aktivität erleichtert, weil sie sich nicht mehr mit einer Vielzahl von nationalen Einzelvorschriften beschäftigen müssen. Gleichzeitig wird das Vertrauen von Verbrauchern beim grenzüberschreitenden Einkauf gestärkt.

Weitere aktuelle Schwerpunkte

Im Juni 2009 wurde der von der Kommission vorgelegte Vorschlag einer überarbeiteten Richtlinie über die Sicherheit von Spielzeug verabschiedet. Ebenfalls im Jahr 2009 veröffentlichte die Kommission die zweite Ausgabe des Verbraucherbarometers zur Messung verbraucherrelevanter Ergebnisse im Binnenmarkt. Des Weiteren wurde das Schnellwarnsystem für Verbraucherprodukte RAPEX 2010 auf bestimmte Nicht-Verbraucherprodukte ausgedehnt und umfasst nun neben Gesundheits- und Sicherheitsrisiken auch Risiken für Sicherheit und Gesundheit am Arbeitsplatz sowie Umweltrisiken. Im März 2010 hat die Kommission eine Verordnung verabschiedet, die das „Euro-Blatt" als Bio-Logo der EU für Erzeugnisse aus ökologischer und biologischer Herstellung ab dem 1. Juli 2010 vorschreibt. Nach wie vor diskutiert die Kommission verschiedene Möglichkeiten zur Stärkung kollektiver Rechtsdurchsetzungsverfahren für Verbraucher.

Remi Maier-Rigaud

Verkehrspolitik

Vertragsgrundlage: Art. 4, 90-100, 170-171 AEUV.

Ziele: Gesamtlösung für die Mobilität von Personen und Gütern im Binnenmarkt sowie von und nach Drittstaaten; Schaffung eines grenzüberschreitenden Transportsystems zu Wasser, zu Lande und in der Luft.

Instrumente: Richtlinien und Verordnungen; Gewährleistung finanzieller Unterstützungen; Koordinierung der einzelstaatlichen Politiken und Maßnahmen; Förderung von Forschung und technologischer Entwicklung; Verträge mit Dritten.

Dokument: Europäische Kommission: Weißbuch – Die europäische Verkehrspolitik bis 2010. Weichenstellungen für die Zukunft, Luxemburg 2001 • Europäische Kommission: Für ein mobiles Europa – Nachhaltige Mobilität für unseren Kontinent. Halbzeitbilanz zum Verkehrsweißbuch der Europäischen Kommission von 2001, Brüssel 2006 • Europäische Kommission: Eine nachhaltige Zukunft für den Verkehr: Wege zu einem integrierten, technologieorientierten und nutzerfreundlichen System, Brüssel 2010.

Literatur: Sebastian Schäffer: Verkehrspolitik, in: Werner Weidenfeld/Wolfgang: Jahrbuch der Europäischen Integration 2010, Baden-Baden 2011, S. S. 213-216 • Bernhard Wieland: Europäische Verkehrspolitik und der Wettbewerb im Eisenbahnwesen und im Straßengüterverkehr, in: Wirtschaftsdienst Sonderheft, Hamburg 2010, S. 43-50.

Internet: EU-Server: http://europa.eu/pol/trans/index_de.htm

Zu den Zielen einer gemeinsamen europäischen Verkehrspolitik zählen die Herstellung, Bewahrung und Verbesserung eines funktionierenden → Binnenmarkts im Bereich des internationalen und transnationalen Verkehrs der Europäisch Union. Die mit den Mitgliedstaaten geteilte Zuständigkeit umfasst dabei den Eisenbahn-, Straßen- und Binnenschiffsverkehr sowie Seeschiff- und Luftfahrt. Neben einem wirtschaftspolitischen Schwerpunkt sollen durch die Verkehrspolitik der EU technische Standards harmonisiert, arbeitsrechtliche Sozialnormen durchgesetzt und ökologische Aspekte beachtet werden. Eine gemeinsame Politik auf dem Gebiet des Verkehrs wurde bereits in den Römischen Verträgen (1958) vereinbart. Zu einer wirklichen Umsetzung innerhalb der Europäischen Wirtschaftsgemeinschaft (EWG) kam es allerdings erst nach dem so genannten „Untätigkeitsurteil" des → Gerichtshofs der Europäischen Union im Jahr 1985 und im Zusammenhang mit der angestrebten Vollendung des Binnenmarkts. Mit dem Vertrag von Maastricht (1993) wurde die gemeinsame Verkehrspolitik in das Mitentscheidungsverfahren überführt sowie der Auf- und Ausbau Transeuropäischer Verkehrsnetze (TEN-V) eingeführt. Zudem wurde die Kabotage, d.h. das Angebot von Transportdienstleistungen, die durch ein Verkehrsunternehmen eines EU-Mitgliedstaates gänzlich in einem anderen Mitgliedstaat durchgeführt werden, ein Diskriminierungsverbot im Güter- und Personenverkehr und eine gemeinsame Verkehrssicherheitspolitik in den heutigen Titel VI des Vertrags über die Arbeitsweise der Europäischen Union aufgenommen.

Programm und Fortschritte

Lag im ersten Weißbuch „Die künftige Entwicklung der gemeinsamen Verkehrspolitik" aus dem Jahr 1992 der Fokus noch auf der Öffnung des Verkehrsmarkts, so widmete sich das zweite Weißbuch „Die europäische Verkehrspolitik bis 2010: Weichenstellungen für die Zukunft" der Analyse der Mängel des EU-Verkehrsnetzes. Zur Beseitigung dieser Schwächen wurden durch die Kommission umfangreiche Maßnahmen empfohlen und veranlasst. Zum Ausgleich der Disparitäten insbesondere zwischen Schienen- und Straßenverkehr wurden in den Jahren 2001, 2004 und 2007 drei Eisenbahnpakete verabschiedet, die unter anderem durch die Liberalisierung des Güter- und Personenverkehrs den Marktanteil des Eisenbahnsektors stärken sollte.

Im Zusammenhang mit der Verlagerung des Güterverkehrs von der Straße, dessen Anteil bei momentan 44 % liegt, auf andere Verkehrsträger wie Schiene (8 %) und Binnenschifffahrt (4 %) wurde zum Zweck einer Verbesserung der Intermodalität das Förderprogramm „Marco Polo" aufgelegt.

Als Reaktion auf den stetig steigenden Luftverkehr wurden bereits seit Ende der 1990er Jahre Maßnahmen zur Schaffung eines einheitlichen europäischen Luftraums vorangetrieben und 2004 verabschiedet. Ende 2009 wurde dazu ein weiteres Paket („Single European Sky II") auf den Weg gebracht, dass durch die jüngsten Ereignisse im Zusammenhang mit der Vulkanaschewolke Mitte 2010 nochmals an Priorität gewonnen hat.

Der Fokus im Bereich des Straßenverkehrs lag auf der Erhöhung der Verkehrssicherheit mit dem Ziel die Anzahl der Unfallopfer im Vergleich zum Jahr 2001 bis 2010 zu halbieren. Trotz enormer Fortschritte – so ist die Zahl der Verkehrstoten im Vergleich zu 1991 um 44 % zurückgegangen – konnte die Vorgabe noch nicht erreicht werden.

Um Engpässe im europäischen Verkehrsnetz zu beseitigen und die globale Wettbewerbsfähigkeit zu steigern wurden zudem Vorgaben für nationale Verkehrs-, Telekommunikations- und Energieinfrastrukturen zur Verbindung im TEN-V erarbeitet.

Ausblick: Die europäische Verkehrspolitik bis 2020

Mit dem Ende des Jahres 2010 endet auch die zweite Dekade europäischer Verkehrspolitik, deren Herausforderungen und Ziele durch die beiden Weißbücher der Europäischen Kommission jeweils zu Beginn dieser zehnjährigen Periode dargelegt wurden. Bereits im vergangenen Jahr 2009 stellte die Kommission in der Mitteilung „Eine nachhaltige Zukunft für den Verkehr: Wege zu einem integrierten, technologieorientierten und nutzerfreundlichen System" eine Bewertung des vergangenen Jahrzehnts und einen Ausblick auf das neue Weißbuch, das zum Jahreswechsel 2010/2011 angekündigt ist, vor. Hierbei wird insbesondere die positive Preisentwicklung nach der Marktöffnung in der Luftfahrt hervorgehoben. Für diesen Sektor wird zudem die Ausweitung der Fluggastrechte positiv bewertet. Beides hat unter anderem zu einem erhöhten Fahrgastaufkommen geführt und somit ist es nicht verwunderlich, dass in keinem anderen Wirtschaftssektor der EU der Anstieg der Treibhausgasemissionen im Vergleich zum Niveau von 1990 so hoch war wie im Verkehrssektor. Hier wird die EU verstärkt tätig werden müssen, insbesondere im Hinblick auf die eigens gesetzten Ziele der Reduzierung von Treibhausgasemissionen bis zum Jahr 2020. Mit einem Anteil von ca. 7 % am BIP stellt der Verkehrssektor einen wesentlichen Bestandteil der europäischen Wirtschaft dar. Neben dem Verbesserungsbedarf im Hinblick auf eine nachhaltige Verkehrspolitik zählen die Alterung der Gesellschaft und die damit verbundene Mobilität bis ins hohe Alter sowie die zunehmende Verstädterung zu den zukünftigen Herausforderungen der europäischen Verkehrspolitik.

Sebastian Schäffer

Vertrag von Lissabon

Vertrag von Lissabon: Der Vertrag zur Gründung der Europäischen Union (EUV) sowie der Vertrag über die Arbeitsweise der Europäischen Union (AEUV) sind in den konsolidierten Fassungen von Lissabon im Amtsblatt Nr. C 83 vom 30. März 2010 veröffentlicht worden. Die Gründungsverträge in ursprünglicher und aktualisierter Fassung sowie weitere grundlegende Texte sind abrufbar unter: http://eur-lex.europa.eu/de/treaties/index.htm.

Dokumente: Europäischer Rat (Brüssel): Schlussfolgerungen des Vorsitzes, 14. Dezember 2007, www.consilium.europa.eu/ueDocs/cms_Data/docs/pressData/de/ec/97683.pdf

Literatur: Michael Dougan: The Treaty of Lisbon 2007. Winning Minds, not Hearts, 45 CMLRev. 2008, S. 617ff. • Stephan Hobe: Europarecht, Köln 2010 • Andreas Hofmann/Wolfgang Wessels: Der Vertrag von Lissabon – eine tragfähige und abschließende

Antwort auf konstitutionelle Grundfragen? in: integration 1/2008, S. 3-20. • Julia Lieb/ Andreas Maurer (Hrsg.): Der Vertrag von Lissabon, Kurzkommentar, April 2009, www.swp-berlin.org/common/get_document.php?asset_id=4861• Rudolf Streinz/ Christoph Ohler/ Christoph Herrmann: Der Vertrag von Lissabon zur Reform der EU – Einführung mit Synopse, München 2010.

Internet: EU-Server: http://europa.eu/lisbon_treaty/index_de.htm • Vertragstext: http://eur-lex.europa.eu/de/treaties/index.htm

Der Vertrag von Lissabon bildet in den kommenden Jahren die rechtliche Grundlage für die Entwicklung der Europäischen Integration. Als weiterer historischer Meilenstein markiert er den vorläufigen Endpunkt einer Reihe von vertragsrechtlichen Anläufen zur Reform der institutionellen Architektur der Europäischen Union.

Als wichtigste Etappen im letzten Jahrzehnt sind dabei zu nennen:

- Der Vertrag von Nizza (in Kraft getreten 2003) nahm mit Blick auf die 2004 anstehende → Erweiterung der Union um zehn Länder Mittel- und Osteuropas einige institutionelle Veränderungen vor. Die Regierungskonferenz von Nizza hatte aber bereits in einer „Erklärung zur Zukunft der Union" die „Abgrenzung der Zuständigkeiten zwischen der Europäischen Union und der Mitgliedstaaten", die „Vereinfachung der Verträge" und die „Rolle der nationalen Parlamente in der Architektur Europas" als weitere Gestaltungsaufgaben vorgegeben.

- Ihren Willen, die Europäische Union im Vorfeld der Erweiterung zu reformieren, bekräftigten die Staats- und Regierungschefs auch in ihrer „Erklärung von Laeken" (2001). Die Aufgabe, die Union „demokratischer, transparenter und effizienter" zu gestalten, übertrugen sie an einen „Konvent zur Zukunft Europas". Das Ergebnis der 16-monatigen Beratungen des Konvents wurde in einer Regierungskonferenz im begrenzten Umfang überarbeitet und dann von den Staats- und Regierungschefs im Oktober 2004 in Rom als „Vertrag über eine Verfassung für Europa" feierlich unterzeichnet. Nach der Ablehnung des Verfassungsvertrags durch eine Mehrheit der Wählerinnen und Wähler in Frankreich und in den Niederlanden per Referendum im Mai und Juni 2005 war die mit der Erklärung von Laeken eingeleitete Konstitutionalisierungsphase zunächst blockiert.

- Die deutsche Präsidentschaft im ersten Halbjahr 2007 gab den Anstoß zur Ausarbeitung des EU-Reformvertrags und dessen feierlichen Unterzeichung in Lissabon im Dezember 2007.

- Ein negatives Referendum der irischen Bevölkerung gegen den Vertrag von Lissabon im Juni 2008 sowie deutsche Verfassungsbeschwerden gegen das Vertragswerk verzögerten den Ratifizierungsprozess. Das so genannte Lissabon-Urteil des Bundesverfassungsgerichts vom Juni 2009 bestätigte, dass der Vertrag von Lissabon mit dem Grundgesetz vereinbar ist, allerdings machten die Verfassungsrichter die Überarbeitung der deutschen Begleitgesetze zum Vertrag von Lissabon zur Bedingung für die deutsche Ratifizierung (→ Deutschland in der EU). Nach dem zweiten Referendum der irischen Bevölkerung, die im Oktober 2009 schließlich für das Vertragswerk stimmte, konnte der Ratifizierungsprozess erfolgreich abgeschlossen werden.
- Am 1. Dezember 2009 trat der Vertrag von Lissabon in Kraft.

Die Struktur des Vertrags von Lissabon

Die vertragsrechtliche Grundlage der Union besteht seit dem 1. Dezember 2009 aus zwei Verträgen: dem „Vertrag über die Europäische Union" (EUV) und dem „Vertrag über die Arbeitsweise der Union" (AEUV), wobei letzterer weitgehend den bestehenden „Vertrag zur Gründung der Europäischen Gemeinschaft" (EGV) ablöst (siehe die Übersicht zum *Aufbau des Vertrags von Lissabon*). Der Begriff „Gemeinschaft" wurde daher im neuen Vertragswerk durchgängig durch den Ausdruck „Union" ersetzt. Gleichzeitig hat der Vertrag von Lissabon auch die mit dem Vertrag von Maastricht (1993) eingeführte Tempelkonstruktion aufgelöst und die bisher nur für die vormals erste Säule (EG-Säule) geltende Rechtspersönlichkeit auf die gesamte → Europäische Union ausgeweitet (Art. 47 EUV). Die Europäische Union kann somit erstmals als Völkerrechtssubjekt in eigenem Namen internationale Verträge schließen und internationalen Organisationen beitreten.

Ebenfalls Bestandteil des EU-Primärrechts sind die den Verträgen zugeordneten zwei Anhänge und 37 Protokolle (Art. 51 EUV). Diese enthalten jeweils Ausführungen zur Umsetzung der Vertragsbestimmungen oder sehen Ausnahmeregelungen für bestimmte Mitgliedstaaten vor. Eine Sonderstellung nimmt ebenfalls die Grundrechtecharta ein, die mit dem Vertrag von Lissabon erstmals rechtlich gleichrangig neben EUV und AEUV steht (Art. 6(1) EUV). Keine rechtliche Bindungswirkung entfalten hingegen die im Vertrag von Lissabon aufgeführten 65 Erklärungen, die sich auf Bestimmungen der Verträge oder der beigefügten Protokolle beziehen oder Standpunkte der Mitgliedstaaten enthalten.

Aufbau des Vertrags von Lissabon

Vertrag von Lissabon		
EUV	**AEUV**	**Charta**
Titel I Gemeinsame Bestimmungen	**Erster Teil** Grundsätze	
Titel II Bestimmungen über die demokratischen Grundsätze	**Zweiter Teil** Nicht-Diskriminierung und Unionsbürgerschaft	
Titel III Bestimmungen über die Organe	**Dritter Teil** Die internen Politiken und Maßnahmen der Union	
Titel IV Bestimmungen über eine verstärkte Zusammenarbeit	**Vierter Teil** Die Assoziierung der Überseeischen Länder und Hoheitsgebiete	
Titel V Allgemeine Bestimmungen über das auswärtige Handeln der Union und besondere Bestimmungen über die GASP	**Fünfter Teil** Das Auswärtige Handeln der Union	
	Sechster Teil Institutionelle Vorschriften und Finanzbestimmungen	
Titel VI Schlussbestimmungen	**Siebter Teil** Allgemeine und Schlussbestimmungen	
Protokolle	**Anhänge**	
Erklärungen		

Quelle: Verena Schäfer / Wolfgang Wessels (eigene Darstellung).

Abgrenzung von Zuständigkeiten: Fortentwicklung zu einer „staatsähnlichen Agenda"

Inhaltlich ergänzen sich EUV und AEUV: Während die EUV die grundlegenden Bestimmungen der Europäischen Union beinhaltet, finden sich im AEUV oftmals die Präzisierungen dieser Bestimmungen und ihrer Anwendungsbereiche. Die Aufteilung und Abgrenzung der Zuständigkeiten zwischen Mitgliedstaaten und Europäischer Union, ein zentrales Thema bei der Reform des Vertragswerks, wurde in grundsätzlicher Weise im EUV (Art. 4(1); 5 EUV) verankert; die Arten und Bereiche der Zuständigkeit der Union für die jeweiligen Politikfelder werden hingegen im AEUV ausgeführt (Art. 2-6 AEUV). Der AEUV sieht drei Kategorien von Kompetenzen vor und nennt zwei weitere Politikfelder:

- *Ausschließliche Zuständigkeiten* der Union (Art. 2 (1) AEUV), die unter anderem für die Bereiche Zollunion, Währungspolitik und gemeinsame Handelspolitik (Art. 3 AEUV) gelten;

- *Geteilte Zuständigkeiten*, die es den Mitgliedstaaten nach wie vor ermöglichen, gesetzgeberisch tätig zu werden, sofern und soweit die Union ihre Zuständigkeit nicht ausgeübt hat (Art. 2(2) AEUV). Diese Art der Zuständigkeit betrifft beispielsweise die Bereiche Binnenmarkt, Umweltpolitik sowie den Raum der Freiheit, der Sicherheit und des Rechts (Art. 4 AEUV);
- Zuständigkeiten, die es der Union erlauben, zur *Unterstützung, Koordinierung und Ergänzung* mitgliedstaatlichen Handelns, Maßnahmen mit europäischer Zielsetzung zu ergreifen (Art. 2(5) AEUV). Diese Maßnahmen sind an verschiedene Bedingungen geknüpft und gelten unter anderem für Bereiche wie Sport, Tourismus, Gesundheit, Verwaltungszusammenarbeit und Katastrophenschutz (Art. 6 AEUV).
- Zudem bietet der Vertrag von Lissabon der Union die Möglichkeit, Maßnahmen zur Koordinierung der *Wirtschafts-, Sozial- und Beschäftigungspolitik* zu erlassen (Art. 5 AEUV). Ebenfalls außerhalb dieses systematischen Zuständigkeitskatalogs der Union steht die *Gemeinsame Außen- und Sicherheitspolitik*. Die starke intergouvernementale Prägung dieses nicht vergemeinschafteten Politikbereichs wurde sowohl in Titel V (Art. 21-46) des EUV verankert als auch mit den Erklärungen 13 und 14 betont.
- Die Europäische Union besitzt mittlerweile Zuständigkeiten – wenn auch unterschiedlicher Art und Umfangs – in nahezu allen Bereichen öffentlicher Politik. Durch die Übertragung neuer Kompetenzen setzt der Vertrag den Trend hin zu einer „staatsähnlichen Agenda" fort.

Schaffung und Ausbau von Führungspositionen in der institutionellen Architektur

Zu den zentralen Neuerungen des Vertrags gehört insbesondere eine Reihe von Veränderungen in der institutionellen Architektur. Diese sind von den Bestrebungen der Mitgliedstaaten geprägt, die Europäische Union sowohl demokratischer, effizienter und transparenter zu gestalten, als auch nationalstaatliche Einflussmöglichkeiten zu wahren.

Der → Europäische Rat, der als Gremium der Staats- und Regierungschefs der EU-Mitgliedstaaten und des Präsidenten der → Europäischen Kommission bisher außer- bzw. oberhalb des institutionellen Architektur angesiedelt war, wurde in die Liste der EU-Organe aufgenommen (Art. 13(1) EUV): Die Handlungen dieses zentralen Gremiums in der Politik- und Systemgestaltung werden somit erstmals der Kontrolle des → Gerichtshofs der Europäischen Union unterstellt (Art. 263 AEUV). Eine wesentliche Neuerung besteht darin, dass der Vertrag einen hauptamtlichen → Präsidenten des Europäische Rates vorsieht, der von den Staats- und Regierungschefs der EU-Mitgliedstaaten für zweieinhalb Jahre gewählt und einmal im Amt bestätigt werden kann (Art. 15(5) EUV).

Daneben führte der Vertrag von Lissabon die Position des → Hohen Vertreters der Union für Außen- und Sicherheitspolitik (Art. 18 EUV) ein, der der Europäischen Union mit Unterstützung eines → Europäischen Auswärtigen Diensts (Art. 27(3) EUV) in der internationalen Politik „Gesicht" und „Stimme" verleihen soll.

Der Vertrag von Lissabon stärkt auch die Rechte des Präsidenten der Europäischen Kommission (Art. 17(6) EUV); zudem erhöht er dessen Legitimation, da der Kommissionspräsident von der Mehrheit des Europäischen Parlaments (EP) „gewählt" wird (Art. 14(1) und Art. 17(7) EUV).

Ausbau parlamentarischer Rechte auf mehreren Ebenen

Der Vertrag von Lissabon stärkt abermals die Funktionen des → Europäischen Parlaments und erhöht damit die durch die Direktwahl seitens der europäischen Bürger angelegte Legitimitätsgrundlage der Europäischen Union als „repräsentative Demokratie" (Art. 10 EUV). Deutlich erkennbar wird dies durch die vertragsrechtliche Aufwertung des Mitentscheidungsverfahrens zum „ordentlichen Gesetzgebungsverfahren" (Art. 294 AEUV, → Entscheidungsverfahren). Dieses Verfahren, das dem Ministerrat und dem EP jeweils gleichwertige Beteiligungsmöglichkeiten einräumt, wurde auf mehrere zentrale Politikbereiche sowie auf das jährliche Haushaltsverfahren ausgeweitet (Art. 310(1) und 314 AEUV).

Neben dem Ausbau der Beteiligungsrechte des EP stärkt der Vertrag von Lissabon auch die Mitwirkung → nationaler Parlamente (Art. 12 EUV), die insbesondere bei der Anwendung des Subsidiaritätsprinzips vorgesehen ist (Protokolle 1 und 2). Ein weiteres Ergebnis der Bestrebungen, die Union demokratischer und transparenter zu gestalten, ist die Einführung einer → Bürgerinitiative (Art. 11(4) EUV).

Neuregelung der qualifizierten Mehrheit im Rat

Hinsichtlich der Entscheidungsmodalitäten im → Rat der EU hat der Vertrag von Lissabon die Anwendungsbereiche für die qualifizierte Mehrheit auf weitere Politikfelder ausgedehnt. Die Reform der Vertragsartikel zur Erreichung einer qualifizierten Mehrheit war umstritten, da dieses Regelwerk die relative Machtgewichtung zwischen den Mitgliedstaaten thematisierte. Der Vertrag von Lissabon sieht eine Kompromisslösung vor: Die neu eingeführte doppelte Mehrheit wird erst ab 1. November 2014 Anwendung finden und kann in bestimmten Fällen auch noch bis zum 31. März 2017 zugunsten der bisherigen Regelungen des Vertrags von Nizza außer Kraft gesetzt werden (Art. 16(4, 5) EUV).

Der Vertrag von Lissabon als Grundlage der Debatte um die Zukunft der EU

Der Vertrag von Lissabon bietet insgesamt, wie auch das Lissabon-Urteil des Bundesverfassungsgerichts gezeigt hat, ein breites Angebot für Interpretationen zu Stand und Entwicklungsperspektiven des europäischen Integrationsprozesses. Er kann als Ergebnis des grundsätzlichen Spannungsverhältnisses der EU-Mitgliedstaaten zwischen einerseits der Suche nach geeigneten Lösungsmöglichkeiten für die Herausforderungen des Staates und andererseits der Verteidigung nationaler Souveränität verstanden werden. Die Diskussion um die Zukunft der Europäischen Union wird durch den Vertrag von Lissabon nicht beendet, sondern erhält einen weiteren Referenzpunkt.

Verena Schäfer / Wolfgang Wessels

Wahlen zum Europäischen Parlament

Vertragsgrundlage: Art. 10, 14 EUV. Art. 20, 22 (Wahlrecht), 223 (Wahlverfahren) AEUV. Art. 2 des Protokolls Nr. 36 über die Übergangsbestimmungen.

Literatur: Rudolf Hrbek: Europawahl 2009. Mehr als die Summe nationaler Sekundärwahlen?, in: integration, 3/2009, S. 193-209. • Oskar Niedermayer/Hermann Schmitt (Hrsg.): Europawahl 2004, Wiesbaden 2004 • Hermann Schmitt: European Parliament elections after Eastern enlargement, in: Journal of European Integration, 5/2009, S. 525-683 • Matthew Gabel: Dimensions of Contestation in the European Union – Defining the EU Political Space: An Empirical Study of the European Elections Manifestos 1979-1999, in: Comparative Political Studies, 8/2002, S. 934-964.

Internet: EP-Wahlen in Deutschland: http://www.bundeswahlleiter.de/de/europawahlen/EU_BUND_09/ • EP-Wahlen: http://www.europarl.europa.eu/elections2009/default.htm • Forschungsprojekt der EU: European Parties Elections & Referendums Network: http://www.sussex.ac.uk/sei/1-4-2.html

Die Wahl zum Europäischen Parlament (EP) findet alle fünf Jahre statt, zuletzt zwischen dem 4. bis 7. Juni 2009. Die Europaabgeordneten werden hierbei in und für jeden Mitgliedstaat getrennt gewählt. Wahlberechtigt sind Bürgerinnen und Bürger der Europäischen Union an ihrem Wohnsitz oder in ihrem Herkunftsland. Das genaue Wahlsystem variiert zwischen den Mitgliedsländern und wird durch nationale Europawahlgesetze bestimmt.

Das → Europäische Parlament ist seit 1958 in Folge der Beitritte weiterer Staaten von 148 Abgeordneten auf nunmehr 736 direkt gewählte Mandatsträgerinnen und -träger angewachsen. Der → Vertrag von Lissabon legt erstmals als Höchstgrenze 751 Mandaten fest. Bis zur ersten Direktwahl 1979 wurden die Mitglieder des Europäischen Parlaments von den jeweiligen einzelstaatlichen Parlamenten aus den eigenen Reihen ernannt. Sie besaßen daher alle ein Doppelmandat. Der Beschluss und Akt zur Einführung allgemeiner unmittelbarer europäischer Wahlen wurden am 20. September 1976 in Brüssel unterzeichnet. Nach Ratifizierung durch alle Mitgliedstaaten trat der Text am 1. Juli 1978 in Kraft. Die ersten Wahlen fanden vom 7. bis 10. Juni 1979 statt. Für die Wahlverfahren wenden die Mitgliedstaaten in der Regel ihre nationalen Wahlsysteme an. Insgesamt folgen sie jedoch dem Modell eines Verhältniswahlsystems.

Die Abgeordneten des Europäischen Parlaments spiegeln, wenn auch über die Eigenständigkeit der nationalen Parteien gebrochen, die Vielfalt der → Europäischen Parteien wider. Die Sitzverteilung auf die Mitgliedstaaten ist nur begrenzt proportional zur Einwohnerzahl. Nach Artikel 14(2) EUV sind die Bürgerinnen und Bürger der EU im Europäischen Parlament degressiv proportional, mindestens jedoch mit sechs Mitgliedern und höchstens 96 Mitgliedern je Mitgliedstaat vertreten. Gleichwohl stellt sich das Stimmengewicht weiterhin zu Lasten der Unionsbürger aus größeren Staaten ungleich dar. Inzwischen ist der Vertrag von Lissabon am 1. Dezember 2009 in Kraft getreten. Bis zur Europawahl 2009 war Deutschland mit 99 Abgeordneten im EP vertreten. Entsprechend dem Vertrag von Nizza kamen zu den 2004 gewählten 732 Abgeordneten nach dem Beitritt Bulgariens und Rumäniens am 1. Januar 2007 weitere 53 Abgeordnete hinzu, so dass sich die Sitzzahl auf insgesamt 785 erhöhte. Nach dem Lissabonner Vertrag wären in Deutschland nur 96 Abgeordnete zu wählen gewesen. Da der Ratifizierungsprozess jedoch erst nach der Europawahl 2009 abgeschlossen wurde, galt für die Europawahl 2009 eine veränderte Sitzverteilung auf die Mitgliedstaaten mit der Reduzierung der Gesamtanzahl auf 736 Sitze, nach der Deutschland zunächst weiterhin durch 99 Abgeordnete vertreten ist. Aus zwölf der insgesamt 27 Mitgliedstaaten rücken weitere 18 Abgeordnete nach und die Sitzanzahl erhöht sich somit auf 754. Entsprechend den Lissabonner Vertragsbestimmungen verliert Deutschland drei Sitze. Diese Regelung gilt jedoch erst nach der nächsten Europawahl 2013, so dass Deutschland die ganze Wahlperiode hindurch mit 99 Abgeordneten im Europäischen Parlament vertreten ist.

Übersicht: Durchschnittliche Wahlbeteiligung in der EU (1979-2009)

Wahlbeteiligung	1979	1984	1989	1994	1999	2004/07	2009
Belgien	91,40	92,2	90,7	90,7	91,0	90,81	90,4
Italien	84,90	83,4	81,5	74,8	70,8	73,1	65,1
Frankreich	60,70	56,7	48,7	52,7	46,8	43,14	40,7
Deutschland	65,70	56,8	62,3	60,0	45,2	43,0	43,3
Luxemburg	88,90	88,8	87,4	88,5	87,3	90,0	90,8
Niederlande	57,80	50,6	47,2	35,6	30,0	39,1	36,8
Dänemark	47,80	52,4	46,2	52,9	50,5	47,85	59,5
Irland	63,60	47,6	68,3	44,0	50,2	59,7	57,6
Vereinigtes Königreich	32,20	32,6	36,2	36,4	24,0	38,9	34,7
Griechenland		77,2	79,9	71,2	75,3	62,78	52,6
Spanien		68,9	54,6	59,1	63,0	45,94	46,0
Portugal		72,4	51,2	35,5	40,0	38,74	36,8
Schweden				41,6	38,8	37,2	45,5
Österreich				67,7	49,4	41,8	46,0
Finnland				60,3	31,4	41,1	40,3
Bulgarien						28,60	39,0
Tschechien						28,32	28,2
Estland						26,83	43,9
Zypern						71,19	59,4
Lettland						41,34	53,7
Litauen						48,38	21,0
Ungarn						38,5	36,3
Malta						82,37	78,8
Polen						20,87	24,5
Rumänien						29,46	27,7
Slowenien						28,34	28,3
Slowakei						16,96	19,6
EU-27-Durchschnitt						46,45	46,2
EU-15-Durchschnitt	65,89	64,97	62,85	58,07	52,91	52,88	52,40

Quellen: Institute for Democracy and Electoral Studies: Europe expands, Turnout falls: The Significance of the 2004 European Parliament Election, Stockholm 2004; Nationale Wahlleitungen (für Bulgarien und Rumänien in 2007); Europäisches Parlament 2004 und 2009.

Das aktive und passive Wahlrecht bei den Europawahlen ist in Artikel 20 und 22 AEUV verankert und wurde durch die Richtlinie des Rats 93/109/EG über die Einzelheiten der Ausübung des aktiven und passiven Wahlrechts bei den Wahlen zum EP für Unionsbürger mit Wohnsitz in einem Mitgliedstaat, dessen Staatsangehörigkeit sie nicht besitzen, konkretisiert.

Wahlen als Spiegel der Interaktionsfunktion des Parlaments

Mit Blick auf die wichtige Parlamentsfunktion der Interaktion mit den Bürgern erbringen die Direktwahlen offenbar nicht das ursprünglich erhoffte Ziel der stärkeren demokratischen, über ein Parlament vermittelten Verankerung der EU. Gegen diese im Vorfeld der ersten Direktwahlen geäußerten Erwartung steht der kontinuierliche Rückgang der Wahlbeteiligung in allen Staaten der EU, der darauf hin deutet, dass es weder dem EP selbst noch den anderen am Integrationsprozess involvierten Akteuren gelungen ist, ausreichende Anreize für den Gang zur Wahl zu schaffen. Auch die über die Vertragsrevisionen gestärkten Rechte des Parlaments beförderten bislang kein gesteigertes Vertrauen in ein dem Lebensalltag der Bürgerinnen und Bürger doch relativ fern liegendes Gremium, das zwar ihre Interessen zu vertreten beansprucht, diesen Anspruch allerdings aufgrund seiner Einbindung in ein weitgehend dem Prinzip der demokratischen Repräsentation enthobenen System kaum einlösen kann.

Obwohl die Medienpräsenz des EP zugenommen hat und die Kontaktsuche seitens nationaler Verwaltungen und Verbände erheblich gestiegen ist, sind die Europaabgeordneten in den europäischen und noch mehr in den nationalen Debatten um zentrale Vorgänge in der EU kaum von Bedeutung. Die Mitglieder des Europäischen Parlaments bleiben weitgehend unbekannt. Das Interesse am und der Bekanntheitsgrad des Europäischen Parlaments steigen nur zyklisch mit den Wahlen, um danach wieder abzufallen. Wie andere Wahlen – so zu Landtagen und kommunalen Räten – wird die Europawahl in der Literatur als „Sekundärwahl" bezeichnet, deren Themen und politische Bedeutung sich aus dem Kontext der nationalen Politik ableitet: Regelmäßig erhalten daher kleinere Parteien und die Opposition zur nationalen Regierung – teils auch aufgrund einer taktisch eingesetzten Wahlenthaltung – eine im Vergleich zu nationalen Wahlen überproportionale Unterstützung. Europawahlen dienen weniger der Selektion von Mandatsträgern im Europäischen Parlament, sondern vielmehr – in einer Art Zwischen- oder Testwahl – der Sanktionierung nationaler Spitzenpolitik(er). Die Ergebnisse werden kaum im Hinblick auf die Sitzverteilung im Europäischen Parlament und entsprechender Folgen für die Entscheidungen der Europäischen Union diskutiert. Im Zentrum stehen vielmehr die Auswirkungen für die nächsten nationalen Wahlen und die innerstaatliche Machtverteilung. Tatsächlich weisen Detailstudien zur Motivation der Wähler nach, dass die Entscheidung zum Gang an die europäischen Wahlurnen im Wesentlichen vom Vertrauen bzw. Misstrauen gegenüber der nationalen Regierung geprägt wird.

Der erneute Abschwung in der Wahlbeteiligung zum EP 2009 lässt sich allerdings nicht alleine mit dem geringen Bekanntheitsgrad der Abgeordneten und des Parlaments erklären oder gar rechtfertigen. Tatsächlich liegt der über die Medien vermittelte Bekanntheitsgrad des Europäischen Parlaments seit 1999 zwischen 89 % und 92 % und damit weit über dem Niveau, dass das Parlament zu seiner Hochzeit des Spinelli-Entwurfs 1984 für einen Europäischen Verfassungsvertrag verzeichnen konnte. Vergleichbar hohe Raten verzeichnet das Europäische Parlament auch im Urteil der Bürgerinnen und Bürger, wenn nach der allgemeinen Bedeutung des Organs gefragt wird. Waren bis 1998 noch zwischen 50 und 57 % der Bürger der Ansicht, dass das Europäische Parlament eine ‚wichtige' Institution sei, so stieg dieser Wert im Umfeld des Amsterdamer Vertrags und des Rücktritts der Santer-Kommission auf über 70 % an und hält sich seitdem bei etwa 75 %. Fragt man die Bürgerinnen und Bürger danach, ob sie meinen, sich darauf verlassen zu können, dass das Parlament politische Entscheidungen in ihrem Interesse trifft, dann enthüllen auch die Antworten hierauf ein langsam gestiegenes Maß an Institutionenvertrauen. Im europäischen Durchschnitt bestanden hier bis 1996 zwei etwa gleich große Lager: Jeweils knapp zwei Fünftel vertrauten bzw. misstrauten dem Parlament, gut ein Fünftel hatte dazu keine Meinung. Seit 1997/1998 hat sich dieses Bild leicht zugunsten des Parlaments verändert: Mittlerweile vertrauen etwas mehr als die Hälfte der Bürger dem Europäischen Parlament, im Schnitt etwa 25 % empfinden eher Misstrauen und ‚nur' noch etwa ein Viertel der Bürger gibt hierzu kein Urteil ab.

Europäische Abgeordnete mögen als Vollzeitparlamentarier Achtung und Respekt gewonnen haben – ein politisch umfassend zu nutzendes Instrument ist dieser Zugewinn allerdings noch nicht geworden. Eine durch das EP selbst mitzuverantwortende Ursache für die unzureichende Wahrnehmung der Interaktionsfunktion liegt im Zeitmanagement: Durch den Zuwachs an prozedural komplexen und aufwendigen Gesetzgebungs- und Beteiligungsrechten müssen die Abgeordneten in Straßburg und Brüssel immer mehr ihrer für die Wahlkreisarbeit ohnehin knapp bemessenen Zeit aufbringen.

Die Wahlen 2009

Auch die siebte Direktwahl im Juni 2009 stand in allen Mitgliedstaaten unter nationalem Vorzeichen. Selbst eine relativ aktuelle, integrationspolitische Fragestellung, nämlich die Auseinandersetzung um den Lissabonner Vertrag, spielten keine erhebliche Rolle in der Vorwahlkampagne. Die Wahlen bewirkten keine Mobilisierung für das Europäische Parlament in Richtung auf dessen mögliche Rolle als gestärkte „Konstituante", sondern verstärkten häufig den Eindruck einer den national orientierten Interessen und Perspektiven untergeordneten Versammlung.

Lediglich der 46 % der Wählerinnen und Wähler beteiligten sich an der Wahl. Gemessen an den vorangegangenen Wahlen stabilisierte sich die Beteiligung auf der geringen, 2004 erreichten Quote. Ausschlaggebend war somit erneut die ausgesprochen geringe Wahlbeteiligung von durchschnittlich 38,4 % in den mittel- und osteuropäischen Staaten. Diese niederschmetternde Quote deutet darauf hin, dass es weder der EU noch den politischen und zivilgesellschaftlichen Akteuren Mittel- und Osteuropas gelungen ist, den Wert der 1989 errungenen Demokratie erfolgreich zu vermitteln und mit Leben zu füllen. Negativer Spitzenreiter war erneut die Slowakei mit einer Beteiligung von gerade einmal 19,6 %. Die Wahlbeteiligung in der „alten" EU-15 lag dagegen mit 52,4 % auf einem nur geringfügig niedrigeren Niveau als 2004 (52,88 %).

Profitieren von der geringen Wahlbeteiligung konnten die in der Europäischen Linken (EL) zusammengeschlossenen Parteien sowie rechtsextremistische und europaskeptische Parteien. Diese können nicht in allen Staaten auf der „Links-Rechts-Achse" angeordnet werden, weil die wenigstens zum Teil genuin europapolitische Themen in den Mittelpunkt ihrer Kampagnen stellten („Nein zur Militarisierung der EU", „Nein zum Vertrag von Lissabon", „Einführung eines europäischen Mindestlohns" usw.). Da die EU-Kritik bzw. die Ablehnung des Lissabonner Vertrages konstitutive Merkmale dieser Parteien darstellen, gelang es ihnen, ihre Klientel weitaus stärker zu mobilisieren als dies bei den „europamüden" Parteien zwischen der Sozialdemokratischen Fraktion (SPE) und Europäischer Volkspartei (EVP) der Fall war. Erst einige Wochen nach der Wahl klärte sich die Fraktionszuordnung der verschiedenen nationalen Parteien. Die italienischen Demokraten (PD) traten in die SPE-Fraktion über, die sich nunmehr „Progressive Allianz der Sozialisten und Demokraten" (S&D) nennt. Die irische Fianna Fail trat der Fraktion der Allianz der Liberalen und Demokraten für Europa (ALDE) bei. Aufgrund des von den britischen Konservativen betriebenen Austritts ihrer Gruppe aus der EVP-ED-

Fraktion wurde eine neue Fraktion der Europäischen Konservativen und Reformisten (ECR) gegründet, der die britischen und tschechischen Konservativen, die polnische „Vaterland und Gerechtigkeit" (PiS) und einige Abgeordnete kleinerer Parteien aus der ehemaligen Fraktion "Europa der Nationen (UEN)" angehören. Als Folge dieses Zusammenschlusses und dem Abschmelzen der UEN-Fraktion gründeten deren verbliebene Abgeordnete mit weiteren europaskeptischen und rechtskonservativen Parteien die neue, Fraktion „Europa der Freiheit und der Demokratie" (EFD). Dominiert wird diese Fraktion nun von der britischen Unabhängigkeitspartei UKIP und der italienischen Lega Nord.

Im Ergebnis mussten abgesehen von der liberalen ALDE-Fraktion alle anderen Fraktionen Einbußen hinnehmen. Die Europäische Volkspartei (EVP) ging aus den Wahlen trotzdem als stärkste Fraktion hervor.

Tabelle: Zusammensetzung des Europäischen Parlaments 2004 und 2009 im Vergleich

	EVP	S&D	ALDE	ECR	GRÜNE EFA	KVEL NGL	EFD	-	FL	
Sitzzahl 2009	265	184	85	54	55	35	31	-	27	736
Prozent	36,01 %	25,00 %	11,54 %	7,33 %	7,47 %	4,76 %	4,21 %		3,67 %	
	EVP-ED	SPE	ALDE	-	GRÜNE EFA	KVEL NGL	IND DEM	UEN	FL	
Sitzzahl 2004-2009	268	200	88	-	42	41	37	27	29	732
Prozent	36,61 %	27,32 %	12,02 %	-	5,74 %	5,60 %	5,05 %	3,69 %	3,96 %	

Legende: EVP-ED - Fraktion der Europäischen Volkspartei (Christdemokraten) und europäischer Demokraten, S&D - Fraktion der Progressiven Allianz der Sozialisten und Demokraten, SPE - Sozialdemokratische Fraktion im Europäischen Parlament, ALDE - Fraktion der Allianz der Liberalen und Demokraten für Europa, KVEL/NGL - Konföderale Fraktion der Vereinigten Europäischen Linken/Nordische Grüne Linke, GRÜNE/EFA - Fraktion der Grünen / Freie Europäische Allianz, UEN - Fraktion Union für das Europa der Nationen, IND/DEM - Fraktion Unabhängigkeit und Demokratie, ECR - Fraktion der Europäischen Konservativen und Reformisten, EFD - Fraktion Europa der Freiheit und der Demokratie, FL – Fraktionslos.

Mit 84 bzw. 54 Mitgliedern bilden künftig die ALDE-Fraktion bzw. die ECR-Fraktion eine Schlüsselfunktion zur Aufstellung von Mehrheiten, wenn das Parlament auf eine qualifizierte Mehrheit der Abgeordneten angewiesen ist. Die EVP bleibt somit gezwungen, mit der ECR und der ALDE eine Mitte-Rechts-Koalition zu bilden, die nicht auf die Stimmen der S&D angewiesen ist. Umgekehrt, aber merklich schwieriger gilt für die S&D, dass sie erst in Koalition mit den Grünen, den Liberalen, den Kommunisten und Vertretern einer der beiden europaskeptischen Fraktionen ECR oder EFD über ein Potential zur Durchsetzung von Änderungsanträgen in der zweiten Lesung des ordentlichen Gesetzgebungsverfahrens verfügt.

Die Ursachen des geringen Wahlinteresses

Die Gründe für die relativ geringe Wahlbeteiligung sind vielfältig: Unkenntnis über das Parlament und seine Befugnisse, die an seiner Bedeutung gemessen geringe Medienpräsenz des EP aufgrund mangelnder Personalisierung und Politisierung der europäischen Politikprozesse und einer zu stark auf Institutionen ausgerichteten, blauäugigen, Kommunikationsstrategie der Union, allgemeine Wahlmüdigkeit, traditionell geringe Wahlbeteiligungen, fehlende Selektionskriterien und damit mangelnde Motivation zur ‚Auswahl' einer Partei. In diesem Zusammenhang ist auch die Wahlkampfaktivität der nationalen Parteien in vielen EU-Staaten, u.a. auch in Deutschland, kritisch zu betrachten. Die Fixierung der Bürger auf die nationale Ebene ist zu einem großen Teil Folge der Instrumentalisierung der Wahl durch die nationalen Parteien. Würde offen eingestanden werden, dass mittlerweile viele Sachverhalte nicht mehr auf nationaler Ebene geregelt werden und nationale Parteien in diesen Fällen nicht mehr zentrale Akteure politischer Entscheidungsprozesse sind, könnte auch die Bedeutung des EP besser kommuniziert und somit das Interesse der Bürger der EP Wahl gefördert werden. Anders: Die nationalen Parteien, Parlamente und Medien nehmen ihre Aufgabe, nationale Debatten über wichtige europapolitische Diskurse zu schüren, nur ungenügend wahr.

Ein einheitliches Wahlverfahren des Parlaments

Versuche, ein einheitliches Wahlverfahren für die Wahlen zum EP einzuführen, waren lange Zeit am Widerstand Großbritanniens gescheitert, dass das Verhältniswahlsystem strikt abgelehnt hatte. Das Europäische Parlament nahm jedoch im Juli 1998 einen Vorschlag für gemeinsame Grundsätze für die Wahl der Mitglieder des EP an. Für die Einführung eines einheitlichen Europawahlverfahrens ist ein einstimmiger Beschluss des Rats mit Zustimmung des EP sowie die Ratifizierung durch alle Mitgliedstaaten erforderlich. Am 23. Mai 2002 ersuchte der Rat das Parlament daher um Zustimmung zu seinem Entwurf für einen Beschluss zur Einführung allgemeiner unmittelbarer Wahlen der Abgeordneten des Europäischen Parlaments. Am 12. Juni 2002 verabschiedete das Parlament seinen zustimmenden Beschluss über die Einführung eines einheitlichen Wahlverfahrens mit einer Mehrheit von 399 gegen 111 Stimmen. Zentrale Elemente des Wahlbeschlusses sind

- die Bestätigung des Grundsatzes der Verhältniswahl mit der fakultativen Zulassung von Vorzugsstimmen auf der Grundlage von Listen in jedem Mitgliedstaat,
- das Verbot von Doppelmandaten im EP und in einem nationalen Parlament (mit Ausnahmen für das Vereinigte Königreich und für Irland bis zur Wahl im Jahre 2009),
- die Option für die Mitgliedstaaten zur Einrichtung von Wahlkreisen, ohne das Verhältniswahlsystem insgesamt in Frage zu stellen.

Der Vorschlag des Parlamentsberichts aus dem Jahr 1998, 10 % der Gesamtzahl der Sitze des Parlaments nach dem Verhältniswahlsystem auf der Grundlage von Listen im Rahmen eines einzigen Wahlkreises, den das Gebiet der Mitgliedstaaten der Europäischen Union seit den Europawahlen im Jahr 2009 bildet, wurde dagegen nicht übernommen. Im Lissabonner Vertrag wurde die Entscheidungsprozedur für die Verabschiedung eines einheitlichen Europawahlverfahrens in Art. 223 AEUV bestätigt. Auf dieser Grundlage berät das Parlament nun einen am 5. Juli 2010 vorgelegten Vorschlag zur Einführung allgemeiner unmittelbarer Wahlen der Abgeordneten des Europäischen Parlaments.

Andreas Maurer

Weltraumpolitik

Vertragsgrundlage: Artikel 4, 189 AEUV.

Ziele: Zur Förderung des wissenschaftlichen und technischen Fortschritts und der Wettbewerbsfähigkeit der Industrie soll Europas Gewicht in der zivilen und militärischen Raumfahrt zunehmen.

Instrumente: Europäische Weltraumagentur (European Space Agency, ESA), Europäisches Institut für Weltraumpolitik (European Space Policy Institute, ESPI), europäisches Raumfahrtprogramm.

Dokumente: Europäische Kommission: Weißbuch „Die Raumfahrt: Europäische Horizonte einer erweiterten Union. Aktionsplan für die Durchführung der europäischen Raumfahrtpolitik", KOM(2003) 673 endg. • Europäische Kommission: Mitteilung der Kommission an den Rat und das Europäische Parlament, Europäische Raumfahrtpolitik, KOM (2007) 212 endg. • Europäische Kommission: European Space Policy Progress Report, COM (2008) 561 final.

Literatur: Jürgen Turek: Space as a Strategic Policy Area for Europe and the European Union, in: Kai-Uwe Schrogl u.a. (Hrsg.), Yearbook on Space Policy 2008/2009. Setting the Trends, Wien 2010.

Internet: Europäische Weltraumagentur: http://www.esa.int • EU-Kommission, Generaldirektion Unternehmen und Industrie: http://ec.europa.eu/enterprise/policies/space/index_en.htm

Der Weltraum ist für Europa wie für viele andere Länder auch eine wachsende Herausforderung. Er hat eine große Bedeutung für strategische Sektoren wie Sicherheit, Logistik, Wissenschaft, Technologie, Klima oder Umwelt. Das All ist eine wichtige Ressource für die Lösung von Schlüsselproblemen in den Bereichen Terrorismusbekämpfung, Klimawandel, neue Energien und Materialien oder Orientierung durch Navigation. Der Weltraum gewinnt damit eine strategische Dimension weil er so die Zukunft der wissensbasierten Industrieländer mitbestimmt. Deshalb ist er seit einigen Jahren selbstverständlicher Teil der europäischen → Forschungs- und Technologiepolitik und somit fester Bestandteil des 7. Rahmenprogramms für Forschung und technologische Entwicklung der Europäischen Kommission. Darüber hinaus bedeutet die Nennung in Art. 189 AEUV, dass Weltraumpolitik für die EU nicht nur eine strategische Bedeutung hat, sondern mit dem → Vertrags von Lissabon auch ein konstitutioneller Bestandteil des europäischen Vertragswerks wurde.

Entwicklung

Anfang des 21. Jahrhunderts haben die → Europäische Kommission und zahlreiche Politiker in der EU intensiver auf die ökonomische und strategische Bedeutung des Weltraums, die technologische Dominanz der USA bei der Entwicklung und Nutzung entsprechender Technologien sowie die wachsende Sensibilität anderer Länder für seine Erforschung hingewiesen. Obwohl Europa bereits seit den 1980er Jahren des 20. Jahrhunderts raumfahrttechnologische Kapazitäten mit der Arianerakete und eigenen Satelliten entwickelt und mit der Europäischen Weltraumagentur (European Space Agency, ESA) eine institutionelle Basis errichtet hatte, galten die damaligen Aktivitäten vielen als unzulänglich. Deshalb wurde die Kommission Anfang 2003 aktiv und legte ihr Grünbuch „Europäische Raumfahrtpolitik" vor, das zahlreiche Vorschläge zu einer kohärenteren Raumfahrtpolitik enthielt. Nach einem breit angelegten Konsultationsprozess fasste sie das Konzept einer solchen Politik am 11. November 2003 im Weißbuch „Die Raumfahrt: Europäische Horizonte einer erweiterten Union. Aktionsplan für die Durchführung der europäischen Raumfahrtpolitik" zusammen und präsentierte es der Öffentlichkeit.

Daneben handelten Kommission und Weltraumagentur 2003 ein Rahmenabkommen aus, das die Beziehungen beider Institutionen auf das neue Konzept ausrichtete. Bereits 2002 hatte die ESA in Wien das Europäische Institut für Weltraumpolitik (ESPI) gegründet. Es hat als unabhängige Einrichtung die Aufgabe, Netzwerke, Studien, Beratung und Entscheidungshilfe bei der Festlegung weltraumpolitischer Strategien zu organisieren. Genaue Ansätze zu einer kohärenten Raumfahrtpolitik formulierten dann der EU-Rat „Wettbewerbsfähigkeit" und der ESA-Rat auf Ministerebene, die sich 2005 auf der Grundlage des EG-ESA-Abkommens von 2003 als „Weltraumrat" konstituierten, mit einer entsprechenden Mitteilung an den Rat und das Europäische Parlament zur europäischen Raumfahrtpolitik. Diese enthielt Ziele, Aufgaben und Zuständigkeiten sowie einen Katalog von Durchführungsgrundsätzen.

Handlungsfähigkeit im Weltraum im 21. Jahrhundert

Im Laufe der 2000er Jahre wurde die zunehmende zivile und nicht zuletzt militärische Bedeutung einer kohärenten Weltraumpolitik evident. Es wurde immer klarer, dass etwa Satelliten für die Navigation anschwellender Verkehrsströme und weltraumgestützter Sicherheitskomponenten zur Führung militärischer Kapazitäten im Rahmen der Europäischen Sicherheitsstrategie gebraucht würden. Projekte wie Galileo (Navigation und Ortung), das nun 2014 kommen soll, oder die GMES-Initiative (Global Monitoring for the Environment and Security) gelten hier als Flagschiff-Projekte. Darüber hinaus hat sich die ESA 2008/2009 mit den neuen Weltraumteleskopen Herschel und Planck spektakuläre und ambitionierte Forschungsgebiete im Bereich der naturwissenschaftlichen Erkundung des Universums erschlossen.

Die Raumfahrt dient ausdrücklich europäischen Zielen des Umweltschutzes, der Mobilität, der Sicherheit und der Informationsgesellschaft. Neben der Entwicklung geeigneter technologischer Kapazitäten im Raketen-, Plattform-, oder Satellitenbau sowie in der Nachrichteninfrastruktur erforderte dies eine entsprechende Legitimation der politischen Zuständigkeiten auf europäischer Ebene. Mit dem Grünbuch sowie dem Weißbuch zur europäischen Raumfahrtpolitik sowie der Zuweisung entsprechender Kompetenzen an die Europäische Weltraumagentur wurde diese Legitimation im Rahmen eines systematischen Findungsprozesses von den entsprechenden Institutionen und Projekten realisiert. Der Höhepunkt dieses Legitimationsprozesses war schließlich die ausdrückliche Aufnahme der europäischen Weltraumpolitik in den Vertrag von Lissabon.

Mit Blick auf die Weltraumpolitik der USA und den wachsenden Bemühungen von Ländern wie Russland, China oder Indien hat die Weltraumpolitik in der ersten Dekade des 21. Jahrhunderts sowohl in ziviler als auch militärischer Hinsicht noch weiter an Bedeutung gewonnen. Bezogen auf die Vereinigten Staaten erfordert dies einen transatlantischen Dialog, der amerikanische Bedenken gegenüber wachsenden militärischen Führungsfähigkeiten der Europäer aufzugreifen hat. Darüber hinaus sind in wachsender Weise internationale Kooperationen wie bei der Internationalen Weltraumstation (International Space Station, ISS) nötig, die verteidigungspolitische sowie rechtliche Probleme bei der Nutzung des Weltraums und der Erschließung seiner Planeten thematisiert. Die Internationale Raumstation ist eine bemannte Raumstation, die in internationaler Kooperation betrieben und ausgebaut wird. Am Projekt sind neben der US-amerikanischen NASA und der russischen Raumfahrtagentur Roskosmos auch Staaten der europäischen Weltraumagentur ESA beteiligt. Belgien, Dänemark, Deutschland, Frankreich, Italien, die Niederlande, Norwegen, Schweden, die Schweiz und Spanien haben den Vertrag über den Bau der Station im Jahre 1998 unterschrieben. Ebenso beteiligt sind die kanadische und die japanische Raumfahrtbehörde. Brasilien hat mit den USA ein separates Abkommen über die Nutzung der ISS. Darüber hinaus ist hier die 2007 von NASA, ESA, Roskosmos, CNSA (China) und 10 weiteren bedeutsamen Weltraumagenturen formulierte „Global Exploration Strategy" erwähnenswert, die erstmals die Grundzüge einer gemeinsamen Raumfahrtstrategie entworfen hat.

Jürgen Turek

Wettbewerbspolitik

Vertragsgrundlage: Art. 101-109 AEUV.

Ziele: Gewährleistung eines unverfälschten Wettbewerbs im europäischen Binnenmarkt; Beitrag zur Vollendung des Binnenmarkts; Verbesserung der wirtschaftlichen Rahmenbedingungen und der Leistungsfähigkeit der Europäischen Union und ihrer Mitgliedstaaten.

Instrumente: Kartellverbot, Fusionskontrolle, Kontrolle staatlicher Beihilfen.

Dokument: Europäische Kommission: Bericht über die Wettbewerbspolitik 2009, KOM(2010) 282 endg.

Literatur: Oliver Budzinski: „Wettbewerbsfreiheit" und „More Economic Approach": Wohin steuert die Europäische Wettbewerbspolitik?, in: Udo Müller et.al. (Hrsg.): Quo vadis Wirtschaftspolitik?, Schriften zur Politischen Ökonomik, Frankfurt am Main 2008 • Henning Klodt: Wettbewerbspolitik, in: Werner Weidenfeld/Wolfgang Wessels

(Hrsg.): Jahrbuch der Europäischen Integration, Baden-Baden 2011, S. 221-224 •
Monopolkommission: Staatliche Reaktionen auf die Wirtschaftskrise stellen
Marktwirtschaft und Wettbewerb in Frage, Bonn 2009.
Internet: EU-Tätigkeitsbereiche: http://europa.eu/pol/comp/index_de.htm

Das Vertragswerk konstituiert den Wirtschaftsraum der Europäischen Union
als offene Marktwirtschaft mit freiem Wettbewerb. Die europäische Wettbewerbspolitik folgt ordnungspolitisch den Grundsätzen einer liberalen Wirt-
schaftsordnung. Die vier Grundfreiheiten des Waren-, Kapital-, Dienstleis-
tungs- und Personenverkehrs sind neben dem Prinzip der Nichtdiskrimini-
rung und dem EG-Wettbewerbsrecht die Wesensmerkmale dieser Wirtschafts-
ordnung und des europäischen → Binnenmarkts. Demgemäß sind Wettbewerbsbeschränkungen nicht gestattet, die durch Monopol-, Oligopolstellun-
gen, Preis-, Produktions- und Absatzabsprachen oder staatliche Eingriffe auftreten können. Der Kommission kommt folglich die Aufgabe zu, nationale
Markt- und Wettbewerbsbeschränkungen zu verhindern oder zu zerschlagen
(z.B. Telekommunikation, Energie oder Luftverkehr). Ausnahmen werden
nur im Einzelfall von der Europäischen Kommission gestattet. Zur Gewährleistung des Marktwettbewerbs stehen der Kommission Rechtsnormen zur
Verfügung (Kartellverbot, Fusionskontrolle und staatliche Beihilfenkontrolle). Die Generaldirektion Wettbewerb der Europäischen Kommission wacht
über die Einhaltung und Durchführung der Wettbewerbspolitik.

Kartellverbot und Fusionskontrolle

Art. 101 AEUV verbietet Vereinbarungen zwischen Unternehmen, welche den
Handel zwischen Mitgliedstaaten beeinträchtigen und den Wettbewerb verhindern, einschränken oder verfälschen. Art. 102 AEUV verbietet jeglichen
Missbrauch einer „beherrschenden Stellung auf dem Gemeinsamen Markt".
Auf Basis dieser Rechtsnormen kann die → Europäische Kommission im Rahmen von Beschwerden oder „von Amts wegen" tätig werden, indem sie Prü-
fungsverfahren einleitet, wettbewerbswidriges Verhalten sanktioniert und juristisch verbindlich ahndet. Ihr Augenmerk richtet sie verstärkt auf so genannte „Hardcore-Kartelle" mit europäischer und weltweiter Ausdehnung.
Eine Genehmigung von Absprachen gewährt die Kommission in Einzelfällen.
Die Verordnungen und Richtlinien werden vom → Rat der EU mit qualifizierter Mehrheit auf Vorschlag der Kommission und nach Anhörung des →
Europäischen Parlaments beschlossen.

Seit 1990 ergänzt die Verordnung des Rats zur Fusionskontrolle das EG-Wettbewerbsrecht. Gemäß dieser Verordnung müssen Fusionsvorhaben mit gemeinschaftlicher Bedeutung angemeldet werden, wenn ein weltweiter Gesamtumsatz der beteiligten Unternehmen von mehr als 5 Mrd. Euro erzielt wird oder wenn der gemeinschaftsweite Gesamtumsatz der betroffenen Unternehmen 250 Mio. Euro übersteigt. Die nationalen Kartellbehörden sind nur für Fälle zuständig, die unterhalb dieser Aufgreifschwellen liegen. Die Fusionskontrolle ist durch den rasanten Anstieg der Unternehmenszusammenschlüsse im Binnenmarkt notwendig geworden. Beispiele erlaubter Absprachen oder Fusionen sind Lufthansa/SAS, EADS/Airbus Industrie oder Aventis/Sanofi. Jüngst wurden Verhalten oder Absprachen, die zu einer marktbeherrschenden Stellung geführt haben, sanktioniert (z.B. BASF AG oder Microsoft). Untersagte Fusionen sind der Zusammenschluss zwischen General Electric und Honeywell oder der Übernahmeversuch von Aer Lingus durch Ryanair.

Staatliche Beihilfen

Die Beihilfenkontrolle (Art. 107-109 AEUV) ist das zweite Standbein der EU-Wettbewerbspolitik. Staatliche Beihilfen sind mit dem Gemeinsamen Markt unvereinbar, soweit sie den Handel zwischen Mitgliedstaaten beeinträchtigen. Die Durchführungsverordnungen werden ebenfalls auf Vorschlag der Kommission und nach Anhörung des Europäischen Parlaments vom Rat mit qualifizierter Mehrheit erlassen (Art. 109 AEUV). Beispiele untersagter Beihilfen sind die des Freistaats Sachsen an die Volkswagen AG oder die als Gewährträgerhaftung und Anstaltslast des öffentlich-rechtlichen Bankensystems in Deutschland.

Eingriffe der EG haben im Fall von staatlichen Beihilfen eine hohe politische Brisanz, denn Beihilfen sind Instrumente nationaler Wirtschafts- und Strukturpolitik und damit häufig Gegenstand von nationalen Interessen. Allerdings genehmigt die Kommission auch nationale Beihilfeprogramme, wenn diese eindeutig darauf abzielen, strukturelle Ungleichgewichte in bestimmten Produktionszweigen oder Wirtschaftssektoren zu korrigieren (→ Industriepolitik).

Reformen und Entwicklungen

In der Vergangenheit kam es immer wieder zu Reformen der europäischen Wettbewerbspolitik. Dabei wurde auch eine schrittweise Novellierung der einzelnen Kontrollverordnungen vollzogen. Während es bis 2004 allein der Kommission zustand, auf Grundlage des Freistellungsverfahrens (Durchführungsverordnung VO 17) Absprachen und Kooperationen von Marktteilnehmern zu genehmigen, führte eine novellierte VO 17 neben dem Ausnahmetatbestand auch ein Notifizierungssystem ein, das die Marktteilnehmer dazu verpflichtet, wettbewerbsrelevante Vereinbarungen vorab bei der Kommission anzumelden. Zentrale Punkte der Verfahrensreform sind die Einbeziehung der nationalen Behörden und Gerichte in das System der gesetzlichen Ausnahme sowie die Einführung einer Missbrauchsaufsicht anstelle der Vorabkontrolle. Dieses Verfahren überträgt den Unternehmen ein hohes Maß an Eigenverantwortung und Arbeitsaufwand, da sie von nun prüfen müssen, ob Absprachen oder Fusionen kompatibel mit dem europäischen Wettbewerbsrecht sind. Somit werden die EU-Wettbewerbsvorschriften nicht länger ausschließlich durch die Kommission kontrolliert und durchgesetzt. Auf Initiative betroffener Unternehmen können sie künftig auch von nationalen Wettbewerbsbehörden und nationalen Gerichten durchgesetzt werden.

In 2004 ist ebenfalls die neue Fusionskontrollverordnung (EG) in Kraft getreten. Darin wird klargestellt, dass die Kommission gegen sämtliche Formen wettbewerbswidriger Fusionen vorgehen kann. Auch das Verfahren für die Verweisung von Fusionsangelegenheiten wurde überarbeitet. Unternehmen können nunmehr eine Verweisung schon vor der eigentlichen Anmeldung beantragen und damit eine mehrfache Anmeldung in verschiedenen Mitgliedstaaten vermeiden.

Ferner hat die Kommission Verfahren zur Anmeldung staatlicher Beihilfen sowie zur Behandlung von Beschwerden vereinfacht. Rettungs- und Umstrukturierungsbeihilfen an gefährdete Unternehmen sind demnach zulässig, wenn sie die Wiederherstellung der langfristigen Rentabilität der begünstigten Unternehmen bezwecken.

Ausschlaggebend für die Reformschritte sind die zunehmende wirtschaftliche Internationalisierung sowie die mit der Osterweiterung verbundene Zunahme an Marktteilnehmern. Während die Kommission vordergründig bestrebt ist, ihren Verwaltungsaufwand zu verringern, spiegeln die Reformen auch eine politische Leitbildorientierung wider. Seit der Lissabon-Strategie von 2000 und mit der Europa 2020-Strategie soll mit dem Instrument des Wettbewerbs nicht nur Europas Wirtschaft effizienter gemacht werden, sondern zugleich nationale Politik effektiviert und koordiniert werden. Hierfür hat sich seitens der Kommission die schlagwortartige Bezeichnung „More Economic Approach" (MEA) herausgebildet. Darunter ist eine konsequente Ausrichtung der europäischen Wettbewerbspolitik an den wirtschaftlichen Gemeinschaftszielen (u.a. Wachstum und Beschäftigung) sowie an politikfeldübergreifenden Zielen zu verstehen (z.b. Industriepolitik und Verbraucherschutz).

Bewertung und Ausblick

Die Wettbewerbspolitik ist von eminenter Bedeutung für die wirtschaftliche Vertiefung des europäischen Einigungsprozesses. So haben sich die Kontrolle von Unternehmensabsprachen und -zusammenschlüssen ebenso wie die Beihilfenkontrolle als wirksames Instrument zur Sicherung des Wettbewerbs im europäischen Binnenmarkt und der Wettbewerbsfähigkeit des europäischen Wirtschaftsraums erwiesen.

Die von der Kommission vollzogene Abkehr von ihrer bisherigen aktiven Rolle bei der Beurteilung von Unternehmensvereinbarungen ist positiv verlaufen. Verständlich ist, dass die Kommission angesichts notwendiger Arbeitseffizienz die Wettbewerbskontrolle partiell renationalisiert hat. Befürchtete Konflikte zwischen ihr und nationalen Behörden sind bislang ausgeblieben. Dennoch bleibt abzuwarten, ob mit der Renationalisierung der Wettbewerbspolitik eine schleichende Erosion der einheitlichen Wettbewerbskontrolle einhergeht. Dies könnte sich durch die Hinwendung zu dem verstärkt ganzheitlichen Beurteilungsansatz (More Economic Approach) noch verstärken. Schließlich tendieren Regierungen in wirtschaftlichen Krisenzeiten dazu, heimische Industrien gegenüber Wettbewerb zu schützen. Sie könnten dafür sorgen, dass Motive nationaler Industriepolitik gegenüber der Sicherung des Wettbewerbs stärker akzentuiert werden. Inwieweit hier die Folgen der weltweiten Finanzkrise zu einer weiteren Rejustierung beitragen, ist derzeit noch offen. Aufgrund des Bedrohungspotenzials der Finanzkrise wurden bereits umfassende sektorspezifische Beihilfen gestattet.

Holger B. Friedrich

Wirtschafts- und Sozialausschuss

Vertragsgrundlage: Art. 13 EUV. Art. 300-304 AEUV.

Ziele: Beratung der Organe der EU.

Zusammensetzung: Bis zu 350 (derzeit 344 in der EU-27) Vertreter der organisierten Interessen der wirtschaftlichen und sozialen Zivilgesellschaft: Deutschland, Frankreich, Italien und Großbritannien entsenden je 24; Spanien und Polen je 21; Rumänien: 15; Belgien, Bulgarien, Tschechische Republik, Griechenland, Ungarn, Niederlande, Österreich, Portugal, Schweden je 12; Dänemark, Irland, Litauen, Slowakei, Finnland je 9; Estland, Lettland, Slowenien je 7; Luxemburg und Zypern je 6 und Malta 5 Mitglieder. Die Mitglieder werden von den mitgliedstaatlichen Regierungen vorgeschlagen und vom Rat nach Anhörung der Kommission für fünf Jahre mit qualifizierter Mehrheit ernannt.

Kompetenzen: Teils obligatorische, teils fakultative Anhörungsrechte, kann auch aus eigener Initiative Stellungnahmen abgeben. Veröffentlichung der Stellungnahmen des WSA im Amtsblatt der EU.

Instrumente: Stellungnahmen, Informationsberichte.

Entscheidungsverfahren: Das Plenum des WSA entscheidet mit einfacher Mehrheit auf der Grundlage von Ausschussberichten.

Sitz; Personal: Brüssel; ca. 700 Mitarbeiter, die teilweise den gemeinsamen Dienststellen mit dem Ausschuss der Regionen zugeordnet sind.

Literatur: Martin Große Hüttmann: Europäischer Wirtschafts- und Sozialausschuss, in: Werner Weidenfeld/Wolfgang Wessels (Hrsg.): Jahrbuch der Europäischen Integration, Bonn/Baden-Baden 2006ff. • Charlie Jeffery: Social and Regional Interests. The Economic and Social Committee and Committee of the Regions, in: John Peterson/ Michael Shackleton (Hrsg.): The Institutions of the European Union, Oxford 2006, S. 312-330.

Internet: http://eesc.europa.eu/

Der 1958 gegründete Wirtschafts- und Sozialausschuss (WSA) hat die Aufgabe, die Positionen der organisierten Interessen bei der Vorbereitung von verbindlichen Entscheidungen auf EU-Ebene einzubringen. Die ihn befassenden Organe erhalten somit einen Überblick über die Akzeptanz ihrer Vorhaben, besonders bei den Arbeitgeber- und Arbeitnehmerverbänden, was in der Anfangsphase der europäischen Integration von zentraler Bedeutung war. Den Konzepten wie denen der „Zivilgesellschaft" und des „Europas der Bürger" Rechnung tragend, sind die Mitglieder des WSA gemäß dem EU-Vertrag „Vertretern der Organisationen der Arbeitgeber und der Arbeitnehmer sowie anderen Vertretern der Zivilgesellschaft, insbesondere aus dem sozialen und wirtschaftlichen, dem staatsbürgerlichen, dem beruflichen und dem kulturellen Bereich" (Art. 300 AEUV). Der WSA ist vertragsrechtlich gesehen kein Organ der Gemeinschaft (Art. 13 EUV), sondern wird als Neben- oder Hilfsorgan bezeichnet. Im Gegensatz zum → Ausschuss der Regionen wurde dem WSA im → Vertrag von Lissabon nicht zugebilligt, zur Wahrung seiner Rechte den → Gerichtshof der Europäischen Union anzurufen (Art. 263 AEUV).

Zusammensetzung, interne Organisation und Beteiligungsrechte

Auf der Grundlage eines Ratsbeschlusses entsenden die 27 Mitgliedstaaten derzeit insgesamt 344 Mitglieder in den WSA, wobei diese Zahl proportional auf bis zu 350 Mitgliedern in einer EU-28 anwachsen wird. Die Mitglieder organisieren sich in drei Gruppen: Arbeitgeber, Arbeitnehmer und Verschiedene Interessen (u.a. Verbraucherverbände, Handelskammern, Bauernverbände), wobei üblicherweise eine Drittelparität gewahrt wird. Die letzte Neubenennung der Mitglieder fand im September 2010 statt. In der Bundesrepublik Deutschland ist das Bundeswirtschaftsministerium zuständig für die Auswahl der vorzuschlagenden deutschen Mitglieder. Die Benennungspraxis des Ministeriums, insbesondere bei der Gruppe Verschiedene Interessen, ist allerdings keineswegs transparent; seit 2002 achtet man aber auf eine stärker ausgeglichene Vertretung von Interessengruppen.

Die interne Organisation des WSA sieht einen Präsidenten und ein Präsidium mit bis zu 37 Mitgliedern vor, welche für zweieinhalb Jahre gewählt werden. Das Präsidium regelt die Arbeit des WSA und wird dabei von einem Generalsekretariat unterstützt. Zurzeit haben der WSA und der Ausschuss der Regionen eine gemeinsame Organisationsstruktur. Der WSA hat aktuell sechs Fachgruppen, die die Stellungnahmen vorbereiten. Die Fachgruppen decken dabei alle Politikfelder der EG ab, eine Fachgruppe beschäftigt sich mit den Außenbeziehungen der EU. Hinzu kommt die „Beratende Kommission für den industriellen Wandel", die die Aufgaben des nach dem Auslaufen des EGKS-Vertrags aufgelösten diesbezüglichen Beratenden Ausschusses übernommen hat, und in der neben den WSA-Mitgliedern weitere Interessenvertreter aus dem Kohle- und Stahlsektor vertreten sind.

Die Beteiligungsrechte des WSA sind im Rahmen der Vertragsrevisionen seit der Einheitlichen Europäischen Akte (1987) schrittweise ausgeweitet worden. Heute hat der WSA Anhörungsrecht in vielen EG-Politikfeldern, so z.B. bei der Freizügigkeit von Arbeitnehmern, der Niederlassungsfreiheit und in weiten Teilen der Sozial-, Bildungs-, Gesundheits-, Industrie-, Forschungs- und Technologie-, Umwelt- und Beschäftigungspolitik. Pro Jahr hat der WSA in den letzten Jahren durchschnittlich 200 Stellungnahmen verabschiedet, wovon knapp 20 % so genannte Initiativstellungnahmen waren. Die Stellungnahmen des WSA werden zwar in der Regel nicht einstimmig verabschiedet, dennoch repräsentieren sie häufig einen Konsens der vertretenen Gruppen. Der WSA nimmt für sich in Anspruch, dass etwa zwei Drittel seiner Empfehlungen und Vorschläge von Kommission, Parlament und Rat berücksichtigt werden.

Die Einbindung des WSA und seiner Fachgruppen in den Problemverarbeitungsprozess auf EU-Ebene beginnt jedoch meist vor dem eigentlichen formalen Entscheidungsverfahren. Konsultationsprozesse mit der Kommission und den Ausschüssen des Europäischen Parlaments ermöglichen es den anderen Organen, die Positionen der Verbandsvertreter frühzeitig einzubeziehen. Die Positionen der Arbeitgebergruppe im WSA werden in der Regel von den europäischen Industrieverbänden bestimmt, der Europäische Gewerkschaftsbund übernimmt diese Funktion für die Arbeitnehmergruppe. Die Gruppe der Verschiedenen Interessen ist in dieser Hinsicht stärker ausdifferenziert, jedoch auch dort haben die europäischen Dachverbände z.B. der Landwirte oder der kleinen und mittelständischen Unternehmen und des Handwerks einen großen Einfluss auf die Positionen ihrer nationalen Vertreter.

Vom Lobbyinstrument zum gesellschaftlichen Dialogpartner

Der WSA hat im Laufe der Zeit seinen exklusiven Charakter als Institution einer effektiven politischen Lobbyarbeit verloren. Die europäische und nationale Interessensvertretung findet inzwischen häufig direkt in den zahlreichen Ausschüssen der Kommission statt, auch das Europäische Parlament ist durch seine gestiegene Bedeutung Ziel der Lobbyaktivitäten. Deswegen und durch die Ausweitung der Konsultationsrechte in weiteren Politikbereichen orientiert sich das Selbstverständnis des WSA stärker an anderen institutionellen Leitbildern. Er sieht sich heute vor allem als „Vertretungsorgan und Gesprächsforum par excellence der organisierten Bürgergesellschaft" und als „Sprachrohr zur Verbreitung des Europagedankens in der Europäischen Union". Während des Erweiterungsprozesses unterstützte der WSA den Aufbau vergleichbarer Institutionen in allen Bewerberstaaten. Auf internationaler Ebene umfasst der „strukturierte Dialog" nicht nur die Mitarbeit in der Internationalen Vereinigung von Wirtschafts- und Sozialräten und vergleichbaren Institutionen, sondern auch interregionale Partnerschaften mit den EWR-Staaten, Russland, den AKP-Staaten, im Mittelmeerraum, Lateinamerika, Afrika und Asien.

Ingo Linsenmann

Wirtschafts- und Währungsunion

Vertragsgrundlage: Art. 120-126 (Wirtschaftspolitik), Art. 127-144 (Währungspolitik) AEUV. Protokoll 4 über die Satzung des ESZB und der EZB, Protokoll 12 über das Verfahren bei einem übermäßigen Defizit, Protokoll 13 über die Konvergenzkriterien, Protokoll 14 betreffend die Euro-Gruppe.

Ziele: Gemeinsame Währung mit hoher Preisstabilität, ausgewogene und nachhaltige Entwicklung des Wirtschaftslebens, hohes Beschäftigungsniveau.

Instrumente: Vergemeinschaftung der Währungspolitik, enge Koordinierung der Wirtschaftspolitik, Europäisches System der Zentralbanken (ESZB), Eurogruppe, Stabilitäts- und Wachstumspakt.

Teilnehmerstaaten mit gemeinsamer Währung: Belgien, Deutschland, Finnland, Frankreich, Griechenland, Italien, Irland, Luxemburg, Malta, Niederlande, Österreich, Portugal, Slowenien, Slowakei, Spanien, Zypern. Ab 1.1.2011: Estland.

Literatur: Europäische Zentralbank: Jahresbericht 2009, Frankfurt 2010 • Olaf Hillenbrand: Die Wirtschafts- und Währungsunion, in: Werner Weidenfeld (Hrsg.): Die Europäische Union. Politisches System und Politikbereiche, Bonn 2008.

Internet: EU-Server: http://europa.eu/pol/emu/index_de.htm • EZB: http://www.ecb.int/

Mit der am 1. Januar 1999 gestarteten Wirtschafts- und Währungsunion (WWU) hat die EU einen Höhepunkt ihrer Integrationsgeschichte erreicht. Seit diesem Zeitpunkt sind die Währungen der teilnehmenden Staaten unwiderruflich fixiert und seit 2002 durch eine gemeinsame Währung, den Euro, ersetzt worden. Ziele sind die Beseitigung der den Gemeinsamen Markt behindernden Währungsschwankungen, Währungsstabilität, die Stärkung Europas im Weltmarkt und die Wiedergewinnung der währungspolitischen Handlungsfähigkeit. Außerdem erhoffen sich die Akteure einen engeren Zusammenhalt der EU und eine weitere Integrationsdynamik.

Vorgeschichte und Teilnahmekriterien

Die Gemeinschaft hatte unter dem Eindruck heftiger Währungsschwankungen und der begrenzten Wirkung nationaler Wirtschaftspolitik bereits mehrere Anläufe vertiefter Währungskooperation unternommen. Die 1993 ratifizierten Bestimmungen des Vertrags von Maastricht zur WWU basieren weitgehend auf den Vorstellungen des Delors-Berichts (1989), der den Übergang zur WWU in drei Stufen vorsah. Insgesamt wurde durch den Maastrichter Vertrag die ökonomische Vertiefung der politischen Integration vorangestellt. Maastricht löste im Vorfeld des WWU-Starts eine Akzeptanzkrise aus, in der in Frage gestellt wurde, ob die getroffenen Vereinbarungen einer Währung ohne Staat die dauerhafte Stabilität des Euro tatsächlich garantieren können.

Voraussetzung für die Teilnahme in der WWU ist die gleichzeitige Erfüllung der so genannten Konvergenzkriterien vor dem Beitritt (Art. 140 AEUV). Demnach muss jeder Staat

- eine anhaltende Preisstabilität nachweisen,
- kein übermäßiges Haushaltsdefizit aufweisen,
- im Europäischen Währungssystem (EWS) zwei Jahre lang keine Wechselkursspannungen ausgelöst haben,
- sein langfristiger Zinssatz darf höchstens um 2 % höher als in den preisstabilsten Ländern liegen.

Die Bemühungen, sich für die Teilnahme an der dritten Stufe der WWU zu qualifizieren, führten in der zweiten Hälfte der 1990er Jahre in den EU-Staaten zu bemerkenswerten Erfolgen bei der Sanierung der Haushalte sowie bei der Bekämpfung der Inflation. Die gemeinsame Währung startete 1999 mit elf Staaten. Vertragsgemäß werden die Konvergenzkriterien mindestens alle zwei Jahre überprüft. Staaten, die diese erfüllen, müssen der Eurozone – mit Ausnahme Dänemarks und Großbritanniens – beitreten. Schwedens Bevölkerung lehnte 2003 in einem Referendum die Einführung des Euros ab. In mehreren Erweiterungen vergrößerten Griechenland (2001), Slowenien (2007), Malta, Zypern (2008) und die Slowakei (2009) den gemeinsamen Währungsraum. Estland wird 2011 als siebzehnter Staat den Euro als alleiniges Zahlungsmittel einführen.

Funktionen und Abläufe

Um die Vertragsziele zu erreichen, stützt sich die WWU wesentlich auf zwei Komponenten: Die Währungspolitik obliegt allein der → Europäischen Zentralbank (EZB) bzw. dem Europäischen System der Zentralbanken. Die EZB ist dem vorrangigen Ziel der Preisstabilität verpflichtet und verrichtet ihre Geldpolitik unabhängig von politischen Weisungen. Nach den Vorgaben der EZB ist ihre vordringliche Aufgabe – die Sicherung der Geldwertstabilität – erfüllt, wenn die mittelfristige Inflationsrate im Zielband bis 2 % liegt.

Die zweite, für eine stabile Währung erforderliche Komponente ist eine der Geldpolitik nicht zuwiderlaufende Wirtschafts- und Finanzpolitik. Kritische Einschätzungen zur WWU rekurrieren darauf, dass in diesen Bereichen zwar ein enger Abstimmungsbedarf erforderlich ist, die Wirtschaftspolitik aber in nationaler Regie verblieben ist. Im Rahmen der Koordinierung der Wirtschaftspolitik wird eine enge Verzahnung vorgesehen, um wirtschaftliche Leistungen der Mitgliedstaaten in einem Maße zu harmonisieren, dass bei Wachstum, Inflation und Arbeitslosigkeit vergleichbare Ergebnisse erzielt werden können. Dazu informiert die Europäische Kommission den Rat der EU regelmäßig über wirtschaftliche Entwicklungen in den EU-Staaten und schlägt Grundzüge der → Wirtschaftspolitik vor, die der Rat mit qualifizierter Mehrheit nach Erörterung durch den Europäischen Rat beschließt.

Nach dem seit mehreren Jahren durchgeführten multilateralen Überwachungsverfahren überwacht die Kommission, ob die Haushalte der Mitgliedstaaten den Zielen der Gemeinschaft zuwiderlaufen. Der Rat kann daraufhin Sanktionen aussprechen, aber auch Hilfen beschließen. Darüber hinaus hat der Europäische Rat seine Bemühungen zur Ergänzung und Verbesserung der wirtschaftspolitischen Koordinierung verstärkt. Während in diese Verfahren sämtliche EU-Mitgliedstaaten involviert sind, gelten darüber hinaus für die Euroländer die besonders auf Budgetdisziplin abhebenden Regeln des Stabilitäts- und Wachstumspakts. Dieses Instrument war 1997 beschlossen worden, um bestehende Zweifel an einer nachhaltigen Stabilitätsorientierung zu zerstreuen. Es sieht empfindliche Strafen für Länder mit zu hohen Verschuldungsraten vor. Insgesamt ist der Ecofin-Rat das Schlüsselorgan zur Koordinierung der Wirtschaftspolitik. Bei Beschlüssen, die speziell die WWU betreffen, stimmen nur die daran teilnehmenden Staaten ab. Zusätzlich versammeln diese sich in der informellen Eurogruppe. Diese hat sich als Forum der Finanzminister zur Erörterung und Koordinierung ökonomischer Maßnahmen etabliert.

Verlaufsgeschichte

Die WWU war und ist eines der am stärksten polarisierenden Projekte der europäischen Integration. Schon im Vorfeld der WWU führten die währungspolitischen Anstrengungen zu einer beachtlichen Stabilitätskultur in Europa. Nach einem reibungslosen Start entwickelte sich die gemeinsame Währung trotz aller Zweifel an der Qualifikation mancher Teilnehmer stabil. Sie wurde zur zweitwichtigsten Weltreservewährung.

Die günstige Konjunktur kam der WWU in den ersten Jahren zugute. Dadurch konnten die angestrebten Haushaltsziele ohne größere Anstrengungen erreicht werden. Später zeigte sich, dass die WWU angesichts nicht vollständig sanierter Haushalte mit einer schweren Hypothek gestartet war. Einige Mitgliedstaaten konnten die im Stabilitätspakt vereinbarten Kriterien zeitweise nicht einhalten. Die schon früher formulierte Vermutung, dass die in diesem Fall vom Rat zu beschließenden Sanktionen des Stabilitätspakts kaum greifen würden, bestätigte sich. Zu Irritationen kam es, als die Kommission 2004 gegen den Ecofin-Rat klagte, nachdem dieser entschieden hatte, das Defizitverfahren gegen Deutschland und Frankreich trotz mehrfacher Verfehlung der Kriterien auszusetzen. Im März 2005 einigten sich die Wirtschafts- und Finanzminister nach monatelangen Kontroversen faktisch auf eine Aufweichung des Pakts. 2008 verfehlten nur noch Italien und Griechenland das Defizitkriterium.

In Folge der Finanz- und Wirtschaftskrise wurden die EU-Volkswirtschaften ab Ende 2008 herausgefordert. Während die gemeinsame Währung als Klammer für den Gemeinsamen Markt funktionierte, verloren etliche Währungen der Länder außerhalb der WWU an Wert. Durch ein gemeinsames Konjunkturprogramm wurde die Nachfrage angekurbelt – allerdings stieg die Neuverschuldung in vielen Staaten drastisch an. Ende 2009 musste Griechenland seine Angaben zum laufenden Defizit auf 12,7 % des BIP korrigieren, worauf die Kreditwürdigkeit des Landes abgestuft wurde. In den kommenden Monaten verschärfte sich die Situation des überschuldeten Landes und es kam zu Spekulationen über dessen möglichen Staatsbankrott. Gleichzeitig wurde deutlich, dass auch die Haushaltslage anderer Staaten – Irland, Italien, Portugal, Spanien – prekär ist.

Um die gemeinsame Währung nicht durch den Zusammenbruch Griechenlands zu gefährden, gewährten die Euro-Staaten und der IWF Griechenland im März 2010 zunächst in einem Notfallplan Kredite in Höhe von 45 Mrd. Euro. Im Gegenzug sagte Griechenland zu, seinen Haushalt durch drastische Schritte zu sanieren. Allerdings setzte sich die Euro-Krise fort. Spekulationen gegen andere überschuldete Euro-Staaten legten die Schwachstellen der WWU offen. In der Konsequenz wurde im Mai 2010 ein Euro-Rettungsschirm geschaffen, der durch Garantien der Eurostaaten, der EU und des IWF im Bedarfsfall Kredite von insgesamt 750 Mrd. Euro bereitstellt. Gleichzeitig startete eine Debatte über neue Instrumente und Verfahren zur Sanierung der Staatshaushalte.

Bilanz und Perspektiven

Die Bilanz der Wirtschafts- und Währungsunion fällt zwiespältig aus. Einerseits erwies sich der Euro in den ersten zehn Jahren nach seiner Einführung als stabile und international anerkannte Währung. Die Europäische Union und ihr Gemeinsamer Markt profitierten vom Wegfall des Währungsrisikos und der Erleichterung des innereuropäischen Zahlungsverkehrs. Die Institutionen fanden sich in ihren Rollen zurecht und die geldpolitische Strategie der Zentralbank bewährte sich. Insgesamt funktionierte auch die Koordination der Wirtschaftspolitiken.

Andererseits führte die große Heterogenität der Euro-Länder dazu, dass sie sich in ihrer Leistungs- und Wettbewerbsfähigkeit auseinander entwickelten, ohne dass dies noch durch Währungsabwertungen kompensiert werden konnte. Weder die Konvergenzkriterien als bloße Eintrittskriterien noch der Stabilitätspakt mit seinen von politischen Dispositionen abhängigen Mechanismen konnten die Stabilitätsorientierung der europäischen Staaten garantieren. In der Euro-Krise wurden weitere Regeln verletzt: Zum einen widersprechen die griechischen Kredite faktisch dem Verbot der Finanzierung fremder Defizite. Zum anderen akzeptierte die Europäische Zentralbank zur Sicherung der griechischen Bonität minderwertige griechische Anleihen als Sicherheiten und warf damit ihre hehren Prinzipien über Bord. Darüber hinaus bestehen die Zweifel darüber fort, ob Griechenland seinen Staatshaushalt tatsächlich in den kommenden Jahren sanieren und seine Kredite zurückzahlen kann.

Spätestens die krisenhafte Entwicklung des Euro hat deutlich gemacht, dass die WWU die EU zu einer Schicksalsgemeinschaft hat werden lassen. Entsprechend muss sie über die 2010 beschlossenen Notfallpläne hinaus weiter entwickelt werden.

Durch eine engere Verzahnung der europäischen Wirtschaftspolitiken im Rahmen einer wie auch immer gearteten Wirtschaftsregierung muss der hohe Verflechtungsgrad der europäischen Ökonomien künftig sein Gegenstück finden. Tatsächlich existieren in Europa jedoch bislang recht unterschiedliche Vorstellungen über die wirtschaftspolitische Prioritätensetzung. Dauerhafte Stabilität wird ohne die konsequente Sanierung der Staatshaushalte sowie wirksame Kontrollmechanismen nicht erreichbar sein.

Olaf Hillenbrand

Wirtschaftspolitik

Vertragsgrundlage: Art. 2 EUV. Art. 2-5, 119-126, 136 AEUV.

Ziele: Wettbewerbsfähige Marktwirtschaft, ausgewogenes Wachstum, Vollbeschäftigung, Preisstabilität, gesunde öffentliche Finanzen, dauerhaft finanzierbare Zahlungsbilanz, Förderung des wirtschaftlichen und sozialen Zusammenhalts.

Instrumente: Binnenmarkt, WWU, enge Koordinierung der Wirtschafts- und Finanzpolitik.

Dokument: Europäische Kommission: Integrierte Leitlinien für Wachstum und Beschäftigung (2008-2010) sowie Europa 2020 – Eine Strategie für intelligentes, nachhaltiges und integratives Wachstum.

Literatur: Europäische Kommission: Europäische Wirtschaft, lfd. Jahrgänge • Berthold Busch: Zur Wirtschaftsverfassung der Europäischen Union, Köln 2008.
Internet: Generaldirektion Wirtschaft und Finanzen: http://ec.europa.eu/dgs/economy_finance/index_en.htm • EZB: www.ecb.int/

Im Vergleich zu den institutionellen Reformen bringt der Vertrag von Lissabon für die Wirtschaftspolitik in der EU-27 bzw. in der → Wirtschafts- und Währungsunion (WWU) eher geringe Änderungen. Gleichzeitig haben die massiven Spannungen in der WWU aber die Frage nach dem Umfang der wirtschaftspolitischen Koordinierung, die für ein „reibungsloses Funktionieren der WWU erforderlich ist", stärker in den Fokus gerückt.

Marktwirtschaftliche Ordnung

Die Gestaltung der Wirtschaftspolitik in der EU und vor allem in der WWU wird nur dann erfolgreich sein können, wenn sie gemeinsamen ordnungspolitischen Grundsätzen folgt. Angesichts der unterschiedlichen wirtschaftspolitischen Traditionen der Mitgliedstaaten ist es daher positiv, dass auch der → Vertrag von Lissabon am Grundsatz einer offenen Marktwirtschaft festhält und die Ziele der Preisstabilität, eines ausgewogenen Wirtschaftswachstums und einer in hohem Maße wettbewerbsfähigen sozialen Marktwirtschaft festschreibt (Art. 3 EUV). Allerdings wurde im Zielkatalog die Passage vom „freien und unverfälschten Wettbewerb" gestrichen und stattdessen ein „Protokoll über den Binnenmarkt und den Wettbewerb" beigefügt – dies wirkt zwar juristisch kompensierend, doch ist damit tendenziell eine geringere Bedeutung des freien Wettbewerbs als wichtiges Prinzip der wirtschaftspolitischen Orientierung der EU angelegt. Das wäre problematisch angesichts der divergierenden Auffassungen vor allem über die Rolle des Staates, die von der Regulierung des → Binnenmarkts über die öffentliche Daseinsvorsorge bis hin zur Kontroverse über Industriepolitik (Bildung „nationaler Champions") sowie der Subventionierung von Industriezweigen reicht und – ganz aktuell – auch die Frage nach der Exitstrategie aus den umfangreichen Konjunktur- und Rettungspakten einschließt.

Wirtschaftspolitische Koordinierung vertraglich angelegt

Ein grundlegendes Spannungsverhältnis der wirtschaftspolitischen Rahmenbedingungen resultiert daraus, dass die EU in ihren Teilbereichen unterschiedlich verfasst ist. Als Wirtschaftsunion baut sie mit dem Binnenmarkt auf der dezentralen Struktur der Union auf. Demgemäß und dem Subsidiaritätsprinzip folgend liegt die Wirtschaftspolitik primär in der Verantwortung der Mitgliedstaaten. Der EU sind abgesehen von den → Außenwirtschaftsbeziehungen, der → Wettbewerbs-, der → Agrar- sowie der → Strukturpolitik keine Kompetenzen für eine zentrale Wirtschaftspolitik übertragen worden. Demgegenüber ist die Währungsunion zentral verfasst. Die 16 Mitgliedstaaten haben ihre nationale Souveränität über die Geld- und Wechselkurspolitik an die → Europäische Zentralbank (EZB) bzw. den → Europäischen Rat abgetreten. Die Mitglieder der Währungsunion sind aufgrund des „Pakts für Stabilität und Wachstum" auch in ihrer Haushaltspolitik eingeschränkt.

Um Konflikten zwischen der Geldpolitik der EZB und der nationalen Fiskalpolitik der WWU-Länder vorzubeugen, ist sowohl ein Koordinierungsverfahren der Finanzpolitik (Art. 126 AEUV) als auch der Wirtschaftspolitik (Art. 121 AEUV) vorgesehen. In letzterem verpflichten sich die Mitglieder der EU, die Wirtschaftspolitik als eine Angelegenheit von gemeinsamem Interesse zu betrachten und sie im Europäischen Rat zu koordinieren, um die (allgemeinen) Vertragsziele zu erreichen. Die Kommission überwacht die wirtschaftliche Entwicklung in jedem Mitgliedstaat und in der Union sowie deren Vereinbarkeit mit den vom → Rat der EU regelmäßig verabschiedeten „Integrierten Leitlinien", bestehend aus den Grundzügen der Wirtschaftspolitik sowie den Leitlinien für beschäftigungspolitische Maßnahmen der Mitgliedstaaten (Art. 148 AEUV). Das Verfahren der Überwachung und Koordinierung der Wirtschaftspolitik ist dem zur Überwachung der Haushaltslage im Rahmen des Stabilitätspakts vorgeschaltet. Beide Verfahren gleichen sich in ihrer Grundstruktur. Allerdings sind für den Fall, dass die Vorgaben nicht eingehalten werden, für ein WWU-Mitglied abgestufte Sanktionen vorgesehen.

Der Vertrag von Lissabon bringt nun für die Union einen Zuwachs an Einflussnahme auf die nationalen Wirtschaftspolitiken (Art. 121(4) AEUV). Wird im Rahmen der Überwachung festgestellt, dass die Wirtschaftspolitik eines Mitgliedslandes nicht mit den gemeinsamen Grundzügen vereinbar ist oder das ordnungsgemäße Funktionieren der WWU zu gefährden droht, kann die Kommission das betreffende Mitglied verwarnen und Vorschläge für eine Korrektur des wirtschaftspolitischen Kurses machen. Der Rat kann diese Empfehlungen mit qualifizierter Mehrheit und ohne die Stimme des betroffenen Mitgliedslandes beschließen und auch veröffentlichen.

Angesichts der massiven Spannungen in der WWU und der jüngsten Krise wird bereits über weitere Schritte diskutiert, u.a. die mangelnde Befolgung der wirtschaftspolitischen Empfehlungen ähnlich wie beim Haushaltsverfahren mit Sanktionen zu ahnden, beispielsweise durch die Kürzung von Struktur-mitteln. Ebenso ist vorstellbar, dass eine „Checkliste" entwickelt wird, an-hand derer die Kommission die Wettbewerbsfähigkeit der einzelnen Mitglied-staaten überprüft, um hier Fehlentwicklungen, wie sie seit Beginn der WWU entstanden sind, frühzeitig zu verhindern.

Das gestiegene Bewusstsein über die gegenseitige Abhängigkeit der Volks-wirtschaften durch den Binnenmarkt und die WWU dürften zusammen mit den neuen vertraglichen Regelungen zu einer größeren Verbindlichkeit in der wirtschaftspolitischen Koordinierung führen und die „Methode der offenen Koordinierung" langsam ablösen. Diese hat sich seit ihrer Einführung Ende der 1990er Jahre zum allgemeinen Koordinierungsmodus überall dort ent-wickelt, wo die Wirtschaftspolitik formal im Verantwortungsbereich der Mit-gliedstaaten geblieben ist (z.B. Arbeitsmarkt- und Beschäftigungspolitik). Der Vertrag von Lissabon weitet die offene Koordinierung auf die → Sozialpolitik sowie Forschung und Entwicklung, Gesundheitswesen und Industrie aus. An-hand von Best-Practice-Vergleichen werden konkrete Empfehlungen für die Wirtschaftpolitik der Mitgliedstaaten abgeleitet und deren Umsetzung regel-mäßig überprüft. Diese Vorgehensweise läuft jedoch ins Leere, wenn die Mit-glieder die zur Zielerreichung notwendigen Reformen innenpolitisch nicht durchsetzen können oder wollen.

Wachstumsstrategie „Europa 2020"

In den letzten zehn Jahren bildete die so genannte Lissabon-Strategie (2000) als Initiative für Innovation und Wettbewerbsfähigkeit die Klammer um die verschiedenen Koordinierungsprozesse und formulierte gemeinsame Ziele für den makroökonomischen Policymix und den Binnenmarkt. Ihre Bilanz fiel aus unterschiedlichen Gründen jedoch enttäuschend aus.

Die Europäische Kommission hat mit „Europa 2020" für die nächste Dekade eine neue europäische Strategie für Beschäftigung und Wachstum vorgelegt. Die Schwerpunkte liegen in den Bereichen Wissen und Innovation, stärkere Ausrichtung auf Nachhaltigkeit, hohes Beschäftigungsniveau und soziale Ein-gliederung. Der Europäische Rat hat im März 2010 den Vorschlag der Kom-mission gebilligt. Die Kommission hat darauf aufbauend die integrierten Leit-linien formuliert, die den Rahmen für die Reformen auf der Ebene der Mit-gliedstaaten abstecken und im Juni vom Europäischen Rat verabschiedet wer-den sollen. Mit nationalen Programmen müssen die Mitglieder dann darlegen, welche Maßnahmen sie zur Umsetzung der Strategie ergreifen wollen. Die

Kommission will darüber hinaus die neuen Möglichkeiten des Lissabon Vertrages nutzen (Art. 136 AEUV) und spezifischere Vorschläge für eine bessere wirtschaftspolitische Koordinierung in der WWU vorlegen, mit der die dort bestehenden Probleme, an erster Stelle die makroökonomischen Ungleichgewichte, angegangen werden können. Vor dem Hintergrund der Wirtschafts- und Finanzkrise und den Problemen der Eurozone könnte sich hier eine Eigendynamik entfalten, die in eine auch formal sehr viel engere wirtschaftspolitische Abstimmung mündet – ohne dass gleich das Schlagwort einer „europäischen Wirtschaftsregierung" bemüht werden muss.

Steuerpolitik bleibt nationale Kernkompetenz

Die Steuerpolitik bleibt in nationaler Verantwortung, steuerpolitische Beschlüsse der EU müssen weiterhin einstimmig erfolgen. Die Debatte um steuerpolitische Harmonisierung und/oder Mindeststeuersätze begleitet die EU dennoch seit langem. Aus gesamtwirtschaftlicher Sicht bleibt der Steuerwettbewerb jedoch ein wichtiges Regulativ, damit sich der Staat auf die effiziente Ausübung seiner Kernaufgaben beschränkt und den Steuerzahler nicht übermäßig belastet. Die EU ist allerdings dort gefordert, wo steuerliche Regelungen zu Wettbewerbsverzerrungen führen. Sie hat sich daher bereits 1997 auf einen Verhaltenskodex in der Steuerpolitik geeinigt.

Ein wichtiger Aspekt ist die Besteuerung von grenzüberschreitenden Kapitalerträgen. So tauschen die meisten Mitgliedsländer seit Juli 2005 Kontrollmitteilungen über die Zinseinkünfte der EU-Bürger aus. 2008 hat die Kommission einen überarbeiteten Vorschlag vorgelegt, der die Reichweite der Zinsbesteuerungsrichtlinie erweitern soll, aber bislang nicht vom Rat angenommen wurde. Sowohl bei der Kapitalbesteuerung als auch der Unternehmensbesteuerung wird zudem mit wachsendem Nachdruck (auch auf Ebene der OECD) angestrebt, bestehende „Steueroasen" schrittweise abzuschaffen und das Entstehen neuer zu verhindern.

Barbara Böttcher

Zuständigkeiten: Instrumente und Kompetenzen

Vertragsgrundlage: EU-Vertrag, AEU-Vertrag, Euratom-Vertrag. Der Vertrag zur Gründung der Europäischen Union (EUV) sowie der Vertrag über die Arbeitsweise der Europäischen Union (AEUV) sind in den konsolidierten Fassungen von Lissabon im Amtsblatt Nr. C 83 vom 30. März 2010 veröffentlicht worden. Die Gründungsverträge

404 | Zuständigkeiten: Instrumente und Kompetenzen

in ursprünglicher und aktualisierter Fassung sowie weitere grundlegende Texte sind abrufbar unter: http://eur-lex.europa.eu/de/treaties/index.htm.

Literatur: Peter-Christian Müller-Graff: Der Vertrag von Lissabon auf der Systemspur des Primärrechts, in: integration 2008, S. 123-144 • Armin Hatje/Anne Kindt: Der Vertrag von Lissabon – Europa endlich in guter Verfassung?, Neue Juristische Wochenschrift (NJW), 2008, S. 1761-1768 • Thomas Oppermann: Die Europäische Union von Lissabon, Deutsches Verwaltungsblatt (DVBl) 2008, S. 473-483 • Jürgen Schwarze: Der Reformvertrag von Lissabon – Wesentliche Elemente des Reformvertrages, Europarecht (EuR) Beiheft 1, 2009, S. 9-27.

Internet: EU-Server: http://europa.eu/legislation_summaries/index_de.htm • Centrum für Europäische Politik: http://www.cep.eu/eu-fakten/zustaendigkeiten/

Die → Europäische Union und die mit ihr institutionell verklammerte Europäische Atomgemeinschaft (EAG) zeichnen sich gegenüber anderen internationalen Organisationen (z.B. der Welthandelsorganisation (WTO)) durch die Innehabung supranationaler Befugnisse aus. Sie sind mittlerweile sachgegenständlich breitgefächert und können instrumentell eine dem nationalen Recht vergleichbare Bindungskraft entfalten. Lediglich die im Vertrag über die Europäische Union (EUV) geregelte → Gemeinsame Außen- und Sicherheitspolitik (GASP) sowie die → Gemeinsame Sicherheits- und Verteidigungspolitik (GSVP) verbleibt weitgehend in den Formen intergouvernementaler Zusammenarbeit.

Begriff und Zuweisung der Zuständigkeiten in der Europäischen Union

Als Zuständigkeit oder Kompetenz wird in der überkommen staatlichen Ordnung die verfassungsrechtlich zugewiesene Handlungsbefugnis eines Organs der öffentlichen Gewalt verstanden. Dabei kann es sich um legislative, administrative oder judikative Befugnisse handeln. In den Verträgen, auf denen die Union beruht, finden sich umfangreiche derartige Zuständigkeiten im Vertrag über die Arbeitsweise (AEUV) und den diesem Vertrag gleichrangig zugeordneten Protokollen; für die EAG im EAG-Vertrag (Vertrag zur Gründung der Europäischen Atomgemeinschaft (EAGV)).

Entwicklung der Zuständigkeitsordnung

Die Zuständigkeitsordnung in der heutigen Union wurde schrittweise entwickelt. Zum Pionier supranationaler Zuständigkeiten wurde die im Jahre 1952 in Kraft gesetzte und im Jahre 2002 abgelaufene Europäische Gemeinschaft für Kohle und Stahl (EGKS), die, von sechs kontinental-europäischen

Kernstaaten (Belgien, Deutschland, Frankreich, Italien, Luxemburg und den Niederlanden) begründet, sektoral auf die Kontrolle der Bereiche Kohle und Stahl begrenzt und im Ansatz interventionistisch mit Eingriffsbefugnissen der Hohen Behörde angelegt war. Nach dem Scheitern des Projekts der Europäischen Verteidigungsgemeinschaft (EVG), in welcher militärische Zuständigkeiten europäisch gebündelt worden wären, sowie der Europäischen Politischen Gemeinschaft (EPG) im Ratifikationsverfahren in der französischen Nationalversammlung (1954), verfolgten die sechs Staaten mit dem am 1. Januar 1958 in Kraft getretenen EWG-Vertrag einen neuen Integrationsansatz. In dessen Zentrum wurde die Schaffung des Gemeinsamen Markts gestellt und um ihn ein seitdem schrittweise erweiterter Kreis von Zuständigkeiten der seinerzeit als Europäische Wirtschaftsgemeinschaft (EWG) bezeichneten und seit 1993 in EG umbenannten Gemeinschaft gruppiert. Ebenfalls 1958 in Kraft gesetzt wurde die EAG, die – ähnlich der EGKS sektoral angelegt – speziell die friedliche Forschung und Nutzung der Kernenergie in Europa fördern soll, um auf diese Weise zur „Hebung der Lebenshaltung in den Mitgliedstaaten" (Art. 1 EAGV) beizutragen. Wesentliche weitere Entwicklungsschritte beinhalteten die Einheitliche Europäische Akte von 1987 (Einführung des Binnenmarktkonzepts und einer marktintegrationsunabhängigen umweltpolitischen Gemeinschaftszuständigkeit, Übergang zur qualifizierten Mehrheit in bestimmten Bereichen der Rechtsangleichung) und sodann insbesondere der 1993 in Kraft getretene Vertrag von Maastricht. Letzterer schuf die in drei Säulen gegliederte Europäische Union, die selbst nicht über eine eigene Rechtspersönlichkeit verfügte und dementsprechend auch als solche keine eigenen Zuständigkeiten hatte. Diese waren den in der ersten Säule supranational organisierten Europäischen Gemeinschaften (EG, EGKS und EAG) zugeordnet, die als Rechtspersonen über zahlreiche Politikzuständigkeiten verfügten; durch den Maastrichter Vertrag gewann die EG weitere Kompetenzen, darunter zur Errichtung und zum Betrieb der Währungsunion, ferner z.B. zum marktintegrativ unabhängigen Gesundheitsschutz und Verbraucherschutz sowie zur Industriepolitik. Zugleich wurden als intergouvernementale Säulen die GASP (2. Säule) und die Zusammenarbeit in den Bereichen Justiz und Inneres (3. Säule) begründet. Letztere wiederum wurde vom Amsterdamer Reformvertrag (in Kraft getreten 1999) umgestaltet: Fünf Politikbereiche wurden vergemeinschaftet, also von der dritten Säule in die erste überführt: die Zugangspolitiken (→ Asyl-, Einwanderungs- und Visarecht), die → justizielle Zusammenarbeit in Zivilsachen und die Zusammenarbeit im Zollwesen. Der verbleibende Teil wurde leicht angereichert und als polizeiliche und justizielle Zusammenarbeit in Strafsachen (PJZS) umfirmiert. Daneben wurden durch den Amsterdamer Vertrag der EG zusätzliche Befugnisse geschaffen (namentlich: → Beschäftigungspolitik). Der Vertrag von Nizza enthält keine vergleichbaren Neuerungen der Kompetenzordnung.

Mit dem → Vertrag von Lissabon wurden Europäische Gemeinschaft und Europäische Union zur → Europäischen Union verschmolzen und ihr (wie dereinst der EG) ungeteilte Rechtspersönlichkeit zugewiesen. Dadurch erhalten auch die GASP und die PJZS ein europäisches Trägersubjekt, so dass konsequenterweise auch in diesen Bereichen unionale Zuständigkeiten bestehen (unabhängig davon, ob von ihnen auch Gebrauch gemacht wird). Damit entfällt zugleich die äußere Säulenstruktur. Demgegenüber bleibt die EAG als eigene Organisation bestehen. Rechtlich liegen der EU nunmehr zwei Verträge und die → Charta der Grundrechte sowie die Protokolle zugrunde. Zum einen der modifizierte EU-Vertrag, der die Grundlagen der Union, aber auch die Regelungen zur GASP enthält. Den größten Teil insbesondere des materiellen Rechts enthält der Vertrag über die Arbeitsweise der Europäischen Union (AEUV), der aus der Änderung des bisherigen EG-Vertrags hervorgeht. Beide Texte beruhen in ihren Neuerungen inhaltlich weitgehend auf der Fassung des nicht ratifizierten Verfassungsvertrags, haben ihm gegenüber aber an Kohärenz, Lesbarkeit und Verständlichkeit eingebüßt.

Insgesamt erweist sich die Entwicklung als systemstimmige Folge des marktgetragenen Integrationsansatzes. Die durch die binnenmarktlichen Grundfreiheiten bewirkte wechselseitige Öffnung der mitgliedstaatlichen Märkte zueinander erforderte mehr und mehr Maßnahmen, die über wirtschaftspolitische Inhalte hinausgingen. Dies zeigte sich am deutlichsten an der Vergemeinschaftung der Asyl-, Einwanderungs- und Visapolitik. Obwohl sie der Innenpolitik zuzuordnen sind, beziehen diese Politiken ihre integrationskonzeptionelle Notwendigkeit aus der von der binnenmarktlichen Personenverkehrsfreiheit geforderten Abschaffung der Binnengrenzkontrollen.

Die Kompetenzordnung in der Europäischen Union

Legitimationsgrundlage der Befugnisse der Union ist das so genannte primäre Unionsrecht (EUV, AEUV, Protokolle). Durch dessen Ratifizierung haben die Mitgliedstaaten zugunsten der Union Hoheitsrechte unterschiedlichen sachgegenständlichen Inhalts derart begründet, dass sie ihren jeweiligen nationalen „Souveränitätsschild" in definiertem Umfang für Hoheitsakte der Union geöffnet haben. Eine eigenständige Erweiterung ist der Union durch die Notwendigkeit einer Kompetenzübertragung verwehrt und damit zugleich die vom Bundesverfassungsgericht in seinen einschlägigen Entscheidungen (Maastricht, Lissabon) geforderte generelle Vorhersehbarkeit der Ausübung von Kompetenzen auf europäischer Ebene grundsätzlich gewährleistet. Dabei sind die Kompetenzen der EU zur Erreichung bestimmter, mehr oder wenig beschränkter Einzelziele übertragen worden. Diese Normierungstechnik entspricht dem Wesen der EU als transnational zielbezogenes, nicht aber staatliches Gemeinwesen. Dementsprechend sind die Zuständigkeiten der Europäischen Union innerhalb der Verträge in ihrer textlichen Fassung nach Sachgebieten geordnet, nicht aber in allgemeinen Katalogen aufgeführt. Allerdings findet sich in Art. 2ff. AEUV eine (nur) narrative Auflistung der Kompetenzen der EU (ohne die Kompetenzen in der GASP und GSVP), welche diese in ausschließliche (Art. 3 AEUV), geteilte (Art. 4 AEUV) sowie koordinierende (Art. 5 AEUV) und unterstützende bzw. ergänzende Kompetenzen (Art. 6 AEUV) gliedert. Bei den ausschließlich der EU zugewiesenen Kompetenzen handelt es sich um Sachgebiete, die aus der Natur der Sache heraus nur gemeinschaftlich geregelt werden können. Hierzu zählen etwa die Festlegung des gemeinsamen Zolltarifs (Art. 31 AEUV), die Durchführung einer gemeinsamen Handelspolitik gegenüber Drittstaaten (Art. 207 AEUV) oder die gemeinsame Währungspolitik (Art. 127 AEUV). Die meisten Befugnisse sind als nicht-ausschließliche Kompetenzen ausgestaltet. Sie belassen den Mitgliedstaaten die sachgegenständliche Regelungsbefugnis, solange nicht die Union tätig geworden ist.

Ziele der Union und Kompetenzordnung

Die Zielbezogenheit der Kompetenzen fügt sich stimmig in die Grundstruktur der EU ein. So ist die EU in Art. 3 EUV auf eine Reihe von teils allerdings sehr allgemeinen Zielen festgelegt, die mit Friedenssicherung, Förderung ihrer (demokratischen und humanen) Werte (insbesondere die Grundrechte) und Wohlergehen ihrer Völker gekennzeichnet sind und sodann in Einzelziele ausgefaltet werden, die zugleich Verwirklichungswege sind: Die Schaffung eines Raums der Freiheit, der Sicherheit und des Rechts, die Errichtung eines Binnenmarkts, die Verwirklichung einer Wirtschafts- und Währungsunion und die Verfolgung einer ansatzweise gemeinsamen Außen- und Sicherheitspolitik. Im Einzelnen lassen sich die meisten Einzelkompetenzen historisch folgerichtig auf das Binnenmarktziel zurückführen, das auf einen freien Verkehr von Waren, Dienstleistungen, Personen und Kapital gerichtet ist und dementsprechend dauerhaft die Beseitigung von Handelshemmnissen und Wettbewerbsverzerrungen verlangt. Dies hat immer öfter den Abbau von Schranken aller

Art durch gemeinschaftsrechtliche Rechtsetzung erforderlich gemacht, um einerseits die Wettbewerbsfreiheit sekundärrechtlich durchzusetzen oder aber dort zu flankieren, wo der Wegfall mitgliedstaatlicher Kontrollbefugnisse gemeinsame Politiken erforderlich werden ließ.

Kompetenzbegründung und Kompetenzausübung

Der beschränkten Übertragung von Zuständigkeiten an die Europäische Union entspricht ihre strikte Bindung an ausdrücklich geschriebene oder in Rechtsnormen implizit enthaltene Kompetenznormen. Diesen Grundsatz der begrenzten Einzelermächtigung bringt Art. 5(2) EUV zum Ausdruck, wenn er die Tätigkeit der Union auf die vertraglich zugewiesenen Befugnisse begrenzt. Hierbei sind die Zuständigkeiten verbandskompetentiell und organkompetentiell jeweils in vierfacher Hinsicht definiert: sachgegenständlich (was darf geregelt werden?), handlungstypförmig (welche Art von Rechtsakt kann erlassen werden?), organspezifisch (welches Organ soll tätig werden?) und verfahrensspezifisch (nach welchem Verfahren wird der Rechtsakt erlassen?).

Fällt eine projektierte Maßnahme in die allgemeine sachgegenständliche Zuständigkeit der Europäischen Union, so ist sie doch nur unter Einhaltung der in Art. 5 EUV genannten Voraussetzungen zulässig. Insbesondere darf sie nicht über das für die Erreichung der Vertragsziele erforderliche Maß hinausgehen (Art. 5(4) EUV). Sie muss mithin geeignet und erforderlich sein. Dies impliziert insbesondere, dass die zuständigen Organe von mehreren geeigneten Maßnahmen die am wenigsten einschneidende Alternative wählen müssen (Gebot des schonendsten Mittels). Nichtausschließliche Kompetenzen (z.B. im genuinen Umweltschutz gemäß Art. 192 AEUV) unterliegen des weiteren dem Subsidiaritätsprinzip: Kompetenzen dürfen demnach nur dann ausgeübt werden, „sofern und soweit die Ziele der in Betracht gezogenen Maßnahmen auf Ebene der Mitgliedstaaten nicht ausreichend … und … besser auf Unionsebene erreicht werden können" (Art. 5(3) EUV). Trotz der politischen Betonung dieses Grundsatzes ist seine rechtliche Bedeutung für die Kontrolle der Rechtsetzung bislang eher gering gewesen. Selbst bei einem Verständnis der binnenmarktintegrativen Rechtsangleichungskompetenz gemäß Art. 114 AEUV als geteilte Zuständigkeit (nicht überzeugend), kann das Subsidiaritätsprinzip in diesem praktisch bedeutsamen Bereich im Ergebnis kaum begrenzend wirken, da eine zur Erreichung der Ziele des Art. 114 AEUV erforderliche marktintegrative Maßnahme schwerlich auf mitgliedstaatlicher Ebene verwirklicht werden kann.

Sachbereiche von Unionskompetenzen

Im Vordergrund der Zuständigkeiten der EU steht die Rechtsangleichung zur Errichtung und zum Funktionieren des transnationalen europäischen Marktraums (Binnenmarkt), die um weitere, zu einem beträchtlichen Teil durch sukzessive Vertragsnovellierungen eingefügte Kompetenzbereiche ergänzt wird.

Kompetenzen zur Schaffung des Binnenmarkts: Der → Binnenmarkt wird in Art. 26(2) AEUV als einen Raum ohne Binnengrenzen beschrieben, in dem der freie Verkehr von Waren, Personen, Dienstleistungen und Kapital gemäß den Vertragsbestimmungen gewährleistet ist. Zur Ermöglichung des damit angestrebten, möglichst unbehinderten und unverzerrten unionsweiten Wettbewerbs sind der Union Harmonisierungsbefugnisse übertragen, die neben den unmittelbar anwendbaren primärrechtlichen Regelungen (insbesondere Grundfreiheiten und Wettbewerbsrecht) stehen. In erster Linie ist damit die Union ermächtigt, zur Errichtung oder für das Funktionieren des Binnenmarkts (Art. 114 f. AEUV) erforderliche Maßnahmen zur Angleichung der mitgliedstaatlichen Rechts- und Verwaltungsvorschriften zu ergreifen. Dies betrifft in der Praxis vor allem die Beseitigung von einzelstaatlichen Marktzugangshindernissen für Waren, Dienstleistungen, Personen oder Kapital, des Weiteren die Überwindung von spürbaren Verzerrungen des Wettbewerbs infolge unterschiedlicher nationaler Rechtsnormen sowie die Dämpfung von Rechtsunterschieden, die die Bereitschaft zur Wahrnehmung grenzüberschreitender Marktgrundfreiheiten erschweren. Teilweise sind einzelnen Grundfreiheiten auch spezifische, auf die entsprechende Freiheit zugeschnittene Kompetenzgrundlagen beigegeben: so etwa zugunsten des Freiverkehrs der Arbeitskräfte (Art. 46 AEUV) und ihrer sozialen Absicherung (Art. 48 AEUV), der Niederlassungsfreiheit (Art. 50 AEUV) oder der Dienstleistungsfreiheit in Bezug auf die gegenseitige Anerkennung von Diplomen für grenzüberschreitende Dienstleistungen (Art. 53 AEUV).

Kompetenzen in der Wettbewerbspolitik: Unmittelbar im Zusammenhang mit der Binnenmarktverwirklichung stehen die Kompetenzen in der → Wettbewerbspolitik. Ideengeschichtlich aus dem ordoliberalen Wirtschaftsverfassungsdenken entstanden, sollen sie der Gefahr entgegenwirken, dass die Marktteilnehmer ihren grundfreiheitlich und grundrechtlich gewährleisteten Handlungsspielraum dazu missbrauchen, ihre Freiheit oder die Freiheit anderer durch Kartelle, Missbrauch ihrer Marktmacht oder wettbewerbsstrukturell schädliche Fusionen wieder einzuschränken. Hierzu sind der Kommission eigene Aufsichts- und Eingriffsbefugnisse zugeordnet und neuerdings im Rahmen des Kartellrechts auch in Zusammenarbeit mit nationalen Behörden. Zugleich ist der Rat ermächtigt, auf Vorschlag der Kommission und nach Anhörung des Europäischen Parlaments zur Wahrung des Wettbewerbs Richtlinien und Verordnungen zu erlassen (Art. 103 AEUV).

Kompetenzen in binnenmarktlichen Sondersektoren: Für Sektoren mit spezifischen Problemen für die Binnenmarktverwirklichung sind der Europäischen Union besondere Kompetenzen zugewiesen. Dies betrifft insbesondere die in der Praxis besonders bedeutsame → Agrarpolitik (Art. 38ff. AEUV: insbesondere Marktordnungen und Subventionen) und die → Verkehrspolitik (Art. 90ff. AEUV: insbesondere Regeln für den Verkehr auf Straße, Schiene, Binnengewässern und in der Luft). In beiden Bereichen erlässt die Union seit Inkrafttreten des Lissabonner Vertrages Rechtsakte im ordentlichen Gesetzgebungsverfahren (Ausnahmen in der Agrarpolitik etwa bei Preisfestsetzungen, Beihilfen oder Fangquoten in der Fischerei – keine Beteiligung des Parlaments).

Kompetenzen in der Außenhandelspolitik: Kompetenzen stehen der EU in umfangreichem Maße auch in den → Außenhandelsbeziehungen zu. Als konsequente Folge der Entscheidung für eine Zollunion ist der Rat (mit qualifizierter Mehrheit auf Vorschlag der Kommission) zur Festlegung der Außenhandelszölle befugt (Art. 31 AEUV). Zur Verwirklichung der auf der Zollunion aufbauenden inneren Warenverkehrsfreiheit ist auch die Handelspolitik mit Drittstaaten vergemeinschaftet (Art. 206 f. AEUV). Dies erstreckt sich nunmehr grundsätzlich auch auf den Handel mit Dienstleistungen und Handelsaspekte des geistigen Eigentums. Einzelstaatlich divergierende Handelspolitiken können den Binnenmarkt verfälschen oder sich angesichts des freien Binnenverkehrs in der EU gegenseitig aufheben. Daher ist die EU etwa zur Durchführung von Liberalisierungsmaßnahmen im Außenhandel oder von handelspolitischen Schutzmaßnahmen in Fällen von Dumping oder Subventionen zuständig, darüber hinaus zum Abschluss von internationalen Übereinkommen, beispielsweise im Rahmen der WTO.

Kompetenzen der Währungs- und Wirtschaftspolitik: Mit der Währungsunion ist der Union eine bedeutende Zuständigkeit zugewachsen. Vorrangiges Ziel der Währungspolitik innerhalb des Europäischen Systems der Zentralbanken (ESZB) ist es, die Preisstabilität zu gewährleisten. Sie umfasst u.a. die Geldpolitik (insbesondere Geldmengensteuerung und Inflationsbekämpfung), die Durchführung von Devisengeschäften und das Halten von Währungsreserven der Mitgliedstaaten (Art. 127 AEUV). Die → Europäische Zentralbank hat außerdem das ausschließliche Recht, die Ausgabe von Banknoten und den Umfang der Ausgabe von Münzen innerhalb der Union zu genehmigen (Art. 128 AEUV). Auch um die Preisstabilität zu schützen, sieht der AEUV-Vertrag Regelungen zur Vermeidung übermäßiger Defizite in den öffentlichen Haushalten der einzelnen Mitgliedstaaten vor (Art. 126 AEUV). Mit der Überwachung der so genannten Defizitkriterien ist die Kommission betraut. Im Falle ihrer Verletzung kommt ein differenziertes, durch den Stabilitätspakt konkretisiertes Verfahren zur Anwendung, das die Möglichkeit von Sanktionen einbezieht, die der Rat mit Zweidrittelmehrheit der gewogenen Stimmen der Mitgliedstaaten (mit Ausnahme der Stimmen des Vertreters der betroffenen Mitgliedstaaten) verhängt (Art. 126(11) AEUV). Soweit das Ziel der Gewährleistung der Preisstabilität nicht beeinträchtigt wird, kann das ESZB auch die allgemeine Wirtschaftspolitik unterstützen.

Die Kompetenzen der Union im Bereich der → Wirtschaftspolitik (Art. 120 AEUV) sind schwächer ausgeprägt. Art. 121 AEUV beschreibt dies mit den Worten, dass die Mitgliedstaaten ihre Wirtschaftspolitik als eine Angelegenheit von gemeinsamem Interesse betrachten, die sie im Rat koordinieren. Ähnliches gilt für die durch den Amsterdamer Vertrag eingeführte → Beschäftigungspolitik, die auf allgemeine Leitlinien, Empfehlungen, Information und die Förderung der gegenseitigen Zusammenarbeit begrenzt (Art. 145ff. AEUV) ist. Weitergehende Beschlusskompetenzen bestehen zum finanziellen Beistand in wirtschaftlichen Schwierigkeiten, insbesondere im Falle von außergewöhnlichen Ereignissen (Art. 122 AEUV), die (durchaus nicht unstreitig) für die Bewältigung der Finanzkrise 2010 genutzt wurden.

Kompetenzen zur Flankierung des Binnenmarks und binnenmarktüberschreitende Kompetenzen: Um das unmittelbare binnenmarktliche Aufgabenspektrum der EU gruppieren sich zahlreiche Politiken, die zum Ausgleich der mit der Öffnung der Binnengrenzen verbundenen Folgen oder zur Erhaltung bzw. Schaffung eines unverfälschten Wettbewerbs erforderlich sein können. Hierzu zählen unter anderem die Zuständigkeiten der EU in der Steuerpolitik, der → Sozialpolitik, der → Struktur- und Regionalpolitik (Stärkung des wirtschaftlichen und sozialen Zusammenhalts) und der Vernetzungspolitik (z.B. Aufbau transeuropäischer Telekommunikations- und Energienetze). Stark ausgeprägte Zuständigkeiten besitzt die EU im Bereich der → Umweltpolitik, mit der einerseits gemeinsame Standards im Interesse der Marktintegration gesetzt und damit Marktzugangshindernisse oder Wettbewerbsverzerrungen beseitigt, andererseits aber auch markintegrationsunabhängige Ziele verfolgt

werden können. Ähnliches gilt für die Zuständigkeiten in der → Gesundheits-
und → Verbraucherpolitik.

Durch den Amsterdamer Vertrag in den EG-Vertrag (jetzt: AEUV) eingefügt
wurde der Politikbereich des so genannten → Raums der Freiheit, der Sicherheit und des Rechts. Dadurch erfasst sind vor allem Politiken, die zur Bewältigung der mit dem Wegfall von Personenkontrollen an den Binnengrenzen
verbundenen Fragen der EU als Handlungsmöglichkeit zugewiesen wurden,
mittlerweile aber eigenständige, also marktintegrationsunabhängige Züge annehmen. Dies gilt vor allem für die Zugangspolitiken (→ Asyl-, Einwande-
rungs- und Visapolitik (Art. 77ff. AEUV)) sowie für die polizeiliche und →
justizielle Zusammenarbeit in Strafsachen (Art. 81-89 AEUV). Demgegenüber
betrifft die → justizielle Zusammenarbeit in Zivilsachen (Art. 81 AEUV) übergreifend binnenmarktrelevante Fragen des zivilrechtlichen Kollisionsrechts
und Zivilverfahrensrechts, deren Angleichung systematisch der allgemeinen
binnenmarktfinalen Rechtsangleichungsermächtigung näher steht.

Abrundungskompetenz des Art. 352 AEUV: Kennzeichen der Europäischen
Union ist ihre dynamische Entwicklung, die vielfach ein Tätigwerden zur Erreichung ihrer Grundziele auch außerhalb der sachfunktionalen Kompetenzen
erforderte. Dies ermöglicht die so genannte Abrundungskompetenz (heute:
Art. 352(1) AEUV), nach welcher der Rat auf Vorschlag der Kommission und
neuerdings nach Zustimmung des Europäischen Parlaments einstimmig tätig
werden kann, soweit ein Tätigwerden der Union erforderlich ist, um eines
ihrer Ziele zu verwirklichen und in den Verträgen die hierfür erforderlichen
Befugnisse nicht vorgesehen sind. Von der Vorgängernorm (Art. 308 EGV)
wurde oftmals Gebrauch gemacht, so etwa für das Statut der Europäischen
Aktiengesellschaft oder die Fusionskontrollverordnung.

Kompetenzen der Europäischen Atomgemeinschaft

Die Befugnisse der EAG sind sachgegenständlich auf die Atomindustrie zu-
geschnitten und betreffen vor allem die Forschungsförderung, die Verbreitung
von Technologie, den Gesundheitsschutz, die Investitionen, die Errichtung
gemeinsamer Unternehmen, die Versorgung mit Erzen, Ausgangsstoffen und
insbesondere mit spaltbaren Stoffen, die Marktintegration und die Außenbeziehungen.

Handlungsermächtigungen in der GASP und GSVP

Vor Inkrafttreten des Lissabonner Vertrages haben die Mitgliedstaaten ihre
Zusammenarbeit in der Außen- und Sicherheitspolitik in der ehemals zweiten

Säule der Union intergouvernemental institutionalisiert. Kennzeichen der intergouvernementalen Zusammenarbeit, die den Rechtscharakter der → Gemeinsamen Außen- und Sicherheitspolitik (GASP) und der → Gemeinsamen Sicherheits- und Verteidigungspolitik (GSVP, ein integraler Bestandteil der GASP) auch weiterhin prägt, ist ihr nahezu durchweg einstimmiger Beschlussmodus, die nur anhörende Beteiligung des Europäischen Parlaments, die fehlende Jurisdiktion des → Gerichtshofs der Europäischen Union sowie die eingeschränkten Rechtswirkungen der in diesem Bereich erlassenen Unionsmaßnahmen.

Inhaltlich verfolgt die Union mit der GASP (Art. 21ff. EUV) insbesondere das Ziel, ihre grundlegenden Interessen und Werte sowie ihre Unversehrtheit im Einklang mit den Grundsätzen der Vereinten Nationen zu sichern, ihre und die internationale Sicherheit zu stärken, den Frieden zu wahren sowie für Entwicklung und Stärkung von Demokratie und Rechtsstaatlichkeit sowie der Menschenrechte einzutreten (→ Menschenrechtspolitik). Hierzu kann die Union Aktionen beschließen und damit auch operativ nach außen auftreten; möglich sind ferner Standpunkte zur Koordination der nach wie vor grundsätzlich eigenständigen Außenpolitik der Mitgliedstaaten. Mit der GSVP umfasst die GASP auch Sicherheitsfragen einschließlich der schrittweisen Festlegung einer gemeinsamen Verteidigungspolitik, die nach Art. 42 EUV zu einer gemeinsamen Verteidigung führen könnte, falls der Europäische Rat dies beschließt. Darüber hinaus können im Rahmen der GSVP auch operative Einsätze bis hin zu friedensschaffenden Kampfeinsätzen beschlossen werden (Art. 43 EUV).

Instrumente

Zur Ausübung der Unionskompetenzen steht den Organen ein differenziertes Spektrum von Handlungsinstrumenten zur Verfügung wobei Besonderheiten in der GASP und GSVP gelten. Von diesen letztgenannten Bereichen abgesehen ist das Recht der EU supranationaler Natur, kann bei entsprechender Ausgestaltung unmittelbare Wirkungen entfalten und genießt Anwendungsvorrang vor nationalem Recht. Im Recht der EU ist zu unterscheiden zwischen Primärrecht (Verträge und die ihnen beigegebenen Protokolle sowie die → Charta der Grundrechte) und dem aufgrund des Unionshandelns entstandenen, auf primärrechtlichen Kompetenzgrundlagen basierendem Sekundärrecht. Insbesondere die unmittelbar anwendbaren primärrechtlichen Grundfreiheiten und Wettbewerbsregeln stellen höchst effektive Gewährleistungen für die Verwirklichung des Binnenmarkts dar. Allerdings ist mit ihnen in aller

Regel eine kohärente, politische Einflussnahme auf ein Sachgebiet nicht möglich. Soweit dies erforderlich erscheint, bedarf es sekundärrechtlicher Gestaltung mittels der zur Verfügung stehenden Rechtsinstrumente.

Allgemeine unionale Instrumente: Im Allgemeinen stehen EU und EAG drei verschiedene Rechtsinstrumente zur Verfügung:

- Mit der *Verordnung* kann die Union eine Regelung erlassen, die in allen Mitgliedstaaten allgemeine Geltung hat (Art. 288(2) AEUV). Sie ist unmittelbar anwendbar, ist also von (unionalen und mitgliedstaatlichen) Behörden und Gerichten zu beachten und kann Rechte und Pflichten für Einzelne erzeugen.

- Demgegenüber ist eine *Richtlinie* an die Mitgliedstaaten gerichtet und hinsichtlich des zu erreichenden Ziels verbindlich, überlässt jedoch den innerstaatlichen Stellen die Wahl der Form und Mittel (Art. 288(3) AEUV). Die Mitgliedstaaten haben die Richtlinie in nationales Recht umzusetzen. Dabei gilt für die Umsetzung der Richtlinie das Effektivitätsprinzip. Dieses beinhaltet, dass das von der Richtlinie verfolgte Ziel tatsächlich erreicht werden muss. Setzt ein Mitgliedstaat eine Richtlinie überhaupt nicht oder nicht ordnungsgemäß um, so können ihre Regelungen nach der Rechtsprechung des EuGH unter bestimmten Voraussetzungen zugunsten von Privaten unmittelbar anwendbar sein. Ist dies nicht möglich, etwa weil die in Frage stehende Vorschrift nicht hinreichend präzise ist, so kann ein unionsrechtlicher Schadensersatzanspruch wegen qualifizierter Vertragspflichtverletzung gegen den säumigen Mitgliedstaat begründet sein.

- Die Organe können auch *Beschlüsse* erlassen (Art. 288(4) AEUV). Sie ergehen regelmäßig zur Regelung von Einzelfällen, werden an Einzelpersonen oder einzelne Mitgliedstaaten gerichtet und sind, wenn sie an bestimmte Adressaten gerichtet sind, nur für diese verbindlich. So erlässt z.B. die Kommission Entscheidungen im Wettbewerbsrecht, etwa bei der Untersagung von Fusionen oder im Rahmen der Wettbewerbs- und Beihilfenaufsicht.

- Demgegenüber sind *Empfehlungen* und *Stellungnahmen* ihrer Natur nach nicht verbindlich (Art. 288(5) AEUV), können aber gleichwohl gewisse Rechtswirkungen hervorbringen. So sind Organe an ihre Empfehlungen oder Stellungnahmen in gewissen Grenzen selbst gebunden, soweit sie ein rechtlich schützenswertes Vertrauen erzeugen.

Instrumente in der GASP und GSVP: Der unionalen Außen- und Sicherheitspolitik stehen spezifische, intergouvernemental geprägte Rechtsinstrumente zur Verfügung. Ihre gegenüber den allgemeinen rechtlichen Instrumenten geringeren rechtlichen Wirkungen tragen dem Umstand der sachgegenständlich weitgehend weniger vertieften Integration Rechnung. Die wesentlichen Rechtsinstrumente sind die allgemeinen Leitlinien des → Europäischen Rates und die Beschlüsse, die in Form von Aktionen der Union, Standpunkten der Union oder Durchführungsbeschlüssen erlassen werden können:

- Mit *Aktionen der Union* entscheidet der Rat über ein operatives Handeln in spezifischen Situationen.

- Mit den *Standpunkten der Union* wird in der GASP das Konzept der Union für eine bestimmte Frage geographischer oder thematischer Art festgelegt (Art. 29 EUV).

- Die Mitgliedstaaten sind verpflichtet, dafür Sorge zu tragen, dass ihre einzelstaatliche Politik mit den im Standpunkt fixierten Positionen im Einklang steht.

- Hingegen haben die *allgemeinen Leitlinien*, mit denen der Europäische Rat die strategischen Interessen der Union du ihre Ziele in der GASP festlegt, lediglich eine politisch bindende Wirkung, die auf der hohen Autorität der im Europäischen Rat insbesondere versammelten Staats- und Regierungschefs beruht. Auf ihrer Grundlage ist die Politik der Union zu gestalten.

Peter-Christian Müller-Graff / Friedemann Kainer

Europa-ABC

Olaf Hillenbrand

Abgestufte Integration: Unter dem Begriff der abgestuften Integration versteht man einen politischen Einigungsprozess mit unterschiedlichen Geschwindigkeiten oder unterschiedlicher Intensität. Die Idee des „Europa der zwei Geschwindigkeiten" bedeutet in diesem Zusammenhang, dass die Vertiefung der Gemeinschaft zunächst nur von solchen Mitgliedstaaten getragen wird, die sich dazu in der Lage sehen. Vorteil dieses Modells ist, dass die Einigungsgeschwindigkeit nicht abhängig von dem langsamsten oder sich der Integration am meisten widersetzenden Mitglied ist. Allerdings liegt eine mögliche Gefahr der abgestuften Integration im Auseinanderfallen des gemeinsamen Integrationspfads. Beispiele für Formen abgestufter Integration im EG-Vertrag sind die Bestimmungen zur Wirtschafts- und Währungsunion (Art. 140 AEUV) oder die Schutzverstärkungsklausel zur Umweltpolitik (Art. 193 AEUV). Außerdem können Mitgliedstaaten, die intensiver kooperieren wollen, dies nach den Regeln des Differenzierungsinstruments der verstärkten Zusammenarbeit (Art. 20 EUV) unter bestimmten Bedingungen tun.

Abschöpfungen: Abschöpfungen sind Importabgaben auf landwirtschaftliche Produkte aus Drittstaaten. Durch das Erheben von Abschöpfungen an den EU-Außengrenzen werden die Importe um die Differenz zwischen den niedrigeren Weltmarktpreisen und den innerhalb der Gemeinschaft gültigen Agrarpreisen verteuert. Abschöpfungen sind also variable Zölle, die je nach Preissituation auf dem Weltmarkt schwanken. Sie sichern den EU-Landwirten hohe Absatzpreise und sind eine Einnahmequelle der EU. Das Gegenstück zu den Abschöpfungen beim Export sind Ausfuhrerstattungen auf Agrarprodukte.

Acquis communautaire: Der *acquis communautaire* ist der gemeinsame Besitzstand der Europäischen Union an Rechten und Pflichten der EU-Mitgliedstaaten. Er umfasst sämtliche gültigen Verträge und Rechtsakte. Die vollständige Übernahme des Acquis ist Voraussetzung für eine EU-Mitgliedschaft.

Agenda 2000: Durch die Agenda 2000 – einem 1997 von der Europäischen Kommission vorgelegten Dokument – sollte die Europäische Union weiterentwickelt und auf die Osterweiterung vorbereitet werden. Die Agenda 2000 enthielt insgesamt vier Dokumente: Im umfangreichsten Teil wurde die Beitrittsfähigkeit der mittel- und osteuropäischen Staaten untersucht. Ferner umfasste die Agenda 2000 Vorschläge zur Haushaltspolitik der EU, zur Reform der Agrarpolitik sowie zur Zukunft der Strukturfonds.

Airbus: Airbus steht für das bisher erfolgreichste Beispiel europäischer industriepolitischer Zusammenarbeit. Angesichts der Zersplitterung der europäischen Flugzeugindustrie wurde 1969 per Staatsvertrag zwischen Deutschland und Frankreich die Gründung des Airbus-Konsortiums beschlossen. 1972 erfolgte der Erstflug eines Airbus-Flugzeuges. In den 1980er und 1990er Jahren entwickelte sich Airbus mit zunehmendem Erfolg. Erst im Jahr 2001 wurde das Airbus-Konsortium in ein veritables Unternehmen umgewandelt. Mit dem Modell 380 baut die Airbus S.A.S., ein Tochterunternehmen der EADS mit Hauptsitz in Toulouse, das weltweit größte Passagierflugzeug.

AKP-Staaten: siehe Cotonou, Partnerschaftsabkommen von.

Allgemeines Präferenzsystem (APS): Das APS ist ein Instrument der Entwicklungspolitik. Die EU räumt damit Entwicklungsländern beim Import von Produkten Zollpräferenzen zu deren Gunsten ein.

Amtssprachen der EU: Da der eigenen Sprache hoher Symbolwert zukommt, verzichtet trotz des erheblichen Übersetzungsaufwands kein Land auf seine Sprache. Jeder Rechtsakt der EU wird in alle Amtssprachen übersetzt; auch können sich die Bürger in allen Amtssprachen an die europäischen Organe wenden. Nach der sechsten EU-Erweiterung 2007 nutzen die EU-Institutionen 23 gleichberechtigte Amtssprachen: Bulgarisch, Dänisch, Deutsch, Englisch, Estnisch, Finnisch, Französisch, Griechisch, Irisch, Italienisch, Lettisch, Litauisch, Maltesisch, Niederländisch, Polnisch, Portugiesisch, Rumänisch, Schwedisch, Slowakisch, Slowenisch, Spanisch, Tschechisch, Ungarisch. Unterhalb der Ministerebene sind Englisch, Französisch und Deutsch die internen Arbeitssprachen.

Antidumping- und Ausgleichszölle: Antidumpingzölle werden von der EU erhoben, wenn Waren zu niedrigeren Preisen eingeführt werden als sie auf dem heimischen Markt erzielen. Werden die Waren im Exportland durch Subventionen gestützt, kann die EU Ausgleichszölle erheben. Voraussetzung für die Erhebung dieser Zölle ist in beiden Fällen die den Wettbewerb verzerrende, mit dem Binnenmarkt unvereinbare Begünstigung bestimmter Unternehmen oder Produktionszweige.

Außenzoll: Durch den Aufbau der Zollunion in der EWG bis 1968 wurde aus den vorher getrennten Zollgebieten stufenweise ein gemeinsames Zollgebiet. Damit fielen die bisherigen Zölle durch Einführung eines gemeinsamen Zolltarifs – „gemeinsamer Außenzoll" – weg. Seit 1975 werden die gesamten Einnahmen aus dem Außenzoll an den EG-Haushalt abgeführt.

Ausschuss der Ständigen Vertreter (AStV/COREPER): Der Ausschuss der Ständigen Vertreter ist ein dem Rat der EU untergeordnetes Gremium. Es setzt sich aus Vertretern der Mitgliedstaaten im Botschafterrang zusammen und ist nach Art. 240 AEUV für die Vorbereitung der Ratstagungen sowie für Aufgaben, die ihm der Rat überträgt, zuständig. Der AStV besteht aus zwei Teilen, die jeweils etwa wöchentlich zusammentreten: AStV I setzt sich aus den Vertretern der Botschafter zusammen, AStV II aus den Ständigen Vertretern selbst. Dem AStV untergeordnet sind etwa 250 spezialisierte Arbeitsgruppen. Zusätzlich besteht ein Sonderausschuss Landwirtschaft (SAL), dem Delegierte aus den Ministerien der Mitgliedstaaten angehören. Wichtigste Aufgabe des AStV ist die Bewertung von Gemeinschaftsdossiers sowie die Entscheidungsvorbereitung für den Rat, so dass dieser in der Regel nur noch über strittige Materien beraten muss.

Ausschuss für die Angelegenheiten der Europäischen Union: Nach der im Dezember 1992 erlassenen Änderung des Grundgesetzes haben Bundestag und Bundesrat in Angelegenheiten der EU Mitwirkungsrechte. Nach Art. 45 des Grundgesetzes kann der Deutsche Bundestag den Ausschuss für die Angelegenheiten der Europäischen Union ermächtigen, die Rechte des Bundestags gemäß Art. 23 des Grundgesetzes gegenüber der Bundesregierung wahrzunehmen.

Ausschuss für Sozialschutz: Nach Art. 160 AEUV hat der Rat einen beratenden Ausschuss für Sozialschutz eingesetzt, der die Zusammenarbeit unter den Mitgliedstaaten und mit der Kommission im Bereich des Sozialschutzes verbessern soll. Er ist zusammengesetzt aus zwei Mitgliedern je Mitgliedstaat sowie zwei von der Kommission benannten Mitgliedern.

Austrittsklausel: Bis zum Inkrafttreten des Vertrages von Lissabon war der Fall eines Austritts aus der Europäischen Union nicht vorgesehen. Eine Austrittsklausel enthält nun Art. 50 EUV. Demnach kann jeder Mitgliedstaat beschließen, aus der Union auszutreten und diese Absicht dem Europäischen Rat mitzuteilen. Die Union handelt dann mit diesem Staat ein Austrittsabkommen aus, welches neben den Einzelheiten des Austritts den Rahmen der künftigen Beziehungen enthält.

Barcelona-Prozess: Um die Stabilität im Mittelmeerraum zu sichern, haben sich die EU-Mitgliedstaaten sowie zwölf angrenzende Mittelmeerstaaten im November 1995 auf die Deklaration von Barcelona geeinigt und die euro-mediterrane Partnerschaft gegründet. Die Barcelona-Deklaration enthält drei Körbe: Der erste Bereich sieht eine politische und sicherheitspolitische Partnerschaft mit der Gewährleistung von Menschenrechten und politischen Grundfreiheiten vor. In einem zweiten Bereich wird die Entstehung einer euro-mediterranen Freihandelszone bis zum Jahr 2010 angestrebt. Der dritte Bereich widmet sich der Förderung sozialer und kultureller Aspekte, unter anderem der gegenseitigen Achtung von Kultur und Religion. Die Ergebnisse der Barcelona-Konferenz haben sich in der Folge als Auftakt einer vertieften euro-mediterranen Partnerschaft zwischen Europa und seinen südlichen Anrainern, dem so genannten Barcelona-Prozesses, erwiesen. Seit 2004 wurde die euro-mediterrane Partnerschaft um die Instrumente der Europäischen Nachbarschaftspolitik erweitert. Im Juli 2008 ging aus dem Barcelona-Prozess die „Union für das Mittelmeer" hervor, die von den 27 Mitgliedstaaten und 12 weiteren Mittelmeerstaaten gegründet wurde und unter anderem eine euro-mediterrane Freihandelszone anstrebt.

Battle Groups: Battle Groups sind mobile europäische Kampfeinheiten, deren Schaffung der Rat im Rahmen der neuen EU-Sicherheitsstrategie beschlossen hat. Die seit 2007 verfügbaren Einheiten sollen innerhalb von fünf bis zehn Tagen in Krisengebiete verlegt werden können. Sie setzen sich jeweils aus etwa 1500 Soldaten zusammen und sollen in Krisensituationen schnell einsetzbar sein und die Lage für Friedensmissionen stabilisieren.

Beitrittsverhandlungen: Jeder europäische Staat, der die Werte der EU achtet, kann beantragen, deren Mitglied zu werden (Art. 49 EUV). Über Beitrittsanträge wird vom Rat nach Anhörung der Kommission und Zustimmung des Parlaments einstimmig abgestimmt. In Beitrittsverhandlungen werden die Modalitäten des EU-Beitritts, die damit verbundene Übernahme des *acquis communautaire* sowie die durch eine Aufnahme erforderlich werdenden Anpassungen der EU-Verträge verhandelt. Diese Materien werden zwischen den Mitgliedstaaten und dem antragstellenden Staat in einem entsprechenden Abkommen geregelt. Die Beitrittsverhandlungen mit Estland, Polen, Slowenien, der Tschechischen Republik, Ungarn, Zypern (alle seit 1998), Lettland, Litauen, Malta und der Slowakei (alle seit 2000) mündeten am 1. Mai 2004 in eine EU-Mitgliedschaft. Die Verhandlungen mit Bulgarien und Rumänien (seit 2000) wurden im Dezember 2004 formell abgeschlossen. Die Verträge wurden im April 2005 unterzeichnet; der Beitritt erfolgte zum 1. Januar 2007. Im Oktober 2005 begannen die Beitrittsverhandlungen mit Kroatien und der Türkei. Im Juli 2010 wurden die Beitrittsverhandlungen mit Island aufgenommen. Im Dezember 2005 wurde Mazedonien offiziell als Beitrittskandidat akzeptiert; Verhandlungen wurden noch nicht aufgenommen. Beitrittsanträge liegen ferner von Albanien, Montenegro und Serbien vor.

Beitrittspartnerschaften: Im Rahmen der seit 1998 mit den beitrittswilligen Staaten geschlossenen Beitrittspartnerschaften sollten bereits vor dem Beitritt die Prioritäten bei der Übernahme des gemeinschaftlichen Besitzstands festgelegt werden. Die Beitrittskandidaten erstellten dazu Zeitpläne und Programme, die laufend bilateral mit der Europäischen Kommission koordiniert und weiterentwickelt wurden.

Benelux-Staaten: Benelux bezeichnet die organisierte ökonomische Zusammenarbeit von Belgien, den Niederlanden und Luxemburg. 1944 beschlossen diese Staaten in einem Vertrag die Errichtung einer Zollunion. Zwar wurde nach Gründung der Europäischen Wirtschaftsgemeinschaft (EWG) die Wirtschaftspolitik der Benelux-Länder in die Gemeinschaft eingebunden, dennoch erfüllt ihre enge Zusammenarbeit allein durch deren größeres politisches Gewicht eine wichtige Funktion.

Berliner Erklärung: Die Berliner Erklärung wurde anlässlich des 50. Jahrestages der Unterzeichnung der Römischen Verträge am 25. März 2007 als orientierungsstiftendes Dokument feierlich unterzeichnet. Die zweiseitige Erklärung bilanziert knapp die Errungenschaften der europäischen Integration, hebt die Bedeutung einer europäischen Wertegemeinschaft hervor. Es benennt grundlegende politische Herausforderungen, denen sich die Europäische Union stellen muss und erklärt abschließend den gemeinsamen Willen zur Erneuerung der EU und das Bekenntnis: „Europa ist unsere Zukunft".

Beschäftigungsausschuss: Der nach Art. 150 AEUV eingerichtete Beschäftigungsausschuss berät den Rat und unterstützt ihn bei der Koordinierung der Beschäftigungs- und Arbeitsmarktpolitik. Er besteht aus je zwei Vertretern pro EU-Staat, bereitet die Arbeiten des Rats vor und gibt Stellungnahmen zum Thema ab.

BEUC: Das Bureau Européen des Unions des Consumateurs (BEUC) ist der Dachverband der nationalen Verbraucherverbände. Dieser setzt sich auf EU-Ebene für die Vertretung von Verbraucherinteressen ein. Adresse: Rue d'Arlon, 80 Bte 1, B–1040 Brüssel. Internet: www.beuc.org

Bürgerbeauftragter: siehe Ombudsmann.

Bürgerbegehren: Durch den 2009 in Kraft getretenen Vertrag von Lissabon wird der direkte Einfluss der Bürger auf die Politik der EU durch die Einführung einer europäischen Bürgerinitiative leicht gestärkt. Mit den Stimmen von mindestens einer Million Bürger aus einer erheblichen Anzahl von Mitgliedstaaten kann demnach die Kommission aufgefordert werden, entsprechende Vorschläge für europäische Rechtsakte vorzulegen (Art. 11(4) EUV).

BUSINESSEUROPE: Businesseurope (Confederation of European Business) ist seit 2007 die europäische Arbeitgeberorganisation mit Sitz in Brüssel. Sie ging hervor aus der 1959 gegründeten Vereinigung der europäischen Industrie- und Arbeitgeberverbände UNICE (Union des Confédérations de l'Industrie et des Employeurs d'Europe). Dem Interessenverband gehören 40 Industrie- und Arbeitgeberverbände aus 34 europäischen Staaten an. Businesseurope stimmt die Positionen ihrer Mitglieder in allen europäischen Fragen ab und vertritt deren Position insbesondere gegenüber den EU-Institutionen. Adresse: Av. de Cortenbergh 168, B-1000 Brüssel. Internet: www.businesseurope.org

CEDEFOP: Das 1975 eingerichtete Europäische Zentrum für die Förderung der Berufsbildung (Centre européen pour le développement de la formation professionnelle) ist ein europäisches Amt und hat seinen Sitz seit 1995 in Thessaloniki. Seine Aufgaben liegen in der Förderung und Entwicklung der beruflichen Bildung in der EU. Adresse: P.O. Box 22427, Finikas, GR-55102 Thessaloniki. Internet: www.cedefop.europa.eu

CEEP: Der Europäische Zentralverband der öffentlichen Wirtschaft (European Centre of Employers and Enterprises providing Public services) ist die Interessenvertretung von Unternehmen, die öffentliche Dienstleistungen erbringen sowie einer der Partner im Sozialen Dialog der Europäischen Union. Seine Zentrale hat ihren Sitz in Brüssel. Adresse: Rue des Deux Eglises, 26 boîte 5, B-1000 Brüssel. Internet: www.ceep.eu

CERN: CERN (European Organization for Nuclear Research) ist die zwischenstaatliche, 1954 gegründete europäische Organisation für Kernforschung mit Sitz in Genf. Ziel ist die Zusammenarbeit von derzeit 20 europäischen Staaten auf dem Gebiet der rein wissenschaftlichen und grundlegenden Kernforschung und Teilchenphysik. Adresse: CH–1211 Genf 23. Internet: www.cern.ch

COPA: Der Ausschuss der berufsständischen landwirtschaftlichen Organisationen der EU, COPA (Comité des Organisations Professionnelles Agricoles de la CEE) ist einer der größten Interessenverbände innerhalb der Union. COPA steht in permanentem Kontakt zu den Institutionen der EU und gibt Stellungnahmen zur Entwicklung der Gemeinsamen Agrarpolitik der Gemeinschaft ab. Hauptziel ist seit seiner Gründung 1958 die Sicherung der Lebens- und Arbeitsbedingungen sowie die Einkommensverbesserung der Landwirte. Adresse: Rue de Trèves 61, B-1040 Brüssel. Internet: www.copa-cogeca.be.

COSAC: siehe Zusammenarbeit der Parlamente.

Cost: Innerhalb der 1971 gestarteten Europäischen Zusammenarbeit auf dem Gebiet der wissenschaftlichen und technischen Forschung, Cost (European Coordination in Science and Technology) arbeiten insgesamt 35 Mitgliedstaaten plus Israel als kooperierendes Land zusammen. Ziel ist die Stärkung Europas in Forschung und Entwicklung. Cost ist thematisch grundsätzlich offen. Schwerpunkte der wissenschaftlich-technischen Zusammenarbeit sind die Bereiche Biomedizin, Ernährung, Forstwissenschaften, Werkstoffe, Chemie, Umweltmanagement, Informations- und Telekommunikationswissenschaft, Verkehr und Stadtentwicklung, Sozial- und Geisteswissenschaften. Internet: www.cost.eu

Cotonou, Partnerschaftsabkommen von: Das zwischen der EU und der Gruppe der afrikanischen, karibischen und pazifischen Staaten (AKP-Staaten) am 23. Juni 2000 mit einer Laufzeit von 20 Jahren unterzeichnete Partnerschaftsabkommen setzt die Entwicklungszusammenarbeit der Abkommen von Lomé unter neuen Schwerpunktsetzungen fort. Zielsetzungen der Assoziierung sind: Konzentration auf die Armutsbekämpfung, Verantwortliche Regierungsführung und Intensivierung des politischen Dialogs, systematische Einbeziehung der nichtstaatlichen Akteure, eine mit den neuen WTO-Bestimmungen vereinbare neue Handelsregelung und eine Reform des Systems für die Gewährung von Finanzhilfen. Anlässlich der ersten Revision des Abkommens 2005 wurden als weitere Schwerpunkte hinzugefügt: die Bekämpfung des Terrorismus, die Nicht-Verbreitung von Massenvernichtungswaffen, die Unterstützung des Internationalen Strafgerichtshofs sowie die Erweiterung der Entwicklungsstrategien. Die Finanzierung des Abkommens erfolgt im Wesentlichen aus Mitteln des Europäischen Entwicklungsfonds.

Delors-Bericht: Der 1988/1989 erarbeitete Delors-Bericht war ein Drei-Stufen-Plan zur Schaffung der Wirtschafts- und Währungsunion. Unter dem Vorsitz des damals amtierenden Kommissionspräsidenten Jacques Delors erarbeitete ein aus den nationalen Notenbankpräsidenten sowie unabhängigen Sachverständigen zusammengesetztes Komitee ein konsensfähiges Programm, dessen inhaltliche Umsetzung der Europäische Rat auf seinem Gipfel in Madrid im Juni 1989 beschloss. Durch den Maastrichter Vertrag wurde der Stufenplan 1993 vertraglich fixiert. Die erste Stufe, die eine Kapitalverkehrsliberalisierung und verstärkte Koordination vorsieht, begann am 1.7.1990. Mit Beginn der zweiten Stufe am 1.1.1994 wurde eine engere Koordinierung der Wirtschaftspolitik der Mitgliedstaaten durchgeführt und das Europäische Währungsinstitut eingerichtet. Mit Beginn der dritten Stufe – dem Start der WWU – am 1.1.1999 ging daraus die Europäische Zentralbank hervor, die weisungsunabhängig über die Geldwertstabilität wacht.

Delors-Paket I: Das Delors-Paket war ein 1987 von der EG-Kommission vorgelegtes Reformpaket. Die Vorschläge betreffen die Reform des EG-Finanzsystems, die Begrenzung der Agrarausgaben, die Aufstockung der Strukturfonds sowie neue Regeln der Haushaltsführung. Sie bilden die Grundlage für die Beschlüsse des Europäischen Rats im Februar 1988 in Brüssel und waren gemeinsam mit der Einheitlichen Europäischen Akte eine wichtige Voraussetzung für die Umsetzung des Binnenmarktprogramms.

Delors-Paket II: Das 1992 vom Europäischen Rat verabschiedete Delors-II-Paket sah eine mittelfristige EU-Finanzplanung vor. Die Verwirklichung der Beschlüsse von Maastricht sollte durch eine erhöhte Haushaltsausstattung gewährleistet werden. Vor allem sollte den Zielen der Wettbewerbsfähigkeit, des wirtschaftlichen und sozialen Zusammenhalts der Mitgliedstaaten (Kohäsion) sowie der Ausweitung der internationalen Verantwortung der EU Rechnung getragen werden. Das Paket enthält unter anderem die schrittweise Anhebung der Eigenmittel der EU, eine weitere Aufstockung der Strukturfonds sowie die Errichtung eines Kohäsionsfonds.

Demokratiedefizit der EU: Der Vorwurf eines Demokratiedefizits der EU speist sich daraus, dass die EU den nationalen Parlamenten Kompetenzen entzogen hat, ohne sich selbst in gleichem Maße demokratisch zu legitimieren. Eine aus demokratischen Wahlen hervorgegangene europäische Regierung gibt es im politischen System der EU nicht. Die Entscheidungen trifft – hinter verschlossenen Türen – im Wesentlichen der Rat der EU. Trotz des stufenweisen Ausbaus der Rechte des direkt gewählten Europäischen Parlaments ist dessen Machtausstattung im Vergleich zu demokratischen Staaten gering. In dem Ausmaß, in dem die EU Aufgaben mit Staatsqualität übernimmt, gewinnt der Abbau des Demokratiedefizits an Bedeutung. Der 2009 in Kraft getretene Vertrag von Lissabon trägt zum Abbau des Demokratiedefizits bei, indem er unter anderem den indirekten Einfluss der EU-Bürger auf den Gesetzgebungsprozess stärkt: Das Europäische Parlament kann nunmehr in fast doppelt so vielen Feldern wie bisher gleichberechtigt mit dem Rat mitentscheiden. Die Mitglieder der Kommission werden durch das Parlament gewählt. Außerdem sind dessen Budgetrechte erweitert worden. Der direkte Einfluss der Bürger ist durch die Einführung plebiszitärer Elemente gestärkt worden.

Deutsch-Französischer Vertrag: Der Deutsch-Französische Vertrag (Elysée-Vertrag) wurde am 22.1.1963 von Bundeskanzler Konrad Adenauer und dem französischen Präsidenten Charles de Gaulle unterzeichnet. Er verfolgt die Absicht, eine intensive politische Zusammenarbeit zu etablieren, der sich auf Dauer die übrigen EG-Mitgliedstaaten nicht würden entziehen können. Dazu sieht er periodische Konsultationen im Bereich der Außen-, Wirtschafts-, Verteidigungs-, und Kulturpolitik, außerdem die Schaffung eines Deutsch-Französischen Jugendwerks vor. Die durch den Vertrag etablierte bilaterale Abstimmung der Politiken zwischen der Bundesrepublik Deutschland und Frankreich wurde zu einem Motor der europäischen Integration. Sie wurde durch weitere deutsch-französische Institutionen wie den gemeinsamen Sicherheitsrat und den Wirtschaftsrat ausgebaut.

Dialog der Sozialpartner/Sozialer Dialog: Der soziale Dialog bezeichnet das Konzertierungs- und Konsultationsverfahren der Sozialpartner auf europäischer Ebene. Er sollte bereits im Vorfeld des vollendeten Binnenmarkts zur Etablierung annehmbarer Rahmenbedingungen beitragen. Sozialpartner sind der Europäische Gewerkschaftsbund (EGB), die Arbeitgeberorganisation BUSINESSEUROPE sowie der Europäische Zentralverband der öffentlichen Wirtschaft (CEEP). Nach Art. 154 AEUV hört die Kommission die Vorschläge und Empfehlungen der Sozialpartner im Bereich der Sozialpolitik vor dem Erlass von Rechtsakten an.

Dienstleistungsverkehr: Der freie Dienstleistungsverkehr ist eine der vier vertraglich festgelegten und durch die Vollendung des Binnenmarkts verwirklichten Grundfreiheiten (Art. 56-62 AEUV). Das Prinzip des freien Dienstleistungsverkehrs ermöglicht den EU-Bürgern, Leistungen über die Grenzen hinweg zu erbringen, ohne dass eine Beeinträchtigung aufgrund ihrer Staatsangehörigkeit erfolgt. Eine Dienstleistung ist jede Leistung im Rahmen einer selbstständigen, gewerblichen, landwirtschaftlichen oder freiberuflichen Erwerbstätigkeit.

Doppelte Mehrheit: Der Vertrag von Lissabon sieht vor, dass die meisten EU-Ratsbeschlüsse mit qualifizierter Mehrheit gefasst werden. Im Unterschied zum komplizierten Verfahren des Vertrags von Nizza kommt eine qualifizierte Mehrheit nach der so genannten Methode der doppelten Mehrheit dann zustande, wenn 55 % der Mitgliedstaaten zustimmen, die gleichzeitig 65 % der EU-Bevölkerung repräsentieren (Art. 16 EUV). Damit die drei bevölkerungsreichsten Staaten einen solchen Mehrheitsbeschluss nicht im Alleingang stoppen können, muss eine blockierende Minderheit aus mindestens vier Staaten bestehen. Bei Mehrheitsbeschlüssen, die nicht auf Vorschlag der Kommission oder des Hohen Vertreters für die Außen- und Sicherheitspolitik zustande kommen, gelten höhere Schwellen: Diese superqualifizierte Mehrheit kommt durch 72 % der Staaten mit mindestens 65 % der EU-Bevölkerung zustande (Art. 238 AEUV). Die doppelte Mehrheit wird nach einer Übergangsfrist am 1. November 2014 eingeführt.

Echo: Aufgabe des 1992 gegründeten European Community Humanitarian Office (Amt für humanitäre Hilfe der EU) ist es, den Opfern von Katastrophen oder Kriegen möglichst schnell Hilfe und Unterstützung zu gewähren. Die heutige Generaldirektion Echo bietet Hilfe in allen Ländern außerhalb der EU an. Adresse: Rue de la Loi 200, B-1049 Brüssel. Internet: http://ec.europa.eu/echo/index_en.htm

Ecofin-Rat: Der Rat der Wirtschafts- und Finanzminister wird häufig als Ecofin-Rat (Economic and Financial) bezeichnet. Der Ecofin-Rat nimmt bei der Koordinierung der Wirtschaftspolitik eine zentrale Rolle ein und tagt mindestens monatlich.

ECU (European Currency Unit): Bis zu ihrer Ablösung durch den Euro am 1.1.1999 diente die ECU als Europäische Rechnungs- und Währungseinheit innerhalb der EU. Als so genannte Korbwährung setzte sie sich aus Anteilen der Währungen der Mitglieder des Europäischen Währungssystems (EWS) zusammen. Als zentraler Bestandteil des EWS diente die ECU als Grundlage und Bezugsgröße für die Errechnung der Abweichungsschwelle zwischen den Gemeinschaftswährungen. Die ECU war außerdem Rechengröße für Forderungen und Verbindlichkeiten und wurde zum Saldenausgleich sowie als Währungsreserve der Notenbanken verwendet.

EFTA: Die 1960 gegründete Europäische Freihandelszone (EFTA) ist in Reaktion auf die Gründung der EWG entstanden, um der Gefahr einer wirtschaftlichen Diskriminierung vorzubeugen. Im Laufe der Jahre entwickelten beide Organisationen enge wirtschaftliche Beziehungen zueinander, die in die 1994 erfolgte Gründung eines Europäischen Wirtschaftsraums (EWR) mündeten. Einen Bedeutungsverlust erfuhr die EFTA dadurch, dass zahlreiche Mitgliedstaaten in mehreren Runden der Gemeinschaft beitraten. Seit 1995 umfasst die EFTA nur noch Island, Liechtenstein, Norwegen und die Schweiz. Adresse: 9-11, rue de Varembé, CH-1211 Genève 20. Internet: www.efta.int/

EFTA-Erweiterung: Zum 1.1.1995 wurde die EU von 12 auf 15 Staaten erweitert. Nachdem im April 1994 die Beitrittsverhandlungen mit den damaligen EFTA-Staaten Österreich, Schweden, Finnland und Norwegen erfolgreich abgeschlossen wurden, fand in jedem der beitrittswilligen Staaten eine Volksabstimmung statt. Dabei votierte die Mehrheit der norwegischen Bürger – wie bereits 1972 – gegen die EU-Zugehörigkeit und verhinderte damit Norwegens Beitritt.

Einheitliche Europäische Akte (EEA): Durch die 1987 in Kraft getretene Einheitliche Europäische Akte wurden die Römischen Verträge ergänzt und modifiziert. Die EEA hat die Kompetenzen der Gemeinschaft in mehreren Bereichen erweitert sowie deren Entscheidungsverfahren verfeinert. Die Einführung von Entscheidungen mit qualifizierter Mehrheit im Rahmen des Kooperationsverfahrens mit dem Europäischen Parlament war unter anderem eine Grundvoraussetzung für die Vollendung des Binnenmarkts. Darüber hinaus hat die EEA die Europäische Politische Zusammenarbeit (EPZ) auf eine vertragliche Grundlage gestellt. Durch die Verträge von Maastricht (1993), Amsterdam (1999) Nizza (2003) sowie Lissabon (2009) ist der durch die EEA begonnene Vertiefungsprozess fortgesetzt worden.

Erasmus: Erasmus (European Community Action Scheme for the Mobility of University Students) ist seit Anfang 2007 ein Teilbereich des neuen EU-Bildungsprogramms Lebenslanges Lernen (LLP). Das seit 1987 laufende Programm zur Förderung der Mobilität im Hochschulbereich in der EU fördert unter anderem den drei- bis 12-monatigen Austausch von Studenten und Dozenten sowie die Zusammenarbeit europäischer Hochschulen. Das jährliche Budget beträgt mehr als 440 Mio. Euro. Bereits rund zwei Mio. Studenten wurde im Verlauf des EU-Programms ein Auslandsstudium in einem der mittlerweile 31 Teilnahmeländer ermöglicht. Bis zum Jahr 2012 soll diese Zahl auf drei Mio. steigen. Neu ist die Förderung von

Auslandspraktika. Kontaktadresse: DAAD, Arbeitsstelle Erasmus, Kennedyallee 50, 53175 Bonn. Internet: www.eu.daad.de

Erasmus Mundus: Erasmus Mundus ergänzt die Ziele des Erasmus-Programms über die Grenzen der EU hinaus. Aufgabe des 2004 gestarteten Programms ist die Verbesserung der Qualität der europäischen Hochschulausbildung und die Verbesserung des interkulturellen Verständnis in Zusammenarbeit mit Drittstaaten. Das Programm soll die Mobilität von Studenten und Hochschullehrern fördern und Universitätsnetze schaffen. In der zweiten Phase (2009-2013) soll das Programm erheblich ausgebaut werden und über ein Budget von 940 Mio. Euro verfügen. Kontaktadresse: DAAD, Arbeitsstelle Erasmus, Kennedyallee 50, 53175 Bonn. Internet: www.eu.daad.de

Eureka: Eureka (European Research Coordination Agency) ist eine 1985 gegründete europäische Initiative zur intensiveren Zusammenarbeit in Forschung und Technologie. Durch verstärkte industrielle, technologische und wissenschaftliche Kooperation soll die Wettbewerbsfähigkeit Europas in Schlüsselbereichen der Zukunft verbessert werden. Mitglieder sind die Europäische Kommission, die EU-Mitgliedstaaten außer Bulgarien sowie zwölf weitere Staaten. Die ausschließlich zivilen Projekte werden von Industrie, Wissenschaft und den Regierungen der beteiligten Länder bestimmt. Sie werden in Privatinitiative organisiert und können mit bis zu 50 % ihrer Kosten gefördert werden. Kontaktadresse: Eureka/Cost-Büro, Heinrich-Konen-Str. 1, 53227 Bonn. Internet: www.eureka.dlr.de

Euro: Der Euro ist die gemeinsame Währung von mittlerweile 16 EU-Mitgliedstaaten. Am 31. Dezember 1998 wurden die Währungen von zunächst 11 Staaten unwiderruflich fixiert und der Euro als Buchgeld eingeführt. Als Bargeld gibt es den Euro ab Anfang 2002. Trotz anfänglicher Skepsis hat sich der Euro bisher als stabile Währung erwiesen und sich als Weltreservewährung etablieren können. Nach seinem Start haben Griechenland (2001) Slowenien (2007) Malta, Zypern (2008) und die Slowakei (2009) den Euro eingeführt. Estland wird 2011 als siebzehnter Staat folgen. Weitere Mitgliedstaaten sind dazu verpflichtet, wenn sie die in Art. 140 AEUV genannten Konvergenzkriterien erfüllen. 2010 geriet der Euro in eine Krise, als Griechenland seine Staatsschulden nicht mehr allein bedienen konnte.

Euro-Rettungspaket: In Folge der Wirtschafts- und Finanzkrise wurde Anfang 2010 die Überschuldungsproblematik einzelner Staaten der Eurozone deutlich. Griechenland konnte seine Staatsschulden nur mit Hilfe eines europäischen Nothilfeplans bedienen, der Kreditgarantien von EU und IWF in Höhe von 45 Mrd. Euro zusicherte. Zur Absicherung weiterer Euro-Staaten und zur Stabilisierung des Euro gründeten die EU-Finanzminister im Juni 2010 eine Zweckgesellschaft, die Notfallkredite aufnehmen und bereitstellen kann. Insgesamt können durch das von EU, den Eurostaaten und dem IWF getragene Paket Kredite von bis zu 750 Mrd. bereitgestellt werden. Um den tatsächlichen Einsatz dieser Mittel zu vermeiden, vereinbarten die EU-Finanzminister, strenger auf die Sanierung der Haushalte zu achten.

Eurochambres: Der 1958 gegründete, in Brüssel ansässige, europäische Dachverband der Industrie- und Handelskammern – Eurochambres – umfasst 46 nationale Mitgliedsverbände. Deutscher Vertreter ist der Deutsche Industrie- und Handelstag (DIHT) in Berlin. Über die Mitgliedsverbände ist Eurochambres Sprecher von über 2000 Industrie- und Handelskammern, die ihrerseits über 19 Mio. Unternehmen in Europa vertreten. Adresse: The Chamber House, Avenue des Arts, 19 A/D, B-1000 Brüssel. Internet: www.eurochambres.eu

Eurokorps: Das aufgrund eines deutsch-französischen Beschlusses seit 1995 einsatzbereite Eurokorps besteht aus 60.000 Soldaten und kann im Rahmen der Westeuropäischen Union oder der NATO tätig werden. Es übernimmt humanitäre Aufgaben, friedenssichernde oder -erhaltende Aufgaben. Neben Deutschland und Frankreich sind Belgien, Spanien und Luxemburg am Eurokorps beteiligt.

Europa 2020: Die von der Kommission im März 2010 vorgelegte Strategie Europa 2020 ersetzt die Lissabon-Strategie. Sie soll die EU in eine „intelligente, nachhaltige und integrative Wirtschaft" mit „hohem Beschäftigungs- und Produktionsniveau sowie einem ausgeprägten sozialen Zusammenhalt" umwandeln. Kernziele sind die Steigerung der Beschäftigungsrate, Investitionen von 3 % des BIP in Forschung und Entwicklung, die Senkung der Treibhausgasemissionen, die Förderung von Bildungschancen sowie die Bekämpfung der Armut. Zudem sieht der Entwurf sieben bindende Leitinitiativen sowie eine strikte Überwachung entsprechender nationaler Reformprogramme vor.

Europakammer des Bundesrats: Die 1988 nach der Verabschiedung der Einheitlichen Europäischen Akte entstandene Europakammer des Bundesrats ist ein Beteiligungsorgan der Länder an allen EU-Entscheidungen. Nach Art. 23 des Grundgesetzes wirken in Angelegenheiten der Europäischen Union nicht nur der Bundestag, sondern durch den Bundesrat auch die Länder mit. Die Länder erhalten bei sie betreffenden Angelegenheiten der deutschen Europapolitik ein Mitspracherecht. Außerdem bedarf jede neue Übertragung von Hoheitsrechten an die EU der Zustimmung des Bundesrats. Um die Rechte effizienter wahrnehmen zu können, hat die Europakammer des Bundesrats, die aus 16 Ländervertretern besteht, ein selbstständiges Beschlussrecht für den Bundesrat (Art. 52 Grundgesetz).

Europaabkommen: Die ab 1991 zwischen der EU und den Staaten Mittel- und Osteuropas geschlossenen Assoziierungsverträge werden als Europaabkommen bezeichnet. Sie sollten den Reformstaaten eine volle Beteiligung am europäischen Integrationsprozess im politischen, wirtschaftlichen und handelspolitischen Bereich ermöglichen. Europaabkommen schloss die EG zuerst mit Polen, Ungarn und der Tschechoslowakei im Dezember 1991 ab. Die Europa-Verträge mit Polen und Ungarn traten am 1.2.1994 in Kraft. Am 1.2.1995 kamen Abkommen mit Bulgarien, Rumänien, der Tschechischen Republik und der Slowakei hinzu. Mit Estland, Lettland und Litauen wurden die Verträge am 12.6.1995, mit Slowenien am 10.6.1996 unterzeichnet. Eine Besonderheit der Europaabkommen gegenüber anderen Assoziierungen lag darin, dass sie eine Beitrittsoption zur Europäischen Union enthalten, die in den Erweiterungsrunden von 2004 und 2007 umgesetzt wurde. Die heutigen Stabilisierungs- und Assoziierungsabkommen (SAA) für die Balkan-Staaten sind mit den Europaabkommen vergleichbar, weil sie ebenfalls über eine engere Kooperation und Stabilisierung der Länder eine langfristige Beitrittsperspektive eröffnen sollen.

Europa-Kolleg: Das 1949 von den Mitgliedstaaten des Europarats gegründete Europa-Kolleg Brügge bietet Studenten mit Hochschulabschluss die Möglichkeit, sich in einem einjährigen Aufbaustudium vertiefend mit der europäischen Integration zu befassen und ein Diplom zu erwerben. Zugelassen werden Bewerber mit einem Abschluss in den Bereichen Rechts-, Wirtschafts- oder Politikwissenschaften, die über ausreichende Sprachkenntnisse in den beiden Arbeitssprachen des Europa-Kollegs, Englisch und Französisch, verfügen. Nach der Öffnung der mittel- und osteuropäischen Staaten wurde 1994 in Natolin/Warschau ein zweiter Campus eröffnet. Insgesamt können jährlich etwa 400 Studenten in Brügge und

Natolin studieren. Die deutschen Stipendien für das Europa-Kolleg werden von der Europäischen Bewegung Deutschland vergeben. Adresse: College d'Europe, Dyver 11, B–8000 Brügge; ul. Nowoursynowska 84, Box 120, PL-02/797 Warszawa; Kontaktadresse: Europäisches Informationszentrum, Bundesallee 22, 10717 Berlin. Internet: www.coleurop.be

Europa-Symbole: Symbole erleichtern die Identifikation von Menschen mit politischen Systemen und vermögen im positiven Fall dadurch Bürgernähe zu vermitteln. Die EU benutzt seit 1986 die vom Europarat übernommene blaue Fahne mit zwölf goldenen, kreisförmig angeordneten Sternen. Als Hymne verwendet die EU wie der Europarat die „Ode an die Freude" aus Beethovens Neunter Symphonie. Weitere Europa-Symbole sind etwa die jährliche Verleihung von Europa-Preisen, die Einführung von Europaschildern anstelle von Zollschildern an den Binnengrenzen, der Reisepass der EU, der gemeinsame Führerschein sowie der 9. Mai als Europatag, der auf die Schuman-Erklärung vom 9. Mai 1950 zurückgeht. Erhebliche Symbolkraft weist seit 2002 auch die gemeinsame Währung auf. Nach Kontroversen über den Verfassungsvertrag wurde im 2009 in Kraft getretenen Vertrag von Lissabon auf die Nennung der Europa-Symbole verzichtet.

Europa-Union: Die Europa-Union Deutschland ist ein überparteilicher Interessenverband, der sich für eine weitreichende europäische Integration und für die Schaffung eines europäischen Bundesstaates einsetzt. Sie sieht sich als Mittlerin zwischen den Bürgern und den Institutionen auf allen Ebenen der europäischen Politik. 71 Europa-Abgeordnete und 161 Bundestagsabgeordnete sind Mitglieder der Europa-Union. Ihr Schwerpunkt ist die kritische Darstellung der Kosten und des Nutzens der Europäischen Union für die Bürger. Ihr Konzept eines Europas der Bürger soll von einem möglichst breiten gesellschaftlichen Konsens getragen werden. Adresse: Sophienstraße 28/29, 10178 Berlin; Internet: www.europa-union.de

Europäische Atomgemeinschaft (EAG): Die 1957 zusammen mit der EWG gegründete EAG, auch Euratom genannt, ist eine der drei Europäischen Gemeinschaften. Ihr Ziel ist die Kontrolle und Koordinierung der zivilen Nuklearwirtschaft zwischen den EU-Mitgliedstaaten. Der Euratom-Vertrag sieht ein Rechtssystem für den Umgang mit Spaltstoffen sowie eine Sicherheits- und Kontrollinstitution vor, um die internationale Versorgung der Mitgliedstaaten mit Spaltstoffen und Atomtechnik zu regeln. Euratom betreibt eine Gemeinsame Forschungsstelle. Mit dem Fusionsvertrag wurden die Organe von EWG, EAG und EGKS 1967 zusammengelegt.

Europäische Bank für Wiederaufbau und Entwicklung: Die am 14.4.1991 mit Sitz in London gegründete Bank für Wiederaufbau und Entwicklung (auch EBRD, Osteuropa-Bank) unterstützt, ähnlich der Europäischen Investitionsbank, durch Darlehen private und unternehmerische Initiativen und Infrastrukturen, die den Übergang zur offenen Marktwirtschaft in Mittel- und Osteuropa begünstigen. Sie ist in 29 Staaten tätig. Die Europäische Union und ihre Mitgliedstaaten besitzen als Initiatoren die Kapitalmehrheit der Osteuropa-Bank. Adresse: One Exchange Square, GB-London EC2A 2JN. Internet: www.ebrd.com

Europäische Beobachtungsstelle für Drogen und Drogensucht: Wichtigste Aufgabe der Beobachtungsstelle ist es, die Gemeinschaft und ihre Mitgliedstaaten mit objektiven, zuverlässigen und auf europäischer Ebene vergleichbaren Informationen über Drogen, Drogensuchtproblematik und ihre Folgen zu versorgen. Die Institution nahm 1993 ihre Arbeit in

Lissabon auf. Adresse: Cais do Sodré, PT-1249-289 Lissabon, Internet: www.emcdda.europa.eu/

Europäische Betriebsräte: Die 1994 erlassene Richtlinie zur Einrichtung Europäischer Betriebsräte sieht vor, dass Unternehmen mit mehr als 1.000 Mitarbeitern, die in mindestens zwei EU-Mitgliedstaaten mindestens 150 Personen beschäftigen, einen firmenweiten Europäischen Betriebsrat einrichten. Die Betriebsräte haben Anhörungsrechte und müssen vor wichtigen Unternehmensentscheidungen informiert werden.

Europäische Bewegung Deutschland: Das Netzwerk Europäische Bewegung Deutschland ist der überparteiliche Zusammenschluss von Interessengruppen im Bereich Europapolitik in Deutschland. Sein Ziel ist die Förderung der europäischen Integration und die Europäisierung Deutschlands. Ziel der 202 Mitgliedsorganisationen ist es, in enger Kooperation mit den politischen Institutionen die Europa-Kommunikation, die europäische Vorausschau und die europapolitische Koordinierung in Deutschland zu verbessern. International ist die Europäische Bewegung in über 40 Ländern organisiert. Adresse: Netzwerk Europäische Bewegung Deutschland, Sophienstraße 28/29; 10178 Berlin. Internet: www.europaeische-bewegung.de

Europäische Gemeinschaft für Kohle und Stahl (EGKS): Die EGKS oder Montanunion wurde 1951 als erste der Europäischen Gemeinschaften zwischen der Bundesrepublik Deutschland, Frankreich, Italien sowie den Benelux-Staaten gegründet. Die Schaffung eines gemeinsamen Markts für Kohle- und Stahlprodukte hatte unter anderem die Funktion, die Bundesrepublik Deutschland in das Nachkriegseuropa einzubinden sowie den Frieden in Westeuropa zu sichern. Durch den so genannten Fusionsvertrag wurden die Organe der EGKS, der EWG sowie der EAG 1967 zusammengelegt. Nach Ablauf der Vertragslaufzeit wurde die EGKS am 23.7.2002 abgewickelt.

Europäische Investitionsbank: Die 1958 gegründete Europäische Investitionsbank dient der langfristigen Finanzierung von Projekten, die im europäischen Interesse liegen. Ihre Anteilseigner sind die EU-Mitgliedstaaten. Die in Luxemburg ansässige Bank ist in der EU und in weiteren 140 Ländern tätig, mit denen die EU Kooperationsabkommen geschlossen hat. Internet: eib.org

Europäische Politische Zusammenarbeit (EPZ): Seit 1970 war die EPZ das System der Zusammenarbeit und Abstimmung der EG-Mitgliedstaaten im Bereich der Außenpolitik. Durch ständige zwischenstaatliche Koordination versuchten die EG-Mitgliedstaaten, außenpolitisch möglichst einheitlich aufzutreten. 1987 in der Einheitlichen Europäischen Akte vertraglich festgelegt, wurde die EPZ 1993 mit dem Vertrag von Maastricht zur Gemeinsamen Außen- und Sicherheitspolitik (GASP) ausgebaut.

Europäische Sicherheitsstrategie (ESS): Die Ende 2003 vom Europäischen Rat verabschiedete Europäische Sicherheitsstrategie ist ein Beitrag zur Entwicklung einer gemeinsamen Sicherheitsidentität der EU. Die EU unterstreicht dadurch ihren Anspruch als weltpolitischer Akteur, der Verantwortung auch für die internationale Sicherheit übernimmt. Die ESS sieht eine Politik des vorbeugenden Engagements vor. Sie setzt auf Konfliktprävention, einen effektiven Multilateralismus sowie die Stärkung internationaler Institutionen und Rechtsnormen. Unter bestimmten Umständen legitimiert sie auch den Einsatz militärischer Mittel. Als Hauptbedrohungen werden darin Terrorismus, die Verbreitung von Massenvernichtungswaffen, regionale Konflikte, Staatsversagen und organisierte Kriminalität benannt. Die europäische Sicherheitspolitik soll darauf reagieren, indem sie in den kommenden Jahren aktiver ihre strategischen Ziele verfolgt, ihre militärischen Kapazitäten erhöht und kohärenter agiert.

Europäische Umweltagentur: Die 1994 in Kopenhagen eingerichtete Europäische Umweltagentur sammelt als Agentur der EU umweltrelevante Daten, um die Voraussetzungen für eine effektive Umweltpolitik zu verbessern. Sie umfasst mittlerweile 32 Mitgliedstaaten. Adresse: 6 Kongens Nytorv, DK-1050 Kopenhagen. Internet: www.eea.europa.eu/

Europäische Verteidigungsagentur: Vom Europäischen Rat im Juli 2004 beschlossen, nahm die Europäische Verteidigungsagentur Ende 2004 ihre Arbeit auf. Die Agentur dient der Kooperation und der Weiterentwicklung der Verteidigungs- und Rüstungspolitik in den EU-Staaten. Sie soll im Rahmen der vom Rat vorgegebenen Leitlinien zur Umsetzung der Gemeinsamen Außen- und Sicherheitspolitik sowie der Europäischen Sicherheits- und Verteidigungspolitik beitragen. Adresse: Rue des Drapiers 17-23, B-1050 Ixelles. Internet: http://eda.europa.eu/

Europäische Verteidigungsgemeinschaft (EVG): Der Plan einer Europäischen Verteidigungsgemeinschaft beruhte auf dem 1950 der französischen Nationalversammlung vorgelegten Pleven-Plan für eine europäische Armee. Er sah anstelle der bestehenden nationalen Armeen die Aufstellung einer vereinigten europäischen Armee vor. Am 25.5.1952 unterzeichneten die Regierungen Belgiens, der Bundesrepublik Deutschland, Frankreichs, Luxemburgs, der Niederlande und Italiens den Vertrag zur Gründung der EVG. Der EVG-Vertrag wurde jedoch am 30.8.1954 von der französischen Nationalversammlung von der Tagesordnung genommen und war damit gescheitert.

Europäische Weltraumagentur (ESA): Die ESA (European Space Agency) wurde 1975 mit Sitz in Paris gegründet. Sie koordiniert die Zusammenarbeit 18 europäischer Staaten auf dem Gebiet der Weltraumforschung und -technologie sowie die Zusammenarbeit mit der amerikanischen Weltraumorganisation NASA. Sie arbeitet ausschließlich für friedliche Zwecke. Erfolgreich ist sie auf dem Gebiet der Satellitentechnik, in der Entwicklung der europäischen Trägerrakete Ariane und des Weltraumlabors Spacelab. Adresse: 8-10 Rue Mario Nikis, F-75738 Paris Cedex 15. Internet: www.esa.int

Europäischer Ausrichtungs- und Garantiefonds für die Landwirtschaft (EAGFL): Der EAGFL diente bis Ende 2006 zur Finanzierung der Gemeinsamen Agrarpolitik der EU-Mitgliedstaaten. Der Fonds wurde ab 2007 ersetzt durch den Europäischen Garantiefonds für die Landwirtschaft (EGFL) sowie den Europäischen Landwirtschaftsfonds für die Entwicklung des ländlichen Raums (ELER).

Europäischer Entwicklungsfonds (EEF): Aus dem 1957 von der EG gegründeten und von ihren Mitgliedstaaten gespeisten EEF werden Maßnahmen zur Förderung der wirtschaftlichen und sozialen Entwicklung der AKP-Staaten finanziert. Neben wirtschaftlichen und sozialen Investitionsprojekten werden Maßnahmen der technischen Zusammenarbeit, Maßnahmen zur Erleichterung der Vermarktung und der Verkaufsförderung von Exporterzeugnissen sowie Hilfsmaßnahmen bei außergewöhnlichen Notfällen bezahlt. Der Fonds hat jeweils eine Laufzeit von fünf Jahren. Der zehnte Entwicklungsfonds verfügt über einen Gesamtumfang von 22,68 Mrd. Euro im Zeitraum von 2008-2013.

Europäischer Fonds für Regionale Entwicklung (EFRE): Der EFRE ist von der finanziellen Ausstattung der mit Abstand größte Strukturfonds der EU. Im Zeitraum von 2007-2013 stellt er insgesamt 308,041 Mrd. Euro für die Finanzierung der Regionalpolitik bereit. Diese werden verteilt auf die drei neuen Ziele der Förderperiode: Konvergenz, Regionale Wettbewerbsfähigkeit und Beschäftigung sowie territoriale Zusammenarbeit.

Europäischer Flüchtlingsfonds: Durch einen Beschluss des Rats vom 28.9.2000 wurde der Europäische Flüchtlingsfonds eingerichtet. Er ermöglicht Sofortmaßnahmen bei einem plötzlichen Massenzustrom von Flüchtlingen und Vertriebenen und unterstützt entsprechende Maßnahmen der Mitgliedstaaten.

Europäischer Führerschein: Seit 1999 können die EU-Mitgliedstaaten Euro-Führerscheine im Kreditkartenformat ausgeben. Bei einem Umzug in einen anderen EU-Staat muss der Euro-Führerschein nicht mehr umgeschrieben werden. Eine Verpflichtung zum Umtausch der alten Führerscheine besteht nicht.

Europäischer Garantiefonds für die Landwirtschaft (EGFL): Zur Schaffung eines einheitlichen Rechtsrahmens für Agrarausgaben wurde der EGFL per Verordnung 2005 eingerichtet und ist seit Anfang 2007 eines von zwei Finanzierungsinstrumenten der EU-Agrarpolitik. Aus dem Fonds werden die Direktzahlungen an Landwirte sowie Maßnahmen zur Regulierung der Agrarmärkte wie Interventionsmaßnahmen und Ausfuhrerstattungen finanziert.

Europäischer Gewerkschaftsbund (EGB): Dem 1973 mit Sitz in Brüssel gegründeten Europäischen Gewerkschaftsbund gehören 82 Mitgliedsbünde aus 36 europäischen Ländern und 12 Zusammenschlüsse von Branchengewerkschaften an. Drei Mitgliedsbünde verfügen außerdem über einen Beobachterstatus. Der EGB vertritt damit über 60 Mio. Mitglieder. Ziele des EGB sind einerseits die Vertretung der sozialen, wirtschaftlichen und kulturellen Interessen der Arbeitnehmer in Europa, andererseits, über die Erhaltung und Stärkung der Demokratie in Europa zu wachen. Vertreter des EGB sind in mehreren Ausschüssen von EU und EFTA vertreten. Adresse: International Trade Union House (ITUH), Boulevard Roi Albert II 5, B-1210 Brüssel. Internet: www.etuc.org

Europäischer Haftbefehl: Nach dem Rahmenbeschluss des Rats vom 13.6.2002 ersetzt der Europäische Haftbefehl die bisherigen Auslieferungsverfahren und stärkt die Zusammenarbeit zwischen den Justizbehörden der Mitgliedstaaten. Strafrechtliche Entscheidungen der nationalen Gerichte werden gegenseitig anerkannt. Der Europäische Haftbefehl ist seit dem 1.1.2004 anwendbar.

Europäischer Konvent: Durch die Erarbeitung der Charta der Grundrechte (1999-2000) und des Vertrags über eine Verfassung für Europa (2002-2003) durch jeweils einen Konvent wurde eine innovative Methode der Vertragsrevision etabliert. Diese wurde im Vertrag von Lissabon im Rahmen des ordentlichen Änderungsverfahrens übernommen. Demnach kann künftig auf Beschluss des Europäischen Rats ein Konvent, bestehend aus Vertretern der nationalen Parlamente, der Staats- und Regierungschefs, des Europäischen Parlaments sowie der Kommission, einberufen werden, welcher im Konsens Empfehlungen für eine nachfolgende Regierungskonferenz erarbeitet (Art. 48 EUV).

Europäischer Landwirtschaftsfonds (ELER): Der 2007 eingeführte Europäische Landwirtschaftsfonds für die Entwicklung des ländlichen Raumes ist ein neues, zentrales Finanzierungsinstrument, das auf Gemeinschaftsebene drei Ziele für die Entwicklung des ländlichen

Raumes verfolgt: Steigerung der Wettbewerbsfähigkeit von Land- und Forstwirtschaft durch Förderung der Umstrukturierung; Schutz von Umwelt und ländlichem Raum durch Unterstützung der Landbewirtschaftung; Steigerung der Lebensqualität in ländlichen Gebieten und Förderung der wirtschaftlichen Diversifizierung.

Europäischer Sozialfonds (ESF): Der 1960 gegründete ESF ist das wichtigste Instrument der Sozialpolitik der EU. Er dient der Förderung von Maßnahmen zur Berufsausbildung und Umschulung und zur Schaffung von Arbeitsplätzen. Etwa 75 % seiner bewilligten Beträge dienen der Bekämpfung der Jugendarbeitslosigkeit. Im Rahmen einer Neuausrichtung wurden dem ESF fünf Aufgabenbereiche zugewiesen: Entwicklung aktiver Arbeitsmarktpolitiken zur Bekämpfung der Arbeitslosigkeit, Förderung der sozialen Eingliederung, lebensbegleitendes Lernen und Ausbildungssysteme zur Förderung der Beschäftigungsfähigkeit, Maßnahmen zur Antizipation und Erleichterung des wirtschaftlichen und sozialen Wandels, Steigerung der Beteiligung von Frauen am Arbeitsmarkt. Im Zeitraum zwischen 2007 und 2013 verfügt der ESF über rund 75 Mrd. Euro, die er an Mitgliedstaaten und Regionen vergibt.

Europäischer Wirtschaftsraum (EWR): Als Europäischen Wirtschaftsraum bezeichnet man im Zusammenhang mit dem 1992 unterzeichneten EWR-Vertrag das Gebiet der 15 EU-Staaten sowie der EFTA-Staaten Norwegen, Liechtenstein und Island. Nach dem negativen Ausgang einer Volksabstimmung konnte die Schweiz dem EWR nicht beitreten. In diesem Raum ist seit 1994 die Bewegungsfreiheit für Waren, Dienstleistungen, Kapital und Arbeitskräfte wie in einem Binnenmarkt ohne Landesgrenzen gegeben. Dazu wurden unter anderem rund 80 % der für den Binnenmarkt relevanten EG-Vorschriften durch den EWR-Vertrag von den EFTA-Staaten übernommen.

Europäisches Hochschulinstitut (EHI): Das Europäische Hochschulinstitut mit Sitz in Fiesole bei Florenz hat 1976 seine Arbeit aufgenommen und ist eine zwischenstaatliche Einrichtung der EU-Mitglieder. Ziel der Einrichtung ist es, durch Forschung und Lehre auf den Gebieten der Geistes- und Gesellschaftswissenschaften zur Entwicklung und Förderung des kulturellen wissenschaftlichen Erbes der EU beizutragen. In den vier Fakultäten Geschichte und Kulturgeschichte, Wirtschaftswissenschaften, Rechtswissenschaften sowie Politik- und Sozialwissenschaften studieren Stipendiaten mit abgeschlossenem Hochschulstudium. Adresse: Via dei Roccettini 9, Badia Fiesolana, I-50014 San Domenico di Fiesole. Internet: www.iue.it.

Europäisches Jugendforum der EU: Das Europäische Jugendforum der EU ist ein 1978 gegründeter Zusammenschluss der Jugendorganisationen in der Gemeinschaft. Es dient als politische Plattform der Jugendorganisationen gegenüber den Organen der EU und setzt sich für eine Beteiligung der Jugend an der künftigen Entwicklung der EU ein. Mitglieder sind die nationalen Jugendausschüsse der Mitgliedstaaten und internationale Jugendorganisationen. Adresse: 120, Rue Joseph II, B-1000 Brüssel. Internet: www.youthforum.org

Europäisches Jugendzentrum: Die Europäischen Jugendzentren sind internationale Bildungs- und Begegnungsstätten des Europarats in Straßburg und in Budapest. Dort werden Seminare und Kurse für die europäischen Jugendverbände durchgeführt, um ihnen die Möglichkeit zu geben, sich auf europäischer Ebene zu organisieren, Kooperationen zu fördern, Informationen auszutauschen und mit ihren Stellungnahmen gehört zu werden.

Adresse: Rue Pierre de Coubertin 30, F-67000 Straßburg Wacken; Zivatar utca 1-3, H-1024 Budapest.

Europäisches Konjunkturprogramm: Zur Belebung der Wirtschaft und zur Bekämpfung der Arbeitslosigkeit in der EU verabschiedete der Rat im Dezember 2008 ein europäisches Konjunkturprogramm mit einem Gesamtvolumen von 200 Mrd. Euro bzw. 1,5 % des europäischen BIP. Der Großteil der Mittel wurde von den Mitgliedstaaten aufgebracht. Ziel der abgestimmten und im Einklang mit der Lissabon-Strategie stehenden Maßnahmen war die kurzfristige Steigerung der Nachfrage und die Stärkung der europäischen Volkswirtschaften angesichts der 2008 deutlich werdenden Auswirkungen der Finanz- und Wirtschaftskrise.

Europäisches Patentamt: Das in München ansässige Europäische Patentamt ist das Exekutivorgan der zwischenstaatlichen Europäischen Patentorganisation. Dadurch, dass es Patente in einem einheitlichen Verfahren erteilt und schützt, die innerhalb aller Mitgliedstaaten der Europäischen Patentorganisation gültig sind, trägt es zur Vereinheitlichung des Patentschutzes in Europa bei. Obwohl das Europäische Patentamt keine Einrichtung der EU ist, haben die damals neun EG-Mitgliedstaaten 1975 ein Übereinkommen über das gemeinsame Patent unterzeichnet, das die Geltung der Patente für den gemeinsamen Binnenmarkt vorsieht. Die Einreichung einer einzigen Patentanmeldung genügt, um für jeden der Vertragsstaaten ein Patent zu erlangen. Im Mai 2010 hatte die Europäische Patentorganisation 37 Mitgliedstaaten. Adresse: Erhardtstraße 27, 80469 München. Internet: www.epo.org

Europäisches System der Zentralbanken (ESZB): Das im Juni 1998 etablierte Europäische System der Zentralbanken besteht aus der Europäischen Zentralbank und den nationalen Notenbanken der WWU-Teilnehmerstaaten. Aufgabenbereiche des ESZB liegen in der Planung und Durchführung der Geldpolitik der Gemeinschaft, der Durchführung der Devisengeschäfte, der Verwaltung der Währungsreserven, der Förderung eines funktionierenden Zahlungsverkehrs sowie der Aufsicht der Kreditinstitute. Das ESZB nahm seine Arbeit mit dem Beginn der Wirtschafts- und Währungsunion (WWU) auf und verfolgt satzungsgemäß das vorrangige Ziel der Sicherung der Preisstabilität. Internet: www.ecb.int

Europäisches Umweltbüro (EEB): Das Europäische Umweltbüro mit Sitz in Brüssel ist die Dachorganisation von insgesamt 143 Umweltorganisationen aus 31 Staaten. Als Umwelt-Interessenverband koordiniert das EEB die Arbeit der meist dezentralen Umweltorganisationen und dient als deren Kommunikationszentrale. Adresse: 34, Boulevard de Waterloo, B-1000 Brüssel. Internet: www.eeb.org

Europäisches Umweltzeichen: Das 1994 erstmals vergebene europäische Umweltzeichen trägt dazu bei, dass die europäischen Verbraucher bewusst umweltfreundliche Produkte kaufen können und damit deren Nachfrage steigern. Während die EU die Kriterien für die Vergabe des Umweltzeichens erarbeitet hat, wird das Umweltzeichen von den jeweils zuständigen nationalen Behörden vergeben. Es hat die Form einer Blume mit Sternenblüten.

Europäisches Währungssystem (EWS): Das 1979 eingerichtete Europäische Währungssystem war ein System fester, aber flexibler Währungskurse zwischen den EG-Mitgliedstaaten. In den 1980er Jahren trug es dazu bei, Währungsschwankungen zu begrenzen und bot Anreize zur Stabilitätspolitik. Teilnehmende Währungen durften von einen festgelegten Leitkurs in der Regel um +/- 2,25 % abweichen. Dieser Leitkurs wurde durch Interventionen der Zentralbanken verteidigt. Der Erfolg des EWS trug dazu bei, die Pläne einer Wirtschafts- und Währungsunion wieder aufzunehmen. Im Zuge einer EWS-Krise 1993 wurde das Währungssystem in seiner bestehenden Form faktisch aufgegeben, indem die Bandbreiten auf +/- 15 % ausgeweitet wurden. Das EWS wurde mit dem Start der Währungsunion außer Kraft gesetzt. Die Nicht-Teilnehmerstaaten können ihre Währungen mit Hilfe des europäischen Wechselkursmechanismus (WKM II) freiwillig an den Euro anbinden.

Europäisches Zentrum für parlamentarische Wissenschaft und Dokumentation: Das 1977 von der Konferenz der Parlamentspräsidenten in Luxemburg eingerichtete Zentrum dient der Zusammenarbeit und dem Informationsaustausch zwischen den europäischen Parlamenten. Damit die Parlamente auf Erfahrungen aus anderen Staaten zurückgreifen und so Doppelarbeiten vermeiden können, wurde eine umfangreiche Datenbank aufgebaut. Internet: www.ecprd.org

Europaministerkonferenz (EMK): Im Herbst 1992 wurde die Europaministerkonferenz der deutschen Bundesländer gegründet. Ziel der EMK ist eine bessere Koordinierung der europapolitischen Interessen der Länder. Internet: www.europaminister.de

EUROPOL: Das Europäische Polizeiamt (EUROPOL) mit Sitz in Den Haag hat 1999 seine Arbeit aufgenommen. EUROPOL ist eine Agentur der EU mit eigener Rechtspersönlichkeit. Ziele sind die Verbesserung der Leistungsfähigkeit sowie die Zusammenarbeit der nationalstaatlichen Polizeibehörden, um die internationale organisierte Kriminalität zu verhindern und zu bekämpfen. Internet: europol.europa.eu

Eurostat: Das statistische Amt der Europäischen Union, Eurostat, erstellt und veröffentlicht in regelmäßigen Abständen datenorientierte Analysen und Prognosen. Eurostat versorgt die EU-Organe mit entscheidungs- und handlungsrelevanten Daten und informiert die nationalen Administrationen und die Öffentlichkeit über statistisch erfassbare Sachverhalte in der EU. Als zentrale Institution koordiniert und integriert Eurostat nach Möglichkeit die uneinheitlichen nationalen Statistiken in einem einheitlichen und vergleichbaren System. Adresse: Eurostat-Informationsbüro, JMO, B3/089, L-2920 Luxemburg. Internet: http:// epp.eurostat.ec.europa.eu

Eurovision: Die Eurovision ist der organisatorische und technische Verbund der 1950 gegründeten Europäischen Rundfunkunion (EBU). Ihr Zweck liegt in der Zusammenarbeit der Rundfunk- und Fernsehanstalten und im Austausch von Programmen und Sendungen. Der Kosten sparende Programmaustausch hat im Laufe der Jahre erheblich zugenommen. Schwerpunkt ist die Überspielung von Nachrichten und Sportberichten.

Eurydice: Das seit 1980 bestehende Informationsnetz der EU zum Bildungswesen, Eurydice, ermöglicht es den staatlichen und gemeinschaftlichen Verwaltungen, durch den Austausch von Fragen und Antworten einen Grundstock von Informationen über die Vielfalt der europäischen Bildungssysteme zusammenzutragen. Internet: www.eurydice.org

EWG-Vertrag: Am 25.3.1957 wurden in Rom die Verträge zur Gründung der Europäischen Wirtschaftsgemeinschaft (EWG) und der Europäischen Atomgemeinschaft von Belgien, der Bundesrepublik Deutschland, Frankreich, Italien, Luxemburg und den Niederlanden unterzeichnet. In der Folge entwickelte sich der EWG-Vertrag als der umfassendste Vertrag zum Kern der europäischen Einigung. Durch die Einheitliche Europäische Akte (1987), den Maastrichter Vertrag (1993), den Vertrag von Amsterdam (1999), den Vertrag von Nizza (2003) sowie den Vertrag von Lissabon (2009) hat der EWG-Vertrag fünf größere Reformen erfahren. Mit Inkrafttreten des Maastrichter Vertrags wurde der EWG-Vertrag in EG-Vertrag umbenannt. Mit dem Inkrafttreten des Vertrages von Lissabon wurden wesentliche Teile in den „Vertrag über die Arbeitsweise der Europäischen Union" (AEUV) übernommen.

Feierliche Deklaration zur Europäischen Union: Die vom Europäischen Rat im Juni 1983 verkündete Feierliche Deklaration von Stuttgart war eine wichtige Etappe auf dem Weg zur Europäischen Union. In der Erklärung drückte sich das wachsende Interesse an einer engeren außenpolitischen Koordination innerhalb der Europäischen Politischen Zusammenarbeit (EPZ) aus. Außerdem wurden institutionelle Verbesserungen und Zusammenarbeit in der Rechtsangleichung beschlossen sowie konkrete Ziele der wirtschaftlichen Integration für die folgenden Jahre anvisiert.

Finalität: Während die europäische Integration seit ihrer Gründung schrittweise weiterentwickelt wurde, wurde parallel dazu stets die Frage nach der endgültigen politischen und geografischen Gestalt der Gemeinschaft – ihrer Finalität – debattiert. Da es in der EU stark unterschiedliche Auffassungen über diese Frage gibt, wurden Kernelemente einer irgendwie gearteten Staatlichkeit Europas häufig ausgeklammert. Durch die Wirtschafts- und Währungsunion sowie die jüngste Erweiterungsrunde hat die Systemfrage zur Erhaltung der Leistungsfähigkeit der EU an Relevanz gewonnen. Verschiedene prominente Europäer haben in den vergangenen Jahren durch ihre Visionen von Struktur und Aufgabenteilung in einem demokratischen Europa die Debatte belebt. Die Billigung einer Grundrechtecharta durch den Europäischen Rat von Nizza sowie der schwierige Prozess des Inkrafttretens des Vertrages von Lissabon haben die Frage der Finalität auf der politischen Agenda verbleiben lassen und gleichzeitig in Teilen beantwortet.

Finanzinstrument zur Ausrichtung der Fischerei (FIAF): Das FIAF ist im Zuge der Reform der Strukturfonds 1993 eingerichtet worden. Es fasst unter anderem die Fördermaßnahmen für notwendige Strukturanpassungen in Fischereiregionen zusammen.

Fouchet-Pläne: Die Fouchet-Pläne waren Versuche, einen allgemeinen politischen Rahmen der Zusammenarbeit zwischen den EWG-Staaten zu schaffen. Der im November 1961 vom französischen Botschafter Fouchet nach den Vorstellungen des französischen Staatspräsidenten de Gaulle erarbeitete Plan sah ein Verfahren der Abstimmung der Mitgliedstaaten vor. Nachdem der erste Entwurf eine Reihe von Änderungswünschen ausgelöst hatte, legte die französische Delegation im Januar 1962 unerwartet einen zweiten Fouchet-Plan vor, der von den anderen EWG-Staaten als Rückschritt abgelehnt wurde. Hintergrund des Scheiterns waren die unterschiedlichen Integrationsvorstellungen: Während Frankreich ein Europa der unabhängigen Vaterländer anstrebte, wollten die anderen EWG-Staaten eine Integration mit eigenständigen europäischen Institutionen.

Freihandelsabkommen: Ein Freihandelsabkommen ist ein Handelsabkommen, das die Zölle zwischen den Verhandlungspartnern vollständig beseitigt und mengenmäßige Beschränkungen von Handelsprodukten untersagt.

Freihandelszone: Eine Freihandelszone ist eine Gruppe von mindestens zwei Zollgebieten, zwischen denen die Zölle und andere den Außenhandel beschränkenden Maßnahmen beseitigt sind. Anders als in einer Zollunion, wo die vereinigten Länder einen einheitlichen Außenzolltarif errichten, behalten die in einer Freihandelszone zusammengeschlossenen

Staaten ihre nationalen Außenzölle gegenüber Drittländern bei. Europäische Beispiele von Freihandelszonen sind die 1960 gegründete EFTA sowie die 1992 gegründete CEFTA.

Freizügigkeit: Arbeitnehmer und Selbstständige aus EU-Staaten haben das Recht, in jedem EU-Land ohne jede Beschränkung aufgrund ihrer Staatsangehörigkeit unter gleichen Bedingungen wie einheimische Arbeitskräfte tätig zu sein, zu leben und in den Genuss der sozialen Vergünstigungen des Aufenthaltsorts zu kommen.

Frühwarnmechanismus: Um es den nationalen Parlamenten zu ermöglichen, rechtzeitig Einspruch gegen Kommissionsvorschläge zu erheben, die aus ihrer Sicht mit dem Subsidiaritätsprinzip nicht vereinbar sind, sieht der Vertrag von Lissabon einen Frühwarnmechanismus vor. Im Protokoll über die Anwendung der Grundsätze der Subsidiarität und der Verhältnismäßigkeit ist eine direkte Einflussnahme der nationalen Parlamente auf den Entscheidungsprozess vorgesehen. Diese werden über alle neuen legislativen Initiativen unterrichtet. Ist mindestens ein Drittel von Ihnen der Auffassung, dass ein Vorschlag das Subsidiaritätsprinzip beeinträchtigt, dann muss die Kommission ihren Vorschlag überprüfen. Bisher sind die nationalen Parlamente auf den Umweg der innerstaatlichen Mitwirkung an der Europapolitik ihrer Regierung beschränkt. Außerdem macht die Kommission die Parlamente der Mitgliedstaaten auf Vorschläge im Rahmen der Flexibilitätsklausel aufmerksam, damit diese die Einhaltung des Subsidiaritätsprinzips überprüfen können (Art. 352 AEUV).

Fusionskontrolle: Nach der 1990 in Kraft getretenen Verordnung über die Kontrolle von Unternehmenszusammenschlüssen unterliegen Unternehmen bei Fusionsvorhaben von gemeinschaftsweiter Bedeutung nicht mehr dem nationalen Kartellrecht, sondern der Kontrolle durch die Kommission. Eine Fusion hat dann gemeinschaftsweite Bedeutung, wenn in der Verordnung festgelegte Schwellenwerte erreicht werden. Ziel der Fusionskontrolle ist die Vermeidung übermäßiger Marktmacht in bestimmten Wirtschaftssektoren.

Fusionsvertrag: Der am 8.4.1965 geschlossene Fusionsvertrag schuf für die Europäische Atomgemeinschaft (EAG), die Europäische Gemeinschaft für Kohle und Stahl (EGKS) und für die Europäische Wirtschaftsgemeinschaft (EWG) gemeinsame Organe. Am 1.7.1967 trat der „Vertrag zur Einsetzung eines gemeinsamen Rats und einer gemeinsamen Kommission der Europäischen Gemeinschaften" in Kraft. Das Europäische Parlament und der Gerichtshof der Europäischen Union waren bereits seit Gründung von EWG und EAG für alle drei Gemeinschaften zuständig.

Galileo: Galileo ist ein europäisches System zur Satellitenkommunikation. Das von der Europäischen Kommission und der ESA initiierte Projekt soll mit insgesamt 30 Satelliten ausgestattet werden. Nach zahlreichen Verzögerungen und Kostensteigerungen soll es nunmehr ab 2014 in Betrieb gehen. Es soll ein weltumspannendes Netz zur Steuerung des Verkehrs zu Lande, zu Wasser und in der Luft entstehen. Das System steht in direkter Konkurrenz zum amerikanischen GPS-System. Galileo gilt mit einem Potenzial von 100.000 Arbeitsplätzen nach Airbus als das zweitgrößte, gemeinsame Technologieprojekt Europas.

Gegenseitige Anerkennung: Das Prinzip der gegenseitigen Anerkennung ist im Binnenmarkt eine flexible Alternative zur aufwändigen Harmonisierung von Vorschriften. Es sieht die Gleichwertigkeit von Vorschriften oder Qualifikationen vor, die in den verschiedenen EU-Staaten den gleichen Zweck erfüllen. Einen Durchbruch erzielte die gegenseitige Anerkennung 1978 durch das so genannte Cassis de Dijon-Urteil. Der Gerichtshof der Europäischen Union entschied damals, dass ein Produkt, das in einem Mitgliedstaat rechtmäßig hergestellt und in den Verkehr gebracht worden ist, überall in der Gemeinschaft verkauft werden darf.

Gemeinsame Aktion: Im Rahmen der Gemeinsamen Außen- und Sicherheitspolitik sollen durch gemeinsame Aktionen (Art. 25 EUV) die Interessen der EU-Mitgliedstaaten gewahrt werden. Dazu beschließt der Rat der EU Umfang, Ziele und Mittel, außerdem Verfahren und Bedingungen einer Aktion. Diese Absprachen sind dann für die Vertragsstaaten bei ihren Stellungnahmen und ihrem Vorgehen bindend. Damit soll ein kohärentes Vorgehen der Union gewährleistet werden.

Gemeinsame Forschungsstelle (GFS): Ursprünglich allein zum Zweck der friedlichen Nutzung der Kernenergie gründeten die Mitgliedstaaten der Europäischen Atomgemeinschaft 1957 die GFS. Sie umfasst Institute an den Standorten Ispra (Italien), Geel (Belgien), Karlsruhe (Deutschland), Petten (Niederlande) und Sevilla (Spanien); außerdem seit 1983 die Großversuchsanlage für thermonukleare Fusion (JET) in Culham (Großbritannien). In der Gemeinsamen Forschungsstelle betreibt die EU Eigenforschungen, deren Schwerpunkte in den Bereichen Industrielle Technologien, Umweltschutz, Energie, Normierung sowie Gesundheit und Verbraucherschutz liegen.

Gericht der Europäischen Union (EuG): Das Gericht der Europäischen Union – früher Gericht erster Instanz – ist ein eigenständiges, dem Gerichtshof der Europäischen Union nachgeordnetes Gericht. Es entscheidet über alle Klagen von Bürgern und Mitgliedstaaten, die nicht einer speziellen Kammer oder dem EuGH zugewiesen werden.

Gottesbezug: Während der Verhandlungen um den 2004 unterzeichneten Vertrag über eine Verfassung für Europa gab es eine heftige Debatte darüber, ob und in welcher Form dieser einen direkten Gottesbezug enthalten solle. Die Befürworter eines solchen Gottesbezuges konnten sich nicht durchsetzen. In der Präambel des 2009 in Kraft getretenen Vertrages von Lissabon wird nun unter anderem Bezug genommen auf das kulturelle, religiöse und humanistische Erbe Europas, aus dem sich die unverletzlichen und unveräußerlichen Rechte des Menschen sowie Freiheit, Demokratie, Gleichheit und Rechtsstaatlichkeit als universelle Werte entwickelt haben.

Grenzkontrollen: Waren- und Personenkontrollen sind wegen unterschiedlicher nationaler Rechts-, Steuer-, Gesundheits- und Sicherheitsvorschriften zwischen verschiedenen Staaten notwendig. Der Fahrplan zur Vollendung des Binnenmarkts sah durch eine Harmonisierung bzw. gegenseitige Anerkennung der unterschiedlichen Regelungen zwischen den Mitgliedstaaten der EG den Abbau der Grenzkontrollen an EU-Binnengrenzen bis zum 1.1.1993 vor. Im Bereich des Warenverkehrs ist dieses Ziel erreicht worden; wegen nationaler Vorbehalte und ungelöster Sicherheitsprobleme hat sich der Abbau der Personenkontrollen im Rahmen des Schengener Abkommens verzögert. Erst im März 1995 wurden die systematischen Grenzkontrollen im Rahmen des Schengener Abkommens zwischen acht EU-Staaten vollständig beseitigt. 2010 erstreckte sich der Abbau der Grenzkontrollen auf 22 EU-Staaten sowie drei weitere Länder.

Grundfreiheiten: Vorrangiges Ziel des EWG-Vertrags war es, die wirtschaftlichen Hemmnisse zwischen den Mitgliedstaaten zu beseitigen. Dazu sah der Vertrag vor, innerhalb der

Gemeinschaft einen Gemeinsamen Markt zu errichten, dessen Grundpfeiler die vier Freiheiten, freier Waren-, Personen-, Dienstleistungs- und Kapitalverkehr, sind. Nachdem dieses Ziel fast 30 Jahre nicht erreicht werden konnte, legte die Kommission 1985 das „Weißbuch zur Vollendung des Binnenmarkts" vor. Es sah in einem konkreten Fahrplan die Vollendung des Binnenmarkts bis zum 31.12.1992 vor. An diesem Stichtag waren drei der vier Grundfreiheiten weitgehend verwirklicht. Im Bereich des freien Personenverkehrs konnte der Zeitrahmen nicht eingehalten werden.

Haager Gipfelkonferenz: Der Haager Gipfel von 1969 war ein Meilenstein der europäischen Integration. Die Staats- und Regierungschefs der sechs EG-Staaten erklärten dort ihre Ziele für die weitere Entwicklung der EG. Neben der engeren außenpolitischen Kooperation im Rahmen der Europäischen Politischen Zusammenarbeit (EPZ) beschlossen sie einerseits die Norderweiterung, andererseits mit den Plänen zur Wirtschafts- und Währungsunion ein engeres wirtschaftliches und politisches Zusammenrücken der EG-Mitglieder.

Haager Kongress: 750 Politiker aus fast allen europäischen Staaten nahmen am Haager Kongress der europäischen Einigungsbewegung im Mai 1948 teil. In seiner Resolution wurde ein geeintes demokratisches Europa gefordert. Die Forderungen des Haager Kongresses fanden ein weites Echo und gaben den Anstoß zur Aufnahme von Verhandlungen, die ein Jahr später zur Gründung des Europarats führten. Die im Europarat verwirklichte Europäische Konvention zum Schutz der Menschenrechte und Grundfreiheiten, der Europäische Gerichtshof für Menschenrechte und die europäische Parlamentarische Versammlung waren bereits Inhalt der Haager Resolution. Der Haager Kongress war zugleich die Geburtsstunde der Europäischen Bewegung.

Harmonisierung: Um Störungen im Gemeinsamen Markt zu vermeiden, dienen Harmonisierungsmaßnahmen zur Beseitigung unterschiedlicher Rechts- und Verwaltungsvorschriften. Beispielsweise sehen die Art. 114-118 AEUV die Angleichung von Rechtsvorschriften vor, die sich unmittelbar auf die Funktionsweise des Binnenmarkts auswirken. Im Allgemeinen erlässt der Rat die Rechtsangleichungsvorschriften in Form von Richtlinien.

Horizont 2020-2030: Im Dezember 2007 beauftragte der Europäische Rat die Einsetzung einer zwölfköpfigen Gruppe unter der Leitung des früheren spanischen Präsidenten Felipe Gonzáles – die „Reflexionsgruppe Horizont 2020-2030" – damit, eine Vision für die Europäische Union in den folgenden zwei Jahrzehnten vorzulegen. Der am 9. Mai 2010 vorgelegte Bericht behandelt ein breites Spektrum von Herausforderungen an die EU, darunter die Weltwirtschaftskrise, die Fragen der Bankenrettung, der Energieversorgung, des Klimawandels sowie die Bedrohungen des Terrorismus und der organisierten Kriminalität. Die Reflexionsgruppe kommt zu dem Schluss, dass die EU die Schwierigkeiten überwinden kann, wenn Politiker und Bürger an einem Strang ziehen und dieses ehrgeizige politische Projekt energisch weiter betreiben. Es sei daher unbedingt notwendig, dass die Bürger an der künftigen Entwicklung der Union mitwirken.

Humanitäre Hilfe: Weltweit führt die EU die Liste derjenigen Staaten und Organisationen an, die humanitäre Hilfe in Krisengebieten gewähren. Um effizienter vorgehen zu können, hat die EU 1992 das Amt für humanitäre Hilfe (ECHO) eingerichtet und inzwischen zur Generaldirektion aufgewertet. Ziele der in Art. 4 und 214 AEUV vertragsrechtlich genannten humanitären Hilfe sind die Verknüpfung von Soforthilfe, Rehabilitation und Entwicklung.

Die Aktionen umfassen unter anderem Gesundheitsprogramme, Minenräumung, Nahrungsmittelhilfe sowie Maßnahmen zur Konfliktlösung und werden größtenteils in Koordinierung mit anderen internationalen und nichtstaatlichen Organisationen betrieben.

Interventionspreise: In der Gemeinsamen Agrarpolitik (GAP) können die Preise der wichtigsten landwirtschaftlichen Erzeugnisse innerhalb einer bestimmten Marge nur bis zu einer festen Untergrenze, dem Interventionspreis, fallen. Da die staatlichen Interventionsstellen verpflichtet sind, zum Interventionspreis jede angebotene Menge aufzukaufen, hat dieser die Funktion einer Preisgarantie für den Erzeuger. Im Zuge der GAP-Reformen von 1992 und 2003 sowie der Agenda 2000 wurden die Interventionspreise deutlich gesenkt und teilweise durch Einkommensbeihilfen ersetzt.

Jugend in Aktion: Das Programm Jugend in Aktion führt die früheren Programme und Maßnahmen der EU im Jugendbereich fort. Ziel ist die Stärkung von Bürgersinn, Solidarität und demokratischem Engagement unter jungen Menschen sowie ihnen zu mehr Mobilität und Zusammenarbeit in Europa verhelfen. Von den Fördergeldern – in der Laufzeit zwischen 2007 und 2013 885 Mio. Euro – profitieren vor allem Jugendinitiativen, Jugendbegegnungen und der Europäische Freiwilligendienst. Jugend in Aktion wird dezentral von einzelnen Nationalagenturen betreut: Kontaktadresse: Büro Jugend für Europa, Godesberger Allee 142-148, 53175 Bonn. Internet: www.jugendfuereuropa.de

Kapitalverkehr: Unter Kapitalverkehr versteht man Kapitalbewegungen zwischen Ländern mit verschiedenen Währungen. Aufgrund der Auswirkung des Kapitalverkehrs auf die Zahlungsbilanz und damit auf die Währungsstabilität eines Lands unterliegt der Kapitalverkehr zwischen Staaten häufig Beschränkungen. Innerhalb des Binnenmarktprogramms war die vollständige Liberalisierung des Kapitalverkehrs in den EU-Mitgliedstaaten vorgesehen und konnte 1990 umgesetzt werden. Die EU setzt sich darüber hinaus auch für die Liberalisierung des Kapitalverkehrs zwischen EU-Staaten und Drittländern ein.

Katastrophenschutz: In Art. 6 und 196 AEUV etabliert der Vertrag von Lissabon die Zusammenarbeit im Bereich des Katastrophenschutzes. Ziel ist die Vermeidung von Naturkatastrophen sowie deren gemeinsame Bekämpfung durch ergänzende Maßnahmen der EU.

Kerneuropa: Mit ansteigender Zahl der Mitgliedstaaten und der damit verbundenen Heterogenität gerät die EU in Gefahr ihre Handlungs- und Weiterentwicklungsfähigkeit einzubüßen. Das 1994 vorgelegte Schäuble/Lamers-Papier hat die Debatte darüber belebt, ob ein Kern von Mitgliedstaaten – wie bereits bei der Wirtschafts- und Währungsunion – in einzelnen Integrationsbereichen weiter vorangehen soll als die anderen. Umstritten ist, ob ein solches Kerneuropa bzw. andere Formen der abgestuften Integration zu effizienteren Ergebnissen und mehr Flexibilität führen würde, oder aber ein Auslöser einer Spaltung der EU sein könnte, weil es verschiedene „Klassen" von Mitgliedstaaten zur Folge hätte. In Art. 20 EUV werden Bedingungen formuliert, unter denen Formen verstärkter Zusammenarbeit durchgeführt werden können.

Klimapaket der EU: Mit der Verabschiedung eines integrierten Klimapakets hat die Kommission Anfang 2008 ehrgeizige Ziele zur Reduktion der CO_2-Emissionen für die Zeit nach 2012 formuliert. Das Maßnahmenpaket sieht drei Schwerpunkte vor: Die Einrichtung eines Energiebinnenmarkts, die beschleunigte Umstellung auf Energieträger mit geringem CO_2-Ausstoß sowie die effiziente Nutzung von Energie. Unter anderem sollen die Emissionen bis zum Jahr 2020 um mindestens 20 % (gegenüber 1990) reduziert werden, während der Anteil erneuerbarer Energien auf 20 % ansteigt. Außerdem soll die Industrie künftig stufenweise für die Verschmutzung der Umwelt bezahlen. Die EU würde damit zu einem Vorreiter bei der Bekämpfung des globalen Klimawandels werden. Die tatsächliche Umsetzung des Klimapakets gegen Widerstände in Industrie und einigen Mitgliedstaaten und trotz der Auswirkungen der Finanzkrise kann als Lackmustest für die umweltpolitische Glaubwürdigkeit der Europas angesehen werden.

Kohärenzgebot: Durch das Kohärenzgebot soll ein hohes Maß an Übereinstimmung zwischen den vergemeinschafteten und zwischenstaatlich organisierten Politikbereichen sichergestellt werden. Nach Art. 21 EUV achtet die Union auf die Kohärenz zwischen den einzelnen Bereichen ihres auswärtigen Handelns sowie zwischen diesen und ihren übrigen Politikbereichen. Art. 24 EUV sieht vor, dass die EU-Mitgliedstaaten die Außen- und Sicherheitspolitik der Union vorbehaltlos und loyal unterstützen und sich jeder Handlung enthalten, „die den Interessen der Union zuwiderläuft oder ihrer Wirksamkeit als kohärente Kraft in den internationalen Beziehungen schaden könnte".

Kohäsionsfonds: Der 1993 eingerichtete Kohäsionsfonds trägt nach Art. 161 EGV zu Vorhaben in den Bereichen Umwelt und Verkehrsinfrastruktur finanziell bei. Der Fonds kommt ausschließlich EU-Mitgliedstaaten zu Gute, deren Bruttosozialprodukt pro Kopf weniger als 90 % des EU-Durchschnitts ausmacht. Die Unterstützung ist allerdings an die Einhaltung der Konvergenzregeln für die WWU (Haushaltsdefizit unter 3 % des BIP) gebunden. Der Kohäsionsfonds verfolgt das Ziel, die Disparitäten zwischen den Volkswirtschaften der EU zu verringern. Im Zeitraum zwischen 2007 und 2013 verfügt der Kohäsionsfonds über 70 Mrd. Euro.

Komitologie: Der Begriff Komitologie umschreibt die Handhabung der Exekutivbefugnisse der Kommission durch den Rat. In der Regel ist die Europäische Kommission für die Durchführung der vom Rat der EU gefassten Beschlüsse zuständig. Der Rat lässt dies von Ausschüssen nationaler Experten überwachen, die je nach Empfindlichkeit des betreffenden Sektors die Exekutivarbeit der Kommission entweder beratend, mitverwaltend oder regelnd begleiten. Dieses Verfahren soll sicherstellen, dass die Maßnahmen mit den Gegebenheiten in den EU-Staaten vereinbar sind. Das Komitologieverfahren wurde häufig als intransparent und undemokratisch kritisiert, da die Ausschüsse über hohe Entscheidungsvollmachten verfügten und meist nicht unter parlamentarischer Kontrolle standen. Der Vertrag von Lissabon sieht einen neuen rechtlichen Rahmen in Bezug auf delegierte Rechtsakte und Durchführungsrechtsakte vor, der von der Kommission erarbeitet wird.

Kompromiss von Ioannina: Der Kompromiss von Ioannina geht auf eine informelle Tagung der Außenminister im März 1994 zurück. Demnach kann eine Minderheit von Mitgliedstaaten im Rat, die die Sperrminorität bei Abstimmungen mit qualifizierter Mehrheit knapp verfehlt, eine zeitlich begrenzte Weiterverhandlung der Beschlusssache erwirken. Die eigentlich durch den Vertrag von Lissabon obsolet gewordene Ioannina-Klausel wurde in den Verhandlungen von Polen zur Bedingung für dessen Zustimmung gemacht und ist in Erklärung 7 zum Vertrag niedergelegt. Bei Abstimmungen mit doppelter Mehrheit bedeutet dies ab April 2017, dass eine überstimmte Minderheit, die zusammen mindestens 55 % der für eine Sperrminoriät notwendigen Bevölkerungszahl oder Anzahl der Mitgliedstaaten vertritt, für eine nicht näher bezifferte, „angemessene Zeit" Nachverhandlungen verlangen kann. Bei Entscheidungen mit doppelter Mehrheit vor 2017 gilt eine Quote von 75 % der Bevölkerung oder der Mitgliedstaaten, die für die Bildung einer Sperrminorität erforderlich sind.

Konstruktive Enthaltung: Im Bereich der Gemeinsamen Außen- und Sicherheitspolitik sieht der EU-Vertrag die Einstimmigkeit der Beschlüsse im Rat vor. Jedoch kann jedes Ratsmitglied sich der Stimme enthalten sowie eine förmliche Erklärung abgeben. Auf diese Weise kann ein bindender Beschluss für die Union verabschiedet werden, der aber von dem sich enthaltenden Staat nicht durchgeführt werden muss. Bei einer Enthaltung von über einem Drittel der gewichteten Ratsstimmen wird der Beschluss allerdings nicht erlassen (Art. 31 EUV).

Konvergenzkriterien: Die im Maastrichter Vertrag festgelegten Konvergenzkriterien dienten und dienen als Eintrittsbedingungen für die am 1.1.1999 gestartete Wirtschafts- und Währungsunion (WWU). Voraussetzung für die Teilnahme an der WWU ist, dass jeder Staat (a) eine anhaltende Preisstabilität nachweisen kann, (b) kein übermäßiges Haushaltsdefizit aufweist, (c) im Europäischen Währungssystem (EWS) zwei Jahre lang keine Wechselkursspannungen ausgelöst hat, und (d) sein langfristiger Zinssatz höchstens 2 % höher als in den preisstabilsten Ländern liegt (Art. 140 AEUV). Im Mai 1998 stellten die Staats- und Regierungschefs der EU-Mitgliedsländer fest, dass insgesamt 11 Staaten die Konvergenzkriterien im Referenzjahr 1997 erfüllt hatten und an der WWU ab 1999 teilnehmen können. Bereits zwei Jahre später konnte Griechenland – wie man heute weiß, durch Manipulationen – die Kriterien erfüllen und als zwölfter Staat an der WWU teilnehmen. Mittlerweile sind vier weitere Staaten hinzugekommen. Der 1997 vereinbarte Stabilitäts- und Wachstumspakt sieht die dauerhafte Einhaltung der Konvergenzkriterien vor und soll damit die Stabilität des Euro sichern helfen.

Kopenhagener Kriterien: Die 1993 vom Europäischen Rat beschlossenen Kopenhagener Kriterien formulieren drei Kriterien, die die Beitrittsländer erfüllen müssen, bevor sie der EU beitreten können. Erstens muss ein Land Demokratie, Rechtsstaatlichkeit, Menschenrechte und Minderheitenschutz gewährleisten sowie über stabile Institutionen verfügen. Zweitens muss es eine funktionsfähige Marktwirtschaft aufweisen und dem Wettbewerbsdruck innerhalb des Binnenmarkts gewachsen sein. Drittens muss das gesamte Regelwerk der EU vollständig übernommen und die Ziele der EU müssen unterstützt werden. Zusätzlich wird mit der Aufnahmefähigkeit der EU ein weiteres Kriterium diskutiert, das gerade hinsichtlich eines möglichen Beitritts der Türkei relevant ist. Über die Erfüllung dieser Kriterien und den Zeitpunkt der Aufnahme neuer Mitglieder entscheidet die Europäische Union.

Kyoto-Protokoll: Das 1997 verabschiedete Kyoto-Protokoll ist ein Rahmenübereinkommen der Vereinten Nationen zum Klimaschutz. Es sieht insgesamt die Reduktion der Treibhausgase um mindestens 5 % unter das Niveau von 1990 bis zum Jahr 2012 vor. Während die meisten Industrieländer ihre Emissionen stärker senken müssen, dürfen andere Staaten ihr Emissionsniveau von 1990 nicht überschreiten; Entwicklungsländer werden keinen Beschränkungen unterworfen. Die Europäische Union gilt als einer der Vorreiter im Klimaschutz und hat das von den USA heftig angefeindete Protokoll 2002 ratifiziert. Dessen Inkrafttreten erforderte die Ratifizierung von 55 Staaten mit zusammen mehr als 55 % der CO_2-Emissionen. Nach der Ratifizierung durch Russland trat das Kyoto-Protokoll offiziell am 16.2.2005 in Kraft. Im Rahmen der Verhandlungen für ein Kyoto-Nachfolgeprotokoll für die

Zeit nach 2012 hat sich die EU verpflichtet, ihre Emissionen bis zum Jahr 2020 um 20 % gegenüber 1990 zu reduzieren.

Lebenslanges Lernen (LLP): Das Bildungsdachprogramm LLP fasst die 2006 ausgelaufenen EU-Bildungsprogramme Sokrates und Leonardo zusammen und führt sie fort. Es enthält die Teilprogramme Comenius (Schulbildung), Erasmus (Hochschulbildung), Leonardo (Berufsbildung) und GRUNDTVIG (Erwachsenenbildung). Das Programm stellt im Zeitraum von 2007 bis 2013 ein Budget von insgesamt 7 Mrd. Euro bereit. Kontaktadresse: DAAD, Kennedyallee 91-103, 53175 Bonn. Internet: http://eu.daad.de/eu/

Lebensmittelsicherheit: Das im Jahr 2002 verabschiedete neue Lebensmittelrecht sowie die Einrichtung der Europäischen Behörde für Lebensmittelsicherheit im Jahr 2003 verdeutlichen die gestiegene Bedeutung gesunder Nahrung in der Europäischen Union. Zentrale Aufgaben der in Parma/Italien angesiedelten Behörde ist die Information von Bürgern und Politikern, die Erarbeitung unabhängiger Stellungnahmen zur Lebensmittelsicherheit, die Erfassung und Analyse von Daten über potenziell auftretende Risiken sowie der permanente Dialog mit der Öffentlichkeit. Adresse: Largo N. Palli 5/A, I-43121 Parma. Internet: www.efsa.europa.eu

Life: Durch die 1992 erlassene Verordnung wurde die Schaffung eines einheitlichen Finanzierungsinstruments für die Umwelt (Life) beschlossen. Life dient zur anteiligen Finanzierung vorrangiger Umweltmaßnahmen innerhalb der Gemeinschaft und im Rahmen der internationalen Zusammenarbeit. Für die neue Phase des nun Life+ benannten Instruments stehen im Zeitraum von 2007 bis 2013 insgesamt 2,14 Mrd. Euro zur Verfügung. Finanziert werden Maßnahmen in den drei Bereichen „Natur und biologische Vielfalt", „Umweltpolitik und Verwaltungspraxis" sowie „Information und Kommunikation".

Lissabon-Strategie: Im März 2000 beschloss der Europäische Rat die so genannte Lissabon-Agenda. Damit wollte er Europa bis zum Jahr 2010 „zum wettbewerbsfähigsten und dynamischsten wissensbasierten Wirtschaftsraum der Welt machen – einem Wirtschaftsraum, der fähig ist ein dauerhaftes Wirtschaftswachstum mit mehr und besseren Arbeitsplätzen und einem größeren sozialen Zusammenhalt zu erzielen". Unter anderem sollte dadurch Vollbeschäftigung erreicht werden. Um diese Ziele zu erreichen, wurde die „Lissabon-Strategie" formuliert. Sie umfasst Bereiche wie Strukturreformen, beschäftigungspolitische Maßnahmen, Forschung, Bildung oder den erleichterten Internetzugang. Die Ziele der Lissabon-Strategie konnten nicht erreicht werden. Nachfolgerin ist die Strategie „Europa 2020".

Lissabon-Urteil: Eine Verfassungsklage war die letzte Hürde zur Ratifizierung des Vertrages von Lissabon in Deutschland. In seinem Urteil vom 30. Juni 2009 erklärte das Bundesverfassungsgericht, dass der Vertrag von Lissabon mit dem Grundgesetz vereinbar sei, schloss aber gleichzeitig eine Entwicklung hin zu einem europäischen Bundesstaat im Rahmen des Grundgesetzes aus. Zudem wurde jede Kompetenzerweiterung der EU unter die strenge Kontrolle von Bundestag und Bundesrat gestellt. Dies schränkt die im Vertrag vorgesehenen Möglichkeiten einer erleichterten Kompetenzerweiterung oder den Übergang von der Einstimmigkeit zur Abstimmung mit Mehrheit im Rat ein. Die Zustimmung des deutschen Ratsvertreters steht hier also unter dem Vorbehalt einer Zustimmung von Bundestag und Bundesrat.

Lomé-Abkommen: Die Abkommen von Lomé sind multilaterale Handels- und Entwicklungsabkommen zwischen der EU und zuletzt 71 Entwicklungsländern im afrikanischen, karibischen und pazifischen Raum (AKP-Staaten). Dadurch werden die AKP-Länder mit den EU-Mitgliedstaaten assoziiert und erhalten neben Finanzhilfen erhebliche Handelsvorteile beim Export von Waren in die EU. Die Abkommen waren Kern der Entwicklungspolitik der EU. Lomé I wurde 1975 mit einer Laufzeit von fünf Jahren beschlossen, es folgten Lomé II (1980), Lomé III (1985) und schließlich 1990 Lomé IV mit einer Laufzeit von zehn Jahren und einem Finanzrahmen von 14,625 Mrd. Euro im Zeitraum zwischen 1995 und 2000. Hauptschwerpunkt der Abkommen ist die langfristige Entwicklung der beteiligten Drittländer. Seit Lomé IV sind aber auch Vereinbarungen zum Schutz der Menschenrechte und zur Entwicklung der Demokratie ergänzt worden. Fortgeführt werden die Lomé-Abkommen durch das 2000 unterzeichnete Partnerschaftsabkommen von Cotonou.

Luxemburger Kompromiss: Zum 1.1.1966 hätte der Rat laut EWG-Vertrag in bestimmten Bereichen von einstimmigen Entscheidungen zu Mehrheitsentscheidungen übergehen sollen. Die französische Regierung lehnte dies ab. Da am 1.7.1965 keine Einigung über die umstrittene Agrarfinanzierung gelang, zog sie, um Entscheidungen zu verhindern, ihren Vertreter aus dem Rat zurück. Die „Politik des leeren Stuhls" war die erste größere Krise der EG. Sie wurde im Januar 1966 durch den so genannten Luxemburger Kompromiss beigelegt. Dieser impliziert, dass ein Staat mit „sehr wichtigen Interessen" nicht einfach überstimmt werden soll, sondern dass „die Erörterung fortgesetzt werden muss, bis ein einstimmiges Einvernehmen erzielt worden ist". Offen blieb, was ein wichtiges nationales Interesse ist und wie man sich im Dissensfall einigt. In den folgenden Jahren beriefen sich mehrere Mitglieder auf den Luxemburger Kompromiss und verhinderten damit Entscheidungen. Seit der Verabschiedung der Einheitlichen Europäischen Akte, in der unter anderem die Entscheidungsverfahren verbessert wurden, wurde der Luxemburger Kompromiss nicht mehr in Anspruch genommen.

Media: Media (Measures to encourage the development of the audio-visual industry) ist ein Programm zur Entwicklung der audiovisuellen Industrie in der Europäischen Union, das zum Aufbau konkurrenzfähiger Strukturen dient. Gefördert wird die Aus- und Weiterbildung von Filmleuten, die Entwicklung von Filmprojekten sowie der europaweite Vertrieb der Programme. Die aktuelle Phase des Projekts, Media 2007, ist mit insgesamt 755 Mio. Euro ausgestattet.

Mehrheitsentscheidungen: Mehrheitsentscheidungen im europäischen Integrationsprozess waren bereits in den Römischen Verträgen vorgesehen. Bis zum Inkrafttreten der Einheitlichen Europäischen Akte (EEA) 1987 wurden die meisten Beschlüsse im Rat einstimmig gefasst. Seither wurden die Möglichkeiten einer Abstimmung mit qualifizierter Mehrheit beständig ausgeweitet. Während die EEA die qualifizierte Mehrheit fast ausschließlich für Beschlüsse zur Vollendung des Binnenmarkts vorsah, haben die Verträge von Maastricht, Amsterdam und Nizza weitere Materien in die Mehrheitsentscheidung überführt. Der 2009 in Kraft getretene Vertrag von Lissabon sieht die Mehrheitsentscheidung als Regelverfahren vor. Dennoch verbleiben einige Bereiche, in denen die Mitgliedstaaten zur Abgabe ihrer Letztentscheidungsrechte durch ein Veto nicht bereit sind.

Meistbegünstigung: Die Meistbegünstigungsklausel verpflichtet einen Staat, alle handelspolitischen Vorteile, die er irgendeinem anderen Staat einräumt, auch dem Land zu gewähren, mit dem die Meistbegünstigung vereinbart wird. Dieses Prinzip ist Grundbestandteil des GATT und anderer Handelsabkommen.

Messina, Konferenz von: Auf der Konferenz der sechs Außenminister der Europäischen Gemeinschaft für Kohle und Stahl in Messina am 1./2.6.1955 wurde beschlossen, nach dem Modell der Montanunion Verhandlungen über die Integration weiterer Sektoren zu beginnen. Daraus entstanden die am 25.3.1957 unterzeichneten Römischen Verträge zur Gründung der Europäischen Wirtschaftsgemeinschaft und der Europäischen Atomgemeinschaft.

Misstrauensantrag: Nach Art. 234 AEUV kann das Europäische Parlament mit einer Zweidrittel-Mehrheit seiner Abgeordneten einen Misstrauensantrag gegen die Europäische Kommission verabschieden. In diesem Fall müssen die Kommissionsmitglieder geschlossen ihr Amt niederlegen. Misstrauensanträge gegen einzelne Kommissare sind nicht möglich. Im Januar 1999 scheiterte ein Misstrauensantrag gegen die Kommission knapp. Die Europäische Kommission trat dennoch zwei Monate später erstmals zurück, nachdem ihr von einem zur Untersuchung von Vorwürfen eingesetzten unabhängigen „Rat der Weisen" kollektives Versagen vorgeworfen worden war. Um den Mangel zu beheben, dass die Kommission nur geschlossen zurücktreten kann, hat der 1999 eingesetzte Kommissionspräsident Romano Prodi sämtliche Kommissare darauf verpflichtet, im Falle gravierenden Fehlverhaltens auf seine Aufforderung hin zurückzutreten. Durch den Vertrag von Nizza wurde diese Lücke geschlossen: Nach Art. 17 EUV müssen einzelne Mitglieder der Kommission nach Aufforderung des Präsidenten ihr Amt niederlegen.

Mitentscheidungsverfahren/Ordentliches Verfahren: Durch das mit dem Maastrichter Vertrag eingeführte Mitentscheidungsverfahren hat das Europäische Parlament im Vergleich zu den anderen Entscheidungsverfahren einen weiteren Bedeutungszuwachs erhalten. Rechtsakte kommen demnach in einem mehrstufigen Verfahren zwischen Rat der EU und Europäischem Parlament zustande. Besteht zwischen den Auffassungen beider Organe nach der zweiten Lesung des Parlaments Uneinigkeit, dann kann der Rat einen paritätisch besetzten Vermittlungsausschuss einberufen. Kommt auch hier keine Einigung zustande, kann gegen den mehrheitlichen Willen des Parlaments kein Rechtsakt erlassen werden. Mit jeder Reform der Römischen Verträge wurden die Materien ausgeweitet, in denen mit qualifizierter Mehrheit im Rat nach dem Mitentscheidungsverfahren entschieden wird. Der Vertrag von Lissabon macht es unter der Bezeichnung Ordentliches Verfahren zum Regelverfahren (Art. 294 AEUV).

NATO: Die NATO (North Atlantic Treaty Organization) wurde am 4.4.1949 in Washington als kollektiver Sicherheitspakt gegründet. Bestandteile des Vertrags sind integrierte militärische Kommandobehörden, eine gegenseitige militärische Beistandsverpflichtung sowie verstärkte politische, wirtschaftliche und kulturelle Zusammenarbeit. Gegründet wurde die NATO von Belgien, Dänemark, Frankreich, Großbritannien, Island, Italien, Kanada, Luxemburg, den Niederlanden, Norwegen, Portugal und den USA. Später kamen Griechenland (1952), die Türkei (1952), die Bundesrepublik Deutschland (1955) und Spanien (1982) dazu. Frankreich (1966) und Griechenland (1974) schieden aus der militärischen Integration wieder aus. Mit dem Ende des Kalten Kriegs hat die Funktion der NATO sich geändert. Die Öffnung des Bündnisses kam 1998 durch die Aufnahme Polens, Ungarns und Tschechiens als erste Staaten des früheren Ostblocks zum Ausdruck. Seit dem 1. April 2009 hat die NATO 28 Mitgliedstaaten. Adresse: B-1110 Brüssel. Internet: www.nato.int

Nettozahler/-empfänger: Obwohl die Finanzierung der EU aus Eigenmitteln erfolgt und europäische Zielsetzungen verfolgt, hat die Differenz zwischen dem Anteil, den ein Land zur EU-Finanzierung beiträgt und den es aus EU-Mitteln zurück erhält, stets zu Diskussionen geführt. Da der Agrarhaushalt immer noch den Großteil des Haushalts verschlingt, werden Agrarländer begünstigt. Großbritannien konnte 1983 einen heute noch bestehenden Beitragsrabatt erwirken. In den vergangenen Jahren haben sich – angeführt von Deutschland – mehrere „Nettozahler"-Staaten für eine Überprüfung des EU-Finanzsystems eingesetzt. Die Bundesrepublik Deutschland ist in den vergangenen Jahren der größte Nettozahler der EU gewesen. Deutschland gehört als Exportland jedoch auch zu den größten Nutznießern des Binnenmarkts.

Niederlassungsfreiheit: Niederlassungsfreiheit umfasst das Recht von EU-Bürgern auf Niederlassung in einem anderen Mitgliedstaat zur selbständigen Ausübung gewerblicher, landwirtschaftlicher oder freiberuflicher Erwerbstätigkeiten (Art. 49-55 AEUV). Obwohl eine Beschränkung der Niederlassungsfreiheit seit dem 1.1.1970 verboten ist, fand diese faktisch durch unterschiedliche Berufsregelungen und abweichende nationale Zulassungsvoraussetzungen weiter statt. Durch Harmonisierung und gegenseitige Anerkennung von Berufsabschlüssen und Diplomen wurde dieses Hindernis bis Ende 1992 in den meisten Bereichen aus dem Weg geräumt.

Nordischer Rat: Mitglieder des 1952 gegründeten Nordischen Rats mit Sitz in Helsinki sind Dänemark, Finnland, Island, Norwegen und Schweden. Der Nordische Rat organisiert und vertieft die Zusammenarbeit der nordischen Länder. Erfolgreich war er bei der Herstellung einer Pass- und Zollunion und eines einheitlichen skandinavischen Arbeitsmarkts. Der Nordische Rat ist gekennzeichnet durch den informellen Charakter seiner Zusammenarbeit. Engere Kooperationsformen, etwa das Ziel einer nordischen Wirtschaftsunion, scheiterten aufgrund verschiedenartiger außenpolitischer Verflechtungen. Internet: www.norden.org

Normierung: Die europäischen Normenausschüsse heißen CEN (Europäisches Komitee für Normung), CENELEC (Europäisches Komitee für Elektrotechnische Normung) und ETSI (Bereich Telekommunikation). Die gemeinsame europäische Normeninstitution hat ihren Sitz in Brüssel und ist die Vereinigung der nationalen Normungsorganisationen von EU und EFTA. In der EU definieren Kommission und Rat das Anforderungsprofil (z. B. gemeinsame Regeln bei Sicherheits- und Gesundheitsanforderungen, Mindeststandards im Verbraucherschutz) für Produkte, das die europäischen Normenausschüsse danach umsetzen. Durch diese die nationalen Normen ersetzenden Europanormen wird die Harmonisierung der Produktvorschriften vorangetrieben.

Offene Methode der Koordinierung: Das Instrument der offenen Methode der Koordinierung wurde erstmals vom Europäischen Rat in Lissabon im Jahr 2000 benannt. Es wird als Verfahrensweise beschrieben, „die den Mitgliedstaaten eine Hilfe bei der schrittweisen Entwicklung ihrer eigenen Politiken sein" soll. Zentrale Bestandteile dieses Verfahrens sind die Festlegung von gemeinsamen Leitlinien mit einem Zeitplan, die Bestimmung von quantitativen und qualitativen Indikatoren, die Umsetzung dieser Leitlinien in die nationale und regionale Politik durch nationale Aktionspläne; sowie die regelmäßige Überwachung und

Bewertung des Prozesses mit dem Ziel des gegenseitigen Lernens. Die offene Koordinierung hat bislang keinen rechtlichen Status. Die vereinbarte Ziele binden die Mitgliedstaaten lediglich politisch. Im Vertrag von Lissabon wird die Koordinierung vertraglich erwähnt (Art. 2(3) AEUV).

Öko-Audit: Nach der 1995 erlassenen Öko-Audit-Verordnung können sich Unternehmen in mindestens dreijährigem Abstand einer Umweltbetriebsprüfung unterziehen. Wenn die Überprüfung durch unabhängige, staatlich anerkannte Stellen ergibt, dass sie durch konkrete Maßnahmen ein hohes Umweltschutzniveau erreichen, dürfen die Unternehmen in ihrem Briefkopf ein entsprechendes Öko-Zeichen der EU führen.

OLAF: Unter dem Eindruck von Betrügereien mit Mitteln aus dem Amt für Humanitäre Hilfe (Echo) hat das Europäische Parlament 1998 die Einrichtung eines Amts für Betrugbekämpfung, OLAF (Office de la lutte anti-fraude), vorgeschlagen. Zusätzlich zu den bisher der 1989 eingerichteten Dienststelle für Betrugsermittlungen, UCLAF, übertragenen Aufgaben führt OLAF als deren Nachfolger Ermittlungen über Korruption und Betrug in allen Organen der Europäischen Union durch. Bei darüber hinausgehenden Ermittlungen arbeitet das Amt mit den Justizbehörden der EU-Mitgliedstaaten zusammen. Trotz seiner organisatorischen Ansiedlung bei der Kommission arbeitet das seit 1. Juni 1999 tätige Amt in völliger operativer Unabhängigkeit. Internet: http://ec.europa.eu/anti_fraud/

Ombudsmann: Nach Art. 228 AEUV ernennt das Europäische Parlament für die Dauer einer Wahlperiode einen Bürgerbeauftragten, der von jedem Bürger der Union Beschwerden über Missstände bei der Tätigkeit der Organe oder Einrichtungen der Gemeinschaft entgegen nimmt. Der Ombudsmann kann bei gerechtfertigten Beschwerden Untersuchungen einleiten, die er dem Parlament und dem betroffenen Organ zuleitet. Im Juli 1995 wurde der Finne Jacob Magnus Södermann vom Europäischen Parlament zum ersten Bürgerbeauftragten gewählt. Sein Nachfolger ist seit April 2003 der Grieche P. Nikiforos Diamandouros. Adresse: 1, Avenue de Président Robert Schuman, F-67001 Straßburg Cedex. Internet: www.ombudsman.europa.eu/

Opting-out: Um Dänemark die Ratifizierung des Maastrichter Vertrags nach einer gescheiterten Volksabstimmung noch zu ermöglichen, formulierte der Europäische Rat im Dezember 1992 in einer Entschließung die Ausnahmeregelungen für Dänemark, die in einem Protokoll zum EU-Vertrag niedergelegt wurden. Demnach ist Dänemark nicht verpflichtet, an der dritten Stufe der Wirtschafts- und Währungsunion (WWU) teilzunehmen; an Vorbereitung und Durchführung einer gemeinsamen Verteidigungspolitik teilzunehmen; die nationale Staatsbürgerschaft im Rahmen der vorgesehenen Unionsbürgerschaft einzuschränken. Im Falle einer Vergemeinschaftung von Befugnissen im Bereich Justiz und Inneres ist ferner eine Zustimmung des dänischen Parlaments mit einer Mehrheit von fünf Sechsteln oder eine weitere Volksabstimmung erforderlich. Andere Protokolle enthalten Sonderbestimmungen für Großbritannien, das ebenfalls nicht zur Teilnahme an der WWU verpflichtet ist und nicht an den unter Titel IV EGV vorgesehenen Aktivitäten der Gemeinschaft teilnehmen muss.

Östliche Partnerschaft: Im Mai 2009 gründeten die EU-Mitgliedstaaten mit sechs Ländern aus ihrer östlichen Nachbarschaft und der Kaukasusregion die „Östliche Partnerschaft" als Teil der Europäischen Nachbarschaftspolitik. Dadurch sollen die Beziehungen der EU zu ihren direkten Nachbarn auf eine neue Grundlage gestellt werden. Ziel der Östlichen Partnerschaft ist die Förderung und Intensivierung der wirtschaftlichen Beziehungen unter den Partnerländern sowie die Unterstützung deren politischer und sozioökonomischer Reformen. Eine EU-Beitrittsperspektive ist dagegen nicht vorgesehen.

Ordentliches Verfahren: siehe Mitentscheidungsverfahren/Ordentliches Verfahren.

Osterweiterung: Die letzten Erweiterungsrunden der Europäischen Union werden häufig – etwas unpräzise – als Osterweiterung bezeichnet. Die Beitrittsverhandlungen mit Estland, Polen, Slowenien, der Tschechischen Republik, Ungarn, Zypern (alle seit 1998), Lettland, Litauen, Malta und der Slowakei (alle seit 2000) mündeten im Mai 2004 in eine Mitgliedschaft. Bulgarien und Rumänien kamen 2007 hinzu. Die EU wuchs durch diese Erweiterungsrunden auf 27 Mitgliedstaaten an. Die jungen Demokratien Mittel- und Osteuropas haben damit einen wesentlichen Erfolg ihrer demokratischen Transformation erzielen können. Für die EU bedeutet die Osterweiterung eine erhebliche Steigerung ihrer Heterogenität sowie eine Schwächung ihrer institutionellen Handlungsfähigkeit. Der Vertrag von Lissabon fängt dies unter anderem durch eine Reform der Entscheidungsverfahren auf.

Paneuropa-Union: Die Paneuropa-Bewegung ist eine Vereinigung zur Förderung des paneuropäischen Gedankens. Gegründet wurde sie 1922 von dem Österreicher Graf Coudenhove-Kalergi und nach dem Zweiten Weltkrieg von ihm wieder belebt. Ziel der Paneuropa-Union ist die Schaffung der Vereinigten Staaten von Europa. Adresse: Paneuropa-Union Deutschland, Dachauer Straße 17, 80335 München. Internet: www.paneuropa.org

Pariser Verträge: Die am 5.5.1955 in Kraft getretenen Pariser Verträge zwischen Belgien, der Bundesrepublik Deutschland, Frankreich, Großbritannien, Italien, Kanada, Luxemburg, Niederlande und den USA regelten die Zusammenarbeit zwischen der Bundesrepublik und den Westmächten. Sie beendeten das Besatzungsregime und die Bundesrepublik erlangte weitgehend Souveränität. Die Pariser Verträge regelten außerdem den Beschluss des Beitritts der Bundesrepublik zur NATO und die Erweiterung des Brüsseler Pakts zur Westeuropäischen Union sowie die Ergänzung des Deutschlandvertrags.

Passerelle-Klausel: Durch die Passerelle-Klausel im Vertrag von Lissabon sollen die Entscheidungsverfahren in der EU ohne Vertragsveränderungsverfahren verbessert werden können. Durch einstimmigen Beschluss kann der Europäische Rat Materien, die einstimmig zu entscheiden sind, in das ordentliche Gesetzgebungsverfahren mit Mehrheitsentscheidung überführen, ohne dabei das langwierige Vertragsänderungsverfahren einer Regierungskonferenz durchlaufen zu müssen (Art. 48 EUV).

Petersberger Erklärung: Die Petersberger Erklärung vom 19.6.1992 war eine Etappe beim Ausbau der Westeuropäischen Union (WEU) zur Verteidigungskomponente der Europäischen Union. Die Erklärung des WEU-Ministerrats sah unter anderem vor, dass die WEU nicht nur im Auftrag der Vereinten Nationen oder der Organisation für Sicherheit und Zusammenarbeit in Europa (OSZE) Blauhelmeinsätze durchführen, sondern unter bestimmten Bedingungen auch „friedensschaffende" Kampfeinsätze vornehmen konnte. Mit der Auflösung der WEU hat die EU die Petersberger-Aufgaben übernommen.

Petitionsrecht: Nach Art. 227 AEUV können EU-Bürger in sie unmittelbar betreffenden Angelegenheiten, die in die Tätigkeitsbereiche der Gemeinschaft fallen, Petitionen an das Europäische Parlament richten.

Phare (Poland and Hungary Action for Restructuring of the Economy): Das 1989 von 24 Ländern gestartete Hilfsprogramm zur wirtschaftlichen Umgestaltung der osteuropäischen Länder war das wichtigste Heranführungsinstrument zum EU-Beitritt. Phare konzentrierte sich auf die Bereiche Institutionenaufbau sowie die Finanzierung von Investitionen. Insgesamt haben 13 Staaten Phare-Mittel erhalten. Seit 2007 werden Phare und die anderen Heranführungsprogramme von dem neuen Instrument für Heranführungshilfe (IPA) ersetzt. Dieses setzt sich zusammen aus fünf Komponenten: Übergangshilfen und Aufbau von Institutionen, grenzübergreifende Zusammenarbeit, regionale Entwicklung, Entwicklung der Humanressourcen sowie Entwicklung des ländlichen Raums.

Politisches und Sicherheitspolitisches Komitee (PSK): Im Rahmen der Regierungskonferenz zum Vertrag von Nizza wurde aus dem Politischen Komitee das PSK. Nach Art. 38 EUV verfolgt das aus nationalen Vertretern zusammengesetzte Gremium die internationale Lage und trägt durch Stellungnahmen zur Festlegung der Politiken bei. Es beschäftigt sich mit sämtlichen Aspekten der Gemeinsamen Außen- und Sicherheitspolitik und nimmt die politische Kontrolle und strategische Leitung von Operationen zur Krisenbewältigung wahr.

Privilegierte Partnerschaft: Privilegierte Partnerschaften bezeichnen besondere Beziehungen oder enge Anbindungen der EU zu anderen Staaten. Im politischen Diskurs wird die privilegierte Partnerschaft auch als Alternative zur EU-Vollmitgliedschaft bezeichnet – etwa bezogen auf die Türkei oder die Ukraine. Unklar blieb dabei allerdings, welche konkreten Elemente eine derartige Form privilegierter Partnerschaft mit Leben füllen könnten.

Qualifizierte Mehrheit: Der Rat der EU entscheidet entweder einstimmig, mit einfacher oder mit qualifizierter Mehrheit. Durch die Einheitliche Europäische Akte, den Maastrichter Vertrag (1993), den Vertrag von Amsterdam (1999), den Vertrag von Nizza (2003) sowie den Vertrag von Lissabon (2009) sind die Bereiche ausgeweitet worden, in denen mit qualifizierter Mehrheit entschieden wird. Die Anforderungen für das Erreichen einer qualifizierten Mehrheit haben sich mit Inkrafttreten des Vertrags von Nizza leicht erhöht. Je nach Größe erhalten die EU-Mitgliedstaaten zwischen 3 und 29 Stimmen. Eine qualifizierte Mehrheit wird nach dem Beitritt Bulgariens und Rumäniens mit mindestens 258 von 345 Stimmen erreicht. Zum Erreichen einer qualifizierten Mehrheit ist zusätzlich die Mehrheit der Mitgliedstaaten erforderlich. Außerdem kann ein Mitgliedstaat eine Überprüfung beantragen, ob diese qualifizierte Mehrheit auch eine Mehrheit von mindestens 62 % der EU-Gesamtbevölkerung umfasst. Um die EU in Zukunft handlungsfähiger zu machen, macht der Vertrag von Lissabon Mehrheitsentscheidungen zur Regel und vereinfacht ab November 2014 die Anforderungen an die qualifizierte Mehrheit: Eine qualifizierte Mehrheit erfordert dann die Zustimmung von 55 % der Mitgliedstaaten, die gleichzeitig 65 % der EU-Bevölkerung repräsentieren.

Rahmenprogramme für Wissenschaft und Forschung: Grundlage und Instrument der gemeinsamen Forschungs- und Technologiepolitik sind seit 1984 die Rahmenprogramme für Forschung und technologische Entwicklung. Sie legen in einer strategischen Gesamtausrichtung Ziele, Prioritäten und den finanziellen Umfang der EU-Forschungsförderung fest und verstärken durch einen fünfjährigen Gültigkeitszeitraum die Planungssicherheit in diesem Bereich. Das siebte Rahmenprogramm (2007-2013) verfügt über einen Etat von 50,5 Mrd. Euro. Es zielt auf die Errichtung eines Europäischen Forschungsraums, der auf integrierten grenzübergreifenden Forschungsprogrammen in zahlreichen Fachrichtungen basiert. Vier Bereiche kennzeichnen das Rahmenprogramm: Im Bereich Zusammenarbeit wird Verbundforschung betrieben in den Sparten Gesundheit, Lebensmittel, Landwirtschaft und Fischerei, Biotechnologie, Informations- und Kommunikationstechnologien, Nanowissenschaften, Nanotechnologien, Werkstoffe und neue Produktionstechnologien, Energie, Umwelt, Verkehr, Sozial-, Wirtschafts- und Geisteswissenschaften, Sicherheit und Weltraum. Wichtigste Initiative im Bereich Ideen ist die Einrichtung eines Europäischen Forschungsrats zur Intensivierung von Pionierforschung. Im Bereich Menschen werden Humanressourcen gefördert. Der Bereich Kapazitäten investiert in Forschungsinfrastrukturen, die Entwicklung von Forschungskapazitäten in kleinen und mittleren Unternehmen, von Wissens- und Wissenschaftsclustern in Europas Regionen sowie die Förderung der Wissenschaft in der Gesellschaft.

Rat der Gemeinden und Regionen Europas (RGRE): Der 1950 gegründete RGRE ist ein Zusammenschluss von 52 nationalen Kommunalverbänden aus insgesamt 38 europäischen Ländern. Damit repräsentiert er etwa 100.000 Gemeinden, Städte und Kreise. Der RGRE vermittelt Städtepartnerschaften zwischen europäischen Kommunen und unterstützt durch kommunale Zusammenarbeit die Vereinigung Europas. Organ ist der jährlich tagende Kongress der Gemeinden und Regionen Europas (KGRE), der unter dem Dach des Europarats ein Forum des Erfahrungsaustauschs, der Vertretung der politischen Interessen sowie der Förderung der europäischen Idee ist. Kontaktadresse: Lindenallee 13-17, 50968 Köln. Internet: www.rgre.de

Rechtsakte der Gemeinschaftsorgane: Rechtsakte von Rat und Kommission können in unterschiedlichen Formen erlassen werden: Die Verordnung gilt unmittelbar als Gesetz in jedem Mitgliedstaat; die Richtlinie verpflichtet die Mitgliedstaaten, entsprechende Vorschriften zu schaffen, wobei ihnen Form und Mittel zur Erreichung des Ziels vorbehalten sind; die Entscheidung bezieht sich auf Einzelfälle und wendet sich an Mitgliedstaaten, Unternehmen oder Einzelpersonen und wird unmittelbar rechtswirksam; die Empfehlungen und Stellungnahmen sind unverbindlich. Dies gilt auch für programmatische Entschließungen des Rats. Insgesamt lassen sich 15 Formen unterschiedlicher Rechtsakte unterscheiden.

Rechtspersönlichkeit: Durch den Vertrag von Lissabon erhält die Europäische Union erstmals eine eigene Rechtspersönlichkeit (Art. 47 EUV). Sie kann also völkerrechtlich bindende Verträge abschließen oder internationalen Organisationen beitreten.

Richtlinien: Richtlinien sind Rechtsakte der Gemeinschaftsorgane. Durch Rat oder Kommission werden die Mitgliedstaaten der EU dazu verpflichtet, zur Erfüllung des in der Richtlinie genannten Ziels nationale Rechtsakte in einem festgelegten Zeitraum zu ändern oder zu erlassen.

Römische Verträge: Die Römischen Verträge sind die Gründungsverträge der Europäischen Wirtschaftsgemeinschaft (EWG) und der Europäischen Atomgemeinschaft (EAG) sowie deren Zusatzprotokolle. Sie wurden in Rom am 25.3.1957 von Belgien, der Bundesrepublik Deutschland, Frankreich, Italien, Luxemburg und den Niederlanden unterzeichnet. Ihnen voraus ging die Gründung der Europäischen Gemeinschaft für Kohle und Stahl (EGKS), die zusammen mit EWG und EAG die Europäischen Gemeinschaften bildet. Wichtigster Vertrag ist der EWG-Vertrag –1993 umbenannt in EG-Vertrag – in dessen Präambel die zentralen

Ziele formuliert sind (u. a. enger Zusammenschluss der europäischen Völker, wirtschaftlicher und sozialer Fortschritt der Länder, stetige Verbesserung der Lebens- und Beschäftigungsbedingungen, Wahrung von Frieden und Freiheit). Die Römischen Verträge traten am 1.1.1958 in Kraft. Durch die Einheitliche Europäische Akte sowie die Verträge von Maastricht (1993), Amsterdam (1999), Nizza (2003) und Lissabon (2009) haben die Römischen Verträge bislang fünf größere Reformen erfahren.

Schengener Abkommen: Das 1985 in Schengen (Luxemburg) abgeschlossene zwischenstaatliche Abkommen sieht den schrittweisen Abbau der Kontrollen an den Binnengrenzen der Mitgliedstaaten vor. Ein Zusatzabkommen regelt die Behandlung von Asylanträgen und die Zusammenarbeit der Polizeibehörden über die Grenzen hinaus. Der ursprüngliche Termin der Öffnung der Grenzen für den Personenverkehr (1990) musste mehrmals verschoben werden. Nach der Einrichtung des „Schengener Informationssystems" (SIS), das die grenzüberschreitende Verbrechensbekämpfung erleichtert, trat am 26.3.1995 das Durchführungsabkommen zum Schengener Vertrag in Kraft. Es sieht den vollständigen Abbau der Grenzkontrollen zwischen Belgien, Deutschland, Frankreich, Luxemburg, den Niederlanden, Spanien und Portugal vor. Durch dem Vertrag von Amsterdam (1999) wurde der Schengen-Besitzstand in den Rechtsrahmen der EG überführt. In den darauffolgenden Jahren wurde das Schengener Abkommen auf alle 15 damaligen EU-Mitgliedstaaten ausgeweitet. Großbritannien und Irland haben den Schengen-Besitzstand nur zum Teil übernommen und insbesondere die Grenzkontrollen beibehalten. Zwar gehört die vollständige Übernahme des Schengen-Besitzstandes zu den Auflagen für Beitrittsländer; die Abschaffung der Grenzkontrollen erfordert aber einen entsprechenden Ratsbeschluss. Dem Schengen-Raum gehören seit 1996 auch Island und Norwegen an. Bis Ende 2008 wurde der Schengen-Raum auf 22 EU-Staaten sowie drei weitere Staaten erweitert. Auch die Schweiz hat den Schengen-Besitzstand übernommen und verzichtet seit Dezember 2008 auf systematische Personenkontrollen an den Grenzen.

Schlussakte von Helsinki: Die am 1.8.1975 unterzeichnete Schlussakte der Konferenz für Sicherheit und Zusammenarbeit in Europa (KSZE) enthält ein langfristig angelegtes, umfassendes Rahmenprogramm für die Verbesserung der politischen und wirtschaftlichen Beziehungen der Teilnehmerstaaten und für das Zusammenleben in Europa. Sie ist das Resultat der seit 1973 tagenden KSZE – seit 1994 umbenannt in Organisation für Sicherheit und Zusammenarbeit in Europa (OSZE) –, an der alle europäischen Länder sowie Kanada, die USA und einige asiatische Staaten teilnehmen.

Schuman-Plan: Der im 9. Mai 1950 vom französischen Außenminister Robert Schuman vorgelegte Plan einer Teilintegration gab den Anstoß für die 1952 verwirklichte Europäische Gemeinschaft für Kohle und Stahl (EGKS). Unterschiedliche Interessen wurden dadurch verwirklicht: Während Frankreich ein Interesse hatte, die deutsche Kohle und Stahlindustrie unter eine gemeinsame Kontrolle zu stellen, um die Möglichkeit eines Krieges zukünftig auszuschließen, nutzte die noch nicht souveräne Bundesrepublik Deutschland die Chance, als gleichberechtigtes Mitglied unter den sechs Mitgliedern anerkannt zu werden, sowie die Möglichkeit der Aussöhnung, die sich aus einer solchen Zusammenarbeit ergibt. Der Europatag am 9. Mai geht auf die Schuman-Erklärung zurück.

Schwellenpreise: Schwellenpreise sind Mindestpreise, zu denen Agrarprodukte in die EU importiert werden dürfen. Unter den Schwellenpreisen liegende Preise für Agrarprodukte werden durch Abschöpfungen und Zölle so stark verteuert, dass sie den Schwellenpreis erreichen. Sinn dieser Maßnahme ist der Schutz einheimischer Landwirte vor billiger produzierenden Bauern aus Drittländern.

Sokrates: Unter der Bezeichnung Sokrates wurden zwischen 1995 und 2006 die EU-Bildungsprogramme Erasmus, Lingua und Comenius zusammengefasst und durch neue Maßnahmen ergänzt. Seit 2007 werden die EU-Bildungsprogramme im Programm Lebenslanges Lernen (LLP) weitergeführt.

Solidaritätsklausel: Der Vertrag von Lissabon enthält in Art. 222 AEUV eine Solidaritätsklausel. Demnach handeln die Union und ihre Mitgliedstaaten im Geiste der Solidarität und unterstützen sich gegenseitig mit allen zur Verfügung stehenden Mitteln, wenn ein Mitgliedstaat von einem Terroranschlag oder einer Katastrophe natürlichen oder menschlichen Ursprungs betroffen ist. Unter dem Eindruck des Terrorattentats von Madrid beschloss der Europäische Rat im März 2004 die vorzeitige Inkraftsetzung der Solidaritätsklausel.

Sonderbeauftragte: Nach Art. 33 EUV kann der Rat im Zusammenhang mit der Gemeinsamen Außen- und Sicherheitspolitik Sonderbeauftragte für besondere politische Fragen ernennen, wenn er dies für notwendig hält. Dadurch erhält die EU-Außenpolitik direkte Ansprechpartner und eine verbesserte Kontinuität. Im Frühjahr 2010 waren in insgesamt 11 Regionen Sonderbeauftragte im Einsatz.

Sozialcharta und Sozialprotokoll: Die Europäische Sozialcharta (1961) und das Sozialprotokoll des Maastrichter Vertrags gehen auf die frühere Uneinigkeit der EU-Staaten im Bereich der Sozialpolitik zurück. Um in dem durch ökonomische Überlegungen geprägten Binnenmarkt auch die soziale Dimension zu berücksichtigen, beschloss der Europäische Rat am 9.12.1989 eine Gemeinschaftscharta der sozialen Grundrechte, in der soziale Mindestanforderungen genannt werden. Trotz ihrer mangelnden Rechtsverbindlichkeit lehnte Großbritannien die Sozialcharta ab. Um die Ziele der Sozialcharta umzusetzen, wurde dem Maastrichter Vertrag (1993) ein Sozialprotokoll beigefügt. Es ermöglicht zusätzlich zu den sozialpolitischen Bestimmungen des EG-Vertrags den Erlass von sozialpolitischen Maßnahmen, die ausdrücklich nicht für Großbritannien gelten. Erst ein Regierungswechsel führte 1997 dazu, dass das Vereinigte Königreich seinen Widerstand gegen das Sozialprotokoll aufgab. Seit der Vertragsrevision von Amsterdam (1999) ist das Sozialprotokoll in das europäische Vertragswerk integriert (Art. 151-161 AEUV).

Spaak-Bericht: Der Spaak-Bericht an die Außenminister der EGKS-Staaten empfahl im April 1956 die Gründung einer Europäischen Wirtschaftsgemeinschaft und einer Europäischen Atomgemeinschaft. Auf ihrer Konferenz von Messina hatten sie 1955 eine Expertengruppe unter Vorsitz des belgischen Außenministers Paul-Henri Spaak beauftragt, Wege zur Fortführung der wirtschaftlichen Integration zu suchen. Der Spaak-Bericht wurde auf der Konferenz von Venedig grundsätzlich angenommen und bildete die Basis für die am 25.3.1957 abgeschlossenen Römischen Verträge.

Sport: Nach Art. 6 und 165 AEUV kann die EU im Sinne einer europäischen Dimension die Mitgliedstaaten bei der Zusammenarbeit mit dritten Ländern oder internationalen Organisationen fördern.

Stabilitätspakt für Südosteuropa: Der Stabilitätspakt für Südosteuropa soll den Staaten der Region die Perspektive eines EU-Beitritts eröffnen. Am 30. Juli 1999 haben die Staats- und

Regierungschefs von rund 30 Staaten in Sarajewo den Stabilitätspakt initiiert. Aus der Region nahmen die Staaten Albanien, Bosnien-Herzegowina, Bulgarien, Kroatien, Ungarn, Mazedonien, Rumänien, Slowenien, die Türkei und, als Beobachter, Montenegro teil. Durch den auf einen deutschen Vorschlag zurückgehenden Pakt will die Staatengemeinschaft unter maßgeblicher Beteiligung der Europäischen Union den Staaten der Region bei der Bewältigung ihrer politischen und wirtschaftlichen Probleme beistehen und deren Annäherung an die euro-atlantischen Strukturen vorantreiben. Der Stabilitätspakt soll sich in drei „Arbeitstischen" mit den Bereichen Demokratisierung des Balkans, Sicherheitsfragen und Wirtschaft befassen. Die Bundesrepublik Jugoslawien wurde zunächst aus dem Pakt ausgeschlossen und erst nach dem demokratischen Wandel in Serbien beteiligt. Im Jahr 2006 wurde die Überführung des Stabilitätspakts in einen Regionalen Kooperationsrat beschlossen.

Stabilitäts- und Wachstumspakt: Der Stabilitäts- und Wachstumspakt von 1997 soll die Budgetdisziplin der Mitglieder- der Wirtschafts- und Währungsunion sichern. Dazu sieht er die Straffung des Haushaltsverfahrens und der Verfahren bei übermäßigen Defiziten vor. Außer in rezessiven Zeiten oder bei außerordentlichen Ereignissen wie Naturkatastrophen belegt die Vereinbarung Mitgliedstaaten, deren öffentliche Defizite über 3 % des Bruttoinlandsprodukts (BIP) liegen, mit Sanktionen. Beträgt der Rückgang des BIP eines Mitgliedstaats in einem Jahr weniger als 0,75 %, dann müssen Länder mit exzessiven Defiziten innerhalb einer bestimmten Frist Budgetkorrekturen vornehmen. Geschieht dies nicht, soll der Rat „in der Regel" Sanktionen beschließen, zunächst in Form einer unverzinslichen Einlage. Die Sanktionen – mindestens 0,2 % und maximal 0,5 % des BIP – werden nach zwei Jahren in eine Geldbuße umgewandelt, wenn das betreffende Haushaltsdefizit weiter übermäßig ausfällt. In der Praxis wurden die Sanktionen des Stabilitätspakts bisher nicht angewandt. Vielmehr geriet der Pakt angesichts seiner „Starrheit" zunehmend in die Kritik und wurde 2005 reformiert.

Ständige Strukturierte Zusammenarbeit: Im Bereich der Sicherheits- und Verteidigungspolitik hat der Vertrag von Lissabon die Möglichkeit einer Ständigen Strukturierten Zusammenarbeit eingeführt (Art. 42(6) EUV). Mitgliedstaaten, die sich daran beteiligen wollen, müssen nicht nur den notwendigen politischen Willen aufweisen, sondern auch über entsprechende militärische Fähigkeiten verfügen, die für operatives Handeln eingesetzt werden können. Durch einen Ratsbeschluss mit qualifizierter Mehrheit kommt eine Ständige Strukturierte Zusammenarbeit zustande. Die daran teilnehmenden Mitgliedstaaten können anspruchsvollere militärische Verpflichtungen als auf EU-Ebene eingehen und somit eine sicherheitspolitische Avantgarde bilden.

Steuerharmonisierung: Der Binnenmarkt ohne Grenzen wird durch unterschiedliche Steuerbelastungen in den Mitgliedstaaten beeinträchtigt. Zwar ist die Harmonisierung der indirekten Steuern im EG-Vertrag vorgesehen (Art. 113 AEUV); dadurch würden innergemeinschaftliche Steuergrenzen entfallen, die bislang zur Vermeidung von Wettbewerbsverzerrungen ausgeglichen werden müssen. Jedoch schreibt der Vertrag Abstimmungen mit Einstimmigkeit vor. Da Steuerharmonisierungen spürbar die nationale Souveränität einschränken, stoßen sie auf große Widerstände. Bekanntestes Beispiel für eine indirekte Steuer ist die Mehrwertsteuer: Je mehr sich die EU-Mehrwertsteuersätze annähern, desto kleiner fallen die Ausgleichsabgaben aus. Im Oktober 1992 hat der Rat Richtlinien über die Annäherung der Mehrwert- und Verbrauchssteuersätze erlassen und dadurch die Voraussetzung für die Abschaffung der Grenzkontrollen im privaten Reiseverkehr geschaffen. Der Steuerkompromiss sah im gewerblichen Warenverkehr für 1997 den Übergang zum Ursprungslandprinzip vor. Bis zur Vereinbarung einer – bislang noch nicht vorliegenden – endgültigen Lösung sind die durch die unterschiedlichen Steuersätze in den Mitgliedstaaten notwendigen Kontrollen von der Grenze in die Unternehmen verlagert worden. Im Bereich der direkten Steuern ist am 1. Juli 2005 die jahrelang verhandelte Richtlinie zur Besteuerung von Zinserträgen in Kraft getreten. Demnach übermittelt jeder Mitgliedstaat den anderen Mitgliedstaaten automatisch Informationen über die Zinserträge ihrer Bürger. Während einer Übergangszeit erheben Belgien, Luxemburg und Österreich stattdessen auf die Zinserträge von Nichtansässigen eine Quellensteuer, deren Einnahmen zu 75 % an den Wohnsitzstaat des Steuerpflichtigen überführt wird.

Strukturfonds: Die der Verwaltung der Europäischen Kommission unterstehenden Strukturfonds der EU finanzieren Strukturhilfen im Gemeinschaftsbereich, um das Entwicklungsgefälle zwischen den Regionen und Mitgliedstaaten zu verringern. Mit der neuen Förderperiode von 2007 bis 2013 wurden struktur- und agrarpolitische Mittel getrennt. Die beiden Strukturfonds sind der 1975 eingerichtete Europäische Fonds für Regionale Entwicklung (EFRE) sowie der seit 1958 bestehende Europäische Sozhialfonds. Zur Beschleunigung der Konvergenz unter den EU-Staaten wurde zusätzlich 1994 der Kohäsionsfonds geschaffen. In der neuen Förderperiode stehen insgesamt 348 Mrd. Euro zur Verfügung, die drei strukturpolitische Ziele verfolgen: Die Beschleunigung der Konvergenz der Mitgliedstaaten und Regionen mit dem größten Entwicklungsrückstand; die Verbesserung der regionalen Wettbewerbsfähigkeit und Beschäftigung in Regionen, die nicht unter das Ziel Konvergenz fallen; und die Verstärkung der europäischen territorialen Zusammenarbeit in den Bereichen städtische und ländliche Entwicklung, Entwicklung der Küstengebiete, Ausbau der Wirtschaftsbeziehungen sowie Vernetzung der kleinen und mittleren Unternehmen. Sämtliche Fonds arbeiten funktionieren nach dem Prinzip der Kofinanzierung in Höhe von bis zu 75 % der öffentlichen Ausgaben.

Subsidiaritätsprinzip: Der 1993 in Kraft getretene Maastrichter Vertrag hat das aus der christlichen Soziallehre stammende Subsidiaritätsprinzip in den EG-Vertrag eingeführt. Das heute in Art. 5 EUV niedergelegte Prinzip besagt, dass in den Bereichen, die nicht in ihre ausschließliche Zuständigkeit fallen, die Gemeinschaft nur tätig wird, „sofern und soweit die Ziele der in Betracht gezogenen Maßnahmen von den Mitgliedstaaten weder auf zentraler noch auf regionaler oder lokaler Ebene ausreichend verwirklicht werden können, sondern vielmehr wegen ihres Umfangs oder ihrer Wirkungen auf Unionsebene besser zu verwirklichen sind". Um die strikte Beachtung des Subsidiaritätsprinzips zu gewährleisten, wurde dem Vertrag von Amsterdam ein „Protokoll über die Anwendung der Grundsätze der Subsidiarität und der Verhältnismäßigkeit" beigefügt.

Subvention: Subventionen sind Finanzhilfen oder mit einem Einnahmeverzicht verbundene Begünstigungen von Unternehmen, die von der öffentlichen Hand gewährt werden, um bestimmte wirtschaftspolitische Ziele zu erreichen. So können Subventionen etwa zur Erhaltung von Betrieben oder ganzen Wirtschaftszweigen gewährt werden, zur Anpassung an neue Bedingungen, zur Förderung des Produktivitätsfortschritts und des Wachstums von Unternehmen oder Unternehmenszweigen. Die Förderung durch wettbewerbsverzerrende Subventionen ist innerhalb der EU untersagt (Art. 107 AEUV). Ausnahmen beziehen sich auf die Verbesserung der sozial-, struktur- und regionalpolitischen Situation innerhalb der EU.

Süderweiterung: Griechenland (1975), Portugal (1977) und Spanien (1977) stellten in den 1970er Jahren nach Einführung demokratischer Regierungssysteme Anträge zum Beitritt in die EG. Unter der Süderweiterung versteht man den Beitritt dieser drei Staaten (Griechenland 1981; Portugal und Spanien jeweils 1986). Damit entstanden Probleme für die EG durch die beträchtlichen Strukturunterschiede und das Wohlstandsgefälle zwischen alten und neuen Mitgliedern. Überwiegend politische Gründe – die Erwartung der innenpolitischen Stabilisierung der neuen Mitglieder durch ihre Mitgliedschaft – waren Ausschlag gebend, trotz der ökonomischen Bedenken deren Beitritt zu befürworten.

Suspensionsklausel: Die mit den Amsterdamer Vertrag eingeführte Suspensionsklausel im EU-Vertrag sieht vor, dass einem EU-Mitgliedstaat bestimmte Rechte – einschließlich des Stimmrechts im Rat – entzogen werden können, wenn der Tatbestand von schweren und anhaltenden Verletzungen der Menschen- und Grundrechte festgestellt wird (Art. 7 EUV, Art. 354 AEUV). Auf begründeten Vorschlag eines Drittels der Mitgliedstaaten, des Europäischen Parlaments oder der Kommission kann der Rat in der Zusammensetzung der Staats- und Regierungschefs feststellen, dass eine schwerwiegende und anhaltende Verletzung der Grundsätze von Freiheit, Demokratie, der Achtung der Menschenrechte und Grundfreiheiten sowie der Rechtsstaatlichkeit vorliegt. Die Aussetzung bestimmter Rechte kann mit der qualifizierten Mehrheit des Rats beschlossen, geändert oder wieder aufgehoben werden.

Tempus: Tempus (Trans-European Mobility Scheme for University Students) ist das europaweite Programm zur Zusammenarbeit im Hochschulbereich. Tempus trägt der Öffnung der Staaten Mittel- und Osteuropas Rechnung. Analog zu den bereits bestehenden Gemeinschaftsprogrammen im Bereich der Bildung will die EU mit diesem Programm und einer Europäischen Stiftung für berufliche Bildung auf die spezifischen Bedürfnisse in mittel- und osteuropäischen Staaten eingehen. Tempus gibt finanzielle Zuschüsse für Aktivitäten, die Organisationen aus EU-Staaten mit Partnern aus mittel- und osteuropäischen Ländern durchführen. Das Programm konzentriert sich vorrangig auf Fachgebiete, die für den wirtschaftlichen und sozialpolitischen Umwandlungsprozess in Mittel- und Osteuropa von besonderer Bedeutung sind. Die vierte Phase des Programms (2007-2013) setzt die Bemühungen um die Modernisierung der Hochschulbildungssysteme in Osteuropa und Russland, Zentralasien, den Ländern des westlichen Balkans und den südlichen Mittelmeeranrainern fort.

Tindemans-Bericht: Die Konferenz der Staats- und Regierungschefs beauftragte 1974 den damaligen belgischen Premierminister Leo Tindemans ein Gesamtkonzept über die Umwandlung der EG in eine „Europäische Union" auszuarbeiten. In dem am 29.12.1975 vorgelegten Dokument wurden u.a. eine einzige Entscheidungszentrale mit ausreichender Autorität und die Verstärkung der gemeinschaftlichen Außenpolitik gefordert. Weitere Ziele waren die Verwirklichung der Wirtschafts- und Währungsunion, der gemeinsame Schutz der Energieversorgung und die Verstärkung der gemeinsamen Forschung. Obwohl der Tindemans-Bericht nach pragmatischen Gesichtspunkten gestaltet wurde und die Weiterentwicklung der Gemeinschaft als flexiblen und schrittweisen Prozess vorsah, wurde er nicht in eine unmittelbare Initiative zur Schaffung der Europäischen Union umgesetzt.

Transeuropäische Netze (TEN): Transeuropäische Netze sind grenzüberschreitende Infrastrukturen in den Bereichen Verkehr, Energie, Telekommunikation und Telematik. Um in vollem Umfang die Vorteile des Binnenmarkts auszunutzen, trägt die Gemeinschaft zum Ausbau transeuropäischer Netze bei (Art. 170-172 AEUV). Im Bereich der transeuropäischen Verkehrsnetze hat eine von der Kommission eingesetzte hochrangige Gruppe 29 vorrangige Projekte identifiziert, die bis zum Jahr 2020 Bedeutung für den territorialen Zusammenhalt der EU haben.

Tourismus: In den Art. 6 und 195 AEUV schafft der Vertrag von Lissabon erstmals eine Rechtsgrundlage für den Tourismus. Demnach kann die EU Maßnahmen der Mitgliedstaaten im Tourismussektor ergänzen.

Troika: Die Bildung einer Troika dient dem Rat zur Wahrung der politischen Kontinuität trotz halbjährlich wechselnder Präsidentschaft. Dabei wird der amtierende Präsident von seinem Vorgänger sowie seinem Nachfolger unterstützt. Durch die Bestimmungen des Vertrags von Lissabon werden neue Modelle einer Troika eingeführt: Zum einen das aus dem Präsidenten des Europäischen Rats, dem Präsidenten der Kommission sowie dem Hohen Vertreter der Union für Außen- und Sicherheitspolitik eingerichtete Führungstrio der EU, zum anderen die von drei Ländern gebildete Teampräsidentschaft des Rats.

Türkische Beitrittsverhandlungen: Am 3. Oktober 2005 wurden mit der Türkei Verhandlungen mit dem Ziel eines EU-Beitritts eröffnet. Die Türkei strebt als erstes muslimisch geprägtes Land schon seit längerem eine EU-Mitgliedschaft an: Sie ist bereits seit 1964 mit der EU assoziiert. 1987 reichte sie ihren Beitrittsantrag ein, seit 1996 besteht eine Zollunion mit der EU. 1999 erhielt die Türkei den Status eines Beitrittskandidaten. Im Oktober 2004 empfahl die Kommission schließlich die Aufnahme von Beitrittsverhandlungen, die im Dezember 2004 auch vom Europäischen Rat beschlossen wurde. Die Perspektive eines EU-Beitritts ist umstritten. Während dadurch der türkische Modernisierungskurs unterstützt wird, verspricht sich die EU unter anderem geostrategische und wirtschaftliche Vorteile. Gegner einer türkischen EU-Mitgliedschaft verweisen darauf, dass die Union dadurch institutionell überdehnt und ihr Charakter als supranationale Wertegemeinschaft beschädigt werden könnte. Außerdem gebe es keine ausreichende Akzeptanz dafür. Es wird damit gerechnet, dass die Verhandlungen mindestens zehn Jahre in Anspruch nehmen werden. Während die Türkei in dieser Zeit Demokratie und Marktwirtschaft festigen muss, wird es die Aufgabe der EU sein, ihre Strukturen im Sinne einer differenzierten Integration weiterzuentwickeln.

Untersuchungsausschuss: Nach Art. 226 AEUV kann das Europäische Parlament auf Antrag eines Viertels seiner Mitglieder Untersuchungsausschüsse zur Klärung von Verstößen gegen das Gemeinschaftsrecht einsetzen. Die Arbeit eines solchen nichtständigen Untersuchungsausschusses endet mit der Vorlage eines Berichts.

Ursprungslandprinzip: Das Ursprungslandprinzip regelt die zolltarifliche und einfuhrrechtliche Behandlung von Importgütern. Importe unterliegen somit den mit dem Ursprungsland vereinbarten Bestimmungen. In der steuerlichen Behandlung findet das Ursprungsprinzip keine Anwendung. Da die Angleichung der indirekten Steuern in der EU noch nicht gelungen ist, werden im gewerblichen Warenverkehr zwischen zwei Staaten die Waren bei der Ausfuhr an der Grenze von der Steuer entlastet und bei der Einfuhr wieder belastet – die Besteuerung findet also im Bestimmungsland statt. Durch den Abbau der Grenzkontrollen wurde ab 1.1.1993 ein Meldesystem erforderlich, das die Kontrollen in die Betriebe verlegt. Im Rahmen einer – noch nicht gefundenen – endgültigen Lösung soll die Mehrwertbesteuerung für die meisten Waren im Ursprungsland vorgenommen werden. Private Verbraucher können für den eigenen Gebrauch die meisten Waren zu den Bedingungen im Ursprungsland erwerben und einführen.

Verhaltenskodex der Europäischen Kommission: Nach der Vertrauenskrise der Europäischen Kommission, die 1999 zu deren Rücktritt führte, hat der damalige Kommissionspräsident Romano Prodi einen Verhaltenskodex vorgelegt, dem sich die Kommissare unterwerfen mussten. Demnach sind künftig sämtliche Nebentätigkeiten und Honorare untersagt, die mit der Arbeit in der Kommission zu tun haben. Persönliche Vermögensverhältnisse der Kommissare und ihrer Partner müssen offengelegt, größere Geschenke dürfen nicht mehr angenommen werden. Auch enthält der Kodex strengere Bestimmungen für Dienstreisen sowie den Wechsel in die Industrie nach dem Ausscheiden. Da die Kommission vor Inkrafttreten des Vertrages von Lissabon nur als Ganzes zum Rücktritt gezwungen werden konnte, wurden sämtliche Kommissare dazu verpflichtet, im Falle groben Fehlverhaltens auf Aufforderung des Kommissionspräsidenten hin zurückzutreten.

Verordnung: Die Verordnung ist die stärkste Form der gemeinschaftlichen Rechtsetzung und hat allgemeine Geltung. Sie ist in allen Teilen verbindlich und gilt nach ihrer Verabschiedung unmittelbar in jedem EU-Mitgliedstaat.

Versammlung der Regionen Europas (VRE): Die 1985 mit Sitz in Straßburg gegründete Versammlung der Regionen Europas ist ein Zusammenschluss in Form eines Vereins und ist ein Netzwerk von über 270 europäische Regionen aus 33 Ländern und 17 interregionalen Organisationen. Als Region gilt die der zentralstaatlichen Ebene unmittelbar nachgeordnete Gebietskörperschaft mit einer politischen Vertretung. Ziel der VRE ist der Aufbau und die Stärkung der politischen Vertretung der Regionen innerhalb der europäischen Institutionen sowie die Förderung der interregionalen Zusammenarbeit. Nicht zuletzt auf Initiative der VRE wurde 1993 das Subsidiaritätsprinzip im EG-Vertrag verankert und der beratende Ausschuss der Regionen eingerichtet. Adresse: 6, rue Oberlin, F-67000 Straßburg. Internet: www.aer.eu

Verstärkte Zusammenarbeit: Nach den Bestimmungen über eine verstärkte Zusammenarbeit des EU-Vertrags können Mitgliedstaaten unter bestimmten Bedingungen untereinander enger zusammen arbeiten als dies auf EU-Ebene vorgesehen ist (Art. 20 EUV). Dennoch können dabei die Institutionen und Verfahren der EU benutzt werden. Die engere Zusammenarbeit muss die Verwirklichung der Ziele der Union fördern, ihre Interessen schützen und ihren Integrationsprozess stärken. Sie darf nur als letztes Mittel verwendet werden, wenn das entsprechende Vorhaben nicht auf der EU-Ebene erreicht werden konnte. An den Beratungen im Rahmen einer solchen Zusammenarbeit dürfen alle Ratsmitglieder teilnehmen – die Beschlussfassung obliegt hingegen nur den teilnehmenden Mitgliedstaaten.

Vertrag über eine Verfassung für Europa (VVE): Nach den unzureichenden Vertragsreformen von Nizza und Amsterdam beschlossen die Staats- und Regierungschefs 2001 in Laeken die Einleitung einer umfassenden Vertragsrevision. Dazu wurde der neue Weg eines Europäischen Konvents eingeschlagen, der zwischen Februar 2002 und Juli 2003 den Entwurf eines EU-Verfassungsvertrages erarbeitete. Dieser wurde am 29. Oktober 2004 feierlich in Rom unterzeichnet wurde und sollte ursprünglich bis November 2006 in Kraft treten. Der Verfassungsvertrag knüpfte an die seit den 1980er Jahren stattfindenden Diskussionen um eine europäische Verfassung an. Inhaltlich sollte er das bisherige EU-Vertragswerk ablösen, der Union eine eigene Rechtspersönlichkeit verleihen, ihr Institutionengefüge effizienter, demokratischer und handlungsfähiger gestalten und der EU neue Kompetenzen übertragen. Für das Inkrafttreten des Vertrags wäre dessen Ratifizierung in allen damals 25 Mitgliedstaaten erforderlich gewesen; er fiel jedoch 2005 in Volksabstimmungen in Frankreich und den Niederlanden durch. Nach einer „Reflexionsphase", in der nach Lösungen zur Umsetzung der dringend erforderlichen Vertragsreform gesucht wurde, beschloss der Europäische Rat im Juli 2007 schließlich einige Veränderungen. Der daraus hervorgegangene, 2009 in Kraft getretene Vertrag von Lissabon enthält die meisten Inhalte des Verfassungsvertrags. Allerdings wurde auf die Staatlichkeit suggerierenden Bezeichnungen „Verfassung" und „Außenminister" sowie auf Symbole wie die Europa-Hymne verzichtet.

Vertrag von Amsterdam: Der am 2.10.1997 unterzeichnete und am 1.5.1999 in Kraft getretene Vertrag von Amsterdam ist das Resultat der durch die Revisionsklausel des Maastrichter Vertrags vorgesehenen Regierungskonferenz. Diese startete am 29.3.1996 und endete am 17. Juni 1997. Der Vertrag von Amsterdam war das dritte große Reformpaket der Römischen Verträge. Im Mittelpunkt der Verhandlungen stand die Verbesserung der institutionellen Handlungsfähigkeit der EU. Der Vertrag selbst enthält eine Reihe von neuen Elementen: die Verbesserung und Reduzierung der Entscheidungsverfahren, ein neues Kapitel zur Beschäftigungspolitik, die Einführung der Suspensionsklausel, die Vergemeinschaftung großer Teile des Schengen-Besitzstands und der Zusammenarbeit im Bereich Justiz und Inneres zur schrittweisen Errichtung eines Raums der Freiheit, der Sicherheit und des Rechts. Außerdem wurden die Gemeinsamen Außen- und Sicherheitspolitik und ihr Instrumentarium fortentwickelt. Im institutionellen Bereich wurde die Stellung des Kommissionspräsidenten gestärkt. Die Anzahl der Sitze im Europäischen Parlament wurde auf 700 begrenzt und das Mitentscheidungsverfahren ausgeweitet. Durch die neue Möglichkeit einer verstärkten Zusammenarbeit sollten eventuelle Blockaden durch integrationsunwillige Mitgliedstaaten vermieden werden. Im Vertrag von Amsterdam gelang es nicht, die für eine Erweiterung notwendigen institutionellen Reformen ausreichend umzusetzen. Bereits im Folgejahr seiner Ratifizierung startete daher eine Regierungskonferenz, in der diese Leftovers von Amsterdam im Mittelpunkt standen und die in den im Februar 2003 ratifizierten Vertrag von Nizza mündeten.

Vertrag von Maastricht: Der Vertrag über die Europäische Union wurde am 7.2.1992 in Maastricht unterzeichnet und trat zum 1.11.1993 in Kraft. Nach der Einheitlichen Europäischen Akte war der Rahmenvertrag die zweite große Reform der Römischen Verträge. Um die neue Qualität der europäischen Integration zu symbolisieren, etabliert der Vertrag eine Europäische Union, die sich aus drei Säulen zusammen setzt: der Europäischen Gemeinschaft (vorher: Europäische Wirtschaftsgemeinschaft), der Gemeinsamen Außen- und Sicherheitspolitik (GASP) sowie der Zusammenarbeit im Bereich Justiz und Inneres (ZJIP). Die herausragende Innovation des Maastrichter Vertrags ist die Schaffung einer Wirtschafts- und Währungsunion. Darüber hinaus enthält der Vertrag eine Reihe von Bestimmungen, die die Handlungsfähigkeit und Qualität der Europäischen Union verbessern. Zu nennen sind die Einführung einer Unionsbürgerschaft mit EU-weitem Aufenthaltsrecht und Wahlrecht bei Kommunal- und Europawahlen, die Erweiterung der Gemeinschaftskompetenzen in mehreren Politikbereichen, die Einrichtung eines Kohäsionsfonds, die Einführung föderaler Elemente (Subsidiaritätsprinzip, Ausschuss der Regionen), die Verbesserung der Entscheidungsverfahren, die Ausweitung von Mehrheitsentscheidungen des Europäischen Parlaments sowie die Verbesserung der intergouvernementalen Zusammenarbeit in der GASP und der ZJIP. Im Vertrag selbst ist eine Revisionsklausel vorhanden, nach der im Jahr 1996 eine neue Regierungskonferenz einzusetzen war. Resultat dieser Revision ist der 1999 in Kraft getretene Vertrag von Amsterdam.

Vertrag von Nizza: Nachdem es im Vertrag von Amsterdam nicht gelungen war, die EU-Institutionen an die Erfordernisse der erweiterten Union anzupassen, wurde im Jahr 2000 eine Regierungskonferenz einberufen. Ihr Auftrag war die in Amsterdam ungelösten Fragen – Größe und Zusammensetzung der Kommission, Stimmengewichtung im Rat, Ausweitung der Abstimmung mit qualifizierter Mehrheit – zu behandeln sowie weitere damit zusammenhängende Vertragsänderungen zu prüfen. Der daraus hervorgegangene Vertrag von Nizza wurde am 26. Februar 2001 unterzeichnet und trat am 1. Februar 2003 in Kraft. Seine Bestimmungen beschränken die Anzahl der Kommissionsmitglieder auf einen Vertreter pro Land bei einer Höchstzahl von 27 Kommissaren. Für die Stimmgewichtung im Rat wird ein neues Verfahren eingeführt, welches allerdings die Hürden für eine qualifizierte Mehrheit anhebt. Eine Modifizierung der Sitzverteilung im Parlament erhöht die Repräsentativität der Mitgliedstaaten. Die Überführung von vielen bisher mit Einstimmigkeit getroffenen Entscheidungen im Rat in die qualifizierte Mehrheit kann als die wichtigste Änderung des Vertrages angesehen werden. Die Frage nach größeren strukturellen Reformen blieb im Vertrag von Nizza unbeantwortet. Die damit verbundenen Themen – eine klare Strukturierung der Aufgabenverteilung, die Vereinfachung der Verträge, die Einbeziehung der Charta der Grundrechte sowie eine angemessenen Rolle der nationalen Parlamente – wurden in einem öffentlichen Prozess diskutiert. Die dem Vertrag von Nizza beigefügte Erklärung zur Zukunft der Union sah weiterhin vor, dass der Post-Nizza-Prozess 2004 in eine weitere Regierungskonferenz mündete. Aus dem Post-Nizza-Prozess gingen schließlich die Einsetzung des Europäischen Konvents hervor, der den Entwurf des Europäischen Verfassungsvertrages erarbeitete. Nach dem Scheitern des Verfassungsvertrages konnte nach einem langwierigen Reform- und Ratifizierungsprozess schließlich der Vertrag von Lissabon am 1. Dezember 2009 in Kraft treten.

Vertragsänderungsverfahren: Die EU-Verträge können nach Art. 48 EUV geändert werden. Dazu können von den Regierungen, dem Europäischen Parlament oder der Kommission Änderungsentwürfe vorgelegt werden. Der Europäische Rat beschließt daraufhin deren Prüfung und sein Präsident beruft nach dem Ordentlichen Änderungsverfahren einen Europäischen Konvent ein, der Empfehlungen ausarbeitet, die einer Regierungskonferenz vorgelegt werden, die dann die Änderungen beschließt. Die Vertragsänderung muss von allen Mitgliedstaaten gemäß ihren verfassungsrechtlichen Vorschriften ratifiziert werden.

Darüber hinaus sind geringfügigere Veränderungen – wie die Überführung von Politikbereichen mit Einstimmigkeitserfordernis in die qualifizierte Mehrheit – nach dem Vereinfachten Änderungsverfahren möglich. Dies erfordert einen einstimmigen Beschluss des Europäischen Rats sowie die Zustimmung der nationalen Parlamente.

Vertragsverletzungsverfahren: Ein Vertragsverletzungsverfahren ist ein Gerichtsverfahren vor dem Europäischen Gerichtshof (EuGH) gegen einen Mitgliedstaat, in dem der Vorwurf der Vertragsverletzung überprüft wird. Im Falle einer vermuteten Verletzung der Verträge können Mitgliedstaaten (Art. 259 AEUV) oder die Europäische Kommission (Art. 258 AEUV) initiativ werden. Der Vertrag von Maastricht ermöglichte es dem EuGH erstmals, bei Nichtbefolgen seiner Urteile Zwangsgelder gegen die Mitgliedstaaten zu verhängen (Art. 260 AEUV). Seit 1997 nutzt die Europäische Kommission die Möglichkeit, gegenüber Mitgliedstaaten wegen der Nichtbefolgung von EuGH-Urteilen Zwangsgelder zu beantragen.

Verwaltungszusammenarbeit: Die Verwaltungen in den EU-Mitgliedstaaten arbeiten in vielen Bereichen zusammen, um das Unionsrecht effektiv umsetzen zu können. Da die EU dies als Frage von gemeinsamem Interesse ansieht, kann sie die Mitgliedstaaten nach Art. 6 und 197 AEUV in ihren Bemühungen um eine Verbesserung der Verwaltungszusammenarbeit unterstützen. Genannt werden insbesondere die Erleichterung des Austauschs von Informationen und von Beamten sowie die Unterstützung von Aus- und Weiterbildungsprogrammen. Die Mitgliedstaaten müssen diese Unterstützung nicht in Anspruch nehmen.

Warenverkehr: Der freie Warenverkehr ist eine der vier für einen Gemeinsamen Markt erforderlichen Grundfreiheiten. Freier Warenverkehr über die EU-Binnengrenzen erfordert die Harmonisierung der Zölle und Steuern einerseits, andererseits einheitliche Regelungen auf den Gebieten des Gesundheits-, Verbraucher- und Umweltschutzes sowie die Beseitigung aller weiteren Handelshemmnisse. Die Gemeinschaft hat mit der Vollendung des Binnenmarkts das Ziel des freien Warenverkehrs weitgehend erreicht. Allerdings bestehen in einigen Bereichen Ausnahme- oder Übergangsregelungen. Notwendige Kontrollen finden seit 1993 nicht mehr an den Grenzen, sondern direkt in den Betrieben statt.

Weißbuch: In der EU-Terminologie enthält ein Weißbuch amtlich ausgearbeitete, konzeptionelle Vorschläge zu bestimmten Politikbereichen. Im Gegensatz dazu sind Grünbücher konzeptionelle Ausarbeitungen, die als Diskussionsvorlage zur Entscheidungsfindung vorgelegt werden.

Welthandelsorganisation (WTO): Nach Abschluss der Uruguay-Runde des GATT wurde 1995 eine selbständige Welthandelsorganisation geschaffen, der alle bisherigen GATT-Mitglieder angehören. Die WTO soll die Handelsbeziehungen zwischen den Vertragsstaaten vertiefen und unter anderem als Forum für die künftigen multilateralen Handelsverhandlungen dienen. Anfang 2010 hatte die WTO 153 Mitgliedstaaten, die insgesamt über 90 % des Welthandels abwickeln. Weitere 32 Staaten streben eine WTO-Mitgliedschaft an. Adresse: Rue de Lausanne, CH-1211 Genf 21. Internet: www.wto.org

Werner-Plan: Der Werner-Plan ist der von einem Ausschuss unter der Leitung des damaligen luxemburgischen Ministerpräsidenten und Finanzministers, Pierre Werner, erarbeitete Bericht über die stufenweise Ausarbeitung der Wirtschafts- und Währungsunion (WWU). Er wurde im Oktober 1970 vorgelegt und sah die schrittweise Schaffung der WWU in drei

Stufen bis 1980 vor, die durch Währungskooperation, Koordinierung der Konjunkturpolitiken, Aufhebung der Kapitalverkehrsgrenzen und einen regionalen Finanzausgleich verwirklicht werden sollte. Die erste Stufe begann 1971. Das Auseinanderdriften der Währungen in den 1970er Jahren und der Rückgriff auf nationale Krisenbewältigungsstrategien verhinderten die weitere Verwirklichung des Plans.

Westeuropäische Union (WEU): Die WEU ging 1954 aus dem zur Verteidigung gegen Deutschland entstandenen Brüsseler Pakt hervor (1948). Ihre Aufgaben waren primär die umfassende Beistandspflicht im Falle eines Angriffs auf Europa und die Wahrung des Friedens und der Sicherheit in Europa. Die WEU galt lange Zeit als schwacher Arm der NATO, obwohl sie in ihrer Bindung der Vertragsparteien weit über die NATO-Vereinbarungen hinausging. Im Rahmen der Diskussion über einen europäischen Pfeiler in der Verteidigungspolitik erfuhr die WEU in den 1990er Jahren eine Wiederbelebung. Mit den 1999 getroffenen Beschlüssen von Köln und Helsinki zur Europäischen Sicherheits- und Verteidigungspolitik wurden die Aufgaben der WEU schrittweise auf die EU übertragen. Mit dem Vertrag von Lissabon gingen die WEU-Funktionen endgültig an die EU über. Die Westeuropäische Union betrachtete damit ihre „historische Rolle" als erfüllt und verkündete am 31. März 2010 die Auflösung des Bündnisses.

Wirtschafts- und Finanzausschuss (WFA): Mit dem Beginn der Wirtschafts- und Währungsunion wurde der Währungsausschuss durch den in Art. 134 AEUV genannten Wirtschafts- und Finanzausschuss ersetzt. Jeder Mitgliedstaat, die Kommission und die Europäische Zentralbank können jeweils zwei Mitglieder des Ausschusses benennen. Aufgabenbereiche sind die Beobachtung der Wirtschafts- und Finanzlage sowie die Berichterstattung an Rat und Kommission darüber, die Beratung des Rats sowie die jährliche Prüfung der Maßnahmen in den Bereichen Kapital- und Zahlungsverkehr. Der Ausschuss gibt auf Ersuchen des Rats, der Kommission oder von sich aus Stellungnahmen ab.

Zivilgesellschaft: Um die Partizipationsmöglichkeiten der EU-Bürger zu stärken, sieht der Vertrag von Lissabon einen verstärkten Austausch mit Repräsentanten der Zivilgesellschaft vor (Art. 11 EUV). Die Organe der EU geben demnach den Bürgern und Verbänden die Möglichkeit, ihre Ansichten in allen Bereichen des Handelns der Union öffentlich bekannt zu geben und auszutauschen. Vorgesehen ist ein „offener, transparenter und regelmäßiger" Dialog. Darüber hinaus kann die Kommission durch eine „Bürgerinitiative" von mindestens einer Million Bürger aufgefordert werden die Initiative zu einem bestimmten Thema zu ergreifen. Die Kommission hat für ihre Dienststelle Mindeststandards festgelegt, die in der Konsultation zivilgesellschaftlicher Organisationen beachtet werden müssen. Das Programm „Europa für Bürgerinnen und Bürger" stellt im Zeitraum von 2007 bis 2013 215 Mio. Euro dafür bereit eine aktive europäische Bürgerschaft zu unterstützen sowie zivilgesellschaftliche Organisationen in den europäischen Integrationsprozess einzubeziehen.

Zollunion: Eine Zollunion ist der Zusammenschluss mehrerer Zollgebiete zu einem einheitlichen Zollgebiet. Dabei fallen die Binnenzölle zwischen den Mitgliedern weg. Im Unterschied zur Freihandelszone kann bei der Einfuhr von Waren aus Drittländern kein Mitgliedsland eigene Zölle erheben, stattdessen werden einheitliche Außenzölle erhoben. Eineinhalb Jahre früher als vorgesehen konnte die EG im gewerblichen Bereich die Zollunion am 1.7.1968, bei landwirtschaftlichen Produkten am 1.1.1970 vollenden. Später beitretende

Mitglieder erhalten jeweils eine Übergangsfrist, bis die Zollunion auch auf ihrem Gebiet voll anwendbar ist.

Zusammenarbeit der Parlamente: Um das parlamentarische Defizit in den europäischen Entscheidungsprozessen zu mindern, kooperieren die einzelstaatlichen Parlamente sowohl untereinander als auch mit dem Europäischen Parlament. Institutionalisierte Formen der Zusammenarbeit sind die Parlamentspräsidentenkonferenz, die seit 1981 einen Meinungsaustausch durchführt sowie die 1989 gegründete Konferenz der auf Europafragen spezialisierten Organe (COSAC, Conférence des Organes spécialisés en Affaires communautaires), die im halbjährigen Turnus Politikfelder und Probleme des EU-Gesetzgebungsverfahrens behandelt. Letztere ist zusammengesetzt aus Delegierten der europapolitischen Fachausschüsse der nationalen Parlamente sowie des Ausschusses für konstitutionelle Fragen des Europäischen Parlaments. Der Vertrag von Amsterdam hat die Rolle der nationalen Parlamente gestärkt. COSAC wird darüber hinaus das Recht eingeräumt, ihre Ansicht zu EU-Themen den EU-Organen zu unterbreiten.

Zusammenarbeitsverfahren: Das Zusammenarbeitsverfahren wurde als neues Verfahren der Zusammenarbeit zwischen den EG-Organen 1987 durch die Einheitliche Europäische Akte eingeführt. Es sah Entscheidungen des Rats mit qualifizierter Mehrheit vor und trug dadurch entscheidend zur Verwirklichung des Binnenmarktziels bei. Gleichzeitig erhielt das Europäische Parlament erweiterte Mitwirkungsbefugnisse durch die Einführung einer zweiten Lesung. Mit Inkrafttreten des Vertrages von Lissabon fiel das Zusammenarbeitsverfahren weg.

Zustimmungsverfahren: Nach dem Zustimmungsverfahren kommt ein Rechtsakt nur dann zur Anwendung, wenn das Europäische Parlament ihm mit absoluter Mehrheit bzw. mit relativer Mehrheit seiner Mitglieder zugestimmt hat.

Europa im Internet

Ingo Linsenmann / Bernd Hüttemann

Eine ausführlichere und kommentierte Version dieser Zusammenstellung ist mit unter http://www.jeanmonnetchair.uni-koeln.de/index.php?id=366 online und http://www.europaeische-bewegung.de/links verfügbar.

---

1 Überblicksinformationen zur Europäischen Union

www.europa.eu

Die offizielle „EU"-Homepage. „Die" zentrale Startseite zu Institutionen und Politikbereichen sowie zu zahlreichen offiziellen Informationen und Dokumenten der EU. Eine Suchmaschine erleichtert die Recherche des umfangreichen Angebots.

europa.eu/abc/index_de.htm

Bürgerfreundliche Einstiegsseite mit Angeboten wie Europa in 12 Lektionen, ein Sprachführer für den Eurojargon, grundlegende Daten und auch die Symbole der Europäischen Union nebst Erläuterungen.

www.europa.eu/scadplus/glossary/index_de.htm

Detailliertes Glossar als einfacher inhaltlicher Einstieg in alle Politikbereiche der Europäischen Union.

www.publications.europa.eu

Das Verlagshaus der Union mit Verweisen auf sämtliche Publikationen der EU-Organe (mit Bestellfunktion).

2 Die EU-Organe und -Einrichtungen

www.europa.eu

Ausgangspunkt zu allen EU-Institutionen.

www.eu-kommission.de

Vertretung der Europäischen Kommission in Deutschland, u.a. mit „EU-Nachrichten" zum Download.

www.2010.es, www.eu2010.be, etc.

Seiten der EU-Ratspräsidentschaften.

www.europarl.de

Informationsbüro des Europäischen Parlaments in Deutschland.

www.bundesbank.de/ezb/ezb.php

Deutsche Spiegelseite der Europäischen Zentralbank.

3 Weitere Organisationen in Europa

www.coe.int/de

Europarat in Straßburg.

www.echr.coe.int

Europäischer Gerichtshof für Menschenrechte.

www.efta.int

European Free Trade Association (EFTA).

www.oecd.org

Organisation für wirtschaftliche Zusammenarbeit und Entwicklung (OECD).

www.osce.org

Organisation für Sicherheit und Zusammenarbeit in Europa (OSZE).

4 Regierungsstellen auf nationaler und regionaler Ebene

http://europa.eu/abc/european_countries/index_de.htm

Übersicht aller europäischer Regierungen mit Web-Präsenz.

www.auswaertiges-amt.de/europa

Angebot des Auswärtigen Amts der Bundesrepublik mit zahlreichen Dokumenten, Presse-artikeln, Positionspapieren und Reden zur Europapolitik.

bmwi.de/BMWi/Navigation/europa.html

Das BMWi ist für die europapolitische Koordinierung innerhalb der Bundesregierung ver-antwortlich.

www.europaminister.de

Seiten der Konferenz der Europaminister und -senatoren der deutschen Länder mit Be-schlüssen der Europaministerkonferenz.

5 Politikbereiche

ec.europa.eu/internal_market/de/index.htm

Generaldirektion Binnenmarkt mit dem regelmäßig erscheinenden Bericht zum Binnen-markt, weiterführenden Hinweisen zu laufenden oder geplanten Rechtsakten sowie das kostenfreie „Single Market News"-Magazin.

ec.europa.eu/youreurope/

Informationen zur Unionsbürgerschaft und zum Binnenmarkt.

ec.europa.eu/comm/external_relations/index.htm

Kommissionsseite zu den Außenbeziehungen der Europäischen Union.

consilium.europa.eu/pesc/ bzw. *consilium.europa.eu/esdp/*

Dokumente des Rats zur Gemeinsamen Außen- und Sicherheitspolitik bzw. zur Europä-ischen Sicherheits- und Verteidigungspolitik.

ec.europa.eu/justice_home/index_de.htm

Kommissionsseite zum Raum der Freiheit, der Sicherheit und des Rechts in der EU.

ec.europa.eu/enlargement/

Überblick zur abgeschlossenen Erweiterungsrunde, zum Stand der laufenden Beitrittsverhandlungen und der Beziehungen der EU mit den westlichen Balkanländern. Hier zum Download auch die Beitrittsverträge.

ec.europa.eu/agriculture/index_de.htm

Generaldirektion Landwirtschaft mit Pressemitteilungen, wichtigen Reden, Programmen und Agrarstatistiken.

http://europa.eu/lisbon_treaty/index_de.htm

Das Webportal zum Vertrag von Lissabon liefert u.a. den vollständigen Wortlaut des Vertrags.

6 Gesetzgebung, Rechtssprechung und Dokumente

eur-lex.europa.eu/

Portal zum Recht der EU. Umfasst die nun kostenlose CELEX Datenbank mit Volltexten der europäischen Rechtsvorschriften und Nachweisen über die Fundstellen dieser Texte, die Amtsblätter der EU L und C seit 1998, die derzeit geltende Rechtsprechung, Vorschläge für Rechtsakte sowie Kommissionsdokumente, die derzeit gültige Fassung des EU-Vertrags und des Vertrags über die Arbeitsweise der EU sowie auch sämtliche Vorgängerfassungen und alle Beitrittsverträge.

curia.europa.eu/.de/content/juris/index.htm

Rechtsprechung des Europäischen Gerichtshofs und des Gerichts erster Instanz.

ec.europa.eu/transparency/index_de.htm

Seite der Europäischen Kommission zur Erleichterung des Zugangs zu Dokumenten des Europäischen Parlaments, des Rats und der Kommission.

europa.eu/rapid

RAPID: Pressemitteilungen der Kommission und anderer Organe sowie Reden, Hintergrundfakten und Erklärungen.

europa.eu/generalreport/de/rgset.htm

Die Gesamtberichte über die Tätigkeit der Europäischen Union seit 1997.

http://europa.eu/documentation/official-docs/white-papers/index_de.htm
bzw.
http://europa.eu/documentation/official-docs/green-papers/index_de.htm

Die Grün- und Weißbücher der Europäischen Kommission ab ca. 1993 online.

http://www.european-council.europa.eu/council-meetings/conclusions.aspx?lang=de

Schlussfolgerungen des Europäischen Rats seit 1993 und Verweis auf vorangegangene Schlussfolgerungen.

7 Offizielle Serviceangebote und Materialien

http://ec.europa.eu/europedirect/index_de.htm

Einrichtungen und Initiativen, die im Rahmen der Informations- und Kommunikationspolitik der Kommission tätig sind.

ec.europa.eu/deutschland/service/index_de.htm

Auf Deutschland bezogenes Informationsportal der Kommissions-Vertretung in Deutschland.

www.aktion-europa.de

Angebot des Auswärtigen Amtes und des Netzwerks Europäische Bewegung zur Darstellung europäischer Initiativen in Deutschland.

www.europatermine.de

Flächendeckende Darstellung europarelevanter nichtstaatlicher Termine in Deutschland.

iate.europa.eu

(Vormals EURODICAUTOM): Übersetzungsprogramm, speziell für EU-bezogene Terminologie, inzwischen nutzbar in allen 23 Amtssprachen der EU und Latein.

eurovoc.europa.eu

Eurovoc: Thesaurus für EU-bezogene Terminologie.

europa.eu/geninfo/info/guide/dbsubject/index_de.htm

Startseite des Europa-Servers zu EU-Datenbanken.

europa.eu/whoiswho

Interinstitutionelles Verzeichnis: Organigramme der Dienststellen der Union und auch einzelne Personen und Dienste.

ec.europa.eu/staffdir/plsql/gsys_page.display_index?pLang=DE

Dienstellen-Handbuch der Kommission.

cordis.europa.eu/de/home.html

Informationsdienst für Forschung, Entwicklung und verwandte Bereiche, der auch eine eigene Meta-Datenbank umfasst, die zehn Datenbanken vereint.

europa.eu/epso/index_de.htm

Personalausschreibungen der EU-Institutionen.

http://europa.eu/policies-activities/tenders-contracts/index_de.htm

Einstiegsseite zu den verschiedenen Finanzhilfen der EU.

ec.europa.eu/public_opinion/index_en.htm

Eurobarometer u.Ä.: Ergebnisse von Meinungsumfragen der EU.

epp.eurostat.ec.europa.eu

Seiten des Statistischen Amts der EU mit Daten über u.a. Landwirtschaft, Handel und Regionen aus den Mitgliedstaaten und der EU.

8 Virtuelle Bibliotheken

ec.europa.eu/libraries/doc/index_de.htm

Zentralbibliothek der Europäischen Kommission mit Querverweis auf die ECLAS-Datenbank der Zentralbibliothek (insgesamt ca. 500.000 Buchtitel).

ec.europa.eu/dgs/secretariat_general/archives_services/index_de.htm

Übersicht der Archivdienste der EU-Institutionen

www.eui.eu/LIB/

Bibliothek des Europäischen Hochschulinstituts in Florenz.

www.ub.uni-mannheim.de/index.php?id=463

Bibliothek des Europäischen Dokumentationszentrums an der Universität Mannheim.

www.ena.lu

European Navigator: Virtuelle Multi-Media Bibliothek zur europäischen Integrationsgeschichte und zum politischen System der EU.

www.europeana.eu/portal/index.html?lang=de

Archiv für Kunst und Kultur

9 Audiovisuelle Angebote

ec.europa.eu/avservices/home/index_en.cfm

Video-,Foto- und Audioangebot der Europäischen Kommission.

www.europarltv.europa.eu

EuroparlTV: Streams, Beiträge und Live-Übertragungen der Parlamentssitzungen.

www.youtube.com/EUtube

Webportal der Kommission mit populären Videostreams zur europäischen Integration.

10 Lehre und Lehrangebote mit EU-Bezug

www.coleurop.be

Die Europa-Kollegs in Brügge und Natolin.

www.eui.eu

Europäisches Hochschulinstitut in Florenz.

www.eustudies.org

Netzwerk der Mitglieder und Akademiker, die zur Europäischen Integration lehren und forschen.

www.cife.eu

Centre International de Formation Européenne. Im Angebot auch eine EU-Online-Akademie.

11 Forschungszentren mit Bezug zu EU-Politiken

www.tepsa.eu

Trans European Policy Studies Association (TEPSA): Überblick über nationale Forschungs-
aktivitäten der 28 Mitgliedsinstitute und Berichte.

www.iep-berlin.de

Institut für Europäische Politik: Überblick über wissenschaftliche Tätigkeiten und Publikationen mit Textauszügen aus der Fachzeitschrift „integration".

http://www.cap-lmu.de

Centrum für angewandte Politikforschung (C·A·P) der Universität München: Projekte, Publikationen und Hintergrundinformationen insbesondere zu Themen der Deutschland- und
Europapolitik.

www.dgap.org

Deutsche Gesellschaft für Auswärtige Politik (DGAP): Politikwissenschaftliche Informationen zum Bereich Internationale Beziehungen.

www.mpi-fg-koeln.mpg.de

Max-Planck-Institut für Gesellschaftsforschung (MPIfG): u.a. mit Diskussions- und Arbeits-
papieren.

www.mzes.uni-mannheim.de

Mannheimer Zentrum für Europäische Sozialforschung (MZES): Überblick über Entwick-
lungstendenzen der europäischen Gesellschaften aus soziologischem Blickwinkel.

www.epc.eu

European Policy Centre (EPC): Working Papers und Konferenzergebnisse.

www.swp-berlin.org

Stiftung Wissenschaft und Politik: u.a. mit Dossier zum EU-Reformprozess.

www.zei.de

Zentrum für Europäische Integrationsforschung (ZEI): Informationen zu Forschungspro-
jekten und -inhalten, Discussion- und Policy-Papers.

www.boell.de

Die Böll-Stiftung bietet Übersichten zu bestimmten europapolitischen Schwerpunkten.

www.fes.de

Die Friedrich-Ebert-Stiftung (FES) bietet im Bereich Europapolitik aktuelle Übersichten, On-
line-Publikationen und Arbeitshilfen für die politische Bildung.

www.kas.de

Die Konrad-Adenauer-Stiftung (KAS) bietet einen Schwerpunktbereich „Europa" mit Hinweisen zu Publikationen, Veranstaltungshinweisen und Positionspapieren.

12 Wissenschaftliche Online-Angebote

eiop.or.at/erpa/erpainfo.htm

European Research Papers Archive: Verbund von 14 wissenschaftlichen Online-Paper-Angeboten mit (Volltext-)Suchfunktion.

www.iep-berlin.de

Online-Angebot der Zeitschrift „integration" des Instituts für Europäische Politik (IEP).

www.eu-27watch.org/

Online-Angebot des IEP und des EU-CONSENT Netzwerkes zu den nationalen Debatten über die Vertiefung und Erweiterung.

www.whi-berlin.de

Working Papers und Vorträge der Reihe Forum Constitutionis Europae im Volltext des Walter Hallstein-Instituts für Europäisches Verfassungsrecht.

www.europarl.europa.eu/activities/committees/studies.do?

Wissenschaftliche Studien für die Ausschüsse des Europäischen Parlaments seit 1997.

www.wissen-europa.de

Jahrbücher zur Europäischen Integration seit 1980 online im PDF-Format.

13 Portale und Web2.0-Angebote mit Beteiligungsmöglichkeiten

www.euractiv.com, bzw. www.euractiv.de

EurActiv: Portal mit täglich aktualisierten Nachrichten sowie Dossiers und Verweisen.

www.euobserver.com

Kommentiertes Portal für aktuelle Presseartikel zur Integration in englischer Sprache.

de.wikipedia.org/wiki/Portal:Europäische_Union

Sektion über die EU der freien Enzyklopädie Wikipedia. Mehrsprachig und weitgehend verlinkt.

ec.europa.eu/yourvoice/consultations/index_de.htm

Übersicht zu aktuellen Konsultationen der EU.

europa.eu/take-part/blogs/index_de.htm

Übersicht zu den bereits bestehenden Blogs, z.B. von EU Kommissaren.

14 Europapolitische Verbände in der Bundesrepublik

www.europaeische-bewegung.de

Netzwerk Europäische Bewegung Deutschland e.V.

www.europa-union.de

Europa-Union Deutschland e.V.

www.jef.de

Junge Europäischen Föderalisten Deutschland e.V.

Zeittafel der europäischen Integration

19.09.1946	Churchill ruft in Zürich zur Gründung der Vereinigten Staaten von Europa auf.
04.03.1947	Frankreich und Großbritannien schließen den Bündnisvertrag von Dünkirchen, der mit der Aufnahme der Benelux-Länder am 17.3.1948 zum Brüsseler Pakt erweitert wird.
01.01.1948	Belgien, die Niederlande und Luxemburg schließen sich zu einer Zollunion zusammen (Benelux).
16.04.1948	Gründung der Organisation für europäische wirtschaftliche Zusammenarbeit (OEEC, 14.12.1960 OECD) zur Koordinierung des Marshall-Plans (5.6.1947).
08.-10.05.1948	Auf dem Haager Kongress fordern die europäischen Föderalisten ein geeintes demokratisches Europa und die Schaffung des Europarats.
04.04.1949	Die USA, Kanada, Großbritannien, Frankreich, Italien, die Benelux-Staaten, Portugal, Norwegen und Island gründen die NATO. Der Nordatlantikvertrag tritt am 24.8.1949 in Kraft.
05.05.1949	Frankreich, Großbritannien, die Benelux-Staaten, Dänemark, Irland, Italien, Norwegen und die Schweiz gründen den Europarat mit Sitz in Straßburg (Europatag am 5. Mai). Sein Statut tritt am 3.8.1949 in Kraft.
20.09.1949	Das Europa-Kolleg Brügge wird gegründet.
09.05.1950	Der französische Außenminister Robert Schuman stellt Jean Monnets Plan zur Integration der europäischen Kohle- und Stahlproduktion vor (Europatag am 9. Mai).
24.10.1950	Der französische Ministerpräsident René Pleven legt, wieder auf Initiative Monnets, seinen Plan zur Integration der europäischen Streitkräfte unter Einschluss eines wiederbewaffneten Deutschlands vor.
18.04.1951	Die Pariser Verträge zur Gründung der Europäischen Gemeinschaft für Kohle und Stahl (EGKS) werden von Frankreich, Deutschland, Italien, Belgien, den Niederlanden und Luxemburg unterzeichnet. Der befristete Vertrag tritt am 23.7.1952 in Kraft und endet am 23.7.2002. Jean Monnet wird zum Präsidenten der Hohen Behörde und Paul-Henri Spaak zum Präsidenten der Gemeinsamen Versammlung ernannt.
18.02.1952	Griechenland und die Türkei treten der NATO bei.
10.09.1952	Die Außenminister der EGKS beauftragen die Ad-hoc-Versammlung mit der Ausarbeitung eines Vertragsentwurfs für eine Europäische Politische Gemeinschaft (EPG), der am 9.3.1953 vorgelegt wird.
10.02.1953	Durch Aufhebung der Zölle und mengenmäßige Beschränkungen wird der gemeinsamen Markt für Kohle und Eisenerz errichtet, am 15.3.1953 folgt der für Schrott, am 1.5.1953 der für Stahl.

03.09.1953	Die Europäische Konvention zum Schutz der Menschenrechte und Grundfreiheiten (EMRK) tritt in Kraft. Sie war von den Mitgliedstaaten des Europarats am 4.11.1950 in Rom unterzeichnet worden.
28.-30.08.1954	Die französische Nationalversammlung nimmt den am 27.5.1952 unterzeichneten EVG-Vertrag nicht zur Beratung an. EVG und EPG sind gescheitert. Jean Monnet tritt am 10.11.1954 zurück.
23.10.1954	Die Pariser Verträge werden unterzeichnet. Deutschland wird Mitglied der NATO und der aus dem Brüsseler Pakt hervorgegangenen Westeuropäischen Union (WEU). Der Beitritt wird am 9.5.1955 bzw. am 7.5.1955 wirksam.
01.-02.06.1955	Auf der Grundlage des Beneluxmemodrandums vom 20.5.1955 beschließen die Außenminister der EGKS in Messina die Ausdehnung der Integration. Unter dem Vorsitz von Paul-Henri Spaak beginnt am 9.7.1955 die Ausarbeitung des Spaak-Berichts, der am 6.5.1956 vorgelegt und am 29.5.1956 von den Außenministern gebilligt wird. Die Vertragsverhandlungen beginnen am 26.6.1956 in Brüssel.
08.12.1955	Der Europarat wählt sein Emblem: zwölf Sterne auf blauem Grund.
25.03.1957	Die Mitgliedstaaten der EGKS unterzeichnen die Römischen Verträge zur Gründung der Europäischen Wirtschaftsgemeinschaft (EWG) und der Europäischen Atomgemeinschaft (Euratom). Sie treten am 1.1.1958 in Kraft. Die nun drei Gemeinschaften EWG, Euratom und EGKS haben zwei gemeinsame Organe: den Gerichtshof und die Parlamentarische Versammlung. Am 7.1.1958 wird Walter Hallstein zum Präsidenten der EWG-Kommission, Louis Armand zum Präsidenten der Euratom-Kommission und Paul Finet zum Präsidenten der Hohen Behörde der EGKS ernannt.
19.03.1958	In Straßburg findet die Eröffnungssitzung der Parlamentarischen Versammlung statt, zu deren Präsident Robert Schuman gewählt wird. Diese Versammlung löst diejenige der EGKS ab. Am 13.5.1958 wird die Sitzordnung der Versammlung erstmals von der politischen und nicht von der nationalen Zugehörigkeit bestimmt.
03.-11.07.1958	Auf der Konferenz von Stresa werden die Grundlagen für die Gemeinsame Agrarpolitik (GAP) gelegt.
07.10.1958	In Luxemburg wird der Europäische Gerichtshof (EuGH) errichtet, der den Gerichtshof der EGKS ablöst.
04.01.1960	In Stockholm wird die Europäische Freihandelszone (EFTA) gegründet. Der Vertrag tritt am 3.5.1960 in Kraft.
20.09.1960	Die Verordnung über den Europäischen Sozialfonds tritt in Kraft. Am 1.9.1961 folgt das In-Kraft-Treten der Verordnung über die Freizügigkeit von Arbeitnehmern innerhalb der Gemeinschaft.

10.-11.02.1961	Auf Vorschlag de Gaulles wird unter dem Vorsitz von Christian Fouchet ein Plan zur sicherheitspolitischen Zusammenarbeit ausgearbeitet. Der Fouchet-Plan (Fouchet I) wird am 2.11.1961 vorgelegt. Am 18.1.1962 wird eine intergouvernemental zugespitzte Version des Plans präsentiert (Fouchet II). Am 17.4.1962 werden die Verhandlungen zur Europäischen Politischen Union abgebrochen.
31.07.1961	Irland stellt einen Beitrittsantrag. Am 9.8.1961 folgt Dänemark, am 10.8.1961 Großbritannien und am 30.4.1962 Norwegen. Weitere EFTA-Staaten stellen Assoziierungsanträge.
14.01.1962	Der Rat erlässt die ersten Verordnungen über die Gemeinsame Agrarpolitik. Am 30.7.1962 treten die Verordnungen in Kraft, am 1.7.1964 nimmt der Europäische Ausrichtungs- und Garantiefonds für die Landwirtschaft (EAGFL) seine Arbeit auf.
30.03.1962	Die Parlamentarische Versammlung beschließt ihre Umbenennung in Europäisches Parlament.
01.11.1962	Die Assoziierung Griechenlands tritt in Kraft.
14.01.1963	Mit dem Veto de Gaulles auf einer Pressekonferenz am 14.1.1963 sind die am 8.11.1961 begonnenen Beitrittsverhandlungen mit Großbritannien gescheitert und damit auch die Beitritts- und Assoziierungsanträge der anderen EFTA-Mitglieder.
22.01.1963	Deutschland und Frankreich unterzeichnen den Vertrag über die deutsch-französische Zusammenarbeit (Elysée-Vertrag).
05.02.1963	Nach dem Urteil des EuGH in der Rechtssache Van Gend en Loos stellt die Gemeinschaft einen neuen Zusammenschluss völkerrechtlicher Art dar, zu dessen Gunsten die Mitgliedstaaten ihre Hoheitsrechte beschränkt haben.
04.09.1963	Robert Schuman stirbt.
01.06.1964	Das Abkommen von Jaunde tritt in Kraft. Achtzehn afrikanische Staaten werden assoziiert.
15.07.1964	Nach dem Urteil des EuGH in der Rechtssache Costa/ENEL hat Gemeinschaftsrecht Vorrang vor einzelstaatlichem Recht.
01.12.1964	Die Assoziierung der Türkei tritt in Kraft.
08.04.1965	Der Fusionsvertrag zur Einsetzung gemeinsamer Exekutivorgane der Europäischen Gemeinschaften (Ministerrat und Hohe Behörde/ Kommissionen der EGKS, EWG, Euratom) wird unterzeichnet. Er tritt am 1.7.1967 in Kraft. Am 6.7.1967 nimmt die gemeinsame Kommission unter Jean Rey ihre Arbeit auf.

26.07.1965- 29.01.1966	Nachdem die Verhandlungen im Ministerrat vom 30.6.-1.7.1965 zu Finanzierung der Gemeinsamen Agrarpolitik gescheitert waren, boykottiert Frankreich die Sitzungen des Ministerrats (Politik des leeren Stuhls). Vom 17.-18.1.1966 findet eine Sondersitzung des Ministerrats mit Frankreich, aber ohne die Kommission statt. Eine zweite Sondersitzung vom 28.-29.1.1966 legt die Krise dadurch bei, dass beschlossen wird, trotz des unüberbrückbaren Dissenses in der Frage des Übergangs zu Mehrheitsabstimmungen weiter zusammenzuarbeiten (Luxemburger Kompromiss).
10.05.1967	Großbritannien und Irland beantragen erneut ihren Beitritt. Dänemark folgt am 11.5.1967, Norwegen 24.7.1967, Schweden am 28.7.1967. Das zweite Veto de Gaulles blockiert eine Beschlussfassung des Ministerrats am 19.12.1967, damit liegen die Anträge bis zum Rücktritt de Gaulles am 28.4.1969 auf Eis. Auf der Sitzung vom 22.-27.7.1969 nimmt der Ministerrat die Prüfung der Anträge auf.
01.07.1968	Die Zollunion zwischen den sechs EG-Staaten tritt in Kraft. Die verbleibenden innergemeinschaftlichen Zölle werden 18 Monate vor dem Termin abgeschafft und die gegenüber Drittländern durch den Gemeinsamen Zolltarif ersetzt. Am 1.1.1959 war mit zehnprozentige Zollsenkungen, Kontingenterweiterungen und der Errichtung des Gemeinsamen Markts für Kernbrennstoffe begonnen worden.
23.12.1968	Die Kommission legt den Mansholt-Plan zur Modernisierung der europäischen Landwirtschaft vor.
01.-02.12.1969	Auf dem Gipfel von Den Haag beschließen die Staats- und Regierungschefs der EG eine beschleunigte Fortsetzung der europäischen Integration, die stufenweise Einführung der Wirtschafts- und Währungsunion, die baldige Aufnahme der Beitrittsverhandlungen, die Entwicklung von Grundsätzen der politischen Zusammenarbeit in der Außenpolitik und Eigenmittel der Gemeinschaft.
06.03.1970	Der Werner-Ausschuss, der Vorschläge zur Verwirklichung der Wirtschafts- und Währungsunion ausarbeiten soll, und der Davignon-Ausschuss, der Vorschläge zur außenpolitischen Zusammenarbeit vorlegen soll, werden eingesetzt.
22.04.1970	Der Vertrag von Luxemburg wird unterzeichnet. Er beinhaltet die Einführung der Eigenmittel und erweiterte Haushaltsbefugnisse des Parlaments.
30.06.1970	Die Beitrittsverhandlungen mit Dänemark, Großbritannien, Irland und Norwegen werden aufgenommen und am 14./17./19.1.1972 abgeschlossen. Am 22.1.1972 werden die Verträge unterzeichnet.
07.10.1970	Der Werner-Ausschuss legt seinen Bericht zur Errichtung einer Wirtschafts- und Währungsunion vor. Am 22.3.1971 legt der Ministerrat rückwirkend zum 1.1.1971 den Beginn der ersten Stufe des Werner-Plans fest.

27.10.1970	Die Mitgliedstaaten stimmen dem Davignon-Bericht über die Europäische Politische Zusammenarbeit (EPZ) zu. Der Beschluss war auf der Konferenz von Viterbo am 19.5.1970 vorbereitet worden.
10.11.1970	Die EG nimmt Gespräche mit den verbleibenden EFTA-Staaten auf. Zuerst mit Österreich, Schweden und der Schweiz, dann, am 24.11.1970, mit Portugal und Island. Am 22.7.1972 werden die Freihandelsabkommen unterzeichnet.
01.01.1971	Die Abkommen von Jaunde und Arusha treten in Kraft.
01.04.1971	Die Assoziierung Maltas tritt in Kraft, Zypern folgt am 1.6.1973.
21.03.1972	Der Präsident der Kommission Franco Maria Malfatti, der am 2.7.1970 seine Arbeit aufgenommen hatte, tritt zurück. Sein Nachfolger wird Vizepräsident Sicco Mansholt. Am 6.1.1973 übernimmt die neue Kommission unter Francois Xavier Ortoli die Arbeit.
19.04.1972	Das Europäische Hochschulinstitut in Florenz wird gegründet. Am 20.3.1975 findet die erste Versammlung des Hochschulrats statt.
24.04.1972	Die sechs Mitgliedstaaten der Gemeinschaft vereinbaren, die Bandbreite der Wechselkursschwankungen ihrer Währungen auf 2,25 % zu begrenzen (Währungsschlange).
10.05.1972	Die Iren stimmen in einem Referendum mit 83 % für den Beitritt. Die Norweger lehnen ihn in ihrem Referendum vom 24.-25.9.1972 mit 53,5 % ab. Das dänische Referendum am 2.10.1972 ergibt eine Zustimmung von 63,5 %. Am 16.10.1972 schließt Großbritannien ohne Volksabstimmung das Ratifizierungsverfahren ab. Die Franzosen stimmten am 23.4.1972 mit 63,3 % den Beitritten zu.
01.01.1973	Großbritannien, Irland und Dänemark treten den Europäischen Gemeinschaften bei. Die Freihandelsabkommen mit den verbliebenen EFTA-Staaten treten in Kraft, das mit Island am 1.4.1973. Am 1.7.1973 bzw. am 1.1.1974 folgt das In-Kraft-Treten der Freihandelsabkommen mit Norwegen und Finnland, die am 14.5.1973 bzw. am 5.10.1973 unterzeichnet worden waren.
09.-10.12.1974	Auf dem Gipfeltreffen in Paris beschließen die Staats- und Regierungschefs fortan als Europäischer Rat zusammenzukommen. Sie geben grünes Licht für die Direktwahl des Europäischen Parlaments und einigen sich auf die Errichtung des Europäischen Fonds für regionale Entwicklung (EFRE). Außerdem beauftragen sie den belgischen Premierminister Leo Tindemans, einen Bericht zur Gründung einer Europäische Union vorzulegen.
10.-11.03.1975	In Dublin kommen die Staats- bzw. Regierungschefs erstmals als Europäischer Rat zusammen. Mit Großbritannien, das nach einem Regierungswechsel am 1.4.1974 Nachverhandlungen gefordert hatte, wird eine Einigung erzielt. Am 5.6.1975 stimmen die Briten in einem Referendum mit 67,2 % für einen Verleib in der Gemeinschaft.

12.06.1975	Griechenland stellt einen Beitrittsantrag. Die Verhandlungen werden am 27.7.1976 aufgenommen.
30.05.1975	Die Europäische Raumfahrtagentur (ESA) wird gegründet.
01.08.1975	Die Schlussakte von Helsinki wird von 35 Staaten unterzeichnet. Die Konferenz über Sicherheit und Zusammenarbeit in Europa (KSZE) war am 3.7.1973 eröffnet worden.
29.12.1975	Leo Tindemans legt seinen Bericht vor, in dem er u.a. eine gemeinsame Außen-, Währungs-, Wirtschafts- und Sozialpolitik fordert, wofür er auch ein Europa der „zwei Geschwindigkeiten" akzeptieren würde.
01.04.1976	Das Lomé-Abkommen tritt in Kraft. Es löst Jaunde und Arusha ab.
14.07.1976	Im Kramer-Urteil legt der EuGH fest, welche Rolle der Gemeinschaft bzw. den Mitgliedstaaten im Rahmen völkerrechtlicher Übereinkommen zukommt.
06.01.1977	Die neue Kommission unter Roy Jenkins nimmt ihre Arbeit auf.
28.03.1977	Portugal beantragt den Beitritt. Die Verhandlungen beginnen am 6.6.1978. Am 28.7.1977 folgt Spanien, mit dem die Verhandlungen am 5.2.1979 beginnen.
01.07.1977	Der Brüsseler Vertrag (Errichtung des Rechnungshofs) tritt in Kraft.
06.-07.07.1978	In Bremen beschließt der Europäische Rat die Errichtung eines Europäischen Währungssystems (EWS). Am 4./5.12.1978 beschließt er in Brüssel dafür die europäische Währungseinheit (ECU) zu schaffen. Der endgültige Beschluss zum EWS trifft er in Paris am 9./10.3.1979. Am 13.3.1979 tritt es in Kraft.
20.02.1979	Im Cassis de Dijon-Urteil erklärt der EuGH, dass ein Produkt, das in einem Mitgliedsland zugelassen ist, auch in den anderen Mitgliedsländern zugelassen werden muss, außer es stehen schwerwiegende gesundheitliche oder ökologische Bedenken dagegen.
07.-10.06.1979	Die erste Direktwahl zum Europäischen Parlament findet statt. Auf der konstituierenden Sitzung am 17.-20.7.1979 wählen die Parlamentarier Simone Veil zu ihrer Präsidentin.
01.01.1981	Griechenland tritt der EG bei. Die Verhandlungen waren am 3.-4.4.1979 abgeschlossen und am 28.5.1979 unterzeichnet worden.
01.01.1981	Das Lomé-II-Abkommen tritt in Kraft.
20.01.1981	Die neu Kommission unter Gaston Thorn nimmt ihre Arbeit auf.
23.02.1982	Das am 1.5.1979 autonom gewordene dänische Grönland spricht sich bei einem Referendum mit 52 % für den Austritt aus der EG aus. Mit dem Austritt wird es am 1.2.1985 mit dem Status „Überseeische Gebiete und Länder" assoziiert.
30.05.1982	Spanien tritt der NATO bei.
25.01.1983	Der Ministerrat einigt sich auf eine gemeinsame Fischereipolitik.

17.-19.06.1983	In Stuttgart greift der Europäische Rat den Genscher-Colombo-Plan vom 7.11.1981 auf und erklärt in der Feierlichen Deklaration zur Europäischen Union seinen Willen zu einer politischen und wirtschaftlichen Union.
14.09.1983	Altiero Spinelli legt dem Europäischen Parlament einen Verfassungsentwurf zur Europäischen Union vor. Es stimmt dem Vorschlag am 14.2.1984 zu.
14./17.06.1984	Zweite Direktwahl des Europäischen Parlaments.
25.-26.06.1984	In Fontainebleau einigt sich der Europäische Rat auf die Ausgestaltung des britischen Beitragsrabatts und setzt den Dooge-Ausschuss für institutionelle Fragen sowie den Adonnino-Ausschuss für ein „Europa der Bürger" ein.
01.01.1985	Die Ausgabe der ersten europäischen Reisepässe beginnt.
07.01.1985	Die neue Kommission unter Jacques Delors nimmt ihre Arbeit auf.
14.06.1985	Das Schengener Übereinkommen (Schengen I) über den schrittweisen Abbau der Grenzkontrollen zwischen Belgien, Deutschland, Frankreich, Luxemburg und den Niederlanden wird unterzeichnet.
01.01.1986	Spanien und Portugal treten der EG bei. Die Verträge waren am 12.6.1985 unterzeichnet worden.
17./28.02.1986	Die Einheitliche Europäische Akte (EEA) wird unterzeichnet. Sie tritt am 1.7.1987 in Kraft. Am 14.6.1985 hatte die Kommission das Weißbuch zur Vollendung des Binnenmarkts bis 1992 vorgelegt, das der Europäische Rat am 28./29.6.1985 angenommen hatte. Auf dem gleichen Gipfel berief er die Regierungskonferenz zur Vorbereitung der EEA zum 9.9.1985 ein, die mit der Einigung am 2.-4.12.1985 abschlossen wurde.
01.05.1986	Das Lomé-III-Abkommen tritt in Kraft.
29.05.1986	Die EG übernimmt die Flagge des Europarats.
14.04.1987	Die Türkei stellt einen Beitrittsantrag.
01.07.1987	Die Einheitliche Europäische Akte tritt in Kraft.
08.07.1987	Marokko bewirbt sich um Aufnahme in die EG. Die Anfrage wird am 1.10.1987 mit der Begründung abgelehnt, Marokko sei kein europäisches Land.
11.-13.02.1988	In Brüssel beschließt der Europäische Rat die finanzielle Vorausschau 1988-1992 (Delors-I-Paket), die von der Kommission am 15.2.1987 vorgelegt worden war.
29.03.1988	Der Cecchini-Bericht wird veröffentlicht (The Cost of Non-Europe).
14.-15.07.1988	Auf einer Konferenz der EG und der G7 wird das Phare-Programm für Polen und Ungarn aufgelegt, das später ausgedehnt wird. Am 26.9.1988 schließt die EG mit Ungarn das erste bilaterale Kooperationsabkommen, dem ebenfalls weitere folgen.

12.04.1989	Delors legt den Bericht zur Wirtschafts- und Währungsunion vor, zu dem der Europäische Rat am 27.-28.6.1988 in Hannover den Auftrag erteilt hatte und den er am 26.-27.6.1989 in Madrid billigt.
15.-18.06.1989	Zum dritten Mal finden Wahlen zum Europäischen Parlament statt.
17.07.1989	Österreich stellt einen Beitrittsantrag.
08.-09.12.1989	In Straßburg nimmt der Europäische Rat den Delors-Plan zur Währungsunion an und beschließt die Einberufung einer Regierungskonferenz. Die Sozialcharta wird angenommen.
28.04.1990	In Dublin berät der Europäische Rat den Prozess der deutschen Einigung und die Beziehungen zu den Transformationsstaaten. Die Einberufung einer zweiten Regierungskonferenz zur Politischen Union wird beschlossen. Sie beginnt am 14.-15.12.1990 in Rom.
29.05.1990	Die Europäische Bank für Wiederaufbau und Entwicklung entsteht.
19.06.1990	Die Unterzeichnung des Schengener Durchführungsabkommens (Schengen II) zu Ausgleichsmaßnahmen nach dem Wegfall der Grenzkontrollen ergänzt das Schengener Übereinkommen.
01.07.1990	Die erste Phase der Wirtschafts- und Währungsunion tritt in Kraft (vollständige Liberalisierung des Kapitalverkehrs mit Ausnahme Spaniens, Portugals, Griechenlands und Irlands).
03.07.1990	Zypern stellt einen Beitrittsantrag. Am 16.7.1990 folgt Malta, das ihn am 25.11.1996 einfriert und am 10.9.1998 reaktiviert.
03.10.1990	Mit dem Beitritt der fünf neuen Länder zur Bundesrepublik Deutschland vollzieht sich die erste Osterweiterung der EG.
19.-21.11.1990	In Paris unterzeichnen 34 KSZE-Staaten die Charta für ein neues Europa.
14.-15.12.1990	In Rom verständigt sich der Europäische Rat auf ein Programm zur technischen Hilfe für die Nachfolgestaaten der Sowjetunion (Tacis).
01.07.1991	Schweden stellt einen Beitrittsantrag, am 18.3.1992 folgt Finnland, am 20.5.1992 die Schweiz, am 25.11.1992 Norwegen.
01.09.1991	Das Lomé-IV-Abkommen tritt in Kraft.
09.-10.12.1991	In Maastricht einigt sich der Europäische Rat auf den neuen Vertrag. Die EWG wird zur EG; die WWU wird beschlossen. Die EPZ wird zur GASP ausgebaut. Hinzu kommt die Zusammenarbeit im Bereich Inneres und Justiz. Diese drei Säulen bilden die neue Europäische Union. Der Vertrag von Maastricht wird am 7.2.1992 unterzeichnet.
16.12.1991	Europaabkommen werden mit Polen, Ungarn und der CSFR (überführt am 4.10.1993 in Abkommen mit Tschechien und der Slowakei) unterzeichnet. Am 1.2.1993 bzw. am 8.3.1992 folgen Bulgarien bzw. Rumänien. Die Abkommen mit Polen und Ungarn treten am 1.2.1994 in Kraft, die übrigen Abkommen am 1.2.1995.

22.01.1992	Frankreich und Deutschland unterzeichnen die Gründungsakte des Eurokorps.
02.06.1992	Die Dänen lehnen bei einem Referendum den Vertrag von Maastricht knapp mit 50,7 % ab. In Irland stimmen 69,05 % der Wahlberechtigten am 18.6.1992 dafür, in Frankreich nimmt ihn eine hauchdünne Mehrheit von 51,05 % am 20.9.1992 an.
19.06.1992	In der Petersberger Erklärung erhält die WEU für bestimmte Aufgaben des Krisenmanagements und der Konfliktprävention (Petersberger Aufgaben) militärische Zuständigkeiten.
06.12.1992	In einem Referendum stimmt die schweizerische Bevölkerung mit 50,3 % gegen den Europäischen Wirtschaftsraum, der Beitrittsantrag zur EG ruht daraufhin..
11.-12.12.1992	In Edinburgh beschließt der Europäische Rat Ausnahmeregelungen für Dänemark und die finanzielle Vorausschau 1993-1999 (Delors-Paket II), die u.a. die Einrichtung der Kohäsionsfonds beinhaltet.
01.01.1993	Der Binnenmarkt ist vollendet.
21.-22.06.1993	In Kopenhagen legt der Europäische Rat die Kriterien für einen Beitritt fest (Kopenhagener Kriterien: Demokratie, Marktwirtschaft, Umsetzung des Acquis).
18.05.1993	Die Dänen stimmen der modifizierten Fassung des Vertrags von Maastricht mit 51,8 % zu.
12.10.1993	Das deutsche Bundesverfassungsgericht weist die Klage gegen den Vertrag von Maastricht ab.
29.10.1993	In Brüssel entscheidet sich der Europäische Rat für Frankfurt am Main als Sitz des Europäischen Währungsinstituts (EWI) bzw. der Europäischen Zentralbank (EZB).
01.11.1993	Der Vertrag von Maastricht tritt in Kraft.
01.01.1994	Die zweite Stufe der Wirtschafts- und Währungsunion beginnt mit der Ausrichtung auf die Konvergenzkriterien und der Einrichtung des Europäischen Währungsinstituts.
01.01.1994	Das Abkommen über den Europäischen Wirtschaftsraum tritt in Kraft. Es wurde am 2.5.1992 in Porto unterzeichnet. Seit dem 20.6.1990 war nach einem Vorschlag Delors' am 17.1.1989 verhandelt worden. Ihm gehören die EU-Staaten sowie Island, Norwegen und ab dem 1.5.1995 Liechtenstein an.
31.03.1994	Ungarn stellt einen Beitrittsantrag, am 5.4.1994 folgt Polen.

24.-25.6.1994	In Korfu werden die Beitrittsverträge Österreichs, Schwedens, Finnlands und Norwegens unterzeichnet. Die Verhandlungen waren am 1.2.1993 bzw. mit Norwegen am 5.4.1993 aufgenommen und am 30.3.1994 abgeschlossen worden. Am 16.6.1994 stimmen die Österreicher für den Beitritt, Finnland folgt am 16.10.1994 und Schweden am 13.11.1994. Am 28.11.1994 stimmen die Norweger dagegen.
09.-12.06.1994	Zum vierten Mal finden Wahlen zum Europäischen Parlament.
09.-10.12.1994	In Essen führt der Europäische Rat die Heranführungsstrategie zur Beitrittsvorbereitung ein.
01.01.1995	Österreich, Schweden und Finnland werden Mitglieder der EU.
01.01.1995	Aus der KSZE wird die OSZE.
23.01.1995	Die neue Kommission unter Jacques Santer nimmt ihre Arbeit auf.
20.-21.03.1995	In Paris wird der Stabilitätspakt für Mittel- und Osteuropa unterzeichnet. Die Konferenz war am 26.-27.5.1994 eröffnet worden.
26.03.1995	Im Schengen-Raum fallen die Grenzkontrollen zwischen Belgien, Deutschland, Frankreich, Luxemburg, den Niederlanden, Portugal und Spanien weg. Am 26.10.1997 folgt Italien, am 1.12.1997 Österreich.
12.06.1995	Die Europaabkommen mit Estland, Lettland und Litauen werden unterzeichnet. Sie treten am 1.2.1998 in Kraft.
22.06.1995	Rumänien beantragt den Beitritt, am 27.6.1995 folgt die Slowakei, am 13.10.1995 Lettland, am 24.11.1995 Estland, am 8.12.1995 Litauen, am 14.12.1995 Bulgarien, am 17.1.1996 Tschechien. Am 10.6.1996 unterzeichnet Slowenien sein Europaabkommen, das am 1.2.1999 in Kraft tritt, und beantragt dabei den Beitritt.
15.-16.12.1995	Der Europäische Rat beruft eine Regierungskonferenz zur Vertragsrevision zum 29.3.1996 ein und legt „Euro" als Namen für die europäische Währung fest. Am 13.-14.4.1996 nennen die Finanzminister die kleinere Einheit „Cent".
01.01.1996	Die Zollunion zwischen der EU und der Türkei tritt in Kraft.
13.-14.12.1996	In Dublin beschließt der Europäische Rat den Stabilitäts- und Wachstumspakt und stellt die zukünftigen Euroscheine vor.
16.-17.06.1997	Der Europäische Rat einigt sich auf den Amsterdamer Vertrag, der institutionelle Reformen und das neue Amt des Hohen Repräsentanten der GASP umfasst. Der Vertrag wird am 2.10.1997 unterzeichnet.
16.07.1997	Die Europäische Kommission legt die finanzielle Vorausschau 2000-2006 vor (Agenda 2000).
12.-13.12.1997	In Luxemburg beschließt der Europäische Rat die Aufnahme von Verhandlungen mit Estland, Polen, Slowenien, Tschechien und Zypern. Nach einer gemeinsamen Konferenz in London am 12.3.1998, an der auch die übrigen Kandidaten teilnehmen, beginnen die Verhandlungen am 30.3.1998.

25.03.1998	Die Kommission legt die Beurteilung über die Einhaltung der Konvergenzkriterien vor. Demnach können elf Länder zum 1.1.1999 den Euro einführen. Am 3.5.1998 stimmt der Europäische Rat dem zu und einigt sich auf Wim Duisenberg als ersten Präsidenten der Europäischen Zentralbank. Am 1.6.1998 nimmt die EZB als Nachfolgerin des EWI ihre Arbeit auf.
01.10.1998	Das EUROPOL-Übereinkommen tritt in Kraft. Am 1.7.1999 nimmt das Europäische Polizeiamt seine Arbeit auf.
03.11.1998	Der Europäische Gerichtshof für Menschenrechte nimmt im Rahmen des Europarats in Straßburg seine Arbeit auf.
03.-04.12.1998	In St. Malo verabreden Frankreich und Großbritannien den Aufbau einer europäischen Verteidigungspolitik.
01.01.1999	Der Euro wird zur neuen Währung in Belgien, Deutschland, Finnland, Frankreich, Irland, Italien, Luxemburg, den Niederlanden, Österreich, Portugal und Spanien.
12.03.1999	Polen, Tschechien und Ungarn treten der NATO bei.
15.03.1999	Die Kommission Santer tritt geschlossen zurück. Die am 14.1.1999 vom Parlament eingesetzte Untersuchungskommission hatte Korruptionsvorwürfe bestätigt.
24.-25.03.1999	In Berlin beschließt der Europäische Rat die Agenda 2000 und einigt sich auf Romano Prodi als Nachfolger von Jacques Santer, der am 5.5.1999 vom Parlament bestätigt wird.
01.05.1999	Der Vertrag von Amsterdam tritt in Kraft.
03.-04.06.1999	In Köln beschließt der Europäische Rat die Überführung der WEU-Kapazitäten in die EU, ernennt Javier Solana zum Hohen Repräsentanten der GASP und beruft den Grundrechtekonvent ein. Er nimmt unter Roman Herzog als Präsident am 17.12.1999 seine Arbeit auf.
10.-13.06.1999	Zum fünften Mal wird das Europäische Parlament gewählt.
19.06.1999	Der Bologna-Prozess zur Bildungspolitik in Europa wird gestartet.
30.07.1999	In Sarajewo beschließen 27 Staaten den Stabilitätspakt für den Balkan.
15.-16.10.1999	In Tampere beschließt der Europäische Rat den Raum der Freiheit, der Sicherheit und des Rechts.
18.10.1999	Javier Solana tritt sein Amt als Hoher Repräsentant der GASP an. Am 19.11.1999 wird er zusätzlich Generalsekretär der WEU.
10.-11.12.1999	In Helsinki beschließt der Europäische Rat auf Empfehlung der Kommission vom 13.10.1999 die Aufnahme von Beitrittsverhandlungen mit Bulgarien, Lettland, Litauen, Malta, Rumänien und der Slowakei, die am 15.1.2000 beginnen, und erklärt die Türkei zum Beitrittskandidaten. Er beschließt Ziele und Gremien der ESVP, u.a. Krisenreaktionskräfte im Umfang von 60.000 Mann und beruft eine neue Regierungskonferenz zur Vertragsrevision ein, die am 14.2.2000 beginnt.

04.02.2000   Nachdem sich in Österreich eine Regierung unter Einschluss der rechtspopulistischen FPÖ gebildet hatte, frieren alle anderen EU-Staaten ihre bilateralen Beziehungen ein. Nachdem drei EU-Weise die Aufgabe der Sanktion am 8.9.2000 empfehlen, nehmen die Vierzehn die bilateralen Beziehungen am 12.9.2000 wieder auf.

22.-23.03.2000   In Lissabon nimmt sich der Europäische Rat vor, durch die Förderung der Informationstechnologie und neuer Methoden der wirtschaftlichen Zusammenarbeit (offene Koordinierung) bis 2010 zum weltweit stärksten Wirtschaftsraum zu werden (Lissabon-Strategie).

12.05.2000   Joschka Fischer hält an der Humboldt-Universität eine europäische Grundsatzrede, in der er den Begriff des Gravitationszentrums prägt. Jacques Chirac spricht in einer Rede vor dem Deutschen Bundestag am 28.6.2000 von einer Pioniergruppe. Die Reden führen den Kerneuropagedanken des Schäuble-Lamers-Papier vom 1.9.1994 fort.

19.-20.06.2000   In Santa Maria da Feira definiert der Europäische Rat die Schwerpunkte nicht-militärischer Krisenbewältigung und beschließt dabei die Aufstellung einer 5.000 Mann starken Polizeitruppe für internationale Einsätze. Am 20.-21.11.2000 findet in Brüssel die erste Beitragskonferenz statt. Am 15.-16.6.2001 arbeitet der Europäische Rat in Göteborg Leitlinien der Konfliktprävention aus.

28.09.2000   Die Dänen lehnen in einem Referendum mit 53,1 % die Teilnahme an den weiteren Schritten der Währungsunion ab.

02.10.2000   Der Konvent legt seinen Entwurf der Grundrechtecharta vor.

02.01.2001   Griechenland wird auf Empfehlung der Kommission vom 3.5.2000 Mitglied der Eurozone.

25.03.2001   Dänemark, Finnland, Island, Norwegen und Schweden werden Vollmitglieder des Schengen-Raums. Die Grenzkontrollen zu Griechenland waren am 26.3.2000 weggefallen.

26.02.2001   Unterzeichnung des Vertrags von Nizza.

07.06.2001   Die Iren lehnen den Vertrag von Nizza mit 53,87 % ab. Nach Nachbesserungen stimmen die Iren mit 62,89 % am 19.10.2002 zu.

13.11.2001   Die WEU übergibt alle operativen Fähigkeiten der EU und bleibt nur als Verteidigungsgemeinschaft bestehen, da die Beistandspflicht aus Rücksicht auf die neutralen Länder nicht auf die EU übertragen wird.

14./15.12.2001   In Laeken beschließt der Europäische Rat einem Konvent zur Zukunft Europas die Beratung eines neuen Vertrags zu übertragen. Auf Empfehlung der Kommission vom 13.11.2001 wird 2004 als Beitrittstermin für die ersten Kandidaten festgelegt. Außerdem erklärt er die Sicherheits- und Verteidigungspolitik für einsatzbereit.

01.01.2002	Der Euro wird greifbar. Münzen und Banknoten kommen in Umlauf. Am 14./15./17.12.2001 hatte bereits die Ausgabe von Starter-Kits mit Euromünzen begonnen. Nach Ablauf der Übergangsfrist zum 1.7.2002 wird der Euro alleiniges Zahlungsmittel.
28.02.2002	Der Konvent zur Zukunft Europas konstituiert sich unter Valery Giscard d'Estaing als Präsident. Am 13.6.2003, bzw. in einer letzten Fassung am 18.7.2003, wird der Entwurf des Konvents vorgestellt.
11.11.2002	Auf dem Gipfeltreffen EU-Russland wird ein Kompromiss über den Personenverkehr der Enklave Königsberg erzielt.
12.-13.12.2002	In Kopenhagen schließt der Europäische Rat gemäß der Empfehlung der Kommission vom 9.10.2002 die Beitrittsverhandlungen mit zehn Beitrittsländern ab. Die Verträge werden am 16.4.2003 in Athen unterzeichnet. Außerdem einigt sich die EU mit der NATO auf ein Abkommen, das der EU die Benutzung von NATO-Kapazitäten erlaubt.
01.01.2003	Die EU startet in Bosnien-Herzegowina mit der Europäischen Polizeimission (EUPM) den ersten operativen Einsatz der Europäischen Sicherheits- und Verteidigungspolitik. Vom 31.3.2003 bis 15.12.2003 erfolgt die Militäroperation Concordia in Mazedonien. Am 5.6.2003 beginnt die Militäroperation Artemis im Kongo, die am 1.9.2003 endet. Am 2.12.2004 löst die Operation Althea die SFOR in Bosnien-Herzegowina ab.
17.02.2003	Der Vertrag von Nizza tritt in Kraft.
08.03.2003	Malta stimmt in einem Referendum für den Beitritt. Es folgen Slowenien (23.3.), Ungarn (12.4.), Litauen (10.-11.5.), Slowakische Republik (16.-17.5.), Polen (7.-8.6.), Tschechien (13.-14.6.), Estland (14.9.) und Lettland (20.9.).
11.03.2003	Die UN-Bemühungen um eine Vereinigung der geteilten Insel Zypern scheitern. Beim Beitritt Zyperns zur EU wird die Anwendung des gemeinschaftlichen Besitzstands für den Norden der Insel ausgesetzt.
01.04.2003	Das Cotonou-Abkommen, das Lomé ablöst, tritt in Kraft.
20.-21.06.2003	In Thessaloniki nimmt der Europäische Rat den Entwurf des Europäischen Verfassungsvertrags und den Entwurf einer Europäischen Sicherheitsdoktrin entgegen. Außerdem bestätigt er dem Balkan die Option eines Beitritts. Kroatien hatte bereits am 21.2.2003 einen Beitrittsantrag gestellt, am 22.3.2004 folgt Mazedonien.
14.09.2003	Die Schweden lehnen die Einführung des Euro in ihrem Land ab.
29.03.2004	Bulgarien, Estland, Lettland, Litauen, Rumänien, die Slowakei und Slowenien treten der NATO bei.
01.05.2004	Estland, Lettland, Litauen, Malta, Polen, die Slowakische Republik, Slowenien, Tschechien, Ungarn und Zypern treten der EU bei. Sie wächst um zehn neue Mitglieder auf jetzt 25 Staaten.
10./13.06.2004	Zum sechsten Mal wird das Europäische Parlament gewählt.
17.-18.06.2004	Kroatien erhält den Status eines Beitrittskandidaten.

26.06.2004	Estland tritt als erstes neues Mitglied dem Wechselkursmechanismus II bei. Es folgen Lettland (28.4.2005), Litauen (27.6.2004), Malta (29.4.2005), Slowakische Republik (25.11.2005) und Zypern (29.4.2005). Dänemark gehört ihm seit 1.1.1999 an.
29.10.2004	Der Verfassungsvertrag wird in Rom unterzeichnet. In Brüssel hatte sich der Europäische Rat am 16.-17.6.2004 geeinigt, nachdem die Regierungskonferenz vom 4.10.-13.12.2003 gescheitert war.
18.11.2004	Im zweiten Anlauf wird die neue Kommission unter Kommissionspräsident José Manuel Barroso bestätigt.
16.-17.12.2004	Der Europäische Rat beschließt die Aufnahme von Beitrittsverhandlungen mit der Türkei sowie die Unterzeichnung der Beitrittsverträge mit Bulgarien und Rumänien. Die Verhandlungen mit Bulgarien und Rumänien waren am 14.12.2004 abgeschlossenen worden. Am 25.4.2005 werden die Verträge feierlich in Brüssel unterzeichnet. Der letzte Kommissionsbericht vom 26.9.2006 gibt grünes Licht für den Beitritt zum 1.1.2007.
21.03.2005	Die Finanzminister einigen sich auf eine Reform des Stabilitätspakts.
27.05.2005	Der Prümer Vertrag wird von Belgien, Deutschland, Frankreich, Luxemburg, den Niederlanden, Österreich und Spanien geschlossen. Er dient dem erleichterten Datenaustausch zur Kriminalitätsbekämpfung. Seine Überführung in EU-Recht wird am 12./13.6.2007 beschlossen. Umsetzungsbestimmungen werden am 23.8.2008 erlassen.
29.05.2005	Die Franzosen lehnen die Europäische Verfassung ab. Am 1.6.2005 stimmen die Niederländer ebenfalls dagegen. Bis dahin hatten die Parlamente Litauens (11.11.2004), Ungarns (20.12.2004), Italiens (25.1.2005), Sloweniens (1.2.2005), Griechenlands (19.4.2005), der Slowakischen Republik (11.5.2005), Österreichs (25.5.2005), Deutschlands (27.5.2005) und die Spanier schon am 20.2.2005 in einer Volksabstimmung zugestimmt. Am 2.6.2005 ratifiziert Lettland. Nach dem Krisengipfel am 17.-18.6.2005 in Brüssel, der eine Denkpause beschließt, stimmen die Luxemburger in einer Volksabstimmung am 10.7.2005 mit Ja. Ebenfalls ratifiziert wird die Verfassung von Zypern (30.6.2005), Malta (6.7.2005), Belgien (8.2.2006) und Estland (9.5.2006).
03.10.2005	Mit der Türkei und Kroatien werden Beitrittsverhandlungen aufgenommen. Am 29.7.2005 hatte Ankara das Protokoll über die Ausweitung der Zollunion auf die zehn neuen EU-Staaten unterzeichnet.
09.12.2005	Die Kommission empfiehlt Mazedonien den Kandidatenstatus zu verleihen. Am 15.-16.12.2005 kommt der Europäische Rat dieser Empfehlung nach.

15.-16.12.2005	Die Finanzielle Vorausschau 2007-2013 wird nach zähen Verhandlungen vom Europäischen Rat beschlossen. Am 17.5.2006 stimmte auch das Europäische Parlament zu. Die Agenda 2007 war unter dem Titel „Unsere gemeinsame Zukunft aufbauen" am 10.2.2004 von Kommissionspräsident Romano Prodi vorgestellt worden. Auf dem Europäischen Rat am 16.-17.6.2006 hatte vor allem der Streit um den britischen Beitragsrabatt eine Einigung auf den luxemburgischen Kompromissvorschlag vom 29.5.2005 verhindert.
27.04.2006	Die EU beschließt die Entsendung von 1.500 Soldaten (EUFOR CD Congo) zur Absicherung der Wahlen im Kongo. Die Operation läuft am 30.7.2006 an und endet 30.11.2006.
01.07.2006	Der Vertrag zur Gründung der Energiegemeinschaft zwischen der EG, Albanien, Bosnien und Herzegowina, Kroatien, Mazedonien, Montenegro, Serbien und dem Kosovo tritt in Kraft.
01.01.2007	Rumänien und Bulgarien werden Mitglieder der EU.
01.01.2007	Slowenien führt den Euro ein. Der Ecofin-Rat hatte dies am 11.7.2006 auf Empfehlung der Kommission vom 16.5.2006 beschlossen. Slowenien hatte den Antrag am 8.3.2006 gestellt. Der Antrag Litauens vom 16.3.2006 wurde aufgrund der erhöhten Inflation von der Kommission nicht unterstützt und vom Europäischen Rat am 15.-16.6.2006 in Brüssel abgelehnt.
13.02.2007	Der EuGH kippt das VW-Gesetz. In den Urteilen zu den Rechtssachen Viking (11.12.2008) und Laval (18.12.2008) und Rüffert (3.4.2008) schränkt der EuGH zugunsten des Binnenmarkts nationales Tarifrecht ein.
08.-09.03.2007	Der Europäische Rat beschließt in Brüssel eine neue Energie- und Klimapolitik. Unter anderem soll in der EU die Treibhausgasemission bis 2020 um 20 Prozent (Basisjahr 1990) gesenkt, der Anteil erneuerbarer Energien auf 20 Prozent des Gesamtenergiebedarfs erhöht und die Energieeffizienz um 20 Prozent verbessert werden.
27.03.2007	Im Ecofin-Rat einigen sich die Finanzminister auf die Errichtung eines Europäischen Zahlungsraums.
21.-23.06.2007	Der Europäische Rat einigt sich in Brüssel unter deutscher Ratspräsidentschaft auf einen Lösungsversuch der Verfassungskrise. Ohne Verfassungssymbolik und mit längeren Übergangsfristen soll der Inhalt der gescheiterten Verfassung in einen neuen Vertrag gegossen werden. Dieser Einigung war am 25.3.2007 die Berliner Erklärung vorausgegangen.
15.10.2007	Mit Montenegro wird das Stabilisierungs- und Assoziierungsabkommens unterzeichnet. Am 29.4.2008 folgt die Unterzeichnung des Stabilisierungs- und Assoziierungsabkommens mit Serbien. Am 12.2.2008 wird eine überarbeitete Beitrittspartnerschaft mit Kroatien verabschiedet. Am 16.2.2008 wird die Rechtsstaatlichkeitsmission der EU (EULEX) im Kosovo eingerichtet.

18.-19.10.2007	Unter portugiesischer Ratspräsidentschaft einigen sich die Staats- und Regierungschefs auf den Vertrag von Lissabon. Am 27.7.2008 war die Reformkonferenz zum Verfassungsentwurf offiziell eröffnet worden. Am 12.12.2007 wird in Straßburg die Grundrechtecharta unterzeichnet, am 13.12.2007 der Vertrag von Lissabon im Hieronymus-Kloster in Lissabon.
21.12.2007	Estland, Tschechien, Litauen, Ungarn, Lettland, Malta, Polen, die Slowakei und Slowenien werden Vollmitglieder im Schengen-Raum. Am 12.12.2008 fallen die Personenkontrollen zur Schweiz weg. Im März 2009 sollen auch die Personenkontrollen an den Flughäfen wegfallen.
01.01.2008	Malta und Zypern führen den Euro ein. Der Ecofin-Rat hatte am 10.7.2007 der Empfehlung der Kommission vom 16.5.2007 zugestimmt.
28.01.2008	Die Militärmission EUFOR Tchad/RCA wird beschlossen und läuft am 15.3.2008 an.
30. 03.2008	Das „Open Skies"-Luftverkehrsabkommen zwischen der EU und den USA tritt in Kraft.
12.06.2008	Die Iren lehnen den Vertrag von Lissabon mit 53,4 Prozent Neinstimmen ab. Außer Tschechien hatten alle Mitglieder den Vertrag ratifiziert oder ratifizierten ihn nach dem irischen Nein (Deutschland und Polen haben ihn wegen der ausstehenden Unterschrift des Staatsoberhaupts bis zu diesem Zeitpunkt noch nicht hinterlegt): Ungarn (17.12.2007), Malta und Slowenien (29.1.2008), Rumänien (4.2.2008), Frankreich (14.2.2008), Bulgarien (21.3.2008), Österreich (9.4.2008), Dänemark (24.4.2008), Polen und die Slowakei (10.4.2008), Portugal (23.4.2008), Lettland und Litauen (8.5.2008), Deutschland (23.5.2008), Luxemburg (29.5.2008), Estland, Finnland und Griechenland (11.6.2008), Großbritannien (18.6.2008), Zypern (3.7.2008), Niederlande (9.7.2008), Belgien (10.7.2008), Spanien (15.7.2008), Italien (31.7.2008), Schweden (20.11.2008).
13.07.2008	In Paris wird die Mittelmeerunion gegründet.
15./16.08.2008	Georgien und Russland unterzeichnen den von der EU vorgelegten Friedensplan zur Beendigung des Kaukasuskrieges, der am 8.8.2008 begonnen hatte.
07.10.2008	Die EU-Finanzminister beschließen eine Garantie auf Spareinlagen in der EU von mindestens 50.000 Euro und die Stützung systemrelevanter Banken. Am 12.10.2008 einigen sich die Mitglieder der Eurozone auf gemeinsame Regeln für ein nationales Vorgehen. Am 16.10.2008 kündigt der Europäische Rat Hilfen für die Industrie an. Mit dem Zusammenbruch der Investmentbank Lehmann Brothers am 15.9.2008 war aus dem Platzen der US-Hypothekenblase eine globale Finanzkrise geworden.
20.11.2008	Die Agrarminister handeln die künftige Verteilung der Subventionen für die Landwirtschaft aus.
08.12.2008	Die Militärmission Atalanta zur Bekämpfung der Piraterie vor der Küste Somalias läuft an.

01.01.2009	Zum zehnten Geburtstag des Euro tritt die Slowakei der Eurozone bei.
19.01.2009	Die EU-Kommission korrigiert ihre Wirtschaftsprognose für 2009 und prognostiziert eine lang anhaltende Rezession.
21.01.2009	Die Europäische Zentralbank senkt den Leitzins der Eurozone von 2.5 auf 2 %. Weitere Senkungen folgen. Seit dem 13.05.2009 beträgt der Leitzins der Eurozone 1 %.
08.02.2009	Das Schweizer Volk spricht sich mit 59,6 % für die Weiterführung der Personenfreizügigkeit und deren Ausdehnung auf Bulgarien und Rumänien aus. Seit dem 29.3.2009 entfallen die Personenkontrollen an den Flughäfen im Rahmen des Schengen-Assoziierungsabkommens.
01.04. 2009	Das Stabilisierungs- und Assoziationsabkommen mit Albanien tritt in Kraft.
01.04.2009	Albanien und Kroatien werden Mitglieder der NATO.
28.04.2009	Albanien bewirbt sich offiziell um eine Mitgliedschaft in der Europäischen Union.
07.05.2009	In Prag findet der Gründungsgipfel der Östlichen Partnerschaft statt. Die EU-Beziehungen zu den sechs ehemaligen Sowjetrepubliken Armenien, Aserbaidschan, Georgien, Moldawien, der Ukraine und Weißrussland sollen intensiviert werden.
4.-7.06. 2009	Die Europawahlen finden statt. Aus diesen geht die mitte-rechtsgerichteten Europäische Volkspartei (EVP) als Sieger hervor, während die Progressive Allianz der Sozialisten und Demokraten (S&D) eine Niederlage erleiden. Mit 265 Sitzen liegt die EVP deutlich vor der S&D, die nur 184 Sitze verzeichnen kann. Die Wahlbeteiligung erreicht mit 43,2 % ein historisches Tief.
22.06.2009	In Grönland wird das Ergebnis der Volksabstimmung vom 25. November 2008 umgesetzt. Der seit 1979 geltenden Autonomiestatuts wird durch eine Selbstverwaltungsordnung abgelöst.
30.06.2009	Nach Klagen beim Bundesverfassungsgericht (BVerfG) gegen den Vertrag von Lissabon wegen einer vermeintlichen Beeinträchtigung fundamentaler Verfassungsprinzipien urteilt das BVerfG, dass der Vertrag mit dem deutschen Grundgesetz vereinbar ist. Die Beteiligungsrechte von Bundestag und Bundesrat müssen allerdings noch gestärkt werden.
01.07.2009	Die Roaming-Richtlinie der EU tritt in Kraft und verspricht eine Kostensenkung für Mobiltelefonnutzer.
23.07.2009	Island beantragt nach dem Zusammenbruch des isländischen Finanzsystems offiziell die EU-Mitgliedschaft.

18.08.2009	Der Deutsche Bundestag beschließt in 2. und 3. Lesung das so genannte „Begleitgesetz" zum Vertrag von Lissabon. Der Bundesrat stimmt diesem am 18.09.2009 zu. Nach Inkrafttreten des Begleitgesetzes unterzeichnet Bundespräsident Horst Köhler die Ratifizierungsurkunde. Mit ihrer Hinterlegung im italienischen Außenministerium in Rom am 25.09.2009 hat Deutschland den Vertrag von Lissabon ratifiziert.
01.09.2009	Die Glühbirne ist auf dem Rückzug. In einem ersten Schritt der entsprechenden Richtlinie dürfen keine Glühbirnen mit 100 Watt und mehr Leistung sowie matte Glühbirnen mehr verkauft werden.
16.09.2009	Das Europäische Parlament stimmt der Nominierung von José Manuel Barroso für eine zweite Amtszeit als Präsident der EU-Kommission zu.
03.10.2009	Die Iren stimmen in einem zweiten Referendum für den Vertrag von Lissabon. Dieser wird daraufhin von Unterhaus (21.10.2009) und Oberhaus (22.10.2009) ratifiziert.
10.10.2009	In Polen ratifiziert Präsident Lech Kaczynski den Vertrag von Lissabon.
03.11.2009	Der tschechische Präsident Václav Klaus ratifiziert den Vertrag von Lissabon, nachdem das tschechische Verfassungsgericht diesen im Grundsatz für verfassungskonform erklärt hat. Zuvor hatten bereits das tschechische Unterhaus (18.02.2009) und das tschechische Oberhaus (06.05.2009) den Vertrag ratifiziert.
09.11.2009	In Deutschland finden Feiern zum 20. Jahrestags des Mauerfalls statt.
20.11.2009	Der belgische Premierminister Herman van Rompuy wird von den europäischen Staats- und Regierungschefs einstimmig zum ersten ständigen EU-Ratspräsidenten nominiert. Die britische EU-Handelskommissarin Catherine Ashton soll zur Hohen Vertreterin für Außen- und Sicherheitspolitik werden.
01.12.2009	Der Vertrag von Lissabon tritt in Kraft.
19.12.2009	Die Visafreiheit innerhalb der EU gilt nun auch für Bürger aus Serbien, Mazedonien und Montenegro.
22.12.2009	Serbien stellt einen offiziellen Antrag auf Mitgliedschaft in der Europäischen Union.
09.02.2010	Das Europäische Parlament stimmt mit großer Mehrheit für die neue von Präsident José Manuel Barroso geführte Europäische Kommission.
11.02.2010	Das Europäische Parlament stimmt gegen das SWIFT-Übergangsabkommen zwischen der EU und den USA. Das Abkommen sah die Weiterleitung von Kontodaten europäischer Bürger zur Verhinderung von Terroranschlägen vor.
24.02.2010	Die Kommission empfiehlt offiziell die Eröffnung von Beitrittsgesprächen mit Island.

03.03.2010	Die Kommission stellt den Zehnjahresplan für grünes Wachstum und Beschäftigung in Europa vor. Die „Europa 2020"-Strategie umfasst Ziele für Bildung, Forschung und Entwicklung, Armutsbekämpfung.
26.03.2010	Die Staats- und Regierungschefs der EU beschließen eine stärkere Koordination der Wirtschaftspolitik. In diesem Zusammenhang werden gemeinsame Richtlinien für die Zukunft sowie Frühwarnmaßnahmen gegen Mitgliedsländer, die es versäumen sich an die Vorgaben zu halten, festgelegt.
31.03.2010	Die Westeuropäische Union (WEU) betrachtet ihre „historische Rolle" als erfüllt und verkündet die Auflösung des Militärbündnisses. Mit dem Vertrag von Lissabon gingen die WEU-Funktionen endgültig an die EU über. Bis Ende Juni 2011 soll die vollständige Abwicklung der Organisation abgeschlossen sein.
Mitte April	Aufgrund einer durch einen Vulkanausbruch auf Island verursachten Aschewolke ist der Flugverkehr in Europa lahmgelegt.
11.04.2010	Die Finanzminister der Eurozone beschließen einen Nothilfemechanismus für Griechenland.
23.04.2010	Die Innenminister der EU stimmen für ein neues Abkommen zur Antiterror-Datennutzung mit den USA.
08.05.2010	Die Reflexionsgruppe zur Zukunft Europas überreicht dem Europäischen Rat ihren Bericht „Projekt Europa 2030 - Herausforderungen und Chancen".
09.05.2010	Die Finanzminister der EU beschließen einen Mechanismus einzurichten, der auf Kreditgarantien und der Vergabe von Euro-Obligationen beruht, um in Not geratenen Mitgliedsstaaten der Union in Zukunft helfen zu können.
12.05.2010	Die Kommission stimmt zu, dass Estland ab 2011 der Eurozone beitreten kann.
16.06.2010	Das EU-Parlament nimmt einen Vorschlag der Kommission an, wonach internationale Ehepaare in 14 EU-Ländern wählen können, welche Scheidungsrechtsprechung sie anwenden wollen.
26.07.2010	Die Außenminister der EU stimmen dem von der spanischen Ratspräsidentschaft mit der EU-Kommission und dem Europäischen Parlament ausgehandelten Kompromiss zum Europäischen Auswärtigen Dienst (EAD) zu.
15.07.2010	Die EU beginnt Verhandlungen zu einem Assoziierungsabkommen mit Georgien.
17.07.2010	Island erhält den Kandidatenstatus. Am 27.07.2010 stimmen die Außenminister der EU für den sofortigen Beginn der Beitrittsverhandlungen mit Island.

06.09.2010	Zum ersten Mal hält Kommissionspräsident Barroso vor dem EU-Parlament eine „Rede zur Lage der Union".
01.12.2010	Der Europäische Auswärtige Dienst (EAD) nimmt seine Arbeit auf.
07.12.2010	Die EU-Finanzminister ermöglichen ein Hilfspaket für das krisengeschüttelte Irland.
15.12.2010	Nach monatelangem Ringen um den EU-Haushalt 2011 stimmt das Europäische Parlament einem Kompromiss zu. Die Ausgaben der Union werden 2011 um 2,91 Prozent auf 126,5 Milliarden Euro steigen.
16./17.12.2010	Mazedonien wird offizieller Beitrittskandidat.
16./17.12.2010	Die EU beschließt Eckpunkte eines dauerhaften Krisenmechanismus für hoch verschuldete Staaten der Euro-Zone und verständigt sich auf eine „schmale Vertragsänderung" des Lissabon-Vertrags.

Aktualisiert von Isabelle Tannous.

Die Zeittafel führt die Versionen früherer Auflagen von Mariano Barbato weiter.

Abkürzungen

Es hat sich eine Vielzahl von europäischen Abkürzungen etabliert, während eine noch größere Anzahl von EU-Kürzeln wieder verworfen wurde. Aus dem europäischen Alltagsgeschäft und der Europaforschung sind diese nicht mehr fortzudenken, so dass die Terminologische Datenbank IAET (Inter-Active Terminology for Europe) ein nützliches Hilfsmittel darstellt. Unter den Link http://iate.europa.eu/ lassen sich neben den deutschen Erklärungen auch die nicht immer identischen Akronyme und offiziellen Namensgebungen in anderen Amtssprachen der EU nachschlagen. Das Abkürzungsverzeichnis beinhaltet die häufigsten im „Europa von A bis Z" verwendeten Abkürzungen.

Abl.	Amtsblatt (der EG)
AdR	Ausschuss der Regionen
AEUV	Vertrag über die Arbeitsweise der Europäischen Union
AKP	Länder im afrikanischen, karibischen und pazifischen Raum, die mit der EU durch das Cotonou-Abkommen verbunden sind
ALDE	Fraktion der Allianz der Liberalen und Demokraten für Europa
APS	Allgemeines Präferenzsystem
AStV	Ausschuss der Ständigen Vertreter (frz. COREPER)
BDIMR	Büro für demokratische Institutionen und Menschenrechte der OSZE
BEUC	Europäisches Büro der Verbraucherverbände
Cards	Gemeinschaftshilfe für Wiederaufbau, Entwicklung und Stabilisierung
CDT	Übersetzungszentrum für die Einrichtungen der Europäischen Union
CEDEFOP	Europäisches Zentrum für die Förderung der Berufsbildung
CEEP	Europäischer Zentralverband der öffentlichen Wirtschaft
CEPOL	Europäische Polizeiakademie
CERI	Europäisches Zentrum für Industrielle Beziehungen
CERN	Europäische Organisation für Kernforschung
CFCA	Europäische Fischereiaufsichtsbehörde
CIVCOM	Ausschuss für die zivilen Aspekte der Krisenbewältigung
COPA	Ausschuss der berufsständischen landwirtschaftlichen Organisationen
COREU	Telexnetz der außenpolitischen Zusammenarbeit
COSAC	Konferenz der Europaausschüsse der nationalen Parlamente

Cost	Europäische Zusammenarbeit auf dem Gebiet der wissenschaftlichen und technischen Forschung
CPVO	Gemeinschaftliches Sortenamt
DCFTA	Freihandelsabkommen im Rahmen der Europäischen Nachbarschaftspolitik
EAD	Europäischer Auswärtiger Dienst
EAG	Europäische Atomgemeinschaft (Euratom)
EAGFL	Europäischer Ausrichtungs- und Garantiefonds für die Landwirtschaft
EAR	Europäische Agentur für den Wiederaufbau
EASA	Europäische Agentur für Flugsicherheit
ECAP	European Capability Action Plan
ECDC	Europäisches Zentrum für die Prävention und die Kontrolle von Krankheiten
ECHA	Europäische Chemikalienagentur
Echo	Generaldirektion Humanitäre Hilfe (vormals Amt für humanitäre Hilfe der Europäischen Gemeinschaft)
Ecofin-Rat	Rat der Wirtschafts- und Finanzminister
ECR	Fraktion der Europäischen Konservativen und Reformisten
ECU	European Currency Unit
EDA	Europäische Verteidigungsagentur
EEA	Einheitliche Europäische Akte
EEA	Europäische Umweltagentur
EEF	Europäischer Entwicklungsfonds
EFD	Fraktion Europa der Freiheit und der Demokratie
EFGP	Europäische Föderation Grüner Parteien
EFRE	Europäischer Fonds für regionale Entwicklung
EFSA	Europäische Behörde für Lebensmittelsicherheit
EFTA	European Free Trade Association
EG	Europäische Gemeinschaft(en)
EGB	Europäischer Gewerkschaftsbund
EGFL	Europäischer Garantiefonds für die Landwirtschaft

EGKS	Europäische Gemeinschaft für Kohle und Stahl
EGMR	Europäischer Gerichtshof für Menschenrechte
EGV	Vertrag zur Gründung der Europäischen Gemeinschaft
EIB	Europäische Investitionsbank
EIF	Europäischer Investitionsfonds
EIHDR	Europäisches Instrument zur Förderung der Demokratie und zum Schutz der Menschenrechte
ELDR	Europäische Liberale, Demokraten und Reformpartei
ELER	Europäischer Landwirtschaftsfonds für die Entwicklung des ländlichen Raums
EMCDDA	Europäische Beobachtungsstelle für Drogen und Drogensucht
EMEA	Europäische Arzneimittel-Agentur
EMP	Euromediterrane Partnerschaft
EMRK	Europäische Menschenrechtskonvention
EMSA	Europäische Agentur für die Sicherheit des Seeverkehrs
ENISA	Europäische Agentur für Netz- und Informationssicherheit
ENP	Europäische Nachbarschaftspolitik
ENPI	Europäisches Nachbarschafts- und Partnerschaftsinstrument
EP	Europäisches Parlament
EPG	Europäische Politische Gemeinschaft
Epoch	Europäisches Programm für Klimatologie und natürliche Risiken
EPZ	Europäische Politische Zusammenarbeit
Equal	Gemeinschaftsinitiative zur transnationalen Zusammenarbeit bei der Bekämpfung von Diskriminierung am Arbeitsplatz
ER	Europäischer Rat
ERA	Europäische Eisenbahnagentur
ESF	Europäischer Sozialfonds
Esprit	European Strategic Programme for Research and Information Technologies
ESS	Europäische Sicherheitsstrategie
ESVP	Europäische Sicherheits- und Verteidigungspolitik

ESZB	Europäisches System der Zentralbanken
ETF	Europäische Stiftung für Berufsbildung
EU	Europäische Union
EU-OSHA	Europäische Agentur für Sicherheit und Gesundheitsschutz am Arbeitsplatz
EuGH	Europäischer Gerichtshof
EUMC	Militärausschuss der EU
EUMS	Militärstab der EU
EUPM	Polizeimission der EU
Eureka	European Research Coordination Agency
EuRH	Europäischer Rechnungshof
EUROFOUND	Europäische Stiftung zur Verbesserung der Lebens- und Arbeitsbedingungen
EUROJUST	Einheit für justizielle Zusammenarbeit der Europäischen Union
Europol	Europäisches Polizeiamt
EUROPOL	Europäisches Polizeiamt
Eurostat	Statistisches Amt der EG
EUSC	Satellitenzentrum der Europäischen Union
EUV	Vertrag über die Europäische Union
EVG	Europäische Verteidigungsgemeinschaft
EVP-ED	Fraktion der Europäischen Volkspartei (Christdemokraten) und europäischer Demokraten
EWG	Europäische Wirtschaftsgemeinschaft
EWI	Europäisches Währungsinstitut
EWR	Europäischer Wirtschaftsraum
EWS	Europäisches Währungssystem
EWSA	Europäischer Wirtschafts- und Sozialausschuss
EZB	Europäische Zentralbank
FIAF	Finanzierungsinstrument für die Ausrichtung der Fischerei
FRA	Agentur der Europäischen Union für Grundrechte

FRONTEX	Europäische Agentur für die operative Zusammenarbeit an den Außengrenzen
G8	Gruppe der am meisten industrialisierten Länder
GAP	Gemeinsame Agrarpolitik
GASP	Gemeinsame Außen- und Sicherheitspolitik
GATT	General Agreement on Tariffs and Trade
GD	Generaldirektion der Europäischen Kommission
GeI	Gericht erster Instanz des EuGH
GFS	Gemeinsame Forschungsstelle der EG
GöD	Gericht für den öffentlichen Dienst
GRÜNE/EFA	Fraktion der Grünen / Freie Europäische Allianz
GSA	Europäische GNSS-Aufsichtsbehörde
GSVP	Gemeinsame Sicherheits- und Verteidigungspolitik
ICTY	Internationalr Strafgerichtshof für das ehemalige Jugoslawien
IIV	Inter-institutionelle Vereinbarungen
IND/DEM	Fraktion Unabhängigkeit und Demokratie
Interreg	Gemeinschaftsinitiative für Grenzregionen
IPA	Instrument für Heranführungshilfe
Ispa	Instrument für die regionale Entwicklung
ISS	Institut der Europäischen Union für Sicherheitsstudien
KGRE	Kongress der Gemeinden und Regionen Europas
KSZE	Konferenz für Sicherheit und Zusammenarbeit in Europa
KVEL/NGL	Konföderale Fraktion der Vereinigten Europäischen Linken/Nordische Grüne Linke
MdEP	Mitglied des Europäischen Parlaments
Mercosur	Mercado Común del Sur
Nato	North Atlantic Treaty Organization
Nepad	New Partnership for Africa's Development
NGO	Nichtregierungsorganisation
OECD	Organization for Economic Cooperation and Development

OHIM	Harmonisierungsamt für den Binnenmarkt (Marken, Muster und Modelle)
OLAF	Office de la lutte anti-fraude
OMK	Offene Methode der Koordinierung
OSZE	Organisation für Sicherheit und Zusammenarbeit in Europa
Phare	Hilfsprogramm zur Umgestaltung der Wirtschaft der osteuropäischen Länder
PKA	Partnerschafts- und Kooperationsabkommen
PSK	Politisches und Sicherheitspolitisches Komittee
QM	Qualifizierte Mehrheit
RGRE	Rat der Gemeinden und Regionen Europas
Rs.	Rechtssache (EuGH)
S&D	Fraktion der Progressiven Allianz der Sozialisten und Demokraten
SAA	Stabilisierungs- und Assoziierungsabkommen
SAP	Stabilisierungs- und Assoziierungsprozess
Sapard	Instrument für die Anpassung der Landwirtschaft
SDÜ	Schengener Durchführungsübereinkommen
SEECP	Südosteuropäischer Kooperationsprozess
SFOR	Multinational Stabilisation Force
SIS	Schengener Informationssystem
SPE	Sozialdemokratische Fraktion im Europäischen Parlament
TAC	Zulässige Gesamtfangquote
Tacis	Technical Assistance for the Commonwealth of Independent States
TEN	Transeuropäische Netze
TEP	Transatlantische Wirtschaftspartnerschaft
UAP	Umweltaktionsprogramm
UCLAF	Unité de coordination de la lutte anti-fraude
UEN	Fraktion Union für das Europa der Nationen
UNICE	Union des Confédérations de l'Industrie et des Employeurs d'Europe
VRE	Versammlung der Regionen Europas

VVE	Vertrag über eine Verfassung für Europa – Europäischer Verfassungsvertrag
WEU	Westeuropäische Union
WTO	Welthandelsorganisation
WWU	Wirtschafts- und Währungsunion
ZP	Zusatzprotokoll zur EMRK

Autoren

Dr. Franco Algieri, Forschungsdirektor, Österreichisches Institut für Europäische Sicherheitspolitik, Maria Enzersdorf.

Florian Baumann, wissenschaftlicher Mitarbeiter am Geschwister-Scholl-Institut für Politkwissenschaft der Ludwig-Maximilians-Universität München und Mitglied der Forschungsgruppe Europa am Centrum für angewandte Politikforschung München.

Peter Becker, M.A., wissenschaftlicher Mitarbeiter, Forschungsgruppe EU-Integration, Stiftung Wissenschaft und Politik, Berlin.

Prof. Dr. Stephan Bierling, Professor für Internationale Politik / Transatlantische Beziehungen an der Universität Regensburg.

Barbara Böttcher, Leiterin der Abteilung Wirtschafts- und Europapolitik, Deutsche Bank Research, Frankfurt/Main.

Katrin Böttger, stellvertretende Direktorin des Instituts für Europäische Politik, Berlin.

Matthias Chardon, M.A., EU-Büro des Bundesministeriums für Bildung und Forschung im PT-DLR, Bonn.

Dr. Udo Diedrichs, wissenschaftlicher Mitarbeiter am Forschungsinstitut für Politische Wissenschaft und Europäische Fragen der Universität zu Köln.

Dr. Hans-Georg Ehrhart, Leiter des Zentrums für Europäische Friedens- und Sicherheitsstudien am Institut für Friedensforschung und Sicherheitspolitik an der Universität Hamburg.

Janis A. Emmanouilidis, Senior Policy Analyst am European Policy Centre (EPC), Brüssel.

Severin Fischer, Dipl. Pol., wissenschaftlicher Mitarbeiter am Institut für Europäische Politik, Berlin.

Dr. Claus Giering, Beamter der Europäischen Kommission in Brüssel, Generaldirektion Unternehmen.

Anke Gimbal, Geschäftsführerin, Deutscher Juristinnenbund, Berlin.

Gerlinde Groitl, M.A., wissenschaftliche Mitarbeiterin an der Professur für internationale Politik an der Universität Regensburg.

Dr. Holger B. Friedrich, Assistent des CFO der Gruner + Jahr AG & Co KG, Hamburg.

Dr. Ines Hartwig, Beamtin der Europäischen Kommission in Brüssel.

Olaf Hillenbrand, stellv. Leiter der Forschungsgruppe Zukunftsfragen des Centrums für angewandte Politikforschung am Geschwister-Scholl-Institut für Politische Wissenschaft der Ludwig-Maximilians-Universität München.

Frank Hoffmeister, Beamter der Europäischen Kommission; Professur im Nebenamt an der Freien Universität Brüssel, Brüssel.

Andreas Hofmann, M.A., wissenschaftlicher Mitarbeiter am Forschungsinstitut für Politische Wissenschaft und Europäische Fragen der Universität zu Köln.

Bernd Hüttemann, M.A., Generalsekretär der Europäischen Bewegung Deutschland e.V., Berlin.

Prof. Dr. Mathias Jopp, Direktor des Instituts für Europäische Politik, Berlin; Honorarprofessor an der Eberhard Karls Universität Tübingen.

Dr. Friedemann Kainer, wissenschaftlicher Mitarbeiter, Institut für Deutsches und Europäisches Gesellschafts- und Wirtschaftsrecht, Ruprecht-Karls-Universität Heidelberg.

Dr. Robert Kaiser, Vertretung der Professur für Politikwissenschaft der Universität Siegen.

Dr. Nadia Klein, wissenschaftliche Mitarbeiterin am Forschungsinstitut für Politische Wissenschaft und Europäische Fragen der Universität zu Köln.

Jonas Kranz, Mitarbeiterin am Forschungsinstitut für Politische Wissenschaft und Europäische Fragen der Universität zu Köln.

Ingo Linsenmann, M.A., wissenschaftlicher Mitarbeiter am Robert Schuman Centre, Europäisches Hochschulinstitut Florenz.

Dr. Barbara Lippert, Forschungsdirektorin des Deutschen Instituts für Internationale Politik und Sicherheit der Stiftung Wissenschaft und Politik (SWP).

Prof. Dr. Christian Lippert, Fachgebiet Produktionstheorie und Ressourcenökonomik im Agrarbereich, Universität Hohenheim, Stuttgart.

Prof. Dr. Siegfried Magiera, Universitätsprofessor, Lehrstuhl für öffentliches Recht, insbesondere Völker- und Europarecht, Deutsche Hochschule für Verwaltungswissenschaften Speyer.

Dr. Andreas Maurer, Dipl.-Pol., D.E.E.A., Forschungsgruppe EU-Außenbeziehungen am Deutschen Institut für Internationale Politik und Sicherheit (SWP), Berlin; beurlaubt in das Generalsekretariat des Europäischen Parlaments, Sekretariat des Ausschusses für Internationalen Handel, Brüssel.

Dr. Remi Maier-Rigaud, Beamter bei der Europäischen Kommission, Brüssel.

Dr. Jürgen Mittag, Ruhr-Universität Bochum; Geschäftsführer des Instituts für Soziale Bewegungen und der Stiftung Bibliothek des Ruhrgebiets.

Prof. Dr. Dr. Jörg Monar, Professor for Contemporary European Studies, Co-Direktor des Sussex European Institute, University of Sussex (Brighton).

Prof. Dr. Peter-Christian Müller-Graff, Institut für Deutsches und Europäisches Gesellschafts- und Wirtschaftsrecht, Ruprecht-Karls-Universität Heidelberg.

Julian Plottka, Dipl.-Pol., wissenschaftlicher Mitarbeiter am Institut für Europäische Politik, Berlin.

Dr. Elfriede Regelsberger, stellvertretende Direktorin des Instituts für Europäische Politik, Berlin.

Maria Schäfer, Mitarbeiterin am Forschungsinstitut für Politische Wissenschaft und Europäische Fragen der Universität zu Köln.

Verena Schäfer, M.A., wissenschaftliche Mitarbeiterin am Institut für Politikwissenschaft der Justus-Liebig-Universität Gießen.

Sebastian Schäffer, M.A., wissenschaftlicher Mitarbeiter am Institut für Politik- und Kommunikationswissenschaft der Ernst-Moritz-Arndt-Universität Greifswald.

Ursel Schlichting, M.A., wissenschaftliche Referentin am Institut für Friedensforschung und Sicherheitspolitik an der Universität Hamburg.

Maik Schmahl, Beamter der Europäischen Kommission, Brüssel.

Prof. Dr. Siegmar Schmidt, Professor für Politikwissenschaft an der Universität Koblenz-Landau, Campus Landau.

Dr. Otto Schmuck, Leiter der Europaabteilung der Landesvertretung Rheinland-Pfalz beim Bund und der Europäischen Union, Berlin.

Prof. Dr. Heinrich Schneider, Universität Wien; Ehrenmitglied des Vorstands des Instituts für Europäische Politik, Perchtoldsdorf.

Prof. Dr. Frank Schulz-Nieswandt, Direktor des Seminars für Sozialpolitik und des Seminars für Genossenschaftswesen, Wirtschafts- und Sozialwissenschaftliche Fakultät der Universität zu Köln.

Dr. Katrin Simhandl, Politikwissenschaftlerin und Politikberaterin, Berlin.

Dr. Otto W. Singer, Deutscher Bundestag, Fachbereich Kultur und Medien.

Isabelle Tannous, M.A., Centrum für angewandte Politikforschung am Geschwister-Scholl-Institut für Politische Wissenschaft der Ludwig-Maximilians-Universität München.

Dr. Barbara Tham, wissenschaftliche Mitarbeiterin der Forschungsgruppe Jugend und Europa, Centrum für angewandte Politikforschung am Geschwister-Scholl-Institut für Politische Wissenschaft der Ludwig-Maximilians- Universität München.

Funda Tekin, Dipl.-Vw., wissenschaftliche Mitarbeiterin am Forschungsinstitut für Politische Wissenschaft und Europäische Fragen der Universität zu Köln.

Jürgen Turek M.A., Geschäftsführer, TC Turek Consulting und C.A.P Fellow.

Dr. Gaby Umbach, M.A., wissenschaftliche Mitarbeiterin am Forschungsinstitut für Politische Wissenschaft und Europäische Fragen der Universität zu Köln.

Dr. Peter M. Wagner, Beamter der Europäischen Kommission in Brüssel.

Prof. Dr. Dr. h.c. Werner Weidenfeld, Professor für Politikwissenschaft und Direktor des Centrums für angewandte Politikforschung am Geschwister-Scholl-Institut für Politische Wissenschaft der Ludwig-Maximilians-Universität München.

Prof. Dr. Wolfgang Wessels, Jean-Monnet-Professor, Forschungsinstitut für Politische Wissenschaft und Europäische Fragen, Universität zu Köln; Vorsitzender des Vorstands, Institut für Europäische Politik, Berlin; Vorsitzender der Trans European Policy Studies Association (TEPSA), Brüssel.

Sachregister